Laos

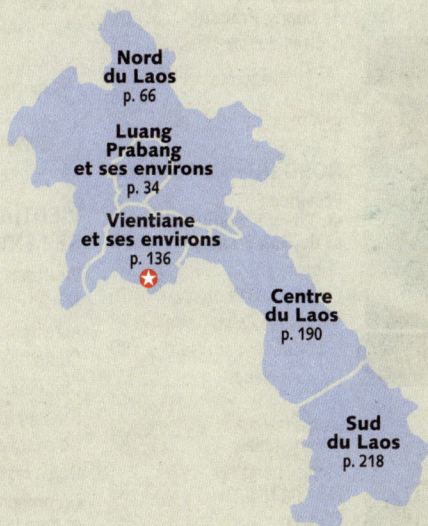

Nord du Laos p. 66

Luang Prabang et ses environs p. 34

Vientiane et ses environs p. 136

Centre du Laos p. 190

Sud du Laos p. 218

ÉDITION ÉCRITE ET ACTUALISÉE PAR

Nick Ray, Greg Bloom, Richard Waters

PRÉPARER SON VOYAGE

Bienvenue au Laos...... 4

Carte du Laos...........6

10 façons de voir le Laos 8

L'essentiel 16

Envie de.... 18

Mois par mois.......... 20

Itinéraires 22

Activités de plein air... 26

Les régions en un clin d'œil.........31

VIENTIANE P. 137

MARGIE POLITZER/GETTY IMAGES ©

VANG VIENG P. 177

ANIA BLAZEJEWSKA/GETTY IMAGES ©

SUR LA ROUTE

LUANG PRABANG ET SES ENVIRONS.. 34

Luang Prabang 35
À voir 37
Activités................ 47
Cours 49
Circuits organisés 49
Fêtes et festivals 50
Où se loger 50
Où se restaurer.......... 55
Où prendre un verre et faire la fête 59
Où sortir................ 59
Achats 59
Environs de Luang Prabang 63
Grottes de Pak Ou 63
Tat Kuang Si 63
Tat Sae................. 65
Ban Phanom et au-delà .. 65

NORD DU LAOS 66

Provinces du Xieng Khuang et de Hua Phan........ 70
Phonsavan............. 71
Environs de Phonsavan... 75
Sam Neua (Xam Neua)... 78
Environs de Sam Neua ... 80
De Sam Neua au Vietnam 82
De Sam Neua à Nong Khiaw 82
Vieng Thong (Muang Hiam)........... 83
District de Muang Ngoi 85
Nong Khiaw............ 85
Muang Ngoi Neua (Ban Ngoi Kao).......... 88
Environs de Muang Ngoi Neua..... 90
Province de Phongsali 91
Muang Khua 91
Phongsali.............. 93
Environs de Phongsali.... 97
Nord-ouest du Laos 97
Udomxai (Oudomsay, Muang Xai) .. 98
Environs d'Udomxai..... 102
Boten 104
Luang Namtha (Namtha)............. 105
Environs de Luang Namtha 110
Muang Sing............ 110
Xieng Kok 113
Moyen Mékong 114
Huay Xai (Hoksay)...... 114
Environs de Huay Xai.... 120
Pakbeng............... 121
Tha Suang............ 124
Hongsa................ 124
Muang Ngeun 125
Sainyabuli (Xaignabouri).......... 126
Pak Lai 127

VIENTIANE ET SES ENVIRONS.... 136

Vientiane 137
À voir 142
Activités.............. 148
Cours 150
Circuits organisés 152
Fêtes et festivals 152
Où se loger 153
Où se restaurer......... 157
Où prendre un verre et faire la fête 162
Où sortir.............. 163
Achats 163
Environs de Vientiane.. 173
ZNP de Phu Khao Khuay............ 173
De Vientiane à Vang Vieng 175
Vang Vieng............ 177
De Vang Vieng à Luang Prabang 188

Sommaire

LUANG PRABANG P. 35

CENTRE DU LAOS . . 190

Provinces de Bolikhamsai et de Khammuan 191
Paksan 194
De Paksan à Lak Sao 195
Lak Sao 199
Tha Khaek 200
Environs de Tha Khaek . .206

Province de Savannakhet 208
Savannakhet 208
Environs de Savannakhet 214
ZNP de Dong Phu Vieng . 215
ZNP de Phu Xang Hae . . . 215
Sepon (Xepon) et piste Hô Chi Minh 216

SUD DU LAOS 218

Pakse 220
Environs de Pakse 228
Don Kho et Ban Saphai 228
ZNP de Phu Xieng Thong 229
Champasak 229
Environs de Champasak 233
Vat Phu Champasak 233
Uo Moung (temple de Tomo). 236
Kiet Ngong 237
ZNP de Se Pian. 238
Plateau des Boloven . . 239
Paksong et ses environs 239
Tat Lo 241
Salavan. 244
Environs de Salavan 245
Sekong (Muang Lamam) 245
Environs de Sekong. 248
Attapeu (Samakhi Xai) . .249
Environs d'Attapeu. 251
Si Phan Don (Quatre Mille Îles) 252
Don Khong (île Khong). 254
Don Det et Don Khon . . . 257

COMPRENDRE LE LAOS

Le Laos aujourd'hui . . . 268
Histoire 270
La société laotienne . . 288
La cuisine laotienne. . . 303
Environnement 309

LE LAOS PRATIQUE

Carnet pratique 320
Transports 331
Santé 342
Langue 351
Index. 361
Légende des cartes . . . 367

COUP DE PROJECTEUR

Itinéraires 22
Activités de plein air. . . 26
Vie fluviale 134
La société laotienne . . 288
Environnement. 309

Bienvenue au Laos

Longtemps resté un coin perdu de la planète, le Laos est une destination de voyage conjuguant certains des meilleurs atouts de l'Asie du Sud-Est.

Le "pays du million d'éléphants"

Jadis le Laos était désigné sous le nom du "pays du million d'éléphants", une expression poétique qui devint "le pays du million d'insignifiants" sous la plume acerbe de certains correspondants de guerre lors de la guerre du Vietnam. Quarante ans après, le Laos est un pays de plus en plus intéressant à visiter. Une nature restée sauvage en certains endroits, un kaléidoscope de cultures et l'extraordinaire gentillesse des habitants en font une destination privilégiée pour les voyageurs. Un pays où votre pouls bat moins fort, où les sourires sont authentiques et où les gens sont curieux d'en savoir plus sur vous.

Une simplicité qui fait du bien

Le Laos vit encore au rythme des traditions qui ont disparu dans d'autres pays de la région, balayées par la globalisation. La vie rurale a conservé une simplicité rafraîchissante et Vientiane elle-même vit sur un tempo d'une surprenante nonchalance. Luang Prabang, où des centaines de moines en robe safran glissent silencieusement dans les rues pour recueillir des aumônes, offre une vision qui restera gravée dans votre mémoire. Les voyageurs plus intrépides ne manqueront pas de découvrir un pays qui n'a pas été défiguré par le tourisme de masse.

Des paysages magiques

Loin des villes, on sort rapidement des sentiers battus pour se retrouver dans des paysages superbes, entre falaises de calcaire déchiquetées, jungle inquiétante et méandres du Mékong. Les randonnées avec séjour chez l'habitant offrent les attraits combinés de la découverte d'une nature spectaculaire et d'une plongée dans le "vrai Laos". Les Laotiens sont très accueillants et il n'existe pas de meilleure manière d'appréhender leur culture que de partager quelques moments avec eux.

Pour tous les goûts

Rivières souterraines, rapides en eaux vives et tyroliennes dans la jungle attendent les amateurs de sensations fortes. Les amoureux de nature pourront randonner dans des forêts parmi les mieux préservées de l'Asie du Sud-Est, qui abritent des espèces rares. Les fins palais découvriront la myriade de saveurs qu'est la cuisine laotienne. En résumé, il y a en a pour tous les goûts au Laos, l'une des destinations les plus authentiques du continent asiatique.

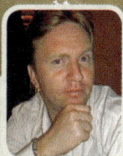

Pourquoi j'aime le Laos

Par Nick Ray, auteur

La première fois que je suis allé au Laos, c'était en 1995, au début de l'ouverture timide du pays vers le monde. Je suis tout de suite tombé sous le charme de ses atouts naturels. Près de 20 ans plus tard, le pays réserve encore de belles surprises. L'amateur d'histoire que je suis a apprécié les grottes de Vieng Xai. Un peu plus loin en direction de l'ouest, près de Sainyabuli, j'ai découvert l'Elephant Conservation Center et vécu une expérience extraordinaire, au profit d'une bonne cause. Quant à Luang Prabang, elle me fait l'effet d'un vin qui se bonifie avec le temps. Ce paisible petit coin d'Asie a changé, mais demeure l'une des destinations les plus enthousiasmantes de tout le continent.

Pour savoir plus sur nos auteurs reportez-vous à la p. 368

Ci-dessus : À la découverte des éléphants, Luang Prabang (p. 64)

Laos

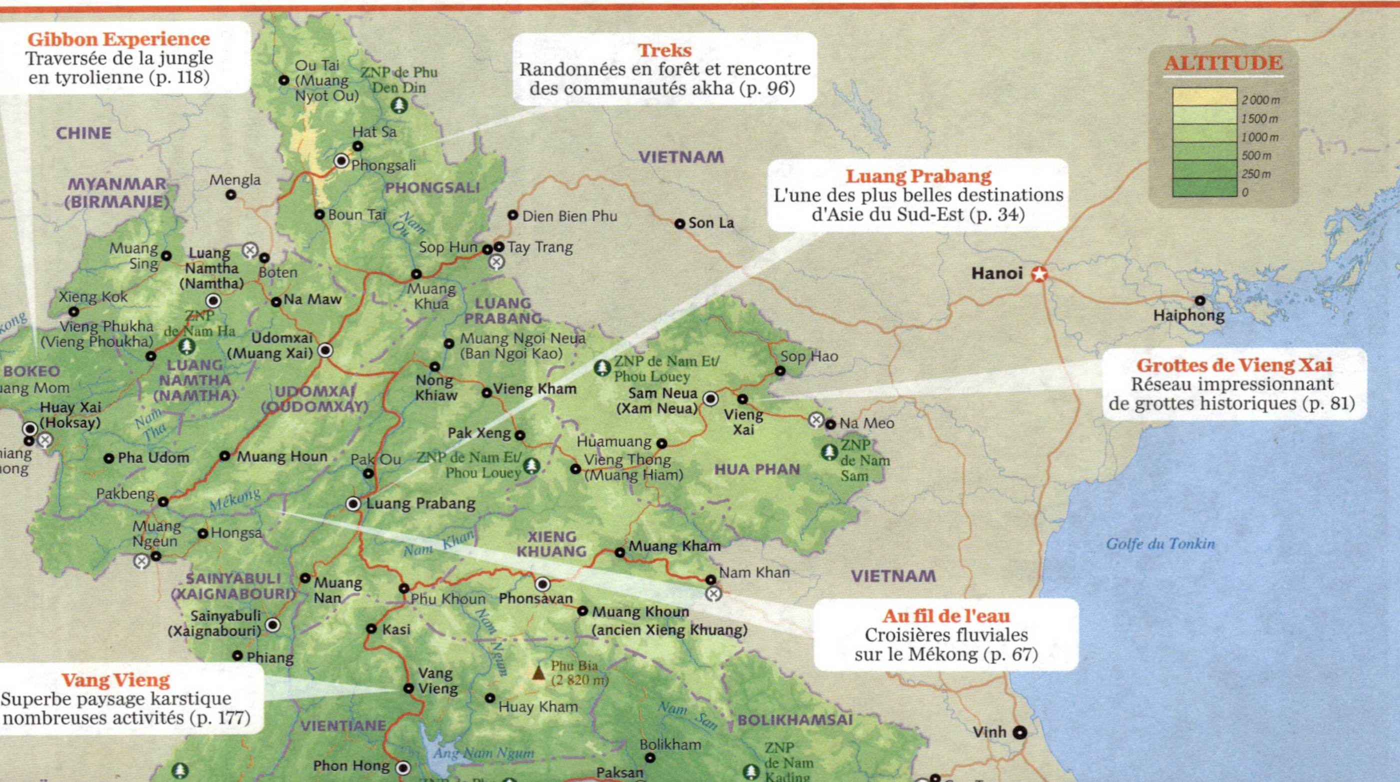

0 — 100 km
Gibbon Experience
Traversée de la jungle en tyrolienne (p. 118)
Treks
Randonnées en forêt et rencontre des communautés akha (p. 96)
Luang Prabang
L'une des plus belles destinations d'Asie du Sud-Est (p. 34)
Grottes de Vieng Xai
Réseau impressionnant de grottes historiques (p. 81)
Au fil de l'eau
Croisières fluviales sur le Mékong (p. 67)
Vang Vieng
Superbe paysage karstique et nombreuses activités (p. 177)
ALTITUDE
2 000 m
1 500 m
1 000 m
500 m
250 m
0
CHINE
MYANMAR (BIRMANIE)
VIETNAM
Golfe du Tonkin
Hanoi
Haiphong
Vinh
Son La
Dien Bien Phu
Mengla
Ou Tai (Muang Nyot Ou)
ZNP de Phu Den Din
Hat Sa
Phongsali
PHONGSALI
Boun Tai
Nam Ou
Sop Hun
Tay Trang
Muang Khua
Muang Sing
Luang Namtha (Namtha)
Boten
Na Maw
Xieng Kok
Vieng Phukha (Vieng Phoukha)
ZNP de Nam Ha
LUANG NAMTHA (NAMTHA)
Udomxai (Muang Xai)
UDOMXAI (OUDOMXAY)
LUANG PRABANG
Muang Ngoi Neua (Ban Ngoi Kao)
Nong Khiaw
Vieng Kham
ZNP de Nam Et/ Phou Louey
Sop Hao
Sam Neua (Xam Neua)
Vieng Xai
Na Meo
ZNP de Nam Sam
HUA PHAN
Huamuang
Vieng Thong (Muang Hiam)
Pak Xeng
Mékong
BOKEO
Muang Mom
Huay Xai (Hoksay)
Chiang Khong
Nam Tha
Pha Udom
Muang Houn
Pak Ou
Luang Prabang
Pakbeng
Muang Ngeun
Hongsa
XIENG KHUANG
Nam Khan
Muang Kham
SAINYABULI (XAIGNABOURI)
Muang Nan
Phu Khoun
Phonsavan
Muang Khoun (ancien Xieng Khuang)
Sainyabuli (Xaignabouri)
Kasi
Phiang
Nam Ngum
Phu Bia (2 820 m)
Vang Vieng
Huay Kham
Nam San
BOLIKHAMSAI
VIENTIANE
Ang Nam Ngum
Phon Hong
Bolikham
Paksan
ZNP de Nam Kading

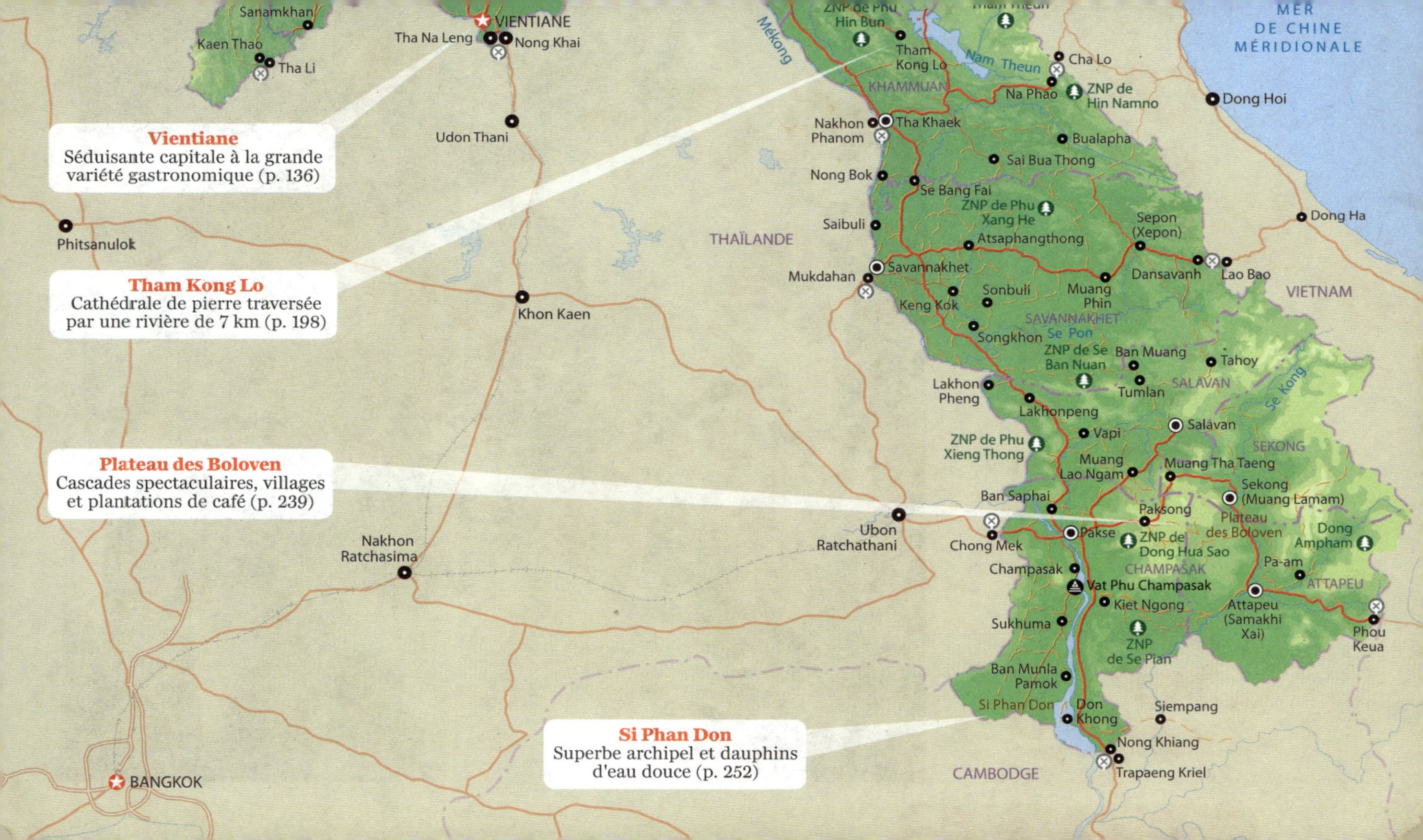

Vientiane
Séduisante capitale à la grande variété gastronomique (p. 136)
Tham Kong Lo
Cathédrale de pierre traversée par une rivière de 7 km (p. 198)
Plateau des Boloven
Cascades spectaculaires, villages et plantations de café (p. 239)
Si Phan Don
Superbe archipel et dauphins d'eau douce (p. 252)
MER DE CHINE MÉRIDIONALE
VIENTIANE
Tha Na Leng
Nong Khai
Sanamkhan
Kaen Thao
Tha Li
Udon Thani
Phitsanulok
Khon Kaen
Nakhon Ratchasima
BANGKOK
THAÏLANDE
VIETNAM
CAMBODGE
Mékong
Nam Theun
ZNP de Phu Hin Bun
Tham Kong Lo
KHAMMUAN
Cha Lo
Na Phao
ZNP de Hin Namno
Dong Hoi
Nakhon Phanom
Tha Khaek
Bualapha
Sai Bua Thong
Nong Bok
Se Bang Fai
ZNP de Phu Xang He
Saibuli
Dong Ha
Sepon (Xepon)
Atsaphangthong
Savannakhet
Mukdahan
Dansavanh
Lao Bao
Sonbuli
Muang Phin
Keng Kok
SAVANNAKHET
Se Pon
Songkhon
ZNP de Se Ban Nuan
Ban Muang
Tahoy
Lakhon Pheng
Tumlan
SALAVAN
Se Kong
Lakhonpeng
Salavan
Vapi
ZNP de Phu Xieng Thong
SEKONG
Muang Lao Ngam
Muang Tha Taeng
Ban Saphai
Sekong (Muang Lamam)
Paksong
Plateau des Boloven
Ubon Ratchathani
Chong Mek
Pakse
ZNP de Dong Hua Sao
Dong Ampham
CHAMPASAK
Champasak
Pa-am
Vat Phu Champasak
ATTAPEU
Kiet Ngong
Attapeu (Samakhi Xai)
Sukhuma
ZNP de Se Pian
Phou Keua
Ban Munla Pamok
Si Phan Don
Don Khong
Siempang
Nong Khiang
Trapaeng Kriel

10 façons

de voir le Laos

1

Luang Prabang

1 Histoire royale à tous les coins de rue, temples, moines en robe safran, vues magnifiques sur le fleuve, cuisine française d'exception et les meilleurs hôtels de charme de toute l'Asie du Sud-Est : la cité intemporelle (p. 34) construite au confluent du Mékong et de la Nam Khan a tout pour plaire. Découvrez les venelles de la "péninsule tropicale" à vélo, faites une balade à dos d'éléphant ou détendez-vous dans l'un des nombreux spas à prix abordables. Et soyez prêt à modifier votre planning pour rester un peu plus longtemps que prévu.

Ci-dessous à gauche : Vat Pa Phai (p. 41), Luang Prabang

Si Phan Don

2 Cela fait bien longtemps que Si Phan Don ("Quatre Mille Îles, p. 252) rassemble les voyageurs en quête de tranquillité. Connues comme le paradis des amateurs de soleil et de farniente, ces îles tropicales baignées par les eaux du Mékong séduiront aussi les tempéraments plus actifs. Entre une matinée de tubing (descente de rivière sur bouée gonflable) et une balade à vélo dans les rizières, allez faire un tour en kayak ou partez pêcher avec les habitants, avant de conclure la journée par une sortie en bateau pour observer au crépuscule les dauphins de l'Irrawaddy, une espèce assez rare.

Ci-dessous à droite : Don Det (p. 257)

OTTO STADLER/GETTY IMAGES ©

2

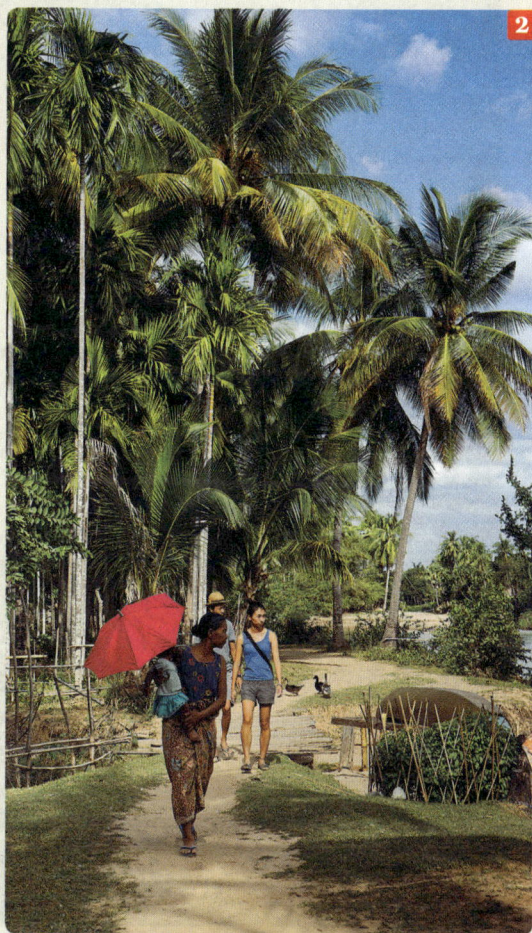

KIMBERLEY COOLE/GETTY IMAGES ©

La Gibbon Experience

3 Accroché à une tyrolienne (p. 118), filez à travers la forêt luxuriante. Ces câbles, dont certains sont longs de plus de 500 m, relient plusieurs vallées de la Réserve naturelle de Bokeo, où vivent des gibbons noirs et des tigres asiatiques. Votre argent servira à protéger le primate (une espèce menacée), et vos guides seront des anciens braconniers devenus gardes du parc. Vous passerez la nuit dans une cabane perchée dans les arbres, à l'écoute des bruits de la nature.

Vang Vieng

4 Une ambiance tranquille règne à Vang Vieng (p. 177), petite merveille posée au pied d'immenses falaises de calcaire sur les bords de la Nam Song. Depuis que les fêtards ont jeté leur dévolu sur d'autre destinations, le calme est revenu et les lieux accueillent une clientèle en quête d'activités bien organisées – montgolfière randonnée, spéléologie et escalade pour n'en citer que quelques-unes, sans oublie l'attraction majeure du coin : le tubing. Le pensions modestes et les fast-food cèder peu à peu le terrain à des hôtels de charm plus chic et à de délicieux restaurants.

4

5

Croisières fluviales

5 Le trajet en bateau (p. 67) est l'une des composantes essentielle d'un voyage au Laos. Sur le Mékong, l'itinéraire reliant Luang Prabang et Huay Xai, une porte du Triangle d'or, via Pakbeng, est l'un des plus appréciés. Du bateau local à la croisière de luxe, il existe des options pour tous les budgets, y compris pour découvrir le paisible archipel de Si Phan Don, dans l'extrême Sud. Un grand nombre d'affluents importants, comme la Nam Ou et la Nam Tha, relient entre elles des destinations diverses, comme Nong Khiaw et Hat Sa (d'où l'on gagne Phongsali).

À gauche : taxi fluvial sur la Nam Tha (p. 110)

6

Trek et séjour chez l'habitant

6 Le Laos offre un grand choix de treks qui incluent souvent une ou plusieurs nuits chez l'habitant. Le Nord (p. 96) est une région prisée, mais on peut randonner partout dans le pays. Dans la province de Phongsali, l'expérience sera l'une des plus authentiques et vous aurez l'occasion de côtoyer les Akha, une ethnie aux coutumes bien spécifiques. Luang Namtha est la base la plus commode pour qui veut entamer un écotrek dans la ZNP (zone nationale protégée) de Nam Ha, haut lieu de la randonnée dans la région du Mékong.

À gauche : femme akha

Grottes de Vieng Xai

7 Ici, l'histoire s'est creusée dans la pierre. C'est à Vieng Xai (p. 81), située dans un cadre naturel magnifique, que se réfugièrent les dirigeants du Pathet Lao lors de la campagne de bombardements menée par l'armée américaine entre 1964 et 1973. Au-delà de la beauté des grottes naturelles, c'est la visite audioguidée (avec effets sonores) qui fait de la viste une expérience unique. Lorsque vous entendrez le ronflement des bombardiers au-dessus de vos têtes, il y a fort à parier que vous irez vous mettre à l'abri dans le jardin luxuriant du "Prince rouge".

7

9

Plateau des Boloven

8 Ce haut plateau couvert de forêt (p. 239) s'élève au-dessus des plaines alluviales du Mékong. Partez à moto sur les routes désertes qui s'enfoncent dans les provinces du Sud-Est, à la frontière du Vietnam. Ou bien faites un break à Tat Lo, une bourgade aux hébergements bon marché entourée de cascades. Et si vous avez envie d'un peu d'aventure, partez en randonnée voir des villages où vivent des minorités ethniques. Sinon, offrez-vous une plongée dans la jungle au fil des tyroliennes de la ZNP de Dong Hua Sao. En haut à gauche : cascade de Tat Lo (p. 241)

Tham Kong Lo

9 Ce pourrait être le pire des cauchemars : imaginez le bras d'une rivière à son embouchure qui s'enfonce sous un imposant promontoire calcaire, et un batelier qui vous emmène sur un frêle esquif de bois au cœur de l'obscurité, dans les entrailles de la montagne. La lente progression sous le très haut plafond de stalactites de cette extraordinaire galerie de 7,5 km située dans la province reculée de Khammuan (p. 198) est une expérience mémorable !

Vientiane

10 Avec ses rues bordées de tamariniers et ses ruelles qui débouchent sur des villas de l'époque française, des maisons traditionnelles chinoises et des temples étincelants, la capitale en bordure du Mékong a des allures de belle alanguie (p. 137). Vendeurs de rues, moines, cuisine française et hôtels de charme composent l'atmosphère singulière de Vientiane, relevée d'une touche de "bien-être" (spas, yoga et vélo sont des activités très prisées ici). La capitale du Laos n'a certes pas l'éclat de Luang Prabang, mais son charme est unique. Ci-dessus : massage laotien, Papaya Spa (p. 149)

L'essentiel

Pour plus de renseignements, voir le chapitre *Laos pratique* (p. 319)

Monnaie
Kip lao (LAK)

Langue
Lao

Visas
Visas de tourisme délivrés dans les aéroports et à la plupart des postes-frontières terrestres (30-42 $US pour 1 mois).

Argent
Il y a désormais des DAB partout dans le pays. Certains hôtels dans les grandes villes acceptent les cartes de crédit.

Téléphones portables
Le roaming est possible au Laos, mais il coûte généralement cher. On peut se procurer facilement des cartes SIM locales et des téléphones débloqués.

Heure locale
GMT/UTC plus 7 heures toute l'année.

Quand partir

Haute saison
(nov-mars)

- Températures agréables sur la majeure partie du territoire, mais froides en montagne.
- La meilleure période pour voyager.
- Réservez l'hébergement pour la période de Noël et du Nouvel An.

Saison intermédiaire
(juil et août)

- Temps pluvieux dans les régions très humides, d'où des paysages d'un vert éclatant.
- Période prisée par les touristes italiens et espagnols et les étudiants sacs au dos.

Basse saison
(avr-juin, sep et oct)

- Avril-mai correspondent à la saison chaude : la température peut atteindre les 40°C.
- Septembre et octobre peuvent être fort pluvieux et d'incroyables formations nuageuses accompagnent le "déluge".

Sites Web utiles

Ecotourism Laos (www.ecotourismlaos.com). Environnement, écotourisme et trekking.

Communauté lao en France (www.laofr.net). Le site de la communauté lao en France. Actualités et renseignements sur le pays.

Lao News Agency (www.kpl.net.la). Meilleure source pour l'actualité laotienne.

Lao National Tourism Administration (www.tourismlaos.org). Informations touristiques fournies par le gouvernement, ainsi que les taux de change précis du kip.

LonelyPlanet (www.lonelyplanet.fr). Dernières nouvelles des voyages au Laos, forum de discussion, informations sur les voyages et liens vers des sites utiles.

Vientiana Lao Cuisine (www.vientiana.blogspot.fr). Pour avoir un avant-goût de la cuisine laotienne.

Numéros utiles

Pour des détails sur les codes téléphoniques, voir p. 330.

Indicatif du Laos	☎856
Indicatif international	☎00
Ambulance	☎195
Police	☎191
Pompiers	☎190

Heures d'ouverture

Bars et discothèques 17h-23h30 (plus tard à Vientiane)

Bureaux administratifs 8h-12h et 13h-17h du lundi au vendredi

Échoppes de nouilles 7h-13h

Magasins 9h-18h

Restaurants 10h-22h

Taux de change

Sauf mention contraire, les prix sont indiqués dans ce guide en kips laotiens (LAK) ou en dollars américains ($US). Pour connaître les derniers taux de change, connectez-vous à www.xe.com.

Canada	1 $C	7 392 LAK
États-Unis	1 $US	7 873 LAK
Suisse	1 FS	8 826 LAK
Thaïlande	10 THB	2 450 LAK
Vietnam	10 000 d	3 700 LAK
Zone euro	1 €	10 798 LAK

Budget quotidien

Moins de 50 $US

- Chambre dans une pension bon marché : 3-10 $US
- Repas dans un boui-boui ou stand de rue : 1-2 $US
- Bus locaux : 2-3 $US pour 100 km

50-150 $US

- Chambre d'hôtel climatisée : 15-50 $US
- Repas dans un restaurant correct : 5-10 $US
- Guide laotien : 25 $US/jour

Plus de 150 $US

- Chambre dans un hôtel de charme ou un complexe hôtelier : 50-500 $US
- Repas gastronomique avec boisson : 15-50 $US
- Location d'un 4X4 : 60-120 $US

Arriver au Laos

Aéroport international de Vattay (Vientiane ; p.331). Des bus et des *jumbo* desservent la ville depuis l'aéroport. La course en taxi coûte la somme fixe de 10 $US.

Aéroport international de Luang Prabang (p. 331). Tarif fixe pour les taxis (50 000 LAK).

Aéroport international de Savannakhet (p. 331). Le trajet en *jumbo* revient à 70 000 LAK.

Aéroport international de Pakse (p. 331). Les *săam-lâaw* et túk-túk demandent environ 50 000 LAK.

Comment circuler

Les transports au Laos sont très bon marché comparés aux standards américains ou européens. Les trajets peuvent toutefois prendre souvent plus de temps qu'il n'y paraît sur la carte, à cause des routes sinueuses et de retards inattendus le long de l'itinéraire.

Avion Le Laos bénéficie de nombreuses liaisons intérieures permettant de gagner un temps considérable lors d'un séjour de courte durée. Vientiane, la capitale, est la principale plaque tournante aérienne.

Bateau Les cours d'eau représentent des axes vitaux au Laos. Les trajets en bateau sont autant d'expériences agréables et authentiques.

Bus Quelques bus récents couvrent les principales lignes au départ de Vientiane, mais seuls des véhicules antédiluviens sillonnent les zones plus reculées.

Voiture Si votre budget vous le permet, une voiture de location avec chauffeur est la solution la plus facile pour parcourir de grandes distances en un temps limité.

Tous les transports en détail p. 331

Envie de...

Sports de plein air

Le Laos est en passe de devenir une destination de choix pour les activités à sensations fortes.

Plateau des Boloven Impressionnantes chutes, treks à dos d'éléphants et parcours en tyrolienne lors du circuit "Tree Top Explorer" (p. 239).

Luang Namtha Porte d'accès à des aventures dans le Nord-Ouest, c'est le lieu où organiser randonnées à pied ou à vélo et sorties en kayak – à moins de préférer, plus loin dans la jungle, la Gibbon Experience (p. 105).

Vang Vieng Ce secteur est un terrain de jeux : descente de rivière sur une chambre à air (tubing), kayak, spéléologie, escalade et vélo (p. 177).

Plaisirs culinaires

Découvrez les saveurs du Laos, destination émergente pour les gourmets – sans oublier la cuisine française à Luang Prabang et à Vientiane.

Vientiane La capitale du pays, est aussi celle de la gastronomie. On y déguste des plats laotiens, mais aussi de la cuisine française et des mets d'ailleurs (p. 157).

Luang Prabang Choisissez le côté Mékong pour les couchers de soleil ou le côté Nam Khan pour des plats élaborés (p. 55).

Luang Namtha La ville est réputée pour ses excellents restaurants spécialisés dans la cuisine des minorités ethniques (p. 107).

Croisières

Le Mékong est idéal pour les croisières fluviales. Le fleuve-mère est alimenté par de nombreux affluents, qui sont autant d'occasions de découvrir de beaux paysages.

De Huay Xai à Luang Prabang L'une des croisières fluviales les plus accessibles du Laos, avec escale d'une nuit à Pakbeng (p. 119), ville à l'emplacement spectaculaire.

Si Phan Don Avec un nom signifiant Quatre Mille Îles, rien d'étonnant à ce que les croisières fluviales soient magnifiques sur ce beau tronçon du Mékong, au sud du Laos (p. 252).

Tham Kong Lo Une croisière à l'attrait particulier : la traversée, sur 7 km, d'une grotte semblant tout droit sortie d'une légende de la mythologie grecque (p. 198).

Temples anciens

Le Laos possède certains des plus beaux *vat* d'Asie du Sud-Est, en particulier ceux de l'ancienne capitale royale Luang Prabang.

Luang Prabang On dénombre dans la cité royale plus de 30 *vat* dorés, dont le Vat Xieng Thong, aux toits vertigineux. Très tôt, tous les matins, des centaines de moines partent en procession dans les rues pour demander l'aumône (p. 37).

Vat Phu Champasak Jadis, les Khmers dominaient la majeure partie de la région du Mékong et le Vat Phu est l'un des temples qu'ils avaient érigés au sommet des collines (p. 234).

Vientiane Ses temples, notamment le Pha That Luang, stupa doré symbolisant la nation, et le Vat Sisaket, qui abrite des milliers d'effigies du Bouddha (p. 143), sont superbes.

FÉRUS D'ANIMAUX

La Gibbon Experience, dans le nord du Laos, est le meilleur circuit d'écotourisme et d'aventure d'Asie du Sud-Est. (p. 118)

En haut Temple bouddhique, Vientiane
En bas Cycliste, Vang Vieng

Sites à découvrir

Soyez téméraire et gagnez les secteurs les plus isolés du pays pour explorer d'immense zones protégées et des réseaux de grottes.

Grottes de Vieng Xai Ces grottes ont abrité la base du Pathet Lao lors des bombardements américains (p. 81).

Province de Phongsali L'extrémité nord du pays, isolée, est l'occasion de partir à la découverte des villages d'ethnies montagnardes (p. 91).

Province de Khammuan Cette province centrale se distingue par ses paysages accidentés qui feront la joie des motards expérimentés osant s'écarter des pistes (p. 191).

Fabuleux marchés

Les marchés laotiens invitent à une immersion dans l'Asie de jadis. Repérez les tissus ethniques et les fruits insolites.

Luang Prabang Marchés de jour ou marchés de nuit, les possibilités sont infinies. Il y a notamment un marché d'artisanat nocture dans l'artère principale et un marché d'alimentation à prix raisonnables (p. 60).

Vientiane Si, par endroits, le Talat Sao (marché du matin) ressemble à une galerie marchande, il n'en demeure pas moins l'un des meilleurs marchés du Laos pour acheter de l'artisanat et des textiles (p. 164).

Muang Sing Au petit matin, ce nouveau marché est un feu d'artifice de couleurs et d'activités, quand les minorités ethniques arrivent en ville pour vendre leurs produits (p. 111).

Mois par mois

LE TOP 5

Pi Mai, avril

Makha Busa, février

Bun Bang Fai, mai

Bun Awk Phansa, octobre ou novembre

Bun Nam, octobre ou novembre

Janvier

Haute saison dans la plupart du pays. Le temps frais est très agréable pour visiter les grands centres touristiques. En altitude, il fait vraiment froid.

Jour de l'An

Jour férié (1er janvier), issu du calendrier des expatriés.

Bun Khun Khao

Pour la fête annuelle des moissons, à la mi-janvier, les habitants des villages remercient les esprits de la terre pour leurs récoltes.

Février

Le Nouvel An chinois et le Nouvel An vietnamien tombent souvent en février, quand se déroulent de belles célébrations à Pakse et Savannakhet.

Makha Busa

Appelée aussi Magha Puja ou Bun Khao Chi, cette fête célébrée le jour de la pleine lune célèbre une prédication du Bouddha devant 1 250 moines. Les cérémonies sont impressionnantes à Vientiane et au Vat Phu (p. 236).

Têt vietnamien et Nouvel An chinois

Célébrées à Vientiane, Pakse et Savannakhet, ces fêtes sont l'occasion de feux d'artifice et de visites aux temples vietnamiens et chinois. Les établissements tenus par des Chinois et des Vietnamiens sont fermés plusieurs jours.

Mars

L'atmosphère commence à se réchauffer : une bonne période pour s'attaquer aux hautes terres du Xieng Khuang et de Phongsali.

Bun Pha Wet

Fête religieuse durant laquelle on récite le *jataka* du prince Vessantara, autrement dit l'histoire de l'avant-dernière incarnation du Bouddha. C'est aussi la période privilégiée pour l'ordination des moines.

Avril

Le mois le plus chaud de l'année : les températures atteignent 40°C.

Pi Mai

Le Nouvel An laotien est la fête la plus importante de l'année. On fait le ménage, on met des vêtements neufs et on nettoie à l'eau lustrale les effigies du Bouddha. Les habitants s'aspergent d'eau entre eux, et ciblent parfois les voyageurs, ce qui n'est pas désagréable car le mois d'avril est le plus chaud de l'année. Les festivités sont hautes en couleur à Luang Prabang, où l'on peut voir des processions d'éléphants et des costumes traditionnels. Les 14, 15 et 16 avril – fériés –, vous trouverez porte close dans la majorité des boutiques et des restaurants. (p. 50)

Mai

Un véritable feu d'artifice de festivités en mai. C'est le début de la saison "verte" (creuse), où les tarifs sont plus intéressants.

Visakha Busa

Visakha Busa (ou Visakha Puja), qui correspond au 15e jour du 6e mois lunaire, célèbre la naissance, l'Éveil et la mort du Bouddha. Les célébrations s'organisent autour du *vat*.

Bun Bang Fai

Cérémonie prébouddhique de l'appel de la pluie, la fête des Fusées, l'une des plus exubérantes du pays, est célébrée en même temps que le Visakha Busa au Laos et dans le nord-est de la Thaïlande. Musique, danses, processions s'achèvent avec des tirs de fusées en bambou – censées déclencher la saison des pluies.

Juillet

La saison humide est marquée par de fortes précipitations, mais leur brièveté laisse amplement le temps d'explorer le pays.

Bun Khao Phansa

Également appelée Khao Watsa. Le jour de la pleine lune marque le début de la traditionnelle "retraite des pluies", une période de 3 mois durant laquelle les moines bouddhistes doivent s'établir dans un seul et même monastère. C'est aussi à cette période que les hommes se font temporairement moine, ce qui donne lieu à de nombreuses ordinations.

Août

À l'occasion des vacances d'été, étudiants et touristes donnent un regain d'activité touristique pendant la basse saison.

Haw Khao Padap Din

À la pleine lune, on rend hommage aux morts lors de cérémonies de crémation – des exhumations ont lieu à cet effet – et d'offrandes à la communauté bouddhiste, destinées à financer les prières des moines en faveur des défunts.

Octobre

Assister à une course de bateaux à rame (bateaux-dragons) dans la capitale ou faire flotter des bougies : en octobre, tout se passe sur l'eau !

Bun Awk Phansa

À la fin de la saison des pluies, les moines quittent les monastères pour voyager. On leur offre des tuniques et des bols d'aumône. La veille de l'Awk Phansa (Ok Watsa) est marquée par des festivités et une cérémonie appelée Van Loi Heua Fai : les habitants font flotter de petits bateaux en feuille de bananier dans lesquels ils placent des bougies et de l'encens.

Bun Nam

Dans de nombreuses villes situées en bordure de fleuve, notamment à Vientiane et à Luang Prabang, des courses de bateaux sont organisées le lendemain de l'Awk Phansa. Dans les localités de taille modeste, l'événement est décalé au 2 décembre, jour de la fête nationale, pour éviter aux habitants d'avoir à célébrer deux fêtes coûteuses. Également appelée Bun Suang Heua. (p. 152)

Novembre

La haute saison débute pour de bon. Les prix augmentent de nouveau.

Bun Pha That Luang

Pendant une semaine, toute la capitale vit au rythme des feux d'artifice, de la musique et des libations qui accompagnent la fête du Pha That Luang, à Vientiane. À l'aube du premier jour, des centaines de moines reçoivent des aumônes et des offrandes de fleurs. Les festivités s'achèvent par une impressionnante retraite aux flambeaux autour du That Luang. (p. 152)

Décembre

Noël n'est pas une grande fête laotienne, mais c'est une période d'affluence touristique. Réservez bien à l'avance et attendez-vous à payer le prix fort.

Fête nationale

Discours et défilés marquent les cérémonies de commémoration de la victoire de 1975 sur la monarchie. Le drapeau laotien, frappé de la faucille et marteau, flotte partout dans le pays.

Festival du film de Luang Prabang

Une grande semaine de projections gratuites en divers endroits de la ville, début décembre. Le festival fait la part belle au cinéma du Sud-Est asiatique, en plein essor. Tous les films sont sous-titrés en anglais. (www.lpfilmfest.org)

ALDO PAVAN/GETTY IMAGES ©

Préparer son voyage
Itinéraires

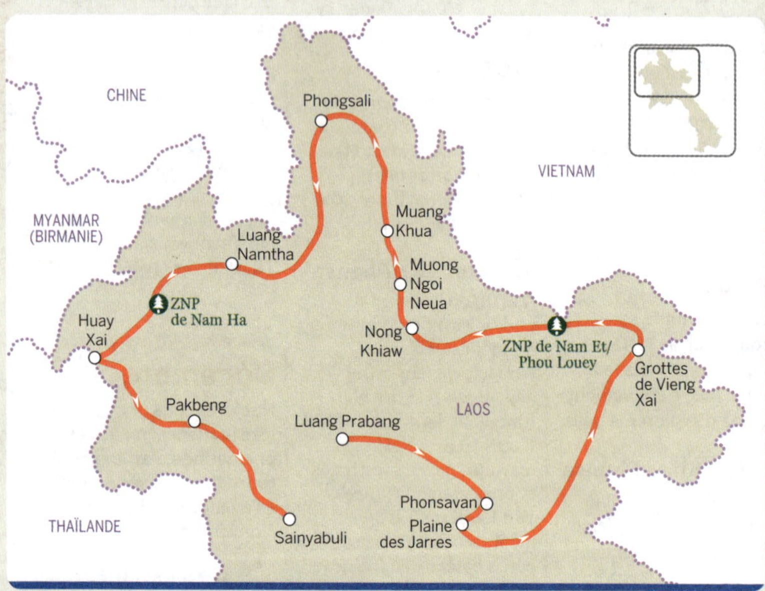

Cap au nord

Cette région lointaine est devenue l'une des plus fréquentées du Laos pour les activités de plein air, ainsi que pour la découverte des minorités ethniques. Luang Prabang, au cœur de la région, est à visiter de préférence en début ou en fin de parcours.

La superbe **Luang Prabang**, dont la vieille ville recèle une myriade de temples, monuments, musées, cafés et boutiques, est une destination à part entière. Après l'ancienne capitale royale, mettez le cap vers le sud-est jusqu'à **Phonsavan**, porte d'entrée de la mystérieuse **plaine des Jarres**, l'une des destinations phare du pays. Quittant l'itinéraire touristique, rejoignez les **grottes de Vieng Xai**, dans de spectaculaires falaises kartstiques, qui évoquent des heures sombres de l'histoire récente du Laos.

Plus à l'ouest, vous pourrez emprunter un sentier des tigres de la lointaine **ZNP de Nam Et/Phou Louey**, où vous aurez peut-être la chance d'apercevoir le félin. Continuez ensuite jusqu'à **Nong Khiaw**, joli village sur les berges de la Nam Ou, dominé par des rochers à pic. Il s'agit du point d'embarquement des circuits en

Muang Khua, province de Phongsali (p. 91)

bateau vers la province de Phongsali via les localités de **Muong Ngoi Neua** et **Muang Khua**. Considérée comme la destination de trekking la plus authentique du Laos, **Phongsali** donne l'occasion de loger chez des Akha.

Ralliez **Luang Namtha,** une base accueillante pour partir à l'aventure au nord-ouest, notamment entreprendre des treks dans la **ZNP de Nam Ha** et explorer à vélo ou en kayak la campagne au-delà.

De Luang Namtha, descendez à **Huay Xai**, ville frontalière sur le Mékong et point d'accès au Triangle d'or. Si vous manquez de temps, terminez ici votre périple. Mieux vaut toutefois boucler la Boucle en regagnant Luang Prabang par voie fluviale via **Pakbeng**. Ce trajet en bateau de deux jours compte en effet parmi les plus simples à effectuer au Laos.

Sinon, contentez-vous d'une journée de traversée jusqu'à Pakbeng, puis dirigez-vous dans les terres vers la petite ville de **Sainyabuli** et la magnifique réserve d'éléphants du lac-réservoir de Nam Tien. Cette dernière peut aussi se visiter depuis Luang Prabang.

Le Centre et le Sud

Cet itinéraire classique vous transporte au cœur de la culture laotienne des basses terres, avec ses plaines fluviales plantées de rizières et ses maisons en bois sur pilotis renfermant des métiers à tisser artisanaux.

Débutez par **Vientiane**, la capitale du pays, et profitez de ses sites historiques, sa cuisine, ses boutiques et sa vie nocturne, car vous ne trouverez plus loin rien d'aussi animé. Faites un détour par **Vang Vieng**, cernée de pics calcaires escarpés dissimulant des grottes.

Dirigez-vous vers le sud jusqu'à **Tha Khaek**, typique bourgade somnolente des rives du Mékong, puis suivez la Rte 12 vers l'est pour explorer les grottes calcaires de la province de Khammuan ou faites la **Boucle** en vous arrêtant à l'extraordinaire grotte de **Tham Kong Lo**.

Continuez vers le sud jusqu'à **Savannakhet**, où vous aurez un aperçu de la Vientiane postcoloniale avant sa rénovation par l'État laotien avec l'aide internationale.

Descendez ensuite jusqu'à **Pakse,** porte d'accès à la province de Champasak, à l'extrême sud du pays. **Champasak** voisine avec un site archéologique, le Vat Phu Champasak, un temple de style angkorien dont les ruines s'étagent sur les pentes du Phu Pasak, un mont sacré.

Un crochet enthousiasmant conduit au **plateau des Boloven** et à Tat Fan, les chutes les plus impressionnantes du pays. Là, vous pourrez tenter l'aventure Treetop Explorer, une traversée en tyrolienne à travers la jungle. Arrêtez-vous à **Paksong**, capitale du café, avant de gagner Tat Lo, un bel endroit pour se baigner dans les cascades, effectuer des randonnées tranquilles passant par des villages traditionnels et même se promener à dos d'éléphant.

Autre occasion de monter sur un éléphant, le parcours entre le village de **Kiet Ngong** et le site archéologique au sommet du Phu Asa. Il s'agit d'une halte logique sur la route qui mène vers le sud à **Si Phan Don** (Quatre Mille Îles). Cet archipel fluvial paradisiaque où la vie des pêcheurs et des paysans n'a guère changé depuis un siècle, voire davantage, se prête au farniente avant de rejoindre le Cambodge ou la Thaïlande via Chong Mek.

En haut : Vat Phu Champasak (p. 233)
En bas : Mékong, Si Phan Don (p. 252)

Vang Vieng
Golfe du Tonkin
Tham Kong Lo
VIENTIANE
Tha Khaek
VIETNAM
Savannakhet
THAÏLANDE
LAOS
Plateau des Boloven
Pakse
Paksong
Champasak
Kiet Ngong
CAMBODGE
Si Phan Don

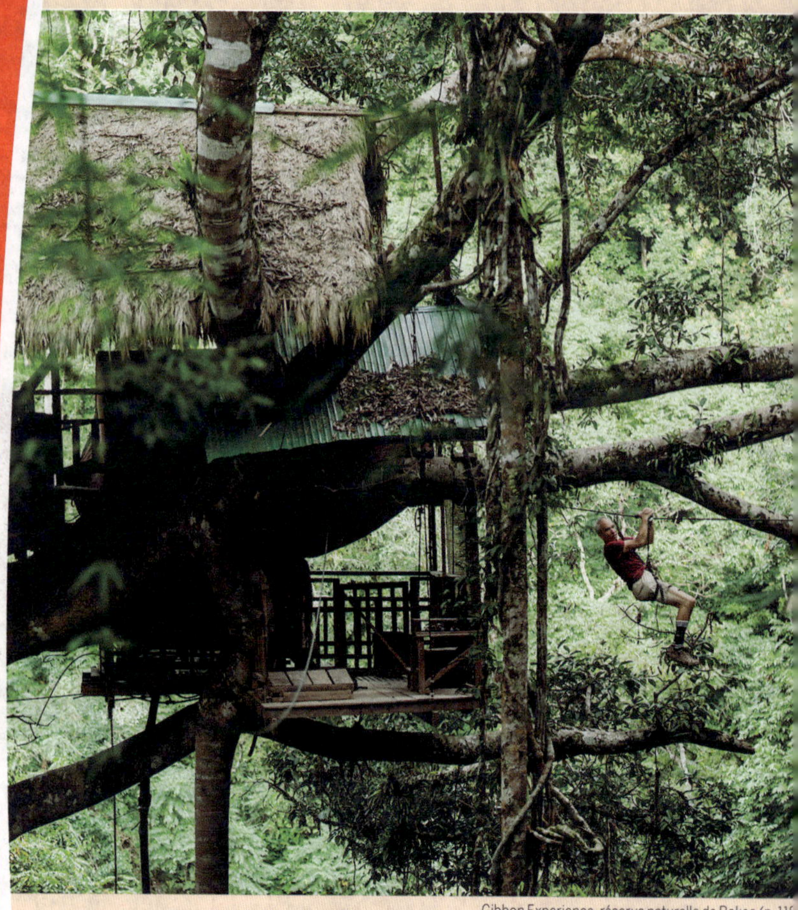

Gibbon Experience, réserve naturelle de Bokeo (p. 118

Préparer son voyage

Activités de plein air

Jungles épaisses, montagnes imposantes, cours d'eau innombrables, falaises vertigineuses et virages en épingle à cheveux : le Laos est un territoire propice aux sports d'aventure. Que vous souhaitiez escalader un pic élevé ou plonger dans les entrailles d'un réseau de grottes, il y en a pour tous les goûts.

Quand partir

De novembre à février

Cette période fraîche et sèche est considérée comme la meilleure pour partir à l'aventure et faire des expéditions à pied, à vélo ou à moto. Si vous planifier des treks dans des lieux à haute altitude, tels que Phongsali, où il peut faire très froid l'hiver à 1 500 m, le printemps et l'automne sont cependant préférables.

De mars à mai

Les températures atteignant couramment les 40°C à la saison chaude, la spéléologie et le kayak sur la Nam Ou rafraîchissent agréablement.

De juin à octobre

La saison humide se prête aux activités nautiques, comme le rafting ou le kayak, car même les rivières modestes ont alors un niveau d'eau suffisant.

Bateau, kayak et tubing

Le Mékong traversant le pays sur pratiquement toute sa longueur, les croisières fluviales constituent l'un des grands plaisirs au Laos. Quant aux affluents du fleuve-mère, plus petits et souvent bordés de jungle, ils vous donneront l'occasion de découvrir des villages isolés où vivent des minorités ethniques

Le kayak a gagné en popularité ces dernières années, surtout autour de Luang Prabang, Nong Khiaw et Vang Vieng. Les circuits coûtent à partir de 25 $US par personne et incluent souvent des parcours à vélo.

La descente de rivière sur une grosse chambre à air, ou tubing, a longtemps été une activité prisée à Vang Vieng, mais les autorités ont récemment pris des mesures contre les "sauts de Tarzan", les tyroliennes et les bars installés au bord de l'eau, en raison d'une série d'accidents mortels provoqués par la consommation d'alcool. Afin d'éviter les risques, restez sobre.

Où aller

- **De Huay Xai à Luang Prabang** Descente sur le puissant Mékong, du Triangle d'or à l'ancienne capitale royale du Laos via Pakbeng (p. 119).
- **De Nong Khiaw à Muang Ngoi Neua** Un itinéraire court à travers un paysage karstique saisissant (p. 85).
- **Si Phan Don** Seul le bateau permet de découvrir l'archipel des Quatre Mille Îles, à l'endroit où le Mékong atteint près de 14 km de large à la saison des pluies (p. 252).
- **Tham Kong Lo** Une promenade en bateau sur la rivière souterraine de cette grotte-galerie de 7 km de long donne l'impression de traverser le Styx (p. 198).

Escalade et spéléologie

En matière d'escalade organisée, Vang Vieng fait partie des meilleures destinations d'Asie du Sud-Est, avec d'excellents moniteurs et des équipements sûrs. Comptez à partir de 25 $ US par personne pour un groupe de quatre. Les ascensions plus spécialisées et les cours coûtent davantage.

Il n'existe pas vraiment d'excursions de spéléologie, à moins de monter une expédition professionnelle. En revanche, de nombreux réseaux de grottes étendus sont ouverts au public.

Où aller

- **Vang Vieng** Plus de 200 voies, souvent plantées de pitons, permettent d'escalader les falaises calcaires. La plupart sont cotées entre 4a et 8b (p. 177).
- **Grottes de Vieng Xai** L'ancien quartier général du Pathet Lao, caché parmi de spectaculaires falaises karstiques (p. 81).

- **Tham Kong Lo** Une rivière souterraine qui réserve aux courageux de grands moments de frisson (p. 198).
- **Tham Lot Se Bang Fai** Accessible de janvier à mars, le réseau de grottes le plus impressionnant de la province de Khammuan s'étire sur 6,5 km dans les profondeurs d'une montagne calcaire (p. 208).

Moto

À ceux qui ont soif d'aventure, parcourir à moto les régions isolées du Laos laisse un souvenir impérissable. Ce moyen de locomotion brille en outre par sa souplesse. Mieux que la voiture ou le bus, il permet de rouler sur des pistes que même les 4x4 ne peuvent emprunter et d'appréhender la réalité rurale au plus près. Que la beauté des paysages ne vous empêche toutefois pas de regarder la route. Beaucoup de Laotiens circulant à moto, on trouve des ateliers de réparation un peu partout. Et si vous ne vous sentez pas rassuré derrière un guidon, louer une machine avec chauffeur reste très abordable.

Où aller

- **La Boucle** Itinéraire sur les petites routes de campagne méconnues du centre du Laos, au départ de Tha Khaek (p. 196).
- **La Boucle sud** Circuit hors des sentiers battus passant par le plateau des Boloven et d'autres provinces du Sud (p. 246).
- **Ouest de Vang Vieng** Parcours au cœur des formations karstiques qui émaillent la rive occidentale de la Nam Song (p. 180).

Observation de la faune

Si la faune laotienne ne rivalise pas avec celle du Serengeti en Afrique du Sud, il est néanmoins possible de surprendre quelques animaux.

Où aller

- **Gibbon Experience** Ce célèbre projet d'écotourisme fait glisser les visiteurs le long de tyroliennes dans la canopée à la rencontre des gibbons qui peuplent la jungle (p. 118).

Kayak sur le Mékong, Don Det (p. 257

- **Centre de protection des éléphants** Promenez-vous à dos d'éléphant, apprenez la technique des *mahout* (cornacs) et visitez l'élevage de ce centre proche de Sainyabuli (p. 128).
- **Archipel de Si Phan Don** Le dauphin de l'Irrawaddy, dont moins d'une centaine d'individus subsistent dans le Mékong, est visible au large de Don Khon, au sud du Laos (p. 258).
- **ZNP de Nam Et/Phou Louey** Certains des derniers tigres du Laos se cachent dans cette immense jungle luxuriante, mais vous ne risquez guère de les croiser (p. 84).
- **Centre de sauvetage des ours** Le parc forestier de Tat Kuang Si mérite le détour pour ses chutes sur plusieurs niveaux et ses ours noirs d'Asie (p. 63).

Randonnée et trekking

Ces activités s'adressent à ceux qui souhaitent explorer les zones nationales protégées (ZNP) et découvrir les villages des minorités ethniques. Diverses formules organisées sont possibles, de la marche d'une demi-journée aux expéditions d'une

Vang Vieng (p. 177)

PRENDRE DE LA HAUTEUR

Les tyroliennes connaissent un véritable engouement au Laos. La Gibbon Experience (p. 118), dans la réserve naturelle de Bokeo, a été la première à en installer dans la canopée pour permettre d'observer les gibbons. Des cabanes en haut des arbres assurent l'hébergement des visiteurs, qui peuvent même se faire masser au Gibbon Spa dans un cadre inoubliable.

Au sud dans la ZNP (zone nationale protégée) de Dong Hua Sao, Green Discovery (p. 221), le pionnier de l'écotourisme, propose maintenant le circuit "Tree Top Explorer", un réseau de tyroliennes vertigineuses au-dessus d'une forêt semi-persistante. La ligne la plus longue mesure 450 m et vous approcherez si près d'une énorme cascade qu'elle vous éclaboussera. Le soir, vous vous endormirez, épuisé, dans une cabane perchée à 20 m du sol.

semaine comprenant aussi des itinéraires à vélo et en kayak. La plupart ont une double composante, à la fois culturelle et environnementale. Les participants dorment chez l'habitant dans des villages et l'argent revient à des communautés défavorisées. Vous avez désormais le choix entre plus d'une douzaine d'endroits. Parmi les randonnées les moins fatigantes figurent celles à travers la jungle pour voir des cascades préservées et celles à destination de villages reculés. Le paysage, souvent à couper le souffle, alterne vallées profondes, rizières en terrasses et montagnes calcaires abruptes.

Les circuits sont souvent organisés par de petits tour-opérateurs locaux, qui emploient des guides parlant anglais. Comptez à partir de 25 $US par jour pour un groupe important, guide, transport, hébergement, nourriture et entrées des parcs compris. Les prix peuvent cependant s'élever à plusieurs centaines de dollars quand il s'agit de longs treks plus spécialisés dans des zones isolées. En général, il faut au moins deux participants et le coût par personne diminue quand la taille du groupe augmente.

MARGIE POLITZER/GETTY IMAGES ©

Bain des éléphants, Tat Lo (p. 241)

CONSIGNES DE SÉCURITÉ POUR LES RANDONNEURS

- Ne vous éloignez pas des sentiers établis, car de nombreuses zones du pays sont truffées d'engins explosifs non désamorcés ("unexploded ordnance" ou UXO) .
- Engager un guide qui connaît la langue et la culture locales ne coûte pas cher et vaut la peine.
- Les chiens se montrant parfois agressifs, un solide bâton peut s'avérer utile.
- Investissez dans des chaussures de randonnée montantes.
- Munissez-vous d'une moustiquaire dans les régions touchées par le paludisme.
- Apportez de bonnes chaussettes et un produit contre les sangsues.
- Prévoyez des comprimés pour purifier l'eau.
- Barres de céréales ou en-cas énergétiques vous éviteront les coups de pompe lors de longues randonnées.

Où aller

- **ZNP de Nam Ha** Un projet d'écotourisme primé offre aux randonneurs une expérience authentique dans des villages de minorités ethniques (p. 108).
- **Province de Phongsali** Une destination fascinante, fief de certaines des ethnies montagnardes les plus traditionnelles, où le froid règne l'hiver. Les treks de plusieurs jours incluent l'hébergement dans des familles akha (p. 91).
- **ZNP de Phu Hin Bun** Impressionnantes formations karstiques (p. 196).
- **ZNP de Se Pian** Treks généralistes ou promenades à dos d'éléphant (p. 238).
- **Dong Natad** Des circuits dans une superbe forêt à feuillage semi-persistant organisés par l'Eco-Guide Unit depuis Savannakhet (p. 215).

Vélo

Lentement mais sûrement, le Laos devient une destination pour les cyclistes. Les plus sportifs s'attaquent aux montagnes du Nord, les autres suivent des itinéraires moins exigeants qui serpentent le long du Mékong de village en village, en particulier au sud dans l'archipel de Si Phan Don.

Dans la plupart des lieux suffisamment touristiques, on peut louer des vélos sans vitesse moyennant quelque 20 000 LAK/jour. Les meilleurs VTT coûtent 40 000-80 000 LAK/jour (5-10 $US). Mieux vaut toutefois apporter votre propre engin si vous envisagez un véritable périple, car le choix du matériel s'avère plus limité au Laos qu'en Thaïlande ou au Cambodge.

Des tour-opérateurs et des pensions proposent des circuits en VTT, dont la durée va de quelques heures à plusieurs semaines.

Où aller

- **Luang Namtha** Villages des minorités ethniques (p. 105).
- **Luang Prabang** Vieille ville et campagne environnante (p. 62).
- **Udomxai** Circuit difficile de 3 jours jusqu'aux grottes de Cham Ong (p. 98).
- **Vientiane** Étrange parc du Bouddha (p. 148).

Les régions en un clin d'œil

Pour beaucoup de voyageurs effectuant un cours séjour au Laos, Luang Prabang, classée à juste titre au patrimoine mondial, représente la principale destination et le temps fort du voyage. Capitale du pays, Vientiane même si elle a un charme bucolique pour une ville d'Asie, ne manque pas pour autant de cafés attrayants, de restaurants chics et de bars animés.

Le Nord, avec son paysage de montagnes imposantes et de forêts denses, recèle de vastes parcs nationaux, une faune rare et des minorités ethniques parmi les plus traditionnelles. S'y déplacer par voie fluviale fait partie des expériences incontournables.

Peu fréquenté, le Centre possède pourtant des atouts non négligeables : cadre naturel splendide, réseaux de grottes spectaculaires et villes de l'époque coloniale au charme suranné.

Dans le Sud, la vie s'écoule à un rythme nonchalant. Les îles de Si Phan Don sur le Mékong retiennent les visiteurs plus longtemps que prévu et l'attrait du plateau des Boloven va bien au-delà de ses plantations de café.

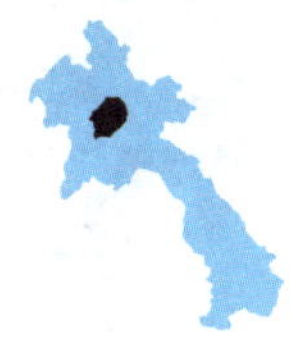

Luang Prabang

Cuisine
Activités
Shopping

À table !

La scène gastronomique de Luang Prabang est de premier ordre, avec nombre de restaurants aménagés dans des édifices de la période coloniale, et de petits bars branchés.

L'autre Luang Prabang

La ville ne se résume pas à ses temples et à ses moines. Camps d'éléphants, sentiers praticables à VTT et bien d'autres choses encore vous attendent juste après la banlieue.

Art et artisanat

Le marché de nuit éclairé par des guirlandes électriques qui se tient dans l'artère principale vend des textiles et des bibelots. Il existe aussi en ville des galeries d'art et des magasins d'antiquités.

p. 34

Nord du Laos

Aventure
Croisières
Histoire

Jungle à foison

L'immense jungle du nord du Laos, protégée par de superbes parcs nationaux, offre les meilleurs itinéraires de trek du pays, ainsi que la possibilité de faire du vélo, du kayak et de la tyrolienne.

Tout le monde à bord !

Le tronçon du Mékong entre le Triangle d'or et Luang Prabang se prête à l'une des plus belles croisières fluviales de la région. Des cours d'eau plus modestes, comme la Nam Ou autour de Nong Khiaw, ne manquent pas non plus d'attraits.

Histoire récente

L'histoire du Laos moderne imprègne les grottes de Vieng Xai, dont le Pathet Lao fit son quartier général, et la plaine des Jarres, région très disputée dans les années 1960.

p. 66

Vientiane et ses environs

Cuisine
Activités
Shopping

Saveurs

La capitale propose tout un éventail de cuisines étrangères (turque, japonaise, italienne...), mais son principal atout réside dans ses bons et beaux restaurants français.

On se bouge !

Vientiane se parcourt très agréablement à vélo. Elle possède par ailleurs des lieux pour jouer au frisbee, des clubs de course à pied, des piscines et, chaque matin à 6h, une séance de gymnastique collective au bord du Mékong.

Souvenirs

Les boutiques de savons et de soie vendent des chemises sur mesure, des robes et des pashminas. On peut aussi acheter des œuvres en laque et de vieilles montres.

p. 136

Centre du Laos

Grottes
Architecture
Aventure

Sous terre

Le centre du Laos recèle tout un monde souterrain, des grottes émaillées de bouddhas et de lagons verts propices à la baignade jusqu'aux réseaux de galeries parcourus par une rivière, comme à Tham Kong Lo.

Villes coloniales

Les traces de la colonisation française sont visibles dans l'architecture élégante de villes telles que Tha Khaek et Savannakhet, certaines restaurées avec art, d'autres décrépites et fantomatiques.

En deux-roues

Prenez la route à moto ou à vélo, pour découvrir de sublimes paysages et des destinations hors des sentiers battus.

p. 190

Sud du Laos

Rivières
Activités
Aventure

Îles du Mékong

Si le farniente fait partie intégrante d'une escapade à Si Phan Don, il serait dommage de ne pas quitter son hamac pour rencontrer les îliens paisibles ou glisser en kayak sur le magnifique tronçon du Mékong entourant l'archipel.

Parcs nationaux

Les randonnées dans les parcs nationaux mènent à des villages de minorités ethniques, des temples en ruine et des chutes d'eau parmi les plus hautes du pays.

Itinéraires

Adeptes de la moto ou du VTT, le sud du Laos vous tend les bras. Le parcours accidenté de la vieille piste Hô Chi Minh s'adresse aux motards aguerris, mais les routes nationales peuvent être empruntées par tous.

p. 218

Sur la route

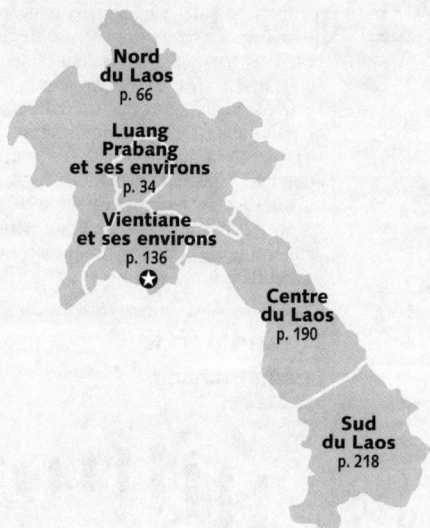

Nord du Laos p. 66

Luang Prabang et ses environs p. 34

Vientiane et ses environs p. 136

Centre du Laos p. 190

Sud du Laos p. 218

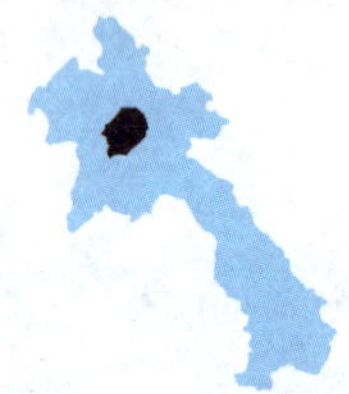

Luang Prabang et ses environs

Dans ce chapitre ➡

Luang Prabang 35
À voir 37
Activités 47
Où se loger 50
Où se restaurer 55
Grottes de Pak Ou 63
Tat Kuang Si 63
Tat Sae 65
Ban Phanom et au-delà 65

Le top des restaurants

- Dyen Sabai (p. 57)
- Le Banneton (p. 56)
- Tamarind (p. 57)
- Apsara (p. 57)
- Le Patio (p. 58)

Le top des hébergements

- La Résidence Phou Vao (p. 55)
- Le Sen Boutique Hotel (p. 54)
- Muang Lao Riverside Villa (p. 53)
- Apsara (p. 52)
- Xayana Guesthouse (p. 54)

Pourquoi y aller

Située à un emplacement sacré au confluent de la Nam Khan et du Mékong, Luang Prabang (ຫລວງພະບາງ) compte parmi les plus belles destinations d'Asie du Sud-Est. Classée au patrimoine mondial de l'Unesco, elle séduit par son charme intangible et son rythme nonchalant. Des palmiers se balancent au-dessus de *vat* dorés, tandis que des moines en robe safran semblent glisser le long des rues. Les villas françaises et laotiennes, joliment restaurées, ont été transformées en de ravissants et abordables hôtels. L'ancienne capitale royale du Laos est aussi un lieu parfait pour s'attabler dans un bon restaurant français.

Dans la campagne alentour, nombre d'aventures vous attendent – descente de rivière en kayak ou en bateau, treks dans les forêts, visite de camps d'éléphants – au gré d'une nature à la beauté époustouflante, ponctuée de cascades aux eaux turquoise et de grottes, entourées de vertes montagnes voilées de brume.

Quand partir

Luang Prabang

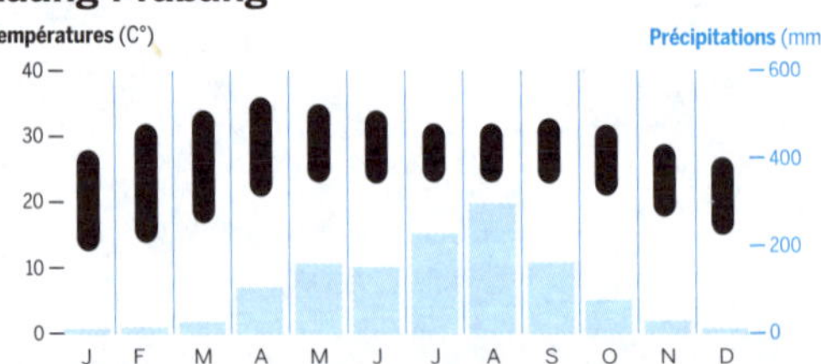

Nov-fév La saison idéale côté météo, mais aussi la période la plus touristique.

Mars-mai C'est la saison chaude ; certains en profitent pour assister aux célébrations de Pi Mai.

Juin-oct La saison humide se traduit par une chute de la fréquentation et des prix.

LUANG PRABANG

071 / 70 000 HABITANTS

Histoire

Selon la légende, les fondateurs de Luang Prabang furent Phou Nheu et Nha Nheu, dont les effigies, cachées dans le Vat Aham, n'apparaissent que lors de Pi Mai (le Nouvel An laotien) ; les boutiques de souvenirs en vendent des reproductions.

Appelée Muang Sawa (Muang Sua) à partir de 698, puis Xiang Dong Xiang Thong (Cité de l'Or) à partir du XIe siècle, la cité-État passa successivement aux mains des Nanzhao (Yunnanais), des Khmers et des empires mongols. Elle prospéra en tant que capitale du Lan Xang, le royaume fondé en 1353 par Fa Ngum, un conquérant soutenu par les Khmers. En 1512, lorsque le souverain khmer offrit au roi Visoun le Pha Bang,

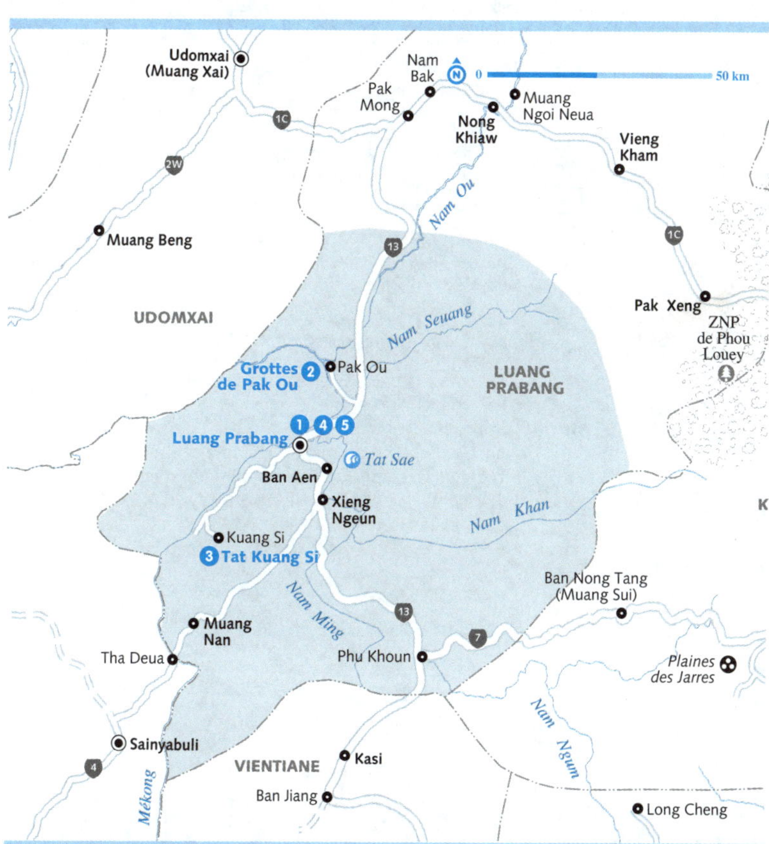

À ne pas manquer

1 La cérémonie du **tak bat** (p. 45) : chaque jour à l'aube, dans la rue, les habitants font des offrandes aux moines de Luang Prabang

2 Une croisière sur le Mékong jusqu'aux **grottes de Pak Ou** (p. 63), un site sacré empli d'innombrables effigies du Bouddha

3 Les eaux turquoise des chutes de **Tat Kuang Si** (p. 63), qui sont parmi les plus impressionnantes du pays

4 La toiture du **Vat Xieng Thong** (p. 42), le plus beau temple de la ville

5 Un repas au bord du Mékong ou un dîner gastronomique dans le **centre-ville**, paradis pour les gourmets (p. 55)

Luang Prabang

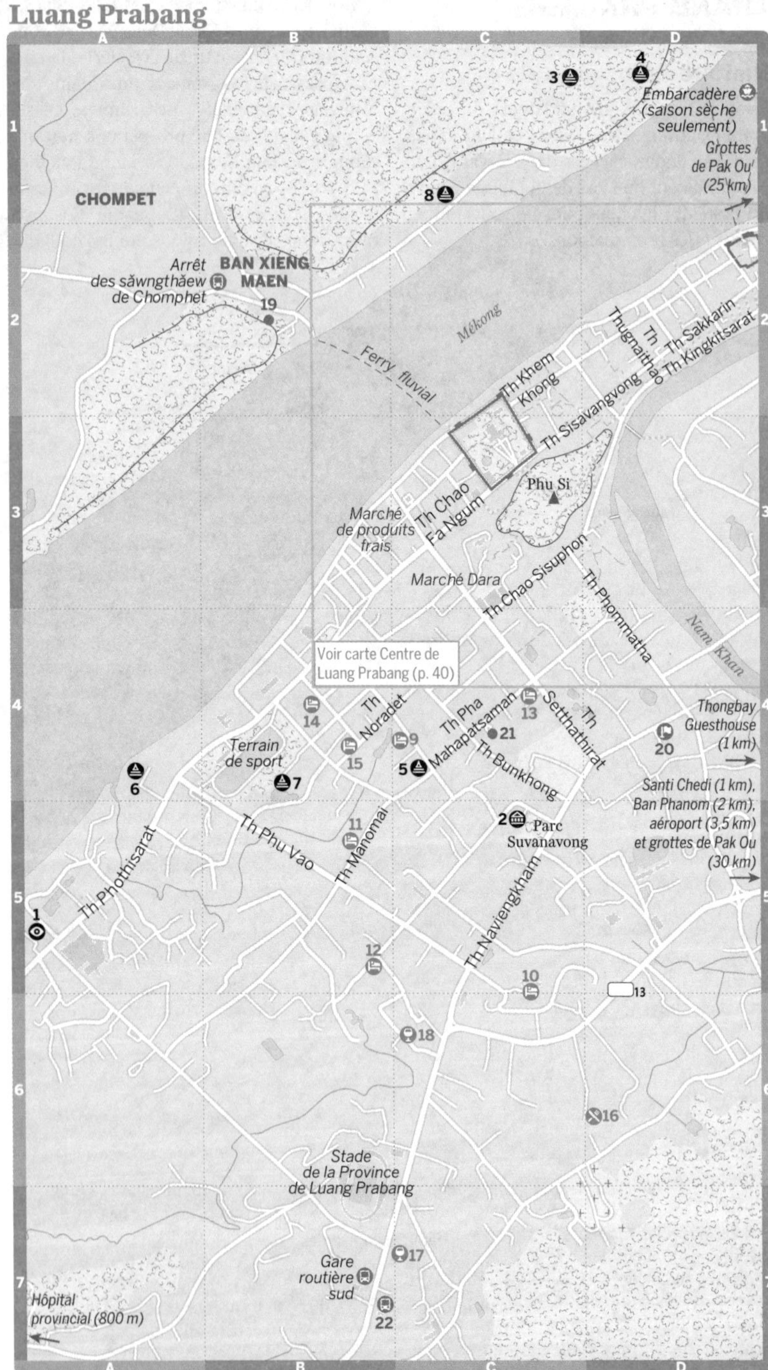

CHOMPET
BAN XIENG MAEN
Arrêt des sǎwngthǎew de Chomphet
Embarcadère (saison sèche seulement)
Grottes de Pak Ou (25 km)
Mékong
Ferry fluvial
Th Khem Khong
Th Sisavangvong
Th Thugnaithao
Th Sakkarin
Th Kingkitsarat
Phu Si
Th Chao Fa Ngum
Marché de produits frais
Marché Dara
Th Chao Sisuphon
Th Phommatha
Nam Khan
Voir carte Centre de Luang Prabang (p. 40)
Th Noradet
Th Pha Mahapatsaman
Th Setthathirat
Th Bunkhong
Terrain de sport
Thongbay Guesthouse (1 km)
Santi Chedi (1 km), Ban Phanom (2 km), aéroport (3,5 km) et grottes de Pak Ou (30 km)
Parc Suvanavong
Th Phu Vao
Th Manomai
Th Phothisarat
Th Naviengkham
Stade de la Province de Luang Prabang
Gare routière sud
Hôpital provincial (800 m)

Luang Prabang

À voir
1 OckPopTok Living Crafts Centre A5
2 Centre d'information UXO Laos C5
3 Vat Chomphet C1
4 Vat Longkhun D1
5 Vat Manorom C4
6 Vat Phabaht A4
7 Vat That Luang B4
8 Vat Xieng Maen C1

Activités
OckPopTok .... (voir 1)

Où se loger
9 Ban Lao Hotel C4
10 La Résidence Phou Vao C5
11 Le Sen Boutique Hotel B5
12 Luang Say Residence B5
13 Mano Guest House C4
14 Satri House B4
15 Villa Suan Maak B4

Où se restaurer
16 Luang Prabang Secret Pizza D6
Sushi .... (voir 13)

Où prendre un verre et faire la fête
17 Dao Fah C7
18 La Pistoche C6

Renseignements
19 Jewel Travel Laos B2
20 Consulat du Vietnam D4

Transports
21 Lao Airlines C4
22 Station de minibus de Naluang B7
Naluang Rental .... (voir 22)

une statue vénérée du Bouddha, la ville prit le nom de Luang (grand ou royal) Prabang (Pha Bang).

Bien que Viang Chan (Vientiane) soit devenue la capitale du Lan Xang en 1560, Luang Prabang demeura le fief du pouvoir royal. Lors de l'éclatement du royaume après la mort du roi Suriya Vongsa en 1694, un des petits-fils de Suriya fonda un royaume indépendant à Luang Prabang, qui rivalisa avec ceux de Vientiane et de Champasak.

Toutefois, la monarchie de Luang Prabang était si faible qu'elle dut payer un tribut à diverses époques aux Siamois, aux Birmans et aux Vietnamiens. L'échec de la révolte des Taiping en Chine provoqua la fuite de groupes de miliciens Ho, qui formèrent des armées de mercenaires ou des bandes de bandits. Les plus célèbres d'entre eux, les Pavillons noirs, dévastèrent Luang Prabang en 1887, détruisant et pillant quasiment tous les monastères. Après cette attaque, le royaume de Luang Prabang accepta la protection de la France, qui installa un vice-consul dans la capitale royale.

Les Français permirent le maintien de la monarchie de Luang Prabang, et la ville devint bientôt l'une des destinations favorites des colons français désireux de s'installer le plus loin possible de Paris.

La ville survécut à l'invasion japonaise durant la Seconde Guerre mondiale et demeura un bastion royaliste au cours des guerres d'Indochine et du Vietnam, évitant ainsi les bombardements américains qui détruisirent presque toutes les autres cités du nord du Laos.

Dans les années 1980, la collectivisation de l'économie provoqua un exode massif des entrepreneurs, de l'aristocratie et de l'intelligentsia. En raison du manque d'argent et de l'absence d'intérêt pour préserver l'ancienne cité royale, Luang Prabang devint l'ombre d'elle-même. Après 1989, la légalisation de l'entreprise privée se traduisit par la réouverture de commerces longtemps fermés et la transformation de villas délabrées en hôtels et pensions.

Le classement de la ville au patrimoine mondial de l'Unesco, en 1995, a accéléré la mise en valeur du patrimoine historique ; chaque nouvel aménagement dans la vieille ville doit ainsi normalement respecter le style architectural d'origine. La fréquentation touristique de Luang Prabang est aujourd'hui telle que, dans certains quartiers, les pensions, restaurants, boutiques et galeries d'art sont plus nombreux que les habitations.

À voir

Palais royal et ses environs

Musée du Palais royal MUSÉE

(ພະຣາຊະວັງຫຼວງແກ້ວ, Ho Kham ; carte p. 40 ; 071-212470 ; Th Sisavangvong ; 30 000 LAK ; 8h-11h30 et 13h30-16h mer-lun, dernière entrée 15h30). Précédé d'une allée de hauts palmiers rondiers, l'ancien Palais royal fut édifié en 1904, mêlant les styles laotien traditionnel et Beaux-Arts français. Ce fut la résidence principale du roi Sisavang Vong (r. 1904-1959), dont la statue corpulente se dresse à

LUANG PRABANG EN...

Deux jours

Découvrez la **vieille ville** en vous baladant parmi les temples et les édifices historiques. Suivez notre *Promenade à pied* (p.48) pour un itinéraire planifié ou flânez comme bon vous semble. Passez à tout prix par le **Vat Xieng Thong** – temple magnifique –, le **musée du Palais royal** et certaines des venelles reliant les rives du Mékong à celles de la Nam Khan. Déjeunez au bord de la Nam Khan et dînez sur les berges de l'imposant Mékong. Le deuxième jour, levez-vous à l'aube pour assister au **tak bat** : les moines sortent pour récolter l'aumône. Continuez jusqu'au **marché du matin**, fort animé, avant de remonter le fleuve en bateau jusqu'aux **grottes de Pak Ou**. Si vous avez le temps, prévoyez un après-midi de randonnée et de baignade autour des chutes de **Tat Kuang Si**. Terminez par une soirée en ville, dans l'ambiance survoltée du **Hive Bar** ou à l'**Utopia**, plus décontracté.

Quatre jours

Après avoir exploré la vieille ville et ses sites majeurs, il est temps de songer à une montée d'adrénaline ou à une immersion culturelle. Les amateurs d'aventure opteront pour la randonnée, le vélo ou le kayak dans la campagne environnante, ou la visite de l'un des **camps d'éléphants**. Sinon, immergez-vous dans la culture locale en suivant un cours de cuisine, au **Tamarind** ou au **Tum Tum Cheng**, ou en vous essayant au tissage à l'**OckPopTok**, et visitez le **Centre des arts traditionnels et d'ethnologie (TAEC)**, parfait aussi pour une pause déjeuner au café **Le Patio**. Ne manquez pas de vous offrir un repas gastronomique dans l'un des élégants restaurants internationaux de Luang Prabang. Sachez aussi que **La Pistoche** permet de profiter des plaisirs aquatiques en périphérie de la ville.

l'extérieur. "Tenue correcte" exigée pour entrer : pas de short ni de débardeur.

Le bâtiment principal du palais est accessible par le sud. Des marches en marbre italien conduisent au hall d'entrée, qui renferme le dais doré de l'ancien patriarche suprême du bouddhisme laotien. À droite, la salle de réception du roi est ornée de toiles représentant des scènes de la vie laotienne, réalisées en 1930 par l'artiste française Alix de Fautereau. Une rangée de tambours métalliques khamu, vieux de plusieurs siècles, conduit à la salle du trône d'un rouge profond, rehaussée de moulures dorées et de mosaïques en verre japonais de couleur. Les galeries latérales contiennent une collection de petits bouddhas, dont certains datant du XVIe siècle, trouvés dans des stupas détruits ou pillés.

Derrière la salle du trône se trouvent les appartements de la famille royale, résolument sobres, avec quelques pièces conservées en l'état après le départ du souverain en 1975. La chambre des enfants contient des instruments de musique de type gamelan et une série de masques du *Ramayana*. Autrefois distraction classique de la cour, ce spectacle a été en partie ressuscité au théâtre Phrolak-Phralam (p. 59), essentiellement pour les touristes.

En dessous et accessibles par le côté ouest, une série de salles sont dévolues aux expositions temporaires. D'autres bâtiments accueillent la collection "**Bouddha flottant**", des photos sur le thème de la méditation, et les cinq voitures de la **collection automobile du palais royal**, dont deux Lincoln Continental des années 1960, une rare Edsel Citation de 1958 et une vieille DS Citroën.

Aucun trésor du patrimoine laotien n'a autant de résonance historique que le **Pha Bang** (ພະບາງ), un bouddha en alliage d'or de 83 cm de hauteur auquel la ville doit son nom. Son arrivée en 1512 légitima la dynastie royale du Lan Xang en tant que souverains bouddhistes. Selon la légende, la statue aurait été fondue vers le Ier siècle au Sri Lanka ; de style khmer, elle date plus probablement du XIVe siècle. Les Siamois l'emportèrent à deux reprises en Thaïlande, en 1779 et 1827, puis le roi Mongkut (Rama IV) la restitua aux Laotiens en 1867.

Dans le coin sud-est des jardins du palais, le **Vat Ho Pha Bang**, un grand temple à toits multiples en voie d'achèvement, doit servir d'écrin au **Pha Bang**. Ce projet avait été prévu avant l'abolition de la monarchie en

1975, et la construction de ce pavillon richement orné commença finalement en 1993. Le fastueux intérieur rouge et or contient déjà un "trône" à degrés pour la statue, ainsi que le palanquin doré dans lequel le Pha Bang, porté par 16 hommes, est promené dans la ville lors de la fête de Pi Mai.

Actuellement, le Pha Bang est conservé dans une petite salle discrète, entouré de défenses d'éléphant sculptées et de trois paravents en soie, brodés par la dernière reine. Pour l'admirer, longez vers l'est la terrasse sud du palais et regardez entre les barreaux à l'extrémité. Une rumeur persistante affirme qu'il s'agit d'une copie et que l'original serait dans une chambre forte à Vientiane ou à Moscou. La "vraie" statue aurait une feuille d'or sur les yeux et un trou percé dans une cheville.

Il est obligatoire de se déchausser pour pénétrer dans le musée, les photographies sont interdites et il faut laisser les sacs dans une consigne à gauche de l'entrée principale.

Vat Mai Suvannaphumaham TEMPLE BOUDDHIQUE
(ວັດໃໝ່ສຸວັນນະພູມອາຮາມ ; carte p. 40 ; Th Sisavangvong ; 10 000 LAK ; ⏲8h-17h). À côté du palais, le Vat Mai est l'un des plus somptueux monastères de la cité. Le *sǐm* (grande salle dite d'ordination), en bois, possède un toit à cinq niveaux, parfait exemple du style de Luang Prabang, tandis que l'inhabituelle véranda couverte, en façade, comporte des reliefs dorés qui représentent des scènes de vie villageoise, le *Ramayana* et l'avant-dernière naissance du Bouddha.

Édifié en 1821 pour remplacer le bâtiment originel de 1796, c'était le nouveau (*mai*) monastère et il a conservé ce nom. Il fut épargné par les Ho chinois, en 1887, qui l'auraient trouvé trop beau pour le détruire. Le Sangharat, le patriarche du bouddhisme laotien, y réside depuis 1894.

♥ Phu Si COLLINE
(ພູສີ ; carte p. 40 ; 20 000 LAK ; ⏲8h-18h). Dominant le centre de la vieille ville et très prisée des amateurs de couchers de soleil, la colline escarpée de Phu Si, haute de 100 m, est couronnée d'un stupa doré de 24 m appelé **That Chomsi** (carte p. 40). Vu de loin, surtout de nuit quand il est éclairé, on a l'impression que le stupa flotte dans la brume. La montée jusqu'au sommet, où les vestiges d'une batterie antiaérienne jouxtent un mât porte-drapeau, vaut essentiellement pour le panorama.

En gravissant le Phu Si par le versant nord (329 marches), faites une halte au petit **Vat Pa Huak** (carte p. 40 ; don apprécié), un sanctuaire un rien décrépit – et l'un des rares temples à ne pas avoir été exagérément restauré. Le haut de la façade en bois sculptée montre le Bouddha chevauchant Airavata, l'éléphant blanc à trois têtes de la mythologie hindoue qui figurait sur le drapeau laotien jusqu'en 1975. Les portes de devant, dorées et sculptées, sont souvent fermées mais, en journée, un gardien se trouve à proximité et vous ouvrira moyennant un pourboire. À l'intérieur, des peintures murales du XIXe siècle ont conservé de belles couleurs. Elles illustrent des scènes historiques le long du Mékong, notamment l'arrivée de diplomates et de guerriers chinois par bateau et les caravanes à cheval. Trois grands bouddhas assis et des bouddhas debout, plus petits, sont de la même période que les fresques, voire plus anciens.

Vous pouvez également monter au That Chomsi par les versants sud et est. Deux sentiers grimpent à travers le grand **Vat Siphoutthabat Thippharam** (carte p. 40) jusqu'à un curieux sanctuaire miniature qui protège une immense **empreinte de pied du Bouddha** (carte p. 40) GRATUIT dans la roche. Au sud-ouest de cette dernière, une série de bouddhas dorés récents se cache dans des fissures rocheuses et des niches autour du **Vat Thammothayalan** (carte p. 40). Le monastère se visite gratuitement, à condition de ne pas dépasser le That Chomsi.

♥ TAEC MUSÉE
(Centre des arts traditionnels et d'ethnologie ; carte p. 40 ; ☎071-253364 ; www.taeclaos.org ; 20 000 LAK ; ⏲9h-18h mar-dim). La visite de ce musée de 3 salles, bien agencé, est incontournable pour se familiariser avec les différentes ethnies montagnardes du nord du Laos, surtout si vous prévoyez une randonnée dans cette région. Pour des informations plus détaillées, regardez la vidéo ou consultez les livres de la bibliothèque dans l'agréable café. Le TAEC occupe l'ancienne demeure d'un magistrat français, l'un des plus somptueux bâtiments des années 1920.

Quartier de Xieng Mouane

Une série de venelles et de passages étroits descendent jusqu'à la berge du Mékong, jalonnée de maisons coloniales à persiennes, de cafés en terrasse et de boutiques de souvenirs.

Centre de Luang Prabang

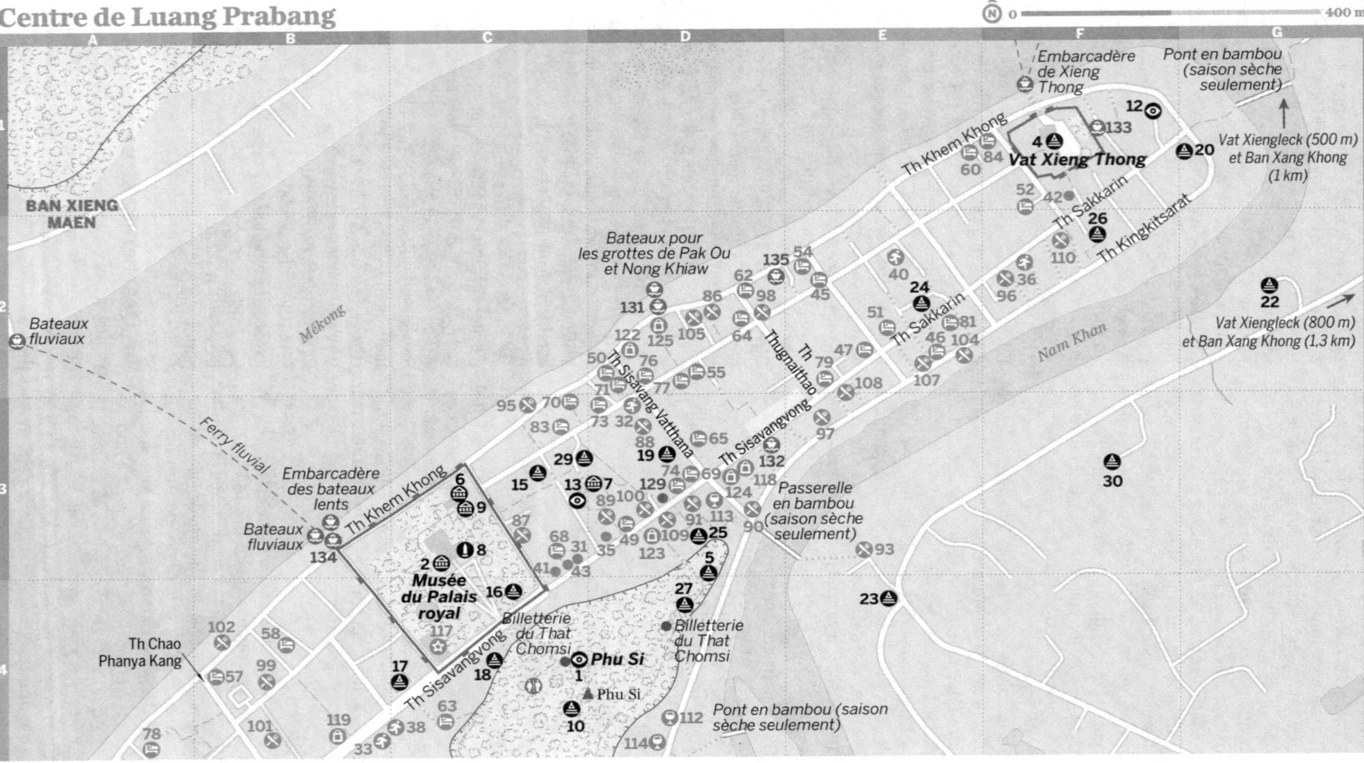

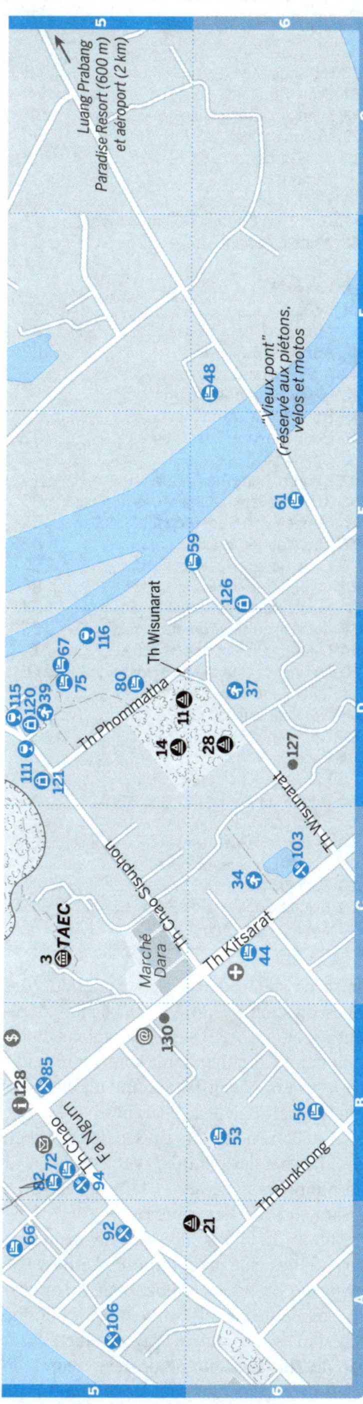

Vat Pa Phai

TEMPLE BOUDDHIQUE

(ວັດປ່າໄຜ່ ; carte p. 40 ; Th Sisavang Vatthana). Au-dessus de la façade en bois doré et sculpté du Vat Pa Phai, une fresque thaïlando-laotienne classique décrit des scènes de la vie quotidienne de la fin du XIXe siècle. La belle maison coloniale de l'autre côté de la rue abrite le Centre culturel français.

Villa Xieng Mouane

ARCHITECTURE

(ເຮືອນມໍລະດົກຊຽງມ່ວນ ; carte p. 40). De la principale artère commerçante, des sentiers conduisent à une petite oasis ombragée de palmiers autour de la villa Xieng Mouane, une maison longue traditionnelle, parfois utilisée pour des expositions.

Centre d'information sur le patrimoine

INSTITUTION

(Carte p. 40). Le Centre d'information sur le patrimoine possède des ordinateurs sur lesquels vous pourrez consulter des photographies et des descriptions des nombreux monuments de la ville protégés par l'Unesco.

Vat Xieng Mouane

TEMPLE BOUDDHIQUE

(ວັດຊຽງມ່ວນ ; carte p. 40 ; ⌚8h-17h). Ce vaste monastère, dont le *sĭm* (grande salle dite d'ordination) date de 1879, comprend un centre qui forme les jeunes moines à la sculpture sur bois, la peinture, la fonte de bouddhas et d'autres compétences nécessaires à l'entretien des temples de Luang Prabang. Ces activités cessèrent après la révolution de 1975, et il reste aux artisans beaucoup à apprendre, à en juger par les objets grossiers vendus dans la **salle d'exposition** (⌚8h30-10h30 et 13h30-16h).

Vat Choumkhong

TEMPLE BOUDDHIQUE

(ວັດຈຸມຄ້ອງ ; carte p. 40). Le jardin du petit Vat Choumkhong est particulièrement joli quand ses poinsettias se couvrent de fleurs rouges. Construit en 1843, ce monastère doit son nom à une statue du Bouddha réalisée à partir d'un gong fondu.

Nord de la péninsule

La pointe nord de la péninsule, formée par la confluence du Mékong et de la Nam Khan, est parsemée de monastères rutilants, ombragés de palmiers. Le son mystérieux des tambours retentit bien avant l'aube et des processions silencieuses de moines en sortent dans la brume matinale. Si le Vat Xieng Thong est le plus connu, d'autres, moins touristiques et plus paisibles, méritent aussi le détour.

Centre de Luang Prabang

Les incontournables

1 Phu Si C4
2 Musée du Palais royal C3
3 TAEC C5
4 Vat Xieng Thong F1

À voir

5 Empreinte de pied du Bouddha D3
6 Photos du "Bouddha flottant" C3
7 Centre d'information sur le patrimoine D3
8 Pha Bang C3
9 Collection automobile du palais royal . C3
10 That Chomsi C4
11 That Makmo D5
12 Bureaux de l'Unesco F1
13 Villa Xieng Mouane C3
14 Vat Aham D5
15 Vat Choumkhong C3
16 Vat Ho Pha Bang C4
17 Vat Mai Suvannaphumaham C4
18 Vat Pa Huak C4
19 Vat Pa Phai D3
20 Vat Pakkhan G1
21 Vat Pha Mahathat A6
22 Vat Phonsaat G2
23 Vat Punluang E4
24 Vat Sensoukaram E2
25 Vat Siphoutthabat Thippharam D3
26 Vat Souvannakhili F2
27 Vat Thammothayalan D4
28 Vat Visunarat D6
29 Vat Xieng Mouane C3
30 Vat Pakha Xaingaram F3

Activités

31 All Lao Elephant Camp C3
32 Big Brother Mouse D3
33 Children's Cultural Centre B4
34 Dhammada C6
35 Green Discovery D3
36 Hibiscus Massage F2
37 Croix-Rouge du Laos D6
38 Luang Prabang Library C4
39 Mekong Yoga D5
40 Spa Garden E2
Tamarind ..... (voir 107)
41 Tiger Trail C3
42 Tum Tum Cheng Cooking School F1
43 White Elephant C3

Où se loger

44 Amantaka C6
45 Ammata Guest House E2
46 Apsara E2
47 Auberge les 3 Nagas E2
48 BelAir Boutique Resort F6
49 Bou Pha Guesthouse D3
50 Boungnasouk Guesthouse D2
51 Chang Inn E2
52 Khoum Xiengthong Guesthouse F1
53 Khounsavanh Guesthouse B6
54 Kongsavath Guesthouse E2
55 Lao Wooden House D2
56 Lemon Laos Backpackers B6
57 Luang Prabang River Lodge B4
58 Manichan Guesthouse B4
59 Mao Pha Shak Guesthouse E6
60 Mekong Charm Guesthouse E1
61 Meune Na Backpacker Hostel E6
62 Muang Lao Riverside Villa D2
Namsok Guesthouse 1 ..... (voir 71)
63 Nora Singh Guesthouse C4
64 Pack Luck Villa D2
65 Paphai Guest House D3
66 Phonemaly Guesthouse A5
67 Phongphilack Guesthouse D5
68 Phounsab Guesthouse C3
69 Sackarinh Guest House D3
70 Sala Prabang C3
71 Silichit Guest House D2
72 Souksavath Guesthouse B5

Devant l'Hotel Mekong Riverside, un point de vue surplombe la confluence des deux fleuves. À l'extrémité de la péninsule, un pont en bambou (péage aller-retour 5 000 LAK), reconstruit chaque année à la saison sèche, traverse la Nam Khan et conduit à une "plage" et à un bar sommaire. C'est aussi un raccourci pour rejoindre Ban Xang Khong, à 1 km au nord-est.

Vat Xieng Thong TEMPLE BOUDDHIQUE
(ວັດຊຽງທອງ; carte p. 40 et p. 44; près de Th Sakkarin; 20 000 LAK; 8h-17h). Ce monastère, le plus connu et le plus visité de Luang Prabang, s'organise autour d'un *sĭm* de 1560, considéré comme un classique de l'architecture locale. Ses toits descendent presque jusqu'au sol et une mosaïque de l'"arbre de vie" orne sa façade ouest. À l'intérieur, des roues du dharma dorées au pochoir décorent le plafond, tandis que les exploits du roi légendaire Chanthaphanit sont représentés sur les murs. Xieng Thong fut l'un des deux temples partiellement épargnés par l'armée des Pavillons noirs lors du sac de la ville en 1887. Le chef des pillards, Deo Van Tri, avait été moine dans ce *vat* et le profana en en faisant son quartier général.

Autour du *sĭm* se dressent des stupas et trois petites chapelles, ou *hăw*. Le **hăw tai**, en forme de haute tombe, était à l'origine une bibliothèque et contient un bouddha debout. Les deux autres *hăw* se caractérisent par de superbes mosaïques extérieures en éclats de miroirs illustrant la vie rurale et les

73 Soutikone Guesthouse 1 .... D3
74 Thanaboun Guesthouse D3
75 Vilayvanh Guesthouse D5
76 Villa Champa D2
77 Villa Chitdara D2
78 Villa Pumalin A4
79 Villa Santi E2
80 Villa Sayada D5
81 Villa Senesouk E2
82 Xayana Guesthouse B5
83 Xieng Mouane Guesthouse C3
84 Xiengthong Palace F1

Où se restaurer

Apsara .... (voir 46)
85 Stands de sandwichs B5
86 Big Tree Café D2
87 Blue Lagoon C3
88 Café Toui D3
89 Coconut Garden D3
90 Couleur Cafe D3
91 Dao Fa Bistro D3
92 Delilah's A5
93 Dyen Sabai E3
94 JoMa Bakery Cafe B5
95 Khemkhong View Restaurant C3
96 Le Banneton F2
97 Le Café Ban Vat Sene E3
Le Patio .... (voir 3)
98 L'Éléphant Restaurant D2
99 Marché du matin B4
100 Nazim Indian Food D3
101 Stands nocturnes d'alimentation B4
102 Riverside Barbecue Restaurant B4
103 Roots & Leaves C6
104 Rosella Fusion E2
105 Saffron D2
106 Somchanh Restaurant A5
107 Tamarind E2
108 Tamnak Lao E2
109 Tangor D3
110 Xieng Thong Noodle-Shop F2

Où prendre un verre et faire la fête

111 Hive Bar D5
112 House D4
113 Ikon Klub D3
114 Lao Lao Garden D4
115 S Bar D5
116 Utopia D5

Où sortir

117 Théâtre Phrolak-Phralam C4

Achats

118 Caruso Lao Homecraft D3
119 Marché nocturne d'artisanat B4
120 Kopnoi D5
121 L'Etranger Books & Tea D5
122 Ma Te Sai D2
Monument Books .... (voir 62)
123 Naga Creations D3
124 OckPopTok D3
OckPopTok .... (voir 62)
125 Orange Tree D2
126 Pathana Boupha Antique House E6
Vat Xieng Mouane Showroom .... (voir 29)

Renseignements

BCEL .... (voir 49)
127 Bureau de l'immigration D6
128 Département provincial du tourisme B5

Transports

129 Bangkok Airways D3
130 KPTD B5
131 Bureau des longboats D2
132 Luang Say Cruise D3
133 Mekong River Cruises F1
134 Bureau de la Navigation B3
135 Shompoo Cruise D2

exploits de Siaw Sawat, un héros de la littérature laotienne. Le **Hăw Pa Maan** (sanctuaire du Bouddha de la réussite) reste fermé, sauf durant la semaine qui suit Pi Mai. Le **Hăw Tại Pha Sai-nyàat** (sanctuaire du Bouddha couché), surnommé "Chapelle rouge" par les Français, héberge un bouddha couché très rare, qui date de la construction du temple. Unique en son genre, il possède un torse sinueux et sa main droite effleure gracieusement sa tête. Ses pieds rectilignes, au bout de jambes raides, émergent d'une robe monastique aux bords recourbés.

Doté d'une somptueuse façade dorée, le **Hóhng Kép Mîen** renferme le char cérémoniel conçu pour transporter les immenses urnes funéraires en or de la famille royale. Les 7 *naga* (serpent d'eau mythique) à langue rouge qui bordent ce véhicule étincelant contrastent avec les pneus prosaïques des roues.

Vat Pakkhan TEMPLE BOUDDHIQUE

(ວັດປາກຄານ ; carte p. 40 ; Th Sakkarin). Construit en 1737 et rebâti il y a un siècle, le Vat Pakkhan séduit par la simplicité de son architecture joliment archaïque, avec des étais obliques soutenant un double toit. En face, les **bureaux de l'Unesco** (carte p. 40) occupent l'ancienne administration des douanes, une villa coloniale de couleur ocre.

Vat Souvannakhili TEMPLE BOUDDHIQUE

(ວັດສຸວັນນະຄີລີ, Vat Khili ; carte p. 40 ; près de Th Sakkarin). Le principal édifice du Vat Souvannakhili ressemble plus à une demeure

Vat Xieng Thong

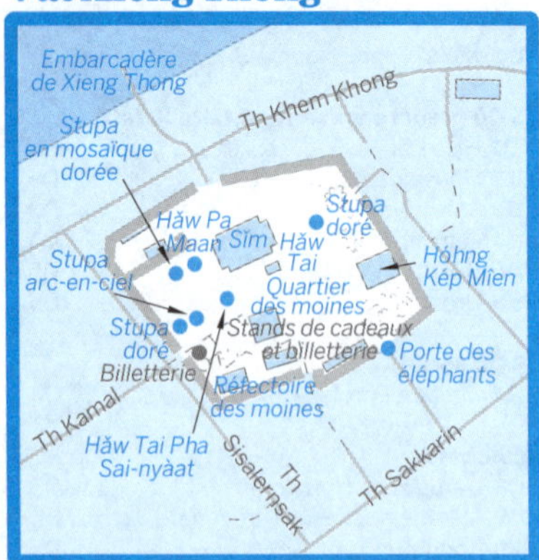

coloniale qu'à un monastère, mais le petit *sĭm* est un exemple classique du style Xieng Khuang, désormais rare.

Vat Sensoukaram TEMPLE BOUDDHIQUE
(ວັດແສນສຸກາຣາມ ; carte p. 40 ; Th Sakkarin). Des murs rouge vif aux dorures élaborées donnent au Vat Sensoukaram l'une des façades les plus éblouissantes parmi tous les temples de Luang Prabang. Le nom de l'édifice correspondrait au don initial de 100 000 LAK fait pour sa construction, une coquette somme en 1718.

Quartier du Vat Visunarat (Vat Visoun)

Deux temples d'une importance historique majeure sont situés dans un agréable parc d'où l'on aperçoit la colline de Phu Si.

Vat Visunarat TEMPLE BOUDDHIQUE
(ວັດວິຊຸນ, Vat Visoun ; carte p. 40 ; Th Wisunarat ; 20 000 LAK ; 8h-17h). En face du That Makmo (un stupa), ce *vat* doit son nom à Chao Visunarat (le roi Visoun), qui le fonda en 1513. Bien que présenté comme l'un des plus vieux temples en activité de Luang Prabang, il fut reconstruit en 1898 après les raids des Pavillons noirs. Le billet d'entrée donne accès à une collection d'anciens bouddhas dorés "appelant la pluie" aux longs bras sinueux et de pierres d'ordination médiévales, rescapées de divers sanctuaires abandonnés ou dévastés.

Vat Aham TEMPLE BOUDDHIQUE
(ວັດອາຮາມ ; carte p. 40 ; 20 000 LAK ; 8h-17h). Ce petit *vat* fut jadis la résidence du Sangharat (patriarche suprême du bouddhisme laotien) avant d'être remplacé par le Vat Mai il y a deux siècles. À l'intérieur, des peintures murales, simples et colorées, illustrent l'histoire du bouddhisme et des contes moraux ; aucune explication ou traduction ne justifie le prix de l'entrée.

That Makmo SANCTUAIRE BOUDDHIQUE
(Carte p. 40). Ce stupa hémisphérique est surnommé That Makmo, ou "stupa de la Pastèque". Bâti en 1503, il fut pillé par les Ho en quête de trésors cachés en 1887. La dernière rénovation, en 1932, l'a revêtu de ciment gris.

Sud du centre-ville

Enfourchez un vélo pour aller découvrir les sites suivants.

Centre d'information UXO Laos MUSÉE
(Carte p. 36 ; 071-252073 ; www.uxolao.gov.la ; don apprécié ; 8-11h45 et 14h-16h lun-ven). Derrière un parc parfaitement entretenu, où trône une grande statue du "Prince rouge" (le prince Souphanouvong), se trouve le remarquable Centre d'information UXO Laos. Sa visite aide à comprendre la dévastation subie par le pays durant la guerre du Vietnam et comment, 40 ans plus tard, mines et engins explosifs non désamorcés (ou UXO, "unexploded ordnance") continuent de faire des victimes chaque jour dans plusieurs provinces. Il y a un centre similaire à Phonsavan.

Vat Manorom TEMPLE BOUDDHIQUE
(ວັດມະໂນລົມ, Vat Mano, Vat Manolom ; carte p. 36 ; Th Pha Mahapatsaman). Des allées sinueuses mènent vers l'ouest au Vat Manorom, niché parmi les frangipaniers à l'extérieur des anciens remparts (désormais invisibles). Dans ce monastère, qui est peut-être le plus ancien des sites religieux de Luang Prabang, le *sĭm* contient un impressionnant bouddha assis en bronze haut de 6 m, fondu en 1372. Démantelée en 1887 lors des invasions des Ho chinois, la statue fut reconstituée en 1919 avec les éléments subsistants et les membres manquants furent réalisés en ciment et dorés à la feuille en 1971.

Vat Pha Mahathat TEMPLE BOUDDHIQUE
(ວັດພະມຫາທາດ, Vat That ; carte p. 40). Le Vat Pha Mahathat doit son nom au vénérable stupa de style Lanna, érigé en 1548. Devant, le *sĭm* (1910) comporte des fenêtres et des portiques en bois sculpté, des piliers

à rosaces dorées et des reliefs extérieurs décrivant les vies antérieures du Bouddha.

Vat That Luang TEMPLE BOUDDHIQUE

(ວັດທາດຫຼວງ ; carte p. 36 ; 10 000 LAK ; ⏲8h-18h). Lieu de crémation traditionnel de la royauté laotienne, le Vat That Luang aurait été fondé par des missionnaires d'Ashoka au IIIe siècle av. J.-C. Cependant, le grand *sĭm* a été reconstruit en 1818 et les chapiteaux à feuilles de ses colonnes semblent plus corinthiens qu'indiens. Des deux stupas qui encadrent le *sĭm*, le plus grand est couvert de plaques de cuivre corrodées. Il abriterait les cendres du roi Sisavang Vong, bien qu'il ait été bâti en 1910, cinquante ans avant la mort du souverain.

Vat Phabaht TEMPLE BOUDDHIQUE

(ວັດພະບາດ, Vat Phra Bat Tai ; carte p. 36 ; Th Phothisarat ; 10 000 LAK). Ce temple vietnamo-laotien moderne comporte, en façade, une série de flèches plutôt kitsch. Derrière, une terrasse ombragée fait face au Mékong et des marches descendent jusqu'à une gigantesque empreinte de pied du Bouddha, cachée sous un abri turquoise.

OckPopTok Living Crafts Centre CENTRE D'ARTISANAT

(Carte p. 36 ; ✆071-212597 ; www.ockpoptok.com ; ⏲9h-17h). GRATUIT Juste après le vaste marché (Talat), une ruelle de 200 m en direction du Mékong mène à l'excellent OckPopTok, un centre d'artisanat de style traditionnel superbement aménagé, où fileurs, tisserands et spécialistes du batik produisent des textiles de bonne qualité. Des visites gratuites du centre (environ toutes les 30 minutes) donnent un aperçu sur la fabrication et la teinture de la soie.

En attendant le début de la visite, vous pourrez consulter des documentations ou vous installer au café avec vue sur le fleuve ; on y sert des boissons et une excellente cuisine laotienne. Vous pouvez aussi essayer l'infusion de déjections de vers, au goût étonnamment agréable. Le centre propose des cours de tissage et de teinture, et l'on peut y loger.

TAK BAT – LA PROCESSION DES MOINES POUR COLLECTER LES AUMÔNES

Chaque jour à l'aube, des bonzes pieds nus en robe safran parcourent les rues, où des fidèles remplissent leurs bols à aumône de boulettes de riz gluant. Par cette cérémonie les moines réaffirment leurs vœux de pauvreté et d'humilité, tandis que les bouddhistes augmentent leur mérite spirituel par ce don respectueux.

Si ces processions ont lieu dans tout le pays, l'atmosphère paisible et l'exceptionnelle concentration de temples dans la vieille ville de Luang Prabang confèrent à ces déambulations matinales dans Th Sakkarin et Th Kamal une magie particulière. Malheureusement, les touristes commencent à dépasser en nombre les participants. Malgré les campagnes constantes demandant aux visiteurs de ne pas braquer leur appareil photo sur les moines, les paparazzis amateurs semblent incapables de se tenir à une distance convenable. Idéalement, vous devriez observer les consignes suivantes :

- Restez de l'autre côté de la rue ou, mieux encore, regardez discrètement la procession de la fenêtre de votre hôtel.
- Abstenez-vous de prendre des photos ou faites-le de très loin, à l'aide d'un zoom, et n'utilisez jamais de flash.
- Gardez le silence (arrivez à vélo ou à pied et ne bavardez pas).

À condition que cette cérémonie ait véritablement un sens pour vous, vous pouvez y participer en acquérant quelques connaissances afin d'éviter les impairs. Ne vous laissez pas influencer par les marchands qui vendent à prix élevés du riz de piètre qualité, indigne des moines, et à la commercialisation de la procession. Commandez plutôt du *kao kai noi* (riz gluant de qualité supérieure) à votre pension ou achetez-le fraîchement cuit au marché du matin. Transportez-le ensuite dans un panier à riz et non un sac en plastique. Habillez-vous décemment (bras et jambes couverts), lavez-vous les mains et n'utilisez pas de parfum ou de lotion qui pourrait parfumer le riz que vous offrez.

Sur place, ôtez vos chaussures, drapez une écharpe ou une étole sur votre épaule gauche. Les femmes s'agenouillent sans s'asseoir, les hommes peuvent rester debout. Évitez de croiser le regard des moines.

Autre rive du Mékong

Pour changer radicalement d'atmosphère et découvrir une ambiance de village, traversez le Mékong et rejoignez Muang Chomphet. Pour vous y rendre, prenez un bac (Laotien/étranger 2 000/5 000 LAK) au bureau de la navigation (p. 61), derrière le Palais royal. Les bateaux partent dès qu'il y a plusieurs passagers. Sinon, des bateliers, à divers endroits de la rive, font la traversée pour quelque 20 000 LAK par bateau. Si le niveau du fleuve le permet, vous pouvez louer un bateau jusqu'à la jetée du Vat Longkhun, puis revenir à pied via Ban Xieng Maen jusqu'au principal point de traversée. Les bancs de sable, qui changent selon la saison, empêchent parfois de rejoindre le Vat Longkhun en bateau.

Au-dessus du débarcadère, de l'autre côté, une succursale de **Jewel Travel Laos** (carte p. 36 ; www.jeweltravellaos.com ; ⌚8h-16h) vend des cartes dessinées à main levée du secteur (4 000 LAK) et loue des VTT (50 000 LAK/jour). Toutefois, vous n'aurez pas besoin de carte ni de vélo pour visiter les beaux monastères qui jalonnent la rive à l'est de Ban Xieng Maen, un village épargné par la circulation.

Vat Xieng Maen TEMPLE BOUDDHIQUE

(ວັດຊຽງແມນ ; carte p. 36 ; 10 000 LAK). Fondé en 1592, ce temple fut auréolé de sainteté en 1867, quand il accueillit le Pha Bang – de retour à Luang Prabang après 40 ans aux mains des Siamois – pendant 7 nuits. L'actuel *sĭm* du monastère contient un bel ensemble de bouddhas, et ses colonnes sont décorées au pochoir avec les noms des donateurs américains qui ont financé leur restauration.

Vat Chomphet TEMPLE BOUDDHIQUE

(ວັດຈອມເພັດ ; carte p. 36 ; ⌚8h-17h). La longue voie étroite, bordée de brique, de Ban Xieng Maen devient progressivement une mauvaise piste, puis un chemin rocailleux. À ce niveau, un escalier de 123 marches mène au Vat Chomphet, de 1888, que devancent deux pagodes grisâtres. Si le temple au sommet se résume à une coquille pratiquement vide, le site jouit d'une vue dégagée sur la ville.

Vat Longkhun TEMPLE BOUDDHIQUE

(ວັດລ່ອງຄູນ ; carte p. 36 ; 10 000 LAK ; ⌚8h-17h). Le ravissant Vat Longkhun est entouré de bougainvillées et de palmiers rondiers. Il était jadis de coutume pour le futur roi de s'y retirer 3 jours avant son couronnement. Les diverses dépendances monastiques conservent un style rustique homogène, tandis que d'anciennes peintures murales à la curieuse perspective ornent le *sĭm* central. Remarquez le poisson géant qui attaque des marins naufragés.

Demandez à la billetterie la clé et la lampe électrique nécessaires pour visiter **Tham Sakkalin** (entrée incluse dans billet du Vat Longkhun), à 3 minutes de marche vers l'est, au sommet de quelques marches sous des bougainvillées. L'interrupteur à droite de la porte éclaire partiellement cette grotte calcaire glissante, longue de 100 m. Hormis quelques fragments d'un bouddha dans une niche sur la droite, l'inexplicable chaleur que produit la grotte constitue son seul intérêt.

Vat Had Siaw TEMPLE BOUDDHIQUE

GRATUIT Une marche de 20 minutes plus loin à l'est mène au petit Vat Had Siaw, en activité bien qu'assez décrépit. À peu près à mi-chemin, prenez l'embranchement de droite (peu engageant) juste après le tournant du sentier principal vers l'intérieur des terres. Vous passerez devant une hutte solitaire et traverserez un ruisseau sur une planche avant d'arriver.

Au-delà du Vat Had Siaw, un sentier grimpe une colline boisée pleine de chants d'oiseaux, que surmonte un bouddha doré récent, assis sur un serpent à sept têtes (15 minutes de marche).

VAUT LE DÉTOUR

LA FERME LIVING LAND

Living Land Farm (www.livinglandlao.com) est une entreprise communautaire qui œuvre pour venir en aide au peuple laotien. Dans cette ferme biologique, située à Ban Phong Van, à environ 5 km de Luang Prabang sur la route de Tat Kuang Si, vous pourrez en savoir plus sur la vie des agriculteurs locaux. Les visiteurs peuvent participer à des travaux pratiques : plantation, récolte, décorticage ou tri du riz, selon la saison. L'expérience est certes pédagogique, mais son coût de 300 000 LAK est bien trop élevé pour l'agriculteur laotien moyen, et même pour un voyageur à petit budget.

LUANG PRABANG AVEC DES ENFANTS

Si les *vat* et les musées ont peu de chance de divertir les enfants, quantité de sites sont susceptibles de leur plaire à Luang Prabang et dans les environs. Ils adoreront se baigner dans les bassins naturels de Tat Kuang Si (p. 63) et de Tat Sae (p. 65). À Kuang Si, on peut découvrir des ours noirs d'Asie dans un immense enclos, tandis qu'à Tat Sae, des balades à dos d'éléphant sont envisageables. De leur côté, les croisières sur le Mékong permettent de se rendre aux grottes de Pak Ou (p. 63), une bonne idée pour les exlorateurs en herbe.

Les plus grands apprécieront les activités proposées autour de la ville, comme le vélo ou le kayak. Les plus jeunes pourront passer du temps à l'**ABC School** (20 000 LAK/enfant ; ⏲15h-21h lun-ven, 9h-21h sam-dim), agrémentée d'une vaste aire de jeux, sur l'autre rive de la Nam Khan, non loin de Dyen Sabai. En ville, de nombreux cafés accueillent les familles, mais si vous rêvez d'une piscine, mieux vaut miser sur un hébergement en dehors de la vieille ville ou vous rendre à La Pistoche (p. 59).

Autre rive de la Nam Khan

Durant la saison sèche, quand le niveau de la Nam Khan a suffisamment baissé, deux passerelles en bambou (2 000 LAK) sont construites pour faciliter l'accès à la rive est et à ses faubourgs semi-ruraux. En période de crue (de juin à novembre), les passerelles disparaissent et il faut emprunter le vieux pont à vélo ou à moto, ou passer par la gare routière nord en voiture.

Après avoir traversé la passerelle sud, grimpez les marches après le café Dyen Sabai (p. 57) – en plein air et très apprécié –, qui aboutissent à côté du **Vat Punluang** (carte p. 40). À gauche, une piste poussiéreuse conduit au village d'artisans de Ban Xang Khong, à 2 km. Elle passe par le **Vat Pakha Xaingaram** (carte p. 40), un temple en ruine, le paisible **Vat Phonsaat** (carte p. 40), au bord de l'eau, et le **Vat Xiengleck**, avec un vieux stupa en brique de style angkorien envahi par la végétation. À 500 m plus loin, Ban Xang Khong se résume à un alignement de vieilles maisons et de boutiques d'artisanat sur 400 m, où vous pourrez voir des tisserands et des fabricants de papier à l'œuvre, acheter leurs produits et, parfois, apprendre la technique lors de cours. **Artisans du Mékong** (à Ban Nong Xai ; ✆071-254981 ; ⏲8h30-16h ; www.artisansdumekong.asia), le plus bel atelier-galerie, est un ensemble de bâtiments derrière un immense portail en défenses d'éléphant. Le café sert du thé, du café et divers en-cas.

Activités

Ne manquez pas de profiter de la campagne autour de Luang Prabang, au gré de randonnées, de balades à vélo ou de sorties en kayak. Vous pouvez aussi aller visiter l'un des camps d'éléphants des environs, pour découvrir l'art des cornacs.

Massages et sauna

Vous n'aurez que l'embarras du choix pour les saunas aux plantes et les massages laotiens, khamu ou suédois. Les endroits les moins chers (dont trois dans Th Khem Khong et plusieurs dans Th Sisavangvong), demandent à partir de 40 000 LAK/heure pour un massage du corps ou des pieds, 60 000 LAK avec des huiles. Certains hôtels de catégorie supérieure possèdent des spas somptueux, ouverts aux non-résidents.

Dhammada MASSAGES
(Carte p. 40 ; ✆071-212642 ; www.dhammada.com ; Namneua Lane ; massage des pieds/oriental/aromathérapie 100 000/100 000/160 000 LAK ; ⏲11h-23h). Réputé l'un des meilleurs de la ville, un établissement joliment rustique près d'un bassin de lotus.

Hibiscus Massage MASSAGES
(Carte p. 40 ; ✆030-923 5079 ; Th Sakkarin ; massage traditionnel à partir de 60 000 LAK ; ⏲10h-22h). Dans une ancienne galerie d'art occupant un vieux bâtiment de l'époque coloniale. Massages de premier ordre, musique apaisante et murs tendus de soie.

Croix-Rouge du Laos MASSAGES, SPA
(Carte p. 40 ; ✆071-253448 ; Th Wisunarat ; massage 10 000-50 000 LAK ; ⏲7h-22h30). Dans un cadre traditionnel (et rustique), avec poutres apparentes, ventilateurs et sols en pierre, choisissez parmi les massages du corps et de la tête, les bains de vapeurs et les soins de réflexologie et d'aromathérapie. Les bénéfices sont reversés aux villages les plus pauvres du Laos.

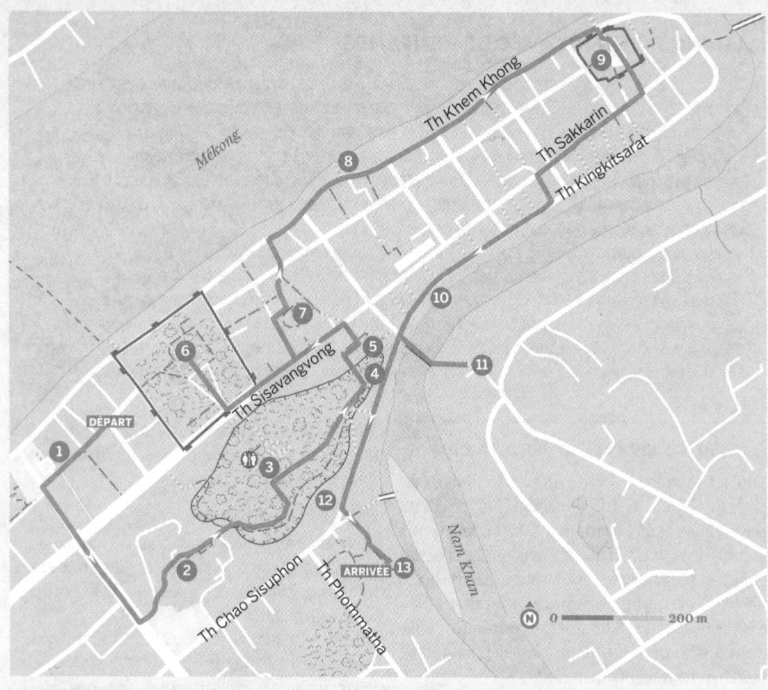

Promenade à pied
Dans la vieille ville

DÉPART : MARCHÉ DU MATIN
ARRIVÉE : UTOPIA OU DYEN SABAI
DISTANCE : 4,5 KM ; 4-5 HEURES

Cette promenade d' une demi-journée sillonne le cœur de la vieille ville. Essayez de partir tôt pour éviter la chaleur de l'après-midi au Phu Si, et évitez le mardi si vous souhaitez visiter les musées. Elle peut se faire n'importe quel jour si vous préférez découvrir l'ambiance particulière de Luang Prabang et ses cafés plutôt que des sites particuliers.

Après une balade au 1 **marché du matin** (p. 56) et un petit-déjeuner local pris dans un café, rejoignez le 2 **TAEC** (p. 39), pour sa remarquable exposition sur les ethnies du nord du pays, ou simplement prendre un thé fumé dans le café Le Patio. Une fois restauré, traversez un dédale de maisons résidentielles pour atteindre le versant sud du Phu Si et grimper jusqu'au 3 **That Chomsi** (p. 39) avant la grosse chaleur.

Si la brume est trop dense pour vous permettre de profiter de la vue, longez plutôt la colline en passant par l'immense 4 **empreinte du pied du Bouddha** (p. 39) et descendez jusqu'à la principale artère commerçante en traversant le 5 **Vat Siphoutthabat Thippharam** (p. 39). En arrivant vers 11h, vous pourrez visiter le 6 **musée du Palais royal** (p. 37), où les souverains du Laos résidèrent jusqu'en 1975. Puis prenez les chemins ombragés du 7 **quartier de Xieng Mouane** pour rejoindre la 8 **berge du Mékong**, bordée de cafés en terrasse ainsi que de maisons laotiennes et de demeures coloniales.

Si vous ne l'avez pas déjà fait à l'aube après la procession des moines, visitez de beaux *vat* vers l'extrémité de la péninsule, notamment le 9 **Vat Xieng Thong** (p. 42). Revenez en suivant la 10 **rive de la Nam Khan** et, à la saison sèche, traversez la passerelle en bambou pour un déjeuner au 11 **Dyen Sabai** (p. 57). En l'absence de passerelle (de juin à novembre), ou si vous vous baladez dans l'après-midi, détendez-vous au 12 **Lao Lao Garden** (p. 59) ou repérez le chemin sinueux menant à 13 l'**Utopia** (p. 59).

Spa Garden MASSAGES, SPA

(Carte p. 40 ; ☎071-212325 ; massage 60 000-350 000 LAK, sauna/manucure 30 000/60 000 LAK). Belle propriété, dans un jardin fleuri. Divers forfaits relaxation et détox.

Yoga

Luang Prabang est devenue une destination phare pour pratiquer le yoga. Consultez le site www.luangprabangyoga.org pour plus de détails sur les cours en ville ou rendez-vous à l'Utopia (p. 59), à 7h30, pour la séance du matin (50 000 LAK), avec vue sur la Nam Khan. Il y a parfois des cours au coucher du soleil et quelques séances en soirée à l'Ock-PopTok Living Crafts Centre (p. 45).

Mekong Yoga YOGA

(Carte p. 40 ; Vat Aphay ; 80 000 LAK/cours). Ce nouveau venu organise des cours dans une maison laotienne traditionnelle du Vat Aphay, à l'ombre du Phu Si. Repérez la pancarte dans l'enceinte du temple.

Cours

Cuisine

Tamarind CUISINE

(Carte p. 40 ; ☎020-77770484 ; www.tamarindlaos.com ; Ban Vat Nong ; journée 270 000 LAK ; 🕘9h-15h lun-sam). Une journée dans ce pavillon au bord de l'eau vous fera découvrir la gastronomie laotienne. Les participants se retrouvent au restaurant, avant d'être conduits au marché pour acheter les ingrédients nécessaires à la préparation de plats classiques, tel le *mók pạa* (poisson cuit à la vapeur dans des feuilles de bananier). Cours du soir à partir de 16h (200 000 LAK), sans visite du marché.

Tum Tum Cheng Cooking School CUISINE

(Carte p. 40 ; ☎071-253388 ; 29/2 Th Sakkarin ; journée 250 000 LAK livre cuisine inclus). Le célèbre chef Chandra vous dévoilera quelques-uns de ses secrets de cuisine. Vous irez chercher vos légumes au marché. Le cours commence à l'école, sur la péninsule, à 8h30 et se termine à 14h.

Massage

Dhammada MASSAGE

(☎071-212642 ; Namneua Lane ; cours 1/5 jours 50/350 $US). Cours de massage de 1 à 5 jours.

Tissage

Des tisserands de Ban Xang Khong donnent des cours informels, sur demande.

OckPopTok COURS

(Carte p. 36 ; ☎071-212597 ; www.ockpoptok.com ; journée 72 $US ; 🕘8h45-16h lun-sam). Apprenez à tisser un foulard ou une tenture en suivant les cours d'OckPopTok. Également : des cours d'une demi-journée pour découvrir le tissage du bambou (18 $US). Les professeurs sont des artisans talentueux, vous repartirez avec votre réalisation et le déjeuner est inclus. À 2 km du marché de Phousy ; un *túk-túk* gratuit viendra vous chercher et vous ramènera.

Circuits organisés

À Luang Prabang, vous aurez l'embarras du choix en matière de tour-opérateurs et de circuits, d'une demi-journée à plusieurs jours. Les excursions aux grottes de Pak Ou et aux cascades sont très appréciées et les prix habituellement compétitifs, mais n'hésitez pas à comparer. Nombre d'agences, en particulier celles de Th Sisavangvong, vendent aussi des billets d'avion, louent des vélos, changent les devises et s'occupent des visas (sachez que les visas vietnamiens et les prorogations de visas laotiens s'obtiennent facilement et reviennent moins cher en effectuant soi-même les formalités).

Les agences suivantes ne sont pas nécessairement moins onéreuses, mais elles offrent une gamme plus importante d'activités, tels le trekking, les circuits en kayak et à vélo, sont bien organisées et/ou se distinguent par leurs projets d'écotourisme impliquant les communautés.

Green Discovery PLEIN AIR, AVENTURE

(Carte p. 40 ; ☎071-212093 ; www.greendiscoverylaos.com ; 44/3 Th Sisavangvong). Une figure de l'écotourisme au Laos. Kayak, randonnée, VTT, moto et circuits de plusieurs jours dans le nord, notamment à moto.

Tiger Trail RANDONNÉE

(Carte p. 40 ; ☎071-252655 ; www.laos-adventures.com ; Th Sisavangvong ; 🕘8h30-21h). Cette agence se concentre sur des randonnées responsables, qui bénéficient aux populations locales, autour de villages hmong et khamu. Tous les circuits peuvent être personnalisés pour comporter du kayak, des balades à dos d'éléphant, du rafting et du VTT.

White Elephant RANDONNÉE

(Carte p. 40 ; ☎071-254481 ; www.white-elephant-adventures-laos.com ; Th Sisavangvong). Cette agence est appréciée pour ses relations avec les villages hmong et khamu isolés. Les randonnées de 2 ou 3 jours, à pied ou à vélo, permettent de découvrir le mode de vie des différentes ethnies. Repérez la moto BMW et le drapeau communiste.

Fêtes et festivals

Pi Mai TRADITION

(Nouvel An laotien). En avril, les visiteurs affluent à Luang Prabang pour les lancers d'eau de Pi Mai (voir ci-dessous). Mieux vaut alors réserver bien à l'avance.

Bun Awk Phansa TRADITION

(Fin de la "retraite des pluies"). Des courses de bateaux sont organisées sur la Nam Khan en septembre ou octobre.

Où se loger

Les hébergements sont beaucoup plus chers à Luang Prabang qu'ailleurs au Laos. Les tarifs indiqués correspondent à la haute saison (oct-mars). Les prix grimpent pour Pi Mai (mi-avril) et Noël, et baissent d'au moins 25% à partir de mai. Le choix est étonnant, avec des dizaines d'adresses, et de nouvelles pensions ouvrent tous les mois. Les hébergements de la vieille ville, sur la péninsule, sont généralement bien plus onéreux.

Si les prix affichés sont souvent prohibitifs, en réservant par le biais de sites comme www.agoda.com, les tarifs peuvent baisser de moitié. La plupart des établissements de catégorie supérieure facturent une taxe

PI MAI (NOUVEL AN LAOTIEN)

À la mi-avril, quand la saison sèche atteint son pic de chaleur, le Nouvel An laotien (Pi Mai) marque le passage du soleil du signe zodiacal du poisson à celui du bélier. L'esprit de l'année révolue s'en va et l'arrivée du nouvel esprit donne lieu à des célébrations et à des aspersions d'eau bon enfant. Les festivités sont pittoresques à Luang Prabang, où nombre d'habitants portent des costumes traditionnels pour certains événements, qui se succèdent durant sept jours.

Il peut être difficile de trouver des transports durant cette période, les hôtels affichent facilement complet et leurs prix grimpent, en particulier à Luang Prabang.

Cérémonies traditionnelles

Jour 1 – L'esprit de l'année passée s'en va et les habitants nettoient leur maison à fond. À Hat Muang Khoun, une île du Mékong proche de Ban Xieng Maen, les villageois se réunissent pour construire et décorer des petits stupas porte-bonheur en sable.

Jour 2 – Une procession de fidèles en costumes colorés descend l'avenue principale de Luang Prabang, du Vat Pha Mahathat au Vat Xieng Thong.

Jour 3 – Un jour de repos sans procession, au cours duquel les dévots lavent les statues du Bouddha dans leur *vat*.

Jour 4 – Tôt le matin, les habitants grimpent au sommet du Phu Si pour faire des offrandes de riz gluant au stupa. Dans l'après-midi, ils participent aux cérémonies *bąasĭi* (ou *baci* ; fils sacrés noués aux poignets des proches) avec la famille et les amis.

Jour 5 – Le Pha Bang est transporté en procession du musée du Palais royal au pavillon temporaire, érigé devant le Vat Mai Suvannaphumaham.

Jour 6 – Arrivée du nouvel esprit. Cette journée est particulièrement importante et toutes les statues du panthéon bouddhique – notamment le Pha Bang – sont arrosées d'eau grâce à des conduites en bois en forme de *naga* (serpent d'eau mythique). Les moines âgés reçoivent un traitement similaire et les jeunes Laotiens versent de l'eau sur les mains (paumes jointes) de leurs parents en signe de respect.

Jour 7 – Une procession finale ramène le Pha Bang du Vat Mai au musée du Palais royal.

Les lancers d'eau

Au-delà des cérémonies traditionnelles, Pi Mai est devenu principalement une occasion de s'amuser. Au plus fort de la saison chaude, recevoir un ou deux verres d'eau froide peut rafraîchir. Par contre, les seaux entiers jetés sur les *túk-túk* de passage sont moins amusants. Des étrangers participent aussi à ces batailles d'eau et certains encouragent les Laotiens à dépasser la mesure, sans respect pour l'esprit originel de l'événement.

de 10% et un supplément de 10% pour le service. Sinon, il y a aussi d'impressionnants complexes hôteliers et écolodges aux environs de Luang Prabang.

Th Sisavangvong et ses environs

Paphai Guest House PENSION $
(Carte p. 40 ; ☎ 071-212752 ; Th Sisavang Vatthana ; ch sans sdb 50 000-60 000 LAK ;). L'adresse la plus économique et rudimentaire de la vieille ville, à l'emplacement de choix, à deux pas de Th Sisavangvong. Les chambres (murs en bambou tissé, ventilateurs, cadenas aux portes), occupent une maison traditionnelle en bois.

Bou Pha Guesthouse PENSION $
(Carte p. 40 ; ☎ 071-252405 ; Th Sisavangvong ; ch 60 000-100 000 LAK ;). En plein centre, pension très bon marché, dans une maison ancienne. Les chambres les moins chères partagent une salle de bains, celles de l'étage (100 000 LAK) donnent sur la rue. Un sympathique couple gère l'endroit.

Silichit Guest House PENSION $
(Carte p. 40 ; ☎ 071-212758 ; Th Sisavang Vatthana ; ch 80 000-120 000 LAK ;). Une adresse très prisée, avec de petites chambres sommaires de style laotien traditionnel. Son grand atout : un emplacement au cœur de la vieille ville, à côté du Mékong. Demandez les chambres n°4 et n°6, à l'étage.

Namsok Guesthouse 1 PENSION $
(Carte p. 40 ; ☎ 071-212251 ; www.namsok-hotel.com ; Th Sisavang Vatthana ; ch 100 000-200 000 LAK ;). L'agréable Namsok fait partie d'un trio de pensions familiales installées dans la vieille ville. Les chambres sont réparties dans 2 bâtiments ; le plus ancien abrite les moins chères (ventilateur), et l'autre, plus récent, les chambres mieux équipées (climatisation, TV et réfrigérateur).

Sackarinh Guest House PENSION $
(Carte p. 40 ; ☎ 071-254412 ; Th Sisavangvong ; ch 120 000-150 000 LAK ;). Dissimulée dans une ruelle débordant de fleurs, en plein centre-ville, cette pension colorée est appréciée pour ses chambres spacieuses et sans chichis.

Nora Singh Guesthouse PENSION $
(Carte p. 40 ; ☎ 071-212033 ; Th Sisavangvong ; ch 130 000 LAK ;). Une jolie petite maison en bois nichée au pied de la colline de Phu Si. Il n'y a que 7 chambres climatisées (eau chaude et Wi-Fi gratuit). La pension peut sembler isolée, mais elle est à deux pas de l'axe principal.

Thanaboun Guesthouse PENSION $$
(Carte p. 40 ; ☎ 071-260606 ; Th Sisavangvong ; ch 160 000-280 000 LAK ;). Situation très centrale pour la Thanaboun Guesthouse, qui se distingue par ses chambres propres, aux finitions soignées. Préférez celles qui donnent sur les jardins du temple, plus calmes. Cybercafé.

Phounsab Guesthouse PENSION $$
(Carte p. 40 ; ☎ 071-212975 ; www.phoun-thavysab.jimdo.com ; Th Sisavangvong ; ch 25-45 $US ;). Au cœur du centre commerçant de la vieille ville. Excellent rapport qualité/prix pour les grandes chambres aérées en façade, avec éléments en bois et parquet ciré. Les chambres les plus récentes sont installées à l'arrière d'une cour étroite.

Villa Senesouk HÔTEL $$
(Carte p. 40 ; ☎ 071-212074 ; senesouk@laohotel.com ; Th Sakkarin ; ch 30-50 $US ;). Chaque matin, la procession des moines passe devant les chambres les plus économiques. Celles de l'étage, plus lumineuses, partagent un balcon avec vue sur le *vat*. De l'autre côté d'une cour-jardin, dans l'annexe, de style maison traditionnelle, des chambres lambrissées sont équipées de tout le confort moderne ; celles à 50 $US sont plus spacieuses.

Xieng Mouane Guesthouse PENSION $$
(Carte p. 40 ; ☎ 071-252152 ; xiengmouane@yahoo.com ; 86/6 Ban Xieng Mouane ; ch 35-45 $US ;). Une demeure coloniale blanche, sur 2 niveaux, aux chambres douillettes agrémentées de tentures locales, avec des sols étincelants et des salles de bains vieillottes. La cour ombragée de palmiers est tranquille.

Pack Luck Villa PENSION $$
(Carte p. 40 ; ☎ 071-253373 ; www.packluck.com ; Th Thugnaithao ; ch 35-55 $US ;). Restauré de façon imaginative, cet édifice de l'époque coloniale devient enchanteur le soir, quand l'éclairage révèle des particules de feuille d'or sur les murs colorés. Superbes étoffes et lanternes en papier dans les chambres, un peu petites. À l'étage, trois ont un balcon surplombant la procession matinale des moines. Au rez-de-chaussée, le bar à vin Pack Luck Liquor est très fréquenté.

♥ Khoum Xiengthong Guesthouse PENSION $$

(Carte p. 40 ; ☎071-212906 ; www.khoumxiengthong.com ; Th Sisalernsak ; ch 50-70 $US ; ❄📶). Adorable pension, à la fois chic et traditionnelle, nichée dans un joli jardin et illuminée de petites bougies en soirée. Sols en pierre, murs blancs, tapisseries dorées et ventilateurs chromés dans les chambres. Les n°2 (en bas) et n°5 (à l'étage), plus spacieuses, sont dotées de lits à baldaquin.

Chang Inn HÔTEL DE CHARME $$

(Carte p. 40 ; ☎071-253553 ; www.the-chang.com ; Th Sakkarin ; ch à partir de 65 $US ; ❄📶). Bel hôtel dont la réception-salon mêle boiseries sombres, vases chinois, meubles incrustrés de nacre et pendules anciennes. On accède aux chambres (parquet en bois de rose ciré, photos sépia), de taille modeste, par un petit couloir. Jardin verdoyant à l'arrière.

Villa Santi HÔTEL HISTORIQUE $$$

(Carte p. 40 ; ☎071-252157 ; www.villasantihotel.com ; Th Sakkarin ; ch 128-288 $US ; ❄📶🏊). Cet hôtel d'exception présente trois facettes très différentes. La villa du XIXe siècle, ancienne résidence de l'épouse du roi Sisavang Vong, ne compte que 6 grandes suites "royales", et une salle de petit-déjeuner à l'étage, dont la terrasse donne sur la rue. Beaucoup de chambres "deluxe" (c'est-à-dire standard) sont aménagées dans l'annexe centrale à l'arrière, mais la plupart se trouvent dans un complexe hôtelier très bien équipé, à 5 km au sud de la ville.

♥ Auberge les 3 Nagas HÔTEL DE CHARME $$$

(Carte p. 40 ; ☎071-253888 ; www.3-nagas.com ; Th Sakkarin ; ch à partir de 200 $US ; ❄@📶). Cet hôtel de charme est l'incarnation parfaite du style de Luang Prabang. L'édifice laotien, qui a un siècle, est empreint d'une atmosphère d'antan, et de l'autre côté de la route, l'annexe est également une prouesse architecturale. Les suites "de prestige" (lits à baldaquin, salles de bains en bois sombre) mêlent à merveille le design asiatique moderne et le style colonial français.

Au bord de la Nam Khan

Meune Na Backpacker Hostel AUBERGE DE JEUNESSE $

(Carte p. 40 ; ☎071-260851 ; Th Phetsarath ; dort 30 000 LAK, ch à partir de 60 000 LAK ; 📶). Une adresse économique, près du vieux pont de la Nam Khan. Avec 5 lits par dortoir, les lieux sont moins bondés que d'autres auberges de jeunesse de la ville. Une boutique de costumes traditionnels est installée à côté : vous pourrez vous faire photographier dans une tenue de mariage laotienne.

Mao Pha Shak Guesthouse PENSION $

(Carte p. 40 ; ☎071-212513 ; Ban Visoun ; ch 80 000-130 000 LAK ; ❄📶). Sympathique pension familiale, située dans une paisible allée, non loin de la Nam Khan. Les 2 chambres avec vue partielle sur la rivière sont les plus chères.

Luang Prabang Paradise Resort HÔTEL $$

(☎071-213103 ; www.luangprabangparadiseresort.com ; ch 38-75 $US ; 🏊). Près de la Nam Khan, mais assez loin de la ville puisqu'il faut emprunter le nouveau pont, voici un hôtel calme parfait pour se reposer. Les bungalows en bois entourent une grande piscine.

BelAir Boutique Resort COMPLEXE HÔTELIER $$

(Carte p. 40 ; ☎071-254699 ; www.lebelairhotels.com ; ch à partir de 60 $US ; ❄📶). De l'extérieur, les bungalows au toit de chaume paraissent rustiques, mais tout y est moderne et bien choisi, notamment les baignoires protégées d'un rideau et les balcons privés face au soleil couchant. Les chambres standard, spacieuses et tout aussi raffinées, sont réparties dans un vaste complexe agrémenté de palmiers et de pelouses impeccables.

♥ Apsara HÔTEL DE CHARME $$$

(Carte p. 40 ; ☎071-212420 ; www.theapsara.com ; Th Kingkitsarat ; ch 70-130 $US, petit-déj inclus ; ❄📶). L'Apsara bénéficie d'un point de vue magnifique sur la paisible Nam Khan. Le lobby, de style indochinois, est décoré de lanternes en soie, le bar semble sorti d'un grand classique du cinéma, et dans les chambres sans cloison, la décoration est personnalisée. Des murs turquoise aux bouddhas en verre coloré, chaque élément est une preuve d'élégance.

Au bord du Mékong et alentour

Boungnasouk Guesthouse PENSION $

(Carte p. 40 ; ☎071-212749 ; 1/3 Th Khem Kong ; ch 10 $US ; 📶). Pension familiale conviviale et peu chère, très bien située au bord du Mékong. Il n'y a que 6 chambres (3 doubles et 3 avec lits jumeaux), mais aucune ne donne sur le fleuve. De l'autre côté de la rue, la famille tient un restaurant avec vue sur le Mékong ; parfait pour un déjeuner léger ou un dîner bon marché.

Soutikone Guesthouse 1 PENSION $
(Carte p. 40 ; ☎071-253990 ; ch 100 000-180 000 LAK ; ❄📶). Rien de luxueux ici, mais l'intérieur, presque intégralement habillé de bois verni, évoque les cabines de paquebot des années 1920. Chambres de qualité très variable, avec des éléments incongrus comme des portes ne débouchant nulle part, des fenêtres manquantes ou des salles de bains inachevées. Un petit balcon commun offre une vue partielle sur le Mékong.

♥ **Muang Lao Riverside Villa** HÔTEL $$
(Carte p. 40 ; ☎071-252219 ; www.xandriahotels.com ; Th Khem Khong ; ch 25-45 $US ; ❄📶). Charmante propriété boisée surplombant le Mékong. Les petites chambres (TV, douche à effet pluie) sont d'un très bon rapport qualité/prix, vu l'emplacement ; certaines se prolongent d'un balcon avec vue sur le fleuve.

Kongsavath Guesthouse PENSION $$
(Carte p. 40 ; ☎071-212994 ; www.khongsavath.com ; Th Khem Khong ; ch 30-60 $US ; ❄📶). Jolie villa couverte de vigne avec chambres lambrissées. La plus belle est la suite familiale, qui donne directement sur le Mékong.

Ammata Guest House PENSION $$
(Carte p. 40 ; ☎071-212175 ; pphilasouk@yahoo.com ; Ban Wat Nong ; ch 30-40 $US ; ❄📶). Plaisante et familiale, cette petite pension se distingue par son ambiance décontractée, ses grandes chambres impeccables avec des éléments en bois ciré et des salles de bains rénovées. La plupart des chambres sont à l'étage et partagent un balcon ombragé.

Mekong Charm Guesthouse PENSION $$
(Carte p. 40 ; ☎071-213086 ; www.mekongcharm.com ; Th Khem Khong ; ch 35-45 $US ; ❄📶). Située à l'extrémité de la péninsule près du Vat Xieng Thong, cette pension au bord du fleuve ne manque pas de charme. Parmi les chambres parfaitement propres, la n°2 a une TV et une baignoire. Plusieurs autres ont un balcon.

Lao Wooden House PENSION $$
(Carte p. 40 ; ☎071-260283 ; www.laowoodenhouse.com ; Th Khounswa ; ch 45-55 $US, petit-déj inclus ; ❄📶). Convivial et bien aménagé, cet hôtel-pension partiellement en bois est typique des jolis bâtiments pseudo-traditionnels qui surgissent constamment dans la vieille ville.

Villa Champa PENSION $$
(Carte p. 40 ; ☎071-253555 ; www.villachampa.com ; Th Sisavang Vatthana ; ch 40-65 $US ; ❄📶). Une maison traditionnelle rénovée avec goût, bénéficiant d'un emplacement privilégié entre le Mékong et le quartier historique des temples. Les 9 agréables chambres climatisées (TV et minibar), sont ornées de belles étoffes traditionnelles.

Luang Prabang River Lodge HÔTEL $$
(Carte p. 40 ; ☎071-253314 ; www.luang-prabang-river-lodge.com ; Th Khem Khong ; ch 40-60 $US ; ❄📶). Cette grande maison coloniale à persiennes possède un beau patio fleuri flanqué d'un porche à auvent et de chemises d'obus. L'intérieur est tout en sobriété. Quelques chambres ont vue sur le Mékong. L'hôtel est installé à l'angle d'une rue.

Villa Chitdara PENSION $$
(Carte p. 40 ; ☎071-254949 ; www.villachitdara.com ; ch à partir de 55 $US ; ❄📶). Au cœur de la vieille ville, une charmante villa posée dans un vaste jardin. Soit une bonne base pour explorer Luang Prabang, d'autant que les sympathiques propriétaires parlent français. TV, eau chaude et coffre dans les chambres.

Sala Prabang HÔTEL $$$
(Carte p. 40 ; ☎071-252460 ; www.salalao.com ; 102/6 Th Khem Khong ; ch 80-90 $US, petit-déj inclus ; ❄📶). Murs blanchis à la chaux, parquet et salle de bains délimitées par des paravents de style japonais caractérisent les chambres de cet hôtel – magnifique et immense ancienne villa coloniale française. Choisissez une chambre plus calme, à l'arrière.

Xiengthong Palace HÔTEL HISTORIQUE $$$
(Carte p. 40 ; ☎071-213200 ; www.xiengthong-palace.com ; Th Khem Khong ; ch 200-500 $US ; ❄@📶🏊). Cette ancienne résidence royale se targue d'un emplacement fantastique surplombant le Mékong, à côté du Vat Xieng Thong. Les 26 chambres sont luxueuses ; les suites de plain-pied ont vue (imprenable) sur le fleuve et les suites en duplex possèdent leur propre piscine et salon.

Ban Hoxieng

Derrière la poste principale, ce réseau d'adorables ruelles jadis résidentielles recèle une importante concentration d'établissements d'un bon rapport qualité/prix et relativement centraux.

Lemon Laos Backpackers AUBERGE DE JEUNESSE $
(Carte p. 40 ; 071-212500 ; www.spicylaos-backpacker.com ; Th Noradet ; dort 30 000 LAK ;). L'ancien Spicy Laos Backpackers a été renommé Lemon Laos par ses propriétaires laotiens. C'est l'une des adresses les plus économiques de la ville et l'ambiance est survoltée jusque tard dans la nuit. Les barbecues et les consommations bon marché contribuent à l'atmosphère festive.

Xayana Guesthouse PENSION $
(Carte p. 40 ; 071-260680 ; www.mylaohome.com ; Th Hoxieng ; dort 40 000 LAK, ch à partir de 80 000 K ;). Également appelée X3 Capsule Hotel, cette pension à prix très doux dispose de dortoirs proprets, beaucoup plus spacieux que le nom "capsule" le suggère. Il y a 3 salles de bains pour 8 lits. À l'avant, une belle cour invite à discuter avec d'autres voyageurs autour d'un café.

Phonemaly Guesthouse PENSION $
(Carte p. 40 ; 071-253504 ; Th Hoxieng ; ch à partir de 100 000 LAK ;). Composé de deux maisons en bois de style traditionnel, cet établissement conjugue l'ambiance d'un véritable foyer et toutes les commodités d'une bonne pension. Les meilleures chambres, lambrissées, sont à l'étage. La charmante famille propriétaire offre bananes et café.

Souksavath Guesthouse PENSION $
(Carte p. 40 ; 071-212043 ; Th Hoxieng ; ch 120 000-200 000 LAK ;). Les chambres sont coquettes avec peinture fraîche, bureau et TV fixée au mur. Bon rapport qualité/prix.

Manichan Guesthouse PENSION $$
(Carte p. 40 ; 020-5692 0137 ; www.manichan-guesthouse.com ; Ban Pakham, Unit 4/143 ; ch 150 000-360 000 LAK ;). Les chambres du dernier étage, aux murs bicolores, partagent une superbe salle de bains et une grande terrasse avec vue sur le Phu Si. Celles du rez-de-chaussée sont agrémentées de tableaux et de salles de bains avec douches vitrées. Les prix chutent en basse saison (80 000-200 000 LAK).

Villa Suan Maak PENSION $$
(Carte p. 36 ; 071-252775 ; www.villasuanmaak.com ; Th Noradet ; ch rdc/étage 22/40 $US, petit-déj inclus ;). Dans cette petite villa coloniale douillette, les 2 chambres à l'étage, avec persiennes, colonnes et textiles locaux, ont vue sur le paisible jardin. Des chambres plus récentes, bien équipées, sont réparties autour de la vieille maison. Apprécié des bénévoles effectuant de longs séjours à Luang Prabang.

Villa Pumalin BOUTIQUE-HÔTEL $$
(Carte p. 40 ; 071-212777 ; www.villapumalin.com ; Th Hoxieng ; ch 55-75 $US, petit-déj inclus ;). Un escalier en bois de rose passe par un minuscule bassin peuplé de carpes et monte jusqu'à l'hôtel. Les chambres, aux finitions irréprochables, disposent d'élégantes salles de bains, d'intérieurs en bois semi-traditionnels, de linge de qualité et du Wi-Fi gratuit. La plus belle (n°201) se prolonge d'un balcon d'où l'on aperçoit le Mékong.

Ban Lao Hotel HÔTEL $$
(Carte p. 36 ; 071-252078 ; www.banlaohotel.com ; Th Thammamikalath ; ch 25-75 $US, petit-déj inclus ; @). Confortables et aménagées avec goût, les chambres sont situées derrière une demeure de la fin de l'époque coloniale, à travers laquelle on aperçoit les arbres du jardin. Les "deluxe" sont construites sur de solides pilotis dominant une fontaine. On prend le petit-déjeuner dans un pavillon perché au-dessus d'un étang. Un endroit paisible, d'un bon rapport qualité/prix.

Maison Dalabua HÔTEL DE CHARME $$$
(071-255588 ; www.maison-dalabua.com ; Th Phothisarath ; 75-100 $US ;). Cette Maison Dalabua est une perle cachée au cœur d'une immense propriété avec un vaste étang à nénuphars. Dans un beau bâtiment, les 15 chambres ont une TV et de grands lits ; les plus onéreuses ont une baignoire.

Le Sen Boutique Hotel HÔTEL DE CHARME $$$
(Carte p. 36 ; 071-261661 ; www.lesenhotel.com ; 113 Th Manomai ; ch 95-160 $US ; @). Si on le compare à certains hôtels historiques de la vieille ville, ce bel hôtel présente un excellent rapport qualité/prix. Les chambres, qui toutes donnent sur la belle piscine, sont bien aménagées (TV), avec salle de bains raffinée. Salle de sport et prêt de vélos.

Satri House HÔTEL HISTORIQUE $$$
(Carte p. 36 ; 071-253491 ; www.satrihouse.com ; 57 Th Phothisarath ; ch 192-384 $US ;). Cette villa royale, édifiée au début du siècle dernier, a gagné en taille et en prestige jusqu'à devenir l'un des plus célèbres hôtels historiques de Luang Prabang. Les chambres sont décorées avec goût d'étoffes asiatiques et d'antiquités. Spa spectaculaire et 2 piscines.

Amantaka HÔTEL DE LUXE $$$
(Carte p. 40 ; ☎071-860333 ; www.amanresorts.com ; Th Kitsarat ; ste 800-1 700 $US ;). Après rénovation, cet hôpital de l'époque française est devenu le plus luxueux complexe hôtelier de Luang Prabang. Les suites Khan (avec piscine) sont extraordinaires, mais elles impliquent une taxe journalière de 135 $US/personne en supplément.

Sud du Phu Si

Les hôtels petits budgets et de catégorie moyenne au sud du Phu Si ont souvent moins de cachet mais sont proches de bars plaisants. Plus au sud, en particulier dans Th Phu Vao, de grands hôtels s'adressent plutôt aux voyageurs en circuit organisé et aux groupes de touristes thaïlandais et chinois. Très peu sont assez originaux pour justifier l'emplacement excentré.

Khounsavanh Guesthouse PENSION $
(Carte p. 40 ; ☎071-212297 ; Ban Thongchaleum ; ch sans sdb 60 000 LAK, avec sdb 80 000-140 000 LAK ;). La plus attrayante des nombreuses pensions pour voyageurs au budget serré jalonnant une ruelle paisible à côté du marché de Dara. Les chambres climatisées (salle de bains) partagent une vaste terrasse avec vue sur la flèche du temple érigé au sommet du Phu Si.

Mano Guest House PENSION $
(Carte p. 36 ; ☎071-253112 ; manosotsay@hotmail.com ; Th Pha Mahapatsaman ; ch 80 000-120 000 LAK ;). Une pension spacieuse et douillette, installée de longue date, aux agréables chambres lambrissées – TV, salles de bains carrelées, lumières tamisées et tentures murales.

Vilayvanh Guesthouse PENSION $
(Carte p. 40 ; ☎071-252757 ; ch 100 000 LAK ;). Excellent rapport qualité/prix pour l'impeccable Vilayvanh, sise dans une ruelle résidentielle paisible et charmante. Connexion Internet, café, eau potable et bananes gratuits pour les hôtes.

Phongphilack Guesthouse PENSION $
(Carte p. 40 ; ☎071-252189 ; phongphilack@hotmail.com ; Ban Aphay ; ch 100 000-120 000 LAK ;). Dissimulée dans les allées de Ban Aphay, cette pension récemment rénovée est une bonne affaire, avec ses chambres climatisées avec eau chaude et ventilateur au plafond. À quelques minutes à piedde la rue regroupant les principaux bars.

Villa Sayada HÔTEL $
(Carte p. 40 ; ☎071-254872 ; www.villa-shayada-laos.com ; Th Phommatha ; ch 120 000-200 000 LAK ;). En face du Vat Visoun. On annonce “Sayada” sur l'enseigne ou “Shayada” sur le site Internet, mais quoi qu'il en soit, ce petit hôtel dispose de 9 chambres spacieuses avec tentures, lampes artisanales et douches chaudes correctes.

Thongbay Guesthouse PENSION $$
(☎071-253234 ; www.thongbay-guesthouses.com ; ch 34-75 $US ;). Des éclairages subtils et de magnifiques plantes embellissent ces bungalows en bois au toit de chaume (assez proches les uns des autres), dont la plupart surplombent la Nam Khan. Balcons, minibars et agréables salles de bains avec douche à l'italienne. Le bémol : l'emplacement isolé dans une ruelle non bitumée.

Luang Say Residence HÔTEL DE LUXE $$$
(Carte p. 36 ; ☎071-260891 ; www.luangsayresidence.com ; Ban Phonepheng ; ste 255-520 $US ;). Hôtel sophistiqué qui loue uniquement des suites. Au programme : 6 bâtiments de style français construits dans un jardin luxuriant, meubles somptueux et piscine. Le restaurant La Belle Epoque est considéré comme l'une des meilleures tables de la ville.

La Résidence Phou Vao HÔTEL DE LUXE $$$
(Carte p. 36 ; ☎071-212530 ; www.residencephouvao.com ; ch 485-540 $US ;). Le plus bel hôtel de cette catégorie, aux chambres du même acabit. Le service est parfait. Le Phu Si se reflète dans la piscine à débordement, flanquée d'un excellent restaurant franco-laotien. Le spectaculaire Mekong Spa a remporté de nombreux prix.

Où se restaurer

Des restaurants enchanteurs jalonnent l'artère principale et beaucoup d'autres bordent les rives. Nous vous conseillons le rivage du Mékong au soleil couchant. Généralement plus calmes, les rives de la Nam Khan sont l'occasion de découvrir certains aspects de la vie rurale sans quitter la ville.

Luang Prabang s'enorgueillit d'une cuisine particulière, avec des spécialités comme les saucisses locales et l'*orlam* (*áw lám*), une soupe à base de viande, champignons et aubergines, assaisonnée de lamelles d'une racine amère et piquante (ne les avalez pas). Le *khái pâe* (algues du Mékong) est un en-cas très apprécié. Semblable à l'algue

BONNES ACTIONS

Les voyageurs peuvent soutenir la population de Luang Prabang de différentes façons.

- **Big Brother Mouse** (BBM ; carte p. 40 ; ☎ 071-254937 ; www.bigbrothermouse.com ; Th Sothikuman) vend des livres à distribuer aux enfants. L'idée est de promouvoir l'alphabétisation et d'encourager les visiteurs à offrir des livres.
- La **Luang Prabang Library** (carte p. 40 ; ☎ 071-254813 ; Th Sisavangvong; www.communitylearninginternational.org ; ⊙ 8h-17h mar-dim) collecte des dons afin d'acheter des livres pour un bateau-bibliothèque qui va dans des villages reculés.
- Le **Children's Cultural Centre** (carte p. 40 ; ☎ 071-253732 ; LuangPrabang@gmail.com ; Th Sisavangvong; ⊙ 16h-17h mar-ven, 8h-11h30 et 14h-16h sam) accepte quasiment tous les objets recyclables ou revendables pour financer des activités périscolaires.
- À la **Croix-Rouge du Laos** (☎ 071-253448 ; Th Wisunarat ; ⊙ 7h-22h30), comme ailleurs, vous pouvez donner des vêtements usagés et propres, et donner votre sang (9h-16h, jours variables).

nori, le *khâi pâe* est découpé en cubes, légèrement frit dans une huile assaisonnée et saupoudré de graines de sésame ; idéalement, on l'accompagne de *jąew bąwng*, un condiment aigre-doux composé de piments et de peau de buffle séchée.

Pour de délicieux sandwichs-baguette et jus de fruits frais, rendez-vous aux **stands** (carte p. 40 ; ⊙ 7h-22h) qui sont situés en face de l'office du tourisme.

Des échoppes locales vendent du café laotien corsé (environ 5 000 LAK/tasse) et de plus en plus de cafés proposent des expressos et des pâtisseries à l'européenne.

Les marchés d'alimentation font la part belle aux fruits, légumes et viandes de toutes sortes. Le **marché du matin** (carte p. 40 ; ⊙ 5h30-16h sam-lun), haut en couleur, s'installe dans une rue de Ban Pakam. L'animation bat son plein au petit matin, quand les habitants viennent se ravitailler en légumes verts, œufs, crevettes séchées et grenouilles vivantes.

Th Sisavangvong et ses environs

♥ Le Banneton BOULANGERIE $
(Carte p. 40 ; Th Sakkarin ; repas 20 000-40 000 LAK ; ⊙ 6h30-18h ; Wi-Fi). Ce café de la péninsule vend les meilleurs croissants et pâtisseries du cru. Pains au chocolat, jus de fruits, sandwichs, quiches et sorbets maison.

Café Toui FUSION $
(Carte p. 40 ; Th Sisavang Vatthana ; plats 30 000-80 000 LAK ; ⊙ 7h-22h ; Wi-Fi, végétarien). Ravissant petit restaurant, où la lumière des bougies souligne les motifs dorés des murs rouges. La carte fait la part belle aux plats végétariens et aux mets asiatiques fusion, comme le *làap* au tofu. Sinon, optez pour le menu découverte avec petites portions.

Le Café Ban Vat Sene FRANÇAIS $
(Carte p. 40 ; Th Sakkarin ; plats 30 000 LAK ; ⊙ 7h30-22h ; Wi-Fi). Élégant café à l'ambiance coloniale, parfait pour travailler, prendre un apéritif anisé et lire le journal. Vins français, salades, quiches, pâtes et pizza.

Xieng Thong Noodle-Shop LAOTIEN $
(Carte p. 40 ; Th Sakkarin ; soupe de nouilles 15 000 LAK ; ⊙ à partir de 6h30). Située vers l'extrémité de la péninsule, cette échoppe quelconque sert le meilleur *khào pįak sèn* (bouillon de nouilles de riz rondes avec des morceaux de poulet ou de la poitrine de porc frite et croustillante) de la ville. Il y a généralement rupture de stock dès 14h.

Nazim Indian Food INDIEN $
(Carte p. 40 ; Th Sisavangvong ; plats 15 000-40 000 LAK ; ⊙ 11h-23h). Les biryani sont aussi médiocres que le décor, mais les *dosai* croustillants sont savoureux et la cuisine est ouverte jusqu'à 23h.

♥ Coconut Garden LAOTIEN, INTERNATIONAL $$
(Carte p. 40 ; ☎ 071-260436 ; Th Sisavangvong ; repas 35 000-150 000 LAK ; ⊙ 8h-23h ; Wi-Fi, végétarien). On sert ici un excellent menu végétarien de 5 plats (100 000 LAK) aux subtiles saveurs laotiennes. Avec des terrasses en façade et à l'arrière, l'endroit est plaisant à midi comme le soir. Plats internationaux également.

Dao Fa Bistro INTERNATIONAL $$
(Carte p. 40 ; Th Sisavangvong ; plats 30 000-75 000 LAK ; ⊙ 11h-22h ou plus tard ; Wi-Fi). L'un des tout premiers restaurants internationaux de

la péninsule. On y vient pour déguster une pizza, des pâtes et des plats occidentaux. Bons cocktails et digestifs.

Tangor FUSION $$

(Carte p. 40 ; ☎ 071-260761 ; www.letangor.com ; Th Sisavangvong ; plats 40 000-80 000 LAK ; ⏲ 11h-22h ; 📶). Nouvelle table, gastronomique, où se régaler d'une cuisine fusion aboutie – excellents produits laotiens de saison, relevés d'une touche française.

Tamnak Lao LAOTIEN $$

(Carte p. 40 ; ☎ 071-252525 ; www.tamnaklao.net ; Th Sakkarin ; plats 35 000-75 000 LAK ; ⏲ 9h-16h et 18h-22h). Les plats laotiens et les spécialités de Luang Prabang sont ici à l'honneur, dans une maison typique dont les balcons à arcades donnent sur la rue. Service attentionné. Le Tamnak Lao est souvent pris d'assaut par des groupes en voyage organisé. Cours de cuisine à la journée (30 $US).

Au bord de la Nam Khan et alentour

♥ **Rosella Fusion** FUSION $

(Carte p. 40 ; Th Kingkitsarat ; plats 15 000-35 000 LAK). Fondé par un ancien barman de l'hôtel Amantaka, ce restaurant au bord de la rivière ne déçoit pas en matière de plats fusion imaginatifs, à prix abordables. Le propriétaire est fier de ses cocktails : offrez-vous donc un apéritif !

♥ **Tamarind** LAOTIEN $

(Carte p. 40 ; ☎ 071-213128 ; www.tamarindlaos.com ; Th Kingkitsarat ; plats 25 000-60 000 LAK, menus dîner 100 000-150 000 LAK ; ⏲ 11h-22h ; 📶). Au bord de la Nam Khan, à côté de l'hôtel Apsara, ce restaurant chic a créé sa propre veine de cuisine laotienne, moderne et créative. Assiettes de dégustation : purée de bambou, citronnelle farcie et *meuyang* (chaussons aux nouilles, herbes, poisson et piments et légumes, à composer soi-même).

♥ **Dyen Sabai** LAOTIEN, INTERNATIONAL $

(Carte p. 40 ; ☎ 020-5510 4817 ; Ban Phan Luang ; plats 20 000-35 000 LAK ; ⏲ 8h-23h ; 📶). L'une des meilleures adresses de Luang Prabang pour sa fabuleuse cuisine laotienne. La purée d'aubergine et les algues du Mékong frites sont délicieuses. Les convives s'assoient sur des coussins, dans des pavillons rustiques ouverts. Pendant la saison sèche, il suffit de traverser le pont en bambou qui enjambe la Nam Khan ; le reste de l'année on vous transportera gratuitement en bateau. Deux cocktails pour le prix d'un entre 12h et 19h.

Apsara FUSION $$

(Carte p. 40 ; ☎ 071-254670 ; www.theapsara.com ; Th Kingkitsarat ; plats 60 000-110 000 LAK ; ⏲ 7h-22h ; 📶). Face à la Nam Khan, ce restaurant chic propose une cuisine fusion au carrefour entre l'Asie et l'Occident. Choisissez entre le steak de buffle, le poisson farci à partager ou la poitrine de porc braisée. Les desserts sont aussi divins, comme la poire nashi pochée dans un sirop au citron vert et au gingembre, servie avec de la glace à la noix de coco et une galette laotienne.

Couleur Café INTERNATIONAL $$

(Carte p. 40 ; ☎ 071-254694 ; Th Kingkirsarat ; plats 40 000-100 000 LAK ; ⏲ 11h-22h ; 📶). Apprécié des voyageurs, le Couleur Café a déménagé du côté Nam Khan de la péninsule, mais régale toujours ses hôtes d'une cuisine laotienne mâtinée d'accents français. Nos coups de cœur : la casserole de poulet au gingembre et à la citronnelle et le magret de canard au miel et au chutney de mangue.

Au bord du Mékong et alentour

Riverside Barbecue Restaurant BARBECUE $

(Carte p. 40 ; Th Khem Khong ; menu petit/grand 30 000/60 000 LAK ; ⏲ 17h-23h). Les barbecues (*sìn daat*) sont assez populaires à Luang Prabang et celui-ci, au bord du Mékong, est peut-être le plus fréquenté. Si vous ne finissez pas le menu le plus copieux, vous devrez payer un supplément (pour éviter le gaspillage).

Khemkhong View Restaurant LAOTIEN $

(Carte p. 40 ; Th Khem Khong ; repas 15 000-35 000 LAK ; ⏲ 7h-21h). Des nombreux restaurants installés au bord du Mékong, le Khemkhong View, sur plusieurs niveaux, est apprécié pour sa carte : crevettes épicées et soupe à la noix de coco, *làap* aux calamars (ou aux tripes) et poisson fermenté à la vapeur.

Saffron CAFÉ $

(Carte p. 40 ; Th Khem Khong ; plats 20 000-35 000 LAK ; ⏲ 7h-21h ; 📶). Café raffiné, décoré de superbes photos, idéal pour un petit-déjeuner face au Mékong. Service chaleureux, plats de pâtes et café excellents.

Big Tree Café CORÉEN, INTERNATIONAL $
(Carte p. 40 ; www.bigtreecafe.com ; Th Khem Khong ; plats 25 000-50 000 LAK ; 9h-21h ;). Une cuisine coréenne authentique, concoctée par un chef du pays du Matin calme, à déguster à l'intérieur ou sur la terrasse ensoleillée surplombant le Mékong. Choix de plats occidentaux et japonais.

L'Éléphant Restaurant FRANÇAIS $$$
(Carte p. 40 ; www.elephant-restau.com ; Ban Wat Nong ; plats 80 000-250 000 LAK ; 11h30-22h). On se régale ici, dans une villa coloniale rénovée au cachet incroyable, d'une cuisine parmi les plus raffinées de la ville. Le "menu du chasseur" (240 000 LAK) comprend des terrines, des soupes, des magrets de canard et d'autres spécialités françaises. Le tartare de buffle est inoubliable.

Musée du Palais royal et Ban Hoxieng

Marché de nuit LAOTIEN $
(Carte p. 40 ; 18h-22h ;). Des stands de restauration s'installent au crépuscule dans une rue étroite derrière l'office du tourisme, avec des tables communes éclairées. Il n'y a pas mieux pour goûter les spécialités locales bien préparées, à petits prix. Quantité de stands végétariens vendent des plats pour seulement 10 000 LAK et un poisson entier grillé, farci à la citronnelle, coûte à peine 20 000 LAK.

JoMa Bakery Café BOULANGERIE $
(Carte p. 40 ; www.joma.biz ; Th Chao Fa Ngum ; plats 10 000-35 000 LAK ; 7h-21h ;). Cet espace branché, avec fauteuils confortables et ambiance contemporaine, est l'une des boulangeries les plus prisées de la ville. Délicieux bagels, soupes et salades, cafés et jus de fruits.

Somchanh Restaurant VÉGÉTARIEN $
(Carte p. 40 ; Th Suvannabanlang ; plats 15 000-30 000 LAK ; 7h-19h ;). Modeste gargote en plein air, à proximité des pensions de Ban Vat That, qui propose un large choix de spécialités du Laos et de Luang Prabang. C'est aussi la meilleure adresse de la ville pour de la cuisine végétarienne laotienne. Installez-vous de l'autre côté de la rue, au bord du fleuve.

Delilah's INTERNATIONAL $
(Carte p. 40 ; Th Chao Fa Ngum ; plats 20 000-50 000 LAK ;). Juste après l'artère principale mais proche des pensions de Ban Hoxieng, le Delilah's est apprécié pour ses petits-déjeuners sains, ses sandwichs et ses plats de pâtes. Bonnes spécialités laotiennes également.

Blue Lagoon INTERNATIONAL $$
(Carte p. 40 ; www.blue-lagoon-restaurant.com ; plats 45 000-140 000 LAK ; 10h-22h ;). Chouchou des expatriés grâce à ses murs décorés de lanternes, à son patio verdoyant et à son atmosphère jazzy. Au menu : saucisses de Luang Prabang, pâtes, salades et *làap* très goûteux.

Sud du Phu Si

Le Patio LAOTIEN, INTERNATIONAL $
(Carte p. 40 ; 071-253364 ; TAEC ; sandwichs 30 000 LAK ; 9h-17h45 mar-dim ;). Sirotez un thé fumé de Phongsali ou un expresso du Laos après avoir mangé un délicieux sandwich feta et olives, sur la terrasse du café du TAEC, avec vue sur les montagnes. Goûtez aux spécialités des minorités ethniques, comme les boulettes de viande des Akha ou la poitrine de porc des Hmong.

Roots & Leaves LAOTIEN $$
(Carte p. 40 ; 071-254870 ; www.rootsinlaos.com ; plats 30 000-60 000 LAK, menu dîner 25 $US ; 7h30-22h). Les tables sont installées sous les palmiers autour d'un bassin de lotus, où une île artificielle sert de scène aux musiciens locaux. Différents dîners-spectacles sont organisés, généralement de 19h à 21h du lundi au samedi. Prévoyez de l'antimoustique.

Luang Prabang Secret Pizza ITALIEN $$
(Carte p. 36 ; plats 50 000-60 000 LAK ; à partir de 18h30 mar et ven). Jadis réservé aux habitants de Luang Prabang, le secret méritait d'être dévoilé. Dans le jardin de sa jolie maison (indiquée depuis la route principale), Andrea prépare des pizzas cuites au feu de bois, des lasagnes et des gnocchis, à accompagner de vin italien.

Sushi JAPONAIS $$
(Carte p. 36 ; 020-7751 8300 ; Th Pha Mahapatsaman ; menus 50 000-80 000 LAK, sushis 30 000-150 000 LAK ; 10h-22h30 ;). Quand le poisson frais n'a pas été livré, il n'y a pas de sushis. Dans ce cas, rattrapez-vous avec d'autres mets japonais tels les *gyoza*, le *katsudon* et le *katsukare*. Les menus comprennent une soupe miso, du daïkon (radis blanc) mariné et du riz.

Où prendre un verre et faire la fête

La section principale de Th Sisavangvong, au nord-est du palais, est jalonnée de bistrots, dont quelques bars à vin séduisants. Les fêtards se donnent rendez-vous juste au sud du Phu Si, dans Th Kingkitsarat, autour du Hive Bar (ci-après) et du Lao Lao Garden (ci-après). L'horaire de fermeture officiel (23h30) est assez strictement appliqué. Une exception : le bowling tenu par des Chinois, en périphérie de la ville, près de la gare routière Sud.

La Pistoche BAR

(Carte p.36 ; Ban Phong Pheng ; 20 000 LAK ; 10h-23h ;). Un lieu idéal vu l'absence de plage au Laos, avec ses 2 piscines aménagées dans un vaste jardin, en périphérie sud de la ville. L'entrée comprend l'accès aux terrains de pétanque et de volley aquatique. La happy hour dure de 12h à 19h.

Utopia BAR

(Carte p.40 ;). Au cœur d'un jardin luxuriant aux accents khmers – superbe vue sur la Nam Khan –, l'Utopia est le paradis des transats, des tables basses et des narguilés. Sirotez un jus de fruits, profitez des jeux de société ou du terrain de volley-ball et admirez le scintillement des bougies au coucher du soleil. Yoga en journée, en-cas le soir. Prenez la bifurcation en haut de Th Phommatha.

Lao Lao Garden BAR

(Carte p.40 ; Th Kingkitsarat;). Bistrot joyeusement illuminé, avec jardin, au pied du Phu Si, qui invite à écouter de la musique et à se réchauffer autour du feu. Happy hour toute la journée pour les amateurs de cocktails. Choix tentant aussi côté assiette, avec de l'*orlam*, du ragoût de buffle et une fondue laotienne (*sìn daat*) à préparer soi-même.

Hive Bar BAR

(Carte p.40 ; Th Kingkitsarat ;). Dans le jardin de ce bar branché et élégant, on découvre une piste de danse, un écran de projection et des tables supplémentaires. Assistez à l'excellent défilé de mode ethnique tous les soirs à 19h, avec, en prime, une troupe de hip-hop. Tapas, happy hour et cocktails.

S Bar BAR

(Carte p.40 ; Th Kingsarat). Très prisé des étrangers résidant à Luang Prabang, le S Bar possède un billard et un *bebe-foot* (baby-foot). La clientèle afflue vers 21h.

Ikon Klub BAR

(Carte p.40 ; Th Sisavang Vatthana ; 17h-tard). Un club pareil à un boudoir : ambiance bohème, lumière tamisée et décoration de style années 1930. Avec Tom Waits en bande son, l'effet est irrésistible.

House BAR

(Carte p.40 ; Th Kingkitsarat ;). Ce bar tout illuminé donne envie de s'arrêter pour boire une bière belge. Joli jardin, délicieux en-cas et petits-déjeuners.

Dao Fah DISCOTHÈQUE

(Carte p.36 ; 21h-23h30). Une foule de jeunes Laotiens se retrouve dans ce club immense, situé près de la route menant à la gare routière Sud. En alternance : des groupes jouant de la musique laotienne et thaïlandaise, ou des DJ spécialistes de rap et hip-hop.

Où sortir

Le Festival du film d'Asie du Sud-Est de Luang Prabang se tient chaque année début décembre dans plusieurs salles de la ville.

Théâtre Phrolak Phralam DANSE TRADITIONNELLE

(Carte p.40 ; parc du Palais royal ; 70 000-170 000 LAK ; spectacle 18h ou 18h30, lun, mer, ven-sam). Le Ballet royal laotien présente de lentes danses traditionnelles, accompagnées par un orchestre de 10 musiciens. Le spectacle dure environ 1 heure 15 et comprend une scène inspirée du *Ramayana* ; lisez le texte explicatif distribué à l'entrée pour en entrevoir la signification. Sachez que le théâtre a autant de charme qu'un préau d'école. Quand tous les sièges sont occupés, les détenteurs des billets les moins chers restent debout.

Achats

Dans Th Sisavangvong et le long du Mékong, de charmantes boutiques vendent de l'art local, des bouddhas dorés, des objets en papier artisanal et de jolis souvenirs.

Plusieurs maisons de Ban Ho Xieng, le quartier traditionnel des orfèvres royaux, abritent des boutiques d'argenterie.

OckPopTok ARTISANAT, VÊTEMENTS

(Carte p.40 ; 071-254761 ; www.ockpoptok.com ; 73/5 Ban Wat Nong ; 8h-21h). OckPopTok travaille en collaboration avec de nombreuses ethnies afin de préserver leurs traditions. Écharpes, chemises, robes, tentures et housses de coussin, en soie et en

À NE PAS MANQUER

MARCHÉ DE NUIT

Tous les soirs, ce **marché** (carte p. 40 ; Th Sisavangvong ; ⌚17h30-22h), bien que touristique, s'installe dans l'artère principale, entre le musée du Palais royal et Th Kitsarat. L'endroit est assez calme et faiblement éclairé, et c'est sans doute l'un des marchés les plus tranquilles d'Asie. Des dizaines de stands vendent, entre autres, des écharpes en soie, des tentures, des couvertures hmong, des T-shirts, des vêtements, des chaussures, du papier, des articles en argent, des sacs, des poteries, des lampes en bambou, etc. Les prix sont raisonnables, mais les créations "locales" les moins chères viennent parfois de Chine, de Thaïlande ou du Vietnam.

coton, sont des cadeaux parfaits. Il y a une succursale dans **Th Sisavangvong** (carte p. 40 ; ☎071-254406 ; Th Sisavangvong ; ⌚8h-21h).

Ma Te Sai ARTISANAT

(Carte p. 40 ; www.matesai.com ; Th Khem Khong). En laotien, le nom signifie "D'où vient cela", et ici, tous les articles en soie, papier ou autres proviennent de villages autour de Luang Prabang.

Kopnoi ARTISANAT

(Carte p. 40 ; Th Vatmou-Enna). On trouve ici des vêtements aux influences asiatiques et occidentales, fabriqués à partir de matériaux et de teintures naturels, des bijoux, des articles pour la maison, de l'artisanat, des livres, des thés, des épices, et de l'art local.

Naga Creations JOAILLERIE

(Carte p. 40 ; Th Sisavangvong). Ce joaillier produit des pièces uniques, en argent et pierres semi-précieuses. Tous les bijoux sont réalisés à la main et vous pourrez voir les artisans à l'œuvre dans la boutique.

Pathana Boupha Antique House ANTIQUITÉS

(Carte p. 40 ; Th Phommatha). Dans le jardin de cette impressionnante demeure de l'époque française, le large escalier mène à une véritable caverne d'Ali Baba : bouddhas anciens, *naga* dorés, services à bétel en argent, bracelets de style Akha et colliers hmong. Également : de beaux foulards en soie provenant de Sam Neua.

Orange Tree ANTIQUITÉS

(Carte p. 40 ; Th Khem Khong). Au bord du Mékong, cette boutique d'antiquités retrace les voyages de ses propriétaires : boîtes à thé de Hong Kong, réveils rétro de Chine, encriers en Bakélite, montres vietnamiennes et statues bouddhiques birmanes.

Caruso Lao Homecraft ACCESSOIRES MAISON

(Carte p. 40 ; ☎071-254574 ; Th Sakkarin). Superbes articles pour la maison, cadres de photos et pièces en lin et en soie.

L'Etranger Books & Tea LIVRES

(Carte p. 40 ; Th Kingkitsarat ; ⌚8h-22h lun-sam, 10h-22h dim). L'adresse la plus économique pour feuilleter des livres d'occasion, dans un café douillet. Films projetés tous les soirs.

Monument Books LIVRES

(Carte p. 40 ; www.monument-books.com ; Ban Wat Nong ; ⌚9h-21h lun-ven, 9h-18h sam-dim). Membre d'une chaîne régionale, cette librairie vend des cartes, des magazines et des ouvrages consacrés à l'histoire du Laos.

ℹ Orientation

Le centre historique occupe une péninsule au confluent du Mékong et de la Nam Khan, que domine la colline Phu Si (ou Phousi), coiffée d'un stupa.Traditionnellement, la ville se compose de petits villages (*ban*), portant souvent le nom de leur *vat*. De nombreuses adresses utilisent ce système plutôt que les noms des rues, qui ont changé au moins trois fois au cours des 20 dernières années – vous trouverez des adresses très diverses sur les cartes et les cartes de visite. L'artère principale, qui remonte la péninsule vers le nord-est, s'appelle actuellement Th Phothisarat (Phothisalat) au sud-ouest du palais, Th Sisavangvong dans sa partie centrale et Th Sakkarin (Sakkaline Rd) à son extrémité nord-est. La rue qui longe le Mékong est appelée Souvannakhamphong, Oun Kham ou Suvannabanlang, ou encore plus couramment Th Khem Khong. Pour vous indiquer le chemin, les habitants utilisent des points de repère plutôt que des noms de rue.

La carte **Luang Prabang** de **Hobo Maps** (www.hobomaps.com ; 25 000 LAK) est de loin la plus fiable et la plus complète. Remise à jour régulièrement, elle indique quasiment tous les commerces et quelque 200 pensions.

ℹ Renseignements

ACCÈS INTERNET

Le Wi-Fi est de plus en plus accessible dans les pensions, hôtels et cafés. Dans la plupart des pensions et hôtels, un ordinateur est à disposition des hôtes dans le hall d'entrée. Les nombreux cybercafés, pour la plupart dans des agences de voyages, demandent environ 100 LAK/minute (minimum 20 minutes) ; sachez que des virus infestent souvent leurs terminaux. Si votre ordinateur plante, direction **DSCom** (carte p. 40 ; ☎071-253 905 ; ⏲9h30-12h et 13h-18h lun-sam), où l'on pourra vous aider.

ARGENT

Les DAB sont nombreux en ville. Dans Th Sisavangvong, des tour-opérateurs délivrent des avances sur les cartes Visa ou MasterCard (commission d'environ 3%). Ils changent aussi les devises, à des taux souvent peu avantageux.

BCEL (carte p. 40 ; Th Sisavangvong ; ⏲8h30-15h30 lun-sam). Change les principale devises en espèces ou chèques de voyage. DAB 24h/24. Avances sur les cartes Visa et MasterCard.

Kiosque Minipost (carte p. 40 ; Th Sisavangvong; ⏲7h45-20h30, avances d'espèces 9h-15h). Ouvert tous les jours. Change la plupart des devises à des taux corrects. Caché derrière les étals du marché, il se repère difficilement après 18h.

IMMIGRATION

En faisant la demande avant l'expiration du visa, il est possible de le proroger de 30 jours (2 $US/jour) au **bureau de l'immigration** (carte p. 40 ; ☎071-212 435 ; Th Wisunarat ; ⏲8h30-16h30 lun-ven).

OFFICE DU TOURISME

Département provincial du tourisme (carte p. 40 ; www.tourismlaos.org ; Th Sisavangvong ; ⏲8h-16h lun-ven). Informations sur les fêtes, festivals et groupes ethniques. Cartes et renseignements sur les bus et les bateaux.

POSTE

Poste (carte p. 40 ; Th Chao Fa Ngum ; ⏲8h30-15h30 lun-ven, 8h30-12h sam). Appels téléphoniques et services de Western Union.

SERVICES MÉDICAUX

Hôpital provincial (carte p. 40 ; ☎071-254025 ; Ban Naxang ; consultation 100 000 LAK). Suffisant pour les petits soucis, mais en cas de problème grave, mieux vaut se rendre à Bangkok ou retourner à Vientiane et gagner les hôpitaux voisins, côté thaïlandais. À l'hôpital de Luang Prabang, une consultation coûte le double le week-end ou après 16h.

TÉLÉPHONE

La plupart des cybercafés disposent de Skype et de MSN Messenger ; les appels internationaux y coûtent 2 000 LAK/minute ou moins.

Le kiosque Minipost vend des cartes SIM.

ℹ Depuis/vers Luang Prabang

AVION

Le modeste **aéroport international de Luang Prabang** (☎071-212173), à 4 km du centre-ville, devrait être agrandi. Les compagnies **Bangkok Airways** (carte p. 40 ; www.bangkokair.com) et **Lao Airlines** (carte p. 36 ; ☎071-212172 ; www.laoairlines.com ; Th Pha Mahapatsaman) assurent chacune 2 vols quotidiens pour Bangkok (à partir de 190 $US, 1 heure 40). Lao Airlines dessert aussi Vientiane (101 $US, plusieurs tlj), Pakse (182 $US, tlj), Chiang Mai (150 $US, tlj), Hanoi (155 $US, tlj) et Siem Reap (195 $US, tlj). **Vietnam Airlines** (☎071-213049 ; www.vietnamairlines.com) dessert tous les jours Siem Reap (code partagé avec Lao Airlines) et Hanoi.

BATEAU

Le **bureau de la navigation** (carte p. 40 ; ⏲8h-11h et 14h-16h), derrière le Palais royal, vend les billets pour les bateaux lents qui rallient Pakbeng (110 000 LAK, 9 heures, 8h). Il vend aussi des billets pour Huay Xai (220 000 LAK, 2 jours), mais il faut passer la nuit à Pakbeng ; bizarrement, il est un peu moins cher d'acheter un billet jusqu'à Pakbeng, puis un autre pour la fin du trajet. Cela permet en outre de rester plus longtemps à Pakbeng. Le principal embarcadère des bateaux lents se situe derrière le bureau de la navigation, mais les points de départ varient selon le niveau du fleuve.

Les bateaux de **Luang Say Cruise** (croisières sur le Mékong ; carte p. 40 ; ☎071-254768 ; www.luangsay.com ; 50/4 Th Sakkarin ; croisière 362-491 $US selon la saison, supp pers seule à partir de 67 $US ; ⏲9h30-21h30), plus luxueux, partent pour un trajet de 2 jours jusqu'à Huay Xai, depuis l'embarcadère de Xieng Thong, en face du Vat Xieng Thong. Les tarifs incluent une nuit au Luang Say Lodge à Pakbeng. Moins onéreuses, les croisières de 2 jours de **Shompoo Cruise** (carte p. 40 ; ☎071-213190 ; www.shompoocruise.com ; Th Khem Khong ; croisière 110 $US, petit-déj et 2 déj inclus) se font à bord d'un élégant bateau. L'hébergement à Pakbeng n'est pas inclus.

Rapides, très bruyants, inconfortables et dangereux, des hors-bord de 6 passagers remontent le Mékong jusqu'à Pakbeng (250 000 LAK, 3 heures) et Huay Xai (400 000 LAK, 7 heures). Il n'existe pas d'horaires fixes et les prix correspondent à un bateau plein ; à moins de passer par une agence, renseignez-vous la veille à l'embarcadère des hors-bord, à 5 km au nord de la ville : tournez à l'ouest près du Km 390 de la Rte 13, puis descendez sur 300 m une route non bitumée qui se transforme en piste après le seul croisement.

Quand le niveau de l'eau le permet, **Mekong River Cruises** (carte p. 40 ; www.cruisemekong.com) effectue la lente traversée de 7 jours entre

Luang Prabang et le Triangle d'or thaïlandais à bord de nouveaux bateaux germano-laotiens, avec solarium et 16 cabines (départ le jeudi).

De nombreux bateaux partent pour les grottes de Pak Ou entre 8h30 et l'heure du déjeuner. Un seul bateau dessert Nong Khiaw (110 000 LAK, 6 heures) et part vers 8h30 s'il y a suffisamment de passagers. Achetez vos billets au petit **bureau des longboats** (carte p. 40 ; Th Khem Khong), facile à manquer.

Banana Boat Laos (☎ 071-260654 ; www.bananaboatlaos.com ; Ma Te Sai, Th Sisavangvong) propose des circuits en bateau mieux organisés pour les voyageurs pouvant se permettre un petit extra. Les bateaux partent de derrière le musée du Palais royal.

BUS ET MINIBUS

La **gare routière Nord** (☎ 071-252729 ; Rte 13, 700 m après le Km 387) et la **gare routière Sud** (gare routière Bannaluang ; carte p. 36 ; ☎ 071-252066 ; Rte 13, Km 383) sont situées aux extrémités opposées de la ville. Plusieurs lignes de bus fréquentées sont aussi desservies par des minibus de la **gare des minibus de Naluang** (carte p. 36 ; ☎ 071-212979 ; souknasing@hotmail.com ; Rte 13, 800 m après le Km 382), à la diagonale de la gare routière Sud. Les agences et les pensions font les réservations moyennant une commission de 25 000 LAK, qui inclut le transfert jusqu'à la gare. Prendre soi-même un *túk-túk* est souvent plus rapide et moins cher.

Louer à plusieurs un confortable minibus de 6 places revient à moins du double des billets de bus, permet d'éviter les haltes imposées des transports publics. En réservant directement à la gare des minibus, comptez quelque 1 000 000 LAK pour Phonsavan ou Vang Vieng et 500 000 LAK pour Nong Khiaw ; le chauffeur viendra vous chercher à votre hôtel.

Vientiane et Vang Vieng

De la gare routière Sud, jusqu'à 10 bus par jour rallient Vientiane (express/VIP 130 000/150 000 LAK, 9-12 heures) via Vang Vieng entre 6h30 et 19h30. Le bus VIP part à 9h. D'innombrables minibus desservent Vang Vieng (1 050 000 LAK) le matin, au départ de la gare de Naluang. Le paysage est splendide tout au long de la route.

Sainyabuli et Hongsa

Les bus pour Sainyabuli (60 000 LAK, 3 heures) partent de la gare routière Sud à 9h et 14h. Avec l'ouverture du nouveau pont Tha Deua au-dessus du Mékong, la durée du trajet jusqu'à Sainyabuli est d'environ 2 heures en véhicule privé. Il existe une nouvelle liaison en minibus pour l'Elephant Conservation Center de Sainyabuli, gérée par Sakura Tour (p. 127). Le nouveau pont facilite le trajet jusqu'à Sainyabuli, d'où une correspondance mène à Hongsa.

Phonsavan

Un minibus (95 000 LAK ; 10 heures), part pour Phonsavan à 8h30 de la gare de Naluang et un bus (ordinaire/express 85 000/105 000 LAK) part à 8h de la gare routière Sud.

Nong Khiaw et Sam Neua

De la gare de Naluang, des minibus desservent Nong Khiaw (40 000 LAK, 4 heures) à 9h. À la gare routière Nord, on peut aussi prendre un *săwngthăew* (40 000 LAK) à 9h, 11h et 13h ou le bus de 8h30, qui continue jusqu'à Sam Neua (140 000 LAK, 17 heures) via Vieng Thong (110 000 LAK, 10 heures). Un autre bus à destination de Sam Neua, en provenance de Vientiane, passe vers 17h30.

Nord-ouest du Laos et Chine

Le bus-couchettes pour Kunming, en Chine (450 000 LAK, 24 heures), part de la gare routière Sud à 7h, parfois plus tôt. Mieux vaut réserver et vérifier le lieu de départ. De la gare routière Nord, des bus desservent Udomxai (55 000 LAK, 5 heures) à 9h, 12h et 16h, Luang Namtha (90 000 LAK, 9 heures) à 9h et Huay Xai (Borkeo, 120 000 LAK, 15 heures) à 17h30 ; un bus VIP part (145 000 LAK) à 19h.

ℹ Comment circuler

Il n'y a pas de motos-taxis à Luang Prabang, seulement des *túk-túk*, plus quelques taxis-minibus à l'aéroport qui demandent 50 000 LAK (tarif fixe) jusqu'au centre-ville. Le prix augmente au-delà de 3 passagers et coûte un peu moins cher en sens inverse.

En ville, un court trajet en *túk-túk* revient à 5 000 LAK pour les habitants et à 20 000 LAK pour les étrangers. Jusqu'à l'embarcadère des hors-bord, prévoyez 50 000 LAK pour le véhicule.

Circuler à vélo est bien plus agréable. Quantité de boutiques et des pensions en louent pour 15 000 à 30 000 LAK par jour. Louer une moto revient à 15 $US la journée ou 20 $US pour 24 heures. Toutefois, quasiment toutes les agences travaillent en sous-traitance pour **Naluang Rental** (carte p. 36 ; ☎ 071-212979 ; gare des minibus de Naluang), qui facture 15 $US pour 24 heures si l'on réserve directement auprès de la compagnie. **KPTD** (carte p. 40 ; ☎ 071-253447 ; Th Kitsarat) loue une large gamme de véhicules, notamment des scooters Honda Waves (100 000 LAK semi-automatique), des scooters Honda Scoopy (160 000 LAK, automatique) et des motos tout terrain Honda CRF (65 $US).

Veillez à fixer un antivol sur votre vélo/moto et ne les laissez pas la nuit dans la rue. Notez que l'artère extérieure de la péninsule est à sens unique, dans le sens contraire des aiguilles d'une montre ; les panneaux se manquent facilement, mais n'imitez pas les habitants qui n'en tiennent pas compte (et roulent sans casque), car la police verbalise à l'occasion les étrangers pour ces infractions.

ENVIRONS DE LUANG PRABANG

Randonnées, vélo, kayak, rafting et promenades à dos d'éléphant : les occasions de vivre de belles aventures ne manquent pas dans les environs de Luang Prabang. Beaucoup d'agences de Luang Prabang organisent ces activités dans le secteur.

Pour les visiteurs qui restent peu de temps à Luang Prabang, les tour-opérateurs proposent des circuits d'une journée qui combinent les grottes de Pak Ou et Tat Kuang Si (à partir de 120 000 LAK). Si les sites sont dans des directions opposées, le véhicule pour les chutes de Kuang Si attend votre retour à l'agence après l'excursion en bateau. Le prix du circuit n'inclut pas les droits d'entrée.

Grottes de Pak Ou ຖ້ຳປາກອູ

À une trentaine de kilomètres de Luang Prabang, la Nam Ou (rivière Ou) rejoint le Mékong au pied d'une spectaculaire formation karstique qui, de loin au sud, ressemble à un grand aigle vert prenant son envol. En face, dans le village de Ban Pak Ou, plusieurs restaurants donnent sur le Mékong. De l'autre côté (il n'y a pas de pont), les deux fameuses **grottes** (Tham Ting ; 20 000 LAK), creusées dans la falaise calcaire, sont remplies d'effigies du Bouddha de tailles et de styles divers. À quelques pas du fleuve, la "grotte" inférieure est plutôt un surplomb rocheux. Un groupe de bouddhas se détache sur la majestueuse toile de fond fluviale. Pour rejoindre la grotte supérieure, grimpez les escaliers escarpés sur la gauche pendant 5 minutes. Profonde de 50 m, elle est située derrière un vieux portail en bois sculpté. Si vous n'avez pas de lampe torche, vous pourrez en emprunter une au guichet moyennant un don.

Bien que ces grottes et la découverte des bouddhas ravissent les visiteurs, c'est souvent le trajet en bateau sur le Mékong depuis Luang Prabang qui leur laisse un souvenir impérissable. Sachez que vous verrez la même section de fleuve lors des parcours Luang Prabang-Pakbeng ou Luang Prabang-Nong Khiaw. De janvier à avril, les villageois cherchent de l'or avec des plateaux en bois sur les bancs de sable le long du Mékong.

Qu'ils viennent à Pak Ou par la route ou en bateau, la plupart des visiteurs font halte à **Ban Xang Hay**, village lao lao, où les étroits chemins derrière le joli *vat*, en grande partie récent, sont jalonnés de métiers de tisserands, d'échoppes de tissus et de distilleries.

Le bureau des *longboats* de Luang Prabang vend des billets pour Pak Ou (aller-retour 60 000/400 000 LAK par personne/bateau). Le trajet dure 2 heures en amont, 1 heure 15 au retour et vous disposez de 1 heure aux grottes et de 20 minutes à Ban Xang Hay. Les départs, plus nombreux vers 8h30, continuent toute la matinée. Les agences de voyages et les pensions proposent les billets à un prix légèrement supérieur, transfert en *túk-túk* souvent compris.

Une autre solution consiste à rallier Ban Pak Ou par la route (30 km, environ 150 000 LAK l'aller-retour en *túk-túk*), puis à traverser la rivière en canot à moteur (20 000 LAK aller-retour). Ban Pak Ou se situe à 10 km le long d'une piste correcte, qui part de la Rte 13 près du Km 405.

Tat Kuang Si ຕາດກວາງຊີ

Ce magnifique **parc forestier** (20 000 LAK ; ⏲7h30-17h30), à 30 km au sud-ouest de la ville, est très apprécié pour ses arbres vénérables et ses extraordinaires **chutes d'eau** sur plusieurs niveaux, parmi les plus impressionnantes du pays, surtout à la saison sèche. Du parking, bordé de gargotes, une marche de 5 minutes à travers la forêt conduit à la première cascade, qui se déverse dans des bassins limpides, où se baigner et plonger au bout d'une corde ; des cabines permettent de se changer (apportez maillot et serviette). Continuez 5 minutes pour rejoindre la cascade principale, une puissante chute dont la hauteur maximale atteint 25 m. Au pied, une passerelle offre la plus belle vue et vous pouvez grimper au sommet par des chemins escarpés de chaque côté (15 minutes environ). Prenez de préférence celui de gauche, mieux entretenu et entrecoupé de marches. À moins que le niveau de l'eau ne soit très haut, vous pouvez traverser les bassins supérieurs entre les deux chemins.

En entrant dans le parc, l'un des premiers sites notables est le **Tat Kuang Si Bear Rescue Centre** (Centre de protection des ours ;

CAMPS D'ÉLÉPHANTS ET LODGES D'EXCEPTION

Il y a dans la campagne autour de Luang Prabang plusieurs camps d'éléphants et des lodges d'exception. Lors de leur premier séjour, beaucoup de visiteurs préfèrent résider au cœur de la vieille ville, mais ces propriétés magnifiques sont des points de chute parfaits si vous revenez dans la région et désirez séjourner en pleine nature ou si vous voulez en savoir plus sur les éléphants du Laos. Prévoyez une excursion dans la province de Sainyabuli pour visiter l'excellent Elephant Conservation Center (p. 128). Pour vous aider à choisir une expérience avec les éléphants dans les environs de Luang Prabang, consultez (en anglais seulement) *Read Before You Ride: How to Choose a Quality Elephant Camp in the Land of a Million Elephants*, à télécharger sur le site ElefantAsia (www.elefantasia.org). Cliquez sur "What we do", puis "Public awareness".

Près du village de Ban Noun Savath, l'**All Lao Elephant Camp** (☎071-253522 ; www.alllaoservice.com ; balade à dos d'éléphant 30 $US/pers, stage cornac 1/2 jours 85/150 $US ; ⏲8h-15h) organise des balades à dos d'éléphant (1 heure 30) à 8h, 9h30, 11h30 et 13h30 ; bain des éléphants à 14h30. Pour un stage de formation avec les cornacs, comprenant une nuit au **Mahout Lodge** (www.mahoutlodge.com ; bungalow 40-80 $US), ou des circuits combinant randonnée à dos d'éléphant et kayak (diverses possibilités), contactez le **bureau de Luang Prabang** (carte p. 40 ; ☎071-253522 ; Th Sisavangvong). S'ils convenaient il y a peu aux voyageurs aux budgets modestes, les tarifs ont augmenté.

À 5 km de là, l'**Elephant Village** (☎071-252417 ; www.elephantvillage-laos.com ; stage cornac 86 $US/jour), géré par des Allemands, offre une expérience plus haut de gamme. La visite mérite le détour, ne serait-ce que pour l'emplacement au bord de la rivière, face à une splendide crête karstique. Promenades, stages avec les cornacs et séjours de plusieurs jours sont envisageables, et l'établissement dispose de son propre **camp d'éléphants** (www.elephantvillage-laos.com ; 120-140 $US/nuit) sur place. L'Elephant Village se situe en bas de la bifurcation qui se termine en cul-de-sac à 2 km, dans le village de Ban Xieng Lom. Près de l'Elephant Village, on trouve de remarquables hébergements comme le **Lao Spirit Resort** (☎030-514 0111 ; www.lao-spirit.com ; ch 125-160 $US oct-avr, à partir de 100 $US mai-sept) et le **Shangri-Lao Explorer Camp** (stage cornac journée 139 $US, 2 jours avec nuit au camp 330 $US), plus haut de gamme. Situé au bord de la rivière, le Lao Spirit compte plusieurs chaleureux bungalows au toit en chaume, bâtis sur de robustes pilotis en brique. Le Shangri-Lao – sans doute le campement le plus luxueux du Laos – possède deux emplacements : un au bord de la rivière à côté de l'Elephant Village et un autre dans la forêt vierge de la vallée de Huay Khot. Les forfaits du Shangri-Lao sont d'un bon rapport qualité/prix vu le prestige exceptionnel de ce campement de style colonial.Plus haut sur la même colline, le **Zen Namkhan** (☎030-514 2411 ; www.zennamkhanresort.com ; ch 170-200 $US ; ❄ 🏊), joue la carte de l'hôtel de charme. Les spacieux bungalows, au style minimaliste, avec douches intérieures-extérieures, se prolongent de balcons panoramiques. Le personnel est aux petits soins. Alimentée par une source, la piscine est respectueuse de l'environnement.

Dans une autre direction en allant vers le Tat Kuang Si, le **Hillside Resort** (☎030-571 7342 ; www.hillsidelaos.com ; ch 59-75 $US ; 🏊) a ouvert en 2012. Il y a 8 bungalows et une chambre familiale, et de nombreuses activités sont proposées : volley-ball, pétanque et piscine, entre autres. Organisation irréprochable et rapport qualité/prix exceptionnel.

www.freethebears.org.au). GRATUIT Les ours qui y vivent ont été confisqués à des braconniers et gardés ici pour les protéger d'un sort funeste. Les souvenirs vendus sur place ainsi que des T-shirts et des bouteilles d'eau, financent leur nourriture. On peut voir le nourrissage des ours tous les jours.

Des échoppes de nourriture bon marché bordent l'entrée du parking, à l'extrémité du village khamu de Ban Thapene.

De Luang Prabang, les *túk-túk* demandent habituellement 200 000 LAK pour une personne, à partir de 300 000 LAK pour plusieurs. Vous pouvez essayer de former un groupe avec d'autres voyageurs près des vendeurs de sandwichs, à proximité de l'office du tourisme. Un circuit organisé par une agence revient à 50 000 LAK par personne.

Depuis que la route est correctement asphaltée, louer une moto est une façon très agréable de visiter Kuang Si et permet de s'arrêter dans les villages en chemin. À vélo, préparez-vous à gravir deux longues montées.

Une autre possibilité séduisante consiste à louer un bateau pour descendre le Mékong jusqu'à Ban Ou (1 heure en aval), d'où vous devriez facilement faire du stop pour rejoindre les chutes, à 5 km : la Rte 2501 jusqu'aux chutes tourne à 90° du fleuve juste derrière le *vat* de Ban Ou. Toutefois, certains bateliers déposent leurs passagers dans des villages, où ils sont obligés de louer le *túk-túk* d'un "ami".

Tat Sae

ນ້ຳຕົກຕາດແສ້

Étagés sur plusieurs niveaux, les larges bassins de ces **chutes** (15 000 LAK ; promenade à dos d'éléphant 150 000 LAK/pers ; ⏲ 8h-17h, promenade à dos d'éléphant 8h-15h30) sont très beaux d'août à novembre. Ils s'assèchent presque complètement en février et, contrairement à Tat Kuang Si, les chutes ne comportent pas une longue cascade centrale. Toute l'année, diverses activités attirent les visiteurs, tels les promenades à dos d'éléphant et un circuit de 14 **tyroliennes** (☎ 020-5429 0848 ; www.flightofthenature.com ; 300 000 LAK/pers) qui permet de "voler" autour et à travers les chutes. Seules deux tyroliennes ont plus de 100 m de longueur et ce parcours n'a rien de comparable avec la Gibbon Experience (p. 118).

L'un des charmes de l'excursion est l'agréable trajet de 7 minutes en bateau (20 000 LAK/pers aller-retour, 40 000 LAK au minimum) depuis Ban Aen, un paisible village lao à 1 km à l'est de la Rte 13 – tournez vers l'est au Km 371,5. En *túk-túk*, comptez 30 minutes de trajet, au sud, depuis Luang Prabang (jusqu'à 150 000 LAK aller-retour, 2 heures d'attente comprises).

Ban Phanom et au-delà

ບ້ານພະນົມ/ສຸສານຫມູຫົດ

Si vous montez au sommet du Phu Si, vous repérerez certainement un grand stupa octogonal doré près du nouveau pont. Il s'agit du **Santi Chedi** (pagode de la Paix ; don attendu ; ⏲ 8h-10h et 13h30-16h30 lun-ven), bâti en 1988, dont les cinq niveaux intérieurs sont décorés d'histoires et de préceptes moraux bouddhiques. La pagode est située sur une éminence à 1 km de la Rte 13, près de la route de **Ban Phanom**, un village prospère de tisserands et d'artisans à moins de 1 km à l'est. Une route partiellement goudronnée suit la Nam Khan vers l'est et le sud sur 14 km, puis tourne vers **Ban Kok Gniew**, le "village des ananas", au Km 372 de la Rte 13, à 500 m avant l'embranchement des chutes de Tat Sae.

La route, poussiéreuse, vallonnée et tranquille, traverse de beaux paysages karstiques et divers sites d'intérêt. À 4,5 km de Ban Phanom, une piste pentue (signalée) descend sur 300 m jusqu'à la **tombe d'Henri Mouhot**, l'explorateur français qui retrouva Angkor Vat et mourut du paludisme à Luang Prabang en 1861. Sur place s'élève une statue de Mouhot et, durant la saison sèche, la plage en contrebas attire baigneurs et pique-niqueurs.

À moins de 2 km plus loin, on découvre l'ancien *vat* orné de peintures murales et le stupa doré du **Ban Noun Savath**, particulièrement photogéniques dans la lumière de l'après-midi avec une grande montagne karstique en toile de fond.

Nord du Laos

Dans ce chapitre ➡

Phonsavan.................... 71
Plaine des Jarres......... 75
Nong Khiaw................. 85
Province de Phongsali ... 91
Phongsali..................... 93
Udomxai 98
Luang Namtha 105
Huay Xai (Hoksay)...... 114

Le top des restaurants

- Bamboozle Restaurant & Bar (p. 74)
- Bar How (p. 118)
- Coco Home Bar & Restaurant (p. 87)
- Forest Retreat Gourmet Cafe (p. 108)
- Riverside Restaurant (p.89)

Le top des hébergements

- Daauw Homestay (p. 115)
- Luang Say Lodge (p. 122)
- Muang La Resort (p. 104)
- Nong Kiau Riverside (p. 87)
- Phou Iu III Guesthouse (p. 106)

Pourquoi y aller

Trek, sortie à vélo, parcours en tyrolienne, balade à dos d'éléphant ou nuit dans une famille laotienne : la plupart des visiteurs garderont un souvenir marquant de l'exploration du nord du Laos. Plusieurs zones de forêt vierge très dense abritent tigres, gibbons et quantités d'autres espèces, et il existe de bonnes infrastructures d'écotourisme pour vous emmener au cœur de cette nature sauvage.

Sur les routes qui traversent d'imposants massifs et de sinueuses vallées, le voyage dans la succession interminable de courbes est parfois une épreuve. Les villes, elles, sont pour la plupart des cités fonctionnelles reconstruites après les bombardements massifs des conflits du XXe siècle.

Mais c'est bien dans la vie rurale que réside l'intérêt touristique du nord du Laos. Faire une croisière fluviale permet de découvrir le cadre magnifique et est une bonne façon de se déplacer en évitant les trajets en bus sur des routes tortueuses.

Quand partir

Luang Prabang

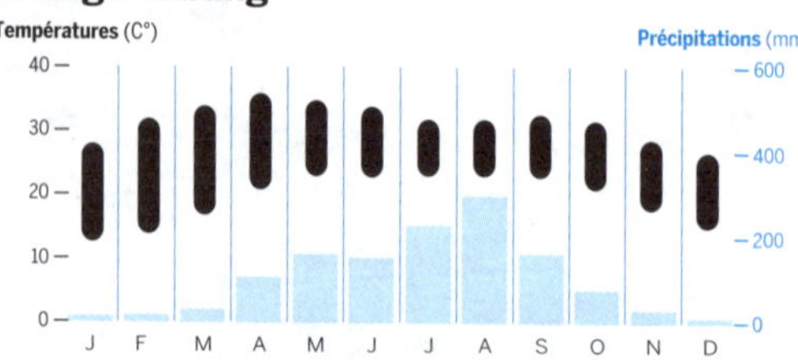

Nov-fév La saison idéale : ciel dégagé, peu de précipitations – mais il fait froid en altitude.

Mars-mai Fortes chaleurs à basse altitude ; beaucoup de brumes dues à la culture sur brûlis.

Juin-oct Saison des pluies – mais il ne pleut pas tant que ça ; tarifs avantageux pour se loger.

Climat

La meilleure période de l'année s'étend de novembre à février. Les températures sont douces en début de journée, puis vraiment chaudes lorsque le soleil a dissipé les brumes matinales. Vous aurez besoin d'une bonne veste le soir en altitude, notamment dans les provinces de Luang Namtha, Phongsali, Xieng Khuang et Hua Phan. Couvrez-vous aussi chaudement si vous prenez un bateau ou roulez à moto avant 10h. Au fil de la saison sèche, le niveau des rivières baisse et, en février, il arrive que des sections de la Nam Tha ne soient plus navigables. Évitez le mois de mars, car la fumée des brûlis sature l'air et bouche la visibilité. En avril, la chaleur torride de la vallée du Mékong est tempérée une semaine durant par les jets d'eau de la fête de Pi Mai, période durant laquelle les transports sont bondés. Après Pi Mai, il pleut souvent dans l'extrême nord, même si la saison des pluies culmine habituellement entre juin et septembre. Les pluies ne sont pas constantes et, entre les averses, le ciel se dégage et le vert émeraude des rizières scintille. Cependant, les pistes deviennent des bourbiers impraticables, les chemins de trekking sont glissants, des sangsues se cachent dans les herbes et la traversée des bras d'eau peut être périlleuse.

QUELLE CROISIÈRE FLUVIALE ?

Jusque dans les années 1990, les transports fluviaux constituaient un mode de déplacement privilégié entre les villes. Aujourd'hui, les habitants des villages non desservis par la route continuent de circuler en bateau et plusieurs itinéraires longue distance restent possibles, en grande partie grâce aux touristes. Dans les deux cas, le trajet présente un intérêt en tant que tel.

Bateaux lents sur le Mékong

Huay Xai-Pakbeng ou Pakbeng-Luang Prabang (1 jour ; p. 119). Ces deux parcours d'une journée sont très plaisants. Les bateaux, conçus pour 70 passagers, sont parfois surchargés et les sièges habituellement très durs, mais vous pouvez vous lever et vous déplacer. Ils comportent des toilettes et souvent un stand qui vend des en-cas et des boissons à des prix exagérés.

Huay Xai-Luang Prabang (2 jours ; p. 119). Luang Say Cruise et Shompoo Cruise offrent un luxe relatif, sur des bateaux de taille similaire à ceux d'autres compagnies mais qui ne prennent que 40 passagers. Luang Say, plutôt onéreux, comprend les repas, les visites en chemin et la nuit dans un très bon hébergement, le Luang Say Lodge.

Hors-bord sur le Mékong

Huay Xai-Luang Prabang (1 jour ; p. 119). D'une vitesse effrayante, potentiellement dangereux, bruyants et atrocement inconfortables si vous n'êtes pas petit et souple.

Xieng Kok-Muang Mom (3 jours ; p. 121). Mêmes danger et inconfort, mais c'est pratiquement le seul moyen de découvrir ce beau tronçon du Mékong.

Bateaux sur la Nam Tha

Longboat Luang Namtha-Huay Xai ou Na Lae-Huay Xai (2 jours ; p. 109). Sortez des itinéraires touristiques à bord d'un bateau ouvert d'une capacité maximale de 6 passagers et passez la nuit dans le village du batelier. Joli, le paysage ne devient spectaculaire que durant une heure aux alentours de Ban Phaeng. De nombreux rapides se forment en période de basses eaux. Organiser ce parcours peut être long et onéreux.

Hat Sa-Muang Khua, Muang Khua-Nong Khiaw ou Nong Khiaw-Luang Prabang (1 jour chacun ; p. 92). Prisés des voyageurs, ces bateaux couverts partent tous les jours sur chaque itinéraire. Ils accueillent jusqu'à 20 passagers, parfois serrés. Prévoyez des en-cas. Les plus belles sections de rivière navigable du pays s'étendent à une ou deux heures de trajet de part et d'autre de Nong Khiaw. Vous en verrez la majeure partie dans le bateau qui circule deux fois par jour entre Nong Khiaw et Muang Ngoi Neua (1 heure 30 en amont, 1 heure 10 en aval).

À ne pas manquer

1. Les tyroliennes et les cabanes dans les arbres de la **Gibbon Experience** (p. 118), pour jouer les Tarzan dans la jungle près de Huay Xai
2. Une croisière ou une balade en kayak sur la **Nam Ou** (p. 67), au milieu des formations karstiques entre Muang Ngoi Neua et Nong Khiaw
3. Un trek dans la région reculée de **Phongsali** (p. 93), avec une nuit chez l'habitant pour découvrir le mode de vie des minorités ethniques
4. Les **grottes de Vieng Xai** (p. 81), incroyable paysage karstique où le Pathet Lao a vécu à l'abri des bombardements américains
5. La mystérieuse **plaine des Jarres** (p. 75), dans le Xieng Khuang

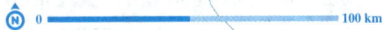

0
100 km
VIETNAM
Fleuve rouge
Dar
ZNP
de Phu Den Din
Hat Sa
3 Phongsali
PHONGSALI
Dien
Bien Phu
Son La
Nam Ou
Poste-frontière
Pak Nam
Noi
Muang
Khua
Xieng
Khaw
Nam
Bak
Muang
Ngoi Neua
2 Nam Ou
ZNP
de Nam Et
Sop Hao
Pak
Mong
Nong
Khiaw
Sam
Neua
Grottes
de Vieng Xai
4
Vieng
Kham
HUA PHAN
Nam Sam
Poste-
frontière
Na Meo
Huamuang
Nam Ou
Nam Seuang
Pak Xeng
ZNP
de Phou
Louey
Vieng
Thong
Ban
Sonkhua
Suan Hin
Ban Ko Hing
(Phoulao)
ZNP
de Nam Sam
Pak Ou
LUANG
PRABANG
Sam Tai
(Xamtay)
uang Prabang
Tat Sae
XIENG
KHUANG
Xieng
Ngeun
Nam Khan
Muang
Kham
Nong
Haet
Nam Ming
Ban Nong Tang
(Muang Sui)
Phonsavan
Village
des bombes
Poste-
frontière
Phu Khoun
Nam Khan
Nam Can
Plaine
des Jarres
5
Muang Khoun
(ancien Xieng
Khuang)
Ban
Thalin
VIETNAM
Kasi
Nam Ngum
Phu Bia
(2 820 m)
ZONE SPÉCIALE
DE SAISOMBUN
Vang
Vieng
ENTIANE
Nam Xan
Nam San
BOLIKHAMSAI
Accessible uniquement
à la saison sèche
Ang Nam
Ngum
ZNP
de Nam Kading
Phon Hong
Paksan
ZNP de Phu
Khao Khuay
Beung
Kan
Pak Kading
Poste-
frontière
Ban Phon
Kham
Tha Bak
Lak Sao
(Xao)
ZNP
de Phou
Phanang
Mékong
Nam Kading
Ban Khoun
Kham
(Na Hin)
PRÉFECTURE
DE VIENTIANE
Vieng
Kham
VIENTIANE
ZNP de Phu
Hin Bun
Nong Khai
Hin Bun
THAÏLANDE

Depuis/vers le nord du Laos

Il existe quelques routes praticables entre le nord et le reste du pays. La Rte 13 de Luang Prabang à Vang Vieng est de loin la plus facile, la plus empruntée et la plus spectaculaire. L'autre route, via Sainyabuli et Pak Lai, est moins jolie et toujours inachevée. Troisième possibilité, la Rte 10 de Muang Khoun à Paksan est désormais en bon état mais les conditions de sécurité sur certains tronçons isolés peuvent poser problème.

Comment circuler

Les trajets routiers sont lents et épuisants. Seules les routes principales, souvent étroites et sinueuses, sont asphaltées et la vitesse moyenne dépasse rarement 30 km/heure. Sur les pistes, la boue ralentit la progression par temps humide, tandis que les nuages de poussière soulevés par la circulation en saison sèche asphyxient les cyclistes et les passagers des *săwngthăew* (pick-up avec des bancs à l'arrière). Suivez l'exemple des Laotiens et portez un masque ou, si vous en avez les moyens, louez un minibus avec chauffeur (environ 100 $US/jour ; disponibles dans les grandes villes). Les motards équipés d'une moto tout-terrain pourront emprunter les routes secondaires, peu fréquentées.

Les bateaux fluviaux sont une alternative plaisante, souvent plus lente. Évitez les hors-bord.

PROVINCES DU XIENG KHUANG ET DE HUA PHAN

De longues routes sinueuses traversent ces provinces verdoyantes et faiblement peuplées en direction de la mystérieuse plaine des Jarres et des grottes de Vieng Xai. Ces deux endroits méritent la visite si vous prenez le chemin du Vietnam. Ceux qui disposent d'un peu de temps peuvent ajouter une étape à Nong Khiaw et une autre à Vieng Thong, porte d'entrée de la ZNP (zone nationale protégée) de Nam Et/Phou Louey, où l'on peut effectuer un "trek à la rencontre des tigres". Tous ces lieux sont inclus dans le coûteux circuit en bus Long Thaang **Stray Asia's** (www.straytravel.asia). Quasiment tout le reste des deux provinces reste en dehors des itinéraires touristiques.

L'altitude, en moyenne au-dessus de 1 000 m, garantit un climat agréable, ni trop chaud en été, ni trop froid durant la saison fraîche. En décembre et janvier, prévoyez un pull-over et une veste pour les soirées et les petits matins, quand les nuages emplissent les vallées.

Histoire

Les gigantesques jarres du Xieng Khuang, célèbres dans le monde entier, et les mystérieux mégalithes de Hintang témoignent d'une civilisation développée de l'âge du fer étonnamment méconnue. Ceux qui réalisèrent ces monuments énigmatiques avaient depuis longtemps disparu quand le Xieng Huang devint la principauté bouddhique de Tai Phuan au XIIIe siècle, avec l'actuelle Muang Khoun pour capitale. Au cours des siècles suivants, les deux provinces furent tour à tour des royaumes indépendants ou des États vassaux annamites-vietnamiens, appelés Ai Lao et Tran Ninh. En 1832, les Vietnamiens capturèrent le roi Phuan du Xieng Khuang, l'exécutèrent en public à Hué et firent du royaume une préfecture de l'Annam, contraignant ses sujets à adopter les coutumes et les vêtements vietnamiens. Des bandes de Ho chinois ravagèrent la région à la fin du XIXe siècle, incitant les deux provinces à accepter la protection des Siamois et des Français.

De sérieux affrontements opposèrent le Lao libre au Viêt-minh en 1945 et 1946 et, dès que les Français quittèrent l'Indochine, les Nord-Vietnamiens commencèrent à installer des troupes afin de protéger l'arrière-flanc de Hanoi. À la fin des années 1960, la région était devenue un champ de bataille majeur. Les bombardements massifs de l'aviation américaine lors de la "guerre secrète" rayèrent virtuellement toute localité de la carte, obligeant la population à se réfugier dans des grottes jusqu'en 1973. À Vieng Xai, la plus grande abritait aussi le gouvernement anti-royaliste du Pathet Lao.

Les troupes nord-vietnamiennes participèrent aux ravages, détruisant Muang Sui, une cité jadis splendide, et la plupart des bastions royalistes dans l'ouest de la province du Xieng Khuang. Au terme du conflit, les sinistres camps de rééducation *samana* firent leur apparition, notamment dans l'est du Hua Phan, afin de châtier et de réhabiliter les anciens royalistes par le travail forcé et l'endoctrinement politique. Beaucoup perdurèrent jusque dans les années 1980 et la survivance possible d'un *samana* près de Sop Hao n'a jamais été officiellement confirmée ou infirmée. De plus, des décennies après la fin de la guerre, des engins explosifs non désamorcés continuent de truffer la région, notamment le centre et l'est du Xieng Khuang, menaçant les habitants pour des générations.

ENGINS EXPLOSIFS NON DÉSAMORCÉS

Durant la guerre du Vietnam, le Laos est devenu le pays le plus bombardé de l'histoire mondiale. La province de Xieng Khuang a été particulièrement touchée et, aujourd'hui encore, d'innombrables vestiges de guerre demeurent. Il s'agit majoritairement d'engins explosifs non désamorcés (unexploded ordnance, UXO) potentiellement mortels, dont des obus de mortier, des capsules de phosphore blanc (utilisées comme cibles pour les bombes) et diverses bombes. Les engins les plus dangereux sont les bombes à fragmentation, des torpilles de 1,50 m dont l'enveloppe métallique est conçue pour s'ouvrir dans le sens de la longueur lors du largage et disséminer 670 petites bombes (*bombies*) de la taille d'une balle de tennis sur plus de 5 000 m². Au moindre contact, une bombie explose en projetant une trentaine de billes d'acier susceptibles de tuer dans un rayon de 20 m. Près de 40 ans après la fin des bombardements, les UXO blessent ou tuent en moyenne une personne par jour dans le Xieng Khuang, dont 40% sont des enfants. Le sol recèle toujours dix millions de *bombies*, un danger permanent pour les ouvriers du bâtiment, les paysans et surtout les enfants. Pour les villageois pauvres, la tentation de ramasser des UXO pour les revendre à la ferraille a provoqué de nombreux accidents fatals. Malgré les efforts continus de nettoyer le pays de ces funestes engins, on estime qu'il faudra, au rythme actuel, 150 ans pour y parvenir.

Les carcasses des bombes à fragmentation, qui ne présentent aucun danger, ont trouvé depuis toutes sortes d'usages plus positifs. Dans certains endroits, elles servent d'éléments architecturaux, de mangeoires, de jardinières ou simplement d'ornements autour des maisons et des hôtels.

Si vous trouvez un débris de guerre, ne le touchez pas. Même les pièces réunies dans le cadre d'une collection peuvent être dangereuses. Certains hôtels exposent ainsi des engins qui n'ont jamais été correctement désamorcées et peuvent conserver leur potentiel explosif. Le Laos interdit le commerce de tout débris de guerre. L'achat, la vente ou le vol d'armement ancien est passible d'une peine de prison de 6 mois à 5 ans.

Phonsavan ໂພນສະຫວັນ

☎ 061 / 60 000 HABITANTS

Les visiteurs viennent à Phonsavan pour découvrir la plaine des Jarres. La ville, très étendue, donne une impression d'inachevé. Ses deux principaux boulevards parallèles s'étirent d'est en ouest sur 3 km. Des hôtels, restaurants et tour-opérateurs se regroupent dans un court tronçon sans charme architectural autour de l'artère principale. D'autres boutiques, marchés et services jalonnent la Rte 7. On voit mieux la ville des collines alentour, dont plusieurs sont couvertes de pins et surmontées de petits complexes hôteliers.

Bastion historique de la culture et de la langue phuan (une branche de la famille thaï-kadaï), la région compte aussi une forte présence vietnamienne.

À voir

UXO Information Centre CENTRE D'INFORMATION

(☎061-252004 ; www.maginternational.org/laopdr ; ⏱8h-20h). GRATUIT Des années après la guerre "secrète" américaine au Laos, des bombes et des mines non explosées (UXO) font toujours des ravages dans la région. Pour réaliser l'ampleur du problème, visisitez ce centre d'information sur les UXO dirigé par le MAG (Mines Advisory Group), une organisation britannique qui participe au déminage du Laos depuis 1994. Il présente des photos, des diaporamas et une cartographie informatisée qui soulignent l'ampleur des bombardements, ansi que des bombes et des mines. Le centre projette l'après-midi les documentaires évocateurs *Bomb Harvest* (16h30 ; www.bombharvest.com), *Surviving the Peace* (17h50) et *Bombies* (18h30 ; www.itvs.org/bombies/film.html). Les dons sont vivement encouragés : 12 $US permettent de nettoyer 10 m² et valent au donateur un T-shirt commémoratif.

Centre d'information des survivants des UXO du Xieng Khuang CENTRE D'INFORMATION

(www.laos.worlded.org ; ⏱8h-20h). Voici un centre d'information sur le problème des engins explosifs non désamorcés, où sont présentés des prothèses, des fauteuils roulants et des morceaux de bombe. Intéressant et poignant.

Phonsavan

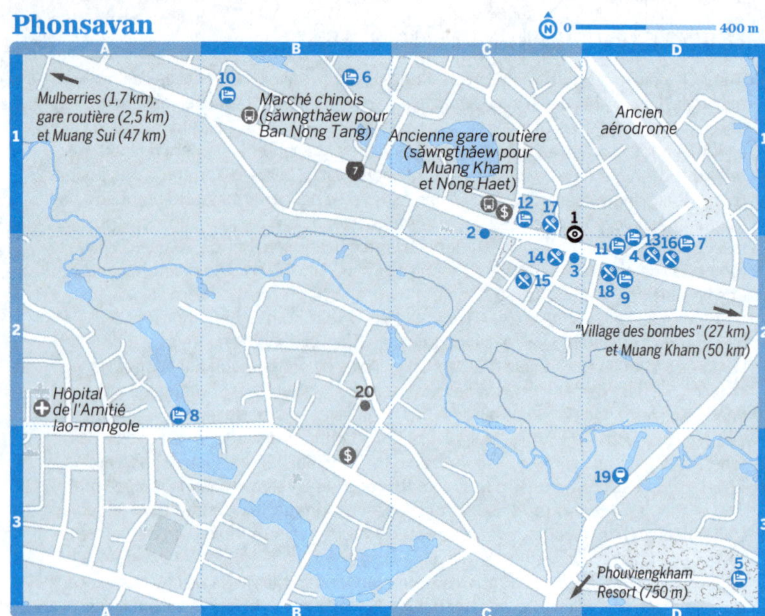

Phonsavan

À voir

1 Centre d'information des survivants des UXO C1
du Xieng Khuang ..... (voir 1)

Activités

2 Amazing Lao Travel C1
3 Sousath Travel C2

Où se loger

4 Anoulack Khen Lao Hotel D2
5 Auberge de La Plaine des Jarres D3
6 Hillside Residence B1
7 Kong Keo Guesthouse D2
8 Maly Hotel A2
9 Nice Guesthouse D2
10 Vansana Plain of Jars Hotel B1
11 White Orchid Guesthouse D2
12 Xieng Khouang Hotel C1

Où se restaurer

13 Bamboozle Restaurant & Bar D2
14 Craters Bar & Restaurant C2
15 Marché de produits frais C2
16 Nisha Restaurant D2
17 Sanga Restaurant C1
18 Simmaly Restaurant D2

Où prendre un verre et faire la fête

19 Barview D3

Renseignements

Internet Shop ..... (voir 1)
Office du tourisme provincial ..... (voir 4)

Transports

20 Lao Airlines B2
Lao-Falang Restaurant ..... (voir 4)

Mulberries SÉRICICULTURE

(ປັສາ ; 061-561271 ; www.mulberries.org ; 8h-16h lun-sam). Cette magnanerie qui pratique une démarche de commerce équitable propose une instructive visite gratuite comprenant une introduction complète sur le tissage de la soie, depuis la production de cocon jusqu'à la réalisation de l'écharpe colorée. Près de la Rte 7, juste à l'ouest de la gare routière principale.

Circuits organisés

Des agences de l'artère principale et presque toutes les pensions proposent un circuit d'une journée aux 3 sites majeurs de la plaine des Jarres. Comptez 150 000 LAK avec déjeuner frugal et droits d'entrée (groupe d'au moins 7 participants).

D'autres circuits incluent Muang Khoun, Muang Sui ou Tham Piu mais ils réunissent rarement assez de participants pour arriver à des prix compétitifs. La meilleure solution est d'essayer de former votre propre groupe.

Amazing Lao Travel RANDONNÉE
(☎020-2234 0005 ; www.amazinglao.com ; Rte 7). Randonnées sur les sites de la plaine des Jarres et treks en montagne de 2 jours, dont un avec nuit dans un village hmong. Tarifs plus intéressants pour les groupes.

Sousath Travel CIRCUITS GUIDÉS
(☎061-312031 ; Rte 7). Cette agence tenue par deux frères compétents propose des circuits de bonne qualité à la plaine des Jarres et sur la piste Ho Chi Minh, ainsi que des excursions dans des villages hmong avec nuit chez l'habitant. Ils louent également des motos (100 000 LAK/jour). Projection de films tous les soirs dans le petit café sur place.

Où se loger

Artère principale

Kong Keo Guesthouse PENSION $
(☎061-211354 ; www.kongkeojar.com ; ch 50 000-80 000 LAK ;). La meilleure option côté budget. Il y a des bungalows avec salle de bains et un bâtiment plus récent offrant des chambres plus confortables, ainsi qu'un petit bar-restaurant avec barbecue extérieur, où l'on vient parfois gratter la guitare ! M. Keo, le propriétaire, organise des sorties intéressantes dans la plaine des Jarres, ainsi que des circuits spécifiques.

Nice Guesthouse PENSION $
(☎061-312454 ; vuemany@hotmail.com ; ch 80 000-110 000 LAK ;). Avec ses chambres nettes qui sentent bon, ses salles de bains proprettes (celles de l'étage ont une baignoire) et ses lits bien fermes, cette pension ne montre aucun signe de vieillissement.

White Orchid Guesthouse PENSION $
(☎061-312403 ; ch 80 000-200 000 LAK petit-déj inclus ;). Le bâtiment à la façade verte a des chambres avec couverture sur les lits et des salles de bains bien propres. Plus on monte plus les prix sont élevés, et meilleure est la vue. Le tarif comprend le transfert depuis l'aéroport ou la gare routière.

Anoulack Khen Lao Hotel HÔTEL $$
(☎061-213599 ; www.anoulackkhenlaohotel.com ; ch 200 000-300 000 LAK ;). Cet hôtel moderne se classe nettement au-dessus des concurrents alentour en termes de qualité. Les chambres à 200 000 LAK sont les plus avantageuses. Grandes, claires et impeccables, elles sont équipées d'une bouilloire, d'un réfrigérateur et d'une cabine de douche. Petit-déjeuner inclus. Ascenseur.

Xieng Khouang Hotel HÔTEL $$
(☎061-213567 ; xiengkhouanghotel@gmail.com ; ch 20-100 $US ;). Grand bâtiment à la façade bleu layette, cet hôtel de style vietnamien, qui accueille généralement les délégations de fonctionnaires en visite dans la ville, renferme une série de chambres propres, mais sans caractère. Wi-Fi gratuit.

Ailleurs

Il y a ailleurs en ville des hôtels un peu plus chic, de style lodge. Certains sont perchés sur des collines plantées de pins.

Hillside Residence HÔTEL $$
(☎061-213300 ; www.the-hillside-residence.com ; Ban Tai ; ch 30 $US petit-déj inclus ;). Cette demeure à pans de bois, de style ancien, loue de jolies chambres, petites mais parfaitement équipées, entourées d'un jardin. Terrasse commune à l'étage. Certaines chambres disposent d'un balcon. Wi-Fi gratuit.

Maly Hotel HÔTEL $$
(☎061-312031 ; www.malyhotel.com ; ch 25-60 $US petit-déj inclus ;). Une bonne adresse dans un quartier dépourvu d'hébergement. Poutres en bois et éclairage à la chandelle donnent une ambiance chaleureuse, et les chambres (salle de bains avec eau chaude, TV) sont décorées avec des tissus laotiens. La plus belle est la n° 8, une vaste suite d'angle.

♥ **Auberge de la Plaine des Jarres** BUNGALOWS $$
(☎030-517 0282 ; www.plainedesjarres.com ; ch 50-60 $US ;). Leur situation au sommet d'une hauteur et leur intérieur en bois donnent à ces bungalows une allure de chalet de montagne. Excellent restaurant franco-laotien offrant une vue panoramique sur la ville. Les chambres accusent un peu leur âge, mais sont pleines de caractère. À 10 minutes en voiture de la ville.

Vansana Plain of Jars Hotel HÔTEL $
(☎061-213170 ; www.vansanahotel-group.com ; ch 400 000-500 000 LAK). Dominant la ville du haut de sa colline, cet établissement fait figure d'hôtel de luxe dans le contexte de Phonsavan. Les chambres (TV, mini-bar, et baignoire) sont décorées avec goût. Chacune a un petit balcon, avec vue magnifique. Les chambres VIP sont immenses.

PASSER AU VIETNAM : DE PHONSAVAN À VINH

Jusqu'à la frontière

Des bus directs relient Phonsavan (4/semaine) et Luang Prabang (2/semaine) à Vinh via le **poste-frontière isolé de Nong Haet (Laos)/Nam Can (Vietnam)** (8h-12h et 13h30-17h), à 240 km environ au nord-ouest de Vinh. Nong Haet, la localité la plus proche côté laotien, à 13 km à l'ouest de la frontière, est desservie en bus depuis Phonsavan (35 000 LAK, 4 heures) jusqu'à 4 fois par jour. Il faut ensuite prendre un *săwngthăew* (20 000 LAK, départ vers 12h) jusqu'à la frontière.

À la frontière

Le passage est peu emprunté. On obtient un visa laotien sur place au prix normal – mais un supplément peut être exigé pour "heures supplémentaires". Le visa vietnamien n'est pas délivré à la frontière – prenez vos dispositions à Vientiane ou Luang Prabang.

Au Vietnam

Côté vietnamien, une route en lacets descend jusqu'à la petite localité de Mu'òng Xén, à 21 km. Faute de transport public, il vous faudra payer un automobiliste ou prendre une moto-taxi. Il y a un hôtel sommaire à Mu'òng Xén. Le bus pour Vinh part vers 16h. La solution du bus international entre Phonsavan et Vinh est plus simple et sans doute moins chère (on risque de vous faire payer trop cher les transports locaux, aussi bien côté vietnamien que côté laotien).

Phouviengkham Resort HÔTEL **$$**
(061-213417 ; phouviengkham@live.com ; ch 65-85 $US). L'hôtel le plus chic de Phonsavan à notre sens surplombe la ville depuis une colline. Il offre des chambres spacieuses et élégantes (du moins pour la région), avec des dessus-de-lit fabriqués localement. Étonnamment, une chambre avec vue sur la montagne coûte 20 $US de moins que celle donnant sur la ville.

Où se restaurer et prendre un verre

Au **marché de produits frais** (6h-17h) vous pourrez goûter les spécialités de la région, les champignons sauvages matsutake (*hét wâi*) et les hirondelles fermentées (*nok qen dąwng*). Pour éviter toute surprise désagréable, sachez que certains restaurants vietnamiens servent du chien (*thit chó*).

Bamboozle Restaurant & Bar INTERNATIONAL **$**
(Rte 7 ; repas 15 000-52 000 LAK ; 7h-10h30 et 15h30-23h ;). Le Bamboozle, endroit le plus animé de la ville le soir, propose un choix correct de plats internationaux, dont des pizzas, ainsi que d'excellentes spécialités laotiennes. Une partie des recettes récoltées est versée à la **Lone Buffalo Foundation** (LBP ; www.facebook.com/lonebuffalo), qui vient en aide aux jeunes de Phonsavan.

Nisha Restaurant INDIEN **$**
(Rte 7 ; repas 10 000-30 000 LAK ; 19h-22h ;). Le restaurant ne paie pas de mine, mais c'est pourtant l'une des meilleures tables indiennes du nord du Laos. La carte affiche de nombreuses options végétariennes et d'autres excellentes spécialités, notamment le *dosa* (galette), le *tikka masala* et le *rogan josh*. Quant au *lassi*, il est délicieux.

Simmaly Restaurant LAOTIEN **$**
(Rte 7 ; repas 15 ,000-30 000 LAK ; 6h-21h). Savoureux plats de riz, de nouilles et de viande épicée, notamment un *fŏe* servi brûlant. Le porc au gingembre est fameux.

Sanga Restaurant LAOTIEN **$**
(Plats 15 000-30 000 LAK ; 11h-22h). Une salle sans âme, mais une cuisine étonnamment raffinée pour le prix – essayez le *làap* au poulet, particulièrement savoureux. Steak-frites très bon marché (30 000 LAK).

Craters Bar & Restaurant INTERNATIONAL **$**
(Rte 7 ; repas 20 000-50 000 LAK ; 7h-22h ;). Les expatriés apprécient cet établissement à l'ancienne où ils peuvent déguster sandwichs, soupes, poulet frit, steaks et pizzas.

Barview BAR
(8h-23h). Un bar sans prétention et bien agréable pour savourer une bière. Les habitants s'y retrouvent pour jouer de la guitare et dîner d'une viande au barbecue.

Renseignements

On peut changer de l'argent à la **Lao Development Bank** (☎061-312188), à la **BCEL** (☎061-213291 ; Rte 7) et dans certaines agences de voyages. Il y a deux DAB sur la Rte 7.

Ne sous-estimez pas les dangers liés aux engins explosifs non désamorcés dans cette province qui a subi des bombardements massifs durant la guerre.

Internet Shop (200 LAK/min ; ⊙7h-22h). À côté du Simmaly Restaurant. Connexion rapide.

Hôpital de l'Amitié lao-mongole (☎061-312166). Pour les problèmes de santé sans gravité.

Office du tourisme provincial (☎061-312217). Informations à consulter sur place et organisation de treks dans la région. Plans de la ville et cartes du Xieng Khuang. La cour est envahie d'objets datant de la guerre.

Depuis/vers Phonsavan

Sachez que Phonsavan est appelée Xieng Khuang sur les horaires d'avion et de bus, bien que ce soit le nom initial de Muang Khoun.

AVION

Lao Airlines (☎061-212027) propose des vols quotidiens depuis/vers Vientiane (101 $US). En haute saison il peut y avoir aussi une liaison par semaine ou plus depuis/vers Luang Prabang.

BUS

Bus internationaux et longue distance

Les agences de voyages vendent habituellement les billets des bus longue distance avec un supplément de 40 000 LAK, qui couvre le transfert à la gare routière, à 4 km à l'ouest du MAG. Des bus à destination du Vietnam partent pour Vinh (180 000 LAK, 11 heures) à 6h30 les mardi, jeudi, vendredi et dimanche ; en saison, ils partent aussi le lundi et continuent jusqu'à Hanoi (320 000 LAK). Pour Vientiane, des bus climatisés (140 000 LAK, 11 heures) démarrent à 7h, 8h, 10h30, 16h30 et 18h30 et un bus VIP (160 000 LAK) à 20h. Tous passent par Vang Vieng, que dessert également un autre bus à 7h30 (95 000 LAK). Un minibus (95 000 LAK) et un bus VIP (120 000 LAK) se rendent à Luang Prabang (10 heures) à 8h30. Un bus rallie Sam Neua (110 000 LAK, 8-10 heures) à 8h, et deux bus font le trajet Vientiane-Sam Neua. Un bus est prévu à 7h30 pour Paksan (130 000 LAK) sur la nouvelle route.

Services locaux

Les bus et les *săwngthăew* locaux partent du marché chinois. Ils desservent notamment Muang Khoun (15 000 LAK, 1/heure), Muang Kham (20 000 LAK, 2 heures, 1/heure) et Nong Haet (35 000 LAK, 4 heures, 4/jour).

Comment circuler

Un *túk-túk* (si vous parvenez à en trouver un) vous coûtera entre 10 000 (petit trajet) et 20 000 LAK (aéroport). Le **Lao-Falang Restaurant** (☎020-2221 2456 ; Rte 7 ; ⊙8h-18h) loue des vélos (40 000 LAK/jour) et des motos 100 cc (100 000 LAK), la solution idéale pour rejoindre les sites de la plaine des Jarres. Les plus hardis pourront opter pour un quad importé de Chine (160 000 LAK).

La plupart des pensions et hôtels peuvent fournir des vans de 6 sièges ou des 4x4 avec chauffeur ; comptez 150 $US pour Sam Neua et 120 $US pour Luang Prabang.

Environs de Phonsavan

Plaine des Jarres ທົ່ງໄຫຫີນ

De gigantesques jarres en pierre, très anciennes et d'origine inconnue, éparpillées sur des centaines de kilomètres carrés autour de Phonsavan, donnent à la région son nom trompeur de “plaine des Jarres”. En fait, le secteur n'est pas plus plat que les vallées rizicoles de Muang Sing ou Luang Namtha, et la plupart des sites des curieuses jarres se tiennent sur des collines. Plus fascinant encore que les jarres elles-mêmes est le mystère entourant la civilisation qui les produisit. Cette ignorance n'empêche

Plaine des Jarres

d'émettre des suppositions amusantes. Selon une légende, elles auraient été réalisées au VIe siècle pour fabriquer de grandes quantités d'alcool de riz afin de célébrer la victoire du héros thaï-lao Khun Jeuam sur des seigneurs cruels qui opprimaient la population. Une version de cette histoire veut que les jarres aient été "fondues" dans un moule fait de peau de buffle, de sable, d'eau et de sucre de canne, puis cuites dans des fours. Certains prétendent que la grotte proche du site 1 aurait renfermé un de ces fours. En réalité, les jarres ont été confectionnées dans de la pierre brute et les archéologues estiment qu'elles datent de l'âge du fer du Sud-Est asiatique (entre le VIe siècle av. J.-C. et 200).

Les jarres les plus petites ont été depuis longtemps dérobées par des collectionneurs, mais il reste environ 2 500 grandes jarres, des fragments et des couvercles – un miracle compte tenu des bombardements massifs qui pilonnèrent la région. Seuls sept des 90 sites répertoriés ont été déminés, et dans des limites relativement restreintes. Ces sites et leurs chemins d'accès sont balisés par des bornes rouge et blanche, faciles à manquer ; restez du côté blanc pour éviter les accidents.

Les sites 1, 2 et 3 constituent les bases de la plupart des circuits. Phakeo, qui regroupe trois sites secondaires étroitement liés et envahis par la végétation, n'est accessible que par un trek de 2 jours. Bien que la plaine des Jarres soit le principal centre d'intérêt touristique du nord-est du pays, même les principaux sites restent paisibles et déserts dans l'après-midi.

TREK DE PHAKEO

Cet excellent trek de 2 jours, organisé par des agences de Phonsavan, combine les centres d'intérêt phares du Xieng Khuang. Le premier jour, l'itinéraire traverse des crêtes montagneuses couvertes de forêt secondaire jusqu'à un site en trois parties comptant environ 400 jarres et fragments, souvent tapissés de mousses et cachés sous des feuillages. Il descend ensuite dans le village hmong de Ban Phakeo, sans route, dont les maisons au sol en terre battue et toit de bardeaux sont disposées autour d'une éminence rocheuse. Une cabane de style hmong construite pour les randonneurs peut accueillir 8 personnes sur une plateforme sommaire. Il n'y a pas d'électricité. Le lendemain, on descend dans de jolies vallées partiellement cultivées avant de remonter dans les cascades d'une chute à plusieurs niveaux pour atteindre le Village des bombes, aujourd'hui débarrassé de tous ses engins explosifs.

À voir

Les sites 2 et 3 rassemblent des jarres plus petites et en nombre moins important que le site 1, mais ne manquent pas de charme pour autant. Ils se tiennent dans des cadres très différents et l'on passe par des villages typiques pour s'y rendre.

Site 1 SITE ARCHÉOLOGIQUE
(Thong Hai Hin ; 10 000 LAK). Le plus vaste et le plus facile d'accès, regroupe 334 jarres ou fragments de jarres assez resserrés sur deux versants criblés de cratères de bombes. La plus grande, **Hai Jeuam**, mesure plus de 2,50 m, pèse environ 6 tonnes et serait la coupe de la mythique victoire de Khun Jeuam. Dans ce paysage désolé et vallonné, la vue sur l'aéroport de Phonsavan semble incongrue. Vous trouverez sur place un petit café, une boutique de souvenirs, et des toilettes près de l'entrée.

Site 2 SITE ARCHÉOLOGIQUE
(Hai Hin Phu Salato ; 10 000 LAK). Le site 2 s'étend sur deux crêtes séparées par une ravine peu profonde qui sert de voie d'accès. Grimpant sur 700 m depuis la billetterie, cette dernière se transforme en bourbier glissant après la pluie. Sur la gauche, dans un bois clairsemé, remarquez l'arbre qui a poussé dans une urne en pierre fissurée. À droite, un autre groupe de jarres se dresse sur une butte herbeuse qui offre la vue sur des collines en terrasses, des rizières et des prés. L'endroit ne manque pas de charme. Choix restreint de boissons fraîches à la billetterie.

Site 3 SITE ARCHÉOLOGIQUE
(Hai Hin Lat Khai ; 10 000 LAK). Le site 3 compte 150 jarres sur un joli versant boisé près de Ban Lat Khai. La route qui mène au village file vers l'est à côté d'un petit atelier de réparation de motos, juste avant Ban Xiang Di (Ban Siang Dii). La billetterie se trouve à côté d'un restaurant simple où l'on peut avaler un *fõe* (soupe de nouilles de riz) pour 30 000 LAK (prix un peu excessif pour la qualité). Pour rejoindre les jarres,

empruntez une petite passerelle en bois, marchez 10 minutes à travers les rizières et grimpez.

Depuis/vers la plaine des Jarres

En louant une moto à Phonsavan, la visite des 3 sites principaux peut se faire en 5 heures. Le site 1 est accessible à vélo. Ce site se trouve à 8 km au sud-ouest du centre de Phonsavan, à 2,3 km à l'ouest de la route de Muang Khoun : tournez à l'embranchement à Ban Hay Hin (panneau). Pour les sites 2 et 3, piquez vers l'ouest juste après le km 8 sur la route de Muang Khoun. Les bifurcations pour les sites 2/3 se situent à 10/14 km sur cette route non goudronnée. Suivez ensuite la piste (1,5 et 1,8 km respectivement).

Vous pouvez aussi vous inscrire la veille à l'un des circuits guidés en minibus ; ils comprennent habituellement un déjeuner frugal au site 3 et une brève halte à Ban Nakho pour voir en bord de route la carcasse rouillée d'un véhicule blindé, pompeusement surnommé le "char russe".

Muang Khoun (ancienne Xieng Khuang) ຊຽງຂວາງເກົ່າ (ເມືອງຄູນ)

4 000 HABITANTS

L'ancienne capitale de la région fut ravagée au XIXe siècle par les envahisseurs chinois et vietnamiens, puis si fortement bombardée durant la guerre du Vietnam qu'elle était quasi abandonnée en 1975. Une localité s'est toutefois peu à peu reconstruite autour d'une poignée d'édifices en ruine, mais qui a des allures de village si on la compare à Phonsavan, la nouvelle capitale. L'endroit n'est certes pas une étape indispensable, mais peut justifier un passage si l'on reste plusieurs jours dans la région.

Une poignée de vieux édifices subsistent et la bonne route asphaltée depuis Phonsavan (30 km) traverse de jolis villages entourés de rizières en terrasses, plusieurs comportant des maisons de style Phuan en bois massif. Acheter le billet touristique (10 000 LAK) dans l'un des sites cités ci-après aide à l'entretien de Muang Khoun.

À voir

Trois stupas recouverts d'herbe, à une courte distance de la Khoun Guesthouse, constituent les principales curiosités. L'un se dresse derrière la pension, dans l'enceinte du **Vat Si Phoum**, un monastère en activité reconstruit. Les deux autres se tiennent sur une crête, accessible par la ruelle de brique et de terre qui grimpe en face de la pension et débouche sur un étroit sentier. Le **That Foun** (ou That Chomsi), d'environ 25 m de hauteur, fut construit en 1576 dans le style Lan Xang/Lanna. Sa flèche penche et l'on peut y grimper par un trou creusé au XIXe siècle par des maraudeurs chinois ho afin de dérober les précieuses reliques du Bouddha. Une marche de 5 minutes le long du chemin de crête conduit aux vestiges plus trapus du **That Chom Phet**, érigé par les Cham au XVIe siècle.

La route principale court vers l'est puis dévie vers le sud juste avant le Km 30, après le **Vat Phia Wat**. De ce *vat* de 1582, seules la plate-forme et quelques colonnes en brique ont survécu à un bombardement dévastateur en 1966. Les colonnes encadrent un grand bouddha assis souriant, patiné par les ans.

La route de terre qui continue vers l'est passe par le petit **site de jarres 16**, très dégradé, à 5 km. Cette route devient de plus en plus mauvaise et se termine en cul-de-sac après 12 km à **Ban Thalin**, un village intéressant sans commerces, qui sert de point de départ au trek de Phakeo.

Où se loger et se restaurer

Khoun Guesthouse & Restaurant PENSION $
(☎061-212464 ; Rte 10, Km 29 ; ch 40 000-80 000 LAK). C'est le seul hébergement de la ville. Les chambres les moins chères sont très sommaires, celles à 80 000 LAK disposent de la TV et de l'eau chaude. Des groupes s'arrêtent parfois le midi au restaurant (cuisine laotienne).

Depuis/vers Muang Khoun

Des bus partent tout au long de la journée pour Phonsavan (15 000 LAK, 45 min). À moto, on peut visiter Muang Khoun et les 3 principaux sites de la plaine des Jarres en une longue journée.

Muang Kham et ses environs ເມືອງຄຳ

Le centre de Muang Kham ne se résume pas uniquement à un carrefour routier, avec un marché et quelques pensions. À 700 m après le Km 185 (à 2,5 km à l'ouest de Muang Kham), le **Kham District Handicrafts Group** (☎030-517 0185) tisse des textiles de qualité supérieure, vendus à prix honnêtes, et présente une petite exposition sur les colorants naturels.

À voir

Tham Piu GROTTE

(ຖ້ຳພິວ ; 5 000 LAK ; 7h-16h). Au nord de Muang Kham s'élève une imposante barrière de crêtes boisées et de parois calcaires dénudées. Durant la guerre du Vietnam, des villageois se réfugièrent dans Tham Piu, une grotte creusée dans l'une de ces falaises, pour échapper aux bombardements américains. Des centaines d'entre eux périrent en novembre 1968 quand un avion américain tira une roquette dans la grotte. Le site conserve une forte charge émotionnelle pour les Laotiens, mais le petit musée sur le parking ne fournit guère d'informations ; sa collection de photos et de fragments de bombes ne sont pas reliés au drame de Tham Piu. Un escalier grimpe jusqu'à la grotte (10 minutes), qui conserve des traces de l'explosion ; de simples monticules en pierre commémoratifs jonchent le sol. Bien que l'entrée soit assez large pour laisser pénétrer la lumière naturelle, une lampe torche sera utile pour s'aventurer plus loin.

Tham Piu se situe à 2,6 km par une petite route asphaltée en mauvais état où est indiqué "Tham Piew", qui part vers l'ouest de la route principale à 4 km au nord de Muang Kham.

Sam Neua (Xam Neua) ຊຳເໜືອ

064 / 16 000 HABITANTS

Derrière un centre en béton moderne aux larges espaces, Sam Neua offre de fabuleux marchés d'alimentation et une étonnante diversité ethnique. Point de transit logique pour visiter Vieng Xai ou prendre le bus quotidien à destination du Vietnam, la ville reste l'une des capitales provinciales les moins visitées du pays.

À une altitude de quelque 1 200 m, vous aurez besoin de vêtements chauds durant la saison sèche, au moins le soir et jusqu'à la dissipation des brouillards matinaux. D'avril à octobre, chaleur et humidité règnent sur le paysage luxuriant.

À voir

Hormis deux modestes stupas anciens qui ont survécu aux bombardements, l'artère principale est résolument moderne. À quelques mètres, un **pont suspendu** est réservé aux piétons et aux vélos.

Sam Neua

À voir

- 1 Marché d'alimentation B2
- 2 Marché principal B2
- 3 Monument Suan Keo Lak Meung A3
- 4 Pont suspendu A1

Où se loger

- 5 Bounhome Guest House A3
- 6 Phonchalern Hotel B3
- 7 Sam Neua Hotel B3
- 8 Xayphasouk Hotel A3

Où se restaurer

- Chittavanh Restaurant .... (voir 6)
- 9 Dan Nao Muang Xam Restaurant A3
- 10 Échoppes d'alimentation B2

Où prendre un verre et faire la fête

- 11 Nang Nok Bar B3

Renseignements

- Change .... (voir 2)

Transports

- 12 Magasin de motos A2

Monument Suan Keo Lak Meung MONUMENT

(ສວນແກ້ວຫຼັກເມືອງ). Au carrefour central, le curieux monument Suan Keo Lak Meung, quatre tenailles en béton tenant une sphère scintillante, symbolise le "joyau indestructible", image de Sam Neua dans une chanson populaire. Avec des fontaines paresseuses et une frise de soldats communistes triomphants en arrière-plan, l'ensemble produit un effet comique involontaire.

Marché principal MARCHÉ
Le marché principal vend surtout des produits chinois et vietnamiens, mais quelques stands vendent des textiles de la région et des bijoutiers proposent des monnaies anciennes et des ornements en argent de coiffes traditionnelles.

Marché d'alimentation MARCHÉ
De l'autre côté de la rivière, ce fascinant marché est bien approvisionné en légumes et en viandes, parfois surprenantes. Des mulots, ouverts en deux pour montrer la fraîcheur de leurs entrailles, côtoient des animaux à fourrure que l'on préférerait croiser vivants dans les forêts, et des feuilles de bananier farcies d'insectes.

Où se loger

Il y a de nombreuses pensions à Sam Neua, notamment beaucoup d'établissements petits budgets près du marché, de l'autre côté de la rivière.

Bounhome Guest House PENSION $
(064-312223 ; ch 60 000-100 000 LAK ;). Des chambres proprettes équipées de lits bas et bien fermes, avec ventilateurs et douche chaude. Celles de l'étage sont baignées de lumière.

Phonchalern Hotel HÔTEL $
(064-312192 ; www.phonechalernhotel.com ; ch 100 000-120 000 LAK ;). Un excellent rapport qualité/prix que cet hôtel propre et confortable, le premier de la ville à s'être doté d'un ascenseur. Les chambres possèdent TV et réfrigérateur. Celles sur l'avant ont un petit balcon donnant sur la rivière.

Sam Neua Hotel HÔTEL $
(064-314777 ; snhotel_08@yahoo.com ; ch 100 000-200 000 LAK ;). Situé au-dessus du pont sur la même rive que le marché principal, cet hôtel bien tenu loue 17 chambres. Meubles en pin, linge impeccable, TV et salle de bains avec eau chaude.

Xayphasouk Hotel HÔTEL $
(064-312033 ; xayphasoukhotel@gmail.com ; ch 150 000-200 000 LAK ;). La meilleure adresse de Sam Neua. Les chambres, avec douche bien chaude, TV, déco de bon goût, linge raffiné et Wi-Fi gratuit, se révèlent d'un confort inédit dans cette zone reculée.

Où se restaurer et prendre un verre

Près du marché principal, des **échoppes** (aube-crépuscule) proposent pour trois fois rien du *fõe* et quantité d'autres plats locaux plus difficiles à identifier.

Dan Nao Muang Xam Restaurant LAOTIEN $
(Plats 15 000-50 000 LAK ; 7h-21h30). On ne vient pas dans cette cantine minuscule pour le charme local mais pour la carte (en anglais sommaire). Cornflakes et *fõe* sont servis au petit-déjeuner. Le soir, excellents plats combinés avec riz et soupe, et steak avec des légumes croquants.

Chittavanh Restaurant LAOTIEN $
(Plats 20 000-40 000 LAK ; 7h-21h30). Oubliez la grande salle affreusement sonore et les toiles cirées clouées sur les tables et régalez-vous d'un délicieux tofu sauté à la chinoise. La clientèle locale vient en nombre, ce qui est toujours bon signe.

Nang Nok Bar BAR
Les jeunes de Sam Neua viennent écluser de grandes Beerlao dans ce pavillon situé à la lisière de la localité, l'un des rares lieux de rendez-vous d'une ville qui ne brille pas par le dynamisme de sa vie nocturne.

Renseignements

De nombreux hôtels et pensions disposent désormais d'une connexion Wi-Fi.

Agricultural Promotion Bank (8h-12h et 13h30-16h lun-ven). Change bahts thaïlandais et dollars US à des taux corrects.

BCEL (8h-15h30 lun-ven). Deux DAB et service de change (devises les plus courantes).

Change (jusqu'à 17h). Cela va souvent plus vite de changer de l'argent à l'un des étals de tissu du marché principal, ouverts tous les jours. Ils changent les dongs vietnamiens.

Lao Development Bank (064-312171 ; 8h-16h lun-ven). Sur la gauche de la route principale à 400 m au nord de la gare routière ; change espèces et chèques de voyage.

Office du tourisme provincial (064-312567 ; 8h-12h et 13h30-16h lun-ven). Très bon office du tourisme, avec des employés anglophones et très serviables.

Tam.com Internet Service (150 LAK/min ; 8h-22h). Cybercafé assez fiable.

PASSER AU VIETNAM : DE SAM NEUA À THANH HOA

Jusqu'à la frontière

Pour passer au Vietnam par le **poste-frontière de Nam Soi (Laos)/Na Meo (Vietnam)** (km 175 ; ⌚7h30-11h30 et 13h30-16h30), le plus simple consiste à prendre le bus (ou minibus) direct reliant tous les jours Sam Neua et Thanh Hoa, qui passe près de Vieng Xai sans entrer dans la ville. Il part à 8h (180 000 LAK, 11 heures). Achetez votre billet à l'avance à la gare routière principale. Attention, si vous achetez un "billet direct" (*through ticket*) pour Hanoi, il vous faudra néanmoins changer de bus à Thanh Hoa.

On peut aussi gagner Na Meo en prenant le *săwngthăew* (3 heures) qui part à 8h de Sam Neua. Mais la suite du transport n'est guère facile à organiser côté vietnamien, où opèrent des prestataires sans scrupules qui demandent souvent des tarifs excessifs.

À la frontière

Nam Soi, le poste-frontière côté laotien, n'est pas une ville en soi. Il y a juste quelques échoppes de restauration basique, mais aucun hébergement et aucun transport à l'exception du *săwngthăew* qui part à 11h30 pour Sam Neua.

On peut obtenir un visa laotien à la frontière, mais pas de visa vietnamien : prenez vos dispositions au préalable.

Au Vietnam

Un train de nuit relie Thanh Hoa à Hanoi (départ 23h30, arrivée vers 4h). Le billet aller-retour coûte 200 000 dongs, mais on essaie souvent d'extorquer plus aux étrangers.

Comment s'y rendre et circuler

AVION

Le petit **aérodrome de Nathong** se trouve à 3 km à l'est du centre, en direction de Vieng Xai. **Lao Air** (www.lao-air.com) assure des liaisons avec Vientiane (915 000 LAK) les lundi, mercredi et vendredi. Attention, il arrive souvent que le vol soit annulé juste avant le départ. L'aéroport de Phonsavan/Xieng Khuang est plus fiable.

BUS

Il y a deux gares routières à Sam Neua. Les horaires changent fréquemment ; vérifiez-les et ne vous fiez pas à ceux publiés sur les cartes touristiques et les panneaux d'information.

Gare routière principale

La gare routière principale se situe sur une colline, à 1,2 km au sud du monument central, près de la route de Vieng Thong. Des bus partent pour Vientiane (170 000 LAK, 22 heures) via Phonsavan (80 000 LAK, 10 heures) à 9h, 12h et 14h. Un autre bus dessert Vientiane à 8h et passe par Vieng Thong (40 000 LAK, 6 heures), Luang Prabang (140 000 LAK, 17 heures) et Vang Vieng. On trouve également des minibus qui vont quotidiennement à Vieng Thong et Luang Prabang.

Gare routière de Nathong

La gare routière de Nathong se tient à 1 km après l'aéroport sur la route de Vieng Xai, à la lisière est de la ville. Des *săwngthăew* partent 5 fois/jour pour Vieng Xai (15 000 LAK), à 8h, 10h, 11h, 14h30 et 16h. Parmi les autres liaisons figurent Nameo (le poste-frontière de Nam Soi ; 30 000 LAK, 3 heures) à 8h et Sam Tai (Xamtay ; 50 000 LAK, 5 heures) à 9h30.

VOITURE ET MOTO

Dans le centre, un **magasin de motos** (⌚7h-18h) loue des engins de piètre qualité pour 60 000 LAK/jour.

Environs de Sam Neua

Aux alentours de Sam Neua, de charmants villages ruraux se rejoignent facilement. Avec une moto, partez de l'hôpital et roulez vers le sud sur quelques kilomètres ou suivez vers le nord l'allée en terre à droite du Vat Phoxaysanalam vers le nord ; cette dernière serpente jusqu'à **Ban Tham**, à 11 km, juste après une **grotte du Bouddha** (sur la gauche à 100 m avant l'école et un magasin) sans grand intérêt.

À environ 4 km de Sam Neua, parmi de belles rizières en terrasses, deux villages pittoresques, sur l'autre berge de la rivière, possèdent de vieux stupas élancés. Avec une moto correcte, vous pouvez effectuer une excursion d'une journée à Vieng Xai ou à Hintang via Tat Saloei.

Vieng Xai ວຽງໄຊ

064 / 10 000 HABITANTS

Parmi de spectaculaires falaises karstiques, les grottes de Vieng Xai évoquent les heures sombres de l'histoire du Laos au XXe siècle.

Histoire

Pendant des siècles, le hameau de Long Ko vécut paisiblement, perdu au milieu de forêts primaires et de vertigineux escarpements. En 1963, la répression politique et une vague d'assassinats à Vientiane poussèrent les dirigeants du Pathet Lao à se retirer dans l'arrière-pays du Hua Phan, puis à se réfugier dans les grottes de la région. Alors que s'amplifiait la "guerre secrète" des États-Unis, les villages environnants étaient bombardés sans merci. Horrifiés et sidérés, les habitants ne comprenaient pas au début qui les attaquait et pourquoi. Afin d'échapper au déluge de bombes, ils se cachèrent à leur tour dans ce vaste réseau de grottes, où plus de 450 cavernes abritèrent plus de 23 000 personnes. Le conflit s'éternisant, la vie s'organisa dans les grottes, qui finirent par s'équiper d'imprimeries, d'hôpitaux, de marchés et même d'une usine métallurgique. Après une dizaine d'années, le cessez-le-feu de 1973 permit aux réfugiés de sortir et de construire une bourgade, qui demeura jusqu'en décembre 1975 la capitale *de facto* des territoires libérés par le Pathet Lao. Elle fut appelée Vieng Xai, du nom de code secret de celui qui allait être président, Kaysone Phomvihane, quand il se cachait ici. Aujourd'hui, nombre de grottes conservent des traces de leur fonction durant la guerre, faisant de cet ensemble de grottes l'une des bases révolutionnaires de la guerre froide les plus complètes.

À voir

Grottes de Vieng Xai GROTTES
(ຖ້ຳວຽງໄຊ ; www.visit-viengxay.com ; entrée avec audioguide (visite avec effets sonores) 60 000 LAK).
Pour découvrir les sept principaux groupements d'abris ainsi que plusieurs bâtiments postérieurs à la guerre (années 1970) associés aux grands héros de la libération, il faut effectuer un passionnant circuit guidé en 18 étapes. Les lieux sont entourés de beaux jardins naturels avec un splendide paysage karstique en toile de fond. Un guide local ouvre chaque site et répond aux questions.

Parallèlement, un audioguide (en anglais) fournit explique le contexte historique, décrivant la lutte de la population durant les années de guerre. Très professionnel, le commentaire est émouvant, mesuré et passionnant. L'enregistrement comprend des interviews de rescapés, des effets sonores et une musique d'accompagnement mémorables : la bande-son (très Jimi Hendrix) de la partie Air America est particulièrement saisissante et le bruit des avions de chasse déchirant le ciel pourrait bien vous précipiter en quête d'un abri.

La plupart des grottes conservent quelques éléments de leur aménagement d'origine. Certaines renferment des salles d'urgence construites en béton, hermétiques, et conçues pour protéger les chefs du politburo laotien d'éventuelles attaques chimiques ou au gaz. Cela ne se produisit pas, mais la salle d'urgence de la **grotte de Kaysone Phomvihane** possède toujours une pompe d'aération en état de marche. Du rebord de la **grotte de Nouhak Phoumsavan**, admirez la vue sur la ville entre les bambous et repérez les deux impacts de roquette au-dessus de la **grotte de Souphanouvong**, du nom du fameux "Prince rouge", un des fondateurs du Pathet Lao. Pratiquement tous les principaux sites sont bien

À NE PAS MANQUER

THAM NOK ANN

Tham Nok Ann (grotte de Nok Ann, ຖ້ຳນົກແອນ ; entrée 10 000 LAK, kayak double 30 000 LAK ; 8h-17h) est un nouvel ensemble de grottes dans lequel on peut effectuer une balade facile en kayak sur un cours d'eau qui se fraie un chemin sous la montagne. Une sorte de mini-Tham Kong Lo (centre du Laos) qui vaut le détour, surtout si vous n'avez pas le temps d'aller explorer cette dernière. Les grottes, bien éclairées, arborent d'impressionnantes formations rocheuses en forme de méduse. On peut voir aussi un ancien hôpital militaire vietnamien installé dans le complexe souterrain. Attention, les kayaks sont loués sans gilet de sauvetage, et il faut prendre garde aux stalactites basses.

Arrivé à hauteur du panneau fiché sur la route principale 5 km environ avant Vieng Xai, suivez la petite piste sur la droite jusqu'au bout (petit pont suspendu et guichet).

éclairés, mais mieux vaut prévoir une lampe torche pour traverser la **grotte-hôpital**, qui est parfois inondée.

Des marches descendent de la **grotte de Khamtay Siphandone**, creusée à la main, jusqu'aux vastes **grottes-casernes**, naturelles, qui devaient accueillir des centaines de conscrits de l'armée de libération. Au-dessus se tient la **grotte de l'Artillerie**, où des guetteurs postés sur des saillies surveillaient le ballet des avions américains. Le circuit se termine par la **grotte Xanglot**, une vaste caverne à double entrée qui servait de salle de mariage, de cinéma et de théâtre. Des artistes de Russie, de Chine et du Vietnam réussirent à y monter des spectacles pendant la guerre.

Les circuits partent à 9h et à 13h du bureau des grottes. Sur demande, des visites privées peuvent être organisées à d'autres heures selon la disponibilité des guides (comptez un supplément de 50 000 LAK par groupe). Pour voir les 18 sites en 3 heures sans précipitation, louez un vélo (10 000/20 000 LAK par circuit/jour au bureau des grottes) et écoutez les plus longs commentaires audio durant les trajets entre les sites plutôt que sur place.

Où se loger et se restaurer

Il n'y a qu'une poignée de pensions à Vieng Xai. Si vous recherchez un peu plus de confort, mieux vaut séjourner à Sam Neua.

Le choix de restaurants demeure lui aussi restreint, et la plupart des établissements n'ont plus rien à servir à 20h. À 21h, la ville s'endort. Au marché, plusieurs échoppes de *fõe* proposent des plats de riz et de nouilles bon marché jusqu'à 17h environ.

Naxay Guesthouse PENSION $
(064-314330 ; ch 60 000-80 000 LAK). En face du bureau des grottes, la pension la plus confortable de Vieng Xai se compose de bungalows en bambou et de cubes de béton répartis autour d'un jardin au pied d'un imposant rocher fendu. Les lits sont confortables, l'eau chaude coule au robinet et le café de style paillotte sert - parfois - de quoi manger.

Orientation

De la Rte 3, deux embranchements rallient le quartier animé du marché, à 1 km au sud. Au-delà, la ville conserve les larges avenues paisibles aux maisons espacées de la capitale de 1973, jalonnées de lacs artificiels, d'arbres, de fleurs et de plusieurs formations karstiques.

Renseignements

Office du tourisme des grottes de Vieng Xai (064-314321 ; www.visit-viengxay.com ; 8-11h30 et 13h-16h30). À 1 km au sud du marché, ce bureau organise toutes les visites, loue des vélos, possède des cartes, un petit service d'échange de livres et un panneau d'information utile. Une vitrine expose divers objets de l'iconographie communiste.

Depuis/vers Vieng Xai

Des *sǎwngthǎew* partent du marché pour Sam Neua (15 000 LAK, 50 min) vers 7h, 10h, 13h, 14h30 et 16h. Les bus qui relient Sam Neua et Sam Tai, Nam Soi ou Thanh Hoa (un bus par jour pour chaque destination) passent à 1 km au nord de Vieng Xai et s'arrêtent habituellement sur demande. Louer un *túk-túk* à Sam Neua pour visiter Vieng Xai vous reviendra à 250 000 LAK aller-retour.

De Sam Neua au Vietnam

Le bel itinéraire via Vieng Xai est ouvert à toutes les nationalités, si le visa vietnamien l'autorise. La route, étroite mais asphaltée, traverse des paysages divers, dont des vallées bucoliques avec des rizières en terrasses devant de hautes montagnes karstiques déchiquetées et couvertes d'arbres. Elle passe par plusieurs villages spécialisés dans la vannerie et l'artisanat en bambou, tel **Ban Piang Ban** (Km 144,5). De l'autre côté de la rivière, au Km 169 se tient une **grotte "métallurgique"** où des couteaux et des outils agricoles étaient fabriqués à une échelle quasi industrielle durant la guerre du Vietnam.

Au Km 164, un embranchement asphalté file vers le sud jusqu'à **Sam Tai** (Xamtay), réputée pour ses textiles splendides. Quelques pensions accueillent ceux qui s'aventurent en dehors des sentiers battus.

Au-delà, la lointaine **ZNP de Nam Sam** demeure actuellement fermée aux visiteurs.

De Sam Neua à Nong Khiaw

À partir de Sam Neua, la Rte 6 serpente le long de crêtes montagneuses, passe par le parc archéologique Hintang et croise la Rte 1 en direction de Phonsavan dans le hameau de Phoulao (Ban Kho Hing), à 92 km à l'ouest de Sam Neua, où le marquage kilométrique reprend. À l'ouest de Phoulao, les montagnes verdoyantes deviennent plus fortement déboisées jusqu'à la limite de la ZNP de Nam Et/Phou Louey. Celle-ci se visite plus facilement de Vieng Thong, qui constitue une étape correcte sur ce long trajet. La descente vers Nong Khiawn offre des aperçus sur un paysage splendide.

À voir

Tat Saloei CASCADES

(Chute de Phonesai). Cette impressionnante série de cascades dévale sur près de 100 m. Vous l'apercevrez brièvement de la Rte 6 en direction de l'est, environ 1 km après le Km 55 (soit à 36 km de Sam Neua), mais elle se manque facilement en sens inverse. Il existe quelques petits cafés et restaurants sur le bord de la route à cet endroit, ainsi qu'un bâtiment qui ressemble à un guichet – mais personne ne vendait de billet lors de notre passage.

Parc archéologique Hintang SITE ARCHÉOLOGIQUE

(Suan Hin, ສວນຫີນ). Presque aussi mystérieux que les fameuses jarres du Xieng Khuang, cet ensemble unique de **mégalithes** daterait d'au moins 1 500 ans. Grêles, grossièrement taillées, ces pierres dressées mesurent jusqu'à 3 m de hauteur et alternent avec des **disques de pierre**, dont certains de plus de 1 m de diamètre, qui couvraient jadis des sépultures. Ce site, aujourd'hui inscrit au patrimoine de l'Unesco, est fascinant. Selon la mythologie locale, les pierres auraient été taillées avec une hache magique par le géant Ba Hat, qui souhaitait bâtir une grande cité avant de voir son projet contrarié par l'astuce du roi de Luang Prabang.

La route d'accès est une mauvaise piste ravinée, qui part de la Rte 6 vers le sud à **Ban Phao** (Km 35,3), à 57 km de Sam Neua ; elle se transforme en bourbier impraticable après la pluie. Le site majeur jouxte la piste au bout de 6 km, à environ 800 m après le sommet portant une antenne radio bien visible. À 2 km en revenant vers la route principale, un panneau orange indique la **piste de Keohintang**, qui permet aux plus intrépides de découvrir des groupes de mégalithes moins connus le long d'un chemin partiellement balisé (comptez 2 heures de marche). Suivez l'étroit chemin qui monte et non pas le plus large qui descend vers Ban Nakham. À condition de ne pas vous égarer, vous rejoindrez la Rte 6 à **Ban Tao Hin** (Km 31,5), un petit village sans aucune infrastructure.

La location d'un *túk-túk* à partir de Sam Neua coûte environ 500 000 LAK aller-retour. Si vous conduisez entre Sam Neua et Phonsavan ou Nong Khiaw, prévoyez 2 heures supplémentaires pour le détour jusqu'au site principal. Avec les transports publics, vous devrez marcher à partir de la Rte 6 à l'aller et au retour. Il est plus pratique de visiter le parc entre Sam Neua et Phonsavan – en prenant le minibus à destination de Vieng Thong, vous disposerez de 6 heures pour la promenade avant le passage du dernier bus qui rallie Phonsavan/Vientiane.

Vieng Thong (Muang Hiam)

ວຽງທອງ (ເມືອງຫ້ຽມ)

☎064 / 4 000 HABITANTS

Si vous voyagez entre Nong Khiaw et Sam Neua, une halte d'au moins une nuit à Vieng Thong rend le long trajet plus agréable. Du majestueux monastère détruit par les bombardemens américains subsiste un stupa, le **That Hiam**, sur une butte à côté des bâtiments administratifs du district. Des rizières d'un vert éblouissant entourent la bourgade et de courtes balades à pied ou à vélo conduisent à de jolis villages thaï daeng, hmong et khamu.

De nombreux habitants appellent encore Vieng Thong de son nom d'origine, Muang Hiam. Dérivé d'un mot thaï daeng signifiant "attention", ce nom était particulièrement approprié quand des tigres vivaient dans les forêts environnantes. Bien qu'il n'en reste aujourd'hui qu'une douzaine dans les profondeurs de l'immense ZNP de Nam Et/Phou Louey, Vieng Thong est le principal point de départ des **treks à la rencontre des tigres**. Ils sont organisés par le **bureau de la ZNP de Nam Et/Phou Louey** (☎810 008 ; dsenghalath@wcs.org, www.namet.org ; ⏲8h-12h et 13h-16h30 lun-ven), qui construit un nouveau centre des visiteurs à Vieng Thong ; il fournira des informations sur les programmes imaginatifs de protection de la faune dans le parc et exposera les remarquables clichés animaliers pris au moyen d'ingénieux dispositifs cachés. Le bureau se situe à la lisière nord-ouest de la ville, 700 m après le marché – traversez la Nam Khao sur la Rte 1, prenez à droite au Km 197 la route en terre de Muang Pur (Meuagper), puis montez immédiatement à gauche le chemin d'accès de 200 m. En marchant 10 minutes de plus vers Muang Pur, on arrive à de

LA ZONE NATIONALE PROTÉGÉE DE NAM ET/PHOU LOUEY

Dans cette vaste zone nationale protégée (Nam Et/Phou Louey NPA ປ່າສະຫງວນແຫ່ງຊາດນ້ຳແອດພູເລີຍ), de rares civettes, des chats de Temminck, loutres, gibbons à joues blanches et salamandres endémiques (*Paramesotriton laoensis*) partagent avec une douzaine de tigres 4 200 km^2 de forêt relativement préservée. Environ la moitié de la ZNP est inaccessible ; le reste abrite 98 hameaux de minorités ethniques. Des excursions de 2 jours pour observer la faune rejoignent la lointaine station de recherche de Nam Nern, sur le site d'un ancien village sans route, où une aire de camping et les sentiers environnants ont été professionnellement déminés. Un trajet de nuit en bateau pour surprendre des animaux et des randonnées guidées dans la journée pour apprendre à les pister constituent les moments forts du circuit. Si les chances de débusquer un tigre sont quasi nulles, vous parviendrez peut-être à apercevoir sambars et muntjacs. Pour chaque apparition significative, les villages voisins reçoivent une petite somme d'argent, une idée maligne qui encourage la population à lutter activement contre le braconnage.

Pour participer à l'une des deux excursions hebdomadaires, contactez le bureau de la ZNP (p. 83) à Vieng Thong bien à l'avance. Le prix (80/100 $US par personne en groupe de 5/2 participants) inclut guides, cuisiniers, nourriture et matériel de camping. Une part importante des bénéfices revient aux fonds de développement des villages. Le trajet de 1 heure 30 en bateau depuis Ban Sonkhua, à 50 km à l'est de Vieng Thong sur la Rte 1, est également compris. Le transport jusqu'à Ban Sonkhua (non compris) peut se faire avec le minibus public qui part le matin de Vieng Thong ou de Phonsavan. Discutez-en au préalable avec les organisateurs.

modestes **sources chaudes**. Elles ont été un peu aménagées et l'on paie désormais 10 000 LAK pour y accéder, mais l'ensemble reste très sommaire. L'eau jaillit de terre à quelques centaines de mètres en amont, au cœur d'un joli bois, mais elle est brûlante à cet endroit. En aval se trouve un bassin bordé d'écume qui aurait grand besoin d'être nettoyé et transformé en piscine d'eau chaude. Pour l'instant, il ne sert qu'à fournir de l'eau aux habitants pour leur lessive et pour la douche, près du parking. Il y a trois petits "bains chauds", mais lors de notre passage l'un était empli d'eau froide et dans les deux autres le niveau d'eau ne dépassait pas la cheville. En résumé : beaucoup de potentiel, mais difficile de recommander vraiment l'endroit dans son état actuel.

Où se loger et se restaurer

Vous trouverez à la gare routière plusieurs stands de restauration proposant brochettes de grenouilles et autres mets délicats.

Dork Khoun Thong Guesthouse PENSION $
(064-810017 ; ch 50 000-80 000 LAK ; ❄). L'adresse la plus séduisante parmi les quelques établissements de la petite ville se trouve en plein centre. Elle offre des chambres très propres, de taille correcte et équipées d'une douche chaude, de moustiquaires aux fenêtres et de lits confortables et récents. Agréable salon à l'étage et jolie vue sur les champs et la rivière depuis la terrasse de l'arrière.

Dokchampa Guesthouse PENSION $
(064-810005 ; ch sans/avec sdb 30 000/50 000 LAK ; @). Cette pension loue des chambres modestes avec moustiquaire, douches chaudes et WC à la turque, ainsi que plusieurs services commodes : location de vélos (30 000 LAK/jour), Wi-Fi gratuit et petit café Internet (5 000 LAK/heure).

Tontavanh Restaurant LAOTIEN $
(Plats 10 000-20 000 LAK). Cette cantine locale sert une cuisine étonnamment appétissante et affiche même une carte en anglais.

Depuis/vers Vieng Thong

Les bus en direction de l'ouest arrivent de Sam Neua vers 12h et continuent après le déjeuner vers Nong Khiaw (60 000 LAK, 5 heures), Pak Mong et Luang Prabang (130 000 LAK, 9 heures). En direction de l'est, le minibus de 7h constitue la meilleure option pour Sam Neua (40 000 LAK, 6 heures), car les deux autres services en provenance de Luang Prabang/Vientiane partent respectivement de Vieng Thong vers 18h/2h et circulent essentiellement de nuit.

La gare routière et la station-service se situent à 300 m du marché sur la Rte 6, à la lisière est de la ville.

DISTRICT DE MUANG NGOI

Si le nord du Laos se caractérise par ses montagnes verdoyantes, les reliefs deviennent plus spectaculaires à Nong Khiaw et à Muang Ngoi Neua, un village sans route. À ces endroits, de hauts pics karstiques et des falaises vertigineuses bordent la Nam Ou, formant des paysages époustouflants. Les deux localités peuvent facilement se rejoindre de Luang Prabang et sont accessibles par bateau de Muang Khua. Nong Khiaw constitue également une excellente étape rurale entre Luang Prabang et Vieng Thong ou Sam Neua.

Nong Khiaw ໜອງຂຽວ

☎ 071 / 3 500 HABITANTS

Un cadre magnifique et deux rues tranquilles : vous voici à Nong Khiaw, bourgade somnolente des rives de la paisible Nam Ou. Sur la jolie rive est, officiellement appelée Ban Sop Houn, sont regroupés plusieurs pensions et restaurants. Un haut pont en béton, construit en 1973, relie les deux berges et offre une vue splendide sur des montagnes et des à-pics calcaires.

Nong Khiaw est parfois appelée Muang Ngoi, du nom du district alentour, ce qui crée une confusion avec Muang Ngoi Neua, à 1 heure 15 de bateau au nord.

À voir

Rien n'égale le spectacle de la rivière depuis le pont. Revenez en soirée quand les étoiles transforment le ciel indigo en une toile pointilliste qui souligne délicatement les massifs au bord de l'eau.

Tham Pha Thok GROTTE

(ຖ້ຳຜາທອກ ; 5 000 LAK ; ⏲7h30-18h30). À environ 2 km à l'est le long de la paisible Rte 1C, les formations karstiques atteignent brièvement des hauteurs vertigineuses. Juste après, les grottes de Tham Pha Thok, creusées dans une abrupte falaise calcaire, servirent de refuge aux villageois et à de nombreux dirigeants du Pathet Lao de la province de Luang Prabang durant la guerre du Vietnam. La première, facilement repérable, se situe à 30 m du sol, desservie par un escalier en bois incrusté de lichens. Plus petite et plus intéressante, une autre grotte se tient à 300 m en longeant la falaise. Siège de la principale banque de la région de 1968 à 1974, elle est accessible par un ancien syphon étroit et sinueux. Prévoyez une lampe torche ou louez-en une à la billetterie (5 000 LAK), car les grottes ne sont pas éclairées.

À faire

Plusieurs agences d'écotourisme installées à Nong Khiaw proposent trekking et sorties à vélo ou en kayak dans les environs.

Green Discovery RANDONNÉE, SORTIES À VÉLO

(☎071-810018 ; www.greendiscoverylaos.com). Ce prestataire établi de longue date organise treks et sorties en kayak, dont une expédition de 3 jours sur l'eau avec camping jusqu'à Luang Prabang (à partir de 1 330 000 LAK/pers). Une excursion d'une journée est également proposée, avec trajet en bateau traditionnel jusqu'à Muang Ngoi Neua et retour en kayak (350 000 LAK/pers sur la base de 4 pers, en kayak biplace). Des guides expérimentés peuvent concevoir des randonnées et des excursions plus longues vers Muang Khua et dans la ZNP de Nam Et/Phou Louey, où ont lieu des safaris nocturnes.

Tiger Trail RANDONNÉE, SORTIES À VÉLO

(☎071-252655 ; www.laos-adventures.com ; Delilah's Place). Ce prestataire qui travaille dans le respect de l'environnement organise des randonnées dans la région, notamment une sortie d'une journée aux "100 cascades" (350 000 LAK/pers, base 4 pers) et une randonnée de 2 jours dans des villages hmong, avec nuit chez l'habitant et visite d'une école en pisé (500 000 LAK/pers, base 4 pers).

Sabai Sabai MASSAGES

(Ban Sop Houn ; massage corporel 40 000 LAK, bain de vapeur 15 000 LAK). Une atmosphère de sérénité règne dans le jardin zen, idéal pour reprendre ses esprits et soigner ses douleurs. Juste après la bifurcation pour la Sunset Guest House.

Où se loger

En basse saison on peut vraiment négocier les prix. Un nouvel établissement, le Mandala Ou Resort, a ouvert fin 2013.

Namhoun Guesthouse PENSION $

(☎071-810039 ; bungalows 50 000-100 000 LAK ; 📶). Les bungalows les moins chers sont répartis autour d'un petit jardin derrière la maison des propriétaires. Ceux situés en bordure de rivière sont plus agréables, mais sont facturés à 100 000 LAK. Toutes les

Nong Khiaw

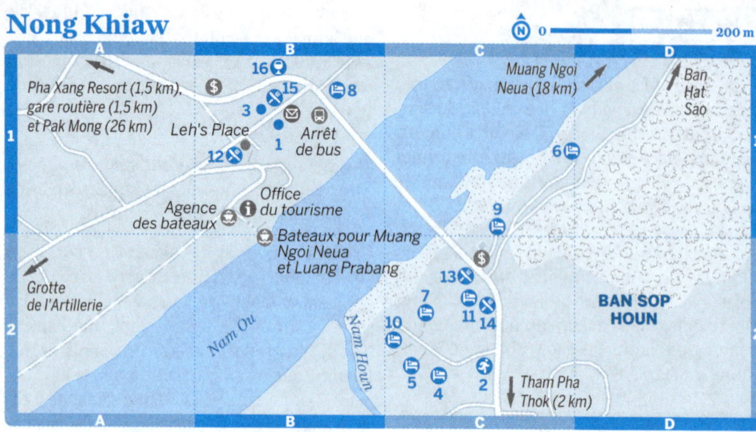

Nong Khiaw

Activités

1 Green Discovery B1
2 Sabai Sabai C2
3 Tiger Trail B1

Où se loger

4 Amphai Guesthouse C2
5 Namhoun Guesthouse C2
6 Nong Kiau Riverside C1
7 Paradise Bamboo Guesthouse C2
8 Sengdao Chittavong Guesthouse B1
9 Sunrise Guesthouse C1
10 Sunset Guest House C2
11 Vongmany Guesthouse C2

Où se restaurer

12 Coco Home Bar & Restaurant B1
13 CT Restaurant and Bakery C2
14 Deen C2
15 Delilah's Place B1

Où prendre un verre et faire la fête

16 Hive Bar B1

chambres sont équipées de moustiquaires et d'un balcon (avec l'incontournable hamac).

Amphai Guesthouse PENSION $
(020-5577 3637 ; Ban Sop Houn ; ch 60 000 LAK ;). Certes on ne bénéficie pas ici de l'emplacement en bordure de rivière, mais les tarifs défient toute concurrence, du moins pour des chambres spacieuses et bien fraîches, avec une salle de bains propre et de l'eau chaude. Un restaurant indien vient d'ouvrir dans la cour.

Paradise Bamboo Guesthouse PENSION $
(020-5554 5286 ; Ban Sop Houn ; ch 60 000-100 000 LAK ;). Choisissez entre le bâtiment moderne couleur pêche, confortable et avec eau chaude, et les bungalows un peu délabrés, plus rustiques mais jouissant d'une jolie vue. À mi-chemin de ces deux options en termes de confort, il existe aussi des chambres dans une maison en bois sur deux niveaux.

Vongmany Guesthouse PENSION $
(030-923 0639 ; Ban Sop Houn ;). Derrière le restaurant, un joli bâtiment avec vue sur la rivière loue des chambres claires et spacieuses, bien tenues et avec eau chaude. La n° 12 et la n° 14, qui jouissent de la plus belle vue, sont facturées 100 000 LAK.

Sengdao Chittavong Guesthouse PENSION $
(030-923 7089 ; ch 80 000-100 000 LAK ;). La seule pension du centre située sur la rive ouest se compose de bungalows de belle taille installés dans des jardins plantés de cerisiers. Les chambres aux murs de bambou, simplement décorées mais souvent ornées de fleurs fraîches, possèdent une salle de bains et un balcon. Le linge est bien propre, et l'ensemble offre un bon rapport qualité/prix. Agréable restaurant décoré de guirlandes et donnant sur la rivière.

Sunrise Guesthouse PENSION $
(020-2247 8799 ; Ban Sop Houn ; bungalows 70 000-150 000 LAK ;). Une adresse familiale bien sympathique. Les bungalows anciens, un peu tassés les uns sur les autres, sont assez sommaires mais bénéficient de la vue sur la rivière et sur le pont. Sinon, dans les 4 bungalows plus récents, avec salle de bains étincelante et recouverts de bois verni, on trouve de quoi préparer thé et café.

Sunset Guest House PENSION $
(☎071-810033 ; sunsetgh2@hotmail.com ; Ban Sop Houn ; ch 150 000-200 000 LAK ; 📶). Le Sunset a aménagé récemment un café sur le toit-terrasse et deux jolis nouveaux bungalows, installés dans une prairie à l'écart. Les tarifs sont toutefois un peu trop ambitieux par rapport aux autres pensions de la ville – on paye bien cher la vue sur la rivière.

♥ **Nong Kiau Riverside** PENSION $$
(☎020-5570 5000 ; www.nongkiau.com ; Ban Sop Houn ; s/d 310 000/350 000 LAK petit-déj inclus ; @📶). Le Riverside occupe une place à part dans l'offre locale, avec ses élégants bungalows aux nombrreux détails romantiques : éclairage d'ambiance, parquets en bois, moustiquaires, et couvre-lits tissés. Tous possèdent une jolie salle de bains et un balcon bénéficiant d'une superbe vue sur la rivière et les hautes montagnes (le panorama devient de plus en plus saisissant au fur et à mesure que l'on s'éloigne de la réception). Le restaurant, aux prix étonnamment abordables, offre lui aussi une vue époustouflante.

Pha Xang Resort HÔTEL $$
(☎071-810014 ; 📶). Installé dans un secteur tranquille de la ville à proximité de la gare routière, le Pha Xang offre un choix de bungalows haut de gamme, avec finitions en bois et en bambou, salle de bains spacieuse et vue magnifique sur les montagnes.

Où se restaurer et prendre un verre

Sur la rive est, quelques échoppes destinées aux voyageurs bordent la Rte 1C. Il y a aussi deux cafés sur pilotis perchés sur la jetée principale, mais réfléchissez avant de commander si votre bateau part peu après : la préparation des plats prend des heures.

♥ **Coco Home Bar & Restaurant** LAOTIEN, INTERNATIONAL $
(Plats 15 000-45 000 LAK ; 📶). L'établissement le plus animé de la ville, situé sur la rive ouest dans l'artère principale. On déguste des spécialités laotiennes, thaïlandaises et internationales dans un joli jardin surplombant le quai. L'endroit fait bar le soir, et des films sont projetés à l'étage.

Deen INDIEN $
(Ban Sop Houn ; plats 20 000-35 000 LAK ; ⌚8h30-22h ; @📶). Ce fameux petit restaurant indien à l'ambiance chaleureuse est toujours bondé. On apprécie en effet les succulents tandooris, les curries bien relevés et les *naans* cuits au feu de bois. Ordinateurs à disposition (Internet 15 000 LAK/heure, Wi-Fi gratuit).

Delilah's Place INTERNATIONAL, LAOTIEN $
(Plats 15 000-35 000 LAK ; ⌚7h-22h ; 📶). Ce joli restaurant orné de vigne vierge propose un choix varié de mets : pancakes, salades, rouleaux de printemps, curries laotiens, hamburgers, petits-déjeuners à l'occidentale, entre autres, le tout délicieux. Et l'on peut même y déguster un *latte* digne de ce nom.

CT Restaurant and Bakery INTERNATIONAL, LAOTIEN $
(Ban Sop Houn ; plats 15 000-30 000 LAK ; ⌚7h-22h). Stratégiquement posté à l'extrémité du pont, le CT affiche une carte qui convient bien aux Occidentaux – pancakes, bagels, petits-déjeuners, sandwichs et classiques laotiens. Il prépare également des sandwichs à emporter pour ceux qui partent en randonnée.

Hive Bar BAR
(⌚17h-tard). Certes il fait moins parler de lui que le célèbre Hive Bar de Luang Prabang, mais c'est l'un des seuls établissements de la ville ouverts tard le soir. Un *lào-láo* (alcool de riz) est offert aux clients qui viennent pour la première fois.

Renseignements

Connexion Wi-Fi dans la plupart des établissements. Le Deen (ci-contre) propose un accès Internet.

BCEL DAB à l'extrémité du pont, côté Ban Sop Houn.

Poste (⌚8h30-17h). Le minuscule bureau de poste change bahts thaïlandais et dollars US à un taux peu avantageux.

Office du tourisme Au-dessus de l'embarcadère. Rarement ouvert.

Depuis/vers Nong Khiaw

BATEAU

Les trajets fluviaux sont l'un des attraits de Nong Khiaw. Pour Luang Prabang (110 000 LAK, 5-8 heures, départ 11h), inscrivez-vous la veille du départ à la **capitainerie**. Vous pouvez louer un bateau avec d'autres passagers pour 1 500 000 LAK. En période de très basses eaux, il faut parfois pousser le bateau à travers des bas-fonds et/ou prendre un *túk-túk* sur 10 km pour les contourner. Il faut donc prévoir des chaussures adaptées.

Des bateaux effectuent le joli parcours jusqu'à Muang Ngoi Neua (25 000 LAK, 1 heure 15) à 11h et 14h, avec des départs supplémentaires en haute saison selon la demande. Le bateau de 11h va jusqu'à Muang Khua (120 000 LAK, 7 heures), d'où l'on peut poursuivre vers Phongsali ou Dien Bien Phu (Vietnam).

BUS ET SĂWNGTHĂEW

Le trajet jusqu'à Luang Prabang peut se faire en 3 heures, mais il dure habituellement au moins 4 heures. Des minibus ou des *săwngthăew* (40 000 LAK) partent vers 9h et 11h, et un minibus (50 000 LAK) à 13h. Si les billets sont vendus à l'arrêt des bus, le service de 11h part de la capitainerie pour ramasser les voyageurs qui arrivent en bateau de Muang Ngoi. Les jours où un bateau vient de Muang Khua, des minibus supplémentaires partent de la capitainerie vers 15h pour Luang Prabang.

Un minibus direct dessert Udomxai (50 000 LAK, 3 heures) à 11h. Vous pouvez aussi prendre n'importe quel transport vers l'ouest et changer à Pak Mong (25 000 LAK, 50 min).

Venant de Luang Prabang, le minibus à destination de Sam Neua (130 000 LAK, 12 heures) via Vieng Thong (100 000 LAK, 5 heures) fait halte brièvement pour le déjeuner à Nong Khiaw vers 11h30. Un autre bus pour Sam Neua (en provenance de Vientiane) traverse Nong Khiaw dans la nuit.

Comment circuler

Louer une bicyclette est un bon moyen d'explorer les villages et les grottes alentour. On peut louer des vélos de ville pour 20 000 LAK par jour et des VTT pour 30 000 LAK à la boutique **Leh's Place** dans la grand-rue.

Muang Ngoi Neua (Ban Ngoi Kao)
ເມືອງງອຍເໜືອ (ບ້ານງອຍເກົ່າ)

1 000 HABITANTS

Entouré de majestueuses montagnes et falaises karstiques, ce village sans route bénéficie d'un des plus beaux emplacements en bord de rivière du nord du Laos. L'unique voie, longue de 500 m, court du principal monastère vers un massif calcaire pyramidal, couvert de forêts. De courtes randonnées conduisent aux villages alentour et des promenades en kayak font découvrir de splendides tronçons de la Nam Ou, de part et d'autre de Muang Ngoi Neua.

Vous devez choisir entre Nong Khiaw et Muong Ngoi Neua ? Pas facile... Nong Khiaw possède globalement de meilleures options d'hébergement et de restauration, tandis que Muong Ngoi Neua offre une atmosphère plus rurale et intemporelle, ainsi que de belles randonnées dans les environs.

Histoire

Jadis centre régional, Muang Ngoi fut pulvérisé par les bombardements durant la guerre du Vietnam, qui détruisirent notamment ses trois monastères historiques. Les ravages étaient tels qu'à l'issue du conflit un nouveau Muang Ngoi (soit Nong Khiaw) devint le quartier général du district, d'où une confusion potentielle. Le village reconstruit fut "découvert" à la fin des années 1990 par des voyageurs, qui vantèrent sa beauté et son ambiance nonchalante alors qu'il n'était mentionné dans aucun guide. Dès 2002, chaque pension accueillait des *falang* (Occidentaux) pour un dollar la nuit et certains restaient des mois, perdus dans un brouillard opiacé ; puis les mesures drastiques pour combattre les drogues changèrent radicalement l'atmosphère. La plupart des établissements très bon marché ont fermé ou amélioré leurs installations pour répondre aux besoins de voyageurs plus exigeants. Ils apprécient toujours les trajets en bateau depuis Nong Khiaw et s'intéressent davantage à la randonnée, au kayak et à la contemplation du paysage fluvial. Pour une chambre à un prix très modique, rendez-vous à Huay Bo (p. 90).

À voir et à faire

La splendeur des paysages en bord de rivière incite à s'attarder sur votre balcon ou dans l'un des restaurants les mieux placés. Un peu après l'aube, des villageois apportent des aumônes aux bonzes du **Vat Okadsayaram**, le monastère reconstruit.

De nombreux guides privés proposent un large éventail de randonnées jusqu'à des villages lao, hmong et khamu ainsi qu'à des cascades. Les prix sont très raisonnables et certaines excursions, comme celle aux chutes de **That Mok**, comprennent des trajets en bateau. D'autres marches faciles peuvent s'effectuer sans guide, en logeant éventuellement dans l'un des trois jolis villages alentour.

Les sorties en kayak permettent d'apprécier les paysages qui bordent la Nam Ou de part et d'autre du village. Bien situé sur le chemin de l'embarcadère près de la Rainbow House, **Lao Youth Travel** (☎ 030-514 0046 ; www.laoyouthtravel.com ; ⏲ 7h30-10h30 et 13h30-18h), possède ses propres kayaks.

Où se loger

Chose rare dans une localité aussi petite et isolée, beaucoup de gens parlent anglais à Muong Ngoi et il y a quantité d'hébergements bon marché. Seul bémol : ces derniers accusent un peu leur âge en comparaison des pensions de Nong Khiaw.

La plupart des pensions bon marché bénéficient d'une vue superbe sur la Nam Ou et ses massifs karstiques à multiples strates. Contempler le panorama depuis son bungalow est l'un des agréments majeurs de Muang Ngoi, aussi réfléchissez-y à deux fois avant de jeter votre dévolu sur un hébergement sans vue simplement pour économiser 10 000 LAK.

Ning Ning Guest House PENSION $
(020-3386 3306 ; ch 17-20 $US petit-déj inclus). Nichés dans un jardin tranquille, ces beaux bungalows de bois avec moustiquaires, véranda, salle de bains particulière, draps et tissus ethniques aux murs, constituent la meilleure adresse de la ville. L'agréable restaurant donne sur la rivière.

Phetdavanh Guesthouse PENSION $
(Dort/ch à partir de 30 000/40 000 LAK, bungalows à partir de 80 000 LAK). Pas de vue ni de hamac dans le bâtiment principal, mais l'électricité 24h/24 ainsi que les chambres et dortoirs bon marché attirent bien des voyageurs. Et pour ceux qui peuvent dépenser un peu plus, les bungalows sur les berges valent le coup.

Nicksa's Place PENSION $
(Ch 50 000 LAK). Cette sympathique pension qui porte le nom de la fille du propriétaire se compose de sept bungalows posés dans un joli jardin en bordure de l'eau – tous avec balcon et hamac pour bien profiter de la vue ! Douche froide uniquement.

Rainbow Guest House PENSION $
(020-2295 7880 ; ch 60 000 LAK). Une maison récente dotée de chambres sans charme particulier, mais propres, avec du linge qui sent bon et de grandes salles de bains. Il y a aussi une véranda commune et un café d'où l'on peut admirer le coucher du soleil.

Bungalows Ecolodge PENSION $
(Ch 80 000 LAK). Cachés dans une petite rue, ces bungalows récents, de taille correcte, sont équipés de moustiquaires et surtout de stores coulissants qui permettent de contempler le ciel depuis son lit. Douches chauffées à l'énergie solaire, linge choisi avec goût et cuisine préparée à partir de produits locaux placent cette adresse un peu au-dessus du lot.

Aloune Mai Guesthouse PENSION $
(Ch 70 000 LAK). À ne pas confondre avec la pension Aloune Mai en bordure de rivière, assez délabrée. Celle-ci est un petit trésor caché près d'une prairie, au bout d'un chemin de terre et après un pont. Le beau bâtiment en bambou renferme 10 chambres impeccables avec douche chaude, et il y a aussi un petit restaurant. Pas de vue sur la rivière, mais paysage magnifique de falaises.

Lattanavongsa Guesthouse PENSION $
(030-514 0770 ; ch à partir de 100 000 LAK). Au milieu d'un jardin de palmiers, ces bungalows avec terrasse (ensoleillée) bénéficient de la vue sur les formations karstiques. Les chambres, aménagées avec goût, possèdent une douche avec chauffe-eau au gaz. Quatre bungalows en bambou près de la rivière et 12 autres au-dessus de l'embarcadère.

Veranda PENSION $
(020-2386 2021 ; ch 100 000 LAK). Les cinq bungalows en bambou tressé sont disposés en arc-de-cercle autour d'une jolie courbe de la rivière. Ils disposent tous d'un hamac, de bons lits, de couvre-lits brodés et d'une douche chauffée à l'énergie solaire. En cours de rénovation lors de notre passage, la pension se sera peut-être transformée en petit hôtel de charme, avec des tarifs plus élevés à la clé.

Où se restaurer et prendre un verre

Plusieurs pensions préparent des plats locaux ou plus spécifiquement destinés aux voyageurs.

Riverside Restaurant LAOTIEN $
(Repas 15 000-35 000 LAK ; 7h30-22h). À l'ombre d'un vieux manguier orné de lanternes, ce restaurant animé qui jouit d'une belle vue sur la Nam Ou propose nouilles, spécialités sautées et *làap*. Très apprécié des voyageurs, à juste titre.

Nang Phone Keo Restaurant LAOTIEN $
(Plats 10 000-20 000 LAK ; 7h30-21h). À la terrasse de cette maison de la rue principale, on peut déguster le dessert le plus exotique de Muang Ngoi, des bananes flambées au *lào-láo*, ou bien la création maison, le rouleau *falang*, avec beurre de cacahuète, banane, riz gluant et miel.

Phetdavanh Street Buffet LAOTIEN $
(20 000 LAK/pers ; ⏲19h). Le Phetdavanh attire chaque soir voyageurs et locaux avec son buffet à prix abordable, installé dans la rue vers 19h. Porc, poulet et poisson grillés s'accompagnent de riz gluant et de légumes.

Bee Tree BARBECUE $
(Plats 15 000-35 000 LAK ; ⏲11h30-23h30). Ambiance détendue dans ce bar à bières et restaurant (plats laotiens et internationaux) situé à l'extrémité de la rue principale. Happy hour de 17h à 20h.

ℹ Renseignements

Muang Ngoi Neua est désormais relié au réseau d'électricité et a un accès Internet et Wi-Fi. En cas d'urgence vous pourrez changer des dollars US dans certaines pensions – mais ne vous attendez pas à un taux avantageux.

Des vols peuvent se produire dans les pensions les moins chères si vous ne fermez pas bien les portes et les volets, ou si vous laissez des objets de valeur à portée de longues pinces ; la plupart des fenêtres n'ont pas de carreaux.

ℹ Depuis/vers Muang Ngoi Neua

Les bateaux pour Nong Khiaw (25 000 LAK, 1 heure) partent vers 9h ; les billets sont en vente à partir de 8h à la capitainerie, à côté de la Ning Ning Guesthouse. Les bateaux en provenance de Muang Khua font escale à Muang Ngoi vers 13h30 avant de continuer jusqu'à Nong Khiaw. Un bateau part pour Muang Khua (120 000 LAK, 6 heures) à 9h30 quand suffisamment de passagers se sont inscrits la veille à la capitainerie. La première heure du trajet traverse des paysages superbes.

Une route en cours de construction entre Muang Ngoi Neua et Nong Khiaw, pourrait beaucoup changer l'ambiance du village.

Environs de Muang Ngoi Neua

Muang Ngoi Neua est une excellente base pour de courtes randonnées parmi des nuées de papillons orange et blanc dans une superbe campagne, flanquée de reliefs karstiques. Les trois villages les plus proches se rejoignent facilement sans guide ni carte. Éloignez-vous de la rivière vers l'est le long du prolongement du chemin de l'embarcadère. Après 25 minutes de marche, un péage demande 10 000 LAK aux étrangers pour continuer. Ce péage donne accès à **Tham Kang**, une modeste grotte calcaire adjacente, entourée de bosquets de poinsettias et de lys. À l'intérieur, vous verrez un ruisseau jaillir de ce qui ressemble à une énorme mâchoire en pierre et peut-être quelques chauves-souris. Pour un rafraîchissement, traversez un petit pont en bambou sur la Nam Ngoi jusqu'au **Cave View Restaurant** (plats 10 000-30 000 LAK ; ⏲8h-18h).

En continuant 15 minutes, vous traversez un cours d'eau (mieux vaut patauger que se risquer sur les pierres glissantes) avant d'atteindre un vaste secteur de rizières. Restez sur la gauche et au croisement suivant, à 3 minutes, prenez à gauche pour rejoindre Huay Sen (45 minutes) ou à droite pour Ban Na (15 minutes) et Huay Bo (40 minutes). Mieux vaut emprunter le chemin principal, sinueux mais clairement tracé, car des panneaux peints à la main balisent les quelques points prêtant à confusion. Les trois villages offrent des hébergements très spartiates à prix modiques, avec toilettes communes à l'extérieur, et une échoppe qui sert des repas quand ou si un cuisinier se présente.

Huay Sen possède les maisons sur pilotis les plus authentiques. Sa **pension** (ch 10 000 LAK) se compose de minuscules boîtes en bambou lugubres, mais le propriétaire enthousiaste parle un peu anglais, prépare un riz sauté convenable et conserve un excellent *lào-láo* macéré dans le bambou. Il organise aussi des randonnées guidées de 2 heures jusqu'à des villages hmong.

Les maisons de **Ban Na** sont moins rustiques, mais on peut observer les tisserands au travail. Les deux pensions du village donnent sur un océan de rizières avec des pics karstiques à l'horizon. L'**OB Bungalows** (☎020-3386 3225 ; ch 10 000 LAK), au bout du village, bénéficie de la plus belle vue et ses nouveaux bungalows en bambou, relativement spacieux, offrent un bon rapport qualité/prix. La **Chantanohm Guesthouse** (ch 10 000 LAK), installée dans un joli cadre, comprend un terrain de *petang* entouré de carcasses de bombes.

La jolie randonnée jusqu'à **Huay Bo** implique de franchir une rivière à gué. Elle passe devant une aiguille calcaire particulièrement pointue et en contrebas d'une haute crête. Essentiellement composé de maisons en bambou tressé sur pilotis, le village n'est pas aussi décontracté que Huay Sen. Trois pensions côte à côte demandent 5 000 LAK, sans doute le prix le plus bas du pays.

PROVINCE DE PHONGSALI

Plus tout à fait le Laos mais pas encore la Chine, la province de Phongsali est un régal pour les yeux. Certaines des ethnies montagnardes les plus traditionnelles y vivent. Les voyageurs passent habituellement par Muang Khua, un lieu de transit pratique, relié par voie fluviale à Nong Khiaw et par une route à Dien Bien Phu au Vietnam. Accessibles seulement par des routes enchaînant d'interminables virages, les terres situées plus au nord demeurent à l'écart des circuits touristiques classiques. Les seuls tronçons asphaltés relient Muang Khua à Udomxai et Phongsali à Mengla, en Chine. Les étrangers ne peuvent pas franchir la frontière chinoise dans la province. La route de Dien Bien Phu est désormais en bon état côté laotien, mais pas côté vietnamien.

Le projet de faire de Boun Neua la nouvelle capitale provinciale reste encore à réaliser, bien qu'elle héberge déjà l'aéroport mal nommé de Phongsali.

Muang Khua ເມືອງຂວາ

☎088 / 4 000 HABITANTS

Cette jolie bourgade est une étape obligée entre le Laos et Dien Bien Phu ou au cours d'un trajet fluvial sur la Nam Ou entre Hat Sa (Phongsali) et Nong Khiaw. Moins spectaculaire que cette dernière, Muang Khua, nichée parmi les palmiers au confluent de la Nam Ou et de la Nam Phak, ne manque pas de charme. Si vous arrivez de Dien Bien Phu, détendez-vous et adoptez le rythme laotien ; contrairement au Vietnam, le marchandage acharné n'est pas de mise ici !

À voir et à faire

Une courte et agréable marche conduit au rustique quartier khamu de l'autre côté d'un haut **pont suspendu** (à l'usage des vélos et des piétons uniquement) grinçant sur la Nam Phak. Une balade encore plus facile passe par le petit **vat** pittoresque et mène à un autre quartier villageois ombragé de palmiers, où la route devient bourbeuse. L'**Ethnic Handicrafts Shop**, dans la Chaleunsuk Guesthouse, propose un choix restreint de beaux objets d'artisanat local. Des panneaux illustrés de photos expliquent leur fabrication et présentent les villages d'où ils proviennent.

Parmi les divers treks organisés par l'office du tourisme, une plaisante randonnée d'une journée rejoint **Ban Bakha**, un village akha pala perché dans les massifs fortement déboisés au-dessus de Pak Nam Noi. La population s'y est implantée en 1990 et nombre des femmes portent toujours les tabliers pala traditionnels de couleur vive ainsi que des coiffes ornées de pièces de monnaie d'argent.

L'agence Tiger Trial, à Luang Prabang (p. 49), propose des séjours de bénévolat touristique de six jours dans un village akha (399 $US).

Où se loger et se restaurer

Nam Ou Guesthouse PENSION $
(☎088-210844 ; ch sans/avec sdb 40 000/ 50 000 LAK). Cette grande pension qui surplombe la Nam Ou propose à ses clients tout un éventail de chambres. Les plus agréables disposent d'une douche chaude et d'une terrasse commune, tandis que les moins chères, très spartiates, se résument à quatre cloisons de bambou. Le restaurant sur pilotis, sert un bon (quoique mince) steak-frites et une sélection de plats sautés, notamment du canard.

Chaleunsuk Guesthouse (1) PENSION $
(☎088-210847 ; ch 60 000 LAK ; @). Au-dessus du quai à bateaux, la Chaleunsuk loue des chambres spacieuses et bien tenues, équipées de grands lits confortables et d'une douche chaude. La plupart possèdent aussi un bureau et arborent un plafond décoré d'étoiles et de planètes en plastique. Thé à volonté sur la vaste terrasse commune.

Manhchai Guesthouse (2) PENSION $
(☎088-210841 ; ch 100 000 LAK). Aujourd'hui rénovée, la pension située au-dessus d'une boutique jouxtant l'office du tourisme a installé la télévision dans ses chambres (chaînes laotiennes, thaïlandaises et chinoises uniquement). Le linge est bien propre et les douches chaudes.

Sernalli Hotel HÔTEL $$
(☎088-212445 ; ch 200 000 LAK). La meilleure adresse arbore une façade d'une certaine élégance néocoloniale, ainsi qu'un petit salon orné de meubles en bois sculpté. Les chambres climatisées, décorées avec du mobilier en bois, sont bien tenues et confortables (eau chaude et TV).

Muang Khua

Muang Khua

À voir

1	Pont suspendu	C3
2	Vat	B1

Où se loger

3	Chaleunsuk Guesthouse	C1
4	Manhchai Guesthouse	C2
5	Nam Ou Guesthouse	D1
6	Sernalli Hotel	C1

Où se restaurer

7	Sayfon	C1

Achats

Ethnic Handicrafts Shop .... (voir 3)

Sayfon LAOTIEN $

(Plats 15 000-30 000 LAK). Perché au-dessus de la rivière, le Sayfon jouit d'une belle vue au-delà des palmiers et propose une longue carte en anglais – dont seulement une partie est généralement disponible. Les champignons au gingembre sont très réussis.

Renseignements

Il n'y a pas de DAB à Muang Khua. La **BCEL** et la **Lao Development Bank** changent dollars US (billets récents et propres), euros, dongs vietnamiens et bahts thaïlandais. On peut se connecter à Internet à la Chaleunsuk Guesthouse (10 000 LAK/heure), qui fournit casque et webcam pour les connexions Skype.

Serviable, l'**office du tourisme** (020-2284 8020 ; 8h30-11h30 et 13h30-16h30 lun-ven), en face du Sernalli Hotel, peut organiser des treks. En dehors des heures d'ouverture, appelez **Keo** (020-284 8020) pour fixer un rendez-vous. Vous trouverez aussi sur le site www.muangkhua.com des informations sur des treks et des tuyaux sur les pensions de la ville.

Depuis/vers Muang Khua

Le bus pour Dien Bien Phu (50 000 LAK), au Vietnam, part devant l'agence BCEL. Le départ dans chaque sens a lieu vers 6h, mais n'est pas garanti s'il n'y a pas assez de passagers. Le trajet prend 6 heures environ, passage de frontière compris.

La **gare routière** (Rte 2E, 900 m après le Km 97) est peu commodément située, à près de 2 km à l'ouest de la rivière en direction d'Udomxai. De rares *túk-túk* (5 000 LAK/pers) la desservent au départ de l'agence BCEL, lorsqu'ils ont fait le plein de passagers. Des bus rallient Udomxai (35 000 LAK, 3 heures, départ à 8h30, 12h et 15h). Pour Phongsali, prenez le *săwngthăew* de 8h jusqu'à Pak Nam Noi (15 000 LAK, 1 heure), puis attendez le passage du bus Udomxai-Phongsali (vers 10h).

Si vous n'êtes pas pressé, le bateau sur la Nam Ou est une solution agréable. Les bateaux qui remontent jusqu'à Hat Sa (105 000 LAK,

PASSER AU VIETNAM : DE MUANG KHUA À DIEN BIEN PHU

Jusqu'à la frontière

Des bus (50 000 LAK, départ à 6h dans chaque sens) relient chaque jour Muang Khua et Dien Bien Phu via le **poste-frontière de Pang Hok (Laos)/Tay Trang (Vietnam)**, à 26 km à l'est de Muang Mai. La route a été totalement refaite côté laotien, mais reste en très mauvais état par endroits côté vietnamien. Le trajet est très joli, en particulier dans la vallée de Dien Bien Phu qui se déplie la plupart du temps comme un immense tapis de rizières vert émeraude. Évitez à tout prix d'effectuer le trajet par tronçons : cela revient bien plus cher qu'un voyage en bus et on risque de se retrouver coincé en chemin.

À la frontière

Peu de voyageurs empruntent ce passage reculé. On peut obtenir sur place un visa laotien au prix normal, mais pas un visa vietnamien. Prenez vos dispositions au préalable, sinon vous ne pourrez pas passer.

Au Vietnam

Il n'y a aucune installation ni transport à aucun des deux postes, séparés par un no man's land de 4 km environ. Dien Bien Phu se trouve à 31 km environ de Tay Trang.

7 heures, 10h) arrivent parfois trop tard pour permettre la correspondance avec le dernier bus pour Phongsali – le voyage peut donc prendre plus de temps que prévu. Vers l'aval vous trouverez des bateaux pour Muang Ngoi Neua (100 000 LAK, 5 heures, 9h) et Nong Khiaw (120 000 LAK, 6 heures).

Phongsali ພົງສາລີ

088 / 15 000 HABITANTS / ALTITUDE 1 400 M

À la différence des autres capitales provinciales, Phongsali se situe en altitude, sur la crête d'un plateau que domine le Phu Fa (mont du Ciel, 1 625 m). La ville bénéficie de vues panoramiques et d'un climat frais, qui peut passer d'agréablement tiède à froid en quelques heures. Prévoyez une veste et un vêtement de pluie, même en mars. La population est un mélange de Phu Noi et de Ho/Yunnanais, résidents de longue date ou immigrants plus récents. Quoiqu'il en soit, ce n'est pas pour la ville que l'on vient à Phongsali, mais bien pour le trekking dans les montagnes des environs.

Histoire

Selon la tradition, les Phu Noi étaient à l'origine un peuple guerrier qui émigra de Birmanie à Luang Prabang. Conscient du danger et des avantages qu'il pouvait en tirer, le roi du Lan Xang leur accorda un territoire, l'actuelle Phongsali, aux confins nord de son royaume, dont ils protégèrent les frontières contre les incursions du royaume thaï lü de Sipsong Panna.

À voir

Vieille ville — ZONE HISTORIQUE

Modeste mais bien distincte, la vieille ville comprend un damier de trois pâtés de maisons traversé de ruelles grossièrement pavées et une rue sinueuse essentiellement bordée de **maisons de négoce de style yunnanais**. Un petit **temple chinois**, nouveau et fonctionnel, surplombe un bassin. Derrière, le **Vat Keo** est plus remarquable pour ses moines jouant à la pétanque que pour son architecture.

Phu Fa — COLLINE

(ພູຟ້າ). Pour profiter d'une belle vue d'ensemble, montez au sommet du Phu Fa coiffé d'un stupa, par un escalier en pierre de 400 marches ombragé d'arbres ou par une route escarpée et cahoteuse, à peine praticable à moto. Un péage de 4 000 LAK est perçu à l'aire de pique-nique, avant la dernière section de la grimpée. Une nouvelle descente rejoint la route de Hat Sa près d'une fabrique de thé à 2 km à l'est de la ville.

Musée des Ethnies — MUSÉE

(5 000 LAK ; 8h-11h30 et 13h30-16h30 lun-ven). Ce petit musée présente les costumes des diverses ethnies de la province. S'il est fermé, demandez la clé à la poste, de l'autre côté de la rue.

Activités

Les treks à la rencontre des ethnies montagnardes dans la province de Phongsali figurent parmi les plus authentiques du

Phongsali

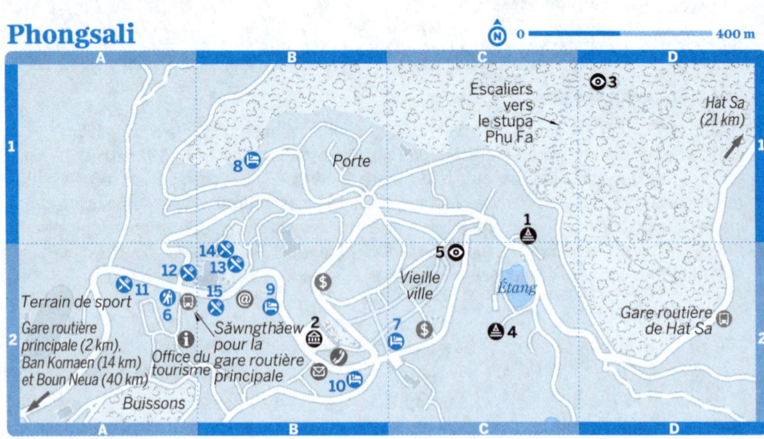

Phongsali

À voir
1 Temple chinois C1
2 Musée des Ethnies B2
3 Phu Fa D1
4 Vat Keo C2
5 Maisons de négoce chinoises C2

Activités
6 Amazing Lao Travel A2

Où se loger
7 Phongsali Hotel C2
8 Phou Fa Hotel B1
9 Sengsaly Guesthouse B2
10 Viphaphone Hotel B2

Où se restaurer
11 Laojerm Restaurant A2
12 Laoper Restaurant A2
13 Marché B2
14 Stands de nouilles B2
15 Yeehua Guesthouse B2

Transports
Lao Air .... (voir 10)

pays. L'accent est mis sur l'écologie et les cultures, et une bonne partie de leur coût contribue à financer le développement des villages où séjournent les participants. L'office du tourisme propose des treks conçus avec soin, qui peuvent souvent s'organiser du jour au lendemain, surtout si vous téléphonez à l'avance.

Le populaire **Jungle Trek** (deux jours à partir de Boun Neua) passe par un village akha phixo et traverse l'une des rares parcelles de forêt primaire qui subsistent. Différents treks de plusieurs jours comprennent des trajets en bateau en amont de la Nam Ou à partir de Hat Sa et la visite d'extraordinaires villages akha nuqui reliés par des chemins de crête.

Les treks dans un seul sens, comme le **trek de Nam Lan** jusqu'à Boun Tai, peuvent inclure l'acheminement des bagages à destination afin de ne pas rebrousser chemin. Ce trek de trois jours, passe par des villages yang, laobit, akha djepia et akha nuqui. Avec plus d'une trentaine de cours d'eau et de rivières à traverser, il ne peut s'entreprendre que vers la fin de la saison sèche. Pour trouver un guide, téléphonez à l'avance à l'office du tourisme de Phongsali ou bien prenez contact avec Amazing Lao Travel.

Les prix par personne et par jour vont de 165 000 LAK (dans un groupe nombreux) à 365 000 LAK environ (si vous êtes seul). Ces tarifs comprennent la rémunération du guide, la nourriture et l'hébergement très sommaire chez des villageois. À cela s'ajoute le coût des transports, qui varie grandement selon que vous utilisez les transports publics ou un véhicule de location. Des circuits expérience permettent de passer plus de temps dans les villages et, peut-être, de participer avec un guide à la collecte des ingrédients pour le dîner familial.

Amazing Lao Travel RANDONNÉE
(Northern Travelling Center ; ☎ 088-210594 ; www.explorephongsalylaos.com ; ⏲ 8h-17h, ou plus tard). Le principal prestataire de trekking indépendant de Phongsali propose sa propre

gamme de randonnées. De nombreux voyageurs nous ont dit le plus grand bien de leurs services.

Où se loger

Les hébergements répertoriés ont l'eau chaude (appréciable durant l'hiver froid !), mais dans certains cas l'électricité ne fonctionne que quelques heures par jour.

Phou Fa Hotel HÔTEL $
(088-210031 ; ch 100 000-200 000 LAK ;). Toilettes à l'occidentale, radiateurs et couvre-lits dorés placent le Phou Fa, aménagé dans l'ancien consulat de Chine, sur le dessus du panier des hôtels de la ville. Les chambres les plus chères équivalent presque à des suites et ont de la moquette au sol. Au moment de la rédaction l'établissement était le seul endroit de la ville disposant d'une connexion Wi-Fi… ce qui peut vous conduire à aller prendre un verre ou un en-cas au restaurant, autrement sans intérêt.

Sengsaly Guesthouse PENSION $
(088-210165 ; ch 60 000-80 000 LAK). La meilleure des trois adresses bon marché de l'artère principale. Même les chambres à 60 000 LAK, aux lits fatigués, ont une salle de bains (sommaire). Les autres, très colorées, sont plus récentes et confortables, et ont l'eau chaude.

Viphaphone Hotel HÔTEL $
(088-210111 ; ch 100 000-150 000 LAK). L'hôtel ne paie pas de mine, mais les chambres, spacieuses et équipées d'un bureau, d'une armoire et d'une TV, valent mieux que la première impression.

Phongsali Hotel HÔTEL $
(088-210042 ; ch 100 000 LAK). Cet établissement central de construction chinoise renferme des chambres austères, mais bien claires grâce aux grandes fenêtres. La plupart possèdent trois lits, et les plus chères ont l'eau chaude. Hélas, le personnel affiche une attitude indifférente.

Où se restaurer

Cachés dans la partie nord-ouest du **marché**, très animé à l'aube, des **stands de nouilles** (nouilles 10 000 LAK ; 6h30-17h) servent un savoureux *kòw sóy* (soupe de nouilles avec tomates et porc émincé). N'espérez aucun effort de décoration de la part des restaurants de la ville, qui préparent essentiellement de la cuisine chinoise. Spécialité locale, la *tôm pạa* (sorte de soupe de poisson) est servie dans quelques cantines modestes de la route de Hat Sa (km 2 et km 4).

Yeehua Guesthouse LAOTIEN $
(Plats 15 000-30 000 LAK ; 7h-22h). Au rez-de-chaussée de la pension la moins chère de la ville (déconseillée), ce restaurant fonctionnel sert une cuisine bon marché pour étrangers, du vin français, de la bière chinoise et un épais café laotien. Carte en anglais et accès Internet.

Laojerm Restaurant LAOTIEN $
(Plats 20 000-35 000 LAK ; 11h-22h30). Une cuisine bien préparée et servie en portions correctes figure à la carte, rédigée dans un anglais approximatif.

Laoper Restaurant LAOTIEN $
(Plats 15 000-30 000 LAK ; 17h-22h). Les habitants tiennent le Laoper pour la meilleure table de la ville. Pas de carte ici, mais une vitrine avec les ingrédients parmi lesquels chacun fait son choix. Il n'y a plus qu'à attendre le plat préparé ! Parfait quand on vient en groupe pour tester plusieurs plats, moins bien si l'on est seul.

Où prendre un verre

La région de Phongsali, en particulier Ban Komaen, est réputée pour son thé vert à la chinoise. L'office du tourisme en vend plusieurs sortes, de même qu'un excellent *lào-láo* local (attention à l'abus d'alcool), passé sur des feuilles de framboisiers après fermentation, d'où sa couleur vert pâle.

Renseignements

BCEL Avec un DAB de l'autre côté de la rue.

Lao Development Bank (8h30-15h30 lun-ven). Change de devises et de chèques de voyages en dollars US, sans commission. DAB. Représentant Western Union.

Lao Telecom Appels internationaux possibles.

Office du tourisme (088-210 098 ; www.phongsaly.net ; 8h-11h30 et 13h30-16h lun-ven). Ses cartes et brochures utiles sont également disponibles en ligne et dans la plupart des pensions. En cas d'urgence ou pour réserver un circuit en dehors des heures d'ouverture, appelez le 020-2257 2373 ou le numéro de portable affiché sur la porte.

Wang Electronics Shop (7h-22h). Accès Internet et alimentation électrique fiable.

TREKKING DANS LE NORD DU LAOS

Le nord du Laos a remporté des prix pour sa formule d'écotrekking, lancée à Luang Namtha et dans la ZNP de Nam Ha. Les agences agréées s'engagent à reverser un pourcentage significatif (et fixé) de leurs bénéfices aux villages visités et à respecter des règles écologiques. Se rendre sans guide dans des localités non desservies par la route frise l'illégalité. Les guides et les permis nécessaires s'obtiennent rapidement auprès des tour-opérateurs locaux, souvent du jour au lendemain. Les prix, sans le transport, s'élèvent habituellement de 50 à 75 $US par personne et par jour pour un seul participant, et à moins de 25 $US en groupe. En général, les agences ne se concurrencent pas directement et mieux vaut comparer les prestations que les tarifs. Engager un guide privé peut revenir moins cher, mais cette pratique est déconseillée, car elle contribue rarement à financer le développement des villages. Consultez l'excellent site www.ecotourismlaos.com pour quantité d'autres informations. La liste suivante donne un aperçu général des différences entre les divers centres de trekking.

Phongsali (p. 93) Il n'existe pas de meilleur endroit pour découvrir des villages ancestraux, où les costumes traditionnels et les croyances animistes demeurent courants, en particulier dans les communautés akha reculées. Beaucoup de maisons conservent leur toit de chaume pittoresque, du moins pour le moment. On peut aussi faire des randonnées dans la forêt vierge près de Boun Neua.

Luang Namtha (p. 105) Très bien organisés, les treks se déclinent en de multiples options, certains combinant la marche avec d'autres activités comme le vélo et le kayak. Les randonnées dans la forêt jusqu'aux camps de jungle de la ZNP de Nam Ha NPA sont particulièrement prisées. Afin de réduire l'impact sur un village-hôte, la plupart des tour-opérateurs possèdent des itinéraires uniques. Ceci tend à compliquer involontairement le choix des voyageurs, d'autant que tous n'offrent pas les mêmes intérêts.

Vieng Phukha (p. 110) Un point de départ bien moins commercial pour des randonnées dans les forêts de Nam Ha.

Muang Sing (p. 110) Des visites guidées ou en indépendant dans de pittoresques villages akha relativement accessibles, où nombre de femmes portent les costumes traditionnels.

Udomxai (p. 98) Une agence spécialisée fait d'Udomxai un centre prisé pour les circuits à VTT, combinés à des treks sur certains itinéraires.

Muang Khua (p. 91) Parmi les formules limitées figure une randonnée d'une journée dans un village akha pala, où quelques femmes portent un costume semi-traditionnel de couleurs vives, avec de nombreuses vues en chemin, mais peu de forêt.

Phonsavan (p. 71) Un trek exceptionnel comprend un site archéologique moussu, l'hébergement dans un village hmong sans route et l'ascension d'une chute d'eau à plusieurs niveaux. Si la marche est splendide, ne vous attendez pas à croiser des minorités ethniques en costume traditionnel dans ce secteur

Muang Ngoi Neua (p. 88) Des marches d'une journée à effectuer en indépendant jusqu'à de jolis villages ou des randonnées en groupe très bon marché avec des guides privés et, parfois, de beaux trajets en bateau.

ℹ Depuis/vers Phongsali

L'aéroport de Phongsali se trouve à Boun Neua. Les billets **Lao Air** (☎ 088-210999 ; www.lao-air.com) pour Vientiane (990 000 LAK) sont vendus au Viphaphone Hotel. Le prix comprend le transfert en minibus de l'aéroport au centre-ville (facturé à 30 000 LAK dans le sens inverse).

Les bateaux depuis/vers Muang Khua partent de/arrivent à Hat Sa, desservi tlj par des bus (15 000 LAK) au départ de la gare routière de Hat Sa, à 10 minutes de marche à l'est de la ville (départs 8h et 13h30).

La gare routière principale de Phongsali se situe au Km 3 à l'ouest de la ville. Un *săwngthăew* la dessert depuis le marché (5 000 LAK) à 6h30, puis de manière très sporadique le reste de la journée (prévoyez beaucoup de marge). Un bus dessert quotidiennement Vientiane (190 000 LAK, plus de 20 heures, départ 8h20) via Luang Prabang (130 000 LAK). Le bus pour Udomxai (75 000 LAK, 7 heures) part à 8h.

Les étrangers ne peuvent pas franchir la frontière chinoise à Ban Pakha, aussi les bus à destination de Mengla (7h et 13h30) ne sont-ils utiles que pour ceux qui se rendent à Boun Neua (15 000 LAK).

Amazing Lao Travel loue des petites motos à partir de 100 000 LAK la journée.

Environs de Phongsali

Ban Komaen ບ້ານກໍແມນ

☎088 / 400 HABITANTS

Réputé pour son thé, ce joli village surplombe la vallée, offrant une vue panoramique du promontoire derrière l'école. Nombre d'authentiques maisons phu noi reposent sur des plate-formes de pierres empilées. En arrivant de Phongsali (à 15 km), vous verrez d'innombrables théiers ; ceux qui bordent la rue principale du village auraient plus de 400 ans et seraient les plus vieux au monde.

Ban Komaen peut constituer une plaisante excursion à moto d'une demi-journée. Prenez la route de Boun Neua, tournez à gauche en face du Km 4 Nightclub (pas sur la route asphaltée juste avant), puis suivez la route en terre en restant sur la gauche à la plupart des croisements et en évitant de descendre vers la vallée.

Hat Sa ຫາດສາ

☎088 / 500 HABITANTS

Petit port fluvial accroché à la berge escarpée de la Nam Ou, Hat Sa se situe à 21 km à l'est de Phongsali par une route en terre. Il compte une poignée de stands de nouilles et un marché le 15 et le 30 du mois ; plus animé à l'aube, il vend essentiellement des produits chinois aux ethnies montagnardes. Il se tient au-dessus de l'embarcadère, où des bateaux partent pour Muang Khua (105 000K) environ 30 minutes après l'arrivée du premier bus en provenance de Phongsali, si les passagers sont assez nombreux et le niveau de l'eau suffisamment élevé. Il est assez facile de trouver le bon bateau et un employé compte les voyageurs afin de calculer un éventuel supplément à payer. En période de basses eaux, les départs peuvent se limiter à deux par semaine et les prix sont plus élevés.

Il n'existe aucune pension à Hat Sa. Si vous êtes coincé sur place (une forte probabilité si vous arrivez tard de Muang Khua en bateau), vous pouvez passer la nuit dans l'une des 3 chambres aux cloisons en bambou au-dessus de la **Wanna Ngyai Shop** (30 000 LAK/pers), la première cahute à 2 étages sur la droite en montant de l'embarcadère. Elles comportent moustiquaires et nattes minces ; mieux vaut prévoir un sac de couchage. Vous vous laverez dans la rivière.

Les bus pour Phongsali (15 000 LAK) partent du marché vers 9h et 14h. Le trajet dure jusqu'à 1 heure 30 en direction de l'ouest en raison de la montée en pente raide. Habituellement, un *săwngthăew* dessert aussi Phongsali après l'arrivée du bateau en provenance de Muang Khua et facture 20 000 LAK par personne, à condition d'avoir au moins 5 passagers.

ZNP de Phu Den Din ປ່າສະຫງວນແຫ່ງຊາດພູແດນດິນ

Cette vaste zone de forêt en partie inexplorée et relativement vierge s'étend à travers des montagnes inaccessibles, qui culminent à près de 2 000 m près de la frontière vietnamienne. Les circuits irréguliers en bateau ou kayak en aval de la Nam Ou, entre Ban Tha et Hat Sa, constituent actuellement le seul moyen légal d'entrevoir la splendeur de la ZNP et nécessitent beaucoup d'organisation. Vous devez emporter votre propre matériel de camping, car une longue section est totalement inhabitée. Des touristes ont eu la mauvaise idée d'essayer de rejoindre le parc par la route à partir de Hat Sa. Un pont suspendu construit par les Français et une route de terre y conduisent en passant par un paysage monotone de brûlis. Puis, après un parcours pénible de 70 km, un poste militaire interdit l'accès à la ZNP. Si vous essayez malgré tout de vous faufiler, vous risquez d'avoir affaire à l'armée, ce qui risque de compliquer votre journée...

NORD-OUEST DU LAOS

Les provinces septentrionales d'Udomxai et de Luang Namtha forment un canevas montagneux de rivières, de forêts et de villages traditionnels où vivent plus de 40 minorités ethniques. Luang Namtha, la plus développée des villes pourvues d'infrastructures touristiques autour de la ZNP de Nam Ha (2 224 km²), permet d'organiser facilement des randonnées à pied ou à vélo et des expéditions en kayak ou en bateau. Udomxai est le carrefour des transports régionaux et Boten, le seul poste-frontière Chine-Laos ouvert aux étrangers.

Udomxai (Oudomsay, Muang Xai) ອຸດົມໄຊ (ເມືອງໄຊ)

081 / 25 000 HABITANTS

Centre d'échanges Laos-Chine en plein essor et carrefour pratique, Udomxai est ce qui ressemble le plus à une grande ville dans le nord du pays. L'artère principale clinquante et le manque d'ambiance rebutent les voyageurs de passage, mais il suffit d'un minimum d'efforts pour trouver du charme et des sites intéressants. Bien organisé, l'office du tourisme regorge d'idées pour vous inciter à prolonger votre séjour.

Environ 25% de la population est chinoise et le dialecte du Yunnan s'entend fréquemment dans les commerces et les hôtels.

À voir

De l'artère principale, des escaliers grimpent sur deux collines qui se font face et offrent une belle vue. L'une est surmontée par le joli **stupa Phu That**, entièrement reconstruit après sa destruction durant la guerre. Des cérémonies religieuses s'y déroulent à la pleine lune. Le **Vat Phu That** et un bouddha debout flambant neuf se dressent à proximité. Sur l'autre colline, un **musée** (8h-11h et 14h-16h) GRATUIT décevant occupe une majestueuse demeure de deux étages, agrémentée de persiennes de style colonial et de pignons orientaux.

Temple Banjeng TEMPLE BOUDDHIQUE
(Vat Santiphab ; aube-crépuscule). Principal monastère de la ville, ce modeste temple vaut surtout pour son emplacement sur un tertre au bord de l'eau. Tintant au vent, les feuilles métalliques d'un arbre de vie en béton cachent une ménagerie de naïves statues d'animaux qui illustre un mythe bouddhique local.

PMC CENTRE D'ARTISANAT
(Productivity & Marketing Center of Oudomxay ; 081-212803 ; www.pmc.oudomxay.org ; 8h-12h et 14h-17h). Ce centre, composé d'une petite salle d'exposition et d'une boutique, présente les fibres locales et vend des articles en papier artisanal, des sacs et des essences naturelles. Ironiquement surnommé "*opium shop*", il est en partie financé par l'Office des Nations unies contre la drogue et le crime, qui tente ainsi de remplacer la culture du pavot par des activités artisanales.

Activités

L'office du tourisme (p. 101) propose des visites d'Udomxai d'une journée, une promenade dans la ville, des circuits de 2 ou 3 jours aux grottes de Chom Ong, et deux itinéraires de trekking avec logement chez l'habitant dans des villages khamu. Pour faire la connaissance d'autres randonneurs, venez la veille du départ à 16h au rendez-vous de rencontre.

Samlaan Cycling CYCLOTOURISME
(020-5560 9790 ; www.samlaancycling.com). Il organise d'excellentes sorties à vélo d'une journée et des circuits de plusieurs jours combinant vélo et trekking. Téléphonez au préalable, car le bureau reste souvent fermé quand le personnel est occupé.

Croix-Rouge laotienne MASSAGES
(081-312391 ; bain de vapeur 20 000 LAK, massage 30 000 LAK les 30 min ; 15h-19h30). Dans un modeste bâtiment de bambou tressé dominant une jolie courbe de la rivière, la Croix-Rouge laotienne propose des massages à l'occidentale et des bains de vapeur aux plantes.

Cours

L'office du tourisme (p. 101) organise d'intéressants ateliers de fabrication de papier (à partir de 100 000 LAK selon la taille du groupe) incluant la collecte des matériaux bruts. Ses cours de cuisine (à partir de 100 000 LAK/personne avec un minimum de 4 participants, 200 000 LAK/personne pour un couple) comprennent l'achat des ingrédients et le professeur parle bien français.

Où se loger

Udomxai ne manque pas d'hébergements, et notamment d'hôtels chinois sans caractère à 100 000 LAK environ la chambre. Autre option (très agréable), le joli village de Muang La, à 28 km au nord, abrite le complexe hôtelier de charme le plus chic des environs, ainsi que plusieurs pensions.

Vilavong Guesthouse PENSION $
(081-212503 ; Rte 1 ; ch 50 000-60 000 LAK ;). Chambres banales (60 000 LAK en haut, 50 000 LAK en bas), mais à un prix très correct pour un emplacement aussi central. Les propriétaires sont très serviables.

TREKKING RESPECTUEUX

Visiter les villages nécessite d'apprendre les diverses coutumes des cultures locales. Les indications ci-après concernent plus particulièrement les Akha. Les costumes indigo rehaussés de pièces d'argent des femmes et d'étranges croyances animistes font de leurs villages des destinations de trek privilégiées.

Chaussures et pieds Si la politesse veut qu'on retire ses chaussures avant d'entrer dans une maison lao, on reste chaussé dans une habitation hmong, akha ou toute autre au sol de terre battue. Ne pointez pas vos pieds en direction de quelqu'un.

Toilettes Si un village possède des toilettes, utilisez-les. En forêt, veillez à vous éloigner des cours d'eau. Dans les villages reculés sans toilettes, renseignez-vous auprès de votre guide sur la coutume locale. Bien que les règles du trekking préconisent d'enterrer les déjections, vous risqueriez ainsi dans certains endroits de priver les cochons d'une gourmandise ! Quoi qu'il en soit, ramassez papier hygiénique, tampons, etc., même si cela n'a rien d'agréable.

Photos Si les garçons sont souvent ravis d'être photographiés, la plupart des femmes s'enfuient à la vue d'un appareil photo. Demander à un inconnu la permission de le photographier se solde le plus souvent par un refus, qu'il faut respecter. Séjourner chez l'habitant permet de devenir "ami" avec une famille. Tentez de prendre d'abord des photos des bébés et des hommes, puis montrez-les aux femmes, qui souhaiteront peut-être alors figurer sur vos clichés. Sinon, n'insistez pas, car certains croient encore fermement à la vieille superstition qui assimile les photographes à des voleurs d'âmes.

Cadeaux Si vous souhaitez faire un cadeau, choisissez par exemple des semences de fruits ou de légumes ou des boutures d'arbres qui continueront de produire après votre départ. Demandez toujours à votre guide si un présent est approprié et offrez-le directement à des amis ou au chef du village. Distribuer des cadeaux aux enfants les incite à quémander, ce qui sape les fondements de sociétés qui ont toujours été autosuffisantes.

Lits Dans les villages traversés par le trek, vous logerez probablement dans la maison du chef. Dans les maisons akha traditionnelles, les hommes dorment sur une plate-forme surélevée munie de rideaux, les femmes sur une autre (qu'il est absolument tabou de visiter). La bru réside dans une sorte de boîte à rideaux qui reflète sa condition de quasi-esclave. Pour faire de la place aux visiteurs, la plupart des hommes vont coucher ailleurs et laissent le guide, les randonneurs et parfois un ou deux anciens se serrer en rang d'oignons dans la section masculine. Emporter un sac de couchage offre un semblant d'intimité. Sachez que les femmes étrangères ont le statut d'"homme honoraire".

Esprits Le culte des esprits demeure aussi vivant chez les ethnies montagnardes que dans les autres cultures laotiennes. En conséquence, il est extrêmement malvenu de toucher le totem d'un village (Thaï Lü), une porte des esprits (Akha) ou tout autre objet tabou. Demandez des explications à votre guide et renoncez à l'idée d'essayer une balançoire akha (*hacheu*).

Femmes et enfants Les femmes akha qui se promènent seins nus ne le font en vertu d'une croyance qui veut que les jeunes mères qui se couvrent la poitrine attirent le mal sur leur nouveau-né. Parmi d'autres coutumes, citons l'absorption de pierres durant la grossesse et l'abandon des jumeaux dans la forêt.

Saylomen Guesthouse PENSION $
(☎081-211377 ; ch avec ventil/clim 60 000/100 000 LAK ; ❄). Simples et relativement grandes, les chambres (avec eau chaude) dotées de ventilateur, de drap de dessus et de portemanteau multicolore offrent un meilleur rapport qualité/prix que la plupart des pensions de la ville. Durant la saison chaude, nous vous conseillons d'investir dans la climatisation.

Xayxana Guest House PENSION $
(☎020-5578 0429 ; près de la Rte 1 ; ch 70 000-100 000 LAK❄📶). Un établissement spacieux et aéré doté de chambres blanches impeccables, avec salle de bains, lit très confortable et sol carrelé.

Udomxai

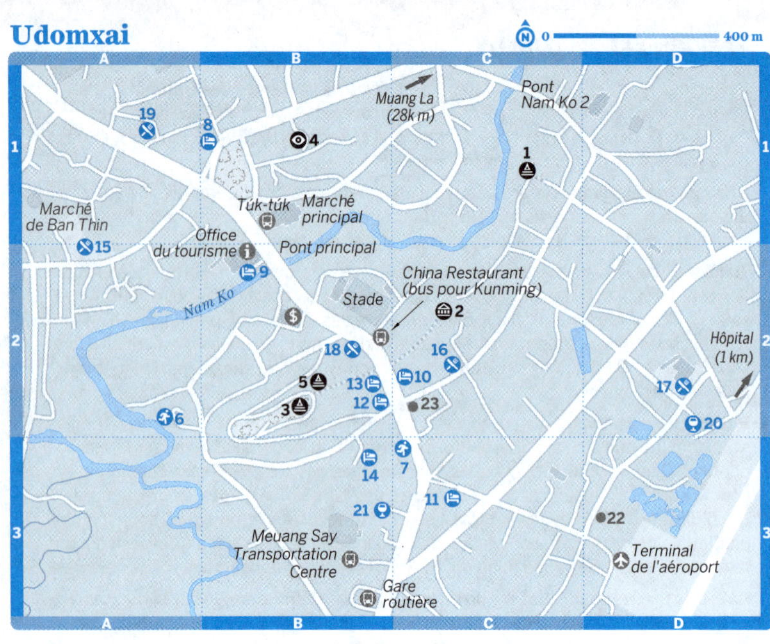

Udomxai

À voir

1 Temple Banjeng C1
2 Musée C2
3 Stupa Phu That B2
4 PMC B1
5 Vat Phu That B2

Activités

6 Croix-Rouge laotienne A2
7 Samlaan Cycling C3

Où se loger

8 Charming Lao Hotel B1
9 Dansavanh Hotel B2
10 Lithavixay Guesthouse C2
11 Saylomen Guesthouse C3
12 Vilavong Guesthouse B2
13 Villa Keoseumsack B2
14 Xayxana Guest House B3

Où se restaurer

15 Marché de Ban Thin A2
Cafe Sinouk .... (voir 8)
16 Meuang Neua Restaurant C2
17 Marché de Nonmengda D2
18 Sinphet Restaurant B2
19 Souphailin Restaurant A1

Où prendre un verre et faire la fête

20 Ming Khouan D2
21 Phonemali Nightclub B3

Transports

22 Lao Airlines D3
23 Xai-Ya C2

Lithavixay Guesthouse PENSION $
(☎081-212175 ; Rte 1 ; ch 70 000-150 000 LAK ; ❄📶). Voici une adresse bien connue des voyageurs, qui apprécient le salon convivial et l'accueillante salle de petit-déjeuner (avec connexion Internet). Certaines chambres accusent un peu leur âge, mais elles sont néanmoins chaleureuses et possèdent TV et canapé. La Lithavixay est le représentant de Lao Airlines.

♥ **Villa Keoseumsack** HÔTEL $$
(☎081-312170 ; Rte 1 ; ch 120 000-200 000 LAK ; ❄📶). Le meilleur rapport qualité/prix de la ville pour ces chambres au sol vitrifié, avec salle de bains, TV, couvre-lits, tissus hmong et oreillers moelleux. Ajoutons pour faire bonne mesure que le Wi-Fi est gratuit et qu'il y a une agréable terrasse. Les chambres sur l'arrière sont plus spacieuses que celles du bâtiment principal.

Dansavanh Hotel HÔTEL $$

(☎081-212698 ; Rte 1 ; ch 120 000-250 000 LAK ; ❄@📶). Une imposante façade néocoloniale distingue celui qui fut le meilleur hôtel d'Udomxai. Les chambres, vastes et bien équipées, manquent cependant d'allure. Il y a un petit spa, un karaoké et un joli bar-restaurant en bordure de rivière, ainsi qu'une excellente boutique de thé dans le hall.

Charming Lao Hotel HÔTEL DE CHARME $$

(☎081-212881 ; www.charminglaohotel.com ; d/tw 405 000/485 000 LAK, ste à partir de 687 000 LAK, petit-déj inclus ; ❄@📶). Assez inattendu pour Udomxai, mais c'est bel et bien un hôtel de charme aux chambres confortables et joliment aménagées, avec TV et salle de bains contemporaine. L'établissement abrite un spa et un séduisant café – succursale du Cafe Sinouk de Pakse (ci-après).

Où se restaurer

On trouve fruits, légumes et viande (y compris, surtout le week-end, des animaux de la région morts ou vifs) aux **marchés de Ban Thin** et **Nonmengda**.

Souphailin Restaurant LAOTIEN $

(Plats 20 000-40 000 LAK ; 🕒7h-22h). Souphailin concocte de délicieuses et authentiques spécialités du nord du Laos, comme le *mok bah* (poisson cuit dans une feuille de bananier), ainsi que ses propres recettes créatives. Son petit restaurant, dans une ruelle, est une cabane traditionnelle en bambou tressé, simplement décorée de casseroles suspendues aux murs. S'il y a d'autres clients, vous devrez sans doute patienter avant de pouvoir manger.

Meuang Neua Restaurant LAOTIEN $

(Plats 20 000-40 000 LAK ; 🕒7h-22h). Apprécié des voyageurs qui choisissent de séjourner à Udomxai, le Meuang Neua, dans la rue principale, affiche une carte éclectique comprenant salades, curries, poisson, plats sautés et même une soupe de potiron.

Sinphet Restaurant LAOTIEN $

(Plats 20 000-30 000 LAK ; 🕒7h-21h). Installé près du pont et pratiquement sur la route (d'où la poussière), ce restaurant vétuste décoré de fanions à l'emblème de Beerlao sert nouilles, steak et salades.

♥ **Cafe Sinouk** LAOTIEN, INTERNATIONAL $$

(Charming Lao Hotel ; plats 20 000-95 000 LAK ; 📶). Le café Sinouk du plateau des Boloven est désormais présent dans le Nord. Cet élégant café-restaurant offre bien sûr la meilleure sélection de cafés de la ville, mais aussi un large choix de plats laotiens et internationaux, dont du poisson servi entier et à partager. Le plat du jour (15 000/20 000 LAK midi/soir) est avantageux. Le week-end, des musiciens se produisent dans le jardin.

Où prendre un verre et faire la fête

Ming Khouan BAR

(🕒11h-23h) ; C'est ici que les choses se passent à Udomxai. L'établissement en bois et en bambou proche de l'aéroport fait joyeusement le plein de jeunes amateurs de Beerlao. On peut aussi déguster des plats laotiens, dont des brochettes au barbecue.

Phonemali Nightclub DISCOTHÈQUE

(🕒20h-23h30). GRATUIT La boîte de nuit typique des petites villes de province laotiennes. On commence par les danses locales en ligne, puis on sacrifie à la disco thaïlandaise avant de passer aux tubes internationaux (y compris le Gangnam Style).

Renseignements

Wi-Fi gratuit dans la plupart des pensions et hôtels.

BCEL (☎211260 ; Rte 1). DAB, change des principales devises et de certains chèques de voyage (commission de 2%).

Office du tourisme provincial d'Udomxai (☎081-211797 ; www.oudomxay.info ; 🕒7h30-11h30 et 13h30-18h lun-ven avr-sept, 8h-12h et 13h30-16h lun-ven oct-mars). Fournit quantité d'informations sur les transports, les hébergements et les sites locaux. Ses brochures professionnelles et ses excellentes cartes gratuites de la ville sont également disponibles dans de nombreuses pensions et sur le panneau d'affichage de la gare routière. L'office du tourisme organise divers treks et circuits, et vend les cartes *Laos* de GT-Rider. Il ouvre parfois le week-end à des horaires irréguliers.

Depuis/vers Udomxai

AVION

Au moment de la rédaction, **Lao Airlines** (☎081-312047) desservait Vientiane (895 000 LAK) tous les jours. Des tarifs promotionnels sont parfois proposés, à partir de 645 000 LAK. Possibilité d'acheter son billet à la Lithavixay Guesthouse (p. 100).

BUS AU DÉPART D'UDOMXAI

DESTINATION	PRIX (LAK)	DÉPARTS	DURÉE (HEURES)
Boten	40 000	8h	2
Luang Prabang	55 000	9h, 12h, 15h	6
Luang Namtha	40 000	8h30, 11h30, 15h30	3
Muang Houn	30 000	12h, 14h, 16h	2
Muang Khua	35 000	8h30, 11h30, 15h	3
Nong Khiaw	45 000	9h	4
Pakbeng	40 000	8h30, 10h	4
Pak Mong	35 000	14h, 16h	3
Phongsali	75 000	8h30 et vers 14h	7
Vientiane	150 000	11h	18
Vientiane (VIP)	190 000	14h, 18h	16

BUS ET SĂWNGTHĂEW

Longue distance

La gare routière se situe au sud-ouest du centre-ville.

Régionaux

Des *săwngthăew* partent du **Meuang Say Transportation Centre** pour Muang La (10 000 LAK) quand ils sont pleins, vers 8h30 et 11h30.

Vers la Chine

Un minibus pour Mengla quitte la gare routière à 8h. Le bus-couchettes Luang Prabang-Kunming évite la gare routière et fait une courte halte au **China Restaurant** vers 11h30. Il prend des passagers s'il reste des places disponibles.

Comment circuler

Xai-Ya (081-212753 ; 9h-22h) loue des motos 100 cm³ (ancienne/neuve 50 000/100 000 LAK par jour jusqu'à 17h, 80 000/150 000 LAK pour 24 heures) ; ses engins neufs justifient le surcoût. La Lithavixay Guesthouse loue des vélos corrects (demi-journée/journée 20 000/40 000 LAK) et Samlaan Cycling d'excellents VTT (10 $US/jour). Xai-Ya, la Lithavixay et l'office du tourisme peuvent vous trouver un minibus avec chauffeur à partir de 100 $US/jour.

Les *túk-túk* demandent 10 000 LAK/personne pour une course en ville, si vous arrivez à en trouver un.

Environs d'Udomxai

Enfourchez une moto convenable et partez dans n'importe quelle direction pour découvrir de jolis paysages et des sites séduisants. Vous pouvez ainsi vous rendre à la **chute de Nam Kat**, un lieu de pique-nique à 23 km d'Udomxai. Tournez à droite à Ban Fan, continuez jusqu'au parking, puis marchez pendant environ une demi-heure à travers la forêt protégée.

Grottes de Chom Ong et Ban Chom Ong ຖ້ຳຈອມອອງ/ບ້ານຈອມອອງ

Site touristique majeur de la province, le vaste réseau de **grottes de Chom Ong** s'étend sur plus de 15 km dans un massif karstique couvert de forêt près du village khamu de Ban Chom Ong, à 48 km d'Udomxai. Atteignant souvent une hauteur de 40 m, il s'agit d'une véritable cathédrale géologique dont les premiers 450 m sont éclairés à l'énergie solaire. Au fil de millions d'années, les stalactites ont été revêtues de curieux dépôts minéraux et parfois incrustées de graviers transportés par des crues. Pour y accéder, vous devez emprunter la clé du portail et engager un guide (40 000 LAK) à **Ban Chom Ong**, à une heure de marche de l'entrée des grottes. Le village domine une belle et large vallée où de hauts arbres jalonnent des rizières en terrasses, avec des collines tapissées de forêts anciennes et de bambous en toile de fond. Vous pourrez observer le tissage, le filage, les jeunes filles qui vont puiser de l'eau dans des bambous creux et les vieilles femmes aux dents rougies par le bétel. La pension, sans enseigne, occupe une maison longue de style local avec couchage sur le sol et comporte des toilettes extérieures dotées d'un robinet. Le village ne dispose pas de l'électricité et l'anglais n'est guère parlé. En l'absence de restaurants et de commerces, organiser le ravitaillement, trouver un guide et la clé requiert des rudiments de lao ou de khamu, ou force gesticulations. Autre problème plus important : les mauvaises routes d'accès ne sont pratiquement pas asphaltées, ravinées et très abruptes par endroits, et deviennent des bourbiers impraticables après la pluie.

Depuis/vers les grottes de Chom Ong et Ban Chom Ong

Des circuits de 2 ou 3 jours, comprenant les repas, un guide anglophone et suffisamment de temps pour explorer le village, peuvent être organisés par l'office du tourisme d'Udomxai, mais le transport en Jeep-*săwngthăew* est très inconfortable. Samlaan Cycling propose des circuits tout compris de 3 jours à VTT (65/155 $US/pers en groupe de 7/3 participants, 195 $US pour une personne seule). L'office du tourisme d'Udomxai peut organiser des sorties de 2 jours (1 nuit) à partir de 595 000 LAK/pers, minimum 8 pers, ou à 1 270 000 LAK/pers pour un couple.

Muang La ເມືອງຫລາ

Muang La, à 28 km d'Udomxai en direction de Phongsali, constitue une charmante alternative rurale à la “grande ville”. Ce pittoresque village thaï lü se situe parmi des palmiers au confluent de la Nam La et de la Nam Phak. Son temple de style classique renferme le Bouddha Pra Singkham, l'une des statues du Bouddha les plus vénérées de la région (voir l'encadré ci-dessus). En vous baladant sur les berges, vous pourrez découvrir la modeste **source chaude** de Muang La, qui jaillit en bouillonnant dans la rivière quand le niveau d'eau est élevé.

La **Dr Houmpheng Guesthouse** (☎020-5428 0029 ; ch sans/avec sdb 50 000/60 000 LAK), la pension la plus voyante, occupe une maison neuve orange et turquoise avec une terrasse ombragée de palmiers. Les toilettes à la turque fonctionnent avec un seau d'eau.

Nichés juste après sur les berges de la rivière, le **Lhakham Hotel** (☎020-5555 5930 ; lhakhamhotel@gmail.com ; ch 100 000 LAK)

LE BOUDDHA PRA SINGKHAM

Réussir ses examens, devenir riche, avoir un enfant, le Bouddha Pra Singkham exauce tous les vœux, à condition d'avoir le cœur pur et de lui offrir le cadeau promis lorsque le souhait se réalise. Il s'agit d'une coutume en vigueur dans de nombreux temples, mais le Bouddha Pra Singkham de Muang La est réputé particulièrement puissant.

Incrustée de pierres précieuses, cette statue de 200 kg d'or et de bronze possède une histoire intéressante. Selon la légende, elle aurait été fondue au Sri Lanka quelques générations seulement après la mort du Bouddha historique et serait arrivée au Laos en 868 via Ayodhya en Inde. En 1355, elle faisait partie des cinq chefs-d'œuvre bouddhiques envoyés par Fa Ngum, le fondateur du Lan Xang, dans les confins de son nouveau royaume pour inspirer les fidèles. Le bateau transportant la statue fut coulé lors d'une bataille. Découvert plus tard par un pêcheur, le Pra Singkham fut sorti de l'eau au terme de maintes péripéties et devint l'objet d'une dispute entre les habitants de Muang La et de Muang Khua. La population de Muang Khua, en aval, suggéra sournoisement de laisser le choix au Bouddha en plaçant la statue sur un radeau. Contre toute attente, le radeau remonta miraculeusement le courant jusqu'à Muang La. Conservée à l'origine dans la grotte de Singkham, la statue fut transférée en 1457 dans un temple spécialement construit, au cœur de la ville actuelle. Comme le reste du pays, celui-ci fut bombardé durant la guerre du Vietnam et le bouddha réintégra sa cachette initiale. Quand il en sortit à la consécration du nouveau temple en 1987, il arborait une teinte d'un vert noirâtre, provoqué par la “tristesse face aux destructions”. Il a depuis retrouvé son éclat doré.

La grotte du Bouddha Singkham, qui abritait autrefois la fameuse statue, se tient à 3,7 km à l'ouest de Ban Samakisai, à mi-chemin entre Udomxai et Muang La. À Samakisai, demandez *“Khor kajeh tham noy”* (Puis-je avoir la clé de la grotte, s'il vous plaît ?) à la seconde hutte au sud du pont. Ensuite, traversez-le et prenez la deuxième piste vers l'ouest, tout juste praticable en *túk-túk* ou en moto. Elle aboutit à un ensemble de huttes, à 3 minutes de marche de la grotte par un escalier étroit. Joliment située dans un bosquet qui domine des pentes escarpées plantées de rizières, la grotte contient une réplique moderne de la statue.

propose des chambres d'un imbattable rapport qualité/prix dans cette partie du pays. Aménagées avec goût, elles comportent une salle de bains avec douche à effet de pluie et bénéficient d'une belle vue sur la rivière. On aimerait juste que l'extérieur fasse meilleure figure pour se fondre dans l'environnement ! Il y a un restaurant en bordure de rivière.

Le réputé **Muang La Resort** (☎ 020-2284 1264 ; www.muangla.com ; formule 3 nuits à partir de 691 $US) dissimule derrière de hauts murs chaulés un élégant raffinement rustique. Il n'accepte pas les hôtes de passage ni les visiteurs et vous devez réserver un forfait de 2 nuits ou plus pour profiter des chambres à colombages superbement aménagées, du sauna et du bain chaud en plein air, surélevé parmi les palmiers.

En période d'étiage, un fragile pont suspendu en bambou relie la source thermale à des salines.

Les bus qui desservent Phongsali et Muang Khua passent par Muang La environ 1 heure après leur départ d'Udomxai. En sens inverse, le dernier à destination d'Udomxai traverse le village vers 17h. Il n'y a pas de gare routière ; faites simplement signe au bus. Des *săwngthăew* partent pour Udomxai (10 000 LAK) vers 7h et 11h si la demande est suffisante.

Boten ບໍ່ເຕນ

Cette ville frontalière a connu un essor fulgurant avant de retomber brutalement dans le marasme. Celle qui n'était qu'un village minuscule s'est développée en quinze ans à coup de construction d'hôtels, de casinos, de galeries commerciales et de salons de karaoké, comptant 10 000 habitants au sommet de sa gloire, en 2010. Mais le Royal Jinlun Hotel, le casino et d'autres salles de jeu ou de karaoké ont fermé en 2011 à la suite de plusieurs enlèvements de joueurs chinois qui ont fait la "une" des médias. Pékin a interdit à ses ressortissants de se rendre dans les établissements de jeu de Boten et a fait pression sur les autorités laotiennes pour qu'elles punissent les activités illégales. Au final, Boten ressemble aujourd'hui davantage à une ville fantôme qu'à un petit Las Vegas.

Boten est le seul poste-frontière Laos-Chine ouvert aux étrangers. Elle peut facilement se visiter entre Udomxai et Luang Namtha.

À l'extrémité nord du marché, dans l'artère principale, la **Lao Development Bank** (⏲ 8h30-15h30 lun-ven) change les principales devises. Pour un change yuan-kip (LAK) rapide à des taux corrects, rendez-vous plutôt au supermarché, à la diagonale de l'autre côté de la rue.

PASSER EN CHINE : DE BOTEN À MENGLA

Jusqu'à la frontière

Le poste de l'immigration laotien de la **frontière Boten (Laos)/Móhān (Chine)** (⏲ 7h30-16h30 heure laotienne, 8h30-17h30 heure chinoise) se trouve à quelques minutes de marche au nord du marché de Boten. Pour franchir le no man's land qui le sépare du poste chinois de Móhān (Bohan), on peut prendre un *túk-túk* ou marcher 10 minutes.

Sinon, vous pouvez emprunter l'une des liaisons directes de plus en plus nombreuses entre le Laos et la Chine, comme Udomxai-Mengla, Luang Namtha-Jinghong ou Luang Prabang-Kunming.

À la frontière

Pour entrer en Chine, il faut avoir un visa chinois.

En Chine

Du bureau de l'immigration chinois, une marche de 15 minutes le long de la rue principale de Mohan mène à l'arrêt où des petits bus partent pour la gare routière n°2 de Mengla (16 RMB, 1 heure) toutes les 20 minutes environ jusqu'en milieu d'après-midi. Une fois à Mengla, traversez la ville jusqu'à la gare routière Nord pour prendre un bus pour Jinghong (42 RMB, 2 heures 30, départs fréquents jusqu'à 18h) ou Kunming (le matin seulement).

Depuis/vers Boten

Malgré les dénégations des chauffeurs de taxis de Boten, il existe bien des bus réguliers depuis/vers Luang Namtha (40 000 LAK, 2 heures), ainsi que divers bus Chine-Laos. Les taxis-vans demandent environ 160 000 LAK pour Luang Namtha et 80 000 LAK environ pour Ban Na Theuy.

Luang Namtha (Namtha) ຫຼວງນ້ຳທາ

086 / 21 000 HABITANTS

Ordonné et ennuyeux, le centre de Luang Namtha, aménagé en damier, regroupe tous les services nécessaires avant de continuer dans la large vallée rizicole, entourée de massifs montagneux dont les strates resplendissent au soleil couchant. Aucun autre endroit au Laos n'offre un meilleur choix d'activités en plein air et d'écotreks organisés dans les forêts et les villages de diverses minorités.

À voir

Louer un vélo ou une moto permet de circuler sans fatigue dans le centre et d'explorer facilement les alentours. Peu nombreux, les *túk-túk* disparaissent pratiquement à la nuit tombée.

Musée de Luang Namtha MUSÉE
(ພິພິດທະພັນຫຼວງນ້ຳທາ ; 5 000 LAK ; 8h30-11h30 et 13h30-15h30 lun-jeu, 8h30-11h30 ven). Contient une collection anthropologique locale (vêtements des minorités, tambours de bronze khamu et céramiques, notamment), des statues du Bouddha et la traditionnelle partie dédiée à la révolution communiste lao.

Ban Nam Di VILLAGE
(Nam Dy ; parking vélo/moto/voiture 1 000/2 000/3 000 LAK). Situé à 3 km à peine de Luang Namtha, ce hameau est peuplé de Lao Huay (Lenten), dont les femmes portent toujours la tunique indigo traditionnelle avec une ceinture pourpre nouée et un cercle d'argent en collier. Les habitants fabriquent un papier rustique avec de la pulpe de bambou, en utilisant des cadres en coton que vous verrez le long des berges. Du petit parking à la lisière est du village, une marche de 3 minutes conduit à une **cascade** (2 000 LAK) de 6 m de haut. Il s'agit plus d'un lieu de pique-nique que d'une merveille naturelle, mais votre visite contribue à remplir le coffre du village. À moins que le niveau de l'eau ne soit vraiment élevé, ignorez le panneau qui indique les marches raides à flanc de colline et marchez le long du cours d'eau.

Stupa doré TEMPLE BOUDDHIQUE
(5 000 LAK). Monument le plus frappant de Namtha, un grand stupa doré resplendit sur une crête escarpée au nord-ouest de la ville. S'il se révèle un peu kitsch de près, il offre une vue superbe sur la cité.

That Phum Phuk TEMPLE BOUDDHIQUE
(5 000 LAK). Le That Phum Phuk, un stupa rouge et or, est une réplique d'un édifice bien plus ancien, détruit par des bombardements américains durant la guerre du Vietnam ; le béton armé qui pointe des décombres juste à côté indique qu'il ne s'agissait pas de l'original de 1628. Le That Phum Phuk se tient sur une butte à 3 km au nord-ouest de la Phouvan Guesthouse, sur une route en latérite pierreuse qui longe au début l'aérodrome. À un croisement, des escaliers (en forme de serpents *naga*) montent au stupa.

Activités

Luang Namtha est un point de départ majeur pour le trekking, le rafting, la randonnée à VTT et les excursions en kayak dans la ZNP de Nam Ha. De nombreux circuits comprennent au moins une nuit dans un village d'une minorité. Si les Lao Huay et les Akha portent les costumes les plus photogéniques, tous les villages offrent un bon aperçu de la vie rurale.

Les treks observent tous des règles de tourisme responsable et varient en durée et en difficulté. Les sangsues sont un inconvénient mineur durant la saison des pluies.

Les tour-opérateurs de Namtha affichent leurs circuits sur des tableaux avec le nombre de participants déjà inscrits, ce qui permet de rejoindre un groupe (8 personnes au maximum) pour pouvoir payer moins. Si vous préférez partir seul, certains agents l'acceptent moyennant un supplément d'environ 50 $US.

La ville compte une dizaine d'agences qui possèdent chacune des spécialités.

Nam Ha Ecoguide Service ÉCOTOURISME
(086-211534 ; 8h-12h et 13h30-20h). Branche de l'office du tourisme provincial, elle détient les droits de certains des meilleurs itinéraires de trekking.

Luang Namtha

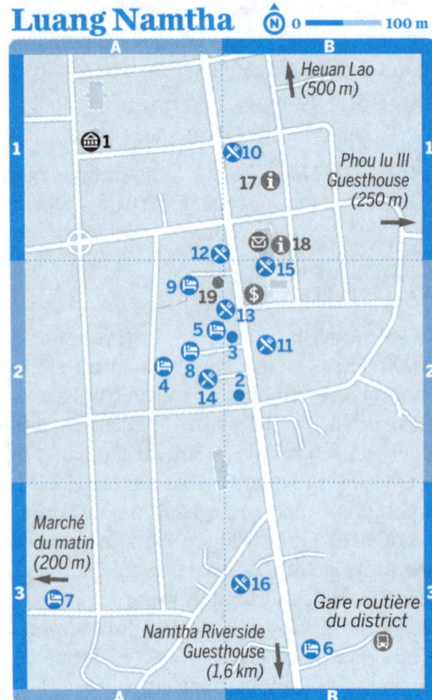

NORD DU LAOS LUANG NAMTHA (NAMTHA)

Luang Namtha

À voir

1 Musée de Luang Namtha A1

Activités

Forest Retreat Laos .... (voir 11)
2 Green Discovery B2
3 Jungle Eco-Guide Services B2
Nam Ha Ecoguide Service ....(voir 18)
Namtha River Experience ....(voir 14)

Où se loger

4 Adounsiri Guest House A2
5 Khamking Guesthouse A2
6 Lao Style Guesthouse B3
7 Royal Hotel A3
8 Thoulasith Guesthouse A2
9 Zuela Guesthouse A2

Où se restaurer

10 Aysha Restaurant B1
11 Forest Retreat Gourmet Cafe B2
12 Manikong Bakery Cafe A1
13 Manychan Guesthouse & Restaurant B2
14 Minority Restaurant A2
15 Marché nocturne B2
16 Panda Restaurant B3

Renseignements

17 Nam Ha Ecotourism Project B1
18 Office du tourisme provincial B1

Transports

19 Boutiques de cycles A2

Green Discovery ÉCOTOURISME
(☎086-211484 ; www.greendiscoverylaos.com ; ⏲8h-21h). Doyen de l'écotourisme au Laos, Green Discovery propose des circuits différents de ceux de l'office du tourisme.

Jungle Eco-Guide Services ÉCOTOURISME
(☎086-212025 ; www.thejungle-ecotour.com ; ⏲8h-21h). Il offre toute une gamme de circuits, depuis la randonnée d'une journée dans la ZNP de Nam Ha jusqu'au séjour dans un village khamu ou au trek de trois jours avec nuit en campement de jungle.

Forest Retreat Laos ÉCOTOURISME
(☎020-5568 0031 ; www.forestretreatlaos.com ; ⏲7h-23h30). L'agence installée au Forest Retreat Cafe organise sorties dans la jungle, balades sur la rivière, excursions à vélo ou à moto et expéditions multi-activités (un à six jours). Il privilégie le recrutement dans les minorités ethniques.

Namtha River Experience KAYAK, RAFTING
(☎086-212047 ; www.namtha-river-experience-laos.com ; ⏲8h-21h). Spécialiste des sorties de kayak ou rafting dans des villages khamu et lenten. Il organise aussi des nuits chez l'habitant.

Où se loger

Les bonnes adresses affichent vite complet, en particulier à la haute saison (novembre–février).

Centre

La plupart des hébergements de Luang Namtha se concentrent dans la partie nord de la ville, un secteur sans charme où se trouvent aussi les restaurants pour étrangers.

♥ **Phou Iu III Guesthouse** PENSION $
(☎030-571 0422 ; www.luangnamtha-oasis-resort.com ; ch à partir de 100 000 LAK). Une excellente adresse que cette pension apparentée à la Phou Iu II de Muang Sing. Joliment équipés (lits en bois), les spacieux bungalows sont dotés d'une cheminée et d'une séduisante terrasse. Le jardin reste à aménager mais, à ce prix, on ne peut demander mieux. Suivez les panneaux depuis le centre.

Zuela Guesthouse PENSION $
(☎020-5588 6694 ; ch 60 000-120 000 LAK ; ❄📶). En constante expansion, cette pension entourée d'un jardin bien vert comprend désormais une nouvelle maison en bois et briques apparentes, et un excellent restaurant qui sert petits-déjeuners énergétiques, pancakes, shakes, salades et plats akha à base de piment. Les chambres, avec parquet au sol et ventilateur, ont du linge bien frais. Location de scooters et service de minibus (climatisé) pour Huay Xai.

Adounsiri Guest House PENSION $
(☎020-2299 1898 ; adounsiri@yahoo.com ; ch 60 000-100 000 LAK ; 📶). Cette chaleureuse maison laotienne installée dans une rue calme loue des chambres méticuleusement tenues, avec sol carrelé et tissus locaux tendus sur les murs blancs. Draps tout frais, TV, Wi-Fi gratuit et thé et café à volonté.

Thoulasith Guesthouse PENSION $
(☎086-212166 ; www.thoulasith-guesthouse.com ; ch 70 000-100 000 LAK ; ❄📶). En retrait de l'artère principale, une pension bien connue des voyageurs qui apprécient ses chambres impeccables, avec lampes de chevet et tableaux aux murs, et ses balcons agréables où l'on peut se connecter en Wi-Fi. Un endroit tranquille où il fait bon se relaxer.

Khamking Guesthouse PENSION $
(☎086-312238 ; ch 70 000-100 000 LAK). Une bonne adresse que cette pension proprette et pleine de couleurs, dont les chambres arborent de sympathiques petites touches (lampes de chevet et jolis rideaux et dessus-de-lit). Mais n'oubliez pas vos bouchons d'oreilles car il y a un poulailler juste derrière !

Lao Style Guesthouse PENSION $
(☎030-921 1319 ; ch 80 000-100 000 LAK ; ❄). Aménagée dans un impressionnant bâtiment à côté de la gare routière du district, la Lao Style a des allures de *vat*. À l'intérieur, déco typiquement laotienne et chambres avec ventilateur ou climatisation, douche chaude et TV.

Royal Hotel HÔTEL $$
(☎086-212151 ; d/ste 250 000/350 000 LAK). L'hôtel le plus luxueux de la ville offre d'excellents lits, des douches à l'italienne et une déco un peu moderniste. Les suites sont équipées de moquette et de somptueux peignoirs de bain. Le personnel parle chinois… mais pas anglais.

Plus loin

Chaleunsuk Homestays CHEZ L'HABITANT $
(☎020-5555 7768 ; Rte 3, 500 m après le Km 45 ; 80 000 LAK/pers). Près de la Rte 3, à une vingtaine de kilomètres du centre de Luang Namtha, quatre maisons rustiques du village khamu de Chaleunsuk accueillent des hôtes hors circuit de trekking. Le prix comprend le petit-déjeuner, le dîner et une contribution au développement du village ; on peut ajouter une balade guidée dans la forêt pour 20 000 LAK. Tout cela est séduisant, mais comme les habitants ne parlent pratiquement pas un mot d'anglais, on ne se sent parfois pas très à l'aise si l'on vient seul. Plus d'information à l'office du tourisme de Luang Namtha.

Namtha Riverside Guesthouse PENSION $$
(☎086-212025 ; namthariverside@gmail.com ; ch 60 000-200 000 LAK). Ambiance décontractée et cadre paisible pour cette pension en bordure de rivière à 2 km du centre. Touches de déco ethnique dans les spacieux bungalows, où l'eau est chauffée à l'énergie solaire. Il y a un terrain de *petang* et des coussins sur les balcons. Une bonne adresse.

Boat Landing Guest House & Restaurant ÉCOLODGE $$
(☎086-312398 ; www.theboatlanding.com ; ch 40-60 $US petit-déj inclus). Celui qui fut l'un des premiers écolodges du Laos se compose de jolis bungalows de bois disséminés au milieu des acacias en bordure de rivière, avec douche chauffée à l'énergie solaire. L'atmosphère qui règne fait oublier certains aspects rustiques. À 7 km au sud de la nouvelle ville et 150 m de la route.

Où se restaurer et prendre un verre

Le **marché de nuit** (🕐19h-22h), très animé, est un bon endroit pour un repas sur le pouce. Le **marché du matin** compte plusieurs échoppes de nouilles.

Minority Restaurant LAOTIEN $
(plats 15 000-35 000 LAK ; 🕐7h-22h30). Caché dans une ruelle à l'écart, ce joli restaurant avec poutres apparentes permet de goûter certains plats traditionnels des ethnies khamu, thaï dam et akha. Si les pousses de bambou ou la soupe aux fleurs de bananes ne vous tentent pas, vous pourrez vous rabattre sur des plats plus classiques sautés au wok.

LA ZONE NATIONALE PROTÉGÉE DE NAM PHA

Accessible de Luang Namtha, Muang Sing et Vieng Phukha, la ZNP de Nam Ha, d'une superficie de 2 224 km², compte parmi les réserves naturelles les plus faciles à visiter du pays. Cette particularité est à la fois un bienfait et une malédiction. Autour et à l'intérieur de ce territoire montagneux, les forêts subissent la pression des villages de différentes minorités ethniques, dont des Lao Huay, des Akha et des Khamu. Parallèlement, ces populations découvrent aussi les bénéfices économiques de l'écotourisme. Depuis 1999, le **Nam Ha Ecotourism Project** (www.unescobkk.org/culture/our-projects/sustainable-cultural-tourism-and-ecotourism/namha-ecotourism-project), un projet primé, veille à ce que les tour-opérateurs et les villageois travaillent ensemble pour offrir aux randonneurs une expérience authentique tout en minimisant l'impact sur les communautés locales et l'environnement. Les circuits se limitent à des petits groupes, chaque agence possède ses propres itinéraires et, en principe, chaque village ne reçoit pas de visiteurs plus de deux fois par semaine. Les autorités n'imposent pas une série d'interdits, mais, en informant les villageois sur l'exploitation forestière et les techniques de pêche durables, elles espèrent que la protection de la forêt deviendra pour eux une priorité.

Forest Retreat Gourmet Cafe INTERNATIONAL $
(www.forestretreatlaos.com ; plats 20 000-50 000 LAK, pizzas 50 000-90 000 LAK). La diversité de la carte du Forest Retreat lui vaut une notoriété bien au-delà de Luang Namtha – ici, le voyageur occidental nostalgique retrouve sandwichs à composer soi-même, pâtes, pizzas cuites au feu de bois, risottos végétariens et pancakes maison. Un endroit agréable où récupérer d'un trek – et d'ailleurs le Forest Retreat en organise ! Le soir, le Bamboo Bar sert de fameux cocktails.

Manychan Guesthouse & Restaurant LAOTIEN, INTERNATIONAL $
(Plats 15 000-40 000 LAK ; 6h30-22h30 ;). La jolie salle en bois doublée d'une terrasse sur la rue éclairée par des guirlandes électriques, le Wi-Fi gratuit, la carte fournie, la bière fraîche et le fameux café en font l'une des adresses les plus appréciées des *falang*.

Manikong Bakery Cafe CAFÉ-BOULANGERIE $
(Plats 10 000-50 000 LAK ; 6h30-22h). Ce petit café sert de savoureux bagels, sandwichs, gâteaux maison et salades, ainsi qu'une variété de shakes, de cafés et de cocktails (happy hour de 17h à 19h).

Panda Restaurant INTERNATIONAL, LAOTIEN $
(Plats 15 000-35 000 LAK ; 6h30-21h30 ;). Cornes de buffle et nids de guêpes (sans occupantes) sont curieusement accrochés aux poutres de ce restaurant donnant sur un étang et des rizières, avec les montagnes en toile de fond. La carte ne manque pas d'éclectisme, rassemblant fish and chips, spaghettis carbonara, plats végétariens et soupes thaïlandaises ou laotiennes.

Aysha Restaurant INDIEN $
(Plats 30 000 LAK ; 7h-22h ;). Ce petit restaurant concocte une succulente cuisine de Madras, bien relevée et joliment présentée. *Naan* maison, spécialités végétariennes et korma de poulet.

Heuan Lao LAOTIEN, THAÏLANDAIS $
(Plats 20 000-50 000 LAK ; 8h-22h ;). Ce joli restaurant en étage comprend une salle lambrissée de bois et de bambou et une terrasse ombragée en angle. La carte de plats thaïlandais et laotiens n'est que partiellement traduite en anglais.

Boat Landing Restaurant LAOTIEN $$
(Repas 20 000-150 000 LAK ; 7h-20h30). Le cadre agréable, en bord de rivière, ajoute au plaisir de l'une des meilleures et des plus authentiques cuisines du nord du Laos. Du menu de cinq plats pour deux ou trois convives aux plats uniques, les combinaisons de saveurs sont exceptionnelles. Si vous hésitez, optez pour un assortiment de *jąew* (sauces) dans lesquelles vous tremperez des boulettes de riz gluant.

Orientation

Quasiment plate, Namtha est en fait une succession de villages sur 10 km, aboutissant au nord à un centre administratif. Construit en 1976, ce dernier compose un damier bien espacé, avec une enclave de deux pâtés de maisons jalonnée de pensions, de cybercafés et de tour-opérateurs. Plus petit et plus joli, un second centre se tient à 7 km au sud, près de l'aéroport. Jadis le cœur commerçant de Namtha, il fut rasé par les bombardements durant la guerre du Vietnam. C'est aujourd'hui un quartier essentiellement résidentiel appelé Meuang Luang Namtha ou Ban Luang. La nouvelle gare routière longue distance se situe à 3 km au sud, sur la bretelle de la Rte 3, à 10 km du centre actuel.

Renseignements

Il y a plusieurs cybercafés dans l'artère principale. Wi-Fi gratuit dans la plupart des hébergements.

BCEL (8h30-15h30 lun-ven). Change les principales devises (sans commission) et les chèques de voyage (2% de commission, 3 $US au minimum). DAB.

Office du tourisme provincial (086-211534 ; 8h-12h et 14h-17h). C'est aussi l'agence Nam Ha Ecoguide Service.

Depuis/vers Luang Namtha

AVION

Lao Airlines (086-312180 ; www.laoairlines.com) dessert Vientiane (895 000 LAK) tous les jours. Tarif promotionnel de 645 000 LAK parfois proposé.

BATEAU

Une manière séduisante de rejoindre Huay Xai consiste à effectuer un périple de 2 jours en *longboat* sur la Nam Tha, en passant la nuit dans un village dépourvu de route. Ne tardez pas, car cette possibilité pourrait disparaître si le projet d'un barrage près de Ban Phaeng voit le jour. Les agences de Luang Namtha demandent entre 120 et 300 $US par personne, selon le nombre total de passagers. Le tarif comprend l'hébergement, les repas et le guide. Vous obtiendrez peut-être un meilleur prix à la **station fluviale** (086-312014), à côté de la Boat Landing Guest House. En période de basses eaux (habituellement de janvier à juin), la station ferme et les départs se font de Na Lae ; les agences fournissent le transfert en *túk-túk* et réservent un bateau.

BUS ET SǍWNGTHǍEW

On trouve deux gares routières à Namtha : la gare routière du district, à une courte distance de l'artère touristique, et la gare routière longue distance, à 10 km au sud de la ville. Acheter son billet à l'avance ne garantit pas une place assise ; vous devez arriver tôt.

Pour Nong Khiaw, prenez un bus pour Vientiane ou Luang Prabang et changez à Pak Mong.

Comment circuler

Les *túk-túk* facturent 10 000 LAK/personne (40 000 LAK au minimum) entre la gare routière ou l'aéroport et le centre-ville. La plupart des agences et des pensions vendent des billets pour les bus longue distance, qui comprennent le transfert depuis votre hébergement et coûtent 20 000 LAK de plus.

Le vélo est le moyen le plus commode pour explorer les *vat*, les cascades, les *ban* (villages) et la nature autour de Luang Namtha. Vous trouverez deux **boutiques de cycles** (vélo 10 000-25 000 LAK/jour, moto 30 000-50 000 LAK/jour ; 9h-18h30) en face de la Zuela Guesthouse. Moto ou vélo : à vous de voir selon votre forme !

BUS AU DÉPART DE LUANG NAMTHA

DESTINATION	PRIX (LAK)	DURÉE (HEURES)	GARE ROUTIÈRE	DÉPARTS
Boten	35 000	2	du district	6/jour 8h-15h30
Huay Xai ("Borkeo")	60 000	4	longue distance	bus 9h et 13h30 minibus 8h30
Jinghong (Chine)	90 000	6	longue distance	8h30
Luang Prabang	90 000-100 000	8	longue distance	bus 9h, minibus 8h
Mengla (Chine)	50 000	3½	longue distance	8h
Muang Long	60 000	4	du district	8h30
Luang Sing	30 000	2	du district	6/jour 8h-15h30
Na Lae	40 000	3	du district	9h30, 12h
Udomxai	40 000	4	longue distance	8h30, 12h, 14h30
Vieng Phukha	35 000	1½	longue distance	9h30, 12h
Vientiane	180 000-200 000	21-24	longue distance	8h30, 14h30

Environs de Luang Namtha

Vieng Phukha (Vieng Phoukha) ວຽງພູຄາ

Bourgade somnolente, Vieng Phukha est une autre base pour des treks dans les confins ouest de la ZNP de Nam Ha, notamment pour la randonnée de trois jours de l'Akha Trail. Ces itinéraires, moins empruntés que ceux au départ de Luang Namtha, traversent de superbes paysages de forêts, même si nombre de collines aux abords de Vieng Phukha ont été entièrement déboisées. Le petit centre-ville se résume à trois rues parallèles. Dans un rayon de quelques centaines de mètres se regroupent un mémorial sans buste du président Kaysone, une poignée de pensions et de compagnies d'écotourisme dont **Nam Ha Ecoguide Service Vieng Phoukha** (020-5598 5289 ; www.namha-npa.org ; 8h-12h et 13h30-17h) et **Nam Ha Hilltribe Ecotrek** (020-9944 0084 ; www.trekviengphoukha.com ; 8h-12h et 13h-18h).

Où se loger et se restaurer

Les hébergemnts de Vieng Phukha se résument presque tous à de simples bungalows en chaume avec douche froide.

Phuet Mung Khun Guesthouse PENSION $
(020-5588 6089 ; ch 50 000 LAK). Cette sympathique pension en bordure de rivière offre de petits bungalows bien propres et un modeste restaurant. Le propriétaire parle un peu anglais.

Samlangchai Guesthouse PENSION $
(020-5588 6089 ; ch/bungalow 40 000/50 000 LAK). Un chemin escarpé de 300 m conduit aux bungalows avec balcon, qui commencent à accuser un peu leur âge (mais les lits restent confortables). Le jardin s'orne d'une "sculpture" incongrue – un bulldozer rouillé.

Thongmyxai Guesthouse PENSION $
(020-2239 0351 ; ch 60 000-80 000 LAK). De solides bungalows dans un joli jardin : voici sans doute la meilleure adresse de la localité.

Mein Restaurant LAOTIEN $
(020-5408 0110 ; Rte 3 ; plats 10 000-30 000 LAK ; 7h-21h). À la lisière sud de la ville, le Mein vous présentera une carte en anglais – mais peu de plats sont effectivement disponibles.

Depuis/vers Vieng Phukha

Des *săwngthăew* partent pour Luang Namtha (30 000 LAK, 1 heure 30) vers 9h et 13h en centre-ville. Vous pouvez aussi faire signe au service Huay Xai-Namtha (3/jour).

Descente de la Nam Tha

Sur 35 km au sud de Luang Namtha, les eaux vertes de la Nam Tha forment une série de rapides entre de hautes berges couvertes de forêts de bambous. Les tour-opérateurs de Luang Namtha y organisent des sorties en **kayak** d'une journée, que l'on peut combiner avec un trek dans la jungle de Nam Ha. À vélo ou à moto, la piste bien nivelée le long de la rive offre de jolies vues et traverse d'intéressants villages de minorités.

Muang Sing ເມືອງສິງ

081 / 10 000 HABITANTS

À la limite du Myanmar et à portée de main des vertes collines de la Chine, Muang Sing se trouve au cœur du Triangle d'or, sur l'ancienne route de l'opium. C'est aujourd'hui une paisible bourgade rurale un peu hors du temps, où le trekking a supplanté les activités de contrebande. Au milieu des maisons thaï lü et sur le marché du matin fréquenté par les habitants en habit traditionnel hmong, thaï lü, akha et thaï dam (venez à l'aube), on se sent vraiment au bout du monde.

Dans les années 1990 Muang Sing était une étape incontournable pour les voyageurs, mais la suppression des services de hors-bord et les opérations de lutte contre le trafic de l'opium ces 10 dernières années ont modifié la donne. Éclipsée par d'autres destinations de tourisme d'aventure, comme Nong Khiaw ou Vang Vieng, la ville semble aujourd'hui plongée dans la torpeur. L'intérêt principal réside toutefois dans la nature environnante et pour les visiteurs qui disposent d'un peu de temps, ce secteur de la ZNP de la Nam Ha offre de superbes possibilités de treks éco-responsables.

Histoire

À la fin du XVIIIe siècle, une douairière de la principauté de Chiang Khaen fonda la citadelle de Wiang Fa Ya (l'actuelle Muang Sing), selon un plan carré en damier, ainsi que le stupa That Xieng Tung. En 1803, la région devint vassale de Nan (aujourd'hui en Thaïlande) et fut largement désertée après

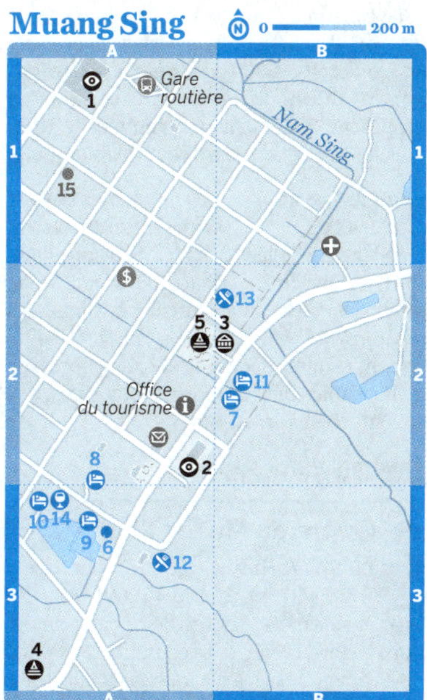

Muang Sing

À voir

1	Nouveau marché	A1
2	Vieux marché	A2
3	Musée ethnique	B2
4	Vat Namkeo Luang	A3
5	Vat Xieng Jai	A2

Activités

6	Phou Iu Travel	A3

Où se loger

7	Dan Neau 2 Guesthouse	B2
8	Phou Iu 2 Guesthouse	A2
9	Sing Cha Lern Hotel	A3
10	Singduangdao Bungalows	A3
11	Thai Lü Guest House	B2

Où se restaurer

12	Muang Sing View Restaurant	A3
13	Phunnar Restaurant	B2

Où prendre un verre et faire la fête

14	Singsavanh Nightclub	A3

Transports

15	Kalao Motorcycle	A1

les déportations de 1805 et 1813. Puis les princes de Chiang Khaen revinrent et transférèrent ici leur capitale en 1884, délaissant Xiang Khaeng sur le Mékong. Il s'ensuivit un conflit de 20 ans entre la France, la Grande-Bretagne et le Siam, qui provoqua la division de la principauté, la partie ouest et Muang Sing étant absorbées dans l'Indochine française. Muang Sing s'imposa rapidement comme le principal marché d'opium du Triangle d'or, avec l'assentiment des Français. En 1946, la ville fut en partie ravagée par les troupes du Kuomintang qui continuèrent à opérer dans les années 1950, après avoir perdu la guerre civile chinoise. En 1958, le fameux Tom Dooley, "médecin de la jungle" américain, fonda un hôpital à Muang Sing, qui devint le théâtre d'une série d'intrigues internationales.

À voir

Quelques demeures de style franco-laotien jalonnent l'artère principale. Datant pour la plupart des années 1920, elles comportent un rez-de-chaussée en brique et stuc surmonté d'un étage en bois avec une véranda couverte. Des exemples classiques abritent l'office du tourisme et la Tai Lü Guesthouse.

Le **vieux marché** (1954) était en cours de reconstruction au moment de la rédaction de ce guide. Le **nouveau marché**, très animé en particulier le matin, se trouve près de la gare routière.

Musée ethnique MUSÉE

(5 000 LAK ; 8h30-16h30 lun-ven, 8h-11h sam). La plus remarquable des demeures franco-laotiennes abrite désormais les deux salles du musée ethnique : costumes traditionnels au rez-de-chaussée et six vitrines d'objets à dimension culturelle à l'étage. La projection d'une vidéo sur le peuple akha coûte 5 000 LAK.

Vat Xieng Jai et Vat Namkeo Luang TEMPLES BOUDDHIQUES

Les *vat* locaux comportent des éléments thaï lü typiques, comme les motifs en argent au pochoir sur les piliers et les plafonds rouges ou les longs drapeaux de prière verticaux. Le **Vat Xieng Jai** et le **Vat Namkeo Luang** (ວັດນ້ຳແກ້ວຫລວງ) sont les plus impressionnants. Le second possède un porche orné de *naga* dorés à langue rouge et un stupa doré très ornementé d'une hauteur inhabituelle. En face, des villageois puisent toujours de l'eau dans le puits à balancier du *bâan* (hameau) qui se modernise lentement. À proximité se dresse un modeste *lak bâan*, un pilier qui incarne l'esprit gardien du village ; le toucher, sachez-le, équivaut à faire une grave offense.

VAUT LE DÉTOUR

GROTTES DE KAO RAO

Bien indiqué près de la Rte 3, à 1,5 km à l'est du village de Nam Eng, ce vaste **réseau de grottes** (ຖ້ຳເກົາເລົາ ; 10 000 LAK) est ouvert au public sur 700 m. Des stalactites incrustées de cristaux sont parmi les principales formations calcaires. Les curieuses cannelures ressemblant à des racines sur le sol sont les rebords d'anciens bassins en carbonate de calcium semblables à ceux de Pamukkale en Turquie. Des guides locaux accompagnent les visiteurs à l'intérieur, mais ils ne parlent pas anglais et ne sont pas équipés de torches puissantes. Un système d'éclairage a été installé, mais vous avez tout intérêt à vous munir d'une bonne lampe torche pour parer aux fréquentes coupures d'électricité. La visite dure 45 minutes environ.

That Xieng Tung TEMPLE BOUDDHIQUE
(ທາດຊຽງຕຶງ). À 6 km au sud-est de Muang Sing, le That Xieng Tung fut érigé en 1792 par la reine-douairière fondatrice de Muang Sing. L'édifice a une structure octogonale moins haute et plus sobre que le stupa du Vat Namkeo Luang et qui rappelle ceux du Xishuangbanna, de l'autre côté de la frontière chinoise. Il se dresse sur un plateau parsemé d'arbres "sacrés", au bout d'une mauvaise piste de 1 km qui part vers le sud de la route de Luang Namtha, à 200 m après le Km 52. L'endroit s'anime lors de la fête, à la pleine lune du 12e mois lunaire (entre fin octobre et mi-novembre), quand des foules de fidèles déposent des offrandes de bougies, de fleurs et d'encens à la base du stupa, que des bonzes de toute la province se rassemblent pour la collecte d'aumônes et que des danses traditionnelles ajoutent à l'ambiance de carnaval qui s'empare de la ville.

Activités

Les visiteurs viennent essentiellement à Muang Sing pour découvrir les villages des minorités qui parsèment les alentours, parmi les rizières et les champs de canne à sucre. Si vous souhaitez les explorer seul à vélo ou à moto, achetez le *Muang Sing Cultural Guide Book*, de Wolfgang Kom, à l'office du tourisme. Il indique les routes principales et précise les ethnies des divers villages. Afin d'éviter d'avoir l'air d'un voyeur lors de l'excursion, vous pouvez engager un guide (100 000 LAK) auprès d'une des agences d'écotourisme de Muang Sing, qui proposent également une gamme de treks plus longs et des séjours chez l'habitant.

Phou Iu Travel CIRCUITS AVENTURE
(☎081-400012 ; www.muangsingtravel.com ; ⏲7h-19h). Installée dans la pension Phou Iu II, la principale agence de Muang Sing offre des treks bien organisés dans les environs de la ville mais aussi dans la région reculée de Xieng Khaeng, près de la Birmanie. Plus d'informations sur www.adventure-trek-laos.com.

Où se loger

Centre de Muang Sing

Thai Lü Guest House PENSION $
(☎086-400375 ; ch 30 000-40 000 LAK). Un certain charme se dégage de ce bâtiment en bois délabré, même si les chambres aux murs de bambou tressé, avec toilettes à la turque, ne sont pas enthousiasmantes. Le restaurant (repas 10 000-25 000 LAK) sert des plats thaïlandais, laotiens et occidentaux.

Sing Cha Lern Hotel HÔTEL $
(☎086-400020 ; ch 60 000-120 000 LAK ; ❄📶). Un bâtiment de couleur ocre et 22 chambres sans charme, mais bien tenues, avec eau chaude et ventilateur. Dans le salon bien aéré, chaises longues et canapés en skaï fatigués permettent de regarder des séries asiatiques à la TV. On peut payer en yuans.

Dan Neau 2 Guesthouse PENSION $
(☎020-2239 3398 ; ch à partir de 60 000 LAK). L'entrée sur la route principale n'est pas très engageante, mais le bâtiment annexe sur le côté, plus grand, renferme des chambres acceptables, avec TV, eau chaude et ventilateur.

Singduangdao Bungalows PENSION $
(☎020-2200 4565 ; ch à partir de 70 000 LAK). Derrière le pont-bascule pour les camions, ces jolis bungalows installés dans un jardin verdoyant disposent tous d'une douche chaude. On parle anglais.

Phou Iu 2 Guesthouse PENSION $$
(☎086-400012 ; www.muangsingtravel.com ; bungalow petit/moyen/grand 100 000/200 000/400 000 LAK). Les grands bungalows, dans un vaste jardin, sont équipés d'une amusante douche extérieure en pierre. Toutes les

chambres sont dotées de lits confortables, moustiquaires, ventilateur et petite véranda. Sauna aux plantes (10 000 LAK), massages (50 000 LAK/heure) et petit restaurant sur place.

À l'extérieur de Muang Sing

Adima Guesthouse PENSION $
(020-2239 3398 ; ch 100 000 LAK). Le principal intérêt de l'Adima tient dans sa situation, à 700 m de Nam Dath, un village akha authentique bien que très visité. Un grand nombre d'autres villages de minorités sont aisément accessibles à pied. Les robustes bungalows de brique et de chaume disposent de douches chaudes et de toilettes rustiques. Le joli restaurant surplombe des bassins à poissons.

De Muang Sing, prenez la route de Pang Hai jusqu'à la sortie de Ban Udomsin (500 m après le Km 7), tournez à droite et poursuivez vers le sud sur 600 m. Comptez environ 20 000 LAK la course en *túk-túk*.

Où se restaurer et prendre un verre

Le choix de restaurants demeure restreint à Muang Sing, qui n'est certes pas un haut lieu de la gastronomie.

LE MYSTÉRIEUX DOOLEY

Saint ou champion sans vergogne de l'autocélébration, humanitaire ou pion de la CIA ? Cinquante ans après sa mort prématurée, à 34 ans, les opinions restent divisées au sujet du "médecin de la jungle", qui fonda un hôpital à Muang Sing en 1958. Catholique fervent mais renvoyé de l'US Navy pour son orientation sexuelle, ce personnage complexe inspira au président Kennedy le Peace Corps (créé en 1961, l'année où Dooley mourut d'un cancer). Ses livres anticommunistes contribuèrent à pousser les politiciens américains à s'engager dans la guerre en Indochine. Selon de nombreuses rumeurs, les avions qui apportaient du matériel médical dans son hôpital de Muang Sing repartaient chargés d'opium. Son livre, *Le Journal de Tom Dooley* a été traduit en français et publié en 1965.

Phunnar Restaurant LAOTIEN $
(Restaurant Panna ; plats 15 000-30 000 LAK ; 7h30-20h). Établissement extérieur servant riz sauté, nouilles, *làap* et soupes à prix modérés.

Muang Sing View Restaurant LAOTIEN $
(Plats 15 000-30 000 LAK ; 8h-19h). Un simple pavillon sur pilotis avec sol en bambou, mais une vue superbe sur les rizières qui s'étendent à l'infini. La carte est très longue, mais peu de plats sont effectivement disponibles. Un endroit agréable aussi pour prendre un verre au coucher du soleil.

Singsavanh Nightclub DISCOTHÈQUE
(19h-23h30). Muang Sing dort à poings fermés à 21h... sauf au Singsavanh, où les habitants viennent danser au son de la pop laotienne et chinoise live. Dans la journée l'établissement a l'air d'être définitivement fermé depuis des lustres, mais il finit chaque soir par sortir de sa léthargie.

Renseignements

Lao Development Bank (8h-12h et 14h-15h30 lun-ven). Change dollars US, bahts thaïlandais et yuans chinois, à des taux très désavantageux.
Poste (8h-16h lun-ven). Pas plus grande que le terrain de *petang* juste à côté.
Office du tourisme (8h-16h lun-ven). La documentation affichée peut se révéler utile.

Depuis/vers Muang Sing

De la gare routière au nord-ouest de la ville, des *săwngthăew* partent pour Muang Long (40 000 LAK, 1 heure 30) à 8h, 11h et 13h30. Des minibus desservent Luang Namtha (50 000 LAK, 2 heures, 58 km) à 8h, 9h, 11h, 12h30, 14h et 15h.

Comment circuler

Il est possible de louer une moto auprès de **Kalao Motorcycle** (80 000 LAK/jour ; 8h-17h) sur la route qui mène au marché principal ; prévoyez un manuel de conversation, car personne ne parle anglais. Dans l'artère principale, des agences de voyages et des pensions louent des vélos (30 000 LAK/jour).

Xieng Kok ຊຽງກົກ

Les jours de marché – le 14 et le 28 du mois –, des villageois des ethnies montagnardes et des marchands des pays voisins affluent à Xieng Kok. Le reste du temps, malgré sa réputation de plaque tournante du trafic de drogue, il s'agit d'une charmante bourgade somnolente qui domine une large portion de la vallée du Mékong jusqu'aux rives birmanes. En automne, quand le niveau du fleuve est élevé, des barges chinoises font escale dans le port et des voyageurs tentent de trouver un bateau pour descendre l'un des plus beaux tronçons du Mékong. Aucune route ne relie Xieng Kok et Muang Mom et un hors-bord revient à 900/3 500 THB par personne/bateau. Mieux vaut payer 1 200/4 500 THB et continuer jusqu'à Tonpheung, où vous trouverez plus facilement des *săwngthăew* pour Huay Xai. Bien que l'office du tourisme de Muang Long promeuve le hors-bord qui part tous les jours à 9h, vous devrez louer un bateau s'il n'y a pas suffisamment de passagers. De fin janvier à juin, le fleuve est habituellement trop bas pour permettre la navigation.

En arrivant à Xieng Kok par bateau, il faut grimper la berge abrupte jusqu'au virage asphalté devant la cabane de l'immigration. Prenez à gauche pour rejoindre le **Xieng Kok Resort** (☎030-511 0696 ; ch 60 000 LAK), une rangée de 11 bungalows en bois surplombant le Mékong, pourvus chacun d'un balcon, de toilettes et d'une salle de bains douteuse avec douche froide.

Les deux routes convergent de nouveau à 300 m, là où le minibus pour Muang Long (20 000 LAK, 35 minutes) part à 6h, 8h et 14h devant la petite pharmacie. Trouver un autre véhicule peut se révéler difficile, même si vous êtes prêt à le louer.

MOYEN MÉKONG

Le puissant Mékong relie les provinces de Bokeo et de Sainyabuli, ainsi que Pakbeng dans le sud de l'Udomxai. De nombreux touristes ne font que traverser la région entre la Thaïlande et Luang Prabang, habituellement lors du trajet de deux jours en bateau lent de Huay Xai via Pakbeng, mais elle a beaucoup à offrir aux voyageurs plus aventureux.

Bokeo, qui signifie "mine de pierres précieuses", doit son nom aux gisements de saphir du district de Huay Xai. Cette province abrite 34 ethnies malgré une très faible population. La province de Sainyabuli est connue pour ses éléphants domestiqués. Un centre de protection (p. 128) très intéressant vient d'ouvrir tout près de la capitale provinciale. En dehors de Huay Xai et de Pakbeng, pour vous faire comprendre, vous aurez besoin d'un guide de conversation. L'ouest de Sainyabuli demeure quasiment ignoré des touristes et compte des "bouts du monde" comme le district de Khop, qui comporte diverses minorités ethniques et une forte proportion de forêts primaires.

Huay Xai (Hoksay) ຫ້ວຍຊາຍ

☎084 / 20 000 HABITANTS

Huay Xai qui a, dit-on, abrité un laboratoire américain de production d'héroïne pendant la "guerre secrète", est aujourd'hui au centre d'un trafic plus licite : celui des voyageurs qui se rendent à Luang Prabang. En bordure du Mékong, la ville frontalière ne se montre guère séduisante au premier abord, mais vous y trouverez cependant quelques pensions accueillantes et des cafés sympathiques. Le soir, l'artère centrale s'illumine sous les guirlandes électriques et s'emplit de vendeurs de rue. Enfin, c'est à Huay Xai qu'il faut être pour participer à la désormais légendaire Gibbon Experience, une expédition-aventure écologique dans la jungle dont on parle beaucoup !

À voir

Parmi les quelques sites touristiques de Huay Xai, plusieurs *vat* pittoresques offrent une vue sur le Mékong.

Vat Jom Khao Manilat TEMPLE BOUDDHIQUE
(ວັດຈອມເຂົາມະນີລັດ). En face de la voie d'accès au ferry, un escalier *naga* grimpe jusqu'à ce *vat* construit en 1880 au sommet d'une colline.

Vat Thadsuvanna Phakham TEMPLE BOUDDHIQUE
(ວັດທາດສວັນນະຜາຄໍາ). Sur la crête au-dessus de l'embarcadère des hors-bord, à 3 km au sud du centre-ville, le Vat Thadsuvanna Phakham, un nouveau temple coloré, comporte une rangée de huit bouddhas dorés en posture de méditation parmi des plantes.

Vat Khonekeo Xaiyaram TEMPLE BOUDDHIQUE
(ວັດໂຄນແກ້ວ). Le Vat Khonekeo Xaiyaram, dans Ban Khonekeo, possède une somptueuse façade avec des piliers et des portes rouge, or et vert.

Vat Keophone Savanthanaram TEMPLE BOUDDHIQUE
Sur le mur nord du *sǐm* du Vat Keophone Savanthanaram, des peintures représentent des scènes de torture tandis que, plus haut sur le versant, un long bouddha couché est protégé par un grillage.

Fort Carnot FORT
Les vestiges délabrés du fort Carnot, bâti par les Français, se dressent sur une colline derrière le bureau du gouverneur du Bokeo. Deux tours subsistent, dont une enjambe l'entrée, mais les tuiles tombent du toit de la caserne et la végétation envahit le site. Le **marché principal**, très animé, se niche dans la vallée derrière le fort.

Activités

La plupart des treks à la rencontre des ethnies montagnardes proposés par les agences de Huay Xai partent de Vieng Phukha, aussi vaut-il mieux les réserver à cet endroit. Il existe aussi des circuits d'une journée à Souvannakhomkham, avec un tour en bateau dans le Triangle d'or, mais les participants sont rarement assez nombreux pour rendre les prix abordables. Vous avez plutôt intérêt à organiser une sortie à moto.

Croix-Rouge laotienne MASSAGES
(☎084-211935 ; massage à partir de 35 000 LAK/heure, sauna aux plantes 15 000 LAK ; ⏰13h30-21h lun-ven, 10h30-21h sam-dim). Installée dans une vieille demeure imposante en bordure du Mékong, la Croix-Rouge laotienne propose des massages occidentaux et laotiens ainsi qu'un sauna traditionnel (à partir de 16h).

Où se loger

Les pensions se succèdent dans la rue centrale, et l'on en trouve beaucoup d'autres à la périphérie de la ville.

Phonetip Guesthouse PENSION $
(☎084-211084 ; Th Saykhong ; ch 50 000-120 000 LAK ; ❄📶). Simple, centrale et assez propre pour un établissement de cette catégorie. L'option la moins chère se résume à un lit entre quatre murs. À l'étage, un agréable espace commun donne sur la rue.

♥ **Daauw Homestay** CHEZ L'HABITANT $
(☎030-904 1296 ; www.projectkajsiablaos.org ; ch 60 000-80 000 LAK). Passer la nuit dans un bungalow géré par le Project Kajsiab, une organisation locale, est une manière de contribuer à son action en faveur des femmes et des droits des minorités. Il y a aussi un bar-restaurant et une petite boutique d'artisanat. On peut également effectuer une mission bénévole (850 000 LAK/semaine, pension complète). La maison se trouve à mi-chemin des marches qui montent au Vat Jom Khao Manilat, sur la droite.

Friendship Guesthouse PENSION $
(☎084-211219 ; s/d/tr/q à partir de 70 000/80 000/160 000/200 000 LAK ; 📶). Les chambres montrent des signes de fatigue et les lits peuvent grincer, mais nous aimons bien le toit-terrasse, avec trois tables toutes simples où s'installer pour profiter de la vue.

Thaveesinh Hotel HÔTEL $
(☎084-211502 ; thaveesinh.info@gmail.com ; Th Saykhong ; s/d avec ventil 70 000/90 000 LAK, avec clim 100 000/130 000 LAK ; ❄📶). Un hôtel très central aux chambres propres et de bonne taille, assez kitsch avec leurs rideaux roses. Les espaces communs arborent de lourds meubles en bois et des ornements chargés. Salle de petit-déjeuner sur le toit.

Gateway Villa Hotel PENSION $
(☎084-212180 ; gatewayconsult@hotmail.com ; Th Saykhong ; ch avec ventil/clim à partir de 81 000/127 000 LAK ; ❄📶). Cet établissement proche de l'embarcadère loue des chambres aménagées avec goût (parquet, sièges en osier, TV et linge de facture récente) ; certaines sont plus raffinées que d'autres. Les propriétaires gèrent trois autres pensions en ville.

Sabaydee Guest House PENSION $
(☎084-212252 ; Th Saykhong ; ch 90 000-130 000 LAK, petit-déj inclus ; ❄@📶). Des chambres colorées, avec salle de bains, joliment meublées, toujours propres et équipées de lits confortables, d'une TV et d'un ventilateur. Certaines donnent sur le Mékong. Accès Internet dans l'agréable salon.

Arimid Guest House PENSION $$
(☎084-211040 ; Ban Huay Xai Neua ; s/d 80 000/180 000 LAK ; ❄). Ces cabanes rustiques sont dotées d'un agréable balcon et occupent un jardin méticuleusement tenu parsemé de statues. Demandez à en voir plusieurs car certaines sont plus défraîchies que d'autres.

Riverside Houayxay Hotel HÔTEL $$
(☎084-211064 ; riverside_houayxay_laos@hotmail.com ; ch deluxe/vue sur le fleuve 600/900 THB). En retrait de la rue principale et dominant le Mékong, voici l'hôtel le plus élégant du centre. Les chambres sont spacieuses

Huay Xai

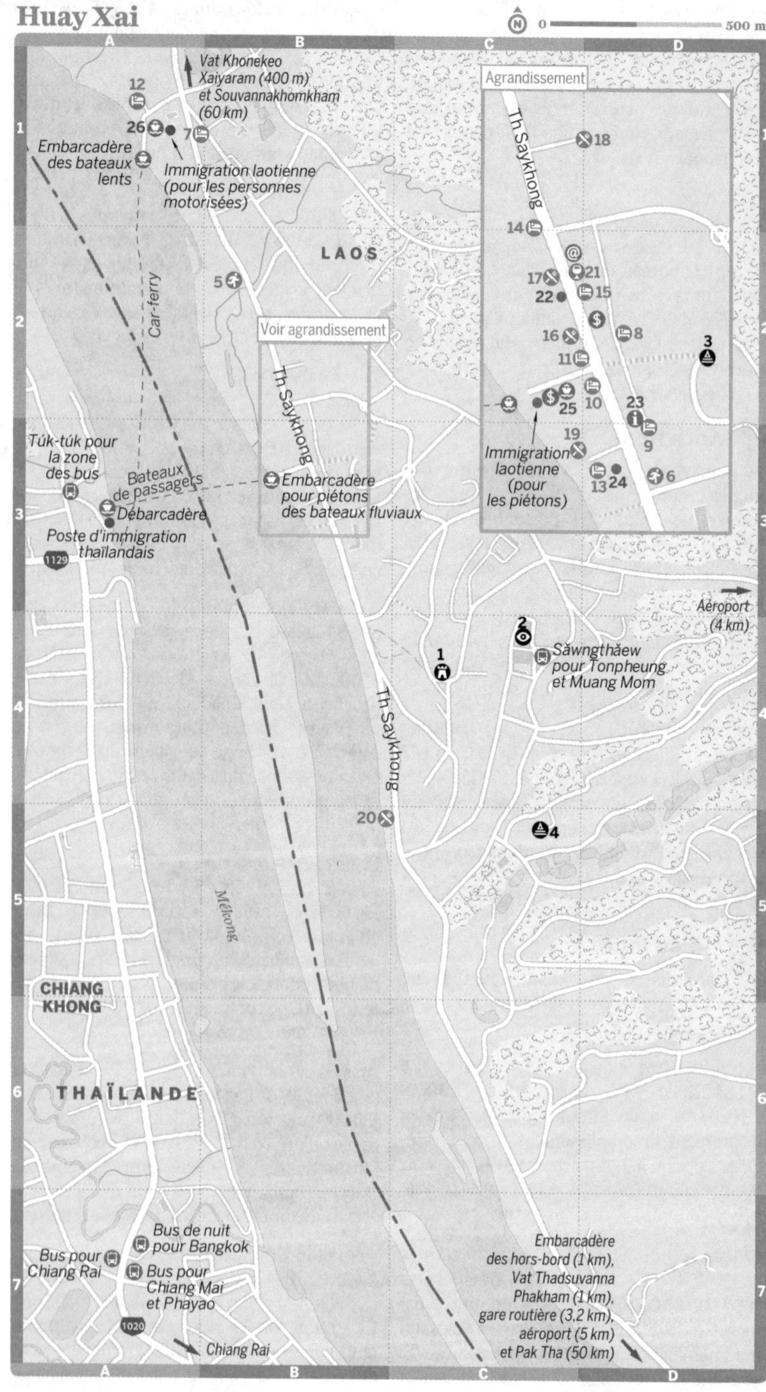

0 500 m
Vat Khonekeo Xaiyaram (400 m) et Souvannakhomkham (60 km)
Agrandissement
Th Saykhong
Embarcadère des bateaux lents
Immigration laotienne (pour les personnes motorisées)
LAOS
Car-ferry
Voir agrandissement
Immigration laotienne (pour les piétons)
Túk-túk pour la zone des bus
Bateaux de passagers
Embarcadère pour piétons des bateaux fluviaux
Débarcadère
Poste d'immigration thaïlandais
1129
Aéroport (4 km)
Săwngthăew pour Tonpheung et Muang Mom
Mékong
CHIANG KHONG
THAÏLANDE
Bus de nuit pour Bangkok
Bus pour Chiang Rai
Bus pour Chiang Mai et Phayao
1020
Chiang Rai
Embarcadère des hors-bord (1 km), Vat Thadsuvanna Phakham (1 km), gare routière (3,2 km), aéroport (5 km) et Pak Tha (50 km)

Huay Xai

À voir

1 Fort Carnot C4
2 Marché principal C4
3 Vat Jom Khao Manilat D2
4 Vat Keophone Savanthanaram C5

Activités

5 Croix Rouge laotienne B2
6 Wangview Tour D3

Où se loger

7 Arimid Guest House A1
8 Daauw Homestay D2
9 Friendship Guesthouse D3
10 Gateway Villa Hotel D2
11 Phonetip Guesthouse C2
12 Phonevichith Guesthouse & Restaurant A1
13 Riverside Houayxay Hotel D3
14 Sabaydee Guest House C1
15 Thaveesinh Hotel D2

Où se restaurer

16 BAP Guesthouse C2
Daauw .... (voir 8)
17 Maung Ner Cafe C2
18 Nut Pop Restaurant D1
19 Riverside Restaurant C3
20 Tavendeng Restaurant B5

Où prendre un verre et faire la fête

21 Bar How C2

Renseignements

22 Bureau de la Gibbon Experience C2
23 Bureau d'information touristique D2

Transports

24 Lao Airlines D3
25 Luang Say Cruise C2
26 Billetterie des bateaux lents A1

et impeccables. Vous disposerez de l'eau chaude au robinet, de la TV et d'un mini-bar.

Phonevichith Guesthouse & Restaurant PENSION $$
(084-211765 ; houayxairiverside.com ; Ban Khonekeo ; ch 600-1000 THB ;). Tissus colorés, ventilateurs et lampes kitsch donnent du caractère aux chambres bien tenues, dans lesquelles on profite d'une douche brûlante et de la climatisation. Celles de la nouvelle aile sont les plus chics de la ville. La vue sur le Mékong et la proximité avec l'embarcadère des bateaux lents demeurent ses principaux atouts.

Où se restaurer et prendre un verre

Des trois restaurants de style occidental proches de l'embarcadère des bateaux lents, celui de la Phonevichith Guesthouse offre la plus belle vue sur le fleuve.

BAP Guesthouse LAOTIEN $
(Th Saykhong ; plats 15 000-35 000 LAK ;). Adresse connue des voyageurs, la pension de Madame Changpeng possède un agréable restaurant servant en-cas, plats végétariens et spécialités laotiennes. Près du poste de l'immigration laotienne.

Nut Pop Restaurant LAOTIEN $
(Th Saykhong ; repas 20 000-40 000 LAK ; 16h30-22h). Pour un dîner romantique de savoureuses spécialités laotiennes et vietnamiennes, choisissez ce restaurant aux allures de maison dans les arbres, accessible par un pont et joliment éclairé de guirlandes électriques le soir.

Daauw LAOTIEN $
(Plats 20 000-50 000 LAK ;). Terrasse cool, coussins par terre et feu de bois donnent à ce restaurant un petit parfum des îles thaïlandaises. Choisissez entre les spécialités hmong bios fraîchement préparées, de multiples options végétariennes, le poulet ou le poisson du Mékong grillé au barbecue. En cas d'affluence, un *laojito* (mojito à base de *lào-láo*) vous aidera à patienter.

Riverside Restaurant LAOTIEN, THAÏLANDAIS $
(Th Saykhong ; plats 20 000-60 000 LAK ; 7h-23h). La terrasse sur le Mékong offre un point de vue imprenable sur le va-et-vient des bateaux entre la Thaïlande et le Laos. La carte propose un large éventail de plats thaïlandais et laotiens, ainsi que des petits-déjeuners occidentaux. Un bon endroit pour prendre un verre en fin de journée, si toutefois vous supportez la musique d'ambiance.

Maung Ner Cafe LAOTIEN, INTERNATIONAL $
(Gecko Bar ; Th Saykhong ; repas 20 000-40 000 LAK ; 6h30-23h). Une atmosphère chaleureuse règne dans ce café apprécié dont les murs turquoise délavé sont ornés de cornes d'animaux. On y déguste de délicieux *làap*, des pizzas cuites au feu de bois et des petits-déjeuners occidentaux.

Tavendeng Restaurant LAOTIEN $
(Plats 25 000-80 000 LAK ; 7h-23h). Tourné surtout vers une clientèle de touristes thaïlandais, ce grand restaurant en bois

À NE PAS MANQUER

LA GIBBON EXPERIENCE

Cette aventure sportive et écologique au cœur des 106 000 ha de jungle de la Réserve naturelle de Bokeo combine sensations fortes et immersion dans la nature. La **Gibbon Experience** (☎ 084-212021 ; www.gibbonexperience.org ; formule "express" 2 jours 190 $US, "classique" ou "cascade" 3 jours 290 $US) s'organise autour d'un réseau de tyroliennes installé dans l'une des forêts les plus préservées du Laos, où vivent des tigres, des panthères nébuleuses, des ours noirs et des gibbons noirs.

Ces derniers étaient menacés de disparition il y a sept ans. Animo, une société d'écotourisme, a fini par convaincre les braconniers de devenir des gardiens de la forêt. Ils travaillent aujourd'hui comme guides et bénéficient d'un revenu meilleur.

Devenue une référence en matière de projet écologique et commercial, l'"expérience" de trois jours est bel et bien l'une des aventures inoubliables d'un séjour au Laos. On passe deux nuits dans des cabanes perchées dans les arbres au cœur d'une forêt très dense et, tel Tarzan, on survole des vallées le long d'incroyables tyroliennes – certaines font plus de 500 m de long. Une aventure à couper le souffle, vraiment. En cas de pluie, sachez qu'il vous faudra davantage de temps pour vous arrêter avec votre frein rudimentaire. Les guides fournissent un bon encadrement – mais vérifiez toujours personnellement votre harnais.

L'expérience "classique" offre de bonnes chances d'entendre l'incroyable cri des gibbons. Il est en revanche beaucoup plus rare d'apercevoir ces animaux. À moins de faire une expédition avant l'aube jusqu'à la cabane n° 3, les participants au "trek de la cascade" n'entendront sans doute pas les gibbons. Un circuit de 2 jours est proposé depuis peu, pour ceux disposant de moins de temps. Toutes les formules comprennent une part importante de randonnée : prenez impérativement des chaussures de marche – et des chaussettes hautes pour dissuader les sangsues.

On passe la nuit dans des cabanes en chaume dans les arbres, suffisamment éloignées les unes des autres pour que l'on se sente complètement seul dans la jungle. Souvent perchées à 40 m au-dessus du sol, dans des amphithéâtres naturels avec une vue spectaculaire, ces maisons uniques en leur genre accueillent généralement huit personnes (deux seulement pour certaines). On dort sous de grandes moustiquaires mais en compagnie de grosses araignées qui évoluent sur les murs et de rats qui gambadent sous le plafond – on est dans la jungle ! Les repas bien préparés, composés de riz et de quatre garnitures, arrivent en tyrolienne de l'une des trois cuisines rustiques. Café, thé, chocolat chaud et en-cas sont à disposition dans la cabane. Il faut placer tous les produits comestibles dans le coffre fourni afin de ne pas attirer les rats.

Pour les adeptes du confort dans la jungle, enfin, le "gibbon spa" est peu ou prou une formule "classique", agrémentée de repas gastronomiques, d'un hébergement plus confortable et de massages. Quelle que soit l'expérience qui vous tente, inscrivez-vous plusieurs semaines à l'avance.

Le paiement en ligne par Paypal fonctionne, mais soyez patient car la connexion n'est pas toujours immédiate. La veille du départ, présentez-vous au **bureau de la Gibbon Experience** (Th Saykhong) à Huay Xai. Des gants, indispensables pour les tyroliennes, sont en vente dans la boutique d'à côté. Il est conseillé de se munir d'une lampe torche, d'une gourde et de bouchons d'oreille (le chant de millions de criquets est assourdissant), mais à part cela, laissez l'essentiel de vos bagages dans la consigne du bureau. Vous devrez porter dans un sac à dos toute vos affaires sur les tyroliennes et sur les chemins parfois escarpés. N'oubliez pas de charger la batterie de votre appareil photo !

propose des cuisses de grenouille, du crocodile et d'autres plats exotiques, sur fond de musique live.

Bar How BAR
(Th Saykhong ; repas 20 000-40 000 LAK ; ⏲6h30-23h ; 📶). Le bar le plus sympa de la rue principale est un établissement minuscule qui sert à manger dans la journée et à boire le soir. Il est bourré de bocaux de *lào-láo* (alcool de riz) fait maison, dans lequel on a fait infuser myrtilles, tamarin et quantité d'autres choses. Osez !

Renseignement

BCEL (Th Saykhong ; ⌚8h30-16h30 lun-ven). DAB 24h/24, change et bureau Western Union.

Bureau d'information touristique (☎084-211162 ; Th Saykhong ; ⌚8h-16h30 lun-ven). Distribue gratuitement des cartes correctes de la ville et conseille des excursions dans la province.

Kiosque de change de la Lao Development Bank (⌚8h-17h). À côté du guichet de l'immigration, ce kiosque change les principales devises en kips ; il n'accepte que les dollars US émis à partir de 2006.

Yon Computer Internet Cafe (Th Saykhong ; 10 000 LAK/heure ; ⌚9h-21h). Connexion Skype correcte. Réparation de portables.

Depuis/vers Huay Xai

Pendant des années, des voyageurs désireux de rejoindre Luang Prabang venaient à Huay Xai et grimpaient dans un bateau pour la mémorable descente du Mékong. Aujourd'hui, l'amélioration des routes en incite un nombre croissant à prendre le bus de nuit. Un peu moins cher que le bateau lent, le bus est bien moins convivial et plaisant, et les passagers arrivent souvent exténués, ce qui tend à annuler le gain de temps.

AVION

L'aéroport de Huay Xai est bizarrement perché à flanc de colline près de la route périphérique, à 1,5 km au nord-ouest de la gare routière. **Lao Airlines** (☎084-211026 ; www.laoairlines.com) assure une liaison quotidienne depuis/vers Vientiane (895 000 LAK, tarif promotionnel de 645 000 LAK à certaines périodes).

BATEAU

Bateaux lents pour Pakbeng et Luang Prabang

Les bateaux lents partent actuellement de Huay Xai tous les jours à 11h. Achetez vos billets pour Pakbeng (100 000 LAK, 1 jour) ou Luang Prabang (200 000 LAK sans hébergement, 2 jours) le jour-même à partir de 8h au **guichet des bateaux lents** (☎084-211659). Les agences de voyages les vendent plus cher (500 THB pour Pakbeng) en incluant le transfert en *túk-túk* à un prix exagéré.

Les sièges sont des bancs en bois inconfortables, qui justifient l'achat d'un coussin (10 000 LAK) ; de nombreuses agences en vendent. Quelques bateaux disposent également de sièges plus confortables de style avion. Les conditions varient d'un jour à l'autre. Si le capitaine tente d'embarquer plus de 70 passagers, refusez de monter à bord jusqu'à ce qu'un second bateau soit fourni.

Autre arnaque dont nous avons entendu parler : on vous dit que le bateau va mettre quatre ou cinq jours à rejoindre Luang Prabang à cause du niveau élevé de l'eau et de la présence de rochers non visibles. Il s'agit généralement d'une ruse visant à décourager les voyageurs en basse saison.

Bateaux lents "de luxe"

La **Luang Say Cruise** (☎020-5509 0718 ; www.luangsay.com ; 362-491 $US/pers, supp single à partir de 67 $US ; ⌚8h-15h), croisière à bord d'un élégant bateau de 40 places, permet d'effectuer le voyage de deux jours jusqu'à Luang Prabang dans des conditions plus confortables. La formule comprend les repas, les guides, les visites et la nuit à Pakbeng dans un joli lodge, le Luang Say Lodge. Il y a trois ou quatre départs par semaine en haute saison. Les prix varient en fonction de la période. Le service est interrompu en juin et à tout autre moment où le niveau d'eau est trop bas.

Option plus abordable, la toute nouvelle **Shompoo Cruise** (☎020-5930 5555 ; www.shompoocruise.com ; à partir de 110 $US/pers) s'effectue à bord d'un bateau joliment réaménagé qui descend le fleuve les lundi, mercredi et vendredi et le remonte les mardi, jeudi et dimanche. Le prix comprend deux déjeuners ainsi qu'un dîner à Pakbeng, mais pas d'hébergement, ce qui laisse le choix à chacun.

En s'armant de patience, un petit groupe peut louer un bateau lent pour 750 $US environ (à négocier impérativement).

Hors-bord et longboats

L'**embarcadère des hors-bord** (☎211 457 ; Rte 3, 200 m après le Km 202) se situe en contrebas du Vat Thadsuvanna Phakham, à 3 km au sud de la ville. Vers 8h, des hors-bord (*héua wái*) de 6 passagers, inconfortables, bruyants et dangereux, filent à toute allure vers Pakbeng (160 000/960 000 LAK par personne/bateau, 3 heures) et Luang Prabang (360 000/2 040 000 LAK, 7 heures avec pause déjeuner). Le trajet en hors-bord jusqu'à Xieng Kok revient moins cher depuis Muang Mom.

Pour le trajet de 2 jours en *longboat* jusqu'à Luang Namtha (ou Na Lae à la saison sèche), la location d'un bateau coûte environ 6 000 THB/200 $US en passant par une agence, ou 1 300 000 LAK en s'adressant au batelier (difficile si vous ne parlez pas laotien). Parfois, un *longboat* à destination de Ban Khon Kham part après l'aube de l'embarcadère des hors-bord et demande 150 000 LAK par personne ; à Ban Khon Kham, vous devrez trouver un bateau pour Na Lae.

BUS ET SĂWNGTHĂEW

De la gare routière, à 5 km à l'est de la ville, des bus partent pour Luang Prabang (14-17 heures) via Luang Namtha et Udomxai à 9h, 11h30, 13h et 17h. Celui de 11h30 continue jusqu'à Vientiane

(230 000 LAK, 25-30 heures). Celui de 17h est un service VIP (135 000 LAK) avec couvertures et sièges légèrement inclinables. D'autres bus vont à Udomxai (85 000 LAK, 9 heures) à 8h30 et à Luang Namtha (60 000 LAK, 4 heures) à 9h.

Les minibus des agences de voyages à Huay Xai à destination de Luang Namtha quittent le centre de Huay Xai vers 9h (100 000 LAK) et déposent leurs passagers à la gare routière de Namtha, mal située en dehors de la ville.

Les *săwngthăew* pour Tonpheung (35 000 LAK) partent une fois pleins à côté du marché principal et continuent parfois jusqu'à Muang Mom.

Les bus à destination de Huay Xai sont habituellement signalés "Bokeo".

Comment circuler

Wangview Tour (084-211 055 ; www.wangviewtour.net ; 8h-12h et 13h30-17h) loue des petites motos relativement récentes (demi-journée/journée 150/250 THB). Le Thaveesinh Hotel (p. 115) loue des vélos (30 000 LAK/jour) et des motos plus anciennes.

Les *túk-túk* qui stationnent sur la route principale, à 50 m du bureau de l'immigration laotienne, demandent 20 000 LAK par personne pour l'embarcadère des bateaux lents ou des hors-bord et 30 000 LAK pour l'aéroport ou la gare routière. La route est à sens unique ; ne vous inquiétez pas si votre *túk-túk* semble emprunter la mauvaise direction.

Environs de Huay Xai

Souvannakhomkham

Dans un large méandre du Mékong subsistent les ruines éparses de Souvannakhomkham, une antique cité rebâtie vers 1560 par le roi du Lan Xang Sai Setthathirat.

PASSER EN THAÏLANDE : DEPUIS/VERS HUAY XAI ET CHIANG KHONG

Jusqu'à la frontière

Le passage de **frontière lao (Huay Xai)-thaïlandaise (Chiang Khong)** (8h-18h) s'effectue ici à bord d'un bateau qui traverse le fleuve. La construction d'un pont est annoncée depuis longtemps. Depuis la Thaïlande, même si vous projetez de rejoindre directement Luang Prabang, ne laissez pas les panneaux thaïlandais annonçant "dernières frites" ou "dernières boissons" vous convaincre que vous ne trouverez rien du côté laotien.

Les piétons traversent le fleuve en *longboat* (3 min, 30/10 THB par pers/bagage de la rive thaïlandaise, 10 000-3 000 LAK de la rive laotienne), qui partent toutes les quelques minutes, quel que soit le nombre de passagers

Un car-ferry traverse le fleuve plusieurs fois par jour (sauf le dimanche) entre le principal poste d'immigration thaïlandais et l'embarcadère des bateaux lents à Huay Xai (500 THB pour une moto, 1 000 THB pour une voiture ou 1 500 THB à 17h).

À la frontière

En venant de Thaïlande, comme ailleurs, le bureau de l'immigration laotien délivre des visas touristiques de 30 jours à l'arrivée (30-42 $US pour la plupart des nationalités, plus une surtaxe de 1 $US le week-end ou après 16h). Comptez un supplément de 40 THB si vous ne possédez pas une photo d'identité. Juste à côté, un guichet ouvert jusqu'à 17h change les devises à des taux corrects. Du côté thaïlandais, il vous faudra régler les taxes portuaires (30 THB, ou 60 THB après 16h30) et le *túk-túk* jusqu'à la gare routière (30 THB) ; le DAB le plus proche se situe à 2 km au sud.

En Thaïlande

Côté thaïlandais, des bus stationnent devant leur compagnie respective à 2,5 km environ au sud du poste de l'immigration de Chiang Khong. Des *túk-túk* attendent juste au-dessus du poste-frontière, dans le sens Laos/Thaïlande, et à côté du marché situé à proximité des compagnies de bus dans l'autre sens. La course entre les deux points revient à 30 THB.

Chiang Rai (65 THB, 2 heures 15) est desservie par des bus locaux toutes les heures de 6h à 17h (même fréquence en sens inverse). **Greenbus** (0066 5365 5732 ; www.greenbusthailand.com) assure aussi la liaison avec Chiang Mai à 6h, 9h et 11h40. Des bus de nuit desservent Bangkok (500-750 THB, 10 heures, départs à 15h et 15h30).

Aujourd'hui, il ne reste que quelques tas de briques à l'emplacement des stupas et deux bouddhas croulants au milieu de champs de maïs quasiment plats. La principale concentration de vestiges se trouve à 900 m du chemin reliant Ban Don That et Ban Hanjin. De Tonpheung, parcourez 8 km vers le sud-ouest, tournez à droite au panneau portant "900" et des inscriptions en laotien, puis à gauche juste avant d'arriver au **bouddha assis** en brique haut de 7,20 m, une statue très érodée et la pièce majeure du site. Entourée de hauts flamboyants, il en émane une sérénité magique. Au loin, sur la rive thaïlandaise du Mékong scintille un bouddha doré plus imposant encore. Les routes qui mènent à Souvannakhomkham sont ravinées et poussiéreuses durant la saison sèche et se transforment en bourbiers à la saison des pluies.

Triangle d'or ສາມຫຼ່ຽມຄຳ

À environ 5 km au nord de Tonpheung, la Rte 3 se métamorphose brusquement en une avenue bitumée bicolore, flanquée de palmiers et soigneusement entretenue par une armée de balayeurs. Les dômes dorés et les auriges pseudo-antiques ne sont pas des hallucinations, mais le Las Vegas du Laos, un projet de casino et de complexe de loisir toujours en construction, qui devrait couvrir près de 100 km². Au bout de 2,5 km, cette artère surréaliste tourne sur la gauche et se termine en cul-de-sac après 600 m au bord du Mékong, près d'un autre dôme à la Disney et un mini Big Ben. Ouvert à tous, le gigantesque casino reste destiné avant tout à une clientèle chinoise et thaïlandaise – la roulette électronique sera doute le plus accessible d'un ensemble de jeux qui vous sembleront peu familiers.

Cette zone en bordure de fleuve est le fameux Triangle d'or, où le Laos et la Thaïlande se font face, tandis que le Myanmar insère un long banc de sable entre les deux. Des bateaux de croisières cabotent du côté thaïlandais et des hors-bord attendent sur la rive laotienne, mais les étrangers ne peuvent pas traverser sans autorisation

Muang Mom ເມືອງມອມ

La Rte 3 redevient un axe cahoteux avant Ban Siboun (Km 58), un village ostensiblement prospère avec un nouveau *vat* coloré. La route s'achève à Muang Mom (Km 68),qui n'a d'intérêt que pour ceux qui souhaitent prendre un hors-bord (900/3 500 LAK par personne/bateau) pour remonter le Mékong jusqu'à Xieng Kok. Il n'existe pas d'horaires fixes et les bateaux ne circulent pas en période d'étiage, habituellement de janvier à mai. L'embarcadère se cache derrière le *vat* principal.

Pakbeng ປາກແບ່ງ

☎ 084 / 20 000 HABITANTS

Perchée sur les berges escarpées du Mékong, la très léthargique Pakbeng ne compte qu'une rue sinueuse. Les vues sur le fleuve sont particulièrement belles à la saison sèche, quand émergent les rochers déchiquetés des rives. Cependant, Pakbeng n'exploite guère son potentiel touristique. La plupart des voyageurs y font halte une nuit lors du trajet en bateau lent jusqu'à Huay Xai ou à Luang Prabang, ou pour déjeuner au fil du parcours Huay Xai-Luang Prabang en hors-bord.

À voir et à faire

L'office du tourisme conseille diverses grottes et cascades dans le district et vous pourrez découvrir des villages en louant une moto ; adressez-vous à votre pension (aux abords du marché, des loueurs demandent 40 000 LAK l'heure, un prix très exagéré).

Même si vous ne prévoyez pas de visiter l'Elephant Camp, une excursion plaisante consiste à traverser le Mékong (canot à moteur 5 000 LAK) et marcher 10 minutes à la diagonale de la rive jusqu'à un authentique hameau hmong.

Vat Sin Jong Jaeng TEMPLE BOUDDHIQUE

(ວັດສິນຈົງແຈງ). Ce petit temple qui surplombe le Mékong date de la période coloniale. Ses avant-toits ont été entièrement repeints, mais le *sǐm* conserve une vieille peinture murale décolorée sur le mur extérieur est. En regardant attentivement, vous discernerez un personnage moustachu à long nez avec chapeau et parapluie, représentant sans doute un visiteur européen.

Mekong Elephant Camp CAMP D'ÉLÉPHANTS

(☎ 071-254130). De l'autre côté du fleuve, le Mekong Elephant Camp, partenaire du Pak Beng Lodge, s'occupe d'éléphants utilisés auparavant dans les travaux. Il propose des balades, des séances d'observation du bain et plusieurs formules de visite d'une journée ou d'une demi-journée, certaines avec dîner au lodge. Les prix vont de 40 à 82 $US.

Pakbeng

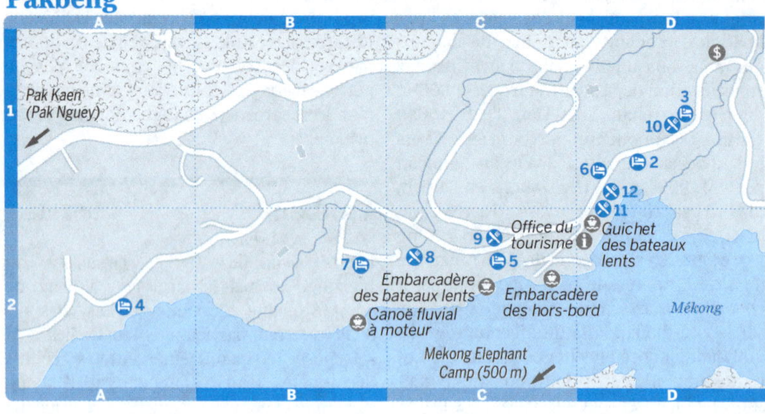

Où se loger

Les prix sont élevés pour un village de campagne. À l'arrivée des bateaux, des rabatteurs insistants et pas tout à fait honnêtes proposent des hébergements bon marché à 150 THB. Il s'agit généralement de chambres minuscules avec matelas dur et salle de bains commune. Pour 300 THB vous obtiendrez quelque chose de correct, avec eau chaude. Les prix indiqués sont ceux pratiqués à la saison creuse – vous pouvez quasiment les multiplier par deux pour la période novembre-mars. Avec une vingtaine d'options similaires dans un mouchoir de poche, cela vaut la peine d'en comparer plusieurs. Les prix ont tendance à baisser au fur et à mesure que l'on s'élève sur la colline.

Donevilasak Guesthouse PENSION $
(084-212315 ; ancien bât s/d/tr 30 000/ 40 000/50 000 LAK, nouveau bât s/d 70 000/ 80 000 LAK ;). La dernière pension de la rue se compose de plusieurs grands bâtiments, dont une vieille et peu élégante maison en rondins aux chambres très sommaires avec salle de bains commune (eau chaude). Les autres contiennent des chambres de taille correcte dotées d'une salle de bains particulière avec eau chaude.

Villa Santisouk PENSION $
(020-5578 1797 ; ch basse saison 100-400 THB ;). Une pension sympathique et accueillante. Les chambres du nouveau bâtiment, avec rideaux coulissants, sont dotées de lits récents et confortables sur lesquels les serviettes de bain sont artistiquement présentées. Celles de l'ancien bâtiment, en revanche, restent sommaires (lits durs et plafonds en aggloméré). Le restaurant, sur la terrasse, surplombe le Mékong.

Dockhoun Guesthouse PENSION $
(084-212540 ; dockhoun@hotmail.com ; ch à partir de 300 THB ;). Cette pension située en haut de la rue loue des chambres engageantes, avec linge bien frais et douches chaudes. Le joli café en terrasse sert des gâteaux maison, complément agréable à la vue sur le Mékong.

Monsavan Guesthouse PENSION $
(084-212619 ; ch à partir de 100 000 LAK ;). Derrière la façade en albâtre et les portes en bois ciré, on découvre des chambres plutôt simples, avec murs en bambou et salles de bains communes. Ce grand établissement est bien tenu et bien situé ; géré par la maison, le café en face, avec vue sur le fleuve, offre une connexion Wi-Fi gratuite.

Mekong Riverside Lodge HÔTEL DE CHARME $$
(020-5517 1068 ; www.mekongriversidelodge.com ; ch à partir de 40 $US ;). Une excellente adresse de catégorie moyenne pour les voyageurs qui ne font pas la croisière Luang Say. Les bungalows sont très similaires, avec parquet verni, salle de bains stylée et terrasse donnant sur le Mékong. Certaines chambres avec porte communicante peuvent être réservées pour des familles. Le petit-déjeuner, inclus, se prend en face au Khopchaideu.

Luang Say Lodge LODGE $$
(084-212296 ; www.luangsay.com ; ch à partir de 700 000 LAK). Essentiellement destiné aux

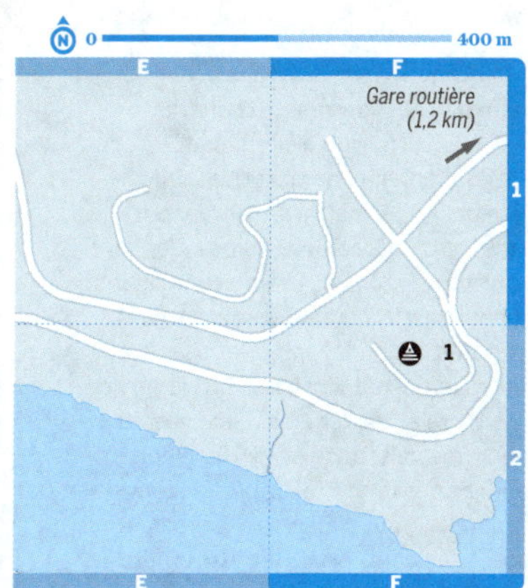

Pakbeng

À voir

1 Vat Sin Jong Jaeng F2

Où se loger

2 Dockhoun Guesthouse D1
3 Donevilasak Guesthouse D1
4 Luang Say Lodge A2
5 Mekong Riverside Lodge C2
6 Monsavan Guesthouse D1
7 Pak Beng Lodge B2

Où se restaurer

8 Bounmee Guesthouse C2
Hashan .... (voir 12)
9 Khopchaideu C2
10 Ounhoan D1
11 Sarika D2
12 Sivilai D1

passagers de la croisière Luang Say entre Huay Xai et Luang Prabang, ce superbe lodge de construction traditionnelle (bois exotique et bambou) se compose de bungalows spacieux et élégants qui surplombent un magnifique tronçon du Mékong. Tous sont équipés de ventil. et d'une douche chaude. Le restaurant en terrasse donne lui aussi sur le fleuve.

Pak Beng Lodge HÔTEL DE CHARME **$$$**
(084-212304 ; www.pakbenglodge.com ; ch 84-184 $US ;). Des chambres stylées et joliment aménagées, avec salle de bains à l'occidentale. Toutes ont un mini-bar et bénéficient d'une vue panoramique. Il y a aussi un élégant bar-restaurant et un service de massages traditionnels. Une partie des bénéfices est reversée à une organisation caritative, Les Médecins de Chinguetti/Pakbeng.

Où se restaurer et prendre un verre

Les restaurants se succèdent en nombre presque aussi important que les pensions. La plupart affichent une longue carte de plats laotiens, thaïlandais et occidentaux à des prix similaires (15 000-35 000 LAK). Dans la journée, choisissez une table avec une belle vue sur le Mékong, par exemple la **Bounmee Guesthouse**, le **Sarika** ou le **Sivilai**. Ce dernier offre une happy hour à 18h. Le soir, tout le monde aime bien le **Ounhoan** et ses lanternes colorées. L'Indien **Hashan** revendique lui aussi un cadre et un éclairage séduisants, et une jolie vue sur le fleuve. Pas de vue en revanche pour le **Khopchaideu**, mais c'est l'un des meilleurs établissements généralistes. La plupart des restaurants ouvrent vers 7h et préparent des sandwichs à emporter (pour les croisières). Les cuisines arrêtent généralement le travail vers 21h – et passé 22h, vous aurez du mal à obtenir ne serait-ce qu'une bière.

Le superbe bar-restaurant du Luang Say Lodge (p. 122) offre un cadre de rêve pour un gin tonic ou un verre de vin à l'heure de l'apéritif. Des spectacles de danse des minorités sont régulièrement programmés pour les passagers du bateau.

Renseignements

Les pensions changent des devises, mais à des taux désavantageux. Le baht thaïlandais est largement utilisé. Wi-Fi gratuit dans la plupart des pensions.

Lao Development Bank DAB près du nouveau marché, parfois à court d'argent.

Office du tourisme (www.oudomxay.info ; 7h-12h et 14h-21h). Donne des plans de la ville et peut réserver un guide.

Depuis/vers Pakbeng

La petite gare routière se trouve à l'extrémité nord-ouest de la ville. Udomxai (40 000 LAK, 4 heures) est desservie deux fois par jour (9h et 12h30). Lorsque le nouveau pont situé au nord de Pakbeng sera achevé, la localité sera également reliée quotidiennement à Muang Ngeun et à la frontière thaïlandaise, ainsi qu'à Hongsa.

Le bateau lent qui descend le fleuve jusqu'à Luang Prabang part entre 9h et 10h

LE PAYS DU MILLION D'ÉLÉPHANTS

On ne dispose d'aucun chiffre fiable sur le nombre de pachydermes aujourd'hui présents au Laos, appelé à l'origine Lan Xang, le "pays du million d'éléphants". Particulièrement dans la province de Sainyabuli, les éléphants domestiques ont longtemps été un pilier de l'exploitation forestière car ils permettaient le transport des troncs sans le déboisement que nécessite le passage d'un tracteur. Chaque éléphant est dressé et conduit par un mahout (cornac), qui entretient avec l'animal une relation privilégiée pouvant durer la vie entière. Les éléphants appartiennent généralement à une association de villageois qui partagent les coûts, les bénéfices et les risques. Pour que l'entreprise soit rentable, les propriétaires imposent aux bêtes un rythme de travail qui les prive de toute énergie pour se reproduire et mener à bien une gestation de presque deux ans. Au Laos, avec 10 décès pour une naissance en 2010, l'éléphant domestique pourrait disparaître en l'espace de 50 ans, estime **ElefantAsia** (www.elefantasia.org), l'organisation qui a créé le très impressionnant Elephant Conservation Center (p. 128), près de Sainyabuli, et qui a fondé le **festival de l'Éléphant** (http://festival.elefantasia.org ; ⌚ mi-fév). GRATUIT Ce grand rassemblement populaire avec musique, théâtre, défilés d'éléphants et démonstrations de leurs talents dure deux jours. Jusqu'alors tenu en alternance à Pak Lai et Ban Viengkeo (près de Hongsa), l'événement se déroule désormais à Sainyabuli. De nombreux éléphants "à la retraite" ou "au chômage" ont repris du service dans le tourisme, notamment autour de Luang Prabang et de Pakbeng. Le site Internet d'ElefantAsia donne quelques conseils pour bien choisir un camp d'éléphants, car tous ne sont pas bien gérés.

(100 000 LAK, 8 heures environ) et fait escale sur demande à Pak Tha et à Tha Suang (pour Hongsa). Celui pour Huay Xai (100 000 LAK, 9 heures environ) lève l'ancre à 8h.

Les hors-bord rallient Luang Prabang ou Huay Xai en 3 heures environ et coûtent 180 000 LAK par personne pour 6 passagers, la capacité maximale à la fois dangereuse et très inconfortable. À l'arrivée, des jeunes garçons proposent souvent de porter vos bagages pour quelque 5 000 LAK (après marchandage), une aide précieuse en période de basses eaux, car il faut franchir deux planches et grimper un banc de sable escarpé pour rejoindre la route.

Tha Suang

40 HABITANTS

Cette poignée de maisons au bord du Mékong n'est rien d'autre qu'un débarcadère où des *săwngthăew* à destination de Hongsa (25 000 LAK, 1 heure 10) attendent à l'arrivée des bateaux lents. La localité pourrait bien toutefois disparaître de la carte des voyageurs lorsque le pont sur le Mékong en cours de construction au nord de Pakbeng sera achevé. Il permettra des liaisons régulières en bus entre Pakbeng, Muang Ngeun et Hongsa.

Hongsa ຫົງສາ

☎ 074 / 10 000 HABITANTS

Célèbre pour ses éléphants, Hongsa est un passage classique pour de nombreux touristes qui veulent faire une balade avec ces animaux – mais l'Elephant Conservation Center (p. 128) qui a ouvert récemment près de Sainyabuli offre maintenant une approche plus riche. Le cadre naturel pâtit grandement de la présence toute nouvelle d'une centrale électrique construite par des investisseurs thaïlandais – mais celle-ci a eu des retombées positives en termes d'emploi et la ville connaît un regain de prospérité.

Hongsa constitue une étape logique entre Luang Prabang et Nan (Thaïlande, via Muang Ngeun). Le centre forme un quadrillage d'édifices récents, mais la zone périphérique située à l'écart de la centrale électrique s'étend dans un joli cadre de rizières en terrasse. La **BCEL** et la **Lao Development Bank** possèdent chacune un DAB et changent bahts, dollars US et euros.

À voir

Vat Simungkhun TEMPLE BOUDDHIQUE

(ວັດສີມຸງຄຸນ, Vat Nyai). Parmi les divers monastères de Hongsa, le Vat Simungkhun est celui qui possède le plus de caractère. Il comprend un pavillon d'initiation (*hang song pa*) d'un charmant style naïf et un *sĭm* archaïque, orné de peintures murales, construit sur une plate-forme en pierre surélevée qui couvrirait un grand trou "menant au bout du monde". Il se tient à 1 km à l'ouest du centre en direction de Muang Ngeun, puis à 100 m au nord après le premier pont.

Ban Viengkeo VILLAGE
(ບ້ານວຽງແກ້ວ). En les prévenant la veille, des pensions de Hongsa peuvent organiser des promenades à dos d'éléphant de 5 km à travers une large vallée de rizières et de champs de pastèques jusqu'à Ban Viengkeo. Principal centre d'éléphants domestiques de la région, ce village thaï lü se compose de maisons en bois, abritant souvent un métier à tisser entre leurs hauts pilotis.

Où se loger et se restaurer

À une rue à l'ouest de la Jumbo Guesthouse, le **Nong Bua Daeng (Lotus) Café** (plats 15 000-35 000 LAK ; 8h-21h) et le **Saylomyen Restaurant** (plats 15 000-35 000 LAK) occupent de jolis édifices recouverts de chaume perchés entre des bassins de poissons. Pas de carte écrite et peu d'anglais parlé.

Jumbo Guesthouse PENSION $
(020-5685 6488 ; www.lotuselephant.com ; ch 100 000-120 000 LAK ; @). Monica, une anthropologue allemande, accueille les voyageurs dans une maison familiale de 6 chambres agréables et soignées, avec salle de bains partagée. Les dîners sont pris en commun – mais renseignez-vous bien sur le prix des repas, du petit-déjeuner et du café (importé). Vous ne trouverez nulle part meilleure information sur les environs, et pourrez vous inscrire à une promenade à dos d'éléphant – notamment une sortie d'une journée avec un éléphant domestiqué à Ban Viengkeo, et même des sorties de 2 ou 4 jours en immersion dans la nature.

Depuis/vers Hongsa

La **billetterie des transports** (020-5558 711) à côté du marché ouvre vers 7h30. Des véhicules partent pour Sainyabuli (70 000 LAK, 3 heures) et Muang Ngeun (40 000 LAK, 1 heure 15) dès qu'ils ont réuni suffisamment de passagers (avant 9h).

Muang Ngeun ເມືອງເງິນ

Cette paisible localité frontalière se compose en fait de villages essentiellement thaï lü, séparés par des rizières. À 2,5 km à l'est du poste-frontière, parcourez 1 km au nord de la route Hongsa-Nan pour rejoindre le centre clairsemé, autour d'un nouveau marché où les commerçants changent bahts et kips.

PASSER EN THAÏLANDE : DE HONGSA À PHRAE

Jusqu'à la frontière

Le **poste-frontière Muang Ngeun (Laos)/Huay Kon (Thaïlande)** (8h-17h) se trouve à 2,5 km environ à l'ouest du carrefour de Muang Ngeun. Plusieurs *săwngthăew* effectuent la liaison entre Hongsa (40 000 LAK, 1 heure 30) et Muang Ngeun. Un service de bus se mettra également en place après l'ouverture du pont au nord de Pakbeng.

Pour les passages Thaïlande-Laos : il n'y a pas de restaurant ni de transport côté laotien, mais si vous parvenez à convaincre le fonctionnaire de l'immigration de téléphoner pour vous, vous devriez obtenir que le *săwngthăew* de l'après-midi vienne vous chercher, moyennant une somme abordable.

À la frontière

On peut obtenir un visa laotien à la frontière, payable en dollars US ou en baths (mais à un taux désavantageux). Peu d'étrangers sont soumis à l'obligation de visa pour entrer en Thaïlande.

En Thaïlande

Du côté thaïlandais, une moto avec un side-car vous fera traverser le no man's land de 1 km pour 100 THB. Huay Kon, le poste-frontière thaïlandais, comprend des échoppes de nouilles. Seul transport public, un luxueux minibus (083-024 3675) part du poste-frontière à 11h45 pour Phrae (160 THB, 5 heures) via Nan (100 THB, 3 heures). En direction du nord, il quitte la gare routière de Phrae à 6h et celle de Nan à 8h.

La **Phouxay Guesthouse** (☎020-2214 2826 ; ch 60 000 LAK) loue des bungalows corrects alignés sur une légère éminence (belle vue) à 800 m à l'ouest du carrefour principal en direction de la Thaïlande.

Des *săwngthăew* regroupés dans une petite **station** (☎020-244 4130, 020-245 0145) à côté du marché desservent Hongsa (40 000 LAK, 1 heure 30, départs entre 14h et 16h). Des dessertes quotidiennes en bus seront assurées lorsque le pont situé au nord de Pakbeng aura ouvert.

Sainyabuli (Xaignabouri) ໄຊຍະບູລີ

☎074 / 20 000 HABITANTS

L'une des "capitales de l'éléphant", Sainyabuli (Xaignabouri, Xayaboury, Sayabouli ou Sayabouri) est une bourgade prospère, adossée à l'est à une belle chaîne de hautes crêtes boisées. Se voulant résolument urbain, le centre-ville aux avenues trop larges, possède de nouveaux bâtiments administratifs clinquants et surdimensionnés. En partant de l'office du tourisme et en vous dirigeant vers le sud, vous découvrirez un nombre croissant de jolies constructions en bois, parfois dans un cadre charmant parmi des palmiers. Cette ville agréable est totalement ignorée des touristes et devrait le demeurer pour l'essentiel malgré l'arrivée de nouvelles routes, car la plupart des visiteurs se rendront directement à l'Elephant Conservation Center (p. 128).

À voir

Le long de la Nam Heung, l'impressionnante crête du **Pak Kimin** qui se reflète dans l'eau rend de nombreux endroits idylliques.

Vat Sibounheuang TEMPLE BOUDDHIQUE

(ວັດສີບຸນເຮືອງ). Le Vat Sibounheuang est le monastère le plus séduisant de la ville. Il comprend un stupa doré penché et un bouddha couché dans un charmant jardin, où les ruines du petit *sĭm* en brique d'origine dateraient du début du XIVe siècle. Le nouveau *sĭm* est orné de peintures murales, dont certaines fustigent l'adultère. Il recouvre un trou mystérieux, traditionnellement associé aux esprits *sinkhone*, apaisés lors de la **fête de Phaveth** (13e-15e jour du 3e mois lao) qui précède la pleine lune de février.

Sainyabuli (Xaignabouri)

À voir
1 Vat Sibounheuang B3

Où se loger
2 Alooncheer Hotel A2
3 Sayananh Hotel A2

Où se restaurer
4 Sainamhoung Restaurant B1

Où prendre un verre et faire la fête
5 Beer Gardens B1

Nam Tien LAC

(ນ້ຳຕຽນ). Pour goûter pleinement le charme du cadre naturel de Sainyabuli, rejoignez le lac-réservoir de Nam Tien, à 9 km au sud-ouest de la ville. C'est le point d'accès pour l'Elephant Conservation Center (p. 128). Un restaurant, perché au-dessus du barrage, offre vers l'ouest la vue sur des rizières et des versants boisés avec, au loin, les crêtes du Pak Kimin et du Pak Xang.

L'embranchement asphalté de 3 km qui conduit à Nam Tien part vers l'ouest de la route de Pak Lai à environ 500 m avant la gare routière sud, juste avant un pont (à 6,5 km du centre de Sainyabuli).

Où se loger

Alooncheer Hotel PENSION $

(074-213136 ; ch avec ventil 50 000-70 000 LAK, ch avec clim 80 000-120 000 LAK ;). Une grande pension centrale et calme, gérée par des Hmong. Le salon lambrissé est décoré d'instruments traditionnels. La plupart des chambres sont hautes de plafond et équipées d'un mini-bar. Un bon rapport qualité/prix – mais sachez que les moins chères sont un cran vraiment en dessous question confort.

Sayananh Hotel HÔTEL $

(074-211116 ; ch sans/avec TV 100 000/120 000 LAK, ste 200 000 LAK ;). Difficile de manquer ce vaste hôtel du centre à l'entrée majestueuse richement décorée de bois. Desservies par des couloirs dignes du film *Shining*, les chambres, elles, demeurent assez banales – mais l'eau au robinet coule bien chaude.

Où se restaurer et prendre un verre

Au **marché de nuit** (18h-22), près du rond-point central, vous trouverez des échoppes de nouilles, grillades, fruits frais et *khànŏm* (sucreries traditionnelles).

Sainamhoung Restaurant LAOTIEN $

(074-211171 ; plats 25 000-70 000 LAK ; 7h-22h). Contemplez les berges plantées de bambous et l'imposant massif du Pak Kimin en savourant des spécialités laotiennes parmi lesquelles un fameux poisson cuit à la vapeur, de bonnes viandes grillées et divers mets plus exotiques – friture de criquets ou de guêpes, vers de bambous....

Nam Tiene Restaurant LAOTIEN $

(Plats 25 000-60 000 LAK, poisson au poids ; 6h30-23h). Une cuisine bien préparée et bien présentée, une jolie vue sur le réservoir : deux raisons suffisantes pour entreprendre l'excursion jusqu'au barrage de Nam Tien. Le week-end, les gens du coin louent de drôles de pédalos à l'allure d'oiseau.

Beer Gardens BARS EN PLEIN AIR

Il n'y a pas que des night-clubs sombres et douteux à Sainyabuli : à l'extérieur, sur les berges de la Nam Heung, deux bars sympathiques attirent une clientèle jeune.

Renseignements

BCEL (8h30-15h30 lun-ven). Change les espèces. DAB.

Office du tourisme (030-518 0095 ; Sayaboury_ptd@tourismlaos.org ; 8h30-11h et 14h-16h lun-ven). Bonnes cartes gratuites de la ville et personnel parlant anglais. Location de vélos et de motos.

Poste (8h-11h et 13h-17h lun-ven)

Depuis/vers Sainyabuli

L'aéroport se situe en bordure de la route de Pak Lai, à 3 km environ au sud de la ville. **Lao Air** (074-213152 ; www.laocapricornair.net ; 8h-12h et 14h-16h lun-ven) assure des liaisons depuis/vers Vientiane les lundi, mercredi et vendredi à 9h30/10h30. Les billets (715 000 LAK) sont en vente au petit guichet à 800 m de là (nord).

De la **gare routière principale**, à 2,5 km au nord du centre, un *săwngthăew* part à 11h pour Hongsa (70 000 LAK, 3 heures) – il continue certains jours jusqu'à Muang Ngeun (90 000 LAK).

Vientiane est desservie via Luang Prabang et Pak Lai (110 000 LAK dans les deux cas). Les bus qui passent par Luang Prabang partent à 13h et 16h. Celui qui passe par Pak Lai est à 9h30 et ne circule actuellement qu'à la saison sèche. Compte tenu de l'état de la route, très poussiéreuse, mieux vaut vraiment privilégier ce bus si l'on se rend à Pak Lai (80 000 LAK, 4 heures) plutôt qu'un *săwngthăew* (9h et 12h) partant de la petite **gare routière sud,** à 4 km au sud-ouest de l'aéroport.

Avec l'ouverture du pont de Tha Deua sur le Mékong, le trajet jusqu'à Luang Prabang ne prend plus désormais que 2 ou 3 heures en minibus ou en véhicule privé. Il existe aussi des bus (60 000 LAK, 3 heures), à 9h et 14h, mais ils sont plus lents. **Sakura Tour** (074-212112) s'est associée à l'Elephant Conservation Center (p. 128) et assure une liaison quotidienne Sainyabuli-Luang Prabang (90 000 LAK, 2 heures 30) dans les deux sens (départ à 8h30 de l'une et l'autre ville). Contacter Sakura ou le Centre pour plus d'informations.

Des *túk-túk* relient le marché principal aux gares routières (principale/sud 10 000/15 000 LAK/pers).

Pak Lai ປາກລາຍ

074 / 12 000 HABITANTS

Plaisant et animé, ce port fluvial constitue une étape quasi inévitable sur l'itinéraire peu emprunté entre Sainyabuli et Loei, en Thaïlande. La ville suit une courbe de la Rte 4 sur 5 km ; à un pâté de maisons à l'est, une rue parallèle, plus courte, est ponctuée de quelques constructions anciennes, de style laotien ou colonial. En l'explorant du nord au sud, partez du **Vat Sisavang** (Vat

À NE PAS MANQUER

L'ELEPHANT CONSERVATION CENTER

Sur les rives du superbe lac de Nam Tien, l'**Elephant Conservation Center** (ECC ; ☎ 020-2302 5210 ; www.elephantconservationcenter.com ; visite 1 journée 60 $US, "expérience" 3/6 jours 175/399 $US) devrait attirer de nombreux visiteurs à Sainyabuli. Créé en partenariat avec ElefantAsia (www.elefantasia.org), une ONG de protection de l'éléphant, le centre offre aux visiteurs une occasion unique de découvrir la vie de ces majestueuses créatures. Le complexe, magnifiquement conçu, comprend une école de formation de *mahout* (cornacs), un hôpital où travaillent des vétérinaires étrangers qualifiés, un centre d'information, un restaurant ainsi que des bungalows traditionnels et des dortoirs pour les visiteurs qui restent plusieurs jours.

L'arrivée au centre est en soi une expérience mémorable. À bord d'un petit bateau qui glisse au milieu du tapis végétal recouvrant l'eau, vous apercevrez avec un peu de chance quelques éléphants occupés à leur bain du matin. La formule d'une journée comprend la visite guidée du centre, qui permet d'appréhender tout le travail effectué ici pour la protection des pachydermes. On voit notamment l'hôpital, qui s'attache à préserver la santé des animaux résidents et de certains des 360 éléphants domestiques recensés officiellement dans la province de Sainyabuli. Des équipes mobiles se déplacent régulièrement pour soumettre les animaux de la région à un check-up.

Dans un autre secteur en bord du lac se trouve la "pouponnière", où les jeunes sont élevés à l'abri d'éventuels risques sanitaires. Vous pourrez les voir prendre un petit-déjeuner consistant, puis apprendre à être monter dans la pure tradition mahout.

Pour ceux qui disposent d'un peu de temps, la formule de trois jours permet de s'immerger réellement dans le travail du centre. C'est une expérience gratifiante durant laquelle on est avec les animaux du matin jusqu'au soir. On en apprend beaucoup sur la protection, mais on s'amuse énormément aussi à s'initier à l'art des mahouts. Les guides laotiens enseignent aux visiteurs des ordres simples, tels que "stop" et "en avant", "à gauche" et "à droite". Pas facile de prononcer correctement, mais mieux vaut maîtriser le "haow" ("stop") lorsque que l'on est aux commandes de l'un de ces tracteurs vivants ! On apprend aussi à les nourrir, à les panser et à les laver, et on peut aussi les suivre jusqu'à l'endroit où ils passent la nuit.

Pour les passionnés, des séjours (6 jours ou plus) en tant que volontaires sont possibles, avec hébergement en dortoir et repas avec le personnel – une approche passionnante des éléphants, du travail des *mahout*, des actions du centre, mais aussi de la vie quotidienne au Laos.

Sinon, on loge dans des bungalows de chaume avec une véranda bien agréable durant les journées chaudes. Ils sont équipés de moustiquaires et de lampes à LED permettant de lire le soir. Les sanitaires, communs, sont impeccables. Le centre développe actuellement ses contacts avec des agences de Vientiane et de Luang Prabang et, dans ce cadre, projette de construire des bungalows plus confortables dans un autre site.

Toutes les formules proposées comprennent les repas et les transferts depuis/vers Sainyabuli. Le centre a par ailleurs lancé avec Sakura Tour des minibus Luang Prabang-Sainyabuli. L'agréable restaurant, qui donne joliment sur le lac et les installations, sert une savoureuse cuisine laotienne et prépare en-cas et boissons sur demande. Attention toutefois car la route est longue depuis Vientiane, aussi prévenez à l'avance si vous souhaitez quelque chose de spécial.

L'Elephant Conservation Center n'a rien à voir avec le camp d'éléphants traditionnel, conçu pour les touristes. Il est géré par des passionnés et les recettes perçues sont affectées au fonctionnement et à d'autres projets de protection des éléphants au Laos.

Sisavangvong), qui comporte d'anciens quartiers de bonzes, ainsi qu'un clocher et un portail au décor clinquant. À côté, remarquez un vieil édifice en bois dont la façade mêle des éléments thaï lü et Art nouveau.

Les principales pensions, le port fluvial et la **banque BCEL** (DAB et service de change) se succèdent ensuite sur 500 m, puis un petit pont en bois débouche sur un quartier de maisons villageoises après un marché.

PASSER EN THAÏLANDE : DE PAK LAI À LOEI

Jusqu'à la frontière

Le paisible **poste-frontière de Kaen Thao (Laos)/Tha Li (Thaïlande)** (⌚8h-18h) se trouve au niveau d'un modeste "pont de l'Amitié" sur la Nam Heuang. Des *săwngthăew* (10h et 12h environ) relient Pak Lai au poste de Kaen Thao (40 000 LAK, 1 heure 45).

À la frontière

On peut obtenir un visa d'entrée à la frontière laotienne (fournir une photo d'identité). Peu d'étrangers sont soumis à visa pour entrer en Thaïlande.

En Thaïlande

Après avoir franchi le pont à pied, vous devez prendre un autre *săwngthăew* (30 THB) jusqu'à Thai Li, à 8 km, puis un troisième pour rejoindre Loei (40 THB, 46 km), où des transports réguliers rallient notamment Bangkok.

Où se loger et se restaurer

Centrale, la **Jenny Guesthouse** (☎020-2236 5971 ; ch avec ventil/clim 60 000/100 000 LAK ; ❄) loue des chambres avec eau chaude... et quelques toiles d'araignée – mais rien de dramatique. Certaines ont vue sur le Mékong. Plus récente et un rien plus pimpante, la **Sengchaleurn Guesthouse** (☎020-2206 8888 ; ch 120 000 LAK ; ❄), à une rue au nord, ne compte que des chambres climatisées. Installé juste à côté dans un bâtiment de bois ancien, le **Kemkhong Restaurant** (plats 20 00-40 000 LAK ; ⌚6h-22h30) est agréable pour boire une bière tranquillement en contemplant le fleuve. Plus animé, le **Saykhong** (plats 20 000-40 000 LAK), à côté de la Jenny Guesthouse, donne aussi sur le Mékong.

Depuis/vers Pak Lai

Prévoyez un masque et des vêtements jetables pour effectuer le trajet Pak Lai-Sainyabuli en *săwngthăew* (80 000 LAK, 4 heures). Ils partent dans les deux sens entre 7h30 et 9h30 et vers 12h. À Pak Lai, ils déposent leurs passagers à la petite gare routière Sainyabuli, à 3 km au nord du centre. De là, les *túk-túk* demandent 10 000 LAK par personne jusqu'aux pensions et 15 000 LAK jusqu'à la gare routière sud.

Il existe également un bus à destination de Vientiane qui part à 9h (100 000 LAK, 6 heures environ).

BARTOSZ HADYNIAK/GETTY IMAGES ©

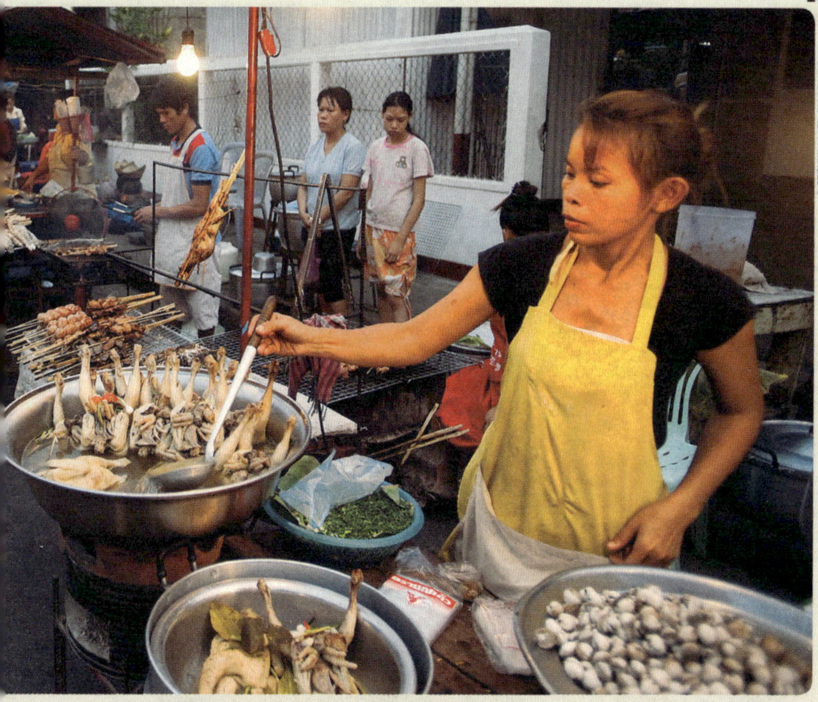

3

1. Scène de vie rurale, Luang Namtha (p. 105)
Jeune fille récoltant du riz dans un village ethnique de montagne, près de Luang Namtha.

2. Marché de nuit, Vientiane (p. 162)
Vendeuse préparant des mets laotiens dans un marché de nuit, à Vientiane.

3. Stand de nourriture (p. 306)
Barbecue laotien traditionnel : grillades de porc, bœuf et légumes servies sur une feuille de bananier.

4. Marché de nuit (p. 60), Luang Prabang
Parapluies en papier présentés au marché d'artisanat haut en couleur de Luang Prabang.

1

2

GRANT DIXON/GETTY IMAGES ©

3

FRANS LEMMENS/GETTY IMAGES ©

uang Sing (p. 110)
e yao brodant des vêtements
e Muang Sing, dans la province
ang Namtha, nord du Laos.

2. Muang Ngoi Neua (p. 88)
Moines récoltant l'aumône, Muang Ngoi Neua, nord du Laos.

3. Luang Namtha (p. 105)
Village de montagne akha, nord du Laos.

Vie fluviale

Le Mékong est l'âme du Laos. Il s'apparente à une artère traversant le cœur du pays, tandis que d'autres rivières importantes constituent les veines, impulsant la vie au plus profond de la nature et permettant les déplacements entre les différentes communautés très isolées. Pour beaucoup de Laotiens, ce fleuve, c'est la vie.

2

MATTHEW MICAH WRIGHT/GETTY IMAGES ©

3

ALEXANDERCLAYTON/GETTY IMAGES ©

1. Nam Ou, Muang Ngoi Neua (p. 88)
Bateau-taxi traditionnel transportant des passagers sur la Nam Ou.

2. Mékong, Vientiane (p. 136)
Travail sur le fleuve, près de Vientiane.

3. Tha Khaek (p. 200)
Filet de pêche traditionnel sur le Mékong.

4. Don Det (p. 257)
Voyageurs sautant dans le Mékong, île de Don Det.

4

MATTHEW MICAH WRIGHT/GETTY IMAGES ©

Vientiane et ses environs

Dans ce chapitre ➡

À voir 142
Activités 148
Cours 150
Circuits organisés 152
Où se loger 153
Où se restaurer 157
Où prendre un verre et faire la fête 162
Où sortir 163
Achats 163
Renseignements 166
Depuis/vers Vientiane 168
ZNP de Phu Khao Khuay 173
Vang Vieng 177

Le top des restaurants

- La Signature (p. 161)
- Le Silapa (p. 159)
- Lao Kitchen (p. 160)
- Makphet (p. 158)

Le top des hébergements

- Mandala Boutique Hotel (p. 157)
- Hotel Khamvongsa (p. 153)
- Ansara Hôtel (p. 157)
- Settha Palace Hotel (p. 155)

Pourquoi y aller

Chauffeurs de *túk-túk* indolents, innombrables cafés et spas aux prix abordables : Vientiane, ancien comptoir commercial français, est une ville à l'atmosphère décontractée. Le centre historique est organisé autour de boulevards ombragés, bordés de temples scintillants vers lesquels convergent des moines bouddhistes.

La "cité du santal" séduit tous les voyageurs, quel que soit leur budget, puisqu'on y trouve aussi bien des pensions économiques et des marchés de rue que de superbes hôtels et des restaurants français. La ville compte plus de cafés et de boulangeries que Luang Prabang, et le paysage gastronomique y est très varié. Encore un bon point !

Lire dans un salon de thé à l'ancienne, arpenter les boutiques de soieries, prendre un verre en admirant un coucher de soleil sur le Mékong : vous aurez d'innombrables raisons de succomber au charme de Vientiane.

Quand partir

Vientiane

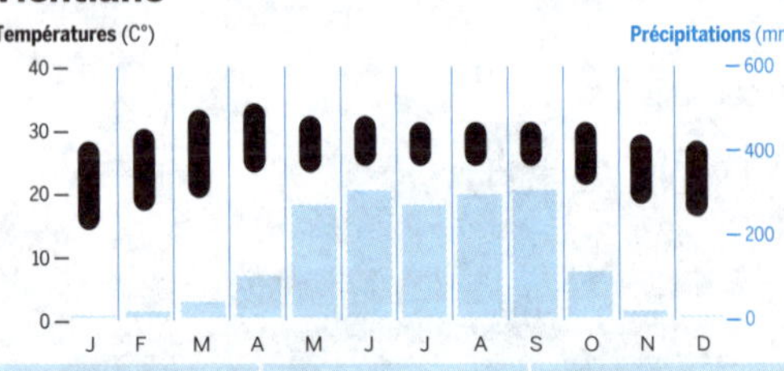

Nov-fév Une période idéale, avec le Bun Pha That Luang, fête de la pleine lune, en novembre.

Mars-mai Chaleur et humidité augmentent, mais les tarifs des hôtels diminuent.

Juin-nov La mousson apporte un peu d'air frais, ainsi qu'une kyrielle de fêtes en l'honneur du fleuve, comme le Bun Awk Phansa et le Bun Nam.

VIENTIANE

021 / 254 500 HABITANTS

Histoire

Construite sur un méandre du Mékong, Vientiane (ວຽງຈັນ) fut habitée vers le IXe siècle et fit partie d'un des premiers *méuang* (cités-États) laotiens établis dans la vallée au Xe siècle. Les habitants choisirent cette région en raison de l'exceptionnelle fertilité des plaines alluviales et, dans ses débuts, le *méuang* de Vientiane prospéra et jouit d'une fragile souveraineté.

Durant la dizaine de siècles suivants, Vientiane connut des fortunes diverses. Centre régional majeur à plusieurs reprises, la cité fut également, à d'autres époques, dominée par les Vietnamiens, les Birmans et les Siamois.

L'âge d'or de la ville remonte au milieu du XVIe siècle, lorsqu'elle devint la capitale de Lan Xang (le roi Setthathirat transféra alors la capitale du royaume de Lan Xang de l'actuelle Luang Prabang). Plusieurs de ses *vat* furent alors édifiés et Vientiane se transforma en un important centre d'enseignement bouddhique.

Cette période ne dura pas. Des invasions à répétition des Birmans, des Siamois et des Chinois, puis l'éclatement du royaume de Lan Xang entraînèrent le déclin de la cité.

Ce n'est pas avant l'arrivée de Chao Anou – un prince laotien élevé à Bangkok et placé sur le trône par les Siamois en 1805 – que Vientiane fut enfin restaurée. Entre autres monuments, on doit à Chao Anou le Vat Si Saket, qui fut édifié entre 1819 et 1824.

Malheureusement, les tentatives du souverain d'affranchir le royaume laotien de la domination siamoise se soldèrent par l'épisode le plus destructeur de l'histoire de la ville. En 1828, les armées siamoises vainquirent les troupes de Chao Anou, rasèrent la capitale et expulsèrent la plupart de ses habitants. Seul fut épargné le Vat Si Saket et la ville fut abandonnée.

Les Français arrivèrent en 1867 et n'entamèrent la reconstruction de Vientiane qu'à la fin du XIXe siècle, une fois la cité devenue capitale du protectorat français. Bâtie selon un simple plan en damier, la ville se composait de demeures et d'édifices administratifs de style colonial. Comme en témoigne le modeste programme de construction, Vientiane ne figura jamais parmi les priorités de la France en Indochine.

En 1928, la ville ne comptait que 9 000 habitants – pour beaucoup des administrateurs vietnamiens nommés par la France. C'est seulement à la fin de la Seconde Guerre mondiale que la population de Vientiane commença à croître grâce à l'arrivée,

VIENTIANE EN...

Deux jours

Commencez par déguster un café et un croissant à la boulangerie **Le Banneton** avant d'enfourcher une petite reine pour faire la **balade à vélo au gré des monuments jusqu'au Mékong**. Vous découvrirez ainsi les principaux sites de la ville, dont le **Vat Si Saket**, le **Haw Pha Kaeo** et le **Talat Sao**. Finissez la journée un cocktail sur les rives du fleuve au **Spirit House**. Le lendemain, sortez de Vientiane et allez admirer les innombrables bouddhas et divinités hindoues du **Xieng Khuan**. Au retour, arrêtez-vous pour prendre quelques photos au **Pha That Luang**. Enfin, retrouvez le goût de la cuisine française au restaurant **La Signature**.

Quatre jours

Il y a fort à parier que vous n'émergerez pas très tôt de votre lit le troisième jour, aussi pouvez-vous commencer par un déjeuner au **PVO**, où l'on trouve les meilleurs sandwichs et jus de fruits de toute la ville. De là, vous pourrez rejoindre à pied le **centre d'information de la COPE**, où l'exposition permanente et les documentaires, passionnants vous retiendront bien deux heures. Après un dîner léger au **Khambang Lao Food Restaurant**, profitez d'un bon bain de vapeur à la mode laotienne au **Herbal Sauna**, tout proche. Avant de vous coucher, allez prendre un dernier verre au **Bor Pennyang**. Le quatrième jour pourra être consacré à un cours de cuisine laotienne à la **Villa Lao**, ou à une séance de shopping dans les boutiques d'artisanat et de tissus de Th Nokèokoummane. À vous les montres de style soviétique et les bouddhas en verre d'**Indochina Handicrafts** ou les huiles et savons artisanaux de la **T'Shop Lai Gallery**.

À ne pas manquer

1. Une balade à vélo au gré des rues planes de Vientiane, lors d'un circuit de **Vientiane By Cycle** (p. 152)

2. Un sauna et un massage traditionnels au **Vat Sok Pa Luang** (p. 149), ou au **The Spa** (p. 149)

3. Une pause croissants au café-boulangerie **Le Banneton** (p. 158), ou un repas français dans un restaurant branché comme **La Signature** (p. 161)

4. Tubing, escalade, kayak, randonnées à pied, à vélo ou à moto aux alentours de **Vang Vieng** (p. 177), au cœur de paysages karstiques féériques

5. Un séjour au **Nam Lik Eco-Village** (p. 176) pour découvrir les richesses de cette zone écotouristique, et une montée d'adrénaline avec les tyroliennes du **Nam Lik Jungle Fly** (p. 176)

Phonsavan (35 km)
XIENG KHUANG
Long Cheng
Phu Bia (2 820 m)
Tha Thom
SAISOMBUN
Ban Huay Kham
Saisombun
Nam Ngum
(2 128 m)
Nam Xan
Nam Mang
Phu Khonhouat (1 551 m)
Pho Ho (1 671 m)
Bolikham
Vallée de Long Xan
Tat Xai et Pha Xai
ZNP de Phu Khao Khuay
BOLIKHAMSAI
Ang Nam Leuk
Tat Leuk
Ban Hat Khai
Nam Leuk
Ban Phu Khao Khuay
Ban Huay Leuk
Tha Bok
Paksan
Beung Kan
Nam Gnong
Ban Vang Hua
Ban Na
Tha Pha Bat
Mékong
Phu Khao Khuay (1 039 m)
Ban Naxay
Ban Pako
Somsamai
Muang Pak Ngum
THAÏLANDE
Xieng Khuan (Parc du Bouddha)
Nong Khai
0
40 km
Udon Thani

Vientiane

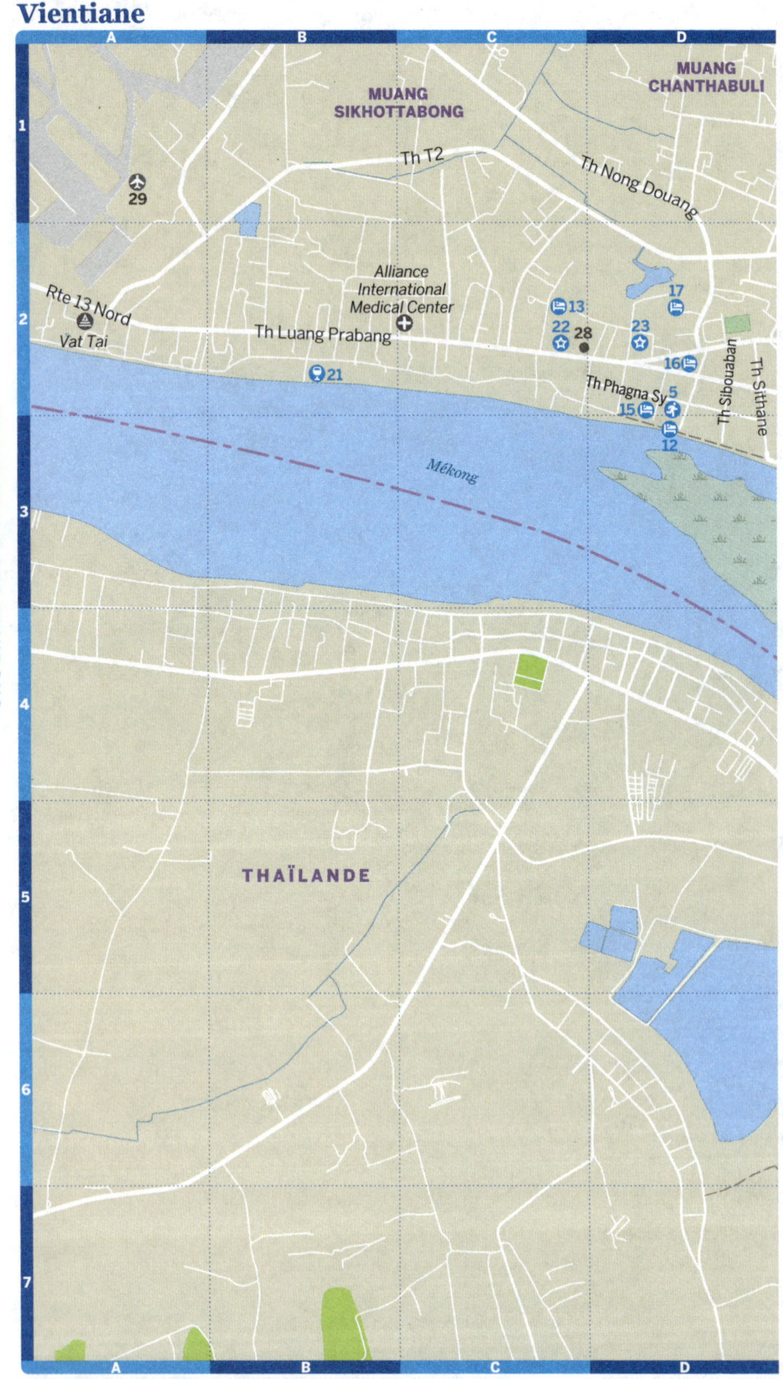
A
B
C
D
MUANG SIKHOTTABONG
MUANG CHANTHABULI
Th T2
Th Nong Douang
29
Alliance International Medical Center
Rte 13 Nord
Vat Tai
Th Luang Prabang
13
22
28
23
17
16
21
Th Phagna Sy
5
15
12
Th Sibouaban
Th Sithane
Mékong
THAÏLANDE
1
2
3
4
5
6
7

0
2 km
Houey Hong Vocational Training Center for Women (2 km)
Mémorial de Kaysone Phomvihane (3,5 km)
Pha That Luang (600 m)
Th Nong Buathong
Th Sihom
Th Thong Khan Khan
Th ASEAN
Th Talat Sisavath
Th Sibounheuang
Th Kaysone Phomvihane
Ambassade de Thaïlande
Th That Luang
Ambassade du Vietnam
Vat Phonxai
Th Nongbone
Clinique de l'ambassade d'Australie
Th Khounboulom
Th Saylom
Th Lan Xang
Th Samsènethai
Th Setthathirath
Nam Phu
Th Mahasot
Th Fa Ngoum
Th Nongbone
Consulat thaïlandais
Th Bourichane
Vat Ban Fai
Th Dong Palan
Th Phonsay
Voir carte Centre de Vientiane (p. 144)
Th Sakkarine
Centre Médical de L'Ambassade de France
Vat Dong Palan
International Clinic
Don Chan
Vat Phia Vat
Th Simeuang
Centre d'information de la COPE
Th Dong Palan
Th That Khao
Th Khu Vieng
Château d'eau
Th Tha Deua
Ambassade d'Allemagne
Ambassade du Cambodge
Th Saphantong Thai
Th Tha Deua
Ambassade du Myanmar
Th Si Amphon
Ambassade d'Australie
Ambassade de Chine
Vat Ammon
Th Sok Pa Luang
VIENTIANE ET SES ENVIRONS

Vientiane

Les incontournables
1 Centre d'information de la COPE G4

À voir
2 Patuxai G2
3 Vat Si Muang G4

Activités
4 Bee Bee Fitness G7
5 Papaya Spa D2
6 Sengdara Fitness H4
7 The Spa G4
8 Ultimate Frisbee G7
Vientiane By Cycle ..... (voir 21)
Villa Lao ..... (voir 17)
9 Vat Sok Pa Luang H5

Où se loger
10 Dorkket Garden Guest House G3
11 Green Park Hotel G4
12 Hotel Beau Rivage Mekong D3
13 Khunta Residence C2
14 Mandala Boutique Hotel G4
15 Nalinthone Guesthouse D2
16 Parkview Executive Suites D2
17 Villa Lao D2
18 Villa Manoly F4

Où se restaurer
19 Cafe Nomad H3
20 PVO G3

Où prendre un verre et faire la fête
21 Kong View B2
Spirit House ..... (voir 15)

Où sortir
22 At Home C2
23 Echo D2
24 Opéra national laotien E2
25 Cirque national F1
26 Peurk-may G5

Achats
27 Talat Thong Khan Kham E1

Transports
Air Asia ..... (voir 29)
China Eastern Airlines ..... (voir 28)
Lao Air ..... (voir 29)
Lao Airlines ..... (voir 29)
28 Thai Airways International C2
29 Aéroport international de Vattay A1

sous divers prétextes liés à la guerre froide, d'experts français puis américains et d'un afflux de dollars.

Après une succession de coups d'État dans les années 1960, Vientiane était devenue, au début des années 1970, une ville où tout pouvait arriver. Ses quelques bars étaient fréquentés par une clientèle interlope composée d'agents secrets et de correspondants étrangers.

Comme on pouvait s'y attendre, la situation changea radicalement avec l'arrivée du Pathet Lao (PL) en 1975. Repaires d'espions, les discothèques fermèrent en premier, puis Vientiane sombra dans une torpeur ponctuée de quelques concessions au communisme, dont une collectivisation modérée et, dans un premier temps, une répression du bouddhisme. Aujourd'hui, quelques édifices de style soviétique sans grâce constituent les principaux témoignages de cette période. La situation s'est améliorée et l'activité a repris dans les années 1990. Au cours des dernières années, Vientiane a connu une explosion – relative – de la construction, ainsi qu'un développement de son réseau routier (avec, pour corollaire, un accroissement de la circulation). La Chine, de toute évidence appelée à peser de tout son poids sur l'avenir de Vientiane, finance la plupart de ces réalisations.

À voir

La plupart des sites sont concentrés dans une petite portion du centre-ville. À l'exception du Xieng Khuan (parc du Bouddha), tous sont aisément accessibles à bicyclette, et souvent à pied. Nous n'avons répertorié dans cette rubrique que les temples les plus prestigieux. Si vous souhaitez découvrir d'autres sanctuaires moins renommés, nous vous suggérons d'effectuer le circuit à vélo (p. 150). La plupart des *vat* accueillent les visiteurs après la collecte matinale des offrandes par les moines et jusqu'à 18h.

♥ Centre d'information de la COPE

CENTRE D'INFORMATION

(ສູນຟື້ນຟູຄົນພິການແຫ່ງຊາດ ; carte p. 140 ; ☎ 021-218427 ; www.copelaos.org ; Th Khu Vieng ; ⏲ 9h-18h). GRATUIT La COPE (Cooperative Orthotic & Prosthetic Enterprise) est le principal fabricant au Laos de prothèses de membres, d'aides à la marche et de fauteuils roulants. Aménagé dans le Centre national de réadaptation de l'organisation, ce centre d'information, très bien conçu, propose une multitude de contenus multimédia sur les engins non explosés ("unexploded ordnance", ou UXO) et sur les prothèses. Une série de documentaires très émouvants sont projetés en permanence. Il y a également une boutique de cadeaux et un café. La totalité des recettes est affectée aux activités de la COPE au Laos.

Vat Si Saket

TEMPLE BOUDDHIQUE

(ວັດສີສະເກດ ; carte p. 144 ; angle Th Lan Xang et Th Setthathirath ; 5 000 LAK ; 8h-12h et 13h-16h, fermé les jours fériés). Édifié entre 1819 et 1824 par Chao Anou, le Vat Si Saket serait le plus ancien temple encore debout à Vientiane. Splendide sanctuaire et Musée national, il accuse le poids des ans et a cruellement besoin d'une restauration.

Élevé à la cour de Bangkok et plus ou moins inféodé au royaume siamois, Chao Anou fit construire ce *vat* dans le style ancien de Bangkok, en le ceinturant d'un cloître aux murs épais. Les murs intérieurs du cloître sont criblés de petites niches garnies de plus de 2 000 bouddhas en argent ou en porcelaine. Au-dessous, de longues étagères supportent plus de 300 bouddhas assis ou couchés, de tailles et de matières diverses (bois, pierre, argent et bronze), dans le plus pur style laotien. La plupart des statues ont été réalisées à Vientiane entre le XVIe et le XIXe siècle et quelques-unes viennent de Luang Prabang et datent des XVe et XVIe siècles.

Sur le côté ouest du cloître s'entassent des bouddhas endommagés durant la guerre lao-siamoise de 1828. Dans le *sĭm* (salle d'ordination dans le bâtiment principal), juste devant le grand bouddha assis, un bouddha *naga* de style khmer légèrement dégradé représente le Bouddha assis sur un dieu cobra (ou *naga*) enroulé sur lui-même, qui le protège de ses multiples têtes ; cette effigie daterait du XIIIe siècle. Le *sĭm* est surmonté d'un toit à cinq étages. Les murs intérieurs sont creusés de centaines de niches qui contiennent des bouddhas, et des fresques de *jataka*, superbes et défraîchies, représentent des scènes des vies antérieures du Bouddha. Au fond du *sĭm*, un autel supporte plusieurs statues du Bouddha, ce qui porte le nombre de bouddhas du *vat* à quelque 6 400 effigies. Sur la véranda à l'arrière du *sĭm*, une gouttière en bois représente un *naga*. C'est le *hăang song nâm pha* (rampe d'aspersion des statues), utilisé lors du Nouvel An laotien pour la cérémonie de purification des effigies du Bouddha

Haw Pha Kaeo

MUSÉE

(ຫໍພະແກ້ວ ; carte p. 144 ; Th Setthathirath ; 5 000 LAK ; 8h-12h et 13h-16h). Ancien temple royal spécialement construit pour contenir le célèbre bouddha d'Émeraude, le Haw Pha Kaeo est désormais un musée national d'art sacré. Il se trouve à 100 m au sud-est du Vat Si Saket.

Certains des plus beaux exemples de sculptures bouddhiques laotiennes se trouvent dans le Haw Pha Kaeo. Parmi elles, vous remarquerez un bouddha en pierre de style *Dvaravati*, qui fut réalisé entre le VIe et le IXe siècle, ainsi que plusieurs bouddhas en bronze debout ou assis, de style laotien : l'un "appelant la pluie" (debout les bras le long du corps), un autre "offrant sa protection" (paumes tendues vers l'avant), un troisième "contemplant l'arbre de l'Éveil" (poignets croisés sur la poitrine). Vous verrez également une série de stèles portant des inscriptions en lao et en môn. Il manque à la plupart des bronzes laotiens leur *usnisa* (fleuron en forme de flamme).

NUL SACRIFICE N'EST TROP GRAND

Selon la légende, un groupe de sages aurait choisi le site du Vat Si Muang en 1563, après que le roi Setthathirat eut transféré sa capitale à Vientiane. Un grand trou fut creusé pour recevoir l'énorme pilier de pierre (provenant sans doute d'un ancien site khmer voisin), qui devait devenir le *làk méuang* (pilier de la ville). Quand celui-ci arriva, il fut suspendu par des cordes au-dessus du trou. Tambours et gongs résonnèrent pour ameuter la population et l'on attendit qu'un volontaire se jette dans le trou en guise de sacrifice aux esprits.

La conclusion de la légende varie selon les interlocuteurs, mais tous racontent qu'une femme enceinte du nom de Sao Si effectua le saut fatal avant que les cordes soient dénouées, devenant ainsi la gardienne de la ville. Les avis diffèrent sur le saut : Sao Si le fit-elle à dos de cheval et/ou avec un moine nain ?

Certains érudits laotiens estiment que, si ce récit a un quelconque fond de vérité, les faits se sont probablement déroulés longtemps avant l'ère de Setthathirat, au cours des périodes prébouddhiques môn ou khmères, lorsqu'on pratiquait rituellement des sacrifices humains. Ils pensent également que le saut légendaire de Sao Si n'était pas forcément volontaire.

Centre de Vientiane

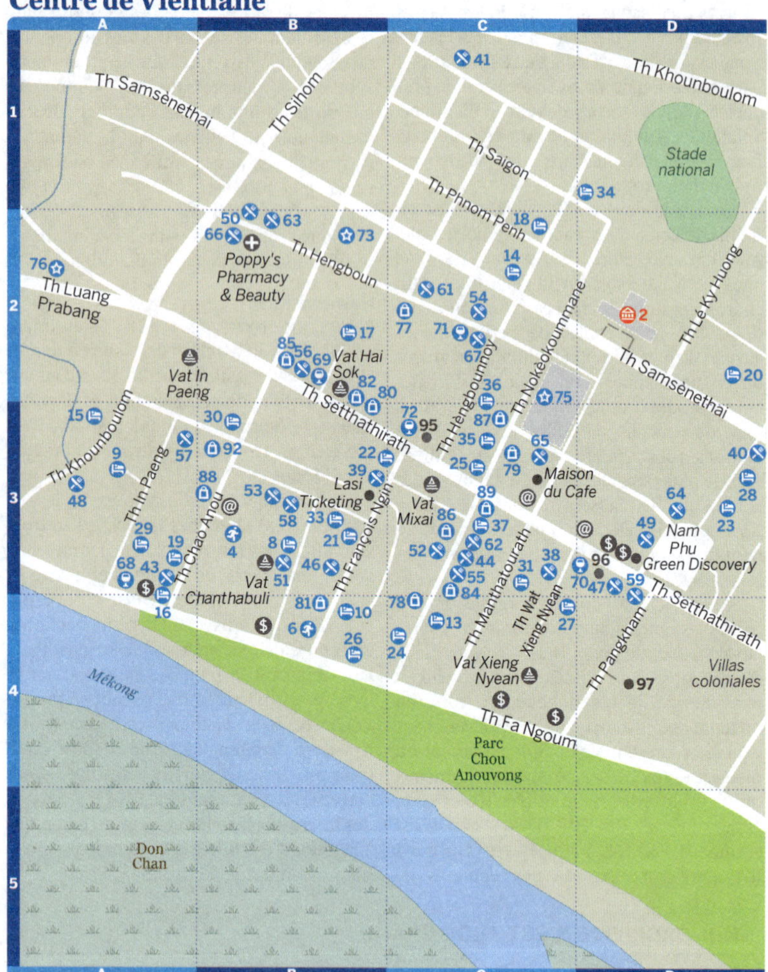

Le *sĭm* contient d'autres sculptures bouddhiques (dont une copie en bois du Pha Bang), quelques stèles khmères, diverses sculptures sur bois, des manuscrits sur feuilles de palmier et un tambour de bronze en forme de grenouille. Un grand bouddha de bronze élancé du XVIIe siècle, "appelant la pluie", frappe par sa beauté. Exceptionnel également, un autre bouddha en bronze, dans le style de Vientiane du XVIIe siècle, adopte la "pose européenne", jambes pendantes comme s'il était assis sur une chaise. Le *sĭm* est entouré d'un jardin paysager, orné d'une jarre en pierre provenant de la plaine des Jarres.

Patuxai MONUMENT

(ປະຕູໄຊ, monument de la Victoire ; carte p. 140 ; Th Lan Xang ; 5 000 LAK ; ⏲8h-17h). Évoquant l'Arc de Triomphe de Paris, ce monument qui trône dans le quartier commerçant de Th Lan Xang a un petit côté incongru. Officiellement appelé "monument de la Victoire", il rend hommage aux Laotiens morts pendant les guerres prérévolutionnaires. Il fut édifié en 1969 avec du ciment américain censé servir à la construction d'un nouvel aéroport – ce qui explique pourquoi les expatriés le surnomment "la piste verticale". Grimpez au sommet pour une vue panoramique sur Vientiane.

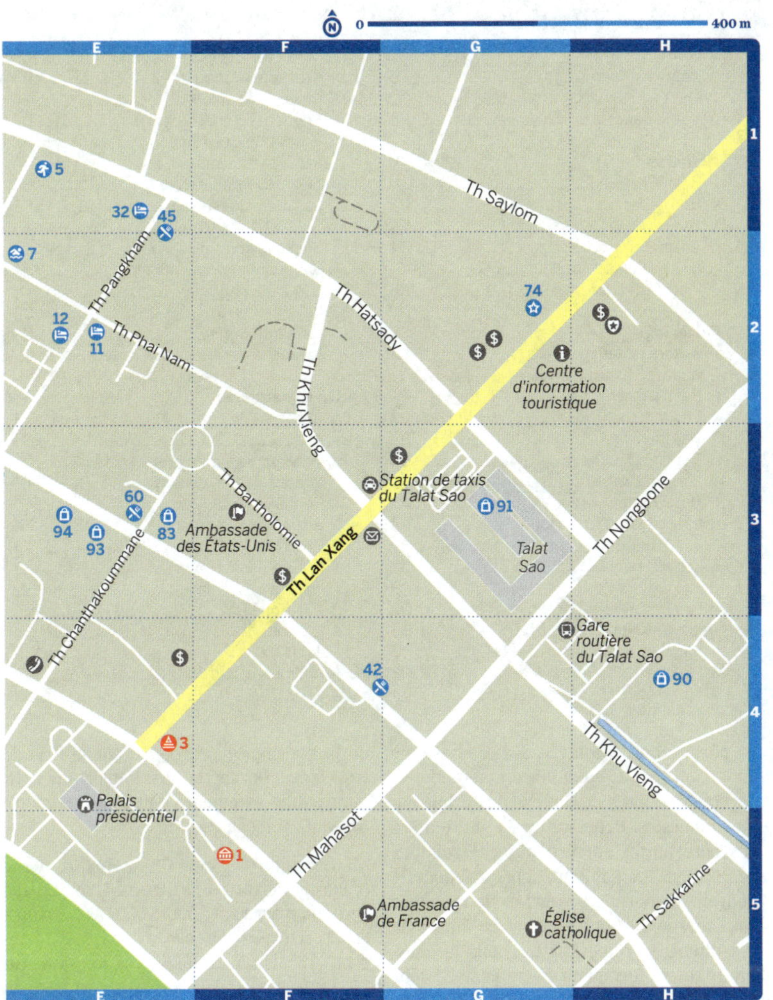

Musée national laotien

MUSÉE

(ພິພິດທະພັນປະຫວັດສາດແຫ່ງຊາດລາວ ; carte p. 144 ; 021-212461 ; Th Samsènethai ; 10 000 LAK ; 8h-12h et 13h-16h). Ce charmant édifice de l'époque française, flanqué de cerisiers et de magnolias, est malheureusement voué à la destruction dans un futur proche ; le musée sera alors déplacé dans des locaux plus récents. Jadis appelé Musée révolutionnaire laotien, il donne à voir une collection d'objets liés, pour la plupart, à la révolution. En bas, on découvre une brève présentation de la culture khmère du sud, ainsi que des outils et des statues du Bouddha. À l'étage, on se familiarise avec l'histoire du Pathet Lao, présentée de façon un peu laborieuse, avec, ça et là, des bustes de Lénine et de Hô Chi Minh.

Vat Si Muang

TEMPLE BOUDDHIQUE

(ວັດສີເມືອງ ; carte p. 140 ; angle Th Setthathirath, Th Samsènethai et Th Tha Deua ; 6h-19h tlj, 6h-22h certains jours). L'endroit le plus fréquenté de Vientiane est le Vat Si Muang, site du *lák méuang* (pilier de la ville), considéré comme le siège de l'esprit protecteur de la ville.

Le vaste *sǐm* (salle d'ordination dans le bâtiment principal ; détruit en 1828 et reconstruit en 1915) fut édifié autour du *lák méuang*. Il se compose de deux salles.

Centre de Vientiane

À voir

1 Haw Pha Kaeo F5
2 Musée national laotien D2
3 Vat Si Saket E4

Activités

Best Western .... (voir 10)
4 Herbal Sauna B3
5 Lao Bowling Centre E1
6 Oasis B4
Settha Palace Hotel .... (voir 32)
7 Piscine de Vientiane E2

Où se loger

8 Ansara Hôtel B3
9 Auberge Sala Inpeng A3
10 Best Western B4
11 City Inn E2
12 Day Inn Hotel E2
13 Douang Deuane Hotel C4
14 Dragon Lodge C2
15 Hotel Khamvongsa A3
16 Intercity Boutique Hotel A3
17 Lani's House B2
18 Lao Heritage Hotel C2
19 Lao Orchid Hotel A3
20 Lao Plaza Hotel D2
21 Lao Silk Hotel B3
22 Lao Youth Inn B3
23 Mali Namphu Guest House D3
24 Mixay Guest House C4
25 Mixok Guest House C3
26 Orchid Guesthouse B4
27 Phasouk Residence C4
28 Phonepaseuth Guest House D3
29 Phonethip Guesthouse A3
RD Guesthouse .... (voir 24)
30 Salana Boutique Hotel B3
31 Saysouly Guest House C3
32 Settha Palace Hotel E1
Soukchaleun Guest House .... (voir 25)
33 Souphaphone Guesthouse B3
34 Syri 1 Guest House D1
35 Vayakorn House C3
36 Vayakorn Inn C2
37 Vientiane Backpackers Hostel C3

Où se restaurer

38 Amphone C3
39 Aria B3
40 Vendeur de sandwichs au pâté D3
41 Marché de nuit de Ban Anou C1
Benoni Café .... (voir 59)
42 Bistrot 22 .... F4
43 Common Ground Café A3
44 Croissant d'Or C3
Han Sam Euay Nong .... (voir 19)
45 Han Ton Phai E1
46 Istanbul B3
47 JoMa Bakery Café D3
48 Khambang Lao Food Restaurant A3
49 Khop Chai Deu D3

La plus grande, à l'entrée, abrite une copie du Pha Kaeo, le bouddha d'Émeraude, et un bouddha assis de dimensions beaucoup plus modestes. Cette statue de pierre assez grossière aurait survécu aux destructions de 1828, et les habitants lui attribuent le pouvoir d'exaucer les vœux et de répondre aux questions troublantes. Les fidèles la consultent en soulevant trois fois le coussin tout en formulant mentalement leur requête. Si la prière est exaucée, il convient de revenir avec une offrande de bananes, de noix de coco vertes, de fleurs, d'encens et de bougies (généralement deux de chaque).

Vous pourrez voir le pilier lui-même dans la pièce du fond. Il daterait de l'époque khmère, indiquant que le site a une signification religieuse depuis plus de 1 000 ans. Aujourd'hui recouvert d'une étoffe sacrée, il est précédé d'une stèle en bois représentant un bouddha assis.

Derrière le *sĭm* se dresse un *jęhdii* (stupa) de latérite croulant, sans doute d'origine khmère. Des dévots déposent des statuettes et des poteries cassées autour du socle, afin que les esprits du stupa les préservent de la malchance provoquée par le bris de ces objets. Devant le *sĭm* s'étend un petit parc public agrémenté d'une statue du roi Sisavang Vong (1904-1959).

Mémorial de Kaysone Phomvihane MUSÉE
(ຫໍພິພິດທະພັນແລະອະນຸສາວລີໄກສອນພົມວິຫານ ; musée/maison 5 000/5 000 LAK ; musée 8h-12h et 13h-16h mar-dim, maison 8h-16h mar-dim). Inauguré en 1995 à l'occasion du 75e anniversaire de l'ancien président, le mémorial de Kaysone Phomvihane (1920-1992), près du Km 6 sur la Rte 13 Sud, rend hommage au leader communiste. Le site comprend sa modeste demeure, qui suggère un mode de vie à l'opposé du faste habituel des chefs d'État, et le vaste musée, de style vietnamien, dédié au culte de Kaysone Phomvihane – malgré l'opposition de ce dernier à toute vénération.

On rejoint facilement le mémorial à vélo ou par tout autre moyen de transport sur la Rte 13 Sud. La maison est un peu difficile à trouver. Mieux vaut revenir sur vos pas après avoir visité le musée : faites demi-tour et repartez vers le sud. Au premier feu, prenez à droite et poursuivez sur 1 km, jusqu'au

50 Korean Restaurant B2
51 La Signature B3
52 La Terrasse C3
53 L'Adresse de Tinay B3
54 Lao Kitchen C2
55 Le Banneton C3
56 Le Silapa B2
57 Le Vendôme A3
58 Makphet B3
Paradlce ..... (voir 74)
59 Phimphone Market D3
60 PhimPhone Market 2 ..... E3
61 Pho Dung C2
62 Pimentón C3
63 Rice Noodle – Lao Porridge B2
64 Scandinavian Bakery D3
65 Taj Mahal Restaurant C3
66 Vieng Sawan B2
67 YuLaLa Cafe C2

Où prendre un verre et faire la fête
68 Bor Pennyang A3
69 iBeam B2
70 Jazzy Brick D3
Khop Chai Deu ..... (voir 49)
71 Noy's Fruit Heaven C2
72 Samlo Pub C3

Où sortir
73 Anou Cabaret B2
74 Institut Français G2
75 Centre culturel national laotien C2
76 Wind West A2

Achats
77 Book Café C2
78 Camacrafts C4
79 Carol Cassidy Lao Textiles C3
80 Carterie du Laos B3
81 Couleur d'Asie B4
82 Indochina Handicrafts B2
83 Kanchana Boutique E3
84 Khampan Lao Handicraft C3
85 KPP Handicraft Promotion Enterprise of Sekong Province B2
86 Mixay Boutique C3
87 Monument Books C3
88 Oriental Bookshop B3
89 Satri Lao C3
90 Talat Khua Din H4
91 Talat Sao G3
Treasures of Asia ..... (voir 72)
True Colour ..... (voir 25)
92 T'Shop Lai Gallery B3
93 VanSom E3
94 Vins de France E3

Transports
95 Europcar C3
96 Jules' Classic Rental D3
97 Lao Airlines D4
Vietnam Airlines ..... (voir 20)

panneau à droite indiquant “Mémorial du Président Kaysone Phomvihane”. Sinon, un *túk-túk* depuis le centre-ville revient à quelque 40 000 LAK.

Impossible de manquer le musée car, devant, une immense statue en bronze de Kaysone est flanquée de grandes sculptures typiquement socialistes, représentant divers groupes ethniques et un athlète, sorte de Superman terriblement sérieux. Le musée contient une collection très fournie de souvenirs de Kaysone Phomvihane et du Parti, dont une reproduction de la maison natale du président à Savannakhet, le bureau qu'il occupa à l'école française de Ban Tai et la maquette d'une partie de la “grotte de Kaysone”, dans la province de Hua Phan, avec un revolver, des jumelles, une radio et d'autres effets personnels.

La maison de l'ancien chef d'État est intéressante en raison de l'histoire qu'elle porte et de son état de conservation – elle est restée pratiquement intacte depuis la mort de Kaysone Phomvihane, en 1992. Elle se situe dans l'ancienne base de l'USaid/CIA, à 6 km du centre-ville, où fut orchestrée la “guerre secrète”. Lors de la prise de Vientiane en 1975, les forces du Pathet Lao chassèrent les Américains et occupèrent la base.

Un guide du Parti révolutionnaire populaire lao (PRPL) vous montrera la maison où sont conservés des objets personnels de Kaysone Phomvihane : bouteilles de whisky à moitié vides, chaussures de tennis, bloc-notes et climatiseurs Kelvinator. Même les manteaux portés par le président lors de ses divers voyages à Moscou sont toujours accrochés dans la penderie.

Pha That Luang STUPA BOUDDHIQUE

(ພະທາດຫລວງ, Grand reliquaire sacré, Grand stupa ; Th That Luang ; 5 000 LAK ; 8h-12h et 13h-16h mar-dim). Monument national le plus important du Laos, le Pha That Luang symbolise à la fois la religion bouddhique et la souveraineté laotienne. Son nom officiel complet, Pha Chedi Lokajulamani, signifie “stupa sacré et mondialement précieux”, et l'image du stupa central apparaît sur les armoiries nationales et dans d'innombrables endroits. Selon la légende, des missionnaires indiens envoyés par Ashoka auraient édifié un *thâat*, ou stupa, pour abriter un morceau

VISITE DU PHA THAT LUANG

Chaque niveau du Pha That Luang (p. 147) est orné de motifs architecturaux différents illustrant la doctrine bouddhique. Les visiteurs doivent en méditer le sens à mesure qu'ils progressent dans l'édifice. La base presque carrée, de 68 m sur 69 m, comporte 323 *siimáa* (pierres d'ordination) et représente le monde matériel. De chaque côté, un petit escalier mène à un *hăw wái* (salle de prières) voûté et se prolonge ensuite vers le deuxième niveau.

Celui-ci, un carré de 48 m de côté, est entouré de 120 pétales de lotus. Il comprend 288 *siimáa*, ainsi que 30 petits stupas symbolisant les 30 perfections bouddhiques (*páalamíi săamsíp thâat*), qui commencent par la charité et s'achèvent par la sérénité.

Des arches mènent au niveau suivant, un carré de 30 m de côté. Le haut stupa central, au centre en brique recouvert de stuc, repose sur un socle en forme de bol qui rappelle le premier stupa bouddhique d'Inde, à Sanchi. Au sommet de celui-ci s'élance la structure principale, entourée de pétales de lotus.

La flèche curviligne à quatre côtés ressemble à un bourgeon de lotus allongé. Elle symboliserait la croissance d'une graine de lotus germant au fond d'un lac vaseux pour venir fleurir à la surface, belle métaphore du passage de l'ignorance à l'illumination par le bouddhisme. Intégralement redoré en 1995 à l'occasion du vingtième anniversaire de la République démocratique populaire lao (RDPL), le *thâat* est couronné d'une fleur de bananier stylisée surmontée d'une ombrelle. De la base au pinacle, le Pha That Luang mesure 45 m.

de sternum du Bouddha au IIIe siècle av. J.-C. Nulle trace n'en a été trouvée, mais des fouilles ont révélé l'existence probable d'un monastère khmer, construit à proximité entre le XIe et le XIIIe siècle.

De loin, le monument ressemble à un groupe de missiles dorés. Au début du XIXe siècle, le roi Anouvong fit entourer le stupa de 45 m de haut d'un cloître aux hauts murs percés de minuscules fenêtres pour le protéger des envahisseurs. Dans le cloître, qui mesure 85 m de chaque côté, on peut voir différentes représentations du Bouddha. Le Pha That Luang se situe à environ 4 km au nord-est du centre-ville, à l'extrémité de Th That Luang.

Musée du Textile laotien — MUSÉE

(ພິພິດທະພັນຜ້າໄໝບູຮານລາວ ; ☎030-572 7423 ; www.ibiss.co.jp/laomuseum/access.html ; 30 000 LAK ; ⏲10h-16h). Au départ musée privée de la famille qui tient la Kanchana Boutique (p. 165), ce musée est un peu devenu, grâce à l'aide de plusieurs ONG étrangères, un centre culturel laotien. Installé dans des bâtiments traditionnels au cœur de la végétation, il expose, dans une maison en bois, une collection de métiers à tisser et de textiles anciens caractéristiques de divers groupes ethniques. Vous y trouverez également une boutique.

On y propose aussi des cours de tissage et de teinture, ou de cuisine laotienne – mais ces derniers n'étaient pas encore en place lors de notre visite. Les visiteurs parlant couramment le laotien et sachant jouer des instruments peuvent aussi se perfectionner en musique traditionnelle (le samedi). Renseignez-vous au préalable auprès du personnel de la boutique ou du musée.

Le musée est à quelque 3 km au nord-est du Cirque national (Hong Kanyasin) ; la Kanchana Boutique vous fournira un plan au besoin.

Xieng Khuan — MUSÉE

(ຊຽງຂວັນ, Suan Phut, parc du Bouddha ; 5 000 LAK, appareil photo 3 000 LAK ; ⏲8h-16h30). À 25 km au sud-est de Vientiane, le Xieng Khuan est un parc très original, empli de sculptures bouddhiques et hindoues. Il fut dessiné et réalisé en 1958 par le Luang Pu, un chaman-prêtre-yogi qui fusionna les philosophies, les mythologies et l'iconographie hindouiste et bouddhique en un tout énigmatique.

Le bus n°14 (8 000 LAK, 1 heure) part de la gare routière du Talat Sao toutes les 15-20 minutes en journée et se rend à Xieng Khuan. Vous pouvez aussi louer un *túk-túk* (200 000 LAK aller-retour).

Activités

Bowling

Lao Bowling Centre — BOWLING

(Carte p. 144 ; ☎021-218661 ; Th Khun Bulom ; 16 000 LAK la piste, location des chaussures incluse ; ⏲9h-minuit). Les éclairages sont intenses, les boissons sont bien fraîches et les joueurs sont pleins d'entrain !

Frisbee

Ultimate Frisbee FRISBEE

(Carte p.140 ; terrain de football ; 12 000 LAK ; 18h15 lun). Tous les lundis soirs, les amateurs d'objets volants se retrouvent au terrain de football pour jouer à l'Ultimate (deux équipes de sept joueurs). Consultez la page Facebook (Vientiane Ultimate Frisbee) pour plus de détails et pour organiser un covoiturage jusqu'au point de rendez-vous. Il y a des filles et des garçons, des Laotiens et des expatriés : si vous restez plusieurs jours dans la capitale, c'est un excellent moyen de rencontrer des gens du coin.

Gymnastique et yoga

Bee Bee Fitness BIEN-ÊTRE

(Carte p.140 ; 021-315 877 ; adhésion 1 jour 40 000 LAK ; 6h-21h lun-ven, 7h-21h sam-dim). En face de l'ambassade d'Australie, cette salle de sport épatante surplombe le Mékong : vous pourrez donc suer sur le tapis roulant tout en observant le passage des bateaux. Les différentes salles sont dotées d'équipements corrects : rameurs, vélos et appareils de musculation. Une piscine est en cours de construction et des cours de zumba et de Pilates sont régulièrement proposés.

Sengdara Fitness BIEN-ÊTRE

(Carte p.140 ; 021-452159 ; 5/77 Th Dong Palan ; 6h-22h). Installations correctes, nombreuses machines, sauna, piscine, massages (1 heure 60 000 LAK) et cours d'aérobic et de yoga. Les visiteurs peuvent prendre un forfait journalier (45 000 LAK) et ainsi avoir un accès illimité à toutes les prestations. Également : des cours de taekwondo en soirée.

Best Western BIEN-ÊTRE

(Carte p.144 ; 021-216906 ; 22/3 Th François Ngin ; 80 000 LAK/visite). Petite salle de sports, sauna et jolie piscine ; emplacement central.

Lemongrass Yoga YOGA

(020-5887 2027 ; www.lemongrassyoga.com ; 70 000 LAK/cours ; 6h30-20h jeu, 12h-13h30 dim). La meilleure professeure de la ville donne ses cours dans sa maison laotienne traditionnelle. Forte de 15 ans d'expérience, Shelley enseigne le hatha yoga (cours particuliers ou petits groupes). La maison du yoga (n°6) se trouve au milieu d'un *soi* (ruelle), juste à côté de Th Boulichanh, dans le Dongphalan Thong Village. Le point de repère le plus proche est la tour Vieng Vang : ce centre d'affaires 6 étages marque l'entrée du *soi* et se situe entre le consulat thaïlandais et le restaurant Ton Lam, dans Th Boulichanh.

Massages, sauna

♥ **The Spa** MASSAGES

(Carte p.140 ; 021-285113 ; Th That Khao ; 10h-22h ; wifi). À quelques minutes de *túk-túk* de la ville, ce havre de paix est le meilleur spa de Vientiane ; il y fait délicieusement frais et les innombrables soins sont sublimes, notamment le massage de la tête (98 000 LAK), le massage à l'huile (185 000 LAK) et le sauna et bain de vapeur aux plantes (110 000 LAK).

Oasis MASSAGES

(Carte p.144 ; Th François Ngin ; 9h-21h). Frais, propre et professionnel, cet excellent établissement du centre-ville est idéal pour profiter d'un massage des pieds (50 000 LAK), d'un massage corporel laotien (60 000 LAK) ou d'un gommage à la menthe poivrée (200 000 LAK), entre autres.

Vat Sok Pa Luang MASSAGES, SPA

(Carte p.140 ; Th Sok Pa Luang ; 13h-19h). Pas de clim ou de décoration clinquante, mais un authentique sauna laotien aux plantes, installé dans les jardins verdoyants du Vat Sok Pa Luang. Un bouillon à base d'eucalyptus, de citronnelle, de basilic et de citron vert mijote dans un énorme chaudron, dont la fumée alimente le sauna (20 000 LAK). Également : des massages traditionnels (40 000 LAK) et des cours de méditation (gratuit). À 3 km du centre-ville. Évitez les heures d'affluence, entre 15h et 18h.

Herbal Sauna MASSAGES

(Carte p.144 ; 020-5504 4655 ; près de Th Chao Anou ; 13h-21h). Situé à proximité du Mékong, cet établissement sans chichis propose des saunas aux plantes typiquement laotiens (15 000 LAK, pièces séparées pour les hommes et les femmes). Plusieurs sortes de massages (laotien, 40 000 LAK/heure ; aux huiles 80 000 LAK/heure ; des pieds, 40 000 LAK/heure). Une serviette est fournie gratuitement, de même qu'un pagne pour les hommes. Les femmes qui n'ont pas de sarong doivent en louer un (2 000 LAK).

Papaya Spa SPA

(Carte p.140 ; 020-5561 0565 ; www.papayaspa.com ; Th Phagna Sy ; 9h-19h). Cette villa défraîchie est le lieu idéal pour se détendre. Massages (à partir 110 000 LAK) et sauna aux plantes (30 000 LAK) ; les massages suédois et les gommages corporels à la noix de coco ou à la papaye coûtent 210 000 LAK. Le propriétaire est charmant, mais, selon des retours récents, la qualité des prestations varie (d'excellente à convenable).

White Lotus Yoga & Massage MASSAGES
(☎021-217492 ; Th Pangkham ; ⌚9h-21h). Juste au nord de Nam Phu, en plein centre-ville, ce salon spécialisé dans les massages des pieds et des muscles endoloris propose aussi des soins du visage et des épilations à la cire (110 000 LAK). Les murs mériteraient un coup de peinture et les massages de style laotien (50 000 LAK) ne sont pas inoubliables, mais installez-vous dans un fauteuil et profitez d'un massage des pieds (55 000 LAK). Cours de yoga organisés.

Course à pied

Hash House Harriers de Vientiane COURSE À PIED
(www. hashlaos.com). Le Hash House Harriers de Vientiane accueille les coureurs pour ses deux courses hebdomadaires. Celle du samedi, la plus difficile, part de Nam Phu à 15h45 et se termine par une collation arrosée de Beerlao. La course du lundi, plus facile, commence à 17h d'endroits variables – consultez les itinéraires à la Scandinavian Bakery ou chez Asia Vehicle Rentals, dont le propriétaire, **Joe Rumble** (☎020-5551 1293), vous renseignera volontiers.

Natation

Pour faire des longueurs, vous pouvez aller, entre autres lieux, au Sengdara Fitness, où le forfait journalier coûte 45 000 LAK. Plusieurs hôtels accueillent les non-résidents, notamment le beau **Settha Palace Hotel** (carte p. 144 ; 6 Th Pangkham ; ⌚7h-20h), doté d'une superbe piscine avec bar, ainsi que le Lao Plaza Hotel (p. 155), dont la piscine est entourée de nombreux transats (mais vous devrez débourser 120 000 LAK).

Piscine de Vientiane NATATION
(Carte p. 144 ; ☎020-5552 1002 ; Th Ki Huang ; 15 000 LAK ; ⌚8h-19h). Piscine calme, propre et plaisante, à la situation centrale. Prévoyez des lunettes de piscine (possibilité de les louer sur place) car l'eau est très chlorée.

Cours

Villa Lao CUISINE
(Carte p. 140 ; ☎021-242292 ; www.villa-lao-guesthouse.com ; près de Th Nong Douang ; demi-journée 150 000 LAK). Agréable pension où séjourner,

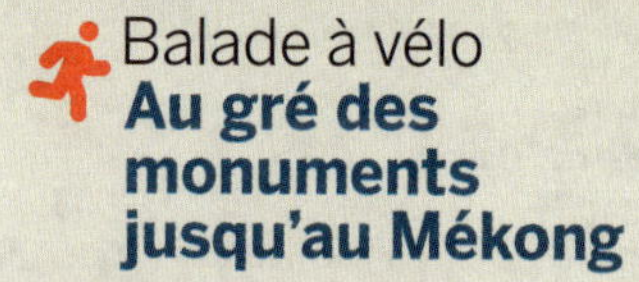

Balade à vélo
Au gré des monuments jusqu'au Mékong

DÉPART : LE BANNETON
ARRIVÉE : SPIRIT HOUSE
DISTANCE : 5 KM ; 4 À 6 HEURES

Vientiane se prête bien à une découverte à vélo. Nous vous suggérons de démarrer le matin, à la fraîche, aussi avons-nous inclus des pauses petit-déjeuner et déjeuner, mais rien ne vous empêche de partir plus tard. Sachez toutefois que certains lieux, comme le Talat Khua Din, sont plus intéressants à visiter le matin.

Allez prendre un café et un croissant, dans l'une des bonnes boulangeries françaises de Th Nokèokoummane, par exemple (1) **Le Banneton** (p. 158). Il y a un loueur de vélos (environ 10 000 LAK/jour) pratiquement à côté, et d'autres dans la rue adjacente, Th François Ngin ; la plupart ouvrent à 7h.

À vélo, rejoignez Th Setthathirath (à sens unique) ; vous passerez devant (2) **Nam Phu**, la fameuse fontaine. Poursuivez sur 1 km environ jusqu'au feu, et découvrez sur votre droite le (3) **palais présidentiel**, vaste château de style Beaux-Arts qui fut la résidence du gouverneur colonial français.

À l'opposé du palais, ne manquez pas le (4) **Vat Si Saket** (p. 143), avec ses milliers de bouddhas et, un peu plus haut de l'autre côté de la rue, l'extraordinaire (5) **Haw Pha Kaeo** (p. 143), musée national d'Art sacré. Venez le matin pour éviter la foule.

Poursuivez dans Th Setthathirath, traversez Th Mahasot et tournez à gauche dans Th Gallieni. (6) L'**ambassade de France**, sur votre gauche, et la grande (7) **église catholique**, sur la droite, vous serviront de repères. Poursuivez dans cette rue qui débouche dans Th Khu Vieng et sur le (8) **Talat Khua Din** (p. 164), l'un des plus grands marchés de primeurs de Vientiane.

Continuez le long de Th Khu Vieng vers le nord-ouest puis prenez sur votre droite Th Lan Xang, une artère que l'on appelle parfois les "Champs-Élysées de l'Orient". Vous serez alors devant le plus grand marché de Vientiane, le (9) **Talat Sao** (p. 164), où vous pourrez tranquillement faire le plein de tissus.

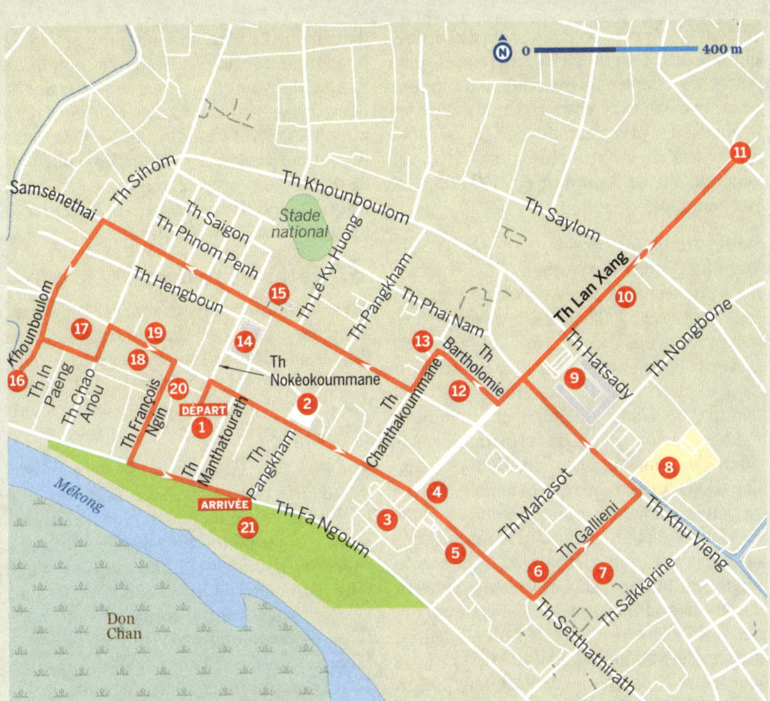

Toujours dans Th Lan Xang en direction du nord-est, vous pourrez prendre cartes et brochures au 10 **centre d'information touristique** (p. 167). Cela vaut alors le coup de faire 500 m supplémentaires et de grimper au sommet du 11 **Patuxai** (p. 144), d'où l'on découvre une vue sans égale sur la ville.

Faites le tour du Patuxai et reprenez Th Lan Xang dans l'autre sens (sud-ouest). Prenez à droite la tranquille Th Bartholomie, longez les murs de 12 l'**ambassade des États-Unis** et continuez jusqu'au 13 **That Dam**, un stupa qui, dit-on, était recouvert d'une couche d'or que les Siamois ôtèrent lors de la mise à sac de la ville en 1828. Tâchez de passer sans être dévoré par le *naga* géant qui sommeillerait dans ses entrailles, poursuivez en direction du sud-ouest et prenez à droite dans Th Samsènethai.

Deux rues plus loin, vous verrez sur votre gauche le 14 **Centre culturel national laotien**, bâtiment assez prétentieux et en face, les collections du 15 **Musée national** (p. 145) qui donnent un aperçu intéressant du Laos d'hier et d'aujourd'hui.

Poursuivez dans Th Samsènethai sur 500 m environ. Au feu, prenez à gauche (sud-ouest) dans Th Sihom, allez tout droit et passez le feu suivant (la rue prend le nom de Th Khounboulom). Faites 250 m environ pour rejoindre le 16 **Khambang Lao Food Restaurant** (p. 161), meilleure table de cuisine laotienne du centre de Vientiane.

Reprenez Th Khounboulom en sens inverse (nord-est) jusqu'au premier croisement, où se trouve le 17 **Vat In Paeng**, au *sĭm* orné de magnifiques reliefs de stuc. Rejoignez Th Setthathirath par Th Chao Anou, garez votre vélo au 18 **Vat Ong Teu Mahawihan** et pénétrez dans le *sĭm* pour voir le fameux bouddha de bronze du XVIe siècle, qui mesure 5,8 m de haut et pèse plusieurs tonnes. En façade, le panneau de bois sculpté qui surplombe l'entrée est un chef-d'œuvre de la sculpture laotienne. Faites ensuite halte à l'ombre du 19 **Vat Hai Sok**, un sanctuaire peu visité, avant un dernier arrêt au 20 **Vat Mixai**, dont le *sĭm* est de style de Bangkok. Ses lourdes portes sont flanquées de deux *nyak* (gardiens géants). De là, regagnez Th Nokèokoummane ou Th François Ngin pour restituer votre vélo.

Marchez au sud-est en direction du Mékong, trouvez une table au 21 **Spirit House** (p. 162) et savourez votre cocktail tandis que le ciel vire à l'orange.

également réputée pour ses cours de cuisine, qui ont lieu à 9h et à 14h, sur rendez-vous. Après les courses au marché, vous mitonnerez trois plats de votre choix, avant de les déguster. Le prix s'entend par cours, aussi a-t-on intérêt à être plusieurs ; de façon générale mieux vaut prévoir 150 000 LAK par personne.

Houey Hong Vocational Training Center for Women TISSAGE
(Centre de formation professionnelle pour femmes de Houeng Hong ; ☎021-560006 ; www.houeyhongcentre.com ; Ban Houey Hong ; ⌚8h30-16h30 lun-sam). Pour vous initier (en anglais) au tissage sur un métier traditionnel et à la teinture à l'aide de pigments naturels, rendez-vous au centre de formation professionnelle pour femmes de Houey Hong, une ONG dirigée par une femme nippo-laotienne. Ce centre a été créé dans le nord de Vientiane pour former des femmes issues de milieux ruraux défavorisés à ces techniques traditionnelles. Les visiteurs peuvent découvrir gratuitement les ateliers ou s'initier à la teinture (120 000 LAK, 2 heures, deux étoles) ou au tissage (200 000 LAK, la journée) et conserver les fruits de leur labeur. Pour 33 000 LAK, on viendra vous chercher dans le centre de Vientiane et on vous ramènera. Pour contacter le centre, adressez-vous à la boutique True Colour (p. 165).

Musée du Textile laotien TISSAGE
(☎030-525 8293 ; www.ibiss.co.jp/laomuseum/access.html ; cours 50 $US ; ⌚10h-16h). Des cours de tissage et de teinture sont proposés, à la demande, dans ce musée géré par les propriétaires de la Kanchana Boutique (p. 165). Les enseignants parlent un peu anglais, mais il est conseillé de venir avec un interprète si l'on veut vraiment tout comprendre. À 5 km de la ville.

Méditation vipassana

Vat Sok Pa Luang MÉDITATION
(☎021-2311938 ; Th Sok Pa Luang). Le samedi de 16h à 17h30, des moines dirigent une séance de méditation dans ce *vat*. Laotiens et étrangers sont acceptés gratuitement. Un traducteur est habituellement présent pour répondre aux questions après la séance.

Circuits organisés

Vientiane By Cycle À VÉLO
(Carte p.140 ; ☎020-5581 2337 ; www.vientianebycycle.com ; demi-journée/journée 350 000/450 000 LAK). Aline, une ancienne guide dynamique et plaisante, organise ce circuit à vélo qui permet de découvrir une autre facette de Vientiane. Tout en longeant le fleuve, vous traverserez des quartiers périphériques dévaforisés ou aisés et passerez devant des écoles et des temples. Pour plus de détails ou pour réserver, consultez le site Internet ou téléphonez. Départ à 8h du bar Kong View, au bord du Mékong.

Fêtes et festivals

À Vientiane, les festivités sont célébrées avec la même ardeur que dans le reste du pays. En période de fêtes, ne circulez jamais dans la ville à vélo ou en voiture, car la plupart des conducteurs sont ivres et les accidents se multiplient.

Bun Pha That Luang FÊTE CULTURELLE
(Fête du That Luang ; ⌚nov). Le Bun Pha That Luang (habituellement début novembre) est la plus importante fête religieuse du pays. Outre les dévotions, elle s'accompagne d'une foire commerciale et d'une fête foraine. Les festivités commencent par un *wíen thíen* (circumambulation) autour du Vat Si Muang, suivi d'une procession jusqu'au Pha That Luang, illuminé toutes les nuits durant une semaine. La fête culmine au matin de la pleine lune avec la cérémonie du *tak bat*, quand plusieurs milliers de moines de tout le pays reçoivent des offrandes de nourriture. Le même soir, des fidèles portant des *pąasàat* (temples miniatures en tiges de bananier ornés de fleurs et autres offrandes) effectuent un dernier *wíen thíen* autour du Pha That Luang. Des feux d'artifice ponctuent la soirée, qui se prolonge dans une ambiance bon enfant jusqu'à l'aube.

Bun Nam COURSES DE BATEAUX
(Bun Suang Héua ; ⌚oct). Autre événement majeur, le Bun Nam se déroule à la fin du *phansăa* (retraite bouddhique de la pluie), en octobre. Des courses nautiques sur le Mékong opposent des équipes de rameurs venues de tout le pays, ainsi que de Thaïlande, de Chine et du Myanmar. Durant trois jours et trois nuits, les berges sont bordées de stands de restauration, de buvettes, de manèges et de discothèques temporaires. La capitale est alors envahie et trouver un emplacement pour observer les courses de bateaux se révèle difficile ; mieux vaut passer le Bun Nam dans une plus petite localité, comme Vang Vieng, ou à Muang Khong, qui l'organise début décembre, aux alentours de la fête nationale.

Où se loger

À Vientiane, vous aurez l'embarras du choix en matière d'hébergement, des auberges de jeunesse aux pensions les plus charmantes en passant par les grands hôtels. Ces derniers comportent des centres d'affaires et, souvent, des piscines et des restaurants. Les principales cartes bancaires sont acceptées dans la plupart des établissements.

Côté prix, les visiteurs au budget serré trouveront facilement un lit en dortoir pour quelques dollars, tandis que les plus aisés pourront dépenser plusieurs centaines de dollars pour une nuit dans un hôtel haut de gamme. Entre ces deux extrêmes, quantité de pensions très propres, à l'ambiance chaleureuse, facturent environ 20 $US la nuit (pour une chambre double).

Th Setthathirath et Nam Phu

Lao Youth Inn PENSION $

(Carte p. 144 ; ☎ 021-241352 ; Th François Ngin ; ch avec ventil/clim 60 000/80 000 LAK ; ❄ wifi). Des deux pensions Lao Youth Inn, à la façade de couleur verte, de Th François Ngin, la meilleure se situe au bout de la rue la plus proche de Th Setthathirath. Les chambres, un peu exiguës, sentent le frais et sont pourvues de salles de bains et de sols carrelés. Le manque d'élégance est compensé par les services - vente de billets de transports, location de vélos (10 000 LAK) et de scooters (60 000 LAK), etc. Le personnel est plaisant.

Vientiane BackpackersHostel AUBERGE DE JEUNESSE $

(Carte p. 144 ; ☎ 020-9544 4147 ; www.vientianebackpackerhostel.com ; Th Nokèokoummane ; @ wifi). Nouvelle auberge de jeunesse épatante, avec trois grands dortoirs rafraîchis par des ventilateurs. Laverie, café, vodka gratuite après 21h, Wi-Fi gratuit ; location de vélos (10 000 LAK) et de scooters (70 000 LAK). Les salles de bains et les douches sont modernes et propres, la cuisine est très correcte. Petit-déjeuner gratuit, vente de billets de transports, démarches pour les visas et sympathiques gérants européens.

Mixok Guest House PENSION $

(Carte p. 144 ; ☎ 021-251606 ; Th Setthathirath ; ch 130 000 LAK, petit-déj inclus ; ❄ @ wifi). TV et Wi-Fi dans toutes les chambres climatisées. Cybercafé attenant (6 000 LAK/heure) et vente de billets de bus. Malheureusement, le personnel est un peu froid.

Saysouly Guest House PENSION $

(Carte p. 144 ; ☎ 021-218383 ; www.saysouly.com ; 23 Th Manthatourath ; s/d sans sdb 50 000/90 000 LAK, ch avec clim et sdb 130 000 LAK ; ❄). À 2 minutes à pied de Nam Phu, une pension sur 3 niveaux, très appréciée des voyageurs au budget serré. Les chambres sont propres mais sommaires. Si le personnel est peu enthousiaste, l'ambiance s'avère conviviale et les balcons favorisent les rencontres avec d'autres voyageurs.

Soukchaleun Guest House PENSION $

(Carte p. 144 ; ☎ 021-218723 ; 121 Th Setthathirath ; ch avec ventil/clim 80 000/110 000 LAK ; ❄). Cet établissement rudimentaire et vieillot comporte un petit lobby vaguement égayé par un mainate. Le personnel est agréable et l'emplacement pratique près du Vat Mixai. Les chambres avec salle de bains sont correctes bien que quelconques.

♥ **Hotel Khamvongsa** HÔTEL $$

(Carte p. 144 ; ☎ 021-218415 ; www.hotelkhamvongsa.com ; Th Khounboulom ; s/d/tr 35/50/ 60 $US, petit-déj inclus ; ❄ wifi). Ce joli bâtiment de l'époque française a été transformé en un superbe hôtel de charme, avec des éléments

APPARTEMENTS À LOUER

Si vous devez séjourner un certain temps à Vientiane, vous pouvez vous renseigner sur ces résidences haut de gamme : les **Parkview Executive Suites** (carte p. 140 ; ☎ 021-250888 ; www.parkviewexecutive.com ; Th Luang Prabang ; ❄ @ wifi piscine), et la **Khunta Residence** (carte p. 140 ; ☎ 021-251199 ; www.khuntaresidence.com ; près de Th Luang Prabang ; ❄ wifi piscine), cette dernière est tenue par des Français. Les tarifs mensuels oscillent entre 1 300 $US pour un studio et 1 700 $US pour un appartement qui compte une chambre.

Un grand nombre des petits hôtels récents de la ville, comme le **City Inn** (carte p. 144 ; ☎ 021-281333 ; www.cityinnvientiane.com ; Th Pangkham ; ch 550 000 LAK, ste 810 000-900 000 LAK, petit-déj inclus ; ❄ wifi) ou la **Phasouk Residence** (carte p. 144 ; ☎ 021-243415 ; www.phasoukresidence.com ; 57/4 Th Wat Xieng Nyean ; ch/ste 55/75 $US ; ❄ @ wifi), louent également des hébergements pour une longue durée.

raffinés – appliques en verre en forme de larme, sols à damiers. Les chambres, exquises et sobres, sont mises en valeur par un éclairage tamisé, le parquet au sol et la décoration de style colonial chic. La vue est imprenable depuis les chambres des 3e et 4e niveaux. Il y a une cour paisible et un restaurant.

Lani's House PENSION $$

(Carte p. 144 ; ☎021-215639 ; www.lanishouse.com ; Th Setthathirath ; s/d 50/60 $US ; P ❄). Décoration de style Art déco et lustres pour cette pension dissimulée dans une ruelle arborée paisible, à côté d'un temple. L'abondance d'antiquités et d'artisanat laotien confère à l'ensemble une ambiance coloniale très authentique. Chambres fraîches et douillettes, très biens équipées (ventilateur avec pales en bois, bureau romantique, armoire rustico-chic, TV câblée, réfrigérateur, tentures murales, moustiquaire et cadre de lits en bambou). L'agréable lobby est agrémenté d'objets d'artisanat et de trophées de chasse.

Vayakorn Inn HÔTEL $$

(Carte p. 144 ; ☎021-215348 ; www.vayakorn.biz ; 19 Th Hèngbounnoy ; ch 35 $US ; ❄ @ 📶). Excellente adresse que ce bel hôtel paisible situé dans une rue tranquille, toute proche de la frénésie de Th Setthathirath. Hall d'entrée éclairé de lustres et décoré d'artisanat, ravissant café et parquets en bois dur. Les grandes chambres, impeccables, sont ornées d'œuvres d'art et disposent de TV à écran plat, bureau et salle de bains moderne. Belle vue sur la ville depuis les chambres des étages supérieurs.

Vayakorn House HÔTEL $$

(Carte p. 144 ; ☎021-241911 ; www.vayakorn.biz ; 91 Th Nokèokoummane ; s/d/tr 140 000/200 000/260 000 LAK ; ❄ 📶). Voici la succursale de la Vayakorn Inn, plus ancienne et moins chère, au rapport qualité/prix tout aussi excellent. Cet hôtel paisible de 21 chambres stylées et sobres (draps frais, salle de bains, TV et climatisation), est bien tenu. Lobby accueillant, agréable espace petit-déjeuner et véranda extérieure idéale pour observer l'animation de la rue. Cartes bancaires acceptées.

Phonepaseuth Guest House PENSION $$

(Carte p. 144 ; ☎021-212263 ; 97 Th Pangkham ; ch avec ventil/clim 22/25 $US ; ❄ @ 📶). Installée de longue date à quelques pas de la Scandinavian Bakery, cette pension est appréciée pour ses chambres spacieuses et fraîches (salles de bains nettes, TV câblée, Wi-Fi et draps tout propres). Celles donnant sur la rue ont un petit balcon. Beaux détails de décoration, tels les dessus-de-lit hmong et les appliques murales en coquillage.

Mali Namphu Guest House PENSION $$

(Carte p. 144 ; ☎021-215093 ; www.malinamphu.com ; 114 Th Pangkham ; s/d/tr 210 000/260 000/350 000 LAK, petit-déj inclus ; ❄ @ 📶). Dans la rue des tailleurs, cette pension installée fait figure d'institution et ne montre aucun signe d'essoufflement. Les jolies chambres climatisées sont lumineuses – bureau, TV câblée, salle de bains étincelante –, et parées d'artisanat laotien. Elles sont réparties autour d'une cour verdoyante où prendre le petit-déjeuner.

Souphaphone Guesthouse PENSION $$

(Carte p. 144 ; ☎021-261468 ; www.souphaphone.net ; près de Th François Ngin ; ch 20 $US ; ❄ @ 📶). Cette pension est parfaitement tenue par des propriétaires fiers de leur maison. Vous y trouverez 22 chambres au sol carrelé, certaines dotées de fenêtres. Toutes sont équipées de salle de bains, réfrigérateur, Wi-Fi et TV. Vu les tarifs, l'établissement affiche souvent complet.

Salana Boutique Hotel HÔTEL DE CHARME $$$

(Carte p. 144 ; ☎021-254254 ; www.salanaboutique.com ; Th Chao Anou ; ch standard/deluxe 135/145 $US ; 🚭 ❄ 📶). Ce nouvel hôtel de charme, très raffiné, mêle parfaitement les styles laotien et contemporain. Les chambres sont du même acabit (parquet, couvre-lit d'inspiration ethnique, lumières tamisées, TV à écran plat, coffre et douche à effet pluie), avec, en prime, de délicates attentions comme les fleurs de frangipanier déposées çà et là. Certaines jouissent d'une vue fantastique sur le temple. Panorama imprenable sur la ville depuis le bar au 4e niveau, à apprécier un cocktail à la main.

Th Samsenthai et ses environs

Syri 1 Guest House PENSION $

(Carte p. 144 ; ☎021-212682 ; Th Saigon ; ch 50 000-150 000 LAK ; ❄ @ 📶). L'adorable Air et sa famille tiennent cette pension rustico-chic, sise dans une rue paisible. Le succès perdure depuis des années, à juste raison : chambres spacieuses (clim ou ventilateur, salle de bains privée ou commune), espaces détente, salon DVD, location de vélo et circuits personnalisés pour découvrir la ville en pédalant.

Lao Heritage Hotel PENSION $$

(Carte p. 144 ; ☎ 021-265093 ; Th Phnom Penh ; ch 20-25 $US ;). On se sent comme chez soi dans cette vieille demeure laotienne assez originale, couverte de vigne et ornée de plantes. Penchant vers le boutique-hôtel, l'établissement, au personnel adorable, est à la fois convivial et élégant. Les nouveaux propriétaires ont initié des rénovations et il y a désormais un excellent restaurant de tapas. De toutes les chambres (parquet, TV, réfrigérateur, salle de bains un peu défraîchie), les n°1 et n°2 sont nos favorites De nombreux recoins invitent à la détente et il y a une salle avec réseau Wi-Fi.

Day Inn Hotel HÔTEL $$

(Carte p. 144 ; ☎ 021-222985 ; dayinn@laopdr.com ; 59/3 Th Pangkham ; s/d/tr 450 000/650 000/850 000 LAK, petit-déj inclus ;). Cet hôtel efficacement géré est très prisé des voyageurs d'affaires et cela se comprend, depuis la façade couleur vanille jusqu'au restaurant peint en vert, axé sur une cuisine fusion asiatique. Décoration de style international sans faute de goût pour les 32 chambres climatisées (grand lit, bureau, TV à écran plat, salle de bains avec baignoire), plus ou moins récentes. Demandez-en une éloignée de la rue. Transfert gratuit depuis l'aéroport. Bon rapport qualité/prix.

Dragon Lodge PENSION $$

(Carte p. 144 ; ☎ 021-250114 ; dragonlodge2002@yahoo.com ; Th Samsènethai ; ch 130 000-180 000 LAK ;). Style contemporain, murs ocre brun, bar chic, restaurant illuminé de lanternes, et 40 chambres climatisées aux tons pastel immaculées avec TV et salle de bains. Le panneau d'information est très utile et le personnel sympathique. La vente de billets de transports et les démarches pour les visas sont assurées. Emplacement pratique, dans Chinatown, près de Th Hengboun.

Settha Palace Hotel HÔTEL $$$

(Carte p. 144 ; ☎ 021-217581 ; www.setthapalace.com ; 6 Th Pangkham ; ch standard/deluxe 152/234 $US ;). Cette superbe propriété (1932), entourée de jardins très fleuris, a tout d'un palais majestueux et paisible. Des ventilateurs tournoient au-dessus des sols en marbre étincelants, le restaurant La Belle Époque, très raffiné, a un côté formel qui rappelle le passé colonial de la ville, et le service est irréprochable. Les chambres (lit à baldaquin) sont dans le même esprit, et les très spacieuses "deluxe" ont tout d'exceptionnel (demandez une vue sur le jardin). Ne manquez pas la belle piscine.

Lao Plaza Hotel HÔTEL $$$

(Carte p. 144 ; ☎ 021-218800 ; www.laoplazahotel.com ; 63 Th Samsènethai ; s/d/ste 190/215/380 $US, petit-déj inclus ;). Chouchou des voyageurs d'affaires, cet édifice en marbre assez morne se distingue par son vaste lobby de style international et ses chambres au confort moderne. En revanche, les couloirs auraient bien besoin de moquette neuve. La piscine (120 000 LAK pour les non-résidents) est parfaite pour prendre un bain de soleil et échapper à la chaleur. Il y a 3 restaurants, ainsi que des comptoirs Bangkok Airways et Vietnam Airlines.

Au bord du Mékong et les environs

Phonethip Guesthouse PENSION $

(Carte p. 144 ; ☎ 021-217239 ; 72 Th In Paeng ; ch avec ventil/clim 10/15 $US ;). Adressse idéale pour fuir la chaleur et la foule, avec ses fontaines et sa cour ombragée où sont dispersées des transats. Demandez à voir les chambres : la qualité est inégale et certaines disposent d'un réfrigérateur et de la TV. Le propriétaire est sympathique.

Douang Deuane Hotel HÔTEL $

(Carte p. 144 ; ☎ 021-222301 ; DD_hotel@hotmail.com ; Th Nokèokoummane ; s/lits jum/tr 120 000/170 000/220 000 LAK, petit-déj inclus ;). La grande façade et le lobby n'ont rien d'attrayant, mais les chambres sont plaisantes et confortables (réfrigérateur, TV câblée, armoire et fauteuil rétro). Certaines ont un balcon donnant sur Th Nokèokoummane, haute en couleurs. Location de scooters (60 000 LAK/jour).

RD Guesthouse PENSION $

(Carte p. 144 ; ☎ 021-262112 ; www.rdlao.com ; 37-01 Th Nokèokoummane ; dort 6 $US, ch 12-17 $US ;). Des chambres sans caractère, mais impeccables et dotées de TV, climatisation et salle de bains. Il y a aussi un dortoir rudimentaire (6 lits), exigu, avec salle de bains. Emplacement pratique au bord du fleuve, petite bibliothèque et cuisine commune.

Mixay Guest House PENSION $

(Carte p. 144 ; ☎021-262210 ; 39 Th Nokèokoummane ; dort 50 000 LAK, s/d sans sdb 80 000/90 000 LAK, ch avec clim et sdb 120 000 LAK ; ❄). L'une des plus anciennes pensions bon marché de Vientiane, mais rien de mémorable. Les chambres sont équipées de ventilateur ou de la climatisation ; certaines ont une salle de bains avec eau chaude, d'autres n'ont pas de fenêtre. Consigne à bagages et vente de billets de transports.

Orchid Guesthouse PENSION $

(Carte p. 144 ; ☎021-252825 ; Th Fa Ngoum ; ch 90 000-160 000 LAK ; ❄@📶). Tenu par des Chinois, ce bâtiment sans charme abrite 43 chambres avec salles de bains – TV et climatisation en option. Beaucoup sont dépourvues de fenêtre et mériteraient un coup de peinture. Demandez une double récente. Un solarium surplombe le Mékong ; Wi-Fi au 1er niveau seulement.

Villa Manoly PENSION $$

(Carte p. 140 ; manoly20@hotmail.com ; près de Th Fa Ngoum ; ch 35-45 $US, petit-déj inclus ; ❄🏊). Cette belle demeure ancienne, entourée d'un jardin débordant de plantes et de frangipaniers, a de quoi inspirer l'écrivain qui sommeille en vous (admirez la collection de machines à écrire et de téléphones rétro). Les chambres joliment meublées, avec parquet, clim, salle de bains et lampes de chevet, donnent sur une adorable piscine.

Best Western HÔTEL $$

(Carte p. 144 ; ☎021-216909 ; www.bestwestern-vientiane.com ; 2-12 Th François Ngin ; s/d/deluxe 70/80/89 $US, petit-déj inclus ; 🚭❄@📶🏊). Un hôtel rutilant qui a tout pour plaire : lobby frais et somptueux, jardin paisible avec piscine, salle de sport et prestations haut de gamme dans l'ensemble, en plus d'un restaurant de cuisine asiatique fusion. Les 44 chambres sont tout aussi sophistiquées – parquet, draps blancs, TV câblée, réfrigérateur et salles de bains immaculées. Un parcours sans faute.

Hotel Beau Rivage Mekong HÔTEL $$

(Carte p. 140 ; ☎021-243375 ; www.hbrm.com ; Th Fa Ngoum ; ch sans/avec vue 55/67 $US, petit-déj inclus ; 🚭❄@📶). L'extérieur est un peu moins romantique que par le passé, puisque la piste parallèle à la rivière a été goudronnée et les arbres coupés. Toutefois, cet hôtel où le rose domine a toujours beaucoup de charme. Tout comme ses superbes chambres aux hauts plafonds, ornées de paravent en bambou et dessus-de-lit en nid-d'abeilles. Agréable jardin à l'arrière. Parfait pour les couples.

Lao Silk Hotel HÔTEL $$

(Carte p. 144 ; ☎021-213976 ; Th François Ngin ; ch 25-35 $US ; ❄📶). Les 20 chambres de cet établissement raffiné sentent le frais et se démarquent par leur décoration assez stylée et leurs superbes salles de bains. Certaines sont un peu petites mais les équipements compensent largement : Wi-Fi, TV câblée, climatisation et bon confort général. Au rez-de-chaussée, l'ambiance décontractée du café-bar convient très bien si vous souhaitez lire ou travailler.

Dorkket Garden Guest House PENSION $$

(Carte p. 140 ; ☎020-5571 2288 ; www.dorkketgarden.com ; Th Sakkarine ; ch 30-40 $US ; ❄📶). Une vieille demeure au charme fou, avec de beaux jardins. Chambres tout confort (TV, climatisation, réfrigérateur) aux finitions parfaites et aux lits immenses, avec salle de bains. N'hésitez pas à faire le court trajet depuis le centre (environ 5 minutes de *túk-túk* depuis Nam Phu). Détente garantie.

Lao Orchid Hotel HÔTEL $$

(Carte p. 144 ; ☎021-264134 ; www.lao-orchid.com ; Th Chao Anou ; d/ste 65/95 $US, petit-déj inclus ; ❄📶). Bel hôtel moderne avec un lobby somptueux et un café-véranda bénéficiant d'une vue imprenable. Meubles de style colonial dans les 32 chambres, accueillantes, dotées d'un balcon – demandez-en une en façade pour profiter de la vue sur le Mékong. Bon rapport qualité/prix.

Auberge Sala Inpeng BUNGALOWS $$

(Carte p. 144 ; ☎021-242021 ; www.salalao.com ; Th In Paeng ; ch 25-40 $US, petit-déj inclus ; ❄📶). Unique en son genre à Vientiane, ce joli complexe hôtelier se compose de bungalows en bois typiques et d'une belle demeure laotienne traditionnelle, le tout au cœur de jardins plantés de tamariniers et de frangipaniers. Les chambres plus grandes (salle de bains et clim) ont un aspect rustico-chic. Les bungalows les moins chers, de taille assez modeste, ne manquent pas de cachet. Personnel particulièrement accueillant.

Inter City Boutique Hotel HÔTEL $$

(Carte p. 144 ; ☎021-242843 ; www.intercity-lao.com ; 24-25 Th Fa Ngoum ; s/d/ste 40/60/80 $US, petit-déj inclus ; ❄@📶). Face au fleuve, l'extérieur est poussiéreux, mais entre les murs lie de vin, on découvre des mosaïques au sol et 47 chambres embellies d'artisanat et d'art traditionnel. Aux chambres standard, préférez les "deluxe", de bien meilleure facture, avec une agréable vue sur le Mékong. En bas, le hall est truffé d'étranges statues bouddhiques, de frises khmères et de plantes grimpantes.

Nalinthone Guesthouse PENSION $$

(Carte p. 140 ; ☎021-243659 ; namrinnvte@yahoo.com ; Th Fa Ngoum ; ch 25-30 $US ; P ❄ @ 📶). Une pension familiale moderne, sans grand caractère, qui séduit par ses confortables chambres, d'un bon rapport qualité/prix vu l'emplacement en bord de fleuve. Mention spéciale pour les doubles donnant sur le Mékong (30 $US). Autre atout : le bar Spirit House (p. 162) n'est qu'à quelques pas.

♥ **Ansara Hôtel** BOUTIQUE-HÔTEL $$$

(Carte p. 144 ; ☎021-213514 ; www.ansarahotel.com ; près de Th Fa Ngum ; ch 123-133 $US, ste 198-250 $US, petit-déj inclus ; ❄ @ 📶). Ce sublime hôtel occupe une grande villa récente, de style colonial, et se double d'un jardin parfaitement entretenu. La terrasse du restaurant La Signature est aussi plaisante que la cuisine, française. Il y a 16 chambres ravissantes, avec balcon, ornées de magnifiques objets d'artisanat.

Environs de Vientiane

Villa Lao PENSION $$

(Carte p. 140 ; ☎021-242292 ; www.villa-lao-guesthouse.com ; près de Th Nong Douang ; ch 100 000-180 000 LAK ; ❄ @ 📶). Oasis de verdure située à 1,5 km à l'ouest de la ville, la Villa Lao est entourée de fougères et de palmiers. Ses 23 adorables chambres rustiques ont beaucoup de cachet : murs blancs rythmés de poutres, moustiquaires et agréables balcon et salon communs. Toutes les chambres sont fraîches et équipées de lits bas ; les moins chères (ventilateur et salle de bains commune) sont sobres. Les propriétaires parlent anglais et sont passionnés de gastronomie laotienne, au point d'organiser un excellent cours de cuisine tous les matins (150 000 LAK). Location de vélos.

♥ **Mandala Boutique Hotel** BOUTIQUE-HÔTEL $$$

(Carte p. 140 ; ☎021-214493 ; www.mandalahotel.asia ; près de Th Fa Ngoum ; ch 80-100 $US, petit-déj inclus ; P ❄ @ 📶). Ce nouvel hôtel ultra-chic est l'hébergement le plus lumineux et branché de la capitale. Dans cette ancienne villa française des années 1960, les touches de couleurs vives et les équipements soignés – sols en granit laqué, meubles en bois sombre –, se marient parfaitement aux lignes Art déco. Et les lits à baldaquin sont des plus confortables. Dans le jardin, un restaurant raffiné sert de la cuisine fusion asiatique ; la carte était en cours de finalisation lors de notre passage.

Green Park Hotel HÔTEL DE CHARME $$$

(Carte p. 140 ; ☎021-264097 ; www.greenparkvientiane.com ; 248 Th Khu Vieng ; ch 145-450 $US, petit-déj inclus ; P ❄ @ 📶). Véritable "oasis urbaine", cet hôtel de charme offre une quiétude absolue dès l'arrivée dans le lobby en bois sombre. On apprécie ensuite le jardin superbement fleuri, la piscine et l'ombre des palmiers sucriers et des frangipaniers. Les chambres ont beaucoup d'allure : parquet, moustiquaires à l'entrée, canapés, salles de bains spacieuses. Le personnel est sympathique. Le petit-déjeuner et le dîner, divins, méritent à eux seuls le déplacement.

Où se restaurer

Peu de destinations en Asie du Sud-Est se targuent d'un tel éventail de cuisines du monde – du barbecue coréen aux falafels, de l'authentique cuisine turque aux mets japonais haut de gamme. Les rues qui partent de Th Setthathirath sont remplies d'effluves émanant de restaurants classiques, où l'on sert de succulents plats italiens et français dans un cadre raffiné. Ces dernières années, la cuisine laotienne s'est modernisée avec brio et des plats traditionnels parfaitement rehaussés d'une touche contemporaine sont proposés dans des établissements en phase avec leur époque. Enfin, pour une douceur, les boulangeries à la française sont la solution imparable : la ville est réputée pour sa baguette et ses croissants croustillants, et quantité de cafés auraient tout à fait leur place en bord de Seine.

Cela dit, on peut aussi se restaurer de façon informelle et à moindres frais à Vientiane, au gré des vendeurs de sandwichs au pâté (*khào jị páa-tê*) de la vieille ville et des nombreux barbecues improvisés, dédiés aux brochettes de poulet grillé ou de poisson pêché dans le Mékong. Dernier conseil : ne manquez pas d'aller découvrir les saveurs les plus étranges à Chinatown, dans Th Hengboun.

Th Setthathirath et Nam Phu

Makphet LAOTIEN $
(Carte p. 144 ; Th Setthathirath ; plats 40 000 LAK ; 11h-21h lun, mer-sam, 18h-21h mar ;). Le Makphet, géré par l'ONG Friends International (www.friends-international.org), emploie des jeunes défavorisés pour les former en cuisine et en salle, tout en ravivant la tradition culinaire du pays. Les murs verts et le mobilier en bois dur constituent un cadre plaisant pour déguster de succulents plats, comme la salade de papaye verte épicée. En face du Vat Ong Teu, près de Th Setthathirath.

Le Banneton BOULANGERIE $
(Carte p. 144 ; Th Nokèokoummane ; petit-déj 45 000 LAK ; 7h-21h ;). Les meilleurs croissants du pays. Venez tôt pour les acheter à la sortie du four – et avant la rupture de stock ! Décoré de photos de Doisneau, l'intérieur est parfait pour lire le journal en grignotant une tarte, une salade, un panini ou une bonne omelette. Vous trouverez aussi une petite terrasse.

Aria ITALIEN $
(Carte p. 144 ; 021-222589 ; 8 Th François Ngin ; plats 60 000 LAK ; 11h-14h30 et 17h30-23h). Dans ce restaurant italien aux murs mandarine ornés de tapisseries laotiennes, il fait très frais et il y a de la musique classique en fond sonore. Grand choix de soupes, pâtes, risottos, pizzas et steaks, et des tartes parmi les meilleurs de la ville. Service efficace.

Taj Mahal Restaurant INDIEN $
(Carte p. 144 ; près de Th Setthathirath ; repas 25 000 LAK ; 10h-22h30 lun-sam, 16h-22h30 dim ;). Dissimulé dans une petite rue, face à l'arrière du Centre culturel national laotien, ce restaurant sans prétention sert des curries goûteux et des *naan* fondants. Les portions sont généreuses et on peut s'installer quasiment en plein air. Bonne sélection végétarienne (20 plats) et savoureux poulet *masala*.

Scandinavian Bakery BOULANGERIE $
(Carte p. 144 ; www.scandinavianbakerylaos.com ; Nam Phu ; plats 10 000-30 000 LAK ; 7h-21h ;). En dépit de sa façade en bois délabrée, cette boulangerie est une véritable institution. Sandwichs, petits-déjeuners, brownies, muffins, bagels et cafés : tout est bon. Côté dessert, choisissez entre un éclair, du cheesecake ou des beignets. Nombreux canapés douillets et tables en terrasse, à l'étage et au rez-de-chaussée.

JoMa Bakery Café BOULANGERIE $
(Carte p. 144 ; Th Setthathirath ; plats 29 000 LAK ; 7h-21h lun-sam ;). Bondé de voyageurs et d'expatriés, ce café est aussi la boulangerie la plus fréquentée et la plus stylée de Vientiane. On apprécie la fraîcheur des lieux, le choix de salades délicieuses (25 000 LAK) et les fameux bagels (garniture au choix : saucisson, jambon, saumon, dinde, fromage et salade). Également : des tacos, des petits-déjeuners et des soupes. Ajoutez à cela des canapés moelleux, le Wi-Fi gratuit, une propreté sans faille et un emplacement central : cette adresse a un goût de revenez-y !

Croissant d'Or BOULANGERIE $
(Carte p. 144 ; 021-223741 ; 96/1 Th Nokèokoummane ; 6h30-21h ;). Intérieur modeste, lumières douces et bon choix de jambon, saucisson, fromages et salades au comptoir. Le café est bien corsé et la baguette, légère et croustillante.

Phimphone Market SUPERMARCHÉ $
(Carte p. 144 ; 94/6 Th Setthathirath ; 7h-21h lun-sam ;). Tout le nécessaire pour se ravitailler : légumes frais, magazines occidentaux, glaces, saucisson importé de France et d'Allemagne, pain, biscuits, chocolat et produits de beauté occidentaux. Ne manquez pas le café où sont servis de délicieux jus de fruits, sandwichs et cafés. Également : des cartes Hobo de la ville.

L'Adresse de Tinay FRANÇAIS $$
(Carte p. 144 ; 020-5691 3434 ; près de Th Setthathirath ; plats 130 000 LAK ; 18h-23h ;). Tinay, l'un des meilleurs chefs de Vientiane, compose un sublime tableau gastronomique : œufs brouillés aux escargots, filet de brème, filet de bœuf, carré d'agneau au romarin et sublime crème brûlée à la vanille de Madagascar. Une bonne occasion de se mettre sur son trente et un. Nouvel emplacement, juste à côté du Makphet.

Khop Chai Deu FUSION ASIATIQUE $$
(KCD ; carte p. 144 ; 021-251564 ; 54 Th Setthathirath ; plats 25 000-60 000 LAK ; 8h-minuit ;). Dans une villa coloniale rénovée, près de Nam Phu. Depuis longtemps, les voyageurs apprécient les plats laotiens, thaïlandais, indiens et européens, préparés avec talent. Choisissez votre poisson

vivant dans la cuisine et retrouvez-le dans votre assiette quelques minutes plus tard. Nombreuses activités organisées : *speed-dating* tous les 11 du mois, bras de fer féminin et maquillage gratuit à l'arrivée. À l'étage, le nouveau bar à l'éclairage tamisé est fréquenté par une clientèle branchée.

Benoni Café FUSION ASIATIQUE **$$**
(Carte p. 144 ; ☎021-213334 ; Th Setthathirath ; plats 40 000-50 000 LAK ; ⊙10h-18h lun-sam). Nouvelle table raffinée, dans Th Setthathirath, qui ferme dès le début de soirée, ce qui semble la rendre encore plus populaire. Au déjeuner, la salle contemporaine (au-dessus du Phimphone Market) est bondée de travailleurs d'ONG et de citadins laotiens ; la carte combine fusion asiatique et cuisine italienne. En-cas ultra frais, salades et pâtes (excellente carbonara).

Le Vendôme FRANÇAIS **$$**
(Carte p. 144 ; 39 Th In Paeng ; plats 50 000 LAK ; ⊙17h-22h mar-dim). Caché derrière une cascade de lierre, un restaurant français à l'ancienne. À la carte : des soufflés, pâtés, salades, pizzas au feu de bois, terrines et steaks, à des prix très raisonnables. L'intérieur, éclairé aux bougies et décoré d'ancienne affiches de corrida, est un cadre rêvé pour un dîner romantique.

Amphone LAOTIEN **$$**
(Carte p. 144 ; 10/3 Th Wat Xieng Nyean ; plats 45 000 LAK ; ⊙11h-14h et 17h30-22h ; 👪). Restaurant haut de gamme, stylé et branché, rendu célèbre par les émissions du chef Anthony Bourdain. Parquet et murs couleur saumon pour le cadre. Côté cuisine, l'Amphone brille par ses recettes traditionnelles héritées de la grand-mère du propriétaire Mook, dont les saucisses de Luang Prabang et le poisson à la citronnelle. Goûtez la salade de dolique asperge ou la soupe *tôm yám*. Interminable carte des vins.

La Terrasse FRANÇAIS **$$**
(Carte p. 144 ; Th Nokèokoummane ; plats 40 000-100 000 LAK ; ⊙11h-14h et 18h-22h lun-sam ; 📶). Ambiance française rétro, avec nappes blanches, intérieur dans des tons crème et excellentes spécialités de l'Hexagone. Le choix est large, du steak-frites au steak à la provençale en passant par le poisson poêlé, la quiche, les soupes ou le bœuf bourguignon. Également : des pizzas à la pâte fine. Les expats français apprécient la carte des vins, remarquable.

♥ **Le Silapa** FRANÇAIS **$$$**
(Carte p. 144 ; ☎021-219689 ; 88 Th Setthathirat Rd plats 20 $US ; ⊙11h-23h ; ❄📶). La meilleure table française de Vientiane a récemment déménagé au-dessus du bar iBeam (excellent). Élégante décoration, avec beaucoup de blanc, du parquet, des poutres apparentes et des cages à oiseaux en guise de luminaires. Régalez-vous de foie gras, salades, steaks ou ragoût de cervelle.

DES NOUILLES À GOGO

On mange beaucoup de nouilles au Laos, et c'est à Vientiane que l'on en trouve la plus grande diversité. Le plat le plus répandu est sans conteste le *fŏe*, déclinaison laotienne du *pho* vietnamien, une soupe de nouilles servie avec du bœuf ou du porc et accompagnée (voici la touche laotienne) d'une énorme assiette de verdure et de légumes et d'une quantité invraisemblable de condiments. Dans le centre de Vientiane, l'échoppe de *fŏe* la plus fréquentée est Pho Dung (p. 160). Très appréciées aussi, les *khào pûn*, des nouilles de riz fines que l'on connaît en Thaïlande sous le nom de *khànŏm jeen*, se mangent au Laos avec un bouillon épicé proche du curry (par exemple chez Amphone, ci-dessus) ou, parfois, dans un bouillon de porc (*khào pûn nâm jąew*, comme chez Han Sam Euay Nong, p. 161). Les *khào pìak sèn* sont des grosses nouilles de riz et de tapioca servies dans un bouillon un peu gluant avec de la poitrine de porc ou du poulet frit. Le **Rice Noodle – Lao Porridge** (carte p. 144 ; ☎020-5541 4455 ; Th Hengboun ; plats 8 000 LAK ; ⊙16h-1h) en prépare de très bonnes.

Vous trouverez aussi des *mii* (nouilles aux œufs chinoises classiques), en particulier dans le secteur compris entre Th Hengboun, Th Chao Anou, Th Khounboulom et l'extrémité ouest de Th Samsènethai, qui constitue de fait le quartier chinois ; ainsi que des *băn kŭan*, la version laotienne des *bánh cuôn*, un plat vietnamien qui est très apprécié ici et qui se compose de nouilles de riz cuites à la vapeur et fourrées de porc émincé, de champignons et de carottes. À acheter le matin au croisement de Th Chao Anou et de Th Hengboun.

Pimentón ESPAGNOL $$$
(Carte p. 144 ; 021-215506 ; www.pimenton-restaurant-vte.com ; Th Nokèokoummane ; plats 80 000-170 000 LAK ; déj et dîner ;). Cadre de style industriel chic pour le Pimentón, spécialisé dans les viandes importées. Grillées sous vos yeux, elles dégagent des effluves exquises et le choix est vaste : chateaubriand, faux-filet, filet ou côtes de bœuf, ainsi que du poulet ou du chorizo grillé. Les propriétaires étant espagnols, vous pourrez aussi vous régaler d'authentiques tapas, dont des *empanadas* (au bœuf, olives vertes et raisins secs), des calamars et de la charcuterie.

Th Samsènethai et ses environs

Lao Kitchen LAOTIEN $
(Carte p. 144 ; 021-254332 ; www.lao-kitchen.com ; Th Hengboun ; plats 30 000-40 000 LAK ; 11h-22h ;). Nouveau restaurant laotien de style contemporain, qui se montre très créatif dans l'exécution des plats traditionnels. Murs colorés ornés de belles photographies, musique indie et service efficace complètent la carte – festival de ragoûts, de saucisses de Luang Prabang, de différents *làap* (salade laotienne avec des morceaux de viande, de volaille ou de poisson), de liserons d'eau frits et de sorbets délicieux. Un endroit où l'on revient avec plaisir.

YuLaLa Cafe FUSION ASIATIQUE $
(Carte p. 144 ; Th Hengboun ; plats 50 000 LAK ; 11h30-14h et 18h-21h30 mar-dim ;). Dans ce restaurant immaculé et paisible, avec musique classique en fond sonore, on s'asseoit en tailleur sur des coussins (laissez vos chaussures à l'extérieur !) pour se régaler, par exemple, de raviolis au tofu, d'aubergines à la vapeur et de sauté de porc salé. Ambiance zen, telle une parenthèse dans l'agitation urbaine.

PVO VIETNAMIEN $
(Carte p. 140 ; 021-454663 ; près de Th Simeuang ; plats 18 000 LAK ; 6h-19h lun-sam, 6h-14h dim ;). Gargote vietnamienne sans chichis, et l'un des meilleurs endroits de la ville pour déjeuner. Les plats à base de rouleaux de printemps (16 000 LAK) sont très savoureux et les *khào jįi pá-tê* (sandwich baguette 8 000 LAK) parmi les plus réussis de la capitale.

Pho Dung LAOTIEN $
(Carte p. 144 ; 021-213775 ; 158 Th Hengboun ; soupe de nouilles 12 000-15 000 LAK ; 6h-14h). Cet excellent petit restaurant de *fŏe* (soupe de nouilles de riz), autant apprécié par les habitants que les voyageurs, est tenu par une famille vietnamienne. Choisissez une soupe de nouilles au porc, au bœuf ou au poulet ; les énormes bols sont servis à la mode laotienne, accompagnés d'innombrables sauces et d'assiettes débordant d'herbes et de légumes frais.

Vieng Sawan VIETNAMIEN $
(Carte p. 144 ; 021-213990 ; Th Hengboun ; plats 16 000-46 000 LAK ; 11h-22h). Au cœur de Chinatown, ce restaurant très animé, ouvert sur la rue, invite à d'amusantes expériences culinaires. Les spécialités sont les *năem néuang* (boulettes de porc grillées) et les *yáw* (rouleaux de printemps en tout genre), généralement proposés en *sut*, c'est-à-dire accompagné de *khào pûn*, feuilles de laitue, menthe, basilic, sauces, carambole et banane verte.

Han Ton Phai LAOTIEN $
(Carte p. 144 ; 021-252542 ; Th Pangkham ; plats 10 000-20 000 LAK ; 9h-22h). Une table typiquement laotienne, qui propose des mets sains et authentiques, dont du *làap* au porc (salade épicée avec piments, menthe et morceaux de porc) et du *kôy pąa* (salade composée de gros morceaux de poisson d'eau douce et d'herbes fraîches ; 10 000-20 000 LAK). Pas d'enseigne en anglais, repérez le panneau indiquant "*traditional food*".

Korean Restaurant CORÉEN $
(Carte p. 142 ; 020-2087080 ; Th Hengboun ; plats 30 000-80 000 LAK ; 9h-23h). Une excellente adresse pour goûter la cuisine coréenne, actuellement la plus en vogue en Asie du Sud-Est. La plupart des habitants choisissent le barbecue coréen (80 000 LAK), mais nous avons aussi aimé le ragoût de *kimchi* (30 000 LAK), servi à la coréenne, avec une kyrielle d'accompagnements.

Noy's Fruit Heaven BAR À JUS DE FRUITS $
(Carte p. 144 ; Th Hengboun ; jus de fruits 8 000 LAK ; 7h-21h ;). Un bar à jus de fruits chaleureux et coloré, orné de lanternes en papier chinoises suspendues au plafond. Faites le plein de vitamines avec un jus de pitaya, noix de coco, mangue, ou tomate. Également : des salades de fruits ultra-

fraîches et des hamburgers. Location de vélos (10 000 LAK).

Vendeur de sandwichs au pâté VENDEUR DE RUE $
(Carte p. 144 ; Th Samsènethai ; demi-baguette/baguette 11 000/22 000 LAK ; 6h-20h). Délicieux *khào jįi pá-tê* (sandwich au pâté de foie, légumes et fromage crémeux, dégoulinant de sauce sucrée aux piments). Pas de pancarte en anglais, mais le stand se situe juste à l'angle de Th Pangkham et Th Samsènethai.

Phimphone Market 2 SUPERMARCHÉ $
(Carte p. 142 ; 021-214609 ; angle Th Samsènethai et Th Chanthakoummane ; 8h30-20h30). Ce Phimphone plus petit vend du pain frais, des biscuits, des chips, des articles de toilette, des céréales, du lait frais, du saucisson et du jambon. Également : une petite cave à vins.

Bistrot 22 FRANÇAIS $$
(Carte p. 144 ; 020-5552 7286 ; Th Samsènethai ; plats 65 000-250 000 LAK ; 11h30-14h et 18h-22h ;). Le chef Philippe Boucley a déménagé un peu à l'écart du centre, dans un local moins animé, mais il reçoit beaucoup d'éloges pour sa cuisine délicate, avec des plats comme la salade aux poires, la salade aux pommes frites et au camembert, les steaks bien tendres et la soupe de chou-fleur. Ce petit restaurant intimiste sera sans doute l'une des meilleures expériences gastronomiques de votre séjour au Laos.

Au bord du Mékong et alentour

Istanbul TURC $
(Carte p. 144 ; 020-7797 8190 ; Th François Ngin ; plats 20 000-90 000 LAK ; 9h30-22h30 ;). Petit restaurant stambouliote familial, disposant d'un intérieur original et de quelques tables en terrasse. À la carte : des kebabs, des boulettes de viande, de l'hoummous et des falafels. Goûtez l'Iskender kebab – bœuf grillé avec une sauce au poivre, yaourt et piment vert. Toutes les viandes sont marinées et le café turc, très corsé, vous donnera un regain d'énergie.

Common Ground Café MEXICAIN $
(Carte p. 144 ; 020-7872 7183 ; Th Chao Anou ; plats 29 000 LAK ; 7h-20h lun-sam ;). Ce café mexicain climatisé accueille volontiers les familles. À l'extérieur, l'aire de jeux, close et ombragée, comporte un toboggan et un portique. De quoi vous détendre en gardant l'œil sur vos enfants. À l'intérieur, il y a des canapés et une vitrine de mets froids : wraps, *quesadillas*, falafels, salades et gâteaux maison.

Khambang Lao Food Restaurant LAOTIEN $
(Carte p. 144 ; 021-217198 ; 97/2 Th Khounboulom ; plats 10 000-70 000 LAK ; 11h30-14h30 et 17h30-21h). La nourriture laotienne de ce restaurant bleu, un peu en amont du fleuve, mérite l'attente. Vos papilles garderont longtemps le souvenir de ces plats frais, extrêmement épicés. Délicieux *làap*, poisson du Mékong grillé, cuisses de grenouilles frites, *áw lám* (ragoût de bœuf épicé) et savoureuses saucisses de Luang Prabang.

Han Sam Euay Nong LAOTIEN $
(Carte p. 144 ; Th Chao Anou ; plats 8 000-20 000 LAK ; 8h-19h). Restaurant animé, bon marché et impeccable, tenu en famille. On s'y régale de savoureux plats classiques, tels les *nǎem khào,* sorte de salade à base de croustillantes boulettes de riz et de saucisse de porc aigre émincée frites, et les délicieux *khào pûn nâm jąew,* de fines nouilles de riz servies dans un bouillon de porc avec du porc en lamelles, des pousses de bambous et des herbes. L'établissement, sans enseigne, jouxte le Lao Orchid Hotel.

La Signature FRANÇAIS $$
(Carte p. 144 ; 021-213523 ; www.ansarahotel.com ; Ansara Hotel ;). On entend la voix de Billie Holiday jusqu'à la terrasse, avec ventilateurs et tables en osier recouvertes de plateaux de verre, ainsi qu'à l'étage, dans le restaurant, aux tons ocre, de l'Ansara Hotel. Voilà l'occasion de revêtir vos plus beaux habits pour un dîner romantique. Le saumon poêlé au bleu, la langouste et l'agneau rôti au thym ne sont que quelques-uns des délices qui vous attendent dans cette belle villa française.

Environs de Vientiane

Cafe Nomad CAFÉ $
(Carte p. 140 ; Th Phonsay ; plats 29 000 LAK ; 8h-19h lun-ven, 8h-18h sam-dim ;). Dissimulé juste à côté de l'ambassade de Thaïlande, ce petit bijou se distingue par ses murs moutarde décorés d'œuvres d'art, ses ventilateurs et ses délicieux paninis et brownies (parmi les meilleurs de la ville). Bon café et personnel plaisant. Parfait pour travailler, l'endroit est très prisé des expatriés.

Paradlce FRANÇAIS $

(Carte p. 144 ; 021-312836 ; Th Lan Xang ; plats 35 000-45 000 LAK ; 11h-19h lun-sam ;). Dans les jardins de l'Institut français, un café spacieux et confortable, idéal pour faire une pause lecture ou profiter du Wi-Fi gratuit en sirotant un petit noir accompagné d'un sandwich ou d'un gâteau. Une TV diffuse les actualités françaises. Glaces et chocolats exceptionnels.

Marché de nuit de Ban Anou LAOTIEN $

(Carte p. 144 ; repas 10 000-15 000 LAK ; 17h-22h). Pittoresque marché en plein air qui s'installe tous les jours, en fin d'après-midi, dans une petite rue près de l'extrémité nord de Th Chao Anou. Des viandes grillées aux purées à base de piment que l'on accompagne de légumes et de riz gluant : c'est là que vous trouverez la plus grande variété de mets typiquement laotiens.

Où prendre un verre et faire la fête

Vientiane n'est plus le palais des plaisirs illicites décrits par Paul Theroux, en 1975, dans *Railway Bazaar* : "les bordels sont plus propres que les hôtels, la marijuana moins chère que le tabac à pipe et l'opium plus facile à obtenir qu'un verre de bière fraîche". Aujourd'hui, les maisons closes sont interdites, les étals de marijuana du Talat Sao ont disparu et la Beerlao a définitivement remplacé l'opium dans les soirées. La plupart des bars, restaurants et discothèques ferment à 22h30 ou minuit.

Les DJ n'ont fait leur apparition que récemment dans la capitale, et si vous souhaitez fréquenter des clubs laotiens, vous avez intérêt à prévoir des bouchons d'oreille. En effet, le volume sonore est souvent insupportable et la programmation un peu confuse. Les karaokés ont également beaucoup de succès, tout comme les groupes jouant des reprises de chansons occidentales.

Deux des meilleurs clubs sont situés sur la route de l'aéroport, à distance de marche l'un de l'autre, ce qui est très pratique. Assez branché selon des critères occidentaux, l'**Echo** (carte p. 140 ; 021-213570 ; Th Samsènethai ; 20h-1h), à l'hôtel Mercure, est fréquenté par le gratin de Vientiane. Un peu plus haut, le **At Home** (carte p. 140 ; Th Luang Prabang ; 20h-minuit) diffuse de la trance et de la house.

Khop Chai Deu BAR

(KCD ; carte p. 144 ; 021-251564 ; www.inthira.com ; Th Setthathirath). L'un des bars les plus anciens de la capitale, le KCD a récemment mis le paquet pour améliorer ses soirées : éclairage tamisé, boissons sophistiquées et plus d'activités que dans n'importe quel autre bar (*speed dating* et bras de fer féminin, entre autres). Un nouveau bar ultra-branché a ouvert au 3e niveau : on s'y sent plus à Miami qu'à Vientiane.

iBeam BAR

(Carte p. 144 ; 021-254528 ; Th Setthathirath ; 11h-23h ;). Le bar le plus chic de la ville, avec des murs vitrés et une décoration raffinée. Installez-vous tranquillement, admirez les anciennes affiches du *New Yorker* et observez la clientèle branchée, tout en grignotant des tapas. Belle carte des vins. Soirée filles le mercredi (remise de 50%).

Spirit House BAR À COCKTAILS

(Carte p. 140 ; 021-262530 ; Th Fa Ngoum ; cocktails 40 000 LAK ; 7h-23h ;). Dans cette maison laotienne traditionnelle, face au Mékong, la carte des cocktails est extrêmement bien fournie, et l'on peut aussi se restaurer. L'intérieur est très stylé : musique d'ambiance, bois sombre et canapés moelleux.

Bor Pennyang BAR

(Carte p. 144 ; 020-7873 965 ; Th Fa Ngoum ; 10h-minuit). Habitants, expatriés, voyageurs et filles de bar se retrouvent dans ce bar au toit de tôle et aux poutres apparentes, haut perché au-dessus du Mékong. Depuis le balcon, vous pourrez voir la Thaïlande dans le lointain, en buvant une Beerlao au coucher du soleil. Musique occidentale plaisante, billards, immense bar et TV pour les retransmissions sportives.

Samlo Pub BAR

(Carte p. 144 ; 021-222308 ; Th Setthathirath ; 19h-tard). Dans ce bar assez miteux et mal éclairé, votre voisin de comptoir pourrait être un escroc, une prostituée, un ladyboy, un criminel ou simplement quelqu'un comme vous. Sympa pour prendre un verre dans une ambiance authentique, mais ne vous attardez pas !

Kong View BAR

(Carte p. 140 ; 021-520522 ; près de Th Luang Prabang ; plats 25 000-70 000 LAK ; 11h-minuit). Cette élégante terrasse suspendue au-dessus d'une portion tranquille du Mékong, convient aussi bien pour prendre un verre que pour se restaurer.

Jazzy Brick BAR
(Carte p. 144 ; ☎020-244 9307 ; Th Setthathirath ; ⏲19h-tard ; 📶). Un intérieur élégant, avec briques apparentes, affiches de jazz, éclairage tamisé et Coltrane en bande son : l'adresse est idéale pour une soirée chic. Il y a parfois des concerts de musique latino et de bossa nova, et la carte comporte d'innombrables cocktails (excellents mojitos).

☆ Où sortir

Comme les autres activités, la vie nocturne se développe... autant que les autorités le tolèrent. Le choix reste encore limité. La loi impose la fermeture des établissements à 23h30, mais la plupart parviennent à la repousser à minuit.

Cinéma

Les cinémas laotiens ont tous disparu avec l'arrivée des vidéos dans les années 1990, mais la construction d'un cinéma est prévue à côté du Green Park Hotel, dans le futur World Trade Shopping Centre.

Institut français CINÉMA
(Carte p. 144 ; ☎021-215764 ; www.if-laos.org ; Th Lan Xang ; gratuit ; ⏲9h30-18h30 lun-ven, 9h30-12h sam). Ce centre culturel français accueille des spectacles de danse, des expositions d'art, des rencontres littéraires et des concerts. Outre la projection de films français cultes (sam 19h30), l'institut assure des cours de français et de laotien.

Cirque

Cirque national SPECTACLE VIVANT
(Hong Kanyasin ; carte p. 140 ; Th Thong Khan Kham ; 👪). L'ancien Cirque russe, fondé dans les années 1980, est aujourd'hui appelé Hong Kanyasin. Il se produit de temps à autre dans la salle du Cirque national, au nord de la ville. Pour les dates, consultez *Le Rénovateur* ou le *Vientiane Times*.

Musique live

Anou Cabaret MUSIQUE LIVE
(Carte p. 144 ; ☎021-213630 ; angle Th Hengboun et Th Chao Anou ; ⏲20h-minuit). Une boîte amusante, avec son côté années 1960 et ses crooners vieillissants. Au rez-de-chaussée de l'Anou Paradise Hotel.

Wind West MUSIQUE LIVE
(Carte p. 144 ; ☎020-200 0777 ; Th Luang Prabang ; ⏲17h-1h). Bar-restaurant de style *roadhouse* américain, proposant des concerts de rock laotien ou occidental presque tous les soirs – à partir de 21h et jusque vers 1h. Selon l'assistance, l'ambiance peut être déchaînée ou lugubre, mais l'intérieur, décoré de chapeaux de cow-boy, de cornes et de statues en bois amérindiennes, contribue à réchauffer l'atmosphère.

Peurk-may MUSIQUE LIVE
(Carte p. 140 ; ☎021-315536 ; Th Tha Deua ; ⏲18h- minuit). Pop et folk thaïlandaise dominent dans ce bar au décor décliné sur le thème de l'"écorce d'arbre" (c'est ce que signifie *peurk-may*), qui s'autoproclame bar de guitare acoustique. Même si vous n'êtes pas fan du genre, le volume sonore – suffisamment modéré pour autoriser les conversations – et l'appétissante carte de spécialités thaïlandaises et laotiennes (plats 16 000-65 000 LAK) font de cet établissement sans prétention une bonne adresse.

Musique et danses traditionnelles

Vous pouvez découvrir six danses traditionnelles laotiennes tous les soirs au Lane Xang Hotel entre 19h30 et 23h. Le **Centre culturel national laotien** (carte p. 144 ; Th Samsènethai) accueille aussi parfois des spectacles de ce type, mais aucun programme n'étant disponible, il vous faudra éplucher le *Vientiane Times* pour les repérer.

Opéra national laotien THÉÂTRE
(Carte p. 140 ; ☎021-260300 ; Th Khounboulom ; 70 000 LAK ; ⏲spectacle 19h-20h30 mar, jeu et sam). Divertissements laotiens en tout genre – *Lao oldies*, boxe laotienne et représentations du *Pha Lak Pha Lam*, l'équivalent laotien du *Ramayana* indien.

🛍 Achats

Vous trouverez à Vientiane pratiquement tous les produits fabriqués au Laos : artisanat des ethnies montagnardes, bijoux, sculptures et textiles traditionnels. Le principal quartier commerçant se situe dans Th Setthathirath et les rues alentour.

Artisanat, objets d'art et antiquités

Dans Th Samsènethai, Th Pangkham et Th Setthathirat, plusieurs boutiques proposent de l'artisanat des ethnies lao et thaïe, ainsi que des groupes montagnards. S'y ajoutent un nombre croissant d'objets provenant du Vietnam et de Thaïlande, tels les laques et les effigies du Bouddha. De nombreux magasins indiqués dans la rubrique *Textiles et vêtements* vendent également de l'artisanat et des antiquités.

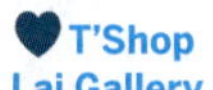

Lai Gallery BEAUTÉ, ARTICLES POUR LA MAISON

(Carte p. 144 ; www.laococo.com/tshoplai.htm ; près de Th In Paeng ; 8h-20h lun-sam, 10h-18h dim). C'est, de loin, la plus belle boutique de Vientiane. Ici, tous vos sens seront en éveil, mais vous serez d'abord frappé par le mélange des odeurs : noix de coco, aloe vera, miel, frangipanier et magnolia. Des effluves qui proviennent des huiles pour le corps, savons, sprays, parfums et baumes à lèvres fabriqués et emballés par le "parfumier" autodidacte Michel "Mimi" Saada. Admirez ensuite les meubles incrustés d'écaille de tortue – un mélange entre style Bauhaus et tradition laotienne – et les vieux meubles de pharmacies emplis de flacons éclairés. Cartes, bracelets, stylos à encre ou photographies, tous ces magnifiques articles sont fabriqués avec des produits locaux et durables, par des femmes en situation difficile, réunies au sein de la coopérative Les Artisans Lao.

Carterie du Laos CADEAUX

(Carte p. 144 ; 021-241401 ; 118/2 Th Setthathirath ; 9h-17h). Un grand choix de cartes postales, cartes en tout genre, affiches et livres, ainsi que quelques souvenirs.

Indochina Handicrafts ARTISANAT

(Carte p. 144 ; 021-223528 ; Th Setthathirath ; 10h-19h). Ce cabinet de curiosités à la laotienne est une adresse incontournable. Statues de bouddhas, bustes anciens de Hô Chi Minh et de Mao, montres russes, souvenirs de l'époque communiste, petites voitures Matchbox, médailles, tabatières et plateaux vintage. À côté de La Carterie du Laos ; repérez la façade envahie de plantes.

Satri Lao SOUVENIRS

(Carte p. 144 ; 021-244384 ; Th Setthathirath ; 9h-20h lun-sam, 10h-19h dim). Caverne d'Ali Baba occupant 3 niveaux raffinés et odorants, emplie de bijoux haut de gamme, de sacs à main hmong, de housses de coussin, de chemisiers de style oriental, de statues de bouddhas et de bien d'autres trésors. Les prix sont élevés, mais l'adresse est parfaite pour un achat de dernière minute.

Treasures of Asia ART

(Carte p. 144 ; 021-222236 ; 86/7 Th Setthathirath ; 12h-19h lun-ven). Vous trouverez dans cette minuscule galerie des œuvres d'artistes laotiens connus, dont beaucoup sont recensés dans l'ouvrage *Lao Contemporary Art*, en vente sur place.

Librairies

Book Café LIVRES

(Carte p. 144 ; Th Hengboun ; 8h-20h lun-ven). La librairie d'occasion la mieux fournie de Vientiane est tenue par le Dr Robert Cooper, anthropologue et auteur. Guides de voyages, romans à suspense et ouvrages sur la culture et l'histoire du Laos.

Monument Books LIVRES

(Carte p. 144 ; 124 Th Nokèokoummane ; 9h-20h lun-ven, 9h-18h sam-dim). Magazines, bon choix de romans classiques et modernes, guides de voyages, romans à suspense, superbes livres de photograhies du Laos, ainsi que quelques jouets et ouvrages pour enfants.

Oriental Bookshop LIVRES

(Carte p. 144 ; 021-215352 ; 121 Th Chao Anou ; 10h-20h). M. Ngo vend une bonne sélection de romans d'occasion, cartes postales et timbres. Également : un bon choix d'ouvrages consacrés aux ethnies laotiennes. Café et connexion Internet (5 000 LAK/heure).

Marchés

Talat Sao MARCHÉ

(Marché du matin ; carte p. 144 ; Th Lan Xang ; 7h-17h). Le Talat Sao, jadis lieu de shopping mémorable à Vientiane, a malheureusement subi des rénovations. Les deux tiers de ses stands de pipes à opium, bijoux et antiquités traditionnelles ont été démolis et remplacés par une galerie marchande moderne. Pour les marchands de tissus du bâtiment restant, l'avenir ne tient qu'à un fil.

Talat Khua Din MARCHÉ

(Carte p. 144 ; Th Khu Vieng ; 5h-13h). Situé à l'est du Talat Sao et après la gare routière, le Talat Khua Din est un marché (assez boueux) spécialisé dans les produits frais et la viande, où l'on trouve également des fleurs, du tabac et d'autres articles.

Talat Thong Khan Kham MARCHÉ

(Carte p. 140 ; angle Th Khan Kham et Th Dong Miang ; 5h-15h). Au nord du centre-ville, à Ban Khan Kham, ce marché ouvert jusque dans l'après-midi s'anime surtout le matin. C'est l'un des plus grands de la capitale, et on y trouve pratiquement toutes les marchandises possibles, des produits alimentaires aux outils. Des vendeurs de paniers et de poteries s'installent aux alentours.

Textiles et vêtements

Vous trouverez dans le centre-ville, notamment dans Th Nokèokoummane, beaucoup de boutiques de textiles. Le Talat Sao compte également de nombreux stands de tissus. Outre des étoffes anciennes et modernes vendues au mètre, on trouve des objets utilitaires comme les sacs et les coussins.

Pour visiter des ateliers de tissage, rendez-vous dans le quartier des tisserands de Ban Nong Buathong, au nord-est du centre-ville dans le quartier de Meuang Chanthabuli. Une vingtaine de familles (dont beaucoup originaires de Sam Neua, dans la province de Hua Phan) vivent et travaillent ici, et quelques-unes vendent directement leur production au public.

Carol Cassidy Lao Textiles ARTISANAT
(Carte p. 144 ; 021-212123 ; www.laotextiles.com ; 84-86 Th Nokèokoummane ; 8h-12h et 14h-17h lun-ven, 8h-12h sam, ou sur rdv). Lao Textiles vend des tissus contemporains haut de gamme, aux motifs inspirés d'anciens dessins et techniques laotiens. Carol Cassidy, la styliste américaine, emploie des tisserandes laotiennes qui travaillent au fond de cette belle maison coloniale. Les prix reflètent la renommée internationale de la maison.

Couleur d'Asie MODE
(Carte p. 144 ; 021-223008 ; 201 Th François Ngin ; 9h-17h lun-sam). Aussi colorée qu'une palette de peintre, cette adorable boutique appartient à un créateur franco-vietnamien. Belle collection de robes pour femmes, chemises en lin pour hommes, chemisiers à l'esprit bohème, beaux bijoux, couvre-lits et châles en soie. À l'étage, vous pourrez assister à la fabrication des robes et en commander une.

Kanchana Boutique ARTISANAT
(Carte p. 144 ; 021-213467 ; 102 Th Chanthakoummane ; 8h-21h lun-sam). Vous trouverez ici le plus beau choix de soieries laotiennes (les plus chères, qui peuvent coûter plusieurs milliers de dollars, se trouvent dans une pièce à l'écart). Les propriétaires, très accueillants, organisent aussi des visites de leur musée du Textile laotien, ainsi que des cours de tissage et de teinture.

KPP Handicraft Promotion Enterprise of Sekong Province ARTISANAT
(Carte p. 144 ; 021-241421 ; angle Th Setthathirath et Th Chao Anou ; 9h-20h). Cette modeste boutique de commerce équitable vend des textiles de la province de Sekong (plateau des Boloven).

True Colour ARTISANAT
(Carte p. 144 ; 021-214410 ; Th Setthathirath ; 9h-20h lun-sam). Grand choix de châles en soie et tentures murales tissés à la main, ainsi que des sacs à main hmong aux couleurs vives et des coussins à épingles. Tous les articles sont fabriqués au Centre de formation professionnelle pour femmes de Houey Hong (Houey Hong Vocational Training Center for Women ; p. 152).

Khampan Lao Handicraft ARTISANAT
(Carte p. 144 ; 021-222000 ; Th Nokèokoummane ; 8h-21h). Textiles de la région de Sam Neua, à des prix très raisonnables.

Mixay Boutique ARTISANAT
(Carte p. 144 ; 021-216592 ; Th Nokèokoummane ; 9h-20h). Boutique haut de gamme qui vend de la soie fabriquée sur place.

Camacrafts ARTISANAT
(Carte p. 144 ; www.camacrafts.org ; Th Nokèokoummane ; 10h-18h lun-sam). Boutique spécialisée dans les soieries de la province de Xieng Khuang, où trouver aussi des couvre-lits et des coussins aux superbes motifs hmong.

Vin

Vins de France VIN
(Carte p. 144 ; 021-217700 ; 354 Th Samsènethai ; 8h-20h). Ce "baràvin", comme l'annonce l'enseigne, est l'un des meilleurs de toute l'Asie du Sud-Est. Jetez un coup d'œil à l'intérieur de ce lieu en total décalage avec son environnement. Pour goûter aux crus de la boutique, choisissez par exemple la dégustation à 3 $US (avec saucisson !).

VanSom VIN
(Carte p. 144 ; 021-212196 ; 110/01 Th Samsènethai ; 8h-20h lun-sam). VanSom est une autre cave bien approvisionnée et au décor tout aussi rutilant.

Orientation

Vientiane s'étire le long d'un méandre du Mékong selon un axe nord-ouest-sud-est, le quartier central de Meuang Chanthabuli occupant le milieu de la boucle. La plupart des administrations, hôtels, restaurants et temples anciens se situent dans Chanthabuli, près du fleuve. Quelques bâtiments coloniaux et d'anciennes maisons de négoce sino-vietnamiennes avoisinent des constructions massives inspirées du réalisme socialiste.

L'aéroport international de Vattay est situé à 4 km au nord-ouest du centre-ville. La gare routière Nord, d'où des bus longue distance desservent le nord du pays, se trouve à 2 km au nord-ouest du centre. Installée à 9 km au nord-est du centre sur la Rte 13, la gare routière Sud regroupe la plupart des services à destination du Sud. La frontière avec la Thaïlande par le pont de l'Amitié lao-thaïlandaise est situé à 19 km au sud-est de la ville.

Les noms de rues ne sont indiqués que sur les grands axes et dans le centre-ville, plus touristique. Lorsque les plaques existent, les désignations française et anglaise des types de voies diffèrent (par exemple, route, rue, road et avenue) ; en laotien, elles sont toujours appelées *thanŏn* (Th). Mieux vaut utiliser ce terme pour demander votre chemin.

Th Setthathirat (qui abrite plusieurs temples célèbres) et Th Samsènethai courent parallèlement dans le centre-ville et en sont les artères principales. En les remontant vers le nord-ouest, toutes deux mènent à Th Luang Prabang et à la Rte 13 Nord. Dans l'autre sens, elles croisent Th Lan Xang, un boulevard perpendiculaire qui s'étire du palais présidentiel au Patuxai (monument de la Victoire) en passant par le Talat Sao (marché du matin), puis se prolonge par Th Phon Kheng, qui devient la Rte 13 Sud et rejoint la gare routière Sud.

Les *méuang* de Vientiane sont divisés en *bâan* (Ban), qui sont des faubourgs ou des villages associés à des *vat* locaux. Ainsi, l'aéroport international de Vattay se trouve dans Ban Vat Tai, où s'élève le Vat Tai.

CARTES

La carte *Vientiane* de **Hobo Maps** (www.hobomaps.com ; 2 $US), sans doute la meilleure des cartes grand public, est disponible dans les librairies et les enseignes PhimPhone Market.

Renseignements

ACCÈS INTERNET

Plusieurs cybercafés sont installés sur le côté nord de Th Setthathirath, entre Nam Phu (la fontaine) et Th Manthatourath. Ouverts de 9h à 23h, ils facturent 6 000 LAK l'heure. De nombreux cafés de la ville proposent une connexion Wi-Fi, souvent gratuitement.

Oriental Bookshop (carte p. 144 ; 021-215352 ; 121 Th Chao Anou ; 5 000 LAK/heure ; 8h30-22h). Cette librairie dispose de plusieurs ordinateurs avec accès Internet.

True Coffee Internet (carte p. 144 ; Th Setthathirath ; 8 000 LAK/heure ; 9h-21h ;). L'établissement le plus branché pour se connecter à Internet vend aussi des accessoires Apple et de quoi grignoter (brownies, yaourts et jus de fruits frais). Sirotez un café en discutant sur Skype ou utilisez le Wi-Fi gratuit avec votre ordinateur portable.

AGENCES DE VOYAGES

Dans le centre-ville, de nombreuses agences peuvent réserver des billets d'avion et des billets sur les trains thaïlandais et se charger des demandes de visas pour le Myanmar (Birmanie) et le Vietnam.

Green Discovery (carte p. 144 ; 021-264528 ; www.greendiscoverylaos.com ; Th Setthathirath). L'agence la plus renommée du pays en matière de circuits aventure, à juste titre. Propose, entre autres, kayak, vélo, tyrolienne et treks, et peut organiser les transports.

Lasi Ticketing (carte p. 144 ; 021-222851 ; www.lasiglobal.com ; Th François Ngin ; 8h-17h lun-ven, 8h30-12h sam). Le personnel, efficace et anglophone, vend des billets d'avion, de train et de bus VIP. L'agence se charge aussi des demandes de visas pour le Cambodge et le Vietnam. Adressez-vous à Miss Pha.

Maison du Café (carte p. 144 ; 021-219743 ou 020-780 4842 ; 119 Th Manthatourath ; 8h-22h). Cette boutique vend des billets de transports et assure les demandes de visa. Il y a quelques ordinateurs pour se connecter.

ARGENT

Il y a des bureaux de change agréés un peu partout dans le centre de Vientiane, en particulier dans Th Setthathirath, entre Th François Ngin et Th Pangkham. Certains magasins, hôtels et marchés changent également des devises sans commission, mais à des taux peu intéressants.

Les banques indiquées ci-après changent les espèces et les chèques de voyage et délivrent des avances sur les cartes Visa et MasterCard – généralement en kips (LAK), mais certaines délivrent aussi des dollars américains et des bahts thaïlandais. Beaucoup possèdent des distributeurs automatiques de billets (DAB) qui acceptent les cartes étrangères, mais il est souvent moins coûteux de faire un retrait au guichet. Toutes sont ouvertes de 8h30 à 15h30, du lundi au vendredi.

ANZ (021-222700 ; 33 Th Lan Xang). La plus grande agence de Vientiane possède 2 DAB. Elle applique une commission fixe de 45 000 LAK pour les retraits au guichet (Visa ou MasterCard). Il y a deux autres DAB, dans Th Setthathirath et dans Th Fa Ngoum.

Bank of Ayudhya (carte p. 144 ; 021-214575 ; 79/6 Th Lan Xang). Commission de 1,5% pour les retraits d'espèces avec une carte Visa.

Banque pour le commerce extérieur lao (BCEL ; carte p. 144 ; angle Th Pangkham et Th Fa Ngoum ; ⏲8h30-19h lun-ven, 8h30-15h sam-dim). Les meilleurs taux de change – et les files d'attente les plus longues. Guichet de change dans Th Fa Ngoum, et 3 DAB attenant au bâtiment principal.

Joint Development Bank (carte p. 144 ; 75/1-5 Th Lan Xang). Les commissions les moins élevées pour les retraits au guichet. Il y a aussi un DAB.

Krung Thai Bank (carte p. 144 ; ☎021-213480 ; Th Lan Xang). Dispose également d'un guichet de change dans Th Fa Ngoum.

Siam Commercial Bank (carte p. 144 ; 117 Th Lan Xang). DAB et retrait d'espèces avec carte Visa.

CENTRE CULTUREL

Institut français (carte p. 144 ; ☎021-215764 ; www.if-laos.org ; Th Lan Xang ; ⏲8h15-18h15 lun-ven, 9h30-16h30 sam). Le Centre français, comme on l'appelle ici, propose un agenda complet de films, de concerts et de représentations théâtrales et abrite une bibliothèque. Cours de français et de laotien.

DÉSAGRÉMENTS ET DANGERS

Selon les standards internationaux, Vientiane reste une ville très sûre. Cependant, des courriers de lecteurs et des informations locales témoignent d'un risque accru d'agression. Soyez particulièrement vigilant aux abords de la banque BCEL, près du fleuve, où des voleurs à la tire (souvent deux hommes à moto) semblent sévir. Faire preuve de bon sens constitue la meilleure prévention. Les crimes violents envers les touristes sont extrêmement rares.

Ne circulez pas dans les rues de la ville pendant les fêtes, en particulier lors de **Pi Mai** (⏲avr), car le nombre d'accidents de la circulation dus à l'alcool monte en flèche. Les pickpockets sont également plus actifs durant ces périodes.

MÉDIAS

Seul hebdomadaire laotien en français, *Le Rénovateur* (www.lerenovateur.org.la), édité par le gouvernement, est publié chaque mardi. Outre de très rares critiques des autorités, il contient des rubriques Actualités, Guide pratique et des petites annonces. Le *Vientiane Times* (www.vientianetimes.org.la), seul quotidien laotien en anglais, également contrôlé par le gouvernement, paraît six fois par semaine. Il est terriblement censuré, mais il publie des analyses des relations commerciales du Laos avec la Chine et d'autres pays, en particulier dans les domaines de l'extraction minière et de l'énergie hydroélectrique.

OFFICE DU TOURISME

Centre d'information touristique (carte p. 144 ; www.ecotourismlaos.com ; Th Lan Xang ; ⏲8h30-12h et 13h30-16h). Situé entre le Talat Sao et le Patuxai, le centre d'information de l'Autorité touristique nationale du Laos (ATNL) mérite une visite. Installé au rez-de-chaussée, le bureau, agréable et bien aménagé, comporte des présentations de chaque province et de ses centres d'intérêt. Lors de notre passage, les employés parlaient assez bien anglais et ont répondu à la plupart de nos questions. Vous pourrez vous y procurer des brochures et quelques cartes régionales, et glaner des renseignements sur les visites de la ZNP de Phu Khao Khuay.

POSTE

Poste, télégraphe et téléphone (PTT ; carte p. 144 ; angle Th Lan Xang et Th Khu Vieng; ⏲8h-17h lun-ven, 8h-12h sam-dim). Abrite le service de poste restante. Vente de timbres.

SERVICES MÉDICAUX

Les services médicaux de Vientiane laissent à désirer. Pour tout problème sérieux, mieux vaut franchir la frontière et consulter dans les hôpitaux thaïlandais, bien mieux équipés. Parmi ces derniers, l'**Aek Udon International Hospital** (☎042-342555 ; Th Phosri) peut envoyer une ambulance pour vous conduire à Udon Thani. Pour un mal bénin, essayez les établissements suivants, à Vientiane :

Alliance International Medical Center (carte p. 140 ; ☎021-513095 ; Th Luang Prabang). Cet hôpital flambant neuf, impeccable, traite les affections et les problèmes courants (fractures, etc.) et délivre des antibiotiques. Derrière le showroom Honda, près de l'aéroport international de Vattay.

Centre médical de l'ambassade de France (carte p. 140 ; ☎021-214150 ; angle Th Khu Vieng et Th Simeuang ; ⏲8h30-12h et 16h30-19h lun-mar, jeu-ven, 13h30-17h mer, 9h-12h sam). Sur rdv uniquement en dehors de ces horaires.

Clinique de l'ambassade d'Australie (carte p. 140 ; ☎021-353840 ; ⏲8h30-17h, lun-ven). Prend en charge les Canadiens. Problèmes mineurs sur rendez-vous.

Hôpital Setthathirat (☎021-351156). Grâce à de récentes rénovations financées par des fonds japonais, cet hôpital, situé à 6,5 km au nord-est du centre-ville, est une autre possibilité pour les affections sans gravité.

International Clinic (carte p. 140 ; ☎021-214021/2 ; Th Fa Ngoum ; ⏲24h/24). Dans l'hôpital Mahasot, sans doute le meilleur endroit pour des soins urgents peu complexes. Certains médecins parlent anglais. Venez avec votre passeport et des espèces.

Poppy's Pharmacy & Beauty (carte p. 144 ; ☎030-981 0108 ; Th Hengboun ; ⏲8h-22h). Pharmacie moderne bien fournie, idéale pour acheter des articles de toilette, des cosmétiques, de la crème solaire, des antipaludiques (pas de Lariam) et des somnifères pour les longs trajets en bus.

TÉLÉPHONE

La plupart des cybercafés proposent un service d'appels internationaux pour 5 000 LAK la minute, mais mieux vaut, si possible, utiliser Skype. Vous pouvez passer des appels locaux depuis n'importe quel lobby d'hôtel, souvent gratuitement.

Lao Telecom Numphu Centre (carte p. 144 ; Th Setthathirath ; ⏲9h-19h). Comprend des services de fax et d'appels internationaux pour 2 000 LAK la minute (1 000 LAK la minute pour les appels nationaux).

URGENCES

Ambulance (☎195)

Police (☎191)

Police touristique (carte p. 144 ; ☎021-251128 ; Th Lan Xang)

Pompiers (☎190)

Depuis/vers Vientiane

AVION

Les départs depuis **Vattay, l'aéroport international** de Vientiane (carte p. 140 ; ☎021-512165), se passent sans encombre. Le terminal des vols intérieurs occupe l'ancien

BUS AU DÉPART DE VIENTIANE

DESTINATION	POINT DE DÉPART	TARIFS (LAK)	DISTANCE (KM)	DURÉE (HEURES)	DÉPARTS
Attapeu (ventil)	gare routière Sud	140 000	812	22-24	9h30, 17h30
Attapeu (VIP)	gare routière Sud	200 000	812	14-16	20h30
Don Khong (ventil)	gare routière Sud	150 000	788	16-19	10h30
Huay Xai (clim)	gare routière Nord	230 000	869	24	17h30
Khon Kaen (clim)	gare routière du Talat Sao	52 000	197	4	8h15, 14h45
Lak Sao (ventil)	gare routière Sud	85 000	334	6-8	5h, 6h, 7h, 20h30
Luang Namtha	gare routière Nord	180 000	676	24	20h30 (ventil)
Luang Prabang	gare routière Nord	110 000	384	10-11	6h30, 7h30, 9h, 11h, 13h30, 16h, 18h, 19h30 (clim)
Luang Prabang (VIP)	gare routière Nord	150 000	384	9-12	19h30, 20h
Nakhon Ratchasima (clim)	gare routière du Talat Sao	82 000	387	7	7h30
Nong Khai (clim)	gare routière du Talat Sao	17 000	25	1h30	7h30, 9h30, 12h40, 14h30, 15h30, 18h
Nong Khiang (ventil)	gare routière Sud	130 000	818	16-20	11h
Paksan	gare routière Sud	40 000-50 000	143	3-4	7h-15h (túk-túk) ; tout bus allant vers le sud
Pakse (ventil)	gare routière Sud	140 000	677	16-18	toutes les heures de 7h à 20h
Pakse (VIP)	gare routière Sud	180 000	677	8-10	21h
Phongsali	gare routière Nord station	190 000	811	25-28	6h45 (ventil)

bâtiment blanc, à l'est de l'imposant terminal international. Un comptoir d'information (souvent désert) est situé dans le hall des arrivées, et l'on peut se restaurer à l'étage du terminal international.

Air Asia (carte p. 140 ; www.airasia.com ; terminal international de l'aéroport de Vattay). Plusieurs vols par semaine de Vientiane à Kuala Lumpur.

China Eastern Airlines (carte p. 140 ; www.ce-air.com ; Th Luang Prabang). Vols quotidiens à destination de Kunming et de Nanning.

Lao Air (carte p. 140 ; ☎021-513022 ; www.lao-air.com ; terminal national de l'aéroport de Vattay ; ⏲8h-17h). Trois vols hebdomadaires pour Sam Neua (116 $US) et Sainyabuli (90 $US), et deux vols hebdomadaires pour Phongsali (126 $US).

Lao Airlines (carte p. 144 ; ☎021-212051 ; www.laoairlines.com ; Th Pangkham ; ⏲8h-12h et 13h-16h lun-sam, 8h-12h dim). Vols intérieurs de Vientiane à Huay Xai (115 $US, 3/semaine), Luang Prabang (90 $US, 40 min, 5/jour), Luang Namtha (115 $US, 4/semaine), Pakse (134 $US, 4/semaine), Phonsavan (90 $US, tlj), Savannakhet (115 $US, 4/semaine) et Udomxai (115 $US, 4/semaine). Chaque jour, des vols internationaux sont assurés de Vientiane à Bangkok (170 $US), Chiang Mai (165 $US), Hanoi (165 $US), Kunming (265 $US), Phnom

DESTINATION	POINT DE DÉPART	TARIFS (LAK)	DISTANCE (KM)	DURÉE (HEURES)	DÉPARTS
Phonsavan	gare routière Nord	110 000	374	10-11	6h30, 8h, 9h30, 11h, 16h, 18h40 (clim), 20h
Phonsavan (VIP)	gare routière Nord	150 000	374	10-11	20h30
Sainyabuli (ventil)	gare routière Nord	110 000	485	14-16	9h, 16h, 18h30
Salavan (ventil)	gare routière Sud	120 000	774	15-20	16h30, 19h30
Salavan (clim)	gare routière Sud	150 000	774	16	19h30
Salavan (VIP)	gare routière Sud	180 000	774	13	20h
Sam Neua (ventil)	gare routière Nord	170 000	612	22-24	7h, 9h, 12h
Sam Neua (clim)	gare routière Nord	190 000	612	22-24	14h
Savannakhet (ventil)	gare routière Sud	75 000	457	8-11	5h30, 6h, 7h, 8h, 9h, ou tout bus pour Pakse
Savannakhet (VIP)	gare routière Sud	120 000	457	8-10	20h30
Tha Khaek (ventil)	gare routière Sud	60 000	332	6	4h, 5h, 6h, tout bus pour Savannakhet ou Pakse
Tha Khaek (VIP)	gare routière Sud	80 000	332	5	12h, 13h
Udomxai	gare routière Nord	170 000	578	16-19	6h45, 13h45 (ventil)
Udomxai (VIP)	gare routière Nord	190 000	578	15-17	16h
Udon Thani (clim)	gare routière du Talat Sao	22 000	82	2h30	8h, 10h30, 11h30, 14h, 16h, 18h
Vang Vieng (ventil)	gare routière du Talat Sao	30 000	157	3-4	7h, 9h30, 13h, 15h

PASSER EN THAÏLANDE : DE VIENTIANE À NONG KHAI

Jusqu'à la la frontière et au-delà

Au **poste-frontière de Tha Na Leng (Laos)/Nong Khai (Thaïlande)** (6h-22h), le pont de l'Amitié lao-thaïlandaise (Saphan Mittaphap Thai-Lao) enjambe le Mékong. La frontière se trouve à environ 20 km au sud-est de Vientiane, et le moyen le plus facile et économique de gagner le pont consiste à prendre le Thai-Lao International Bus. Il part plusieurs fois par jour à destination des villes thaïlandaises de Khon Kaen, Nakhon Ratchasima, Nong Khai et Udon Thani. De Vientiane, on peut aussi rallier le pont en taxi (300 THB), en *túk-túk* (collectif/individuel 5 000 LAK/250 THB), en *jumbo* (250-300 THB) ou avec le bus n°14 (Tha Deua) au départ de la gare routière du Talat Sao (15 000 LAK), entre 6h et 18h30.

Pour traverser la frontière depuis la Thaïlande, des *túk-túk* assurent le trajet depuis les gares ferroviaire (20 THB) et routière (55 THB) de Nong Khai jusqu'au poste-frontière thaïlandais, au niveau du pont. Vous pouvez aussi prendre le Thai-Lao International Bus à la gare routière de Nong Khai (55 THB, 1 heure 30) ou à la gare routière d'Udon Thani (80 THB, 2 heures) ; dans les deux cas, le bus a son terminus à la gare routière du Talat Sao, à Vientiane. Si vous arrivez en avion à Udon Thani, un *túk-túk* entre l'aéroport et la gare routière de la ville devrait vous coûter environ 120 THB.

Depuis 2009, il est également possible de traverser le pont en train, puisque la voie ferrée venant de la gare de Nong Khai a été prolongée en territoire laotien jusqu'à la gare de Dongphosy, à 3,5 km de la frontière et quelque 13 km du centre de Vientiane. Depuis Nong Khai, il y a deux départs quotidiens (9h30 et 16h, ventil/clim 20/50 THB, 15 minutes). Les formalités douanières s'effectuent dans les gares respectives.

À la frontière

À la frontière, on peut obtenir un visa permettant de rester 30 jours au Laos, pour 20 à 42 $US, selon la nationalité du demandeur. Si vous n'avez pas de photo d'identité, vous paierez un supplément de 1 $US ; un supplément de 1 $US pour "heures supplémentaires" est également facturé 6h à 8h et de 18h à 22h en semaine, ainsi que les week-ends et jours fériés. Vous paierez aussi un droit d'entrée de 1 $US. Ne laissez jamais un conducteur de *túk-túk* s'occuper de votre visa pour le Laos, même s'il insiste, car ce service prendrait beaucoup plus de temps et vous serait facturé. Exigez d'être conduit directement au pont.

Les voyageurs de la plupart des pays n'ont pas besoin de visa pour se rendre en Thaïlande.

En route

Le train entre Nong Khai et Bangkok part à 18h20 et coûte 23/37 $US pour un billet 2e classe/couchette.

Si vous arrivez de Thaïlande, vous pourrez choisir entre un minibus (100 THB), un *túk-túk* (250 THB) ou un taxi (300 THB) pour les 19 km séparant la frontière de Vientiane. Le bus local n°14 à destination du Talat Sao est le moyen le plus économique (15 000 LAK ou 20 THB) ; il circule jusqu'à 18h30.

Penh (185 $US), Siem Reap (185 $US), Hô Chi Minh-Ville (205 $US) et Guangzhou (360 $US). La compagnie possède un bureau à l'**aéroport** (carte p. 140 ; 021-512028 ; terminal international de l'aéroport de Vattay ; 4h-20h).

Thai Airways International (carte p. 140 ; www.thaiairways.com Th Luang Prabang). Liaisons entre Vientiane et Bangkok deux fois par semaine.

Vietnam Airlines (carte p. 144 ; www.vietnamairlines.com ; Lao Plaza Hotel, 63 Th Samsènethai ; 9h-17h). Vols de Vientiane à Hô Chi Minh-Ville, Hanoi et Phnom Penh, et de Luang Prabang à Hanoi et Siem Reap

BATEAU

Les services fluviaux de passagers entre Vientiane et Luang Prabang ont pratiquement disparu, concurrencés par le bus, plus rapide et moins cher.

Un bateau lent relie Vientiane à Pak Lai, à 115 km, les lundi, mercredi et vendredi (120 000 LAK, départ à 8h, 8 heures de trajet environ).

BUS

Il y a à Vientiane 3 gares routières, toutes dotées de buvettes et de stands de restauration et où des employés parlent anglais.

Gare routière Nord (Th Asiane). À 2 km au nord-ouest du centre. Elle dessert toutes les destinations au nord de Vang Vieng, y compris la Chine. Les destinations et les prix des billets sont indiqués en anglais.

Gare routière Sud (Rte 13 Sud). Couramment appelée gare routière de Dong Dok ou simplement *khíw lot lák kǎo* (gare routière du Km 9), elle se trouve à 9 km de la ville et dessert tout le Sud. Les bus à destination du Vietnam partent de là.

Gare routière du Talat Sao (carte p. 144 ; 021-216507 ; Th Khu Vieng). De cette gare, des bus locaux d'une lenteur désespérante rallient les localités de la province de Vientiane, dont Vang Vieng, et d'autres destinations plus éloignées (pour ces dernières, mieux vaut partir des gares routières Nord ou Sud).
Le Thai-Lao International Bus, qui se rend à Khon Kaen, à Nakhon Ratchasima, à Nong Khai et à Udon Thani, part également de cette gare.

Étant donné l'état des routes et des véhicules, les temps de trajet sont parfois rallongés. Des bus à destination de plusieurs villes thaïlandaises partent désormais de la gare routière du Talat Sao. Pour vous rendre en Chine (terminus Kunming), adressez-vous à la Tong Li Bus Company, à la gare routière Nord. Pour le Vietnam, des bus rallient quotidiennement Hanoi (220 000 LAK, 24 heures, départ à 19h) via Vinh (180 000 LAK, 16 heures), et Danang (230 000 LAK) via Hué (200 000 LAK, 19 heures) ; les lundi, mardi et dimanche ils partent à 18h. Pour Hô Chi Minh-Ville, il faut changer à Danang ; contactez SPT pour plus d'informations.

TRAIN

En mars 2009, la ligne de chemin de fer reliant Bangkok à Nong Khai (Thaïlande) a été prolongée pour franchir le pont de l'Amitié lao-thaïlandaise jusqu'à Dongphosy (Laos). Lorsque nous avons effectué les recherches pour ce guide, le gouvernement laotien projetait l'extension de la ligne sur 9 km, dans le cadre d'un plan visant à l'établissement d'un réseau de chemin de fer dans le pays. Sa mise en œuvre devrait débuter dans les cinq prochaines années, mais, pour l'instant, le réseau ferré laotien compte tout au plus 3,5 km de rails.

Comment circuler

Le centre de Vientiane s'explore facilement à pied. Pour découvrir les quartiers environnants, vous aurez besoin d'un véhicule.

PETIT GUIDE DES TÚK-TÚK ET DES JUMBO

Trois sortes de *túk-túk/jumbo* circulent dans Vientiane : savoir les différencier vous fera économiser argent et discussions interminables.

Túk-túk touristiques

Ils stationnent à la file devant les principaux sites touristiques, comme Nam Phu. En théorie, la course ne devrait pas dépasser 20 000 LAK pour une distance inférieure ou égale à 1 km. Toutefois, les chauffeurs brandissent souvent une carte plastifiée indiquant des tarifs deux fois plus élevés que ceux appliqués aux Laotiens. Marchander ne devrait pas changer grand-chose car tous les conducteurs s'entendent sur les prix à pratiquer.

Túk-túk itinérants

Vous pouvez les prendre n'importe où et négocier une course pour toute destination – les tarifs sont plus bas que ceux des *túk-túk* touristiques mais ils augmentent en s'éloignant des grands axes. Pour une course dans le centre, il suffit en général de tendre 15 000 à 20 000 LAK au chauffeur et de lui annoncer la destination voulue.

Jumbo collectifs à itinéraire fixe

Semblables aux *túk-túk* et moins coûteux, ils fonctionnent plutôt comme des bus : ils partent des stations de *túk-túk*, suivent des itinéraires fixes et pratiquent des prix fixes. La plus grande station se situe près du Talat Sao ; un itinéraire très pratique dessert le pont de l'Amitié (5 000 LAK, au lieu de 200 THB en *túk-túk*). Il suffit de se présenter et d'indiquer sa destination.

DEPUIS/VERS L'AÉROPORT

L'aéroport international de Vattay se situe à 4 km au nord-ouest du centre-ville. Les taxis demandent 10 $US pour ce trajet, un tarif fixé par le gouvernement et qui permet de vous faire déposer n'importe où à Vientiane (comptez toutefois seulement 13 $US jusqu'au pont de l'Amitié lao-thaïlandaise). Seuls les taxis officiels peuvent prendre des passagers à l'aéroport.

Nombre de voyageurs désargentés et avec peu de bagages sortent du terminal, parcourent 500 m jusqu'à l'entrée de l'aéroport, et traversent Th LuangPrabang pour héler un *jumbo* collectif (20 000 LAK/pers). Selon les tarifs officiels des *túk-túk*, une course entre le centre-ville et l'aéroport coûte 60 000 LAK. Le prix des transports en commun augmente si vous allez plus loin que le centre-ville.

En bus (n°30, Tha Pa, et n°49, Nong Taeng) au départ de la gare du Talat Sao, comptez 10 000 LAK.

BUS

Le réseau urbain dessert plutôt les faubourgs éloignés que le quartier central de Chanthabuli. La plupart des bus partent de la gare routière du Talat Sao. Le trajet en bus (n°40, Tha Deua) jusqu'au pont de l'Amitié lao-thaïlandaise coûte 15 000 LAK ; il est assuré toutes les 2 heures de 6h à 18h30.

JUMBO ET TÚK-TÚK

Jumbo et *túk-túk* effectuent aussi bien une course de 500 m que de 20 km. Pour ne pas payer un prix exorbitant, apprenez à reconnaître les différents types de *túk-túk* (voir p. 171). Les *túk-túk* touristiques sont les plus chers ; les *jumbo* collectifs, qui suivent des itinéraires fixes en ville (par exemple, de Th Luang Prabang à Th Setthathirat ou de Th Lan Xang à That Luang), sont bien moins coûteux – habituellement 20 000 LAK par personne.

CIRCUITS À MOTO

Si ces dernières années la moto n'était pas très en vogue au Laos, la situation a évolué en 2013 grâce à plusieurs facteurs : goudronnage de routes, amélioration des pneus et apparition de loueurs bien organisés. Il est désormais possible de circuler avec des motos tout-terrain solides et bien entretenues, en bénéficiant de l'efficace réseau de téléphonie mobile laotien pour rester en contact avec une base et en s'appuyant sur des GPS pour son itinéraire. On pourra aussi vous déposer où vous voulez et transporter vos bagages jusqu'à la destination de votre choix. Dans ces conditions, il est tout à fait envisageable d'effectuer une partie de son voyage sur deux roues (ce qui nous semble plus agréable que les bus bondés et moites). Louez une moto pour une semaine auprès de Jules' Classic Rental, et partez explorer le nord ou le centre du Laos. Traversez les montagnes jusqu'à Vang Vieng pendant quelques jours et continuez jusqu'à Luang Prabang. Vous pourrez alors découvrir le nord du pays avant de rendre votre machine à Luang Prabang.

Vous pouvez aussi prendre un bus jusqu'à Vang Vieng et participer à un circuit **Uncle Tom's Trail Bike Tour** (☎ 020-2995 8903 ; uncletomstrails@hotmail.com ; Blue Lagoon Resort, Ban Theua, Ang Nam Ngum ; circuit 2 nuits 110 $US/pers), au départ du Blue Lagoon Resort, à l'extrémité nord d'Ang Nam Ngum (un lac artificiel proche de Vang Vieng). Ce nouveau prestataire est géré par un Gallois qui dispense des conseils de conduite (y compris aux débutants) avant d'accompager des circuits personnalisés d'une journée.

Si vous envisagez d'effectuer la Boucle de la province de Khammuan, ne prenez pas de risques avec un scooter instable : une nouvelle agence, Mad Monkey Motorbike (p. 206), loue des Honda tout-terrain de 250 cm³ à Tha Khaek, un excellent point de départ pour réaliser la Boucle et explorer la légendaire grotte de Kong Lo. En outre, le propriétaire, DC, pourra venir vous chercher si vous êtes en difficulté en pleine cambrousse.

Enfin, grâce à **Midnight Mapper** (☎ 020-5865 6994 ; espritdemer@hotmail.com), qui a travaillé à ce projet pendant 10 ans, vous pouvez désormais acheter une carte satellite du Laos via le site Internet et l'intégrer à votre GPS (50 $US, la carte SIM vous sera envoyée par courrier). Midnight Mapper pourra aussi vous louer un GPS Garmin (10 $US/jour) et enregistrer vos coordonnées afin que vous ne soyez jamais perdu. On pourra aussi vous emmener vers des territoires isolés, non cartographiés, dans la province d'Attapeu et sur l'ancienne piste Hô Chi Minh.

TAXI

Des taxis, de tous modèles et de tous âges, stationnent devant les grands hôtels ou à l'aéroport. Le prix de la course se négocie, sauf avec les chauffeurs du **Meter Taxi Service** (☎ 021-454168), qui font fonctionner un compteur. Les véhicules de cette compagnie attendent souvent dans Th Pangkham, en face du Day Inn Hotel. **Taxi Vientiane Capital Lao Group** (☎ 021-454168 ; ⌚24h/24) est une autre compagnie utile, nouvelle venue.

Les véhicules qui vont au pont de l'Amitié (300 THB) se trouvent à la **station de taxis du Talat Sao** (carte p. 144 ; ⌚ 7h-18h), à l'angle de Th Lan Xang et de Th Khu Vieng, en face du Talat Sao.

La location d'une voiture avec chauffeur coûte quelque 50 $US par jour, à condition de ne pas quitter la ville. Si vous sortez de Vientiane, attendez-vous à payer davantage.

VÉLO

Vientiane est une ville essentiellement plate, idéale à parcourir à bicyclette. De nombreuses pensions et plusieurs boutiques, facilement repérables, en louent pour quelque 10 000 LAK par jour.

VOITURE ET MOTO

Plusieurs loueurs du centre-ville proposent des scooters, que vous verrez partout dans Vientiane. Deux se trouvent sur le côté ouest de Th Nokèokoummane, près du Douang Deuane Hotel (p. 155). Celui situé juste en face de l'hôtel, le moins cher, propose des 110 cm³ pour 70 000 LAK la journée.

Jules' Classic Rental (carte p. 144 ; ☎ 020-9728 2636 ; www.bike-rental-laos.com ; Th Setthathirath ; 35 $US/jour, location minimum 1 semaine). Ce prestataire sympathique loue des scooters bien entretenus, et pour les plus aventureux, des motos tout-terrain neuves et robustes (250 cm³ et 450 cm³). Le propriétaire, Thierry, pourra acheminer vos bagages jusqu'à votre destination (moyennant un supplément). Si vous allez assez loin (jusqu'à Luang Prabang par exemple) et que vous ne voulez pas rebrousser chemin, vous pourrez aussi laisser la moto sur place pour 50 $US. En cas d'urgence, téléphonez à l'agence : on vous enverra un mécanicien ou on viendra vous chercher. Admirez les motos anciennes devant la boutique. Excellentes prestations.

Europcar (carte p. 144 ; ☎ 021-223867 ; www.europcarlaos.com ; Th Setthathirath ; ⌚8h30-18h30 lun-ven, 8h30-13h sam-dim). Location de voitures de qualité, des petites berlines (55 $US/jour) aux 4x4 (77 $US/jour). Vous pouvez aussi engager un chauffeur pour 10 $US/jour, mais si vous sortez de Vientiane, le prix grimpera à 20 $US/jour pour couvrir ses frais. Et, en payant un supplément, vous pourrez rendre la voiture dans une autre ville. L'assurance au tiers est la norme.

ENVIRONS DE VIENTIANE

Aux alentours de Vientiane, plusieurs sites peuvent se visiter dans la journée et d'autres demandent plus de temps.

ZNP de Phu Khao Khuay
ສວນ
ອຸດທິຍານແຫ່ງຊາດພູເຂົາຄວາຍ

Couvrant plus de 2 000 km² de montagnes et de rivières à l'est de Vientiane, la **ZNP de Phu Khao Khuay** (www.trekkingcentrallaos.com), assez méconnue, est la zone nationale protégée la plus aisément accessible du pays. Des randonnées, de quelques heures à 3 jours, ont été mises en place en collaboration avec deux villages frontaliers avec la Thaïlande à la zone protégée, Ban Na et Ban Hat Khai.

Phu Khao Khuay (prononcez "pou kao kouaï") signifie "montagne de la Corne de buffle", un nom qui provient d'une légende locale. La réserve est traversée par trois grandes rivières qui prennent leur source dans un massif de grès et se jettent dans le réservoir d'Ang Nam Leuk. Elle abrite une extraordinaire diversité d'espèces menacées, dont des éléphants sauvages, des gibbons, des ours noirs d'Asie, des panthères longibandes, des houppifères du Siam et des paons verts. Des forêts couvrent environ 88% de la ZNP, mais seulement 32% de celles-ci sont classées forêts denses et matures. Selon l'altitude, on peut découvrir des diptérocarpacées à feuilles persistantes (arbres d'Asie portant des fruits caractéristiques), des forêts mixtes à feuilles caduques, des forêts de conifères ou des herbages d'altitude. Plusieurs chutes d'eau impressionnantes peuvent faire l'objet d'excursions à la journée depuis Vientiane.

Si toutes ces merveilles présentent un intérêt indéniable, la principale attraction de Phu Khao Khuay a été, jusqu'ici, sa harde d'éléphants sauvages. Malheureusement, en raison d'événements tragiques survenus ces dernières années, les chances de voir ces pachydermes sont de plus en plus minces.

Vous pourrez obtenir des informations détaillées sur les possibilités de randonnée, d'hébergement et de transport depuis/vers Phu Khao Khuay auprès du centre d'information touristique de Vientiane (p. 167). La journée de trek revient à 160 000 LAK/personne, une somme à laquelle il faut ajouter le droit d'entrée dans la ZNP (50 000 LAK) et la contribution versée au village (50 000 LAK). Si vous partez de Ban Hat Khai, vous devrez également prévoir le prix du bateau (70 000 LAK par bateau pouvant transportant jusqu'à 5 personnes).

Depuis/vers la ZNP de Phu Khao Khuay

De la gare routière Sud à Vientiane, des bus partent régulièrement pour Ban Tha Bok et Paksan. Pour le Vat Pha Baht Phonsan et Ban Na, descendez à Tha Pha Bat, près de la borne du Km 81 ; le sanctuaire borde la Rte 13 et Ban Na se situe à 2 km au nord – suivez les panneaux.

Pour Ban Hat Khai, restez dans le bus jusqu'à un embranchement sur la gauche (nord) au Km 92, juste avant Ban Tha Bok. Si vous venez par vos propres moyens, poursuivez sur 8 km sur la route en latérite et traversez le nouveau pont. À la fourche, prenez à droite. Ban Hat Khai se trouve à 1 km de là, et Tat Xai 9 km plus loin. Tournez à gauche, poursuivez sur 6 km et vous rejoindrez Tat Leuk par une mauvaise piste (4 km). Une autre solution consiste à demander qu'un habitant de Ban Hat Khai vienne vous chercher à moto à Ban Tha Bok (15 000 LAK aller simple, à organiser au préalable).

Sachez que, si vous venez de Vientiane, trois entrées différentes sont signalées pour Phu Khao Khuay, la deuxième conduit à Ban Na, la troisième mène à Ban Hat Khai et aux cascades.

Ban Na ບ້ານນາ

Le village agricole de Ban Na, à 82 km au nord-est de Vientiane, compte quelque 600 habitants. Dans cette localité typiquement laotienne, les femmes confectionnent des paniers en bambou (un art qu'elles vous enseigneront volontiers pour un prix modique) et les hommes travaillent dans les champs. Toutefois, jusque récemment, les visiteurs y venaient essentiellement pour apercevoir la harde d'éléphants.

Les paysans de Ban Na cultivent traditionnellement des légumes et du riz. Il y a quelques années, ils ont commencé à planter de la canne à sucre. C'était compter sans la gourmandise des éléphants des montagnes voisines : ils repérèrent vite les délicieuses plantes qui poussaient dans la plaine et vinrent dévorer les cannes à sucre, les ananas et les bananes cultivés autour de Ban Na. Bien évidemment, les agriculteurs n'apprécièrent pas cette cueillette imprévue. Pour se débarrasser des éléphants, ils décidèrent de bannir la canne à sucre et de reprendre la culture classique (et moins lucrative) des légumes.

Les paysans espéraient ainsi que la trentaine de pachydermes retournerait dans les montagnes. Mais, au contraire, la harde s'est installée dans les forêts de la plaine, les plantations de bambous et les champs autour de Ban Na, et les destructions qu'ils causèrent ont affecté à la fois l'environnement et les finances du village. De fait, seul l'écotourisme basé sur les éléphants a permis aux villageois de survivre et d'accepter cette cohabitation forcée. Et le résultat semblait probant.

En réalité, les éléphants ont aujourd'hui disparu. En 2007, on estimait que la harde de Phu Khao Khuay comptait 25 pachydermes. En 2009, cinq d'entre eux ont été tués ; leurs défenses et leur pattes arrière ayant été découpées, ce crime était plus probablement imputable à des braconniers qu'à des villageois vindicatifs. En 2010, deux autres éléphants ont péri ; selon l'armée laotienne, ils auraient été électrocutés par la foudre. Il devrait donc rester 18 éléphants, mais personne ne sait où ils se trouvent.

Des villageois guident des randonnées de un, deux ou trois jours de Ban Na à Keng Khani (3-4 heures de marche dans chaque sens), via la forêt dense jusqu'aux chutes de **Tat Fa** (4-5 heures), et jusqu'à la tour d'observation des éléphants à **Pung Xay** (4 km). La randonnée de 1 heure jusqu'à la tour est facile et traverse des plantations et l'orée de la forêt épaisse. La tour domine un salant où les éléphants *avaient* l'habitude de venir régulièrement. Les randonneurs dorment dans la tour (comptez 100 000 LAK par personne), sur un matelas sous une moustiquaire, et les guides préparent un délicieux repas local. Même sans les éléphants, l'expérience est agréable.

On peut également passer la nuit chez l'habitant pour 30 000 LAK par personne ; la nourriture coûte 30 000 LAK par personne. Les prix sont fixes et ne comprennent pas le transport depuis Vientiane. Tout l'argent revient directement au village et à la ZNP. Pour contacter directement Ban Na, appelez **M. Bounthanom** (☎ 020-220 8286), qui parle uniquement laotien (demandez à une personne qui parle laotien de téléphoner pour vous).

Sur la route de Ban Na, le **Vat Pha Baht Phonsan** mérite une courte halte. Bâti sur un affleurement rocheux à Tha Pha Baht, au bord de la Rte 13 à 2 km au sud de Ban Na, il est vénéré pour son grand *pha bàat* (empreinte de pied du Bouddha), son monastère et son grand bouddha couché. Vous le reconnaîtrez à son imposant stupa richement décoré, érigé en 1933.

Ban Hat Khai ບ້ານຫາດໄຊ່

Comme Ban Na, le village de Ban Hat Khai est un point de départ de treks dans la ZNP de Phu Khao Khuay. Parmi les destinations figurent l'immense falaise et le somptueux paysage de **Pha Luang** (3 ou 4 heures de marche dans chaque sens) et les forêts autour de **Huay Khi Ling** (2 à 3 heures). Le trek combinant les deux destinations demande 2 à 3 jours, selon la saison, et implique de passer la nuit en forêt (guides 160 000K/jour, permis 50 000 LAK, don au village 50 000 LAK). À Ban Hat Khai, on peut louer un bateau (70 000 LAK/pers ; jusqu'à 5 personnes) pour remonter la rivière jusqu'à **Pha Xai**.

On peut aussi séjourner chez l'habitant à Ban Hat Khai, pour 30 000 LAK par personne et par nuit (supplément de 30 000 LAK/pers pour la nourriture). Des prix qui ne comprennent pas le transport depuis Vientiane et ne sont pas négociables. Tous les bénéfices reviennent au village et à la ZNP. Contactez **M. Khammuan** (☎ 020-224 0343), qui parle laotien (demandez à une personne qui maîtrise la langue de téléphoner pour vous).

Tat Xai, Pha Xai et Tat Leuk

Les trois plus belles chutes de Phu Khao Khuay sont accessibles par la route qui part vers le nord de la Rte 13, juste avant Ban Tha Bok. Les chutes de **Tat Xai** dévalent sur sept niveaux, celles de **Pha Xai**, à 800 m en aval, plongent en cataracte sur 40 m. Un bassin, propice à la baignade, peut être dangereux pendant la saison des pluies.

Les chutes de **Tat Leuk**, beaucoup plus modestes, se trouvent à un endroit idéal pour planter sa tente. On peut nager au-dessus des chutes si le courant n'est pas trop rapide. Le centre d'information, qui dispose de renseignements sur la région, propose aussi un guide détaillé du **sentier nature de Huay Bon**, long de 1,5 km. Le responsable du centre organise des randonnées aux alentours pour 160 000 LAK et loue de bonnes tentes de 4 places (30 000 LAK), ainsi que des hamacs, des matelas, des moustiquaires et des sacs de couchage (10 000 LAK pièce). Il y a un restaurant très sommaire (n'hésitez pas à emporter quelque chose à manger pour compléter), des ouvrages sur la faune et la flore et une paire de jumelles.

De Vientiane à Vang Vieng

Quelques étapes intéressantes ponctuent la route de Vang Vieng. Les chutes de **Nam Tok Tat Khu Khana** (ou Hin Khana) se rejoignent facilement par une mauvaise piste de 10 km, qui part vers l'ouest de la Rte 13 près du village de Ban Naxaithong, vers le Km 17.

À **Vang Sang**, à 65 km au nord de Vientiane via la Rte 13, un groupe de dix hauts-reliefs représentant le Bouddha, sculptés dans les falaises, daterait du XVIe siècle. Deux des bouddhas mesurent plus de 3 m de hauteur. Vang Sang signifie "palais de l'Éléphant", une référence à un cimetière d'éléphants découvert à proximité. Pour rejoindre le site, suivez les panneaux jusqu'au Vang Xang Resort, près de la borne du Km 62, puis prenez la route de latérite qui contourne un petit lac, remontez la colline et continuez jusqu'à la forêt, à l'extrémité.

Un peu plus au nord se trouve Phon Hong, une bourgade prospère à l'embranchement vers Thalat et **Ang Nam Ngum**, un grand lac artificiel formé par le barrage sur la Nam Ngum, créé en 1971. Après l'inondation de l'ancienne vallée fluviale, ses plus hauts sommets sont devenus des îles boisées. À la suite de la prise de Vientiane par le Pathet Lao (PL) en 1975, quelque 3 000 prostituées, drogués et criminels de droit commun furent arrêtés dans la capitale et exilés sur deux de ces îles, l'une réservée aux femmes et l'autre aux hommes. Aujourd'hui, la centrale hydroélectrique de la Nam Ngum fournit la majeure partie de l'électricité nécessaire à la région de Vientiane et en exporte en Thaïlande. Ang Nam Ngum est parsemé de jolies petites îles, que vous découvrirez au cours d'une minicroisière. On peut louer un bateau à Ban Na Khuen (demi-journée/journée 150 000/300 000 LAK), localité au bord du lac qui offre aussi les meilleures possibilités d'hébergement et de restauration des environs.

Au village de Ban Senhxoum, une route de latérite qui prend à droite juste après le Km 80 mène, 7 km plus loin, au Nam Lik Eco-Village (ci-contre). Nouvelle destination écotouristique, ce complexe hôtelier tranquille, aménagé sur la rive occidentale de la **Nam Lik**, est un lieu très agréable où séjourner et profiter de la nature environnante, au gré d'activités diverses (randonnées à la découverte des orchidées, kayak, VTT...). C'est également un excellent camp de base pour profiter de la grande attraction du secteur, le **Nam Lik Jungle Fly** (☎ 020-5662 2001 ; www.laosjunglefly.com), qui a ouvert au début de 2010. Cet ensemble de 10 tyroliennes et ponts de corde couvre 2 km au total. Le complexe dispose aussi de tentes confortables au sommet d'une colline surplombant la Nam Lik. Pour réserver et se renseigner sur les tarifs, adressez-vous aux bureaux de **Green Discovery** (☎ 021-264528 ; www.greendiscoverylaos.com) à Vientiane ou à Vang Vieng, principaux points de départ pour cette attraction. Pour vous donner une idée générale, un groupe de 4 personnes déboursera 177 $US/personne pour la nuit en camping, les tyroliennes et le kayak. On peut envisager une excursion à la journée, ou sur plusieurs jours avec nuits en camping. Pour arriver jusqu'ici, il faut remonter la Nam Lik en bateau pendant 10 minutes.

Au nord-est de Hin Hoep, dans le village de marché de Ban Tha Heua, une route part en direction de l'**(ancienne) zone spéciale de Saisombun**. Interdite d'accès pendant 30 ans en raison de l'insurrection armée des rebelles hmong qui s'y poursuivait depuis 1975, cette région est enfin ouverte. S'étendant sur 4 506 km^2 de montagnes accidentées et de plateaux au nord-est de la province de Vientiane, elle s'étire jusqu'à la province de Xieng Khuang. Son statut de zone spéciale fut décrété en raison de son importante population hmong et de la présence de **Long Cheng**, la "cité secrète" où conspiraient les Hmong et la CIA durant la guerre du Vietnam.

Les personnes s'intéressant à ce conflit souhaiteront peut-être visiter Long Cheng, mais ce qu'il reste de la base d'origine (désormais une base militaire laotienne) est en grande partie fermé au public – surtout depuis qu'un ingénieur travaillant dans une mine du Phu Bia (la plus haute montagne du Laos) s'est fait tirer dessus par un insurgé hmong présumé.

Où se loger et se restaurer

Vous trouverez de quoi vous loger (assez sommairement toutefois) en différents points de la Rte 13 situés entre Vientiane et Vang Vieng.

Vang Xang Resort PENSION $

(☎ 021-211526 ; ch 60 000 LAK). Si vous circulez à vélo, une première étape depuis Vientiane peut vous mener au Vang Xang Resort, à 65 km environ au nord de la capitale.

Blue Lagoon Resort BUNGALOWS $$

(☎ 020-5489 4272 ; www.blue-lagoon-resort-laos.com ; Ban Theua ; bungalows 20-45 $US ; P ❄ ᯤ). Installé au bord du lac vers son extrémité nord, ce nouveau complexe hôtelier dispose de superbes bungalows, des "économiques" aux "deluxe" avec climatisation. L'endroit est idéal pour ceux qui voyagent en famille car ils pourront pratiquer ici le wakeboard, le ski nautique et le jet-ski notamment, et prendre un cours de moto avant de partir pour une excursion avec Uncle Tom's Trail Bike Tour (p. 172).

Salapa Fisherman's Haven BUNGALOWS $$

(☎ 030-526 6026 ; Ban Na Khuen ; bungalows 30 $US, petit-déj inclus ; ❄). Dans le secteur d'Ang Nam Ngum, et non loin du barrage, Ban Na Khuen est le meilleur endroit du coin en matière d'hébergement et de restauration. Les beaux bungalows donnent sur le réservoir. Le propriétaire, un Laotien qui a vécu en France durant 30 ans, est un passionné de pêche. Il peut vous conseiller et vous fournir du matériel.

Nam Lik Eco-Village BUNGALOWS $$

(☎ 020-202 6817 ou 020-5550 8719 ; www.namlik.org/eco ; bungalows 15-50 $US). Implanté sur la rive ouest de la Nam Lik, à la sortie de Ban Vang Mon, l'excellent Nam Lik Eco-Village accueille des scientifiques, des entomologistes, des passionnés d'orchidées, mais aussi tous les visiteurs à la recherche d'un séjour au cœur de la nature. Le complexe comporte 12 bungalows spacieux, avec salles de bains, et un bon restaurant. Les activités proposées (kayak, pêche et VTT) dans la forêt environnante et l'implication de la population locale justifient amplement son label "éco". Également : une collection de poissons et de reptiles.

Nam Ngeum LAOTIEN $

(☎ 020-5551 3521 ; Ban Na Khuen ; plats 15 000-50 000 LAK). On dit du bien du Nam Ngeum, l'un des restaurants de Ban Na

Khuen, qui propose un délicieux *kâwy pąa* (salade de poisson avec une sauce épicée et acidulée), du *kąeng pąa* (soupe de poisson) et du *neung pąa* (poisson cuit à la vapeur avec des herbes).

Depuis/vers Ang Nam Ngum

Des bus relient la gare routière du Talat Sao (Vientiane) à Thalat (15 000 LAK, 2 heures 30, 87 km, départ toutes les heures entre 6h30 et 17h30), la plus grande localité à proximité d'Ang Nam Ngum ; de là, vous pouvez prendre un *săwngthăew* pour rejoindre la localité de Ban Na Khuen (15 000 LAK) ; si vous séjournez au Salapa Fisherman's Haven, demandez que l'on vienne vous chercher. Les taxis de Vientiane demandent habituellement quelque 50 $US pour effectuer l'aller-retour jusqu'au lac. Au retour, vous pouvez demander au chauffeur de prendre la Rte 10, plus jolie, qui passe par Ban Kheun.

Le Nam Lik Eco-Village et le Nam Lik Jungle Fly assurent le transport des personnes ayant prévenu de leur arrivée.

Sinon, vous pouvez prendre à Vientiane un bus à destination de Vang Vieng. Descendez à Ban Senhxoum (25 000 LAK, 3 heures environ) et appelez le Nam Lik Eco-Village, ou bien essayez de faire du stop pour effectuer les 7 km restants pour arriver jusqu'à Ban Vang Mon.

Vang Vieng ວັງວຽງ

023 / 33 612 HABITANTS

Telle une magnifique scène rurale dans une peinture sur soie orientale, Vang Vieng est lovée au bord de la Nam Song (rivière Song), entourée d'un patchwork de rizières vert vif et de falaises en toile de fond. En 2012, le gouvernement laotien a enfin tapé du poing sur la table et exigé la fermeture des bars qui organisaient des rave-parties au bord de la rivière (voir l'encadré p. 182). L'ambiance de débauche ayant progressivement disparu, Vang Vieng cultive à nouveau son image de paradis des activités de plein air, riches en sensations fortes et au plus près de la nature. En outre, la ville s'enorgueillit désormais de sublimes boutiques-hôtels.

Pour la première fois depuis des années, des familles occidentales et des visiteurs d'âge mûr s'arrêtent à Vang Vieng (souvent en route pour la légendaire Luang Prabang), font du kayak sur la Nam Song, explorent les grottes et escaladent les falaises karstiques. La plupart des habitants sont soulagés de ce revirement, mais beaucoup s'inquiètent de ne plus remplir leurs pensions. Au plus fort de la folie, 170 000 personnes séjournaient chaque année dans la ville. Malgré tout, les

INTERVIEW

SANGTHONG (ADAM) NIESELT, VARAPPEUR

Santhong (Adam) Nieselt, fondateur de l'Adam's Rock Climbing School (p. 182), nous explique tout ce qu'il faut savoir sur l'escalade à Vang Vieng.

Quels ont été les pionniers de l'escalade à Vang Vieng ? C'est un Franco-Laotien, un type qui s'appelle David, qui a commencé, en 2002. Il a fait une paroi à Pha Daeng, à 2 km à l'ouest de Vang Vieng, près de la Nam Song.

Quand et où avez-vous appris à grimper ? Je peux dire que je suis le premier grimpeur laotien de tous les temps ! J'ai commencé en 1997 dans le sud de la Thaïlande. J'ai été moniteur pendant six ans à Krabi, puis j'ai passé trois ans et demi à faire de la varappe en Allemagne et en France. Je me suis ensuite installé à Vang Vieng, où j'ai monté ma propre affaire en 2005.

Quelle est la particularité du site de Vang Vieng ? À mon avis, c'est le meilleur site en Asie. De Vang Vieng jusqu'en Chine, il y a quantité de pics de calcaire qui s'élèvent à plus de 200 m de hauteur.

Vang Vieng est-elle réservée aux grimpeurs confirmés ? Non, l'endroit est parfait pour apprendre. Nous mettons les débutants sur des voies de niveau 4a ou 5a, pas plus. Vang Vieng dispose de pensions et de bungalows très bon marché, et proches de la rivière. Et on y mange bien !

L'opération de nettoyage menée par le gouvernement a-t-elle été utile pour le site ? La situation s'est améliorée car la rivière est plus propre, une bonne chose pour les pêcheurs locaux. En outre, plus de visiteurs pratiquent des activités d'aventure, comme l'escalade. Et plus de familles viennent à Vang Vieng.

Vang Vieng

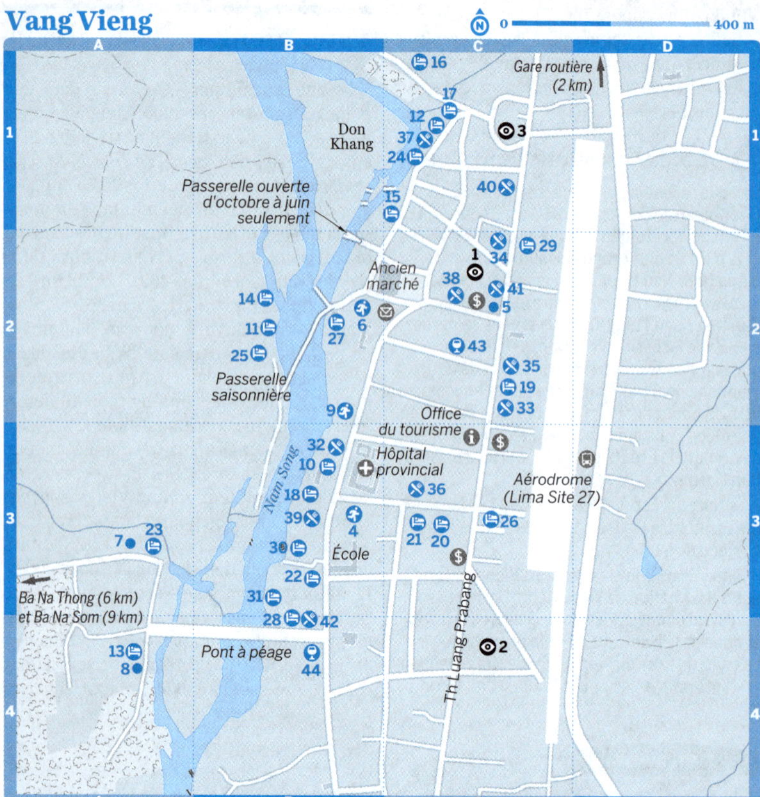

habitants sont ravis de ne plus être troublés par la musique tonitruante et les jeunes gens irrespectueux, et de voir s'évanouir la réputation sulfureuse de leur cité.

Prévoyez quelques jours sur place – louez un scooter, faites un circuit à moto, testez le tubing, partez en randonnée – et préparez-vous à découvrir l'un des endroits les plus époustouflants du Laos.

À voir et à faire

Vang Vieng est devenue la première destination du pays pour les amateurs d'aventure : kayak, rafting, spéléologie, VTT et escalade de niveau international peuvent se pratiquer. Ces activités ont plus de succès que les sites, essentiellement des monastères des XVIe et XVIIe siècles. Parmi ceux-ci, le **Vat Si Vieng Song** (Vat That), le **Vat Kang** et le **Vat Si Suman** sont les plus intéressants. De l'autre côté de la rivière, quelques villages où des Hmong ont été relogés sont accessibles à vélo ou à moto.

Grottes

Nous décrivons ci-dessous plusieurs des *thàm* (grottes) les plus accessibles. Presque toutes sont signalisées en anglais et en laotien et un droit d'entrée est collecté pour chacune. Un guide (souvent un enfant du village) vous accompagnera moyennant une faible rétribution ; prévoyez de l'eau, une lampe électrique et des piles en bon état – en fait, après avoir entendu de terribles histoires de personnes perdues dans l'obscurité, nous vous conseillons d'emporter également des piles de rechange.

Les grottes aux alentours de Vang Vieng, souvent spectaculaires, présentent cependant des dangers : elles sont sombres, assez glissantes et l'on s'y perd très facilement. Il vaut mieux vaut les explorer avec un guide et toujours prendre deux lampes électriques, au cas où.

La plupart des pensions proposent des circuits guidés comprenant plusieurs grottes. Un circuit incluant tubing (descente

Vang Vieng

À voir
1 Vat Kang C2
2 Vat Si Suman C4
3 Vat Si Vieng Song C1

Activités
4 Adam's Rock Climbing School B3
5 Green Discovery C2
6 Loueurs de chambres à air B2
7 Uncle Tom's Trail Bike Tours A3
8 Vang Vieng Jeep Tour A4
9 VLT B2

Où se loger
10 Ban Sabai Bungalows B3
11 Banana Bungalows B2
12 Champa Lao C1
13 Chez Mango A4
14 Cliff View Bungalows B2
15 Domon Guesthouse C1
16 D-Rose Resort C1
17 Easy Go Hostel C1
18 Elephant Crossing B3
19 Inthira Hotel C2
20 Khamphone Guest House C3
21 Kianethong Guest House C3
22 Le Jardin Organique B3
23 Maylyn Guest House A3
24 Nam Song Garden C1
25 Other Side B2
26 Pan's Place C3
27 Phoubane Guest House B2
28 Riverside Boutique Resort B4
29 Seng Aloun Guesthouse C2
30 Thavonsouk Resort B3
31 Villa Nam Song B3

Où se restaurer
32 Ban Sabai Restaurant B3
33 Vendeurs de petits-déjeuners C2
34 Vendeurs de viande grillée C2
35 Kitchen C2
36 Le Café De Paris C3
37 Living Room C1
38 Luang Prabang Bakery C2
39 Mama Sababa B3
40 Mitthaphap Fusion C1
Nam Song Garden .... (voir 24)
41 Nazim C2
42 Restaurant Du Crabe D'Or B4

Où prendre un verre et faire la fête
43 Gary's Irish Bar C2
44 Kangaroo Sunset Bar B4

de rivière sur une grosse chambre à air) sur la rivière et visite des grottes revient à 15/25 $US la demi-journée/journée.

Tham Jang GROTTE
(ຖ້ຳຈັງ ; 17 000 LAK). Tham Jang, la plus connue des grottes, fut utilisée comme refuge pour se protéger des maraudeurs *jįin háw* (Chinois du Yunnan) au début du XIXe siècle (*jąng* signifie "tenace"). Un escalier mène à l'entrée principale. La salle principale n'est pas la plus impressionnante, mais une ouverture dans la paroi calcaire offre une vue splendide sur la vallée. Au pied de la grotte, une source claire se jette dans la rivière.

Tham Phu Kham GROTTE
(ຖ້ຳພູຄຳ, Lagon bleu ; 10 000 LAK). La vaste Tham Phu Kham, sacrée pour les Laotiens, doit son succès à son beau lac turquoise au pied de la grotte, idéal pour se rafraîchir après la rude grimpée. La grotte principale contient un bouddha couché thaïlandais en bronze. De là, des galeries plus profondes s'enfoncent dans la montagne. Pour vous y rendre, venez par la piste qui conduit au village de Ban Na Thong. Suivez ensuite les panneaux vers la falaise et la montée abrupte, sur 200 m, à travers une forêt de broussailles.

Triangle de Tham Sang GROTTE
Une excursion prisée d'une demi-journée, facile à faire en indépendant, permet de découvrir Tham Sang et trois autres grottes proches. À vélo, à moto ou en *jumbo*, empruntez la Rte 13 vers le nord sur 13 km et tournez à gauche à quelques centaines de mètres après la borne du Km 169, à peine lisible. Une piste mène à la rivière, que l'on traverse par un pont à péage (5 000 LAK) ou, à la saison des pluies, avec un batelier (20 000 LAK aller-retour) qui vous emmène jusqu'à Ban Tham Sang, où se trouvent la grotte et un petit restaurant.

Tham Sang (5 000 LAK), qui signifie "grotte de l'Éléphant", est une petite caverne contenant quelques bouddhas, une "empreinte de pied" du Bouddha, ainsi qu'une stalactite vaguement en forme d'éléphant, d'où le nom de la grotte. Venez plutôt le matin, quand la lumière pénètre à l'intérieur.

De Tham Sang, un sentier traverse une rizière sur 1 km en direction du nord-ouest jusqu'à **Tham Hoi** et à **Tham Loup** (10 000 LAK pour les 2 grottes). Le sentier n'est pas évident à suivre, mais les enfants du coin se feront un plaisir de vous guider moyennant un petit pourboire. Une grande effigie du Bouddha garde l'entrée de Tham

Hoi ; cette grotte creusée dans le calcaire continuerait sur 3 km et abriterait un lac souterrain. Tham Loup, vaste et préservée, renferme d'imposantes stalactites.

À 400 m au sud de Tham Hoi par un chemin défoncé, **Tham Nam** (5 000 LAK) est le clou de l'excursion. Un affluent de la Nam Song sort de l'entrée inférieure de cette grotte longue de 500 m. Pendant la saison sèche, on peut l'explorer à pied ; en période de crue, la sympathique gardienne vous fournira une chambre à air et une lampe frontale (comprises dans le droit d'entrée). Progresser dans la grotte à l'aide de la rampe en corde se révèle très amusant.

S'il vous reste un peu d'énergie, vous pouvez pousser jusqu'à **Tham Pha Thao**, une grotte située à 2 km environ au sud (accessible par un chemin qui longe un cours d'eau), qui serait longue de quelque 2-3 km et abriterait un petit lac. Sinon, une marche facile de 1 km vous ramène à Ban Tham Sang. Cette boucle est généralement incluse dans le circuit combinant kayak, marche et tubing, que proposent la plupart des tour-opérateurs de Vang Vieng.

Kayak

Le kayak rencontre presque autant de succès que le tubing. Les circuits comprennent habituellement la visite de grottes et de villages, avec escalade et vélo en option, ainsi que le passage de quelques rapides dont le danger dépend de la vitesse du courant. Il y a de nombreux prestataires et les tarifs sont d'environ 15 $US par personne et par jour. L'agence Green Discovery (p. 183), épatante, propose des sorties sur la Nam Song et organise des excursions en kayak jusqu'à Vientiane, le long de la Nam Lik, ce qui implique de beaucoup ramer et n'est envisageable qu'après la mousson, quand le niveau de l'eau est suffisamment haut.

VLT (p. 183) est un autre prestataire fiable pour le kayak.

Escalade

En quelques années, les parois calcaires autour de Vang Vieng sont entrées au palmarès des meilleurs sites d'escalade d'Asie du Sud-Est. Plus de 200 voies ont ainsi été identifiées, explorées et, pour la plupart, équipées de pitons. Classées de niveau 4 à 8b, la majorité d'entre elles se situent à l'intérieur ou près d'une grotte. Les sites les plus prisés sont **Tham Non** (Grotte endormie), qui compte plus d'une vingtaine d'itinéraires, et le **Sleeping Wall**

Circuit à moto **Boucle à l'ouest de Vang Vieng**

DÉPART : MAYLYN GUEST HOUSE
ARRIVÉE : MAYLYN GUEST HOUSE
DISTANCE : 26 KM ; 6 HEURES

Un itinéraire en boucle à l'ouest de Vang Vieng conduit au cœur des formations karstiques qui s'élèvent au-dessus des rizières en face de la ville. Pour faire ce périple, mieux vaut enfourcher une moto tout-terrain – une moto plus petite ou un VTT font aussi l'affaire –, et de prévoir une journée complète afin de s'arrêter pour visiter les grottes, admirer les points de vue et se baigner. La seconde partie de la boucle emprunte plusieurs ponts (à péage) qui ne sont pas toujours praticables à la saison des pluies. Hormis Joe, de la Maylyn Guest House, le meilleur guide du secteur est la carte de Hobo Maps, *Vang Vieng* (www.hobomaps.com ; 2 $US), qui comporte notamment les références aux poteaux électriques numérotés qui jalonnent la route.

En partant de la ❶ **Maylyn Guest House** vers l'ouest, vous verrez sur les premiers kilomètres une série de panneaux rédigés à la main qui indiquent les grottes. Toutes sont accessibles (avec ou sans guide) moyennant 10 000 LAK, mais quelques-unes seulement méritent le détour, dont ❷ **Tham Pha Daeng** (bifurcation après le poteau 16), qui abrite un lac. L'endroit offre le soir le spectacle d'une nuée de chauves-souris qui se précipitent dehors. Le sentier (2 km à faire à pied) qui mène à ❸ **Tham Khan** depuis une route secondaire (1,5 km) prenant après le poteau 24 est sans doute plus intéressant que la galerie elle-même, profonde et déconseillée aux claustrophobes.

Au village hmong de Ban Phone Ngeun, à 3 km environ de la Maylyn Guest House, tournez à droite sur la route pavée immédiatement après le poteau 42, en face de deux boutiques rudimentaires. Passé l'école, vous parvenez à un bureau où les enfants du coin vous demanderont 10 000 LAK pour vous conduire au sommet du ❹ **Pha Ngeun**, promontoire rocheux sur lequel les habitants ont

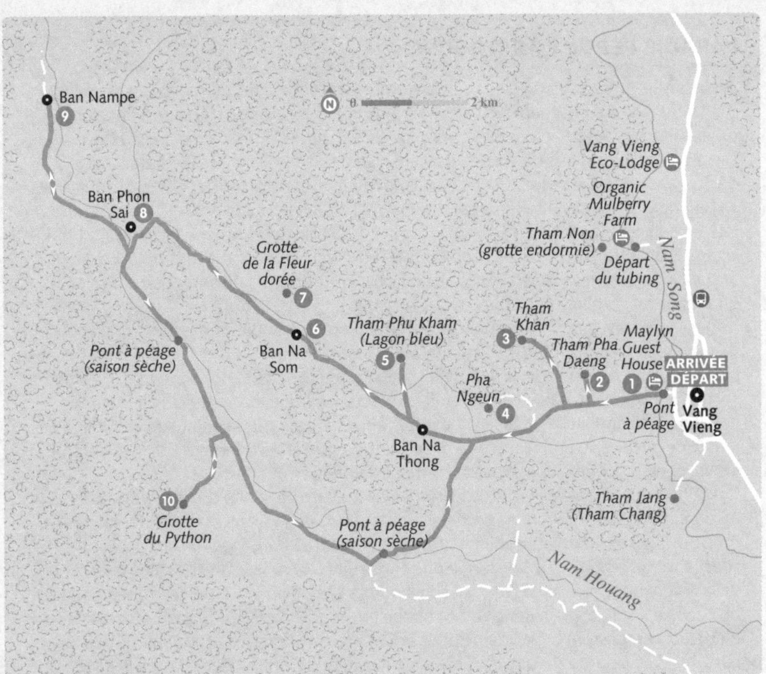

installé des postes d'observation sommaires d'où l'on découvre une vue spectaculaire sur les environs (comptez 45 minutes d'une rude ascension).

De retour sur la route principale, prenez à droite à la bifurcation suivante et traversez le village lao loum de Ban Na Thong. Deux kilomètres plus loin, vous arrivez à une nouvelle fourche où un panneau indique 5 **Tham Phu Kham** (p. 179), à 700 m environ par une piste sur la droite. À ne pas confondre avec Tham Phu Thong, un site tout proche que les gens du coin appellent également le Lagon bleu, mais qui tient davantage de la mare boueuse. Tham Phu Kham abrite un lac naturel agréable pour une pause (surtout après l'ascension du Pha Ngeun). Les jus de fruits bio vendus à l'entrée de la grotte sont bienvenus aussi.

De retour sur la piste principale, poursuivez vers l'ouest jusqu'à 6 **Ban Na Som**, un village où des Hmong ont été relogés. L'essartage a endommagé la végétation des karsts environnants. Après Na Som, des panneaux indiquent la 7 **grotte de la Fleur dorée**. Pour rejoindre cette grotte, vous devrez marcher à travers des rizières, franchir une clôture et suivre deux flèches blanches pendant quelques minutes. La grotte se trouve à 50 m dans la colline – repérez les marches enfouies sous les broussailles – et mérite à peine le détour.

En continuant vers l'ouest, un superbe tronçon longe le bord des formations karstiques et traverse deux cours d'eau (parfois dangereux pendant la saison des pluies), avant d'atteindre 8 **Ban Phon Sai**. Là, vous devez franchir la Nam Houang (périlleuse pendant les pluies) avant de rejoindre une piste plus praticable.

De là, vous pouvez continuer, à travers un paysage splendide, jusqu'à 9 **Ban Nampe**, un joli village à 5 km à l'ouest, ou repartir vers l'est par l'itinéraire sud. À 6 km au sud-est de Ban Phon Sai, après avoir passé deux cours d'eau, des panneaux indiquent, de l'autre côté d'un petit pont, une piste menant à la 10 **grotte du Python**, à 800 m. Vous pouvez ensuite remettre le cap sur Vang Vieng. Reprenez la route, tournez à gauche à l'embranchement (suivez les poteaux électriques) et, après avoir franchi le cours d'eau, vous vous retrouverez sur la piste principale marquant la fin de la Boucle.

PARADIS PERDU ET RETROUVÉ

Jusqu'en 1999, Vang Vieng était une petite ville bucolique peu connue, où les voyageurs prenaient plaisir à descendre la rivière sur une chambre à air de tracteur, à pédaler à travers les paysages karstiques et, pour certains, à fumer autre chose que du tabac entre deux explorations de grottes (Lonely Planet déconseille à ses lecteurs l'usage de drogues, même les plus "douces", qui modifient le comportement). Puis la nouvelle se répandit comme une traînée de poudre : Vang Vieng devint le nouvel eldorado de la fête en Asie du Sud-Est, une étape de la route de la bringue au même titre que Ko Pha-Ngan (Thaïlande). Alors que les habitants se hâtaient de construire des pensions pour accueillir des visiteurs de plus en plus nombreux, les drogues devinrent de plus en plus puissantes et l'ambiance de plus en plus sombre.

Dès 2009, des plateformes pour rave-party firent leur apparition le long du parcours de tubing. Les jeunes fêtards n'avaient que faire des trésors naturels ou des activités de plein air comme l'escalade, le vélo et le trekking. Leur seul but était d'ingurgiter toutes sortes de cocktails à base d'alcool et de substances illicites diverses. Un phénomène navrant et irresponsable, mais très lucratif : certains bars gagnaient jusqu'à 2 000 € par jour (une fortune au Laos). Les descentes anti-drogue étaient fréquentes, tout comme les voyageurs à moitié nus et complètement paumés errant dans les rues.

Malheureusement, le vernis de la fiesta dissimulait une réalité dramatique : en 2011, on dénombrait 20 à 25 jeunes touristes (surtout des Australiens et des Britanniques) morts d'une crise cardiaque, d'une noyade ou d'un traumatisme crânien (après une "descente de la mort" sur une tyrolienne construite à la va-vite, au-dessus d'un tronçon de la rivière où le niveau de l'eau est souvent très bas). Fin août 2012, le Premier ministre du Laos se rendit à Vang Vieng et fut choqué par la gravité de la situation. Une semaine plus tard, le ministère du Tourisme et de la Culture convoqua les propriétaires des bars installés au bord de la rivière. Les établissements ne possédant pas de licence (la grande majorité) furent contraints de fermer dans les 10 jours qui suivirent.

Enfin débarassée de ses problèmes de drogue, la ville a retrouvé son identité de paradis rural, comme dans le passé. Si les médecins du minuscule service des urgences de Vang Vieng sont moins débordés, de nombreux propriétaires de pensions sont très inquiets pour leur avenir.

(Mur endormi), non loin et plus ardu, avec des surplombs périlleux sur certaines voies.

La saison de la varappe dure généralement d'octobre à mai, les parois étant trop humides le reste de l'année. Toutefois, certaines saillies abritées par des rochers, sur le mont Phadeng, ont été récemment équipées (23 voies) et restent praticables pendant la saison humide. Adam, de l'**Adam's Rock Climbing School** (☎020-5501 0832 ; www.laos-climbing.com ; demi-journée/journée d'escalade 180 000/260 000 LAK, stage 2 jours 100 $US ; 👪), située en face de l'hôpital, dispense des cours pour tous niveaux (débutant à confirmé) et fournit tout le matériel nécessaire (on peut aussi en louer) ; c'est l'un des grimpeurs les plus expérimentés de la région (voir p. 177) et ses guides multilingues ont bonne réputation également. Green Discovery (p. 183) propose aussi des cours d'escalade (demi-journée/journée environ 27/36 $US) et édite un guide de la varappe dans le secteur.

Tubing

Pratiquement tous les jeunes voyageurs qui viennent à Vang Vieng descendent la Nam Song sur une chambre à air de tracteur. Le point de départ du tubing se situe à 3,5 km au nord de la ville, et selon la force du courant et le niveau de l'eau, il faut s'attendre à une paisible balade au pied des falaises de calcaire envahies par la végétation, ou à une descente rapide jusqu'à Vang Vieng. En 2012, les bars qui bordaient la rivière ont fermé, ce qui a réduit les risques de s'enivrer et de perdre l'équilibre dans les courants dangereux. Toutefois, lorsque le courant est puissant, il est indispensable de porter un gilet de sauvetage – de nombreuses noyades se sont produites dans ces eaux apparemment paisibles. Que vous descendiez la Nam Song sur une chambre à air (tubing) ou en kayak, la rivière peut être dangereuse. Pour le tubing, renseignez-vous sur la longueur du trajet (variable selon la période de l'année) afin de prévoir le temps nécessaire pour un retour à Vang Vieng avant la nuit (il fait nuit noire à 18h en hiver). Enfin, n'oubliez pas que le tubing sur la Nam Song devient plus périlleux si l'on n'a pas les idées claires.

Installés dans un petit bâtiment en face de l'ancien marché, les **loueurs de chambres à air** (8h30-19h) se sont regroupés et ont fixé le montant de la location de la bouée à 55 000 LAK (gilet de sauvetage fourni). On vous demandera également une caution de 60 000 LAK. Vous pouvez louer un sac étanche pour 20 000 LAK. Le tarif comprend le transport jusqu'au point de départ. Il faut rendre la bouée avant 18h – des frais de 20 000 LAK sont facturés aux retardataires, et une amende de 60 000 LAK imposée à ceux qui ne rapportent pas le matériel.

Par ailleurs, n'oubliez pas d'emporter un vêtement ou un sarong pour retourner en ville après la descente. Les habitants n'apprécient guère que l'on arpente les rues en maillot de bain. En période de crue, les rapides de la Nam Song peuvent être redoutables.

Circuits organisés

Plusieurs agences organisent des circuits aventure autour de Vang Vieng. Les tarifs fluctuent selon le nombre de participants (plus on est nombreux, plus les prix baissent). La qualité varie aussi, mais les prestataires suivants jouissent d'une bonne réputation.

Green Discovery AVENTURE
(023-511230 ; www.greendiscoverylaos.com ; Th Luang Prabang ; circuit à vélo 1 jour 37 $US/pers, demi-journée/journée d'escalade 27/36 $US, kayak jusqu'à Vientiane 53 $US/pers). L'agence la plus importante et fiable de Vang Vieng propose trekking, kayak, rafting, escalade et spéléologie. De là, vous pourrez aussi participer à une excursion vers le Nam Lik Jungle Fly (p. 176). Le matériel est récent et la priorité est donnée à la sécurité.

Vang Vieng Jeep Tour AVENTURE
(020-5443 5747 ; noedouine@yahoo.fr ; Chez Mango ; 4 pers minimum, 120 000 LAK/pers ;). Circuits organisés par le sympathique Noé, un Français propriétaire de la pension Chez Mango (p. 185). Il vous fera découvrir la campagne alentour à bord de sa Jeep. Au programme : ascension tranquille d'une montagne proche pour profiter d'un splendide panorama, promenade dans les rizières et baignade dans le lac turquoise de la Tham Phu Kam, avant d'explorer la grotte elle-même.

VLT AVENTURE
(020-5520 8283 ou 023-511369 ; www.vangviengtour.com). Dirigée par Vone, cette agence bien établie propose des journées kayak (13 $US), VTT (22 $US) ou trekking (33 $US). Également : des vols en montgolfière de 40 minutes (80 $US), tous les jours à 6h30, 16h et 16h30. Une excellente façon d'admirer les falaises, le patchwork de rizières et les méandres de la rivière.

Où se loger

Depuis la disparition officielle des fêtes continuelles en 2012, le nombre de pensions est beaucoup trop élevé (130) pour une fréquentation en baisse. Grâce à une clientèle désormais plus aisée, les affaires marchent bien pour de nombreux établissements de catégories moyenne et supérieure, et on voit apparaître de plus en plus de boutiques-hôtels. En revanche, les adresses pour petits budgets sont à la peine.

Vang Vieng

Champa Lao PENSION $
(020-5823 4612 ; ch sans/avec sdb 70 000/100 000 LAK, tr 130 000 LAK ;). Une maison traditionnelle en bois, sur pilotis, aux chambres sommaires (ventilateur et moustiquaire), et il y a aussi des bungalows au bord de la rivière. Sur le balcon en hauteur, balancez-vous dans un hamac tout en admirant le coucher du soleil sur les falaises karstiques. Restaurant joliment éclairé dans le jardin.

Khamphone Guest House PENSION $
(023-511062 ; ch 80 000-120 000 LAK ;). Chambres avec salle de bains d'un bon rapport qualité/prix, réparties dans trois bâtiments à la lisière sud de la ville. Les meilleures (120 000 LAK) ont TV, climatisation et réfrigérateur. Autres chambres dans le nouveau bâtiment.

Pan's Place PENSION $
(023-511484 ; Th Luang Prabang ; ch 30 000-70 000 LAK, bungalows s/d 30 000/ 40 000 LAK ;). Cette pension très conviviale est appréciée depuis longtemps. Les chambres (ventilateur, sol carrelé et salle de bains) sont assez confortables et sans chichis. À l'arrière, des bungalows et un espace détente sont aménagés dans le jardin verdoyant. On profite aussi d'un petit café coquet (crêpes et salades de fruits) et d'une salle de projection à l'étage, avec des centaines de DVD.

Le Jardin Organique PENSION $
(☎023-511420 ; ch 100 000 LAK, tr 150 000 LAK ; P ❄ @ ☎). Dissimulées par la Villa Nam Song, les chambres climatisées (TV, salle de bains et lampes de chevet) sont impeccables mais manquent de caractère. Demandez l'une des 5 chambres situées suffisamment en hauteur pour jouir d'une vue magnifique. Des petits-déjeuners et des plats laotiens sont servis dans le petit café.

Seng Aloun Guesthouse PENSION $
(☎023-511203 ou 020-5512 1052 ; ch avec ventil/clim 80 000/100 000 LAK, tr 150 000 LAK ; P ❄ ☎). Voici une pension calme, propre et conviviale, tenue par une famille. Les 20 chambres, triples ou doubles sont équipées de lits fermes au cadre en bois, placards et TV. L'ensemble est assez ordinaire mais la tranquillité est précieuse, vu l'emplacement central.

Nam Song Garden PENSION $
(☎023-511544 ; bungalows 50 000-70 000 LAK, dort 4 lits 120 000 LAK ; ☎). À l'extrémité nord de la ville, à flanc de colline, cet établissement un peu confus profite d'une vue imprenable depuis son jardin verdoyant. Il y a une grande chambre (4 personnes) et plusieurs bungalows (avec ou sans salle de bains), bénéficiant d'un beau panorama. Restauration possible (plats 40 000 LAK).

Kianethong Guest House PENSION $
(☎023-511069 ; www.kanaeng.com/kianethong.html ; ch 60 000-100 000 LAK ; P ❄ ☎). Cette pension de type motel américain compte une quarantaine de chambres propres, fonctionnelles et bon marché, avec bureau, TV et, parfois, vue sur le jardin.

Domon Guesthouse PENSION $
(☎023-511210 ou 020-9989 8678 ; ch avec ventil et sans vue/avec clim et vue 100 000/150 000 LAK ; ❄ ☎). Pension tenue par une charmante Vietnamienne, au bord de la Nam Song, au nord de l'ancien marché. Les chambres sont spacieuses et propres – murs bleu pastel, mobilier de qualité, TV et salle de bains. Quand vous lirez ces lignes, la terrasse et le restaurant seront terminés.

Easy Go Hostel AUBERGE DE JEUNESSE $
(☎020-5536 6679 ; www.easygohostel.com ; dort/d sans sdb 25 000/40 000 LAK). Tout en bambou et en rotin, avec des passerelles en bois et 5 dortoirs exigus, cette auberge de jeunesse (mal éclairée) pourrait figurer dans le film *La Plage*. Rien d'exceptionnel, mais les chambres sont propres et les sympathiques propriétaires organisent de nombreuses activités.

♥ **Ban Sabai Bungalows** PENSION $$
(Xayoh Riverside Bungalows ; ☎023-511088 ; www.ban-sabai-bungalows.com ; ch 42-54 $US ; P ⊖ ❄ @ ☎). Pension de charme discrète, perchée sur une colline – vue panoramique sur la rivière et les falaises karstiques –, composée de bungalows aux finitions parfaites. Pelouses débordant de fleurs et chambres douillettes, avec lits immenses, décoration délicate et jolies salles de bains modernes. Il y a une piscine, une véranda pour profiter du point de vue et un paisible restaurant surélevé. Le soir, le scintillement des bougies et des lanternes crée un effet des plus romantiques.

Inthira Hotel BOUTIQUE-HÔTEL $$
(☎023-511070 ; www.inthirahotel.com ; Th Luang Prabang ; ch standard/supérieure/deluxe 32/43/54 $US, petit-déj inclus ; ⊖ ❄ @ ☎). Dans l'artère principale, ce boutique-hôtel fait honneur au style habituel du groupe Inthira : parquet, mobilier haut de gamme, œuvres d'art, lampes de chevet et salles de bains modernes immaculées. Les chambres, aux murs rouge sang, donnent sur les pics karstiques et l'ancienne piste d'atterrissage de la CIA (Lima Site 27). Restaurant branché, agrémenté de plantes, et personnel très professionnel.

Elephant Crossing HÔTEL $$
(☎023-511232 ; www.theelephantcrossinghotel.com ; ch 350 000-650 000 LAK ; P ❄ @ ☎). Jardins luxuriants ponctués de transats et terrasse plaisante pour un petit-déjeuner avec vue sur la rivière agrémentent cet hôtel de 36 belles chambres – baies vitrées, salles de bains étincelantes et murs blancs immaculés. Couvre-lits hmong, parquet, climatisation, TV et réfrigérateur. Demandez une chambre donnant sur la rivière.

Thavonsouk Resort HÔTEL $$
(☎023-511096 ; www.thavonsouk.com ; ch 250 000-450 000 LAK, petit-déj inclus ; P ❄ @ ☎). Les chambres, accentuées de bois et baignées de lumière, profitent d'une vue frontale sur les formations karstiques et les jardins luxuriants. Dessus-de-lit en nid-d'abeilles, lits anciens, bonne odeur de cire et équipements de grande qualité. Également : un restaurant appétissant.

Cliff View Bungalows BUNGALOWS $$
(☎020-5555 7780 ; ch avec ventil/clim 150 000/250 000 LAK ;). À côté des Banana Bungalows, nouvel ensemble de bungalows de belle facture – lits neufs, draps frais, balcons, salles de bains et vue sur les falaises karstiques.

D-Rose Resort HÔTEL $$
(☎023-511035 ; www.drosehotelvientiane.com ; bungalows basiques 120 000 LAK, petit-déj inclus, bungalows deluxe 250 000-320 000 LAK ;). En bordure de rivière, dans une vaste propriété bien entretenue, des bungalows basiques (ventilateur) qui partagent une salle de bains, tandis que les versions haut de gamme, aux murs en rotin couleur crème, disposent de moustiquaire, salle de bains, véranda, Wi-Fi et TV. La piscine permet d'échapper à la chaleur.

Phoubane Guest House BUNGALOWS $$
(☎023-511306 ; ch/tr avec ventil 50 000/70 000 LAK, s/d avec clim et vue sur la rivière 200 000/250 000 LAK, bungalows s/d 160 000/200 000 LAK ;). Des bungalows frais, face à la rivière, avec sols carrelés et salles de bains impeccables (eau chaude). Les plus anciens, en bois et équipés de ventilateurs, coûtent beaucoup moins cher que les plus récents. Véranda commune pour prendre le soleil, mais le brouhaha d'un bar voisin trouble la tranquillité.

Riverside Boutique Resort BOUTIQUE-HÔTEL $$$
(☎023-511 726 ; www.riversidevangvieng.com ; ch 123-150 $US ;). Superbe complexe hôtelier, très raffiné et d'un blanc éclatant, tenu par les gérants du Green Park Hotel. On y retrouve le même esprit, avec de spacieuses chambres réparties autour de la piscine et des jardins verdoyants donnant sur les formations karstiques. Les chambres, prolongées de balcons, sont sublimes : draps blancs immaculés et décoration sans faille. Sirotez un cocktail au restaurant, en observant le ballet des passants sur le pont voisin – si vous parvenez à vous éloigner de la piscine.

Villa Nam Song HÔTEL $$$
(☎023-511015 ; www.villanamsong.com ; ch 100-130 $US ;). Paisiblement installé face aux falaises, ce bel hôtel est entouré d'un jardin planté de manguiers, palmiers, orchidées et bougainvillées. Les bungalows en adobe fleurent bon et possèdent du parquet, des murs crème et un mobilier élégant. On profite aussi d'un restaurant en partie à l'air libre, axé sur les cuisines asiatiques – le canard sauce au miel est fameux (60 000 LAK).

Aux environs de Vang Vien

Si l'animation de Vang Vieng vous déplaît, sortez de la ville pour plus de calme.

Organic Mulberry Farm PENSION $
(☎023-511220 ; www.laofarm.org ; dort 30 000 LAK, ch 40 000-150 000 LAK, bungalows deluxe face à la falaise 200 000 LAK ;). Appelée Phoudindaeng Mulberry Farm (ferme de mûriers de Phoudindaeng) par les habitants, cette ferme biologique, implantée à quelques kilomètres de la ville au bord de la Nam Song, occupe un emplacement au calme idyllique. Parfaits pour ceux qui voyagent en famille, les bungalows donnent sur les champs de mûriers ou sur les falaises, et les chambres sont très propres, avec moustiquaires, salle de bains et véranda. En haut de la colline, 3 dortoirs de 8 lits sont aménagés dans des bâtiments impeccables munis de ventilateurs.

Dans le restaurant, excellent, ne manquez pas de goûter les crêpes aux mûres ou le mojito à la mûre !

Possibilité de participer au programme de permaculture en tant que bénévole. Le week-end, des cours d'art plastique et de peinture sur pierre sont proposés aux enfants du coin ; si cela vous tente, vous pourrez donner un coup de main. Les cours de cuisine coûtent 30 $US.

Chez Mango PENSION $
(☎020-5443 5747 ; www.chezmango.com ; ch 50 000-70 000 LAK ;). Située de l'autre côté du pont, cette pension conviviale et très bien tenue se compose de 7 bungalows sommaires colorés (certains avec salle de bains), posés dans un jardin fleuri. Les lieux invitent au repos et le petit-déjeuner est assuré. Le propriétaire français, Noé, organise aussi les circuits en Jeep Vang Vieng Jeep Tour (p. 183). Une adresse recommandée.

Maylyn Guest House PENSION $
(☎020-5560 4095 ; jophus_foley@hotmail.com ; ch 50 000-80 000 LAK ;). Un havre de paix, de l'autre côté du pont, qui incarne la Vang Vieng d'antan. Gérés par le sympathique Jo, les bungalows douillets sont espacés les uns des autres, dans un jardin où fleurissent des lantaniers, appréciés des

papillons. La vue sur les falaises karstiques est peut-être la plus belle des environs. Il y a aussi des chambres immaculées avec salle de bains dans un bâtiment neuf, un café et un étang. Les enfants trouveront maints recoins pour jouer.

Vang Vieng Eco-Lodge BUNGALOWS $
(020-224 7323 ; ch 25 $US ;). Nous ne sommes pas convaincus par la couleur verte, mais cette ravissante propriété, en face de Tham Jang (une grotte), bénéficie d'un emplacement paisible au bord de la rivière. Les seuls bruits susceptibles de briser le silence sont le clapotis de l'eau et le chant du coq. Les bungalows de style traditionnel sont frais et équipés de parquet, lit à baldaquin et bureau. Un paradis rural.

Other Side BUNGALOWS $
(020-5512 6288 ; bungalows 70 000 LAK). Ces bungalows verts sur pilotis, avec balcons, salle de bains et ventilateur, sont très rudimentaires mais ils bénéficient d'une vue panoramique sur les falaises. En outre, depuis que la frénésie nocturne a cessé, l'atmosphère est bien plus paisible. Installez-vous dans un hamac et décompressez.

Banana Bungalows BUNGALOWS $
(023-941 5999 ; ch avec sdb et clim 100 000 LAK, avec ventil et sdb commune 70 000 LAK ;). Des bungalows sur pilotis décrépits aux chambres extrêmement rudimentaires mais possédant hamacs et balcons. Les points positifs : les prix bas et l'ambiance désormais tranquille.

PROBLÈME DE DROGUE

Depuis le grand nettoyage de 2012, la police locale traque toutes les odeurs qui paraissent suspectes à Vang Vieng, en particulier la nuit. Sachez que l'usage et/ou la possession de drogue peuvent coûter très cher. La police confisquera votre passeport et vous infligera une amende de 500 $US. Et puisque vous avez enfreint la loi, contacter votre ambassade ne vous servira à rien.

L'opium et le jus de citron vert ne font vraiment pas bon ménage. Plusieurs habitants de Vang Vieng nous ont raconté qu'un voyageur au moins était mort après avoir pris de l'opium en buvant un verre de jus de citron vert ! Si l'on en croit les dires de la population, l'ingestion de ce mélange aurait été une forme de suicide longtemps pratiquée par les femmes des ethnies montagnardes.

Où se restaurer

Si, côté gastronomie, Vang Vieng est loin d'atteindre le niveau de Luang Prabang, on y trouve désormais plusieurs tables correctes. Il y a aussi de bons restaurants dans les hôtels de catégorie supérieure.

Pour un petit-déjeuner laotien, les **vendeurs de rue** (Th Luang Prabang ; plats 5 000-7 000 LAK ; 6h-9h), installés tous les matins en face de l'Organic Mulberry Farm Cafe, servent des mets savoureux tout simples. Le soir, dirigez-vous vers le tronçon de Th Luang Prabang situé au nord de la pension Chillao, où vous trouverez le **Mitthaphap Fusion** (020-225 4515 ; Th Luang Prabang ; menu barbecue 45 000 LAK ; 17h-22h), un restaurant très prisé qui propose des *sìin dàat* (barbecue coréen à composer soi-même), ainsi qu'une **échoppe de viande grillée** (Th Luang Prabang ; plats 15 000 LAK ; 13h-21h) servant du *pîng mŭu* (porc grillé) et de délicieux *năem khào* (boulettes de riz et de saucisse de porc aigre), accompagnés d'une assiette d'herbes fraîches. Pas d'enseigne en anglais.

Kitchen INTERNATIONAL $
(www.inthira.com ; Inthira Hotel, Th Luang Prabang ; plats 30 000 LAK ; 7h-22h ;). À mi-chemin entre une cuisine laotienne et un restaurant chic, le Kitchen a trouvé le juste équilibre entre décontraction et élégance. L'endroit est souvent bondé, et vous comprendrez pourquoi quand vous aurez goûté les crevettes à la noix de coco, le *pad thaï*, les travers de porc et le poisson à la vapeur. Il y a également des pizzas et des plats de pâtes.

Ban Sabai Restaurant INTERNATIONAL $
(Ban Sabai Bungalows ; plats 30 000 LAK ; 7h-22h ;). Un emplacement privilégié au bord de la Nam Ou. Petit-déjeuner anglais ou salade de fruits tous les matins. Le soir, le jardin est illuminé de lanternes et le chef s'active pour concocter une cuisine fusion asiatique, avec des *làap* citronnés, de la soupe *tôm yám* (tamarinier et citronnelle) et divers plats de fruits de mer. Également : de bons steaks et des pâtes savoureuses.

Living Room ASIATIQUE $
(☎020-5491 9169 ; ⌚15h-23h). Ce nouveau café élégant, dans des tons crème, se targue d'une belle terrasse, idéale pour prendre un verre en admirant le coucher du soleil sur les formations karstiques. Musique reggae et étonnante cuisine fusion lao-autrichienne. Jus de fruits frais, milk-shakes (10 000 LAK), soupes, tofu, escalopes de porc et plats très inventifs comme les spaghettis Vang Vieng – un mélange entre une sauce bolognaise et une salade *làap* épicée. Délicieux et frais. À côté de la Champa Lao Guesthouse.

Le Café de Paris FRANÇAIS $
(Plats 20 000-30 000 LAK ; ⌚17h30-23h30). Depuis son ouverture, ce modeste restaurant français attire une clientèle fidèle grâce à son steak tartare, son bœuf bourguignon et son hot dog parisien. Vins rouges et blancs, décoration chaleureuse et éclairage tamisé : une adresse qui vaut le détour.

Nazim INDIEN $
(☎023-511214 ; Th Luang Prabang ; plats 30 000 LAK ;). Chaîne assez fiable présente dans tout le pays ; les spécialités malaises et d'Inde du Sud sont servies dans un espace rudimentaire mais propre. La succursale de Vang Vieng est dans la même veine, avec des mets comme le poulet *tikka*, l'agneau *masala* et le *jalfrezi* aux légumes.

Nam Song Garden FUSION ASIATIQUE $
(☎023-511544 ; ⌚7h-23h ;). Haut perché au-dessus de Don Khang, ce restaurant en plein air constitue une halte romantique pour admirer les falaises karstiques dans la lumière du soir. La carte est plutôt variée, avec du poisson grillé, du poulet, des plats de viande, des petits-déjeuners, divers *làap* et des mets aigres-doux. Venez au moins prendre un apéritif au coucher du soleil (mojitos 30 000 LAK).

Mama Sababa MOYEN-ORIENTAL $
(Plats 15 000-40 000 LAK ; ⌚7h-22h). Le Sababa ("cool" en hébreu) serait géré par un juif laotien. Le menu est en hébreu et c'est évidemment le meilleur endroit de la ville pour manger des falafels, mais l'escalope de poulet, le tofu, les salades et le steak ont bonne presse également.

Luang Prabang Bakery BOULANGERIE $
(☎023-511145 ; plats 25 000-60 000 LAK ; ⌚7h-22h30 ;). Plus chic que jamais, cette boulangerie a soigné sa décoration en s'agrémentant de lanternes en bois, ainsi que de tables et de chaises en osier. Les véritables trésors sont néanmoins les brownies au chocolat, cookies, beignets, gâteaux et pâtisseries fourrées. Parfait pour combler une fringale.

♥ **Restaurant du Crabe d'Or** INTERNATIONAL $$
(☎023-511726 ; www.riversidevangvieng.com ; Riverside Boutique Resort ; ⌚7h-10h et 12h-22h ;). Installé dans les ravissants jardins du Riverside Boutique Resort, ce bon restaurant brille par sa décoration sélecte, d'influence laotienne, et sa vue, fabuleuse, sur les falaises. La carte a de quoi satisfaire tous les goûts : steak de saumon grillé, côtelette de porc au miel et citron vert, ainsi qu'une multitude de mets asiatiques traditionnels. Le tout est servi avec panache. La meilleure adresse de la ville pour boire une coupe de champagne au coucher du soleil.

Où prendre un verre et faire la fête

La nouvelle Vang Vieng a troqué les fêtes interminables contre une ambiance plus décontractée, et c'est une nette amélioration.

Gary's Irish Bar PUB IRLANDAIS
(☎020-5825 5774 ; plats 35 000 LAK ; ⌚9h-minuit). Un sympathique Irlandais tient ce bar à l'ambiance décontractée, tout indiqué pour passer une agréable soirée à écouter de la musique indie, à jouer au billard ou à regarder des retransmissions sportives à la télévision. Excellents petits-déjeuners complets, tourtes maison et *happy hour* de 18h à 22h. Également : des hamburgers (25 000 LAK), des en-cas et des plats laotiens.

Kangaroo Sunset Bar BAR
(☎020-7714291 ; plats 35 000 LAK ; ⌚8h-23h30 ;). Après des rénovations et un changement de gérance, la légende de Vang Vieng connaît une nouvelle vie. Les lanternes colorées et la bande son rock et jazz accompagnent à merveille le menu, mêlant saveurs laotiennes et occidentales – pâté à la Beerlao, wraps végétariens, sandwich au poulet, pâtes et salades. En bordure de rivière – l'emplacement rêvé pour prendre un verre au coucher du soleil.

Fluid Bar BAR
(☎020-5929 5840 ;). Tenu par Greg, un sympathique hippie, ce bar au bord de la rivière a survécu à l'intervention musclée de 2012. C'est une bonne nouvelle, car on

apprécie les murs peints en bleu décorés d'art psychédélique et de mosaïques, le balcon invitant à la détente, le billard, la bonne musique, l'incroyable terrain de golf et le jardin avec transats et hamacs. À la carte : des mets thaïlandais, de nombreux plats végétariens, divers cocktails et des en-cas. Original et convivial. En face de Tham Lom ; prenez la deuxième à gauche après la gare routière.

Renseignements

Vous trouverez des cybercafés partout en ville, qui facturent habituellement 300 LAK la minute. Un calendrier des événements à venir est publié sur le site www.vangviengbiz.com.

Vang Vieng, endroit paisible, est aussi le plus dangereux du Laos pour les touristes. Des personnes meurent chaque année à la suite d'accidents sur la rivière, dans des grottes ou à cause de la drogue. Les vols, essentiellement commis par des voyageurs, constituent un autre problème. Prenez les précautions habituelles et ne laissez pas vos affaires personnelles à l'extérieur des grottes.

Agricultural Promotion Bank (Th Luang Prabang). Change uniquement les espèces.

BCEL (023-511434 ; Th Luang Prabang ; 8h30-15h30). Change les espèces et les chèques de voyage et délivre des avances aux détenteurs d'une carte Visa, MasterCard ou JCB. Deux DAB installés en ville, dont un dans la succursale, à côté de l'ancien marché.

Hôpital provincial (023-511604). Ce modeste hôpital possède des appareils de radiographie et on peut y traiter les fractures, les plaies ou le paludisme. Lors de notre passage, le médecin parlait un anglais correct.

Office du tourisme (023-511707 ; Th Luang Prabang ; 8h-12h et 14h-16h). Le personnel parle très peu anglais, mais c'est une étape utile pour récupérer diverses brochures sur les activités proposées dans le secteur.

Poste (023-511009). À côté de l'ancien marché.

Depuis/vers Vang Vieng

Bus, minibus et *săwngthăew* partent de la **gare routière** (023-511657 ; Rte 13), à 2 km au nord de la ville. Si vous arrivez de Vientiane, on vous déposera sans doute à l'**arrêt de bus** (Rte 13) situé à proximité de l'ancien aérodrome, à quelques minutes de marche du centre-ville.

Lorsque vous quittez la ville, sachez que les minibus les plus chers et les bus climatisés, dont la clientèle est essentiellement étrangère, font la tournée des pensions en ville avant de démarrer : le départ en est retardé d'autant (une bonne heure parfois).

En direction du nord, les bus effectuant la liaison Vientiane-Luang Prabang s'arrêtent 5 minutes environ à la gare routière de Vang Vieng, toutes les heures entre 11h et 20h. Tous les bus répertoriés ci-dessous font également halte à Kasi et à Phu Khoun (pour Phonsavan).

En direction du sud, les bus pour Vientiane sont détaillés dans le tableau ci-dessous. Des *săwngthăew* (30 000 LAK, 3 heures 30-4 heures 30) partent par ailleurs toutes les 20 minutes environ entre 5h30 et 16h30. Bien souvent, ils ne circulent pas à plein, ce qui rend le trajet très agréable

Comment circuler

Vang Vieng s'explore facilement à pied. De nombreux établissements louent des bicyclettes (10 000 LAK/jour) ou des VTT (30 000 LAK/jour). La plupart louent également de petites motos (50 000 LAK/jour ; automatiques 70 000 LAK). Pour visiter les grottes des alentours, vous pouvez louer un *săwngthăew* avec chauffeur près de l'ancien marché – comptez 10 $US environ pour un trajet jusqu'à 20 km au nord ou au sud de la ville.

De Vang Vieng à Luang Prabang

Entre Vang Vieng et Luang Prabang, la route serpente et grimpe au gré de montagnes splendides, avant de descendre vers le

BUS AU DÉPART DE VANG VIENG

DESTINATION	TARIF (LAK)	DISTANCE (KM)	DURÉE (HEURES)	DÉPARTS
Luang Prabang	110 000	168	6-8	9h, 14h, 15h (minibus)
	130 000		6-7	10h, 11h, 12h, 20h, 21h (VIP)
Vientiane	40 000	156	3-4	5h30, 6h30, 7h, 12h30, 14h (ventil)
	60 000			9h, 10h30, 13h30 (minibus)
	80 000			13h30, 14h, 15h (clim)

Mékong à Luang Prabang. Si vous souffrez du mal des transports, prenez vos précautions avant le départ.

À 20 km environ au nord de Vang Vieng, le joli village de **Ban Pha Tang** est installé en bord de rivière. Là, le pont offre une très belle vue sur le Pha Tang, promontoire calcaire qui a donné son nom à la localité. La seule possibilité d'hébergement est le **Pha Tang Resort** (☎020-5531 9573 ; Rte 13 ; ch 12 $US), hôtel confortable un peu vieillissant, littéralement situé au pied du Pha Tang, à 3 km au sud de la bourgade. La nourriture est bonne et la famille qui tient l'endroit est charmante.

Nichée au cœur d'une vallée fertile couverte de rizières, **Kasi**, à 56 km au nord de Vang Vieng, constitue une halte déjeuner pour les bus et les camions qui empruntent cet itinéraire. D'intéressants villages de minorités ponctuent la région environnante et il y aurait aussi quelques grottes impressionnantes, mais l'absence d'infrastructures touristiques décourage les éventuels visiteurs. Si vous vous sentez l'âme d'un aventurier, vous pouvez poser votre sac à la **Somchit Guesthouse** (☎020-220 8212 ; Rte 13 ; ch 80 000-170 000 LAK ; P❄📶), établissement spacieux et bien tenu, à 1 km environ au nord de la ville. Vous pouvez aussi prendre une chambre (sommaire) à la **Vanphisith Guest House** (☎023-700 084 ; Rte 13 ; ch 60 000 LAK), commodément située à proximité de l'arrêt de bus et des restaurants, à distance raisonnable du guichet de change de la ville.

Kasi ne vous laissera pas un souvenir impérissable, mais la suite de la route vers Luang Prabang est, elle, très spectaculaire, malgré les ravages provoqués par l'agriculture sur brûlis. Jusqu'à Phu Khoun, elle grimpe sur une cinquantaine de kilomètres à travers d'impressionnants paysages de pics de calcaire.

Centre du Laos

Dans ce chapitre ➡

Paksan 194
Tham Kong Lo 198
Lak Sao 199
Tha Khaek 200
Environs de Tha Khaek.............206
Savannakhet 208
ZNP de Dong Phu Vieng.....215
ZNP de Phu Xang Hae........215
Sepon (Xepon) et piste Hô Chi Minh................216

Le top des restaurants

- Inthira Restaurant (p. 204)
- Chai Dee (p. 212)
- Dao Savanh (p. 212)

Le top des hébergements

- Inthira Hotel (p. 204)
- Salsavan Guesthouse (p. 211)
- Thakhek Travel Lodge (p. 201)

Pourquoi y aller

Cette région truffée de grottes et parcourue d'une jungle luxuriante dévoile ses charmes depuis peu. Tha Khaek a réhabilité ses anciennes de l'époque coloniale il y a quelques années, et la spectaculaire galerie rocheuse de Tham Kong Lo, longue de 7 km, est devenue une étape incontournable sur les itinéraires touristiques. Quel voyage que celui qui vous emmène dormir avec les esprits dans un village katang lors d'un trek dans la lointaine ZNP de Dong Phu Vieng ! À partir de Tha Khaek, on peut organiser des excursions vers des grottes et des sorties en kayak dans les provinces de Khammuan et de Bolikhamsai.

Cette partie du pays possède le plus important couvert forestier et la plus forte concentration d'animaux sauvages, dont certaines espèces disparues dans le reste de l'Asie du Sud-Est. Au final, le centre du Laos vous donne l'occasion de satisfaire votre goût pour l'aventure et le voyage à la dure sans renoncer à des moments de confort dans les élégantes enclaves de Savannakhet et Tha Khaek.

Quand partir

Savannakhet

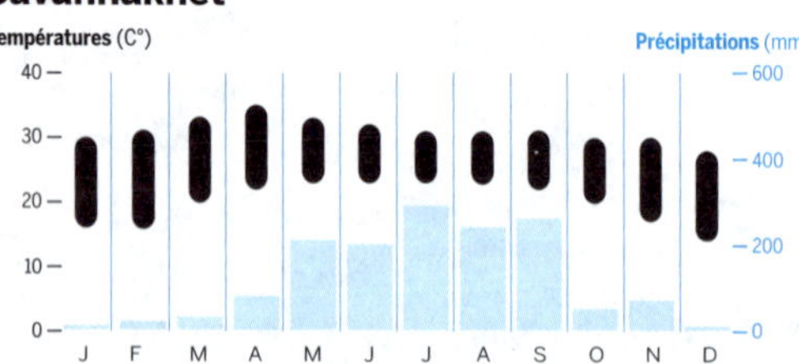

Nov-fév Les températures sont douces, les rizières vertes et les routes praticables.

Mars-mai L'humidité croît à l'approche de la mousson. Évitez la fournaise du Sud.

Juin-nov Fortes pluies, les routes goudronnées restent praticables et l'air est frais.

Climat

En toutes saisons, la vallée du Mékong est agréablement chaude, mais il règne une chaleur accablante à Savannakhet entre mars et mai. La température se rafraîchit à mesure que l'on va vers l'est et la cordillère Annamitique, et les nuits d'hiver peuvent être glaciales à Lak Sao et dans les villages qui bordent la Rte 8B. La mousson du sud-ouest apporte des pluies diluviennes de juin à octobre. La bande la plus orientale, autour de la zone nationale de conservation de la biodiversité (ZNCB) de Nakai-Nam Theun, reçoit des pluies venant de la mer de Chine méridionale, qui durent plus longtemps et favorisent une végétation plus épaisse.

Zones nationales protégées

Le centre du Laos est la partie la plus protégée du pays, avec 6 vastes zones nationales protégées (ZNP). Se rendre dans la ZNCB de Nakai-Nam Theun, et dans les ZNP de Hin Namno et de Se Ban Nuan exige une connaissance de la langue lao, du temps et de l'argent. Les autres sont faciles d'accès.

Dans la province de Khammuan, on peut explorer le dédale de formations karstiques, de grottes et de rivières de la ZNP de Phu Hin Bun en indépendant, ou au cours d'un trek organisé par les villageois ou un tour-opérateur. Des treks semblables mènent dans les forêts sacrées et les villages animistes de Dong Phu Vieng, dans la province de Savannakhet

Comment s'y rendre et circuler

La Rte 13 est goudronnée, mais aussi très bien entretenue du fait de son importance pour les échanges commerciaux avec la Chine. La Rte 9 reliant Savannakhet à Lao Bao, la Rte 8 entre la Rte 13 et Nam Phao, la Rte 12 entre Tha Khaek et la frontière vietnamienne, et la route de Tham Kong Lo, sont correctes.

PROVINCES DE BOLIKHAMSAI ET DE KHAMMUAN

Les provinces de Bolikhamsai et de Khammuan se partagent la partie la plus étroite du pays. Le relief s'élève régulièrement de la vallée du Mékong en direction du nord et de l'est jusqu'à la cordillère Annamitique, à la frontière vietnamienne, via une région de moyennes montagnes,

RANDONNÉES DANS LE CENTRE DU LAOS

Le centre du Laos est une région qui allie idéalement découverte de la culture et de l'environnement. La plupart des randonnées y sont organisées par l'Eco-Guide Unit de Tha Khaek et de Savannakhet, organisation gouvernementale, ou par la compagnie privée Green Discovery (p. 201). Elles coûtent de 40 à 500 $US par personne (plus vous serez nombreux dans votre groupe, moins vous paierez cher). Voici quelques destinations d'excursions dans la région que nous recommandons vivement :

ZNP de Phu Hin Bun (p. 196) Depuis Tha Khaek. Question beauté, peu de treks et de descentes en bateau peuvent rivaliser avec ceux qu'offre cette zone nationale protégée aux fabuleuses formations karstiques. Le centre d'information touristique de Tha Khaek (p. 205) propose un programme de 2 ou 3 jours, Green Discovery un de 4 jours.

ZNP de Tham Lot Se Bang Fai/Hin Namno (p. 208) Depuis Tha Khaek. Bien que la randonnée ici n'en soit qu'à ses balbutiements et qu'elle se concentre surtout autour de la grotte de Nam Lot, rien n'empêche de combiner séjour dans une communauté et promenades spectaculaires dans la ZNP de Hin Namno. Renseignements auprès du centre d'information touristique de Tha Khaek ou de Green Discovery.

Dong Natad (p. 215) Depuis Savannakhet, des randonnées peu chères de 1 et 2 jours dans la zone provinciale protégée non loin de la ville. Les participants les apprécient pour le séjour chez les communautés qui expliquent leur vie en symbiose avec la forêt sacrée. Plus d'informations auprès de l'Eco-Guide Unit de Savannakhet (p. 213).

ZNP de Dong Phu Vieng (p. 215) Depuis Savannakhet. Cette randonnée de 3 jours (avec beaucoup de temps sur la route) mène dans deux villages katang où les croyances animistes s'accompagnent de force tabous. Une expérience culturelle étonnante, onéreuse toutefois à cause du transport. Organisé par l'Eco-Guide Unit de Savannakhet.

À ne pas manquer

1 Une randonnée parmi les formations karstiques déchiquetées, les grottes et les rivières de la **ZNP de Phu Hin Bun NPA** (p. 196)

2 La **Boucle** (p. 196), un itinéraire de montagne sur des routes défoncées entre jungle, vallées inondées et panoramas vertigineux

3 L'atmosphère coloniale des villes historiques de **Tha Khaek** (p. 200) et de **Savannakhet** (p. 208)

4 Un séjour dans les villages isolés de la **ZNP de Dong Phu Vieng** (p. 215) pour un aperçu de la vie dans les forêts des esprits

5 Une escapade solitaire jusqu'à **Tham Kong Lo** (p. 198) et la traversée en bateau de cette étonnante grotte calcaire, longue de 7 km

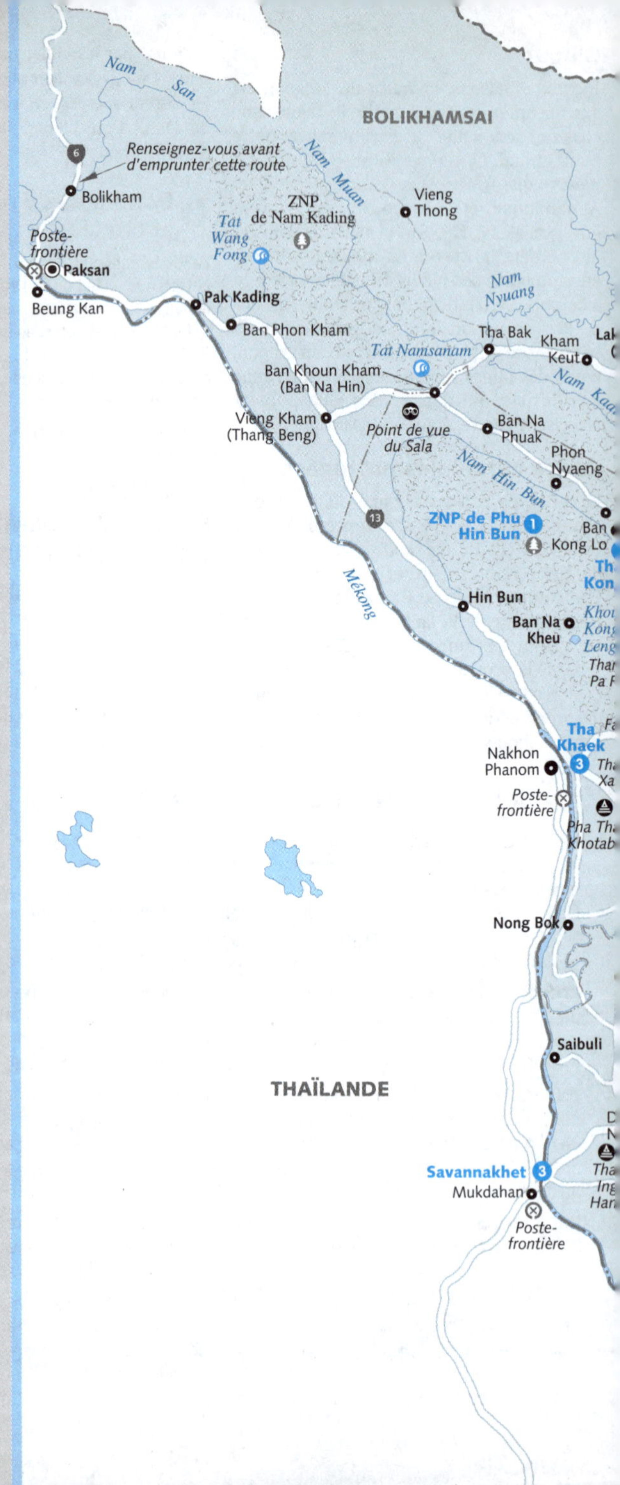

0
50 km
Vinh
Golfe du Tonkin
Poste-frontière
Cau Treo
Ban Nape
Cordillère Annamitique
Nam Yo
ZNP de Nakai-Nam Theun
Nam Theun
Cha Lo
Poste-frontière
Na Phao
Nyommalat
Lang Khang
Mahaxai Mai
Se Bang Fai
ZNP de Namno Hin
Dong Hoi
KHAMMUAN
Ban Nong Ping
Tham Lot Se Bang Fai
Bualapha
VIETNAM
Sai Bua Thong
Se Noi
ZNP de Phu Xang Hae
Sepon (Xepon)
Ban Dong
Poste-frontière
Dansavanh
Khe Sanh
Lao Bao
Phalan
Muang Phin
ZNP de Dong Phu Vieng
Se Jamphon
Samouy
Sonbuli
SAVANNAKHET
Paksong
Songkhon
Se Pon
Pont Prince Souphanouvong (détruit et impraticable)
Ban Muang
Tahoy

PASSER EN THAÏLANDE : DE PAKSAN À BEUNG KAN

Jusqu'à la frontière

Le **passage de frontière de Paksan (Laos)/Beung Kan (Thaïlande)** (⌚8h-12h et 13h30-16h30), sur le Mékong, demeure peu emprunté. Le bateau (60 THB, 20 minutes) part quand 8 passagers sont réunis, à moins de le louer entièrement (480 THB).

À la frontière

L'immigration laotienne ne délivre pas de visa sur place, mais les employés effectueront en principe les formalités.

En Thaïlande

Des bus peu fréquents relient Beung Kan à Udon Thani et à Bangkok.

souvent spectaculaires. La tranquille Tha Khaek,constitue une base idéale.

Les Lao des plaines, qui parlent un dialecte propre à ces deux provinces, forment le principal groupe ethnique ; avec des groupes thaïs moins importants, ce sont les habitants que vous croiserez le plus facilement. Dans des régions plus reculées, les Makong (ou Bru), de langue môn-khmère, représentent plus de 10% de la population de Khammuan. Sur les marchés et dans les villages des montagnes de l'est, vous rencontrerez des Hmong, des Kri, des Katang, des Maling, des Atel, des Phuan et des Themarou.

Dans cette région assez peu peuplée, six vastes étendues de forêt ont été classées zones nationales protégées et sont devenues le théâtre d'affrontements entre les partisans de l'exploitation du potentiel hydroélectrique et les défenseurs d'une nature parmi les mieux préservées d'Asie. Pour l'instant, les entrepreneurs ont le dessus.

Paksan ປາກຊັນ

☎054 / 43 700 HABITANTS

Au confluent de la Nam San (rivière San) et du Mékong, Paksan (Pakxan ou Pakxanh) est la capitale de la province de Bolikhamsai. La ville, qui n'est certes pas la plus captivante du Laos, possède quelques pensions et restaurants qui en font une étape pratique sur la route entre Vientiane et Tha Khaek. Paksan offre la possibilité d'entrer en Thaïlande, toutefois peu de voyageurs franchissent la frontière à cet endroit. Une Lao Development Bank est installée à l'est du marché, où les bus s'arrêtent. Une courte marche vers l'est mène au pont sur la Nam San et à la grand-rue. Il y a aussi un distributeur automatique de billets (DAB) de la BCEL à 200 m environ à l'est du Paksan Hotel.

Où se loger et se restaurer

BK Guest House PENSION $

(☎054-212638 ; ch 70 000-80 000 LAK ; P ❄). Dans un beau jardin planté de frangipaniers, cette pension impeccablement tenue loue 8 chambres avec salle de bains, fraîches et propre. Une excellente adresse si vous devez passer la nuit à Paksan.

Paksan Hotel HÔTEL $

(☎054-791333 ; Rte 13 ; s/d100 000/140 000 LAK ; P ❄ ᯤ). Ce colosse dont le toit évoque celui d'un temple est l'option la plus luxueuse de la ville. Géré par des Vietnamiens, il possède 32 chambres spacieuses avec salle de bains, véranda, TV, réfrigérateur et armoire.

Viengxum Restaurant LAOTIEN $

(Plats 8 000-30 000 LAK). Ce restaurant proche du pont est réputé sur toute la Rte 13 pour son excellente cuisine laotienne, vietnamienne et thaïlandaise.

Saynamsan Restaurant LAOTIEN $

(☎054-212068 ; plats 35 000 LAK ; ⌚7h-23h). Sur le côté nord-ouest du pont sur la Nam San, ce restaurant possède une agréable terrasse où prendre le frais au bord de l'eau. Soupe épicée aux calamars, curries et *làap* (salade épicée à base de viande hachée, de poulet ou de poisson) figurent à la carte.

Depuis/vers Paksan

De Paksan, des bus partent sur la Rte 13 devant le Talat Sao (marché principal) pour Vientiane (30 000 LAK, 3-4 heures, 143 km) entre 6h05 et 16h30 ; ils sont plus nombreux le matin. Des *săwngthăew* (pick-up transportant des passagers) démarrent aussi fréquemment du marché, ou bien vous pouvez héler tout véhicule faisant route vers l'ouest.

Si vous allez au Vietnam, des *săwngthăew* desservent Lak Sao (60 000 LAK, 5-6 heures, 189 km) à 5h, 5h30 et 6h30, ou quand ils sont pleins. Sinon, prenez un *săwngthăew* pour Vieng Kham, habituellement appelée Thang Beng (20 000 LAK, 1 heure 30-2 heures), puis un autre transport le long de la Rte 8 jusqu'à Lak Sao (30 000 LAK, 1 heure 30-2 heures 30, 100 km). Des bus (75 000 LAK) partent toutes les heures pour Pak Kading.

De Vientiane, tous les bus qui se dirigent vers le sud traversent Paksan environ deux heures après le départ et font halte devant le Talat Sao.

De Paksan à Lak Sao

Si l'épouvantable trajet en bus de 24 heures entre Vientiane et Hanoi vous rebute, faites le voyage par étapes en prenant les transports locaux et découvrez le centre du pays.

ZNP de Nam Kading
ປ່າສະຫງວນແຫ່ງຊາດນ້ຳກະດິງ

À 187 km à l'est de Vientiane sur la Rte 13, le joli village somnolent de **Pak Kading** se situe juste en amont de la confluence du Mékong et de la **Nam Kading**, l'une des rivières les plus pures du Laos – jusqu'à maintenant. Traversant une vallée boisée entourée de hautes collines et d'austères formations calcaires, cette large rivière à l'eau bleutée pénètre dans la **ZNP de Nam Kading** et constitue le meilleur moyen d'explorer la réserve. Cette dernière abrite des espèces rares : éléphant, muntjac géant, loris lent pygmée, langur de François, langur Douc, gibbon, dhole, ours noir d'Asie, tigre et une grande variété d'oiseaux. Comme ailleurs au Laos, vous aurez beaucoup de chance si vous parvenez à les observer.

Avec ou sans cascade, Pak Kading est une halte plaisante pour prendre un repas au **Bounxou Restaurant** (☎ 055-320046 ; Rte 13 ; plats 10 000-25 000 LAK ; ⏲ 8h-21h), réputé pour ses plats de poisson. Si vous devez passer la nuit ici, allez à la **Vilada Guesthouse** (ch avec ventil/clim 70 000/100 000 LAK ; P ❄).

Ban Khoun Kham (Ban Na Hin)
ບ້ານຄູນຄຳ (ບ້ານນາຫີນ)

Une certaine atmosphère d'abandon règne sur Ban Khoun Kham, sérieusement concurrencée par Ban Kong Lo dans son rôle traditionnel de base de départ pour l'extraordinaire grotte de Tham Kong Lo. Attraction locale (mais vous pouvez faire l'impasse à la saison sèche), les impressionnantes cascades jumelles de **Tat Namsanam** se trouvent à 3 km au nord de la ville, dans un cadre spectaculaire de falaises karstiques. Hélas, le sentier menant aux chutes est mal balisé. Ouvrez l'œil ou, mieux encore, engagez un guide auprès de l'excellent **centre d'information touristique** (☎ 020-5559 8412 ; Rte 8 ; ⏲ 8h-16h), situé juste au sud de l'entrée de Tat Namsanam. Le centre (renseignez-vous auprès de Thoum) organise des randonnées au contact de la population locale dans la ZNP de Phu Hin Bun.

En arrivant à Ban Khoun Kham par la Rte 13, ne manquez pas entre le Km 32 et le Km 33 le *sala* (bâtiment ouvert), offrant un point de vue spectaculaire sur les formations rocheuses noires qui se cabrent furieusement en contrebas, paysage étonnant entre rêve et cauchemar.

Où se loger et se restaurer

L'artère principale de Ban Khoun Kham, parallèle à la Rte 13, compte plusieurs pensions similaires qui louent des chambres climatisées avec TV câblée et eau chaude.

Xok Xai Guesthouse PENSION **$**
(☎ 051-233629 ; Rte 8 ; ch 80 000 LAK ; P ❄). En retrait de la Rte 8, à 400 m au nord du marché, cette maison traditionnelle loue de jolies chambres climatisées avec parquet, TV, rideaux bleu pastel, grosse couette et eau chaude dans la salle de bains.

Mi Thuna Restaurant Guesthouse PENSION **$**
(☎ 020-224 0182 ; Rte 8 ; ch 60 000 LAK ; P ❄). À 800 m environ au sud du marché sur la Rte 8, après la station Shell, la Mi Thuna propose des chambres agréables avec climatisation ou ventilateur, sol carrelé bien propre, petit bureau et salle de bains fatiguée. Le restaurant sert une cuisine laotienne et occidentale. Demandez une chambre en retrait pour vous préserver du bruit des camions.

Sainamhai Resort COMPLEXE HÔTELIER **$**
(☎ 020-233 1683 ; www.sainamhairesort.com ; ch 130 000 LAK ; P ❄ wifi). Installé en bordure de la Nam Hai, le Sainamhai comporte un joli bâtiment traditionnel abritant un restaurant (plats 25 000 LAK), un jardin bien vert et 12 bungalows en bambou en parfait état, avec balcon, salle de bains et linge impeccable. Seule ombre au tableau : le raffut des coqs ! L'établissement se trouve à 3 km à l'est de la Rte 8. Suivez le panneau près de l'intersection de la Rte 8 et de la route longeant le lotissement du barrage de Theun Hin Bun, à l'extrémité est de la localité, ou prenez la bifurcation après quelques kilomètres sur la route de Tham Kong Lo. On viendra vous chercher gratuitement à la station de *săwngthăew* si vous prévenez de votre arrivée.

Inthapaya Guesthouse PENSION $
(☎020-2233 6534 ; ch avec ventil/clim 60 000/ 90 000 LAK ; P⊖❄). Des chambres bleues qui sentent bon (elles sont non- fumeurs), avec sol carrelé, salle de bains bien nette et ventilateur ou climatisation en option. Il y a aussi un joli petit café dans le patio. Au nord-est de la rue principale.

Phamarn View PENSION $
(☎020-240 3950 ; ch avec ventil/clim 60 000/ 90 000 LAK ; P❄). Autour d'un jardin, des chambres qui sentent bon avec lits récents, TV, réfrigérateur et véranda. Près du marché et de la gare routière.

Dokkhoun Restaurant LAOTIEN $
(☎020-246 9811 ; plats 30 000 LAK ; ⊙7h-22h). Cet établissement de la rue principale prépare avec efficacité jus de fruit, riz sauté, *làap* au porc et petit-déjeuner continental.

Depuis/vers Ban Khoun Kham

Depuis Tha Khaek, un bus quotidien part à 8h et à 9h pour Ban Khoun Kham (50 000 LAK, 3-4 heures). De Tha Khaek, ou de Vientiane, une autre option consiste à prendre n'importe quel bus vers le nord ou le sud et à descendre à Vieng Kham (appelé aussi Thang Beng), à l'intersection des Rtes 13 et 8, où vous changerez pour un *săwngthăew* (25 000 LAK, 7h à 19h, 1 heure) jusqu'à Ban Khoun Kham.

Tous les véhicules qui circulent sur la Rte 8 font halte à Ban Khoun Kham, y compris ceux pour Vientiane (75 000 LAK) et Tha Khaek (75 000 LAK, 3 heures, 143 km), que vous aurez plus de chance d'attraper le matin. Plus tard, vous devrez prendre un *săwngthăew* peu fréquent pour Vieng Kham (30 000 LAK, 7h-17h) ou, si vous vous dirigez vers la frontière vietnamienne, pour Lak Sao (25 000 LAK, 7h-17h) – deux villes à environ une heure de Ban Khoun Kham – où il faudra changer. Pour Tham Kong Lo, un *săwngthăew* part à 10h, 12h30 et 15h (25 000 LAK, environ 1 heure).

ZNP de Phu Hin Bun
ປ່າສະຫງວນແຫ່ງຊາດພູຫີນປູນ

La ZNP de Phu Hin Bun est un vaste territoire sauvage (1 580 km²) de cours d'eau turquoise, de forêts pluviales et de formations karstiques dans le centre de la province de Khammuan. Protégé depuis 1993, c'est l'un des plus beaux sites de la région. La hauteur des falaises calcaires qui s'élancent presque verticalement sur des centaines de mètres surprend.

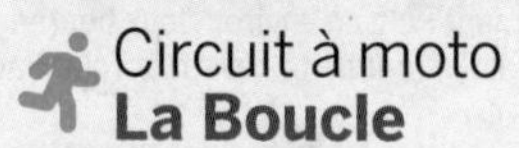

Circuit à moto La Boucle

DÉPART THA KHAEK
ARRIVÉE THA KHAEK
DISTANCE 500 KM ; 4 JOURS

Cet itinéraire à travers certains des coins les plus reculés des provinces de Khammuan et de Bolikhamsai fait figure de mythe chez les voyageurs épris d'aventure. On peut l'effectuer à vélo, mais mieux vaut opter pour la moto. La *moto* et *non pas le scooter* – à l'origine de nombreux accidents. On se réjouit donc de la présence à Tha Khaek de Mad Monkey Motorbike (p. 206), qui loue des motos tout-terrain de qualité. Prévoyez au moins trois jours, quatre si vous voulez voir Tham Kong Lo. Vous pourrez faire le plein d'essence dans la plupart des villages traversés.

Démarrez à ① **Tha Khaek**, où le centre d'information touristique vous renseignera sur le circuit. Vous pourrez consulter le livre d'or de la Boucle au Thakhek Travel Lodge.

Le premier jour suivez la Rte 12 en direction de l'est en faisant des haltes dans les grottes et lieux de baignade. Sur le tronçon de 20 km au nord de ② **Mahaxai Mai** (40 km de Tha Khaek), vous trouverez des hébergements pour boucler cette première étape. Juste au nord de Mahaxai Mai, il y a aussi deux pensions sommaires : **Maniphone** (☎020-215 8699) et **Mahaxai Mai** (☎020-216 4453). Les bungalows en ciment et le restaurant du **Linxomphou Resort-Night Club** (☎020-5458 4453), à environ 15 km au nord de Mahaxai, sont une autre option. Juste au nord du Km 55, la Rte 12 bifurque vers le Vietnam et l'onéreux campement principal de Nam Theun 2, en face duquel la **Phothavong Guest House** (☎020-5663 5555) est l'une des meilleures adresses pour la nuit de ce côté de la Boucle.

Ensuite, passez par Gnommalath et, après l'intersection de la Rte 12, où il y a une station-service et de quoi se restaurer simplement, continuez sur 5 km au nord pour arriver à la centrale électrique de Nam Theun 2. De là, ce sera le dernier tronçon goudronné sur lequel vous aurez le plaisir de rouler jusqu'à Lak Sao. Au sommet de la colline, la route bifurque au village animé de Ban Oudomsouk ;

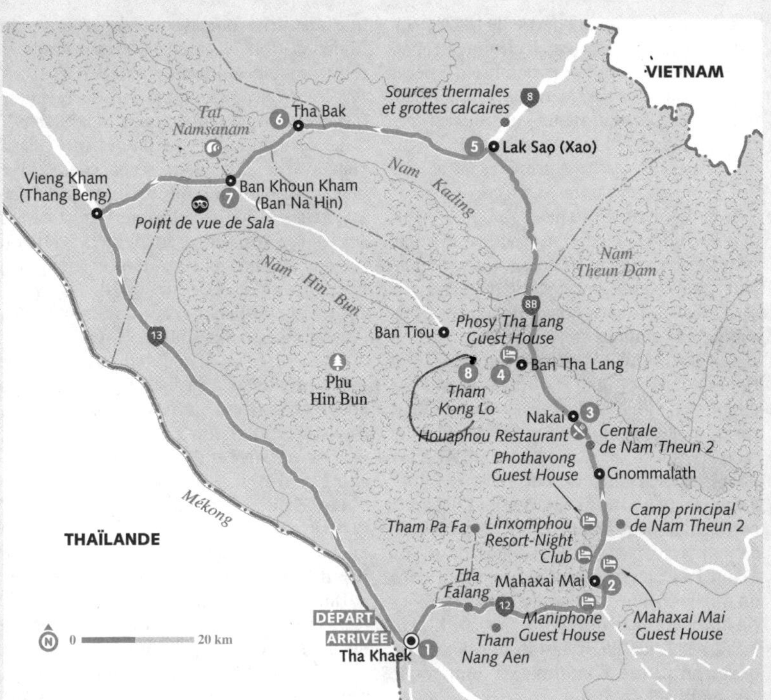

continuez tout droit sur 3 km jusqu'à 3 **Nakai**, pour reprendre des forces au **Houaphou Restaurant** (☎051-620111) et faire le plein à la pompe à essence.

Les prochains 23 km forment un long corridor inquiétant entre la forêt vierge sur votre gauche et, sur votre droite, le désastre environnemental qu'a créé l'inondation récente de la zone pour le barrage de Nam Theun 2. Vous verrez aussi s'égrener les *bâan jat sàn*, ces petits villages propres aménagés pour la population déplacée.

Juste avant le nouveau pont sur la Nam Theun, la route passe par le petit village de 4 **Ban Tha Lang**, où l'on peut reprendre des forces au **Phosy Tha Lang Guesthouse & Restaurant** (☎020-5880 4711). Ses bungalows sommaires, avec balcon et salle de bains, sont propres et équipés de draps. Le trajet Mahaxai Mai-Ban Tha Lang nous a pris 2 heures environ.

Après le pont de Ban Tha Lang, une route de 60 km, rocailleuse par endroits, mène à Lak Sao. Ce trajet superbe passe entre la NBCA de Nakai-Nam Theun et la ZNP de Phu Hin Bun. Mais la route, une piste caillouteuse progressant en lacets serrés, est en partie épouvantable. Allez-y doucement et profitez de la vue. Entre les nids-de-poules, on grimpe parfois quasiment à la verticale au milieu de carrières, et l'on voit des camions renversés en contrebas. Après 17 km, continuez tout droit à l'intersection (l'embranchement de gauche mène au barrage de Nam Theun 2). Ce parcours nous a demandé près de 2 heures pendant la saison sèche. Vous serez soulagé de retrouver l'asphalte à 5 **Lak Sao**, une bourgade du bout du monde, mais où l'on trouve de quoi se restaurer, se loger et faire réparer sa moto. Le trajet de 56 km entre Lak Sao et Ban Khoun Kham, sur la chaussée lisse de la Rte 8, tient du rêve : la route serpente entre d'imposantes falaises karstiques, dans des collines couvertes de forêts épaisses, puis traverse la large Nam Theun à 6 **Tha Bak**, où les bateaux-bombes justifient une halte.

À 7 **Ban Khoun Kham**, l'une des bases d'excursion pour 8 **Tham Kong Lo**, vous trouverez une station-service et quantité d'hébergements. Ces deux dernières années, cependant, les pensions se sont multipliées dans le village même de Kong Lo, ce qui est plus commode pour les départs matinaux vers la grotte. De Ban Khoun Kham, comptez 145 km environ pour le retour à Tha Khaek.

Bien que la majeure partie de la ZNP soit inaccessible par la route, la chasse et l'abattage du bois ont réduit le nombre d'espèces dont la survie dépend de la forêt. Néanmoins, la réserve abrite toujours des espèces menacées, comme le langur Douc, le langur de François et d'autres primates, ainsi que des éléphants, des tigres et un cervidé rare.

Une excursion à Tham Kong Lo vous donnera un aperçu des merveilles que recèle cette zone protégée. Toutefois, deux circuits plus intéressants permettent de découvrir cette région de pics quasi mythiques et de cours d'eau sinueux.

Les autorités de la province de Khammuan ont mis sur pied 5 treks de différentes durées et longueurs dans la ZNP, gérés par les communautés. Celui de 2 jours (1 350 000 LAK/pers, 800 000 LAK/pers pour 2 participants, 650 000 LAK/pers pour 3-5 participants) au départ de Tha Khaek, est particulièrement réputé. L'itinéraire traverse de nombreux paysages karstiques, passe par Tham Pa Chan et comprend une nuit dans un village. Point d'orgue du deuxième jour (15 km) : la baignade dans le superbe Khoun Kong Leng (lac Bleu). Les inscriptions sont prises au centre d'information touristique de Tha Khaek (p. 205).

Ceux qui disposent d'un peu plus de temps et d'argent peuvent s'adresser à Green Discovery (p. 201), qui offre des treks similaires mais aussi une très tentante excursion de deux jours en kayak et à vélo entre de spectaculaires falaises sur la Nam Hin Bun, qui décrit un large arc de cercle en direction du Mékong (453 $US/pers). L'agence organise aussi des croisières de 4 jours sur la Nam Hin Bun (510 $US/pers sur la base de deux pers, 321 $US/pers base 4 pers).

Tham Kong Lo ຖ້ຳລອດກອງລໍ

Tham Kong Lo est l'un des sites les plus impressionnants du centre du Laos – et du pays tout entier. La découverte en canot de ce monde surnaturel a des allures d'exploration des ténèbres, le long de la sinueuse rivière de 7 km qui traverse la grotte de calcaire aussi haute qu'une cathédrale. On remonte de petits rapides et l'on passe dans un tronçon désormais joliment éclairé, ce qui permet de mieux profiter de l'incroyable spectacle. À un moment, le canot accoste le long d'une partie rocheuse pour permettre aux visiteurs d'explorer une envoûtante forêt de stalactites, stalagmites et autres formations, puis repart et s'enfonce dans une obscurité qui évoque de la Terre du Milieu de Tolkien (avec les petites lumières des autres bateaux avalées dans les ténèbres, tels les yeux de Gollum)... ou du royaume d'Hadès, selon vos références. Inoubliable !

Le canot met environ 1 heure dans chaque sens. À la saison sèche, vous devrez descendre dans certains endroits pour que le batelier et son aide hissent l'embarcation sur les rapides. À l'extrémité de la grotte on remonte un court passage encore (5 minutes) pour atteindre des stands de boissons. Reprenez votre souffle avant de repartir en sens inverse pour la suite de l'aventure !

Munissez-vous d'une lampe-torche car celles proposées à la location ne sont pas adaptées, et chaussez-vous de sandales en caoutchouc : des graviers coupants couvrent le lit de la rivière et il faut débarquer et franchir à pied les passages peu profonds.

Le circuit aller-retour coûte 105 000 LAK (2 heures 30 environ, 4 pers maximum). Des gilets de sauvetage sont fournis. Ajoutez le prix de l'entrée de la grotte (5 000 LAK) et le parking (5 000 LAK).

La route de Tham Kong Lo a été goudronnée et les autorités de la province de Khammuan proposent une excursion d'une journée à la grotte (1 350 000/750 000/600 000 LAK/pers sur la base de 1/2/5 pers). Adressez-vous à M. Somkiad, au centre d'information touristique (p. 205) de Tha Khaek. Green Discovery (p. 201) organise aussi des sorties d'une journée à Tham Long Lo (141 $US/pers base 2 pers, 84 $US/pers base 4 pers).

Où se loger et se restaurer

Sala Kong Lor PENSION $

(☎ 020-5564 5111 ; www.salalao.com ; Ban Tiou ; bungalows 6-30 $US petit-déj inclus ; P). En bordure de la Nam Hin Bun à 1,5 km en aval de Tham Kong Lo, des bungalows sur pilotis de différents niveaux de confort. Quoique sommaires, les chambres font bonne figure, avec murs en briques apparentes, couvre-lits bleus, moustiquaires, quelques meubles et balcon sur la rivière. Il existe une petite crique à proximité pour faire trempette.

Chantha Guest House PENSION $

(☎ 020-210 0002 ; Ban Kong Lo ; ch sans/avec clim 60 000/100 000 LAK ; P ❄ @ ≋). À l'entrée du village sur la route, ce bâtiment aux allures de chalet suisse offre 15 doubles et twins bien tenues, une chambre de 5 lits (180 000 LAK), un salon de DVD et un petit café. Les propriétaires sont sympathiques et la connexion Wi-Fi fonctionne par moments.

CENTRE DU LAOS DE PAKSAN À LAK SAO

Saylomyen Guest House PENSION $
(☎020-7775 5216 ; Ban Kong Lo ; ch 40 000-80 000 LAK ; P). À l'extrémité nord de la ville, cette pension sur pilotis offre des chambres aux murs de bambou avec balcon sur l'arrière, salle de bains, ventilateurs et couvre-lits colorés. Il y a aussi un café.

Kong Lo Eco Lodge PENSION $
(☎030-906 2772 ; Ban Kong Lo ; ch 60 000 LAK ; P). Cette pension en retrait de la route principale propose 12 chambres d'un confort sommaire, mais propres et bon marché. Café correct sur place.

Homestay CHEZ L'HABITANT $
(Ban Kong Lo ; par pers dîner et petit-déj inclus 50 000 LAK). Prononcez le mot "homestay" et l'on vous conduira chez une famille du village. On peut aussi loger chez l'habitant de l'autre côté de la grotte, à Ban Na Tan ou Ban Phon Kham, plus mignon. Les deux villages sont accessibles à pied depuis les stands de boissons où s'arrêtent les canots ; Ban Na Tan se trouve à 2 km sur le chemin de gauche ; Ban Phon Kham est le deuxième village à 1 km sur celui de droite. Les vendeurs de boissons vous indiqueront la bonne direction.

♥ **Auberge Sala Hinboun** PENSION $$
(☎041-212445 ; www.salalao.com ; ch 23-29 $US petit-déj inclus ; P). Sur la rive de la Nam Hin Bun à 10 km au nord de Ban Kong Lo, ces 12 plaisants bungalows de bois couleur guacamole louent des chambres au sol en bambou tressé, avec balcon, lits confortables et rideaux au charme bohème. Les plus grands (29 $US) donnent sur l'eau, mais les petits (25 $US) sont très corrects aussi.

Le restaurant propose poisson frit, poulet rôti et salades laotiennes – et si vous voulez faire une petite folie à plusieurs, commandez donc un porcelet rôti (450 000 LAK) !

Mithuna Restaurant LAOTIEN $
(Ban Kong Lo ; plats 20 000 LAK ; ⏲7h-20h). Près de l'entrée de Tham Kong Lo, ce restaurant ouvert sur l'extérieur et équipé de ventilateurs sert nouilles, riz sauté et *làap* au porc, ainsi que des petits-déjeuners occidentaux.

ℹ Depuis/vers Tham Kong Lo

En prenant la route de 50 km entre Ban Khoun Kham et Ban Kong Lo, il faut une heure à moto ou en *săwngthăew* pour rejoindre Kong Lo. Depuis Ban Kong Lo, les *săwngthăew* pour Ban Khoun Kham (25 000 LAK) partent à 6h30, 8h et 11h.

Tha Bak ບ້ານທ່າບັກ

À 18 km à l'est de Ban Khoun Kham, Tha Bak se situe près de la confluence de la Nam Kading et de la Nam Theun. Les principaux attraits de cette jolie bourgade, plutôt calme, sont la rivière et les étonnants **bateaux-bombes**, fabriqués avec les énormes réservoirs de carburant en forme de missile des bombardiers américains des années 1960 et 1970. Pour faire un tour en bateau-bombe, rejoignez la rive à l'extrémité est du pont et négociez le prix.

Lak Sao ຫລັກຊາວ

☎054 / 31 400 HABITANTS

À 32 km de la frontière avec le Vietnam, Lak Sao n'est guère plus qu'un carrefour de deux routes poussiéreuses traversé par des camions rugissants filant vers ce pays. Centre de l'activité forestière dans la région, la localité est entourée de spectaculaires montagnes dont la silhouette échancrée est impressionnante au crépuscule.

On y trouve quantité de pensions pas très enthousiasmantes, un grand marché, un DAB 24h/24 et une poignée de restaurants. Le nuage de poussière qui recouvre la ville en permanence n'en fait pas un endroit séduisant, mais c'est une halte bien commode sur la Boucle pour faire le plein d'espèces, d'essence et pour se reposer.

Où se loger et se restaurer

Tous les établissements sont à une courte distance du marché et de la gare routière. Vous trouverez aux abords du marché plusieurs **petits restaurants** (⏲6h-20h) et échoppes de *fŏe* (soupe de riz et de nouilles) servant des plats laotiens et vietnamiens.

Phoutthavong Guest House PENSION $
(☎054-341074 ; Rte 1E ; ch 80 000 LAK ; P ❄ 📶). En retrait du trafic de la Rte 8, cette agréable pension offre de grandes chambres équipées de lits et de meubles en acajou, d'une TV et d'une salle de bains sommaire. Le mainate de la maison vous fera la conversation.

Souriya Hotel HÔTEL $
(☎054-341111 ; Rte 1E ; ch 50 000-80 000 LAK ; P ❄). Les chambres (plus ou moins grandes) sont nettes et dotées de la climatisation ou d'un ventilateur, de la TV câblée, de lits bien fermes et d'une salle de bains où l'eau coule brûlante – votre dos cassé après les routes de la Boucle appréciera.

PASSER AU VIETNAM : DE LAK SAO À VINH

Jusqu'à la frontière

Le **poste-frontière de Nam Phao (Laos)/Cau Treo (Vietnam)** (7h-16h30), via le col de Kaeo Neua, se situe à 36 km de Lak Sao. Des *săwngthăew* (20 000 LAK, 45 minutes) partent presque toutes les heures du marché de Lak Sao et laissent leurs passagers au poste-frontière laotien, à l'ambiance très décontractée. Du côté laotien, un bureau de change accepte les espèces, mais pratique des taux peu avantageux.

En sens inverse, durant la journée, des bus partent régulièrement de Vinh au Vietnam pour Tay Song (jadis Trung Tam ; 70 000 VND, 3 heures, 70 km). De Tay Son, il reste 25 km à travers d'épaisses forêts jusqu'à la frontière. Le prix est d'environ 50 000 VND pour une moto ou un taxi, mais les conducteurs ne manqueront pas de vous demander plusieurs fois cette somme. L'arnaque est courante sur cette route.

À la frontière

Vous devez avoir un visa avant d'entrer au Vietnam. Le service de l'immigration au Laos délivre des visas de 30 jours.

Au Vietnam

L'inconvénient est que le poste-frontière vietnamien est à 1 km plus haut sur la route depuis le poste-frontière et que, dès votre arrivée depuis le Laos, des rabatteurs vous proposent un transport pour Vinh. Contrairement à ce qu'ils affirment, le trajet en minibus ne vaut pas 30 $US par personne, mais 5 $US (après une âpre négociation). Le trajet en taxi avec compteur coûte 35-40 $US, celui à moto 200 000 VND. Essayez de vous regrouper avec d'autres voyageurs pour obtenir un prix correct.

Il est possible d'éviter ces palabres en prenant un bus direct de Lak Sao à Vinh (120 000 LAK, 5 heures). Habituellement, 4 bus partent entre 12h et 14h. À Vinh, on peut rejoindre Hanoi en bus ou en train avec le **Reunification Express** (www.vr.com.vn).

Vongsouda Guest House PENSION $
(020-210 2020 ; ch 60 000 LAK ;). À 300 m environ au nord de la Rte 8 par une piste, cette pension familiale loue des chambres correctes et assez grandes. Séjour agréable, avec cheminée.

Only One Restaurant LAOTIEN $
(054-341034 ; Rte 1E ; plats 20 000-40 000 LAK ; 7h-22h). Vaste restaurant doté à l'arrière d'une belle terrasse donnant sur les falaises. Un endroit agréable où avaler un *làap,* du porc au barbecue, des plats sautés ou un petit-déjeuner.

Renseignements

Lao Development Bank (Rte 1E). Près du marché. Change bahts thaïlandais, dollars US, livres sterling, euros et dongs vietnamiens.

Poste (angle Rte 8 et Rte 1E)

Depuis/vers Lak Sao

Vientiane (85 000 LAK, 6-8 heures, 334 km) est desservie tous les jours par des bus partant de l'est du marché (5h30, 6h30, 8h et 20h). Ils s'arrêtent à Vieng Kham (Thang Beng ; 35 000 LAK, 1 heure 30-2 heures 30, 100 km), où l'on peut prendre une correspondance pour le sud, et Paksan (40 000 LAK, 5-6 heures, 189 km). D'autres bus et des *săwngthăew* effectuent la liaison avec Vieng Kham/Thang Beng (entre 8h30 et 17h) par la Rte 8, et un bus (7h30) dessert Tha Khaek (60 000 LAK, 5-6 heures, 202 km).

Tha Khaek ທ່າແຂກ

051 / 81 000 HABITANTS

Délicieux mélange de maisons coloniales décrépites et de boutiques chinoises à la façade penchée, cet ancien comptoir indochinois est imprégné du charme tranquille des villes de bord de fleuve – et ce n'est pas le nouveau pont avec la Thaïlande qui semble devoir bouleverser les choses. Point de départ de la Boucle et base commode pour une excursion à Tham Kong Lo (des *săwngthăew* directs s'y rendent désormais), Tha Khaek est un endroit plein de caractère où il fait bon s'arrêter une journée et une nuit. Il y a aussi dans les environs d'innombrables grottes accessibles en scooter ou en *túk-túk,* dont certaines avec des bassins où l'on peut se baigner.

Sans être aussi raffinée que Luang Prabang, Tha Khaek a un joli centre historique et offre une authentique tranche de vie laotienne. Le cœur de la vieille ville est la modeste place de la Fontaine située à l'extrémité ouest de Th Kuvoravong, près du fleuve.

Histoire

Les racines de l'actuelle Tha Khaek remontent aux constructions coloniales françaises de 1911-1912, comme en témoignent les bâtiments qui vieillissent lentement autour de la place de la Fontaine ; peu d'entre eux ont été restaurés. Durant la période française, la ville servit de port, de poste-frontière et de centre administratif.

À voir et à faire

À part flâner dans les rues pour s'imprégner de son atmosphère, Tha Khaek n'offre guère d'autres activités plus dynamiques, si ce n'est des tournois de *petang* (la pétanque laotienne) un peu partout en ville. Les **terrains de petang de Bounthong** (☎ 020-5561 9331 ; 16h-22h30) et de **Nang Linly** (☎ 020-5522 2021 ; 16h-22h30), l'un à côté de l'autre, à deux rues de la place de la Fontaine, vous donnent accès au boulodrome (et à ses boules) en échange de l'achat d'une Beerlao ou autres boissons. Il y a enfin près de la place de la Fontaine un salon de **massage** (50 000 LAK/heure ; 10h-22h).

Circuits organisés

Le centre d'information touristique propose des excursions dans les environs. Le prix des treks varie selon la taille du groupe, aussi est-il conseillé d'appeler l'efficace responsable du centre, **M. Somkiad** (☎ 030-5300503 ou 020-5571 1797 ; somkiad@yahoo.com), afin de s'associer éventuellement avec d'autres voyageurs. À titre d'exemple, un trek de deux jours dans la ZNP de Phu Hin Bun ne coûte pas plus que 650 000 LAK/pers. sur la base d'un groupe de quatre. Les sorties proposées comprennent généralement une nuit chez l'habitant. Renseignez-vous auprès de M. Somkiad sur Tham Pa Seuam (la grotte du Poisson). Récemment découverte, cette rivière souterraine de 3 km renferme de stupéfiantes stalactites et stalagmites. Le site, d'une importance similaire à Tham Kong Lo, se trouve à 15 km de Tha Khaek et devait ouvrir au public à la fin de 2013. Les sorties avec le centre d'information touristique devraient coûter autour de 150 000 LAK/pers. sur la base de 4 pers.

Green Discovery CIRCUITS AVENTURE
(☎ 051-251390 ; Inthira Hotel, Th Chao Anou ; 8h-21h). Organise différents treks et sorties en kayak dans la ZNP de Phu Hin Bun, notamment à Tham Kong Lo. On peut aussi combiner vélo, kayak et nuit chez l'habitant. Bureau à l'Inthira Hotel.

Où se loger

Assez curieusement si l'on considère qu'il s'agit de la plus grande ville à proximité du vaste barrage de Nam Theun 2, Tha Khaek n'offre qu'un éventail restreint d'hébergements.

♥ **Thakhek Travel Lodge** PENSION $
(☎ 051-212931 ; thakhektravellodge@gmail.com ; Rte 13 ; dort 30 000 LAK, ch 40 000-180 000 LAK ; P ❄ @). Si seulement toutes les pensions étaient aussi calmes, accueillantes et intéressantes que cette oasis ! À 5 minutes à

L'EXPLOITATION FORESTIÈRE ILLÉGALE

Le Laos possède des portions de forêt primaire humide parmi les plus importantes en Asie du Sud-Est continentale. La Chine, le Vietnam et la Thaïlande ayant adopté des mesures de protection plus strictes pour leurs forêts, le pays est aujourd'hui une cible particulièrement vulnérable face à la convoitise des sociétés étrangères. Selon l'ONG Environmental Investigation Agency, l'activité de l'industrie du meuble au Vietnam a été multipliée par dix depuis 2000 grâce à la matière première venue du Laos. On estime que 500 000 m^3 de bois franchissent chaque année la frontière. Si le gouvernement affiche la fermeté face à l'exploitation massive de la forêt, sur le terrain, les militaires et les fonctionnaires locaux, isolés et non payés, cèdent facilement à la corruption.

La couverture forestière est passée de 70% dans les années 1940 à moins de 40% au début des années 2000 – quelque 90 000 ha de forêt disparaissent chaque année. Les ZNP sont malgré tout frappées par une exploitation forestière illégale massive car elles offrent de grandes quantités de bois d'une forte valeur commerciale. On estime que la couverture forestière du Laos sera réduite à 30% en 2020.

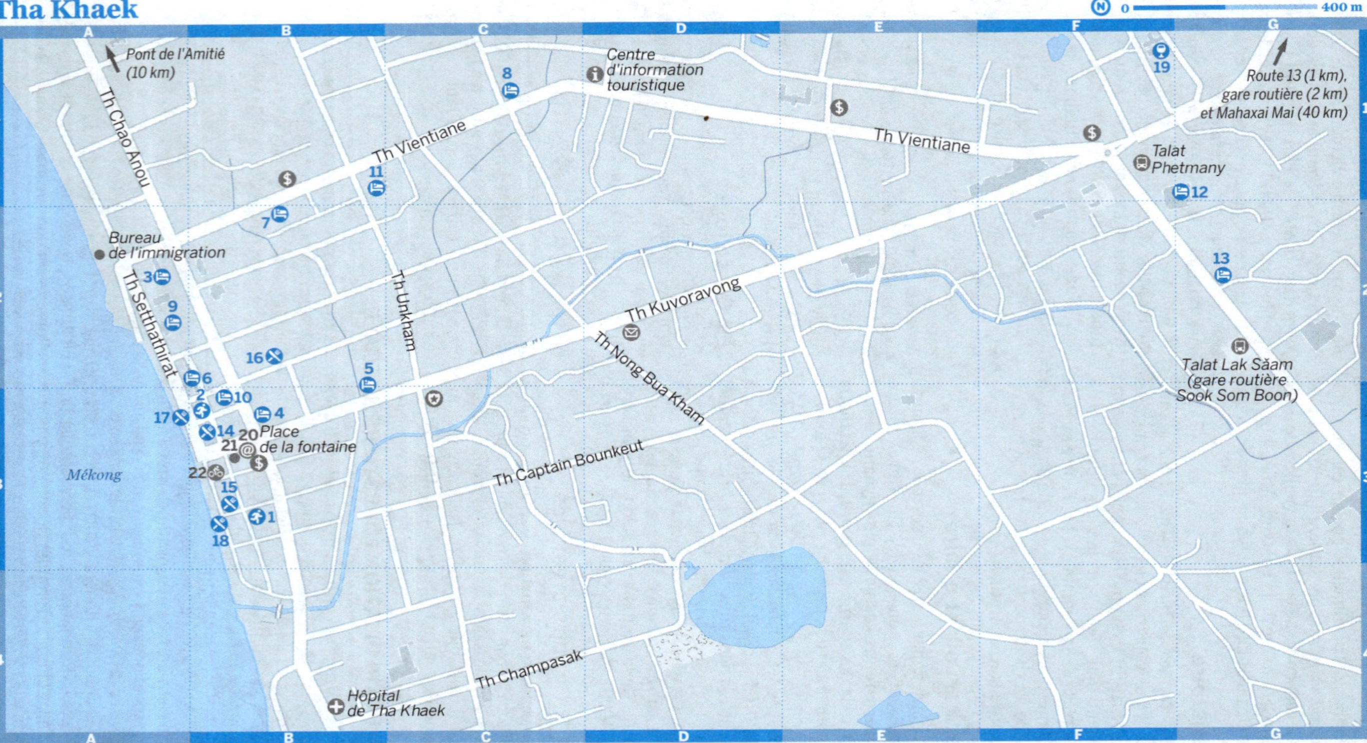
Tha Khaek
0
400 m
Pont de l'Amitié (10 km)
Th Chao Anou
Bureau de l'immigration
Th Setthathirat
Mékong
Th Vientiane
Centre d'information touristique
Th Unkham
Th Kuvoravong
Th Nong Bua Kham
Place de la fontaine
Th Captain Bounkeut
Th Champasak
Hôpital de Tha Khaek
Route 13 (1 km), gare routière (2 km) et Mahaxai Mai (40 km)
Talat Phetmany
Talat Lak Săam (gare routière Sook Som Boon)
1
2
3
4
5
6
7
8
9
10
11
12
13
14
15
16
17
18
19
20
21
22

Tha Khaek

Activités
1 Terrains de petang de Bounthong B3
Green Discovery ..... (voir 4)
2 Massage B3
Nang Linly ..... (voir 1)

Où se loger
3 Hotel Riveria A2
4 Inthira Hotel B3
5 Khammuane Inter Guest House B2
6 Mekong Hotel B2
7 Phonepadidh Guesthouse B2
8 Phoukhanna Guesthouse C1
9 Sooksomboon Hotel A2
10 Southida Guest House B3
11 Thakhek Mai B1
12 Thakhek Travel Lodge G1
13 Thipphachanh Guesthouse G2

Où se restaurer
14 Duc Restaurant B3
15 Restaurants de viande grillée B3
Inthira Restaurant ..... (voir 4)
16 Kesone Restaurant B2
17 Restaurants locaux A3
18 Smile Barge Restaurant B3

Où prendre un verre et faire la fête
19 Phudoi Disco F1

Renseignements
20 Wangwang Internet B3

Transports
21 Mad Monkey Motorbike B3
Mr Ku's Motorbike Rental ..... (voir 12)
22 Phavilai Restaurant B3
Wangwang Internet ..... (voir 20)

l'est de la ville en *túk-túk*, le lodge offre un éventail d'options, depuis des chambres assez médiocres jusqu'à celles pleines d'un charme tout indochinois. La vie s'organise autour du patio central, couvert de végétation, où l'on se rassemble le soir près du feu.

Le café chic sert des plats laotiens – *làap*, notamment – des salades occidentales, des côtelettes de porc et divers jus. Au moment de notre passage sept nouvelles chambres venaient d'être achevées sur l'arrière, avec sol en ardoise, TV à écran plat et réfrigérateur.

Phoukhanna Guesthouse PENSION $
(☎ 051-212092 ; Th Vientiane ; ch avec ventil/clim et sdb 65 000/85 000 LAK, ch avec ventil sans sdb 35 000 LAK ; ❄). Une pension plutôt bruyante à cause du restaurant qui diffuse de la pop thaïlandaise. Les employés ne sont pas très souriants et les chambres, un peu sombres, peinent à soulever l'enthousiasme malgré leur salle de bains, les rideaux bleu pastel et le parquet au sol.

Southida Guest House PENSION $
(☎ 051-212568 ; Th Chao Anou ; s/d 120 000/150 000 LAK ; P ❄). À proximité du fleuve et de la place de la Fontaine, ce bâtiment moderne d'allure on ne peut plus banale loue des chambres propres avec TV câblée. La plupart disposent d'un balcon, mais demandez à en voir plusieurs car certaines sont plus grandes que d'autres. Et tâchez de vous éloigner de la rue.

Phonepadidh Guesthouse PENSION $
(☎ 030-777 2826 ou 020-5672 6111 ; Th Vientiane ; ch 100 000 LAK ; P ❄). Ce bâtiment donnant sur une cour tranquille à deux pas de Th Vientiane loue des chambres climatisées aux murs blancs, impersonnelles mais propres, avec douche chaude.

Mekong Hotel HÔTEL
(☎ 051-250777 ; Th Setthathirat ; s/d 130 000/140 000 LAK ; P ❄ ᯤ). Les récents travaux de peinture ont donné un coup de neuf à ce mastodonte de couleur bleue, d'allure un peu soviétique. Ses chambres climatisées, très convenables, possèdent TV câblée et salle de bains bien nette. Le restaurant donne sur le Mékong.

Thipphachanh Guesthouse PENSION $
(☎ 051-212762 ; Rte 13 ; ch avec ventil/clim 60 000/80 000 LAK ; P ❄). Malgré l'environnement poussiéreux, les chambres font bonne figure avec leurs murs blancs, leur sol carrelé, leur TV et leur salle de bains. Il y a aussi des draps impeccables et des couvertures pour les nuits froides (cela existe-t-il ?).

Khammuane Inter Guest House PENSION $
(☎ 051-212171 ; Th Kuvoravong ; ch 50 000-80 000 LAK ; ❄ ᯤ). Des chambres sommaires dans une grande maison ancienne. Wi-Fi, bureaux et réfrigérateurs à disposition mais, pour être honnête, on peut trouver mieux en matière d'hébergement bon marché. Location de scooters (50 000 LAK) également.

Sooksomboon Hotel PENSION $
(☎ 051-212225 ; Th Setthathirat ; ch 130 000-150 000 LAK ; P ❄). Aménagée dans un poste de police de l'époque coloniale au bord du Mékong. Propres et hautes de plafond, les chambres, avec TV et salle de bains, sont meublées de lits en acajou. Le restaurant, illuminé le soir de lanternes chinoises, sert des barbecues coréens.

Thakhek Mai PENSION $

(051-212551 ; Th Vientiane ; ch 100 000-120 000 LAK ; P). Avec un petit effort on ferait de l'édifice d'inspiration Art déco un endroit vraiment joli. Dans son état actuel, la pension reste banale et assez sommaire. Chambres avec TV, salle de bains et meubles.

Inthira Hotel HÔTEL DE CHARME $$

(051-251237 ; www.inthirahotel.com ; Th Chao Anou ; ch 29-39 $US petit-déj inclus ;). Adresse la plus chic et la plus romantique de la ville, cette demeure de l'époque coloniale à la jolie façade a un restaurant donnant sur la fontaine ancienne. Briques apparentes, nuances lie-de-vin et mobilier en teck donnent le ton dans les chambres élégantes et climatisées, équipées d'une douche à effet de pluie, d'une TV câblée et d'un coffre. Les plus belles, sur la rue, disposent d'un balcon.

Hotel Riveria HÔTEL $$

(051-250000 ; Th Setthathirat ; ch 58-75 $US ; P). Adresse destinée à une clientèle familiale ou d'affaires. Une vue époustouflante, sur la Thaïlande d'un côté et les falaises déchiquetées de l'autre. Des chambres spacieuses, avec lit king size, TV, réfrigérateur, baignoire et mobilier de style international. Un restaurant correct sert un bon petit-déjeuner buffet.

Où se restaurer

Un petit marché s'installe le soir place de la Fontaine. Sur la berge du fleuve, juste au sud du marché, des **restaurants de viande grillée** (plats 10 000-20 000 LAK ; 11h-23h) servent notamment du canard (Ms Noy, Ms Kay et Ms Mo) et de la chèvre (Khem Kong).

Inthira Restaurant FUSION $

(Th Chao Anou ; plats 45 000 LAK ; 7h-22h ;). La meilleure adresse de la ville, à toute heure du jour. Murs de ciment brut, éclairage tamisé, cuisine ouverte et superbe bar bien approvisionné créent une ambiance "industriel-chic". La carte de cuisine asiatique-fusion, comprend un fameux steak au poivre, une délicieuse soupe tom yum, de copieuses salades, de généreux curries et plats sautés ainsi que d'honorables burgers.

Restaurants locaux LAOTIEN $

(Th Chao Anou ; plats 5 000-10 000 LAK ; 7h-19h). Pour déguster de savoureuses spécialités laotiennes (*pîng kai* – poulet grillé – avec riz gluant par exemple) pour trois fois rien, dirigez-vous vers les étals animés des berges du fleuve.

Duc Restaurant LAOTIEN $

(Th Setthathirat ; repas 15 000 LAK ; 6h-22h ;). On se croirait presque chez un particulier lorsque l'on s'installe entre les murs couverts de photos personnelles. En bordure du fleuve au niveau de la place de la Fontaine (tables à l'extérieur ou à l'intérieur, avec ventilateur), cette cantine familiale méticuleusement tenue concocte un exquis *fŏe hàeng* (nouilles de riz sèches servies dans un bol avec divers condiments et herbes, mais pas de bouillon).

Kesone Restaurant FUSION $

(051-212563 ; Th Setthathirat ; plats 25 000-35 000 LAK ; 9h30-23h30). Une adresse prisée pour son choix de plats thaïlandais, sino-thaïlandais et laotiens, servis à l'intérieur ou dans le jardin. Excellente glace, aussi.

Smile Barge Restaurant LAOTIEN $

(Th Setthathirat ; repas 25 000 LAK ; 12h-23h30 ;). Lanternes et bois de cerfs accrochés aux murs, terrasse à l'ombre des arbres : le cadre ne manque pas de caractère. Quant à la carte, elle affiche steaks, soupes, salades, poissons frit et légumes.

Où prendre un verre et faire la fête

Phudoi Disco DISCOTHÈQUE

(20h-minuit). Et pourquoi pas une soirée en boîte avec les jeunes du coin ? Si vous avez la pêche vous vous amuserez bien ici au son de la pop thaïlandaise et laotienne, entrecoupée de quelques vieux tubes occidentaux. Derrière la Phudoi Guest House.

Renseignements

Les deux cybercafés de Th Chao Anou (au nord de la place de la Fontaine) offrent une connexion correcte (6 000 LAK/heure). Ouverture de 10h à 22h environ.

BCEL (Th Vientiane). Change les principales devises et les chèques de voyage ; avance d'espèces (cartes Visa). Possède 3 DAB en ville, dont un sur la place de la Fontaine et un à la gare routière.

Lao Development Bank (Th Vientiane). Délivre des espèces. Pas de change ni d'avance sur carte Visa.

Police (angle Th Kuvoravong et Th Unkham)

Poste (Th Kuvoravong). Offre aussi un service d'appels internationaux (onéreux).

Hôpital de Tha Khaek (angle Th Chao Anou et Th Champasak). Convient pour les affections

PASSER AU VIETNAM : DE THA KHAEK À DONG HOI

Jusqu'à la frontière

Bien que la Rte 12 soit aujourd'hui complètement goudronnée, le **poste-frontière de Na Phao (Laos)/Cha Lo (Vietnam)** (⏲7h-16h) reste l'un des moins empruntés par les *falang* (Occidentaux). L'irrégularité et la lenteur des transports des deux côtés de la frontière expliquent cette désaffection ; toutefois, quotidiennement un *săwngthăew* part de Tha Khaek (50 000 LAK, 3 heures 30-4 heures, 142 km), à 8h, pour Lang Khang à 18 km de la frontière. Si vous êtes déterminé à traverser à cet endroit, partez tôt, car vous risquez d'avoir à attendre un moment pour un transport jusqu'à la frontière et il n'y a aucun hébergement dans le coin.

À la frontière

On peut obtenir un visa laotien de 30 jours à la frontière. En revanche, les visas vietnamiens ne sont pas délivrés sur place.

Au Vietnam

Du côté vietnamien, Dong Hoi est la ville la plus proche. Un bus direct relie Tha Khaek et Dong Hoi (90 000 LAK, 10-14 heures), au départ de Tha Khaek à 19h les lundi, mercredi, vendredi et dimanche, c'est de loin le moyen le plus pratique pour traverser la frontière.

peu graves et les maladies courantes, y compris le paludisme et la dengue.

Centre d'information touristique (☎030-530 0503 ou 020-5571 1797 ; www.khammuanetourism.com ; Th Vientiane ; ⏲8h30-17h). Bureau très efficace avec quantité de dépliants. Vend des cartes de la ville et de la province. Propose aussi des excursions.

Wangwang Internet (pl de la Fontaine ; 7 000 LAK/heure ; ⏲7h30-21h30). Accès Internet à partir d'ordinateurs portables. Location de scooters (60 000 LAK/jour).

ℹ Depuis/vers Tha Khaek

BUS

Depuis la gare routière (Rte 13), à 3,5 km du centre-ville, où se tiennent un marché florissant et des pensions sommaires, des liaisons régulières sont assurées vers le nord et le sud. Des bus partent pour Vientiane (70 000 LAK, 6 heures, 332 km) à 4h, 5h30, 7h, 8h30 et 9h, en plus d'un bus VIP (85 000 LAK) qui démarre à 9h15 et un VIP avec couchettes (85 000 LAK) à 1h. De 9h à minuit, des bus en provenance de Pakse et de Savannakhet s'y arrêtent toutes les heures. Tous les bus en direction du nord font halte à Vieng Kham (Thang Beng ; 30 000 LAK, 1 heure 30, 102 km), à Pak Kading (50 000 LAK, 3 heures, 149 km) ou à Paksan (40 000 LAK, 3-4 heures, 193 km).

En direction du sud, des bus pour Savannakhet (30 000 LAK, 2-3 heures, 125 km) partent toutes les 30 min. Pakse (70 000 LAK, 6-7 heures, 368 km) est desservie par un bus climatisé (9h) et par des bus locaux standard toutes les heures durant la journée (70 000 LAK). Deux bus quotidiens rallient Attapeu (85 000 LAK, environ 10 heures) à 15h30 et 23h. Depuis Vientiane, un bus part vers 17h30 pour Don Khong (150 000 LAK, environ 15 heures, 452 km) et un autre à 17h30 pour Nong Khiang (90 000 LAK, environ 16 heures, 482 km), à la frontière cambodgienne. Si vous n'êtes pas pressé, les deux s'arrêtent à Tha Khaek entre 17h et 18h.

Si vous allez au Vietnam, un bus pour Hué (120 000 LAK) part chaque lundi, mardi, mercredi, samedi et dimanche, à 20h. Un bus rallie aussi Danang (120 000 LAK) chaque lundi et vendredi à 20h ; Dong Hoi (90 000 LAK, 10-14 heures) à 19h les lundi, mardi, mercredi, vendredi et samedi, et Hanoi (160 000K) à 20h les mardi et samedi.

SĂWNGTHĂEW

De Talat Phetmany, des *săwngthăew* partent pour Mahaxai Mai (35 000 LAK, 1 heure, 50 km) lorsqu'ils ont fait de plein de voyageurs. Il y a aussi un départ à 7h30 pour Ban Kong Lo (80 000 LAK, 4 heures, direct). Les bus pour l'intérieur de la province de Khammuan partent de Talat Lak Săam (gare routière de Sook Som Boon). Il y a à peu près un *săwngthăew* par heure entre 7h30 et 9h30 pour Gnommalath (45 000 LAK, 1 heure30-2 heures, 63 km) et pour Nakai (45 000 LAK, 2 heures, 80 km). Lang Khang (50 000 LAK) est desservi une fois par jour (8h), de même que Na Phao (80 000 LAK, 3 heures 30, 142 km), à 18 km de la frontière vietnamienne (départ à 20h). Il y a aussi un service pour Bualapha (50 000 LAK, 5-6 heures, à 7h, 8h et 9h).

PASSER EN THAÏLANDE : DE THA KHAEK À NAKHON PHANOM

Jusqu'à la frontière

Seuls les locaux peuvent désormais emprunter le **passage de frontière de Tha Khaek (Laos)/Nakhon Phanom (Thaïlande)** (⏲7h-16h) sur le Mékong. Les voyageurs doivent prendre à la gare routière principale un *túk-túk* (20 000 LAK) jusqu'au pont de l'Amitié. Des bus partent toutes les 30 minutes entre 7h et 16h30. On vous fera payer un supplément si vous traversez en dehors des heures d'ouverture.

À la frontière

À Tha Khaek, le guichet de l'immigration laotien délivre des visas de 30 jours sur-le-champ. Il y a un DAB 24h/24 et un service de change (BCEL) au bureau de l'immigration. Côté thaïlandais des visas de tourisme de 30 jours sont également délivrés sur place.

En Thaïlande

La course en *túk-túk* jusqu'à la gare routière de Nakhon Phanom coûte 30 THB. De là, des bus desservent régulièrement Udon Thani et Bangkok (à 7h30 et en soirée de 19h à 20h).

Comment circuler

Un *jumbo* (triporteur à moteur) jusqu'à la gare routière devrait vous coûter 20 000 LAK, après négociation. Les *jumbo* ne quittent la gare routière pour la ville qu'une fois pleins, à moins que vous ne soyez prêt à verser 60 000 LAK pour le véhicule entier. Comptez 15 000 LAK par personne pour une course en ville.

On trouve plusieurs boutiques de location de moto à Tha Khaek. L'office du tourisme tient la liste complète, mais sachez que la seule et unique adresse où louer un engin fiable et solide apte à effectuer la Boucle et d'autres expéditions est **Mad Monkey Motorbike** (☎020-2347 7799 ou 020-5993 9909 ; dcn66@hotmail.com ; pl de la Fontaine ; moto 250 cm³/scooter automatique 38/28 $US/jour ; ⏲9h-20h). La boutique du sympathique DC, un expatrié allemand, loue deux Honda tout-terrain 250 cm³ et trois scooters automatiques à roues larges. En cas de panne, DC viendra vous récupérer avec votre engin (service payant). Il peut aussi vous emmener pour la journée à Tham Kong Lo (8h-20h) (300 000 LAK/pers base 4 pers).

Mr Ku's Motorbike Rental (☎020-220 6070 ; 100 000 LAK/jour ; ⏲7h30-16h30), au Thakhek Travel Lodge, propose des 110 cm³ coréennes, parfaites pour circuler en ville et explorer les grottes des environs.

Le **Phavilai Restaurant** (place de la Fontaine ; 60 000 LAK/jour ; ⏲6h-21h) a des scooters à louer, tout comme la boutique **Wangwang** (☎020-5697 8535 ; place de la Fontaine ; 50 000-60 000 LAK/jour ; ⏲8h-21h), aussi connue pour son accès à Internet.

Environs de Tha Khaek

Au nord et au sud de Tha Khaek

Pha That Sikhottabong TEMPLE BOUDDHIQUE

(ພະທາດສີໂຄດຕະບອງ).À 6 km au sud de la ville, le Pha That Sikhottabong, un stupa révéré, se dresse dans l'enceinte d'un monastère du XIXe siècle. Considéré comme l'un des *thâat* (stupa ou reliquaire bouddhique) les plus importants du Laos, Sikhottabong fut rénové dans sa forme actuelle par le roi Setthathirat au XVIe siècle, puis restauré dans les années 1950 et agrandi vingt ans plus tard. Une fête importante s'y déroule en février. Dans l'enceinte du temple, un *wihăan* (salle) renferme un grand bouddha assis, commandé par le roi Anouvong (Chao Anou). À côté du temple, un musée en plein air rassemble neuf maisons en bois montrant les divers styles d'architecture traditionnelle de la province de Khammuan.

Tham Pa Fa GROTTE

(Grotte du Bouddha ; 5 000 LAK ; ⏲8h-12h et 13h-16h). En avril 2004, quand Bun Nong grimpa sur une quinzaine de mètres à l'aide d'une liane le long d'une falaise haute de 200 m, il souhaitait dénicher des chauves-souris pour améliorer son dîner. Il découvrit alors l'étroite entrée d'une grotte qui abritait 229 statues de bouddhas en bronze. Ces effigies, de 15 cm à 1 m, faisaient face à l'ouverture de cette caverne aux impressionnantes formations calcaires. Tham Pa Fa se situe à 14 km de Tha Khaek. La course en *túk-túk* coûte 100 000 LAK.

Khoun Kong Leng LAC

("Lac du Gong du soir" ; 5 000 LAK). Niché parmi les formations karstiques des confins méridionaux de la ZNP de Phu Hin Bun, le beau "lac du Gong du soir" atteint une profondeur de 70 m. L'eau, d'un vert luminescent, jaillit d'une rivière souterraine filtrée par la roche calcaire, d'où sa clarté incomparable.

Khoun Kong Leng doit son nom au gong qui, selon la légende, retentit à chaque pleine lune. Les habitants du village voisin de Ban Na Kheu considèrent le lac comme sacré et demandent aux visiteurs de respecter certaines règles. Il faut demander au village l'autorisation de se baigner, puis se cantonner au cours d'eau qui part du lac, près de la passerelle de bois. La pêche est interdite.

Khoun Kong Leng est à 30 km au nord-est de Tha Khaek à vol d'oiseau. Suivez la Rte 13 vers le nord et prenez la piste sur la droite (est) au Km 29. Après 2 km, tournez à nouveau à droite (sud) et cahotez durant 16 km à travers collines et villages jusqu'à Ban Na Kheu, à 1 km du lac.

À l'est de la Rte 12

Qu'on le découvre au cours d'une excursion d'une journée ou en parcourant la Boucle, le premier tronçon de 22 km sur la Rte 12, à l'est de Tha Khaek, mérite le détour pour ses grottes, sa voie ferrée abandonnée et ses lieux de baignade. Il fait partie de la vaste région calcaire de la province de Khammuan – ponctuée de milliers de cavernes, de falaises abruptes et de pics karstiques dentelés –, qui s'étend entre la Rte 12 et la Rte 8 et s'étend vers l'est jusqu'à la Rte 8B.

Tous les sites décrits ci-dessous sont accessibles en *túk-túk*, à vélo ou à moto.

Tham Xang GROTTE

(ຖ້ຳຊ້າງ, grotte de l'Éléphant ; 5 000 LAK). Célèbre pour sa stalagmite en forme de tête d'éléphant, située dans un petit passage derrière le grand Bouddha doré ; prenez une lampe torche.

Tha Falang GROTTE

(ທ່າຟລັ່ງ, "point d'amarrage des Français"). GRATUIT Au Km 11 (à environ 9 km de la Rte 13), une piste part vers le nord sur 2 km et mène aux roches sculptées par l'eau de Tha Falang (ou "point d'amarrage des Français"), sur la belle Nam Don (rivière Don). Lieu de pique-nique prisé à l'époque coloniale, ce site boisé se révèle propice à la baignade pendant la saison des pluies. Bien plus facilement accessible que Khoun Kong Leng, le site de Tha Falang est aussi moins beau, surtout à la saison sèche. Pendant la saison des pluies, vous devrez probablement louer un bateau près du pont de Xieng Liap pour le rejoindre. En *túk-túk* cela revient à 150 000 LAK.

Tham Xieng Liap GROTTE

(ຖ້ຳຊຽງລຽບ). GRATUIT Sur la Rte 12 au km 14, avant un pont de bois, un panneau indique la direction de cette superbe grotte calcaire. Suivez la piste en direction du sud sur 400 m environ, près du village de Ban Songkhone (à 10,5 km environ de la Rte 13). L'entrée de Tham Xieng Liap se trouve au pied d'une impressionnante falaise de 300 m de haut. La grotte mesure 200 m de longueur. Durant la saison sèche, vous pourrez la traverser (en pataugeant) et vous baigner dans la belle vallée, de l'autre côté. Des *paa faa* (tortues à carapace molle) vivent dans la grotte et des *kha nyou* (*Laonastes aenigmamus*, ou énigmatique souris du Laos), récemment découvertes, habitent la falaise.

Tham Sa Pha In GROTTE

(ຖ້ຳສະພານອິນ, Tham Phanya Inh). GRATUIT Encadrée par deux hautes falaises, la Rte 12 passe par un col étroit (à 11,5 km de la Rte 13) et, juste après, une piste part au nord vers Tham Sa Pha In. Rarement visitée, cette grotte bouddhique sacrée aurait des pouvoirs curatifs magiques ; la baignade est interdite. Rien n'indique le chemin, sauf une vieille arche en brique.

Tham Nang Aen GROTTE

(ຖ້ຳນາງແອນ ; 10 000 LAK ; ⌚8h-17h). Dernière grotte le long de cette portion de la Rte 12, Tham Nang Aen est à 18 km de Tha Khaek.

Un panneau indique clairement l'embranchement pour la grotte, juste après un virage vers la gauche à 16 km du croisement de la Rte 13. La piste, longue de 700 m, est habituellement praticable, sauf durant la saison des pluies. Seuls ceux qui n'aiment pas les animaux jetteront un œil au lamentable zoo à côté de l'entrée, où des cervidés et des ours malais sont enfermés en cage.

Tham Pha Chan GROTTE

(ຖ້ຳພະຈັນ). GRATUIT Tham Pha Chan (grotte du Bouddha de santal) possède une entrée de 60 m de hauteur et de quelque 100 m de largeur. Un cours d'eau coule sur 600 m parmi les karsts et, durant la saison sèche, on peut traverser la grotte à pied. À l'extrémité ouest, un bouddha en bois de santal est niché dans une fissure, à 15 m du sol, d'où le nom de la grotte.

La **résurgence de la Nam Don** (ຂຸນນ້ຳໂດນ), se produit dans une grotte non loin de Tham Pha Chan. Véritable merveille naturelle, la rivière jaillit du sol et s'écoule pour former un lac, propice à la baignade, au pied du haut massif karstique.

Les deux sites sont desservis par une piste de 9 km, qui part vers le nord à environ 10 km à l'est du croisement avec la Rte 13. Louez une moto ou un *túk-túk*, ou bien partez avec un guide anglophone du centre d'information touristique de Tha Khaek.

Tham Lot Se Bang Fai GROTTE

(ຖ້ຳລອດເຊບັ້ງໄຟ). Certainement la grotte la plus impressionnante et cependant la moins visitée de la province de Khammuan, l'extraordinaire Tham Lot Se Bang Fai se trouve à la lisière de la ZNP de Hin Namno. Elle est formée par la rivière Se Bang Fai, qui plonge dans une montagne calcaire, traçant un souterrain de 6,5 km d'immenses cavernes, de fantastiques formations rocheuses, de rapides et de chutes que n'ont découverts que de rares voyageurs.

C'est seulement en 2006 qu'une expédition américano-canadienne dressa un plan précis de la grotte, amenant à la conclusion que Tham Lot Se Bang Fai figurait parmi les plus vastes grottes du monde formées par une rivière souterraine. Traverser la grotte d'un bout à l'autre se fait en huit étapes et n'est possible que durant la saison sèche, de janvier à mars. Les canots en bois de fabrication locale ne peuvent aller au-delà du premier tronçon, situé à environ 1 km dans la grotte. Ensuite, le seul moyen de progresser jusqu'à l'extrémité est le canot gonflable ou le kayak.

Le village de Ban Nong Ping, peuplé d'un mélange de Lao Loum et de Salang, sert de base d'accès à la grotte, à quelque 2 km en aval de l'entrée.

Les hébergements chez l'habitant sont malheureusement suspendus actuellement, à la suite de pratiques indélicates - des voyageurs se sont vu réclamer des sommes exorbitantes pour le sacrifice d'une chèvre censée apaiser les esprits de la grotte... En s'y prenant un mois à l'avance il est toutefois possible de venir ici avec Green Discovery (p. 201)... mais ce privilège vous coûtera la modique somme de 800 $US. Le centre d'information touristique de Tha Khaek nous a assuré que les nuits chez l'habitant, et les treks de l'office, devraient être rétablis quand vous lirez ces lignes.

PROVINCE DE SAVANNAKHET

Province la plus peuplée du pays, Savannakhet abrite 15% de la population laotienne. S'étirant entre le Mékong et la Thaïlande à l'ouest et la cordillère Annamitique et le Vietnam à l'est, elle est devenue ces dernières années un couloir commercial d'une importance croissante entre ses deux grands voisins. Avec la Rte 9, parfaitement lisse, qui se prolonge désormais d'un autre pont de l'Amitié lao-thaïlandaise (depuis décembre 2006), la province accueille encore plus de trafic.

Ses quelque 926 000 habitants se répartissent entre Lao des plaines, Thaï Dam, plusieurs minorités môn-khmères et des communautés vietnamiennes et chinoises établies de longue date.

La province englobe totalement ou en partie trois ZNP : Dong Phu Vieng, au sud de la Rte 9, Phu Xang Hae, au nord, et Se Ban Nuan, qui chevauche la frontière de la province de Salavan. L'est de Savannakhet est un bon endroit pour découvrir les vestiges de la piste Hô Chi Minh, principale voie de ravitaillement utilisée par les forces nord-vietnamiennes durant la guerre du Vietnam, ainsi qu'un point d'entrée pour les voyageurs qui arrivent du Vietnam via Lao Bao.

Savannakhet ສະຫວັນນະເຂດ

☎041 / 139 000 HABITANTS

Alanguie et fantomatique lorsque la chaleur écrasante s'abat sur les façades en stuc de sa vieille ville, Savannakhet est un séduisant mélange de charme à l'ancienne et de vie commerçante moderne. Le temps semble suspendu dans le vieux quartier aux bâtiments superbement décrépits du début du XXe siècle. Les grandes demeures édifiées aux beaux jours de la présence française sont aujourd'hui des édifices chancelants et déliquescents, abandonnés telles de vieilles dames qui auraient grand besoin que l'on s'occupe d'elles. Il n'y a pas énormément de choses à faire en ville, à part déambuler sur les berges du fleuve ou s'installer dans une boutique de nouilles ou dans l'un des restaurants et cafés élégants, chaque jour plus nombreux.

Les centres d'intérêt ne manquent toutefois pas dans les environs, et Savannakhet possède un office du tourisme spécialisé ainsi qu'un service de guides écotouristiques proposant toute une gamme d'excursions sportives dans les ZNP alentour. Organisée en un simple quadrillage nord-sud, la ville, quoique étendue, se visite facilement à pied.

À voir

Pour découvrir le charme de Savannakhet, flânez dans les rues paisibles du centre-ville, entre les bâtiments anciens et modernes, parmi les enfants souriants, en regardant les joueurs de *petang*. Le centre d'information touristique a mis au point une brochure intitulée *Savannakhet Downtown*, qui consiste en une visite autoguidée des bâtiments les plus intéressants du centre-ville, et organise aussi des visites guidées du centre historique.

Musée des Dinosaures MUSÉE
(ຫໍພິພິດທະພັນໄດໂນເສົາ ; ☎041-212597 ; Th Khanthabuli ; 5 000 LAK ; ⏲8h-12h et 13h-16h). En 1930 des fossiles de dinosaures vieux de 200 millions d'années ont été mis au jour lors d'une campagne de fouilles dans un village des environs. Ce musée est un lieu intéressant et amusant. La province de Savannakhet possède cinq sites liés aux dinosaures.

Vat Sainyaphum TEMPLE BOUDDHIQUE
(ວັດໄຊຍະພູມ ; Th Tha He). Le plus ancien et le plus grand monastère du sud du Laos. Ce vaste complexe renferme des arbres centenaires ainsi que, à côté de l'entrée située près du fleuve, un véritable atelier de production à la chaîne de bouddhas dorés.

Vat Rattanalangsi TEMPLE BOUDDHIQUE
(ວັດລັດຕະນະລັງສີ ; Th Phagnapui). Presque aussi grand que le Vat Sainyaphum, le Vat Rattanalangsi, édifié en 1951, abrite une école primaire religieuse. Le *sĭm* (salle d'ordination) a la particularité de posséder des fenêtres vitrées (une rareté dans les temples laotiens). Parmi les autres édifices figurent un sanctuaire clinquant dédié à Brahma, une *săaláa lóng thâm* (salle du sermon) moderne et un abri renfermant un bouddha couché de 15 m et des peintures des *jataka* (scènes des vies antérieures du Bouddha).

Musée provincial de Savannakhet MUSÉE
(ພິພິດທະພັນແຂວງຊະຫວັນນະເຂດ; ; Th Khanthabuli ; 5 000 LAK ; ⏲8h-11h30 et 13h-16h lun-sam). Il présente notamment des objets datant de la guerre, des pièces d'artillerie et des spécimens (désamorcés) d'engins non explosés, ces UXO qui ont fait plus de 12 000 victimes laotiennes depuis la fin de la "guerre secrète".

Activités

Comme s'il ne faisait pas suffisamment chaud et humide à Savannakhet, deux établissements proposent un sauna traditionnel aux plantes !

Croix-Rouge MASSAGES
(☎041-212826 ; Th Kuvoravong ; massage 30 000 LAK/heure, sauna 10 000 LAK ; ⏲10h-20h). La Croix-Rouge propose des massages traditionnels laotiens et un sauna aux plantes. Fermée lors de notre passage, elle devait rouvrir dans un nouveau bâtiment.

Sauna aux plantes SAUNA
(Th Ratsavongseuk ; sauna 20 000 LAK ; ⏲13-20h). Horaires irréguliers.

Où se loger

Savannakhet offre un assez bon choix d'hébergements petits budgets, mais peu d'adresses haut de gamme séduisantes. La plupart des pensions se situent à proximité de la vieille ville.

Souannavong Guest House PENSION $
(☎041-212600 ; Th Saenna ; ch sans/avec clim 70 000/100 000 LAK ; P ❄ ≋). Une pension accueillante et bien tenue située dans une rue tranquille agrémentée de bougainvilliers. Les chambres, avec salle de bains, sont très propres et la réception est bien organisée. Wi-Fi et location de motos.

Boualuang Hotel HÔTEL $
(☎041-300106 ; Th Ratsavongseuk ; ch 150 000 LAK ; P ❄ ≋). À quelques rues de la vieille ville, le Boualuang propose des chambres climatisées impeccables, correctement meublées, avec TV et délicieusement glaciales. Les lits arborent de jolis draps, les sols carrelés sont irréprochables et les salles de bains spacieuses, mais l'ensemble manque un peu de caractère.

Leena Guesthouse PENSION $
(☎041-212404 ; leenaguesthuse@hotmail.com ; Th Chaokeen ; ch 50 000-90 000 LAK ; P ❄ @ ≋). Une bonne adresse qui ne date pas d'hier. L'établissement a des allures de motel kistch, avec des guirlandes en façade et des chambres dans les tons pêches, confortables et propres, avec sol carrelé, douche chaude et TV. Les plus grandes sont climatisées. On peut se connecter en Wi-Fi dans l'agréable coin petit-déjeuner, et il y a aussi un café.

Savannakhet

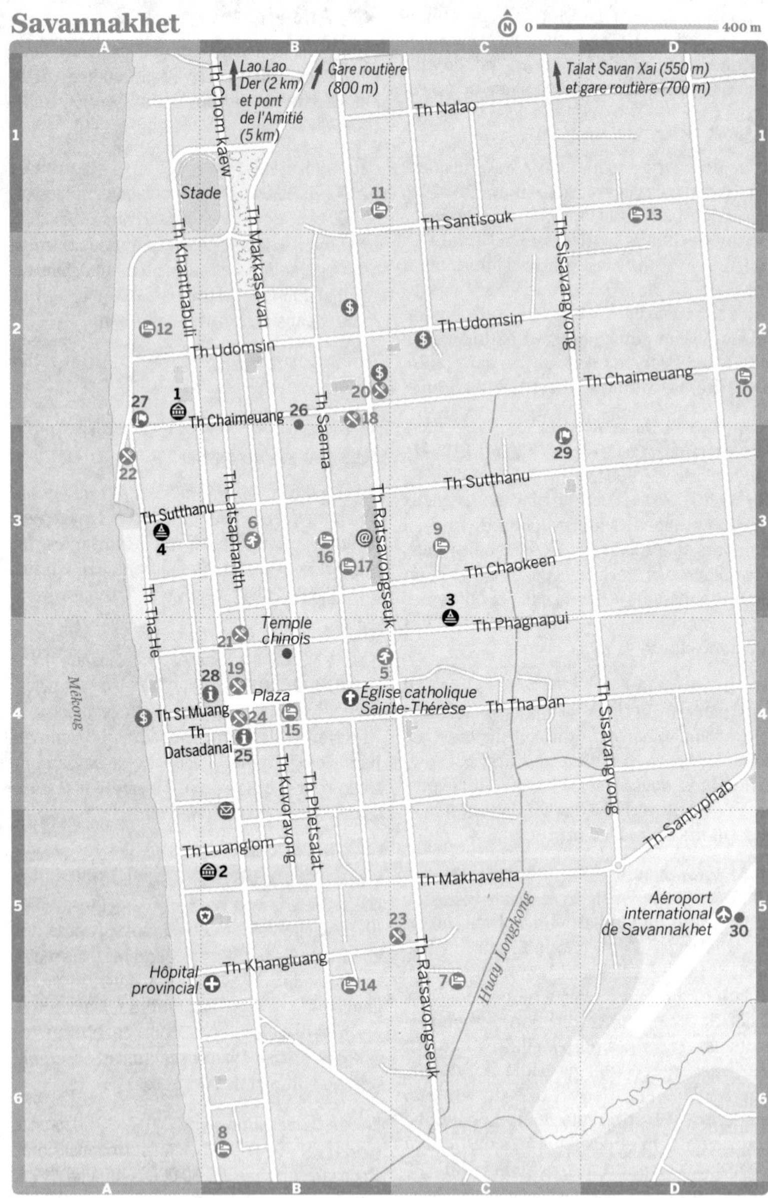

Nongsoda Guest House PENSION $
(041-212522 ; Th Tha He ; ch 100 000-150 000 LAK ; P❄📶). À 200 m environ au nord du Vat Sainyaphum, cette drôle de maison en bordure de fleuve a de vastes chambres climatisées avec salle de bains (sommaire) et TV. Petit café sur place.

Lelavade Guest House PENSION $
(041-212732 ; Th Chaimeuang ; ch 60 000-100 000 LAK ; ❄). Un établissement tranquille, mais un peu terne, à 10 minutes à pied du centre. Les chambres, avec salle de bains, TV et réfrigérateur, sont grandes, fraîches et correctes.

Savannakhet

À voir

1 Musée des Dinosaures A2
2 Musée provincial de Savannakhet B5
3 Vat Rattanalangsi C3
4 Vat Sainyaphum A3

Activités

5 Sauna aux plantes B4
6 Croix-Rouge B3

Où se loger

7 Boualuang Hotel C5
8 Daosavanh Resort & Spa Hotel B6
9 Leena Guesthouse C3
10 Lelavade Guest House D2
11 Nanhai Hotel B1
12 Nongsoda Guest House A2
13 Phonepaseud Hotel D1
14 Phonevilay Hotel B5
15 Salsavan Guesthouse B4
16 Savanbanhao Hotel B3
17 Souannavong Guest House B3

Où se restaurer

18 Café Chez Boune B2
Chai Dee .... (voir 5)
19 Dao Savanh B4
20 Khao Piak Nang Noy B2
21 Lin's Café B4
22 Vendeurs d'en-cas et de boissons en bord de fleuve A3
23 Savan Restaurant C5
24 Xokxay Restaurant B4

Renseignements

25 Eco-Guide Unit B4
Savanbanhao Tourism Co .... (voir 16)
26 SK Travel & Tour B2
27 Consulat thaïlandais A2
28 Centre d'information touristique B4
29 Consulat vietnamien C3

Transports

30 Lao Airlines D5

Phonevilay Hotel HÔTEL $
(☎041-212284 ; 172-173 Th Phetsalat ; ch avec ventil/clim 40 000/90 000 LAK ; ❄). Les chambres climatisées avec TV et réfrigérateur sont à peu près correctes, mais pas celles avec ventilateur (et eau froide). Les draps semblent propres, mais il y a à peine un meuble. Et le tout aurait bien besoin d'un coup de peinture !

Savanbanhao Hotel HÔTEL $
(☎041-212202 ; sbtou@laotel.com ; Th Saenna ; s/d 70 000/90 000 LAK ; P❄📶). Dans une vaste cour sans charme, les chambres aux murs semi-carrelés, à peine meublées, offrent un confort assez sommaire. Toutes ont néanmoins l'eau chaude et la TV en langue anglaise, mais les climatiseurs vieillissants semblent tout droit sortis de l'univers inquiétant d'un roman de Kafka.

♥ **Salsavan Guesthouse** PENSION $$
(☎041-212371 ; Th Kuvoravong ; s/d 23/28 $US petit-déj inclus ; P❄📶). Cette belle demeure coloniale qui a abrité un temps le consulat de Thaïlande a tout d'un hôtel de charme. Parquet, moustiquaire, murs aux teintes profondes, volets aux fenêtres et balcon donnent un cachet rétro aux chambres, de belle taille. Hélas, les salles de bains semblent avoir été conçues par un styliste de l'époque soviétique et l'ensemble manque un peu de tonus. Charmante terrasse à l'extérieur.

Nanhai Hotel HÔTEL $$
(☎041-212371 ; Th Santisouk ; ch/ste 25/45 $US petit-déj inclus ; P❄📶). Établissement relativement récent, ce morne bloc de béton gris loue de vastes chambres climatisées, avec TV, et salle de bains qui sont totalement dénuées d'âme. Quant à la piscine, délabrée, vous risquez de voir un *naga* (serpent de rivière) sortir de ses eaux vertes !

Phonepaseud Hotel HÔTEL $$
(☎041-212158 ; Th Santisouk ; ch 25-35 $US ; P❄📶). On trouve au Phonepaseud un salon impeccable et des chambres climatisées avec papier peint aux murs, TV, réfrigérateur et salle de bains. Les chambres VIP sont très spacieuses. À l'extérieur on trouve une fontaine arborant des *naga* sculptés, de vieux arbres, quantités de plantes et un court de tennis. L'accueillant propriétaire parle anglais et l'on peut négocier une remise à la saison creuse.

Daosavanh Resort & Spa Hotel HÔTEL $$$
(☎041-212188 ; Th Tha He ; ch 77-90 $US petit-déj inclus ; P❄📶🏊). Un grand hôtel assez récent, face au Mékong, qui offre un confort de classe internationale. Hormis les chambres, spacieuses et d'une propreté immaculée, nous avons beaucoup apprécié la piscine, délicieuse les jours de canicule (autant dire la plupart du temps). Sinon, vous pouvez compter sur le karaoké, le transfert gratuit depuis l'aéroport, le service de massage et la salle de gym.

Où se restaurer et prendre un verre

Des cafés sans cesse renouvelés, une délicieuse cuisine de rue et plusieurs restaurants français composent une scène culinaire pleine de richesse. En face du Vat Sainyaphum, sur les rives du fleuve, les **stands d'en-cas et de boissons** (17h-22h) sont parfaits pour un verre au coucher du soleil ou un *sìin dàat* (barbecue coréen)

Chai Dee JAPONAIS, INTERNATIONAL $
(020-5988 6767 ; Th Ratsavongseuk ; plats 20 000 LAK ; 8h30-21h). Ce n'est pas sans raison que les voyageurs aiment se retrouver dans ce café japonais tenu par le sympathique Moto : on peut s'installer confortablement sur les tapis, échanger des livres, acheter des T-shirts sympas et savourer samosas, yaourts maison, tofu, plats thaïlandais et shakes sains et variés.

Lin's Café INTERNATIONAL $
(Th Latsaphanith ; plats 30 000 LAK ; 8h-20h). Ce café chic aménagé dans une ancienne échoppe chinoise des années 1930 se trouve dans une jolie petite rue qui part de la vieille place devant l'église catholique Sainte-Thérèse. L'intérieur a de l'allure, avec son mélange de mobilier ancien et moderne et sa musique cool. À la carte : café, shakes de fruits, plats sautés au wok, légumes, petits-déjeuners, salades de fruits, *làap* et sandwichs au bacon !

Ajoutez une bourse aux livres, des tonnes de brochures touristiques et, à l'étage, des photos de toutes les maisons anciennes de Savannakhet encore sur pied.

Xokxay Restaurant LAOTIEN $
(Th Si Muang ; plats 15 000 LAK ; 9h-21h). Excellente petite cantine populaire sur la place devant l'église, propre et servant une savoureuse cuisine laotienne – nouilles, riz sauté, salades et beignets de crevettes notamment.

Khao Piak Nang Noy LAOTIEN $
(020-7774 4248 ; Th Ratsavongseuk ; plats 7 000 LAK ; 7h-22h). Le Nang Noy prépare ce qui est probablement le meilleur et le plus prisé des *hào pìak sèn* (nouilles épaisses servies dans un bouillon légèrement visqueux agrémenté de morceaux de poitrine de porc frite ou de poulet) de Savannakhet. Pas d'enseigne en caractères latins (cherchez un stand avec beaucoup de monde sous le panneau violet "Tigo").

Savan Restaurant CORÉEN $
(041-214488 ; Th Khangluang ; plats 20 000-50 000 LAK ; 18h-23h). Un cadre romantique et étonnant (stands en bambou et box en extérieur) où se régaler de *sìin dàat* (barbecue coréen). Sert aussi petits-déjeuners, salade de fruits, pad thai et soupes.

Lao Lao Der LAOTIEN $$
(041-212270 ; plats 30 000-70 000 LAK ; 10h-23h). En bordure de fleuve à 2 km au nord de l'ancien stade, c'est l'un des seuls restaurants de la ville à offrir une belle vue sur le Mékong. La longue carte couvre tout un éventail de plats laotiens, chinois et thaïlandais. Le Lao Lao Der est aussi un bar.

Café Chez Boune FRANÇAIS $$
(Th Ratsavongseuk ; plats 75 000 LAK ; 7h-22h). Les expatriés aiment cet établissement à l'atmosphère délicieusement fraîche, dont les murs orangés sont décorés de tableaux d'artistes parisiens. Le service correct et la cuisine (steaks, pâtes, lasagnes, côtes de porc, filet mignon...), savoureuse et exécutée avec maestria, y sont évidemment pour quelque chose. Le propriétaire parle français.

Dao Savanh FRANÇAIS $$$
(Th Si Muang ; plats 100 000-150 000 LAK, menu déj 3 plats bistrot 65 000 LAK ; 7h-22h). L'établissement le plus raffiné de la ville occupe un bel édifice colonial sur la place. Dans une atmosphère fraîche, où l'on perçoit le ronronnement des ventilateurs et le tintement des verres de vin, on découvre une carte d'inspiration française – soupes, entrecôte grillée et côtes d'agneau à la provençale. Le restaurant chic (soir seulement) est à l'étage, au rez-de-chaussée par le bistrot qui sert toute la journée salades, sandwichs et croques.

Renseignements

Il existe plusieurs cybercafés sur le côté ouest de Th Ratsavongseuk entre Th Sutthanu et Th Chaokeen ; la plupart ouvrent de 8h à 22h environ et facturent 6 000 LAK l'heure de connexion.

Savannakhet dispose de nombreux services d'information touristique, tous professionnels.

BCEL (Th Ratsavongseuk ; 8h30-16h). DAB, change de devises (espèces) et avances sur carte de crédit.

Centre d'information touristique (041-212755 ; Th Si Muang ; 8h-12h et 13h-16h lun-ven). Les employés parlent anglais et fournissent tout renseignement sur les liaisons en avion et les horaires de bus, ainsi que quantité de brochures d'information, aussi bien sur la cuisine locale que sur les circuits autoguidés d'une journée dans les alentours.

Eco-Guide Unit (☎041-214203 ; www.savannakhet-trekking.com ; Th Latsaphanith ; ⊙8h-12h et 13h-16h30 lun-ven). Le personnel se met en quatre pour vous donner aide et information, qu'il s'agisse de s'inscrire à un trek dans la forêt de Dong Natad ou la ZNP de Dong Phu Vieng, de trouver des horaires de bus, de dénicher un hébergement, de savoir où se faire masser ou de louer une moto. Wi-Fi gratuit.

Hôpital provincial (☎041-212717, 020-260 1993 ; Th Khanthabuli ; ⊙8h-12h et 13h-16h)

Lao Development Bank (Th Udomsin ; ⊙8h30-11h30 et 13h30-15h30). Change de devises (espèces) et avances sur carte de crédit. DAB.

Phongsavanh Bank (☎041-300888 ; Th Ratsavongseuk ; ⊙8h30-16h lun-ven, jusqu'à 11h30 sam). Uniquement change de devises (espèces).

Police touristique (☎041-260 173)

Poste (☎041-212205 ; Th Khanthabuli). Pour les appels téléphoniques allez plutôt dans un cybercafé.

Savanbanhao Tourism Co (☎041-212 944 ; Th Saenna). Cette agence installée dans le Savanbanhao Hotel peut organiser des excursions à Sepon, sur la piste Hô Chi Minh et à Heuan Hin. Vend aussi des billets de bus pour le Vietnam.

SK Travel & Tour (☎041-300177 ou 041-300176 ; Th Chaimeuang ; ⊙8h-16h). Réservation de billets d'avion.

ℹ Depuis/vers Savannakhet

AVION

L'**aéroport** (☎041-212140 ; Th Kaysone Phomvihane) de Savannakhet n'est desservi que par Lao Airlines, qui assure des vols intérieurs avec Vientiane (895 000 LAK, 55 minutes) à 13h25 le lundi et à 9h30 et 15h les mardi, mercredi, jeudi et vendredi. La compagnie propose un vol pour Bangkok (145 $US, 1 heure 10) les lundi, mercredi, jeudi et vendredi à 10h35. Billets en vente au **bureau de Lao Airlines** (☎041-212140 ; aéroport de Savannakhet ; ⊙6h30-16h30) ou dans les agences en ville.

L'aéroport est à la lisière sud-est de la ville ; des *jumbo* vous y conduisent depuis le centre-ville pour 70 000 LAK.

BUS

La **gare routière** (☎041-213920 ; Th Sisavangvong), appelée *khíw lot*, avoisine le Talat Savan Xai à la lisière nord de la ville. Des bus partent pour Vientiane (75 000 LAK, 8-11 heures, 457 km) environ toutes les demi-heures entre 6h et 11h30. De 13h30 à 22h, il faut prendre un bus en provenance de Pakse. Ils font halte à Tha Khaek (30 000 LAK, 2 heures 30-4 heures, 125 km). Des *săwngthăew* et des minibus partent également toutes les heures pour Tha Khaek (30 000 LAK), de 8h à 16h. Un bus VIP couchettes (120 000 LAK, 6-8 heures) dessert Vientiane à 21h30. Vous pouvez aussi essayer d'emprunter un bus VIP venant de Pakse.

PASSER EN THAÏLANDE : DE SAVANNAKHET À MUKDAHAN

Jusqu'à la frontière

Depuis la construction en 2006 du deuxième pont de l'Amitié lao-thaïlandaise, les ressortissants d'autres pays que la Thaïlande et le Laos ne sont plus autorisés à traverser en bateau entre Mukdahan et Savannakhet.

Le Bus international Thaïlande-Laos effectue le trajet entre les deux pays via le **poste-frontière de Savannakhet (Laos)/Mukdahan (Thaïlande)** (⊙6h-22h), dans les deux sens. De Savannakhet, le bus (15 000 K, 45 minutes) part à peu près toutes les heures de 8h à 19h. De la gare routière de Mukdahan (50 THB, 45 minutes), les liaisons ont lieu en gros toutes les heures entre 7h30 et 19h.

À la frontière

Des visas laotiens de 30 jours sont délivrés à la frontière. Ils coûtent de 20 à 42 $US, selon la nationalité. Si vous n'avez pas de photo, vous devrez verser 2 $US. S'ajoute un droit de 1 $US pour "heures supplémentaires" si vous vous présentez entre 6h et 8h ou 18h et 22h un jour de semaine, le week-end ou un jour férié. Enfin, il vous faudra payer un "droit d'entrée" de 1 $US ou 40 THB.

La plupart des étrangers peuvent entrer en Thaïlande sans visa.

En Thaïlande

À Mukdahan, 5 bus par jour desservent Bangkok de 5h30 à 20h15.

À destination de Pakse (45 000 LAK, 5-6 heures, 230 km), 10 bus partent de Savannakhet, le premier à 7h et le dernier à 22h. Sinon, on peut aussi grimper dans l'un des bus venant de Vientiane. Un bus quotidien rallie également Don Khong (80 000 LAK, 6-8 heures, 367 km) à 19h, et 2 bus Attapeu (80 000 LAK, 8-10 heures, 410 km) à 9h et 19h.

Des bus démarrent pour la frontière Laos-Vietnam à Dansavanh (60 000 LAK, 4-6 heures, 236 km) à 7h, 8h30 et 11h et s'arrêtent à Sepon (50 000 LAK, 4-5 heures).

À destination du Vietnam, un bus dessert Dong Ha (80 000 LAK, environ 7 heures, 350 km), à 8h tous les jours pairs. Pour Hué, un bus local quotidien (90 000 LAK, environ 13 heures, 409 km) part à 22h, et un bus VIP (110 000 LAK, environ 8 heures) à 10h30 du lundi au vendredi. Un bus rallie aussi Danang (110 000 LAK, environ 10 heures, 508 km) les mardi, jeudi et samedi à 22h, qui continue (pour les masochistes !) jusqu'à Hanoi (200 000 LAK, environ 24 heures, 650 km).

Comment circuler

Étant donné la taille de Savannakhet, il n'est pas exclu que vous ayez besoin à un moment ou un autre d'emprunter un jumbo – comptez 15 000 LAK environ en ville, 20 000 LAK jusqu'à la gare routière.

On peut louer une moto à la Souannavong Guesthouse et à la Nongsoda Guest House pour 70 000-80 000 LAK/jour. L'Eco-Guide Unit fournit une liste complète des adresses qui louent des motos. Des boutiques proposent aussi des vélos, la plupart le long de Th Ratsavongseuk, moyennant quelque 10 000 LAK/jour.

Environs de Savannakhet

À voir

That Ing Hang TEMPLE

(ທາດອີງຮັງ ; 5 000 LAK ; 7h-18h). Haut de 9 m, ce *thâat* aux proportions harmonieuses daterait du milieu du XVIe siècle. Deuxième sanctuaire le plus révéré du sud après le Vat Phu Champasak, le That Ing Hang fut construit à l'emplacement ou à proximité du quartier général des troupes de Chao Fa Ngum lors de la prise de Muang Sawa, au milieu du XIVe siècle – et peut-être sur un ancien site sacré du royaume de Si Khotabun. Le Bouddha, souffrant, s'y serait arrêté et se serait reposé (*ing*) contre un arbre *hang* (d'où Ing Hang). Le *thâat* abriterait des vertèbres du Bouddha.

En dehors de la base cubique d'inspiration môn, le That Ing Hang fut en grande

PASSER AU VIETNAM : DE SAVANNAKHET À DONG HA

Jusqu'à la frontière

Le passage au **poste-frontière de Dansavanh (Laos)/Lao Bao (Vietnam)** (7h-19h30) s'effectue assez aisément. Des bus partent de Savannakhet en direction de Dansavanh (60 000 LAK, 4-6 heures, 236 km) à 7h, 8h30 et 11h. Dans cette direction, autant faire halte pour la nuit à Sepon, bonne base pour explorer la piste Hô Chi Minh.

La gare routière de Dansavanh est à environ 1 km de la frontière ; des adolescents vietnamiens seront plus qu'heureux de vous prendre sur leur moto pour le reste du chemin moyennant quelque 10 000 LAK.

À la frontière

Le poste-frontière laotien, qui dispose d'un guichet de change, délivre à l'arrivée un visa touristique de 30 jours. Pour le Vietnam, vous devez être en possession d'un visa, obtenu à l'avance au consulat du Vietnam à Savannakhet.

Au Vietnam

Du côté vietnamien, prenez une moto (20 000 VND) pour rejoindre la gare routière de Lao Bao, à 2 km, où des bus desservent Dong Ha (70 000 VND, 2 heures, 80 km), sur le principal axe routier et ferroviaire nord-sud du pays. Du côté laotien, des bus rallient Savannakhet (60 000 LAK, 4-5 heures) à 7h30, 9h30, 10h et 12h, et des *săwngthăew* Sepon (30 000 LAK, 1 heure), de 7h à 17h. On peut passer la nuit dans un hôtel modeste des deux côtés de la frontière.

Si vous êtes pressé de rejoindre le Vietnam, de nombreux bus à partir de Savannakhet desservent Dong Ha, Hué et Danang.

partie reconstruit sous le règne du roi Setthathirat (1548-1571) et comprend trois terrasses dominées par un stupa lao traditionnel et une ombrelle en or pesant 40 baht (450 g). Une collection de bouddhas assez quelconques est visible dans la salle inférieure, interdite aux femmes. Les Français ont restauré l'édifice en 1930.

La **fête du That Ing Hang** a lieu à la pleine lune du premier mois lunaire.

Le sanctuaire se situe à 11,5 km au nord-est de Savannakhet via la Rte 9, puis à 3 km à l'est ; l'embranchement est bien signalé. Tous les bus allant vers le nord pourront vous y déposer. Un *sakai-làap* (*jumbo*) vous demandera au moins 100 000 LAK pour faire l'aller-retour. Mieux vaut louer un vélo ou une moto.

Dong Natad RÉSERVE NATURELLE

(ດົງນາທາດ). Dong Natad est une forêt sacrée à feuillage semi-persistant dans une zone provinciale protégée à 15 km de Savannakhet. Elle abrite deux villages dont les habitants vivent des produits de la forêt depuis quelque 400 ans : cueillette des champignons pendant la saison des pluies, récolte des fruits et du miel (de mars à mai), de résine et d'insectes. En vous y promenant, vous croiserez probablement des villageois à la recherche de fourmis rouges, de cigales ou de criquets, selon la saison.

De Savannakhet, vous pouvez visiter Dong Natad en indépendant, à bicyclette, à moto ou en *túk-túk*. Pour mieux découvrir la forêt, mieux vaut partir en compagnie de l'un des guides parlant anglais de l'Eco-Guide Unit. Le service propose diverses formules, du séjour chez l'habitant de plusieurs jours à l'excursion d'une journée à vélo – les prix vont de 1 000 000 LAK à 2 000 000 LAK/ personne pour 2 personnes (tarifs beaucoup plus intéressants si l'on est plus nombreux). Ces treks organisés en collaboration avec les communautés remportent beaucoup de succès. Réservez votre excursion au moins un jour à l'avance.

Heuan Hin RUINES

(ເຮືອນຫີນ). Au bord du Mékong, au sud de Savannakhet, ces ruines khmères ou cham (le nom lao signifie "maison de pierre") datent de 533 à 700. À part quelques murs, la plupart des pierres de ce site préangkorien forment des tas de briques en latérite et aucune sculpture ne subsiste. Le seul linteau découvert sur le site a été emporté à Paris.

Seuls les passionnés d'édifices religieux entreprendront le long trajet en transport public. Des *sǎwngthǎew* (30 000 LAK, 2-3 heures, 78 km) partent du Talat Savan Xai lorsqu'ils sont pleins, habituellement en milieu de matinée. Si vous disposez d'un véhicule, prenez la Rte 13 vers le sud et tournez à l'ouest à Ban Nong Nokhian, près du Km 490, où une piste de 17 km mène au site. Des circuits organisés partent également de Savannakhet.

ZNP de Dong Phu Vieng
ປ່າສະຫງວນແຫ່ງຊາດດົງພູວຽງ

La ZNP de Dong Phu Vieng offre l'une des randonnées les plus intéressantes du pays et l'occasion de découvrir un paysage en voie de disparition. La réserve, au sud de Muang Phin dans le centre de la province de Savannakhet, abrite plusieurs villages katang, où l'on peut séjourner à condition de respecter les coutumes locales.

La randonnée comprend une longue marche à travers diverses forêts, des bois épais aux bosquets de bambous, et dans des espaces rocheux à découvert, ou des sentiers seulement accessibles durant la saison sèche (novembre à mai). Un trajet en bateau a lieu le troisième jour. Tous les repas sont compris et permettent de goûter les spécialités de la forêt. Un guide villageois conduit les randonneurs dans une forêt sacrée parsemée de *lak la'puep*, des totems claniques disposés dans la jungle par des familles locales. Vous apercevrez sans doute des animaux, comme le rare semnopithèque à crête et le calao.

La randonnée de 3 jours emprunte les transports locaux pour le trajet de 180 km vers/depuis la ZNP, ce qui explique en partie son prix élevé (1 500 000 LAK/pers). Vous avez donc intérêt à vous joindre à un groupe ; dès votre arrivée à Savannakhet, rendez-vous à l'Eco-Guide Unit et inscrivez-vous sur une liste. Mieux encore, téléphonez pour demander la date du prochain départ.

ZNP de Phu Xang Hae
ປ່າສະຫງວນແຫ່ງຊາດຊ້າງແຫ

Du nom de la montagne de l'Éléphant sauvage, la ZNP de Phu Xang Hae est une longue étendue de forêt qui s'étire d'est en ouest dans le nord de la province de Savannakhet. Plusieurs rivières prennent leur source dans ses collines. Comme les Katang de la ZNP de Dong Phu Vieng, les Phu Thaï qui y vivent respectent plusieurs tabous.

Malheureusement, l'état pitoyable des routes rend l'accès à Phu Xang Hae très difficile. En théorie, l'Eco-Guide Unit de Savannakhet organise avec les communautés locales un trek de 5 jours avec nuits dans les villages et dans la jungle. Toutefois, en 2009, seuls trois groupes ont réalisé ce trek. Son prix élevé (250 $US/pers, 2 personnes au minimum) a sûrement été dissuasif.

Sepon (Xepon) et piste Hô Chi Minh

ເຊໂປນ/ເສັນທາງໂຮຈິມິນ

041 / 40 000 HABITANTS

Comme les autres villes reconstruites après la guerre du Vietnam, Sepon (ou Xepon) n'offre guère d'intérêt. La piste Hô Chi Minh et les vestiges de Sepon Kao, l'ancienne capitale du district à 6 km à l'est, sont les principales raisons du détour.

La visite de **Sepon Kao** (Vieux Sepon) serre le cœur. Bâtie sur les rives du Se Pon, la ville a été rasée par les bombardements. Quelques villageois, revenus depuis, vivent dans les décombres de la guerre, entre la façade du *vat* grêlée d'éclats d'obus et un gros tas de briques autour d'un coffre-fort qui marque l'emplacement de l'ancienne banque. Si vous venez à pied ou à moto, bifurquez vers l'est à Sepon, puis tournez à droite juste après le Km 199 : un panneau annonce "Ban Seponkao".

Ban Dong, à 20 km à l'est de Sepon, fut autrefois l'un des principaux carrefours de la piste Hô Chi Minh. Il ne reste pas grand-chose du matériel militaire. Ce qui était éparpillé alentour a été en grande partie rassemblé sur une pelouse clôturée près du **musée de la Guerre**. On y voit deux chars américains utilisés pendant l'opération Lam Son 719 – une attaque désastreuse de l'armée de la république du Vietnam (ARVN) en février 1971, dont la cible était la piste Hô Chi Minh. Malgré le support de l'aviation américaine, l'ARVN dut se replier de l'autre côté de la frontière, à Lao Bao, après avoir été repoussée par les troupes aguerries de l'armée nord-vietnamienne (ANV), à Ban Dong. Si vous voulez voir les chars, une carcasse d'avion, des fusils et quelques autres vestiges, l'enclos-musée se trouve à l'extrémité est de Bang Dong, entouré d'une palissade bleu clair et rose.

La mauvaise route qui longe le musée constituait l'une des principales sections de la **piste Hô Chi Minh**. En la continuant sur 2 km vers le sud, on arrive à un pont suspendu construit par les Vietnamiens après la guerre.

À **Muang Phin**, à 155 km à l'est de Savannakhet et à 34 km à l'ouest de Sepon, un imposant monument construit par les Vietnamiens rend hommage à la coopération lao-vietnamienne pendant les guerres d'Indochine. De style "Héros du socialisme", il représente des soldats de l'ANV et du Pathet Lao brandissant un AK-47 et un drapeau laotien.

Le centre d'information touristique de Savannakhet publie le guide *Ho Chi Minh Trail*, basé sur une carte de la zone de cette fameuse piste.

NE DÉRANGEZ PAS L'ESPRIT DE LA MAISON !

Les villageois katang de Dong Phu Vieng ont une culture totalement différente de celle des Lao Loum de la vallée du Mékong. Ils ne sont pas bouddhistes et croient dans une myriade d'esprits qui hantent la forêt. L'un des plus importants est l'esprit de la maison, censé régner dans chaque foyer. Au cours des siècles, une série de tabous ont été édictés pour éviter de déranger cet esprit. Prenez garde à ne pas les violer.

- N'entrez jamais dans la chambre du propriétaire et ne touchez pas l'endroit où est censé se trouver l'esprit.
- Ne dormez pas à côté d'une personne du sexe opposé, même s'il s'agit de votre conjoint ; sinon, avertissez l'Eco-Guide Unit qui prévoira une tente.
- Dormez avec la tête vers le mur extérieur le plus proche ; ne pointez jamais vos pieds vers le mur extérieur ou vers la tête de quelqu'un.

La sensibilité de ces villages envers les influences extérieures explique qu'on ne puisse les visiter que dans le cadre de la randonnée organisée par l'Eco-Guide Unit de Savannakhet.

LA PISTE HÔ CHI MINH

Réseau complexe de chemins et de routes gravillonnées, la célèbre piste Hô Chi Minh court parallèlement à la frontière lao-vietnamienne, de la province de Khammuan, au nord, jusqu'au Cambodge, au sud. Essentiellement associée à la guerre du Vietnam (1964-1973), elle fut d'abord utilisée comme voie d'infiltration vers le sud lors de la guerre d'Indochine, dans les années 1950. Entre 1966 et 1971, plus de 600 000 soldats de l'armée nord-vietnamienne (ANV), des monceaux de provisions et quelque 500 000 tonnes de matériel militaire empruntèrent cet itinéraire, violant les accords de Genève de 1962. Ponctuée d'innombrables baraquements, ateliers de réparation et dépôts de fuel, hôpitaux, camps de repos et abris souterrains, la piste était surveillée en permanence par environ 30 000 soldats de l'ANV.

Pendant la majeure partie de la guerre, les Nord-Vietnamiens nièrent son existence et les Américains dénièrent la bombarder. Malgré 1,1 million de tonnes de bombes larguées sur la piste – les bombardements commencèrent en 1965 pour atteindre jusqu'à 900 sorties quotidiennes de B-52 en 1969 –, la circulation ne fut jamais interrompue plus de quelques jours. Les soldats vietnamiens et leur chargement continuaient à progresser vers le sud et les bombardements ne détruisaient pas plus de 15 à 20% des équipements ; le rapport s'établit à 300 bombes pour une victime.

Contrairement à la croyance populaire, la piste n'était ni une simple route ni un sentier. Plusieurs bataillons d'ingénieurs de l'ANV travaillaient à la construction des routes, des ponts, des installations de défense et inventaient des méthodes simples et ingénieuses pour les camoufler. Les ponts étaient bâtis juste au-dessous de l'eau et des branches étaient liées pour cacher les routes larges.

Aujourd'hui les points les plus accessibles se situent à Ban Dong, à l'est de Sepon, et à Pa-am, village de la province d'Attapeu qui se trouve pratiquement en plein milieu de la piste principale. On peut y voir deux chars et un missile sol-air. Ailleurs, vous devrez vous enfoncer profondément dans la campagne et trouver des habitants pour vous guider. Don Duvall, le "Midnight Mapper" de Vientiane (p. 172), devait organiser à partir de la fin 2013 des expéditions à moto sur la piste, avec une forte dimension historique.

Où se loger et se restaurer

À Sepon, il existe plusieurs endroits modestes où se restaurer, repérables à leur enseigne Beerlao jaune. Un petit marché s'installe tous les jours vers 17h près du marché/arrêt de bus.

Khamvieng Tienmalay Guesthouse PENSION $
(☎ 020-2246 519 ; ch 80 000-100 000 LAK). Cette nouvelle pension, juste à l'ouest du marché, loue 10 chambres très simples, avec ventilateur et salle de bains.

Ki Houng Heuang PENSION $
(☎ 020-2231 1370 ; Rte 9 ; ch avec ventil/clim 50 000/70 000 LAK ; ❄). Dans le centre de Sepon, juste après le marché sur le côté sud de la Rte 9, cet hôtel loue quelques chambres confortables, mais pas inoubliables.

Vieng Xay Guesthouse PENSION $
(☎ 041-214895 ; Rte 9 ; s/d 70 000/80 000 LAK ; ❄). Sans conteste la meilleure adresse de la ville, la Vieng Xay, située dans le centre, se compose de 30 chambres, grandes pour la plupart, avec TV, climatisation et eau chaude. Il y a aussi un café correct qui sert une cuisine laotienne. Un escalier bordé de carcasses de bombes mène à un autre ensemble de chambres, sur l'arrière.

Depuis/vers Sepon

Devant le marché, des *săwngthăew* et des bus peu fréquents partent pour Savannakhet (35 000 LAK, 4-6 heures, 196 km), entre 8h et 15h environ. Vous pouvez aussi héler n'importe quel bus (tarif identique) en direction de l'ouest. Durant cette plage horaire, des *săwngthăew* plus fréquents desservent aussi Ban Dong (10 000 LAK) et Dansavanh, à la frontière (20 000 LAK, 1 heure). Dans cette direction, on peut arrêter tous les bus – avec plus de chance l'après-midi.

Sud du Laos

Dans ce chapitre ➡

Pakse 220
Champasak 229
Vat Phu Champasak 233
Kiet Ngong................. 237
ZNP de Se Pian.......... 238
Plateau des Boloven .. 239
Sekong....................... 245
Attapeu...................... 249
Si Phan Don............... 252

Le top des restaurants

- Na Dao (p. 225)
- King Kong Resort (p. 265)
- Four Thousand Sunsets (p. 265)
- Little Eden Restaurant (p. 265)
- Bolaven Cafe (p. 224)

Le top des hébergements

- Kingfisher Eco-Lodge (p. 238)
- Residence Sisouk (p. 223)
- Inthira Hotel (p. 232)
- Hoang Anh Attapeu Hotel (p. 249)
- River Garden (p. 263)

Pourquoi y aller

Près de la frontière cambodgienne, le Mékong s'éveille de sa torpeur, s'élargit à Si Phan Don (les Quatre Mille îles) et se transforme en une série de rapides tumultueux. Une colonie de rares dauphins de l'Irrawady recherche un peu de tranquillité en aval, tandis qu'un nombre croissant de voyageurs investit, en amont, les bungalows de Don Det et de Don Khon, deux îles paradisiaques propices au farniente, au kayak et au cyclotourisme.

Le plateau des Boloven est réputé pour ses chutes d'eau et son excellent café, ainsi que pour ses ruines de temples angkoriens, ses formidables itinéraires de trekking dans des provinces isolées et peu visitées qui comptent parmi les nombreux attraits du sud du Laos. Sans oublier, pour les plus aventureux, la Boucle sud à faire à moto.

La région séduit aussi avec ses lodges haut de gamme dans la jungle et ses hôtels de charme le long du fleuve. Dépêchez-vous toutefois car de nouvelles routes et barrages altèrent déjà le paysage.

Quand partir

Pakse

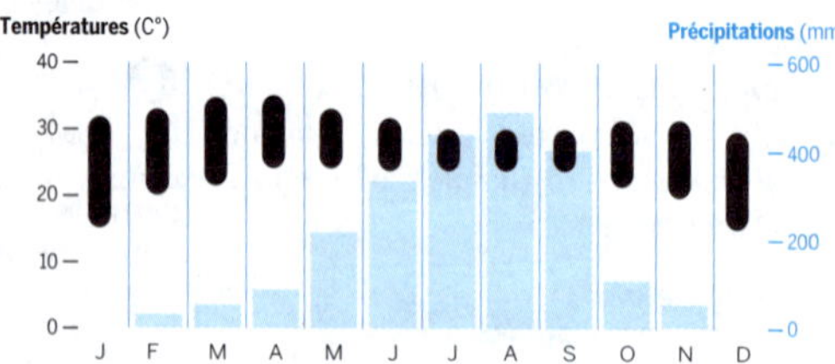

Oct-nov Idéal pour circuler à vélo – la pluie est faible et la poussière supportable.

Déc-fév Temps ensoleillé et plus frais, voire froid sur le plateau des Boloven.

Mai La période de Pi Mai (Nouvel An laotien) ; certains complexes hôteliers ferment.

À ne pas manquer

1 Les puissants rapides du Mékong et les rares dauphins de l'Irrawady, à observer lors d'un circuit en kayak à **Don Khon** (p. 257)

2 Le coucher de soleil sur le Mékong depuis un hamac, sur **Don Det** (p. 257), île sœur de Don Khon

3 Les chutes d'eau spectaculaires, hautes de 100 m, du **plateau des Boloven** (p. 239), réputé pour son climat frais et son café équitable

4 Un lever matinal pour voir le soleil illuminer les antiques temples khmers du **Vat Phu Champasak** (p. 234)

5 Les cascades et la randonnée autour de **Tat Lo** (p. 241), repaire de baroudeurs à l'ambiance décontractée

6 La **Boucle sud** (p. 246), un circuit à vélo/moto à travers le plateau des Boloven et les provinces orientales

7 **Kiet Ngong** (p. 237), première zone d'écotourisme de la région, à explorer à dos d'éléphant

PAKSE

031 / 75 000 HABITANTS

Capitale de la province de Champasak et porte d'accès au sud du Laos, Pakse (ປາກເຊ) est installée à la confluence du Mékong et de la Se Don. Elle fut fondée par les Français en 1905 en tant que centre administratif reculé. Le centre-ville de Pakse (qui signifie "embouchure (*paàk*) de la rivière") conserve la léthargie typique des cités qui bordent le fleuve, comme Savannakhet et Tha Khaek plus au nord. Parmi les rares édifices subsistant de l'époque coloniale, vous remarquerez le grandiose **bâtiment de la Société chinoise** (Th 10).

En général, les voyageurs ne s'attardent guère ici car il n'y a pas grand-chose à faire hormis siroter de la bière locale au bord de l'eau et organiser des excursions au plateau des Boloven, à Tat Lo et à Kiet Ngong.

Au début de sa longue histoire, le Champasak fit partie des royaumes du Funan et du Chenla entre le Ier et le IXe siècle. Du Xe au XIIIe siècle, le Champasak a été absorbé par l'empire khmer d'Angkor. Le Vat Phu Champasak (p. 234), près de la ville de Champasak, constitue le témoignage architectural le plus impressionnant de cette période. Après le déclin d'Angkor, entre le XVIe et la fin du XVIIe siècle, la province fut intégrée au royaume naissant de Lan Xang, avant de devenir un royaume laotien indépendant du début du XVIIIe siècle au début du XIXe siècle.

Aujourd'hui, la province englobe la région sud du Mékong, dont Si Phan Don et le plateau des Boloven. Elle compte plus de 500 000 habitants, dont des Lao des plaines (pour la plupart Phu Thaï), des Khmers et quelques groupes môn-khmers, qui vivent essentiellement sur le plateau des Boloven.

À voir et à faire

Pakse séduit plus par son ambiance que par ses curiosités, en nombre limité.

Musée du patrimoine de Champasak — MUSÉE

(ພິພິດທະພັນມໍລະດົກປະຫວັດສາດຈຳປາສັກ ; Rte 13 ; 10 000 LAK ; 8h-11h30 et 13h-16h lun-ven). La collection de ce musée comprend quelques objets intéressants, dont trois antiques tambours en bronze Dong Son, une tête de bouddha de style siamois datant du VIIe siècle et deux splendides linteaux en grès, également du VIIe siècle, découverts à Uo Moung (temple de Tomo ; p. 236). La belle collection de simples textiles et bijoux nyaheun, suay et laven mérite également le coup d'œil ; elle inclut notamment de larges bracelets de chevilles en métal et des boucles d'oreilles en ivoire. Des instruments de musique, des stèles du XVe au XVIIIe siècle gravées d'inscriptions en tham, une jarre du XIe ou du XIIe siècle, un petit lingam (symbole phallique de Shiva) ainsi qu'une maquette du Vat Phu Champasak sont également présentés, en plus de quelques engins non désamorcés ("unexploded ordnance" ou UXO) américains et autres armes.

Vat Luang — TEMPLE BOUDDHIQUE

(ວັດຫຼວງ ; Th 11). Parmi la vingtaine de *vat* de la ville, le Vat Luang, fondé en 1935, est l'un des plus grands. Il possède des piliers de béton décorés, des portes en bois sculptées et des peintures murales. Derrière le *sĭm* (salle d'ordination) un bâtiment en bois d'origine abrite une école de moines.

Vat Tham Fai — TEMPLE BOUDDHIQUE

(ວັດຖ້ຳໄຟ ; Rte 13). Datant aussi de 1935, le Vat Tham Fai, proche du Champasak Palace Hotel, ne présente guère d'intérêt hormis sa vaste enceinte, cadre idéal pour les fêtes religieuses. Son autre nom est le Vat Pha Bat, car il recèle une petite empreinte du Bouddha.

Golf de Pakse — GOLF

(030-534 8280 ; www.paksegolf.com ; Ban Phatana ; 18 trous semaine/week-end 405 000/445 000 LAK, location de club 180 000K ; 6h-18h). Vous pourrez perfectionner votre swing sur ce bon parcours technique, très bien entretenu. Quittez la ville par la Th 38, prenez à droite l'embranchement (bien signalé) à 1 km à l'est du Champasak Grand Hotel et parcourez encore 3 km.

Friendship Bowling — BOWLING

(Th 11 ; entrée, chaussures comprises, avant/après 12h 7 000/12 000 LAK, billard 3 000 LAK ; 9h-23h). Les amateurs apprécieront ce bowling. Malgré son nom, l'amitié n'était pas au rendez-vous le soir où nous l'avons essayé : la salle était presque vide.

Clinique Keo Ou Done — MASSAGES

(Dispensaire de médecine traditionnelle ; 020-543 1115, 031-251895 ; massage 30 000-70 000 LAK, sauna 10 000 LAK ; 9h-21h, sauna 16h-21h). Professionnel et très fréquenté, l'endroit dispose d'une salle de massage climatisée et d'un sauna aux plantes pour chaque sexe. Quittez la ville par la Rte 38 et tournez à droite en direction du golf de Pakse, à 1 km à l'est du Champasak Grand Hotel ; la clinique se trouve sur la droite, à quelques centaines de mètres de l'embranchement.

Dok Champa Massage MASSAGES
(Th 5 ; massages à partir de 35 000 LAK, gommage 200 000 LAK ; 9h-22h). Le doyen et le meilleur des établissements de massages du centre-ville. Tarifs très raisonnables pour ce cadre élégant.

Circuits organisés

Beaucoup de voyageurs organisent leurs excursions et leurs treks dans le sud depuis Pakse. Pratiquement tous les hôtels (et nombre de restaurants) proposent des circuits sur le plateau des Boloven, au Vat Phu Champasak, à Tat Lo et à Kiet Ngong/ Phu Asa. Les guides demandent en moyenne 20 à 50 $US par jour selon le nombre de participants, transport en sus.

Pour des excursions fluviales ou terrestres de plusieurs jours, adressez-vous à l'office provincial du tourisme (p. 226) et aux agences suivantes :

Green Discovery AVENTURE
(031-252908 ; www.greendiscoverylaos.com ; Th 10 ; circuit de 2 jours "Tree Top Explorer" 300/200 $US par pers pour de 2/4 pers). La formule phare de ce tour-opérateur est le circuit "Tree Top Explorer" de 2 ou 3 jours dans la ZNP de Dong Hua Sao, près de Paksong, sur le plateau des Boloven. Il comprend, entre autres, des traversées en tyrolienne, des marches dans la canopée et des treks à travers la jungle. Inclus, l'hébergement se fait dans des huttes écologiques perchées dans la forêt. À la saison des pluies, Green Discovery organise aussi des sorties en kayak sur la rivière Huay Bang Lieng, à proximité de Paksong. Pour les autres activités dans la région, consultez le site Internet.

Xplore-Asia AVENTURE
(031-251983 ; www.xplore-laos.com ; Th 14). Un spécialiste des circuits de plusieurs jours, dont des descentes du Mékong en bateau et/ou kayak jusqu'à Si Phan Don et vers le Cambodge. Comptez 35 $US/jour pour un guide anglophone. Vend aussi quelque livres et guides intéressants sur la région.

Vat Phou EN BATEAU
(www.vatphou.com ; Residence Sisouk, angle Th 9 et Th 11). Luxueuses croisières entre Pakse et Si Phan Don.

Mekong Islands Tours EN BATEAU
(www.cruisemekong.com). Croisières onéreuses sur le Mékong entre Pakse et Si Phan Don.

Où se loger

Loger dans le centre touristique, sur la Route 13 entre le pont français et Th 24, permet d'accéder facilement aux agences de voyages, aux boutiques de location de motos, aux bureaux de change et aux restaurants pour étrangers. On trouve également quelques hôtels dans le quartier commerçant, organisé autour du Champasak Plaza Shopping Centre (p. 226). Si vous choisissez un hébergement ailleurs – au bord du fleuve ou à l'est du centre, dans l'un des nombreux établissements le long de la Route 13 – vous devrez sans doute louer une moto, ou un vélo, pour circuler.

Alisa Guesthouse HÔTEL $
(031-251555 ; www.alisa-guesthouse.com ; Rte 13 ; ch 110 000 LAK ;). Service nonchalant mis à part, cet hôtel bien placé, au cœur de la zone touristique, est une excellente affaire – plus propre et élégant que ses concurrents dans la même gamme de prix. Outre des lits douillets faits au cordeau, les chambres sont équipées de TV satellite en état de marche, de réfrigérateur, et la pression de l'eau est correcte. Nombreuses motos à louer.

Kaesme Guest House PENSION $
(020-9948 1616 ; Se Don riverfront ; ch 30 000-70 000 LAK ;). L'emplacement tranquille et le ponton en bois au-dessus de la Se Don sont ses principaux atouts. Les chambres toutes simples (avec ou sans salle de bains et climatisation) s'avèrent très avantageuses. Serviettes et savon sont fournis.

Fang Sedone Guesthouse PENSION $
(031-212158 ; Th 11 ; ch avec ventil/clim 50 000/ 70 000 LAK ;). L'hébergement est on ne peut plus sommaire, mais la situation, au bord de la rivière, présente davantage de calme que celle des hôtels économiques de l'artère principale. Les chambres climatisées ont l'eau chaude.

Sabaidy 2 Guesthouse PENSION $
(031-212992 ; www.sabaidy2tour.com ; Th 24 ; dort 30 000 LAK, s/d/tr sans sdb 50 000/70 000/ 114 000 LAK, d avec sdb 85 000-100 000 LAK ;). Si l'on trouve difficilement des avis élogieux à propos de cette pension, sa réputation comme repaire de baroudeurs lui vaut une clientèle nombreuse. Essayez de réserver à l'avance car elle affiche souvent

Pakse

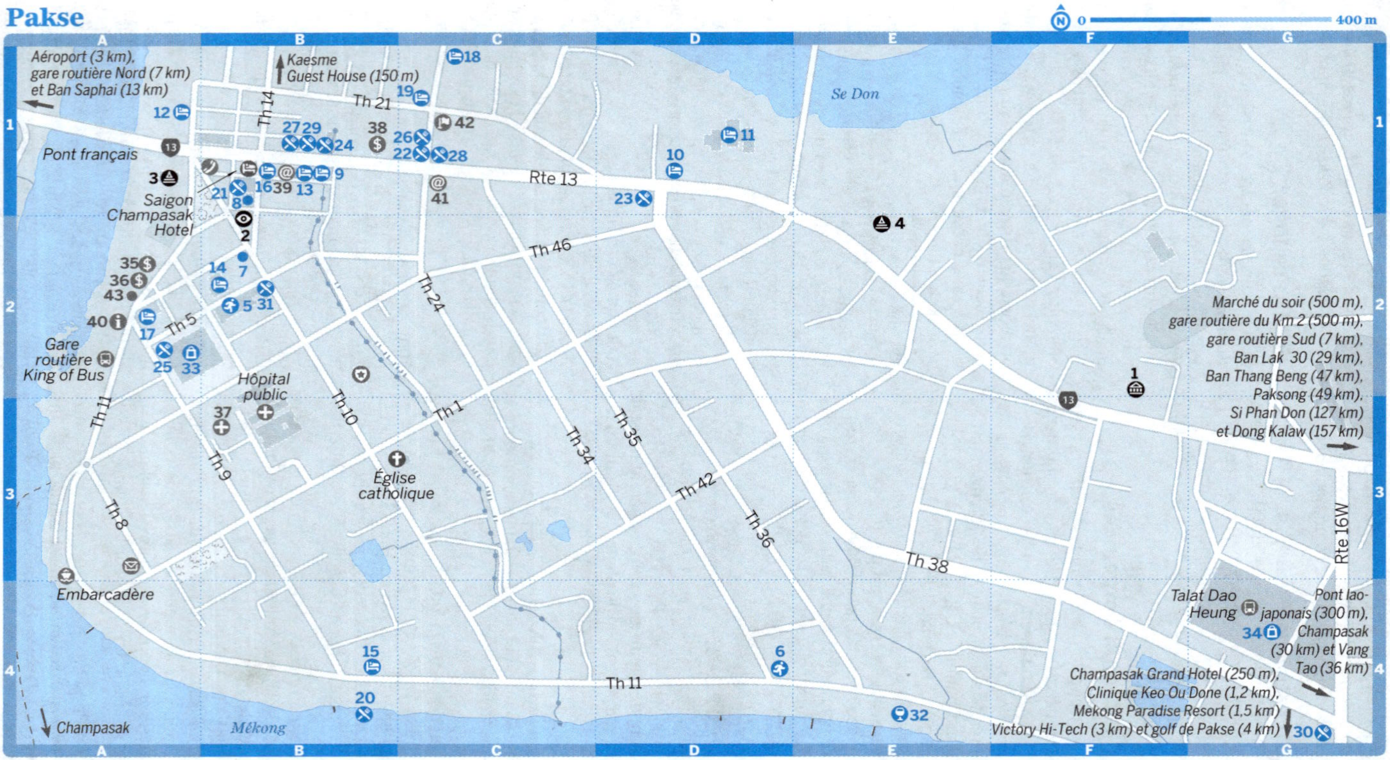

0 — 400 m

Aéroport (3 km), gare routière Nord (7 km) et Ban Saphai (13 km)
Kaesme Guest House (150 m)
Pont français
Saigon Champasak Hotel
Gare routière King of Bus
Hôpital public
Église catholique
Embarcadère
Champasak
Mékong
Se Don
Marché du soir (500 m), gare routière du Km 2 (500 m), gare routière Sud (7 km), Ban Lak 30 (29 km), Ban Thang Beng (47 km), Paksong (49 km), Si Phan Don (127 km) et Dong Kalaw (157 km)
Talat Dao Heung
Pont lao-japonais (300 m), Champasak (30 km) et Vang Tao (36 km)
Champasak Grand Hotel (250 m), Clinique Keo Ou Done (1,2 km), Mekong Paradise Resort (1,5 km) Victory Hi-Tech (3 km) et golf de Pakse (4 km)

Rte 13
Rte 16W
Th 1
Th 5
Th 8
Th 9
Th 10
Th 11
Th 14
Th 21
Th 24
Th 34
Th 35
Th 36
Th 38
Th 42
Th 46

1 2 3 4 5 6 7 8 9 10 11 12 13 14 15 16 17 18 19 20 21 22 23 24 25 26 27 28 29 30 31 32 33 34 35 36 37 38 39 40 41 42 43

Pakse

À voir

1 Musée du patrimoine de Champasak ... F2
2 Bâtiment de la Société chinoise ... B2
3 Vat Luang ... A1
4 Vat Tham Fai ... E2

Activités

5 Dok Champa Massage ... B2
6 Friendship Bowling ... D4
7 Green Discovery ... B2
Vat Phou ... (voir 17)
8 Xplore-Asia ... B1

Où se loger

9 Alisa Guesthouse ... B1
10 Athena Hotel ... D1
11 Champasak Palace Hotel ... D1
12 Fang Sedone Guesthouse ... A1
13 Lankham Hotel ... B1
14 Pakse Hotel ... B2
15 Pakse Mekong Hotel ... B4
16 Phi Dao Hotel ... B1
17 Residence Sisouk ... A2
18 Sabaidy 2 Guesthouse ... C1
19 Thaluang Hotel ... C1

Où se restaurer

Vendeurs de sandwichs ... (voir 27)
20 Banlao Boat Restaurant ... B4
Bolaven Cafe ... (voir 9)
21 Champady ... B1
22 Daolin Restaurant ... C1
23 Delta Coffee ... D1
24 Friendship Minimart ... B1
25 Marchands de fruits ... A2
26 Hasan ... C1
27 Jasmine Restaurant ... B1
28 Katuad Café ... C1
Lankham Noodle Shop ... (voir 13)
Le Panorama ... (voir 14)
29 Mengky Noodle Shop ... B1
30 Na Dao ... G4
Sinouk Coffee Shop ... (voir 17)
31 Xuan Mai Restaurant ... B2

Où prendre un verre et faire la fête

32 Oay ... E4

Achats

33 Champasak Plaza Shopping Centre ... A2
34 Talat Dao Heung ... G4

Renseignements

35 BCEL ... A2
36 Guichet de change de la BCEL ... A2
37 International Hitech Polyclinic ... B3
Guichet de change du Lankham Hotel ... (voir 13)
38 Lao Development Bank ... B1
39 Miss Noy's Internet & Bike Rental ... B1
40 Office provincial du tourisme ... A2
41 SK Internet ... C1
42 Consulat vietnamien ... C1

Transports

Europe Car ... (voir 7)
43 Lao Airlines ... A2

complet. Les chambres à l'arrière, avec salle de bains attenante, sont d'un bon rapport qualité/prix.

Lankham Hotel HÔTEL $

(☎031-213314 ; Rte 13 ; dort de 3 lits 40 000 LAK, d avec ventil/clim à partir de 60 000/90 000 LAK ; ❄📶). Lhôtel ne brille guère par son service, mais une situation centrale et des tarifs bas assurent sa popularité. Chambres économiques bruyantes et exiguës. Plus plaisantes, les chambres climatisées se classent néanmoins derrière celles des hôtels Phi Dao et Alisa à proximité.

Thaluang Hotel PENSION $

(☎031-251399 ; Th 21 ; s/d à partir de 60 000/70 000 K ; ❄). Cette pension absorbe le trop-plein du Sabaidy 2, voisin. Il faut dire que ses chambres (certaines sans fenêtre) aux odeurs de renfermé et son service ordinaire n'en font pas un premier choix. Cela dit, les chambres climatisées sont parmi les moins chères en ville – les meilleures occupent le bâtiment principal. Un mainate annonce votre arrivée.

♥ **Residence Sisouk** HÔTEL DE CHARME $$

(☎031-214716 ; www.residence-sisouk.com ; angle Th 9 et Th 11 ; ch 50-100 $US ; ❄📶). Hôtel ravissant, installé dans une maison coloniale vieille de 60 ans. Chambres avec véranda, parquet, TV, chemin de lit hmong et quantité de fleurs fraîches. Le petit-déjeuner est servi dans le café sur le toit, qui jouit d'une vue à 360° mais ferme le reste du temps. En payant davantage, vous aurez droit à une chambre plus vaste et lumineuse en façade, les autres donnant sur l'arrière.

Athena Hotel HÔTEL $$

(☎031-214888 ; www.athena-pakse.com ; Rte 13 ; ch petit-déj inclus 60-90 $US ; ❄@📶🏊). L'hôtel le plus moderne et le plus coquet de Pakse. Lits moelleux et éclairage modulable au plafond dans les chambres. Les 3 "deluxe" bénéficient de TV à écran plat, d'une grande baignoire et de peignoirs. La piscine fait du bien après une journée sur les routes poussiéreuses. À environ 10 minutes à pied du centre touristique.

Pakse Hotel HÔTEL **$$**
(☎031-212131 ; www.paksehotel.com ; Th 5 ; s à partir de 200 000 LAK, d petit-déj inclus 250 000-450 000 LAK ; ❄@📶). Dominant le centre-ville, un hôtel de luxe classique, avec superbe lobby et des couloirs pimpants décorés de sculptures et de textiles ethniques. Évitez les chambres économiques (sombres) et les "standard" (exiguës) au profit des "supérieures" – vue sur le Mékong, mobilier choisi, TV à écran plat et savons fantaisie. Gestion franco-laotienne.

Phi Dao Hotel HÔTEL **$$**
(☎031-215588 ; phidaohotel@gmail.com ; Rte 13 ; s/d/tr à partir de 135 000/155 000/180 000 LAK ; ❄📶). Si le service est quasi inexistant, rien à redire en revanche sur les chambres, parmi les plus élégantes des catégories petits budgets et moyenne. Logez plutôt à l'arrière pour échapper au bruit de la rue. Les voyageurs en solo ont intérêt à prendre une double car les simples manquent d'espace.

Pakse Mekong Hotel HÔTEL **$$**
(☎031-218445 ; tim_chanthavong@yahoo.com ; Th 11 ; ch sans/avec vue 185 000/210 000 LAK ; ❄@📶). L'emplacement au bord de l'eau est un plus, si vous ne craignez pas d'être un peu à l'écart du centre touristique. Chambres chics et nettes (TV à écran plat, couvre-lits blancs et grand lavabo en porcelaine). Les balcons et la terrasse sur le toit, quelconques et dépourvus de meubles, n'ont curieusement pas été mis en valeur (pour le moment).

Champasak Palace Hotel HÔTEL HISTORIQUE **$$**
(☎031-212263 ; www.champasakpalacehotel.com ; Rte 13 ; s/d petit-déj inclus à partir de 23/26 $US, ste 60-200 $US ; ❄📶). Impossible de manquer ce grand hôtel à l'architecture tarabiscotée – ancien palais de Chao Boun Oum na Champasak, dernier prince du Champasak et Premier ministre du royaume du Laos entre 1960 et 1962. Si le parc a perdu sa splendeur initiale, le restaurant et les espaces communs, rehaussés de colonnes en bois et de carreaux français, ne manquent pas de classe. Confortables chambres, dont de grandes suites VIP (60 $US) avec vue panoramique. Les chambres moins chères de l'annexe Sedone n'ont pas autant d'attraits.

Mekong Paradise Resort COMPLEXE HÔTELIER **$$**
(☎031-254120 ; mekongparadise@yahoo.com ; ch petit-déj inclus 38-85 $US ; ❄📶). Ce complexe hôtelier au bord du Mékong, à 3 km au sud du centre-ville, permet d'échapper agréablement à l'atmosphère urbaine. La plupart des chambres ont vue sur le fleuve. Cadre romantique pour les "supérieures" (55 $US), avec parquet, balcon privatif et éclairage tamisé. Le calme règne, parfois même un peu trop. Prendre l'embranchement vers le golf de Pakse sur la Route 38 et parcourir 500 m.

Où se restaurer

Pour un petit-déjeuner ou un déjeuner laotien en compagnie des habitants, essayez le **Lankham Noodle Shop** (Rte 13 ; nouilles 15 000-25 000 LAK ; ⏲7h-22h ; 📶), au rez-de-chaussée du Lankham Hotel ou, de l'autre côté de la route, le **Mengky Noodle Shop** (Rte 13 ; repas 8 000-15 000 LAK ; ⏲7h-22h), deux adresses sûres, réputées pour leurs nouilles au bouillon. Le Mengky sert au petit-déjeuner un *fŏe* (soupe de nouilles de riz) au canard très apprécié. Si le service du Lankham peut être à la limite de l'impolitesse, ses soupes valent bien qu'on supporte ce désagrément.

Côté en-cas, vous trouverez des vendeurs de **sandwichs à la baguette** (Rte 13), ainsi que des brochettes cuites sur des barbecues au **marché du soir** (Rte 13), à 2 km à l'est de la ville. Des **marchands de fruits** s'installent aussi le soir à l'angle nord-ouest du Champasak Plaza Shopping Centre (p. 226).

Si vous cuisinez, achetez vos provisions au marché ou au **Friendship Minimart** (Rte 13 ; ⏲8h-20h), dans le centre.

♥ **Bolaven Cafe** CAFÉ **$**
(www.bolavenfarms.com ; Rte 13 ; plats 20 000-40 000 LAK ; ⏲7h-21h30 lun-sam ; 📶). Le café bio issu du commerce équitable fait fureur à Pakse (paquets 50 000-70 000 LAK). À tout moment de la journée on peut prendre un copieux petit-déjeuner, un sandwich ou l'un des nombreux plats laotiens et thaïlandais proposés. Profitez-en pour lire l'histoire des plantations du plateau des Boloven.

Xuan Mai Restaurant LAOTIEN, VIETNAMIEN **$**
(Th 5 ; plats 18 000-30 000 LAK ; ⏲6h-23h30). Excellents *fŏe* (nouilles de riz), *năem néuang* (boulettes de porc), *khào pûn* (nouilles de blé avec une sauce épicée et sucrée), fruit-shakes et même du pain à l'ail. Mention spéciale pour le *láap* (salade de viande) de la maison.

Champady CAFÉ $

(Plats 15 000-35 000 LAK ; 7h-21h). Installée dans un bâtiment de l'époque française, cette table est appréciée pour sa longue carte de plats thaïlandais et laotiens. Également : bon café et des desserts comme le riz gluant à la mangue (10 000 LAK).

Sinouk Coffee Shop CAFÉ $

(Angle Th 9 et Th 11 ; plats 25 000-45 000 LAK ; 6h30-20h30 ;). Rattaché au formidable Residence Sisouk, ce café est agréable pour petit-déjeuner ou déjeuner de sandwichs, salades, pâtes, pâtisseries et pain frais, dans une atmosphère très climatisée. Le café du plateau des Boloven se déguste à la tasse et s'achète en paquets.

Delta Coffee CAFÉ $

(Rte 13 ; plats 25 000-40 000 LAK ; 7h-21h ;). Un café certes, mais quel généreux choix de spécialités italiennes et thaïlandaises ! Pour changer du riz gluant, commandez lasagnes, pâtes ou pizza. Alan et Siriporn, le couple de propriétaires sino-thaïlandais, servent du café issu de leur plantation, près de Paksong.

Jasmine Restaurant INDIEN $

(Rte 13 ; plats 20 000-30 000 LAK ; 8h-22h). De délicieux curries et plats malais, comme le *nasi goreng* au mouton, plus un poulet *tikka masala* particulièrement savoureux et des *naan* moelleux à souhait.

Daolin Restaurant LAOTIEN, INTERNATIONAL $

(Rte 13 ; plats 15 000-30 000 LAK ; 6h30-22h). Établissement en plein air, qui doit son succès à un emplacement de choix et une carte variée. Mention spéciale pour les glaces, dont un succulent parfait au cappuccino (20 000 LAK).

Katuad Café INTERNATIONAL, LAOTIEN $

(Rte 13 ; plats 15 000-25 000 LAK ; 7h-20h30 ;). Ce café propose des petits-déjeuners occidentaux, sandwichs, hamburgers et glaces, en plus de plats sautés et de salades épicées. Bons café et fruit-shakes de surcroît.

Hasan INDIEN $

(Th 24 ; 7h-22h). Un autre restaurant indien avec une touche malaise, dont le patron a travaillé comme cuisinier dans un hôtel haut de gamme de Vientiane.

Na Dao FRANÇAIS $$

(255558 ; angle Th 38 et Rte 16W ; plats 30 000-180 000 LAK ; 11h-13h30 et 18h30-22h lun-sam). La haute cuisine française a fait son entrée à Pakse, dans les bagages d'une famille exilée de Vientiane. Le carpaccio de saumon et de bar ou l'oie de Paksong aux olives sont un régal, tout comme le menu dégustation de 5 plats (185 000 LAK).

Le Panorama FUSION $$

(Th 5 ; plats 30 000-70 000 LAK ; 16h30-22h ;). Le restaurant perché sur le toit du Pakse Hotel allie une délicieuse cuisine franco-asiatique et une vue panoramique imprenable sur la ville. Au menu : steak T-bone, canard et succulent poisson farci.

Banlao Boat Restaurant LAOTIEN $$

(Th 11 ; plats 40 000-80 000 LAK ; 8h-23h). Outre une carte de classiques laotiens sans mauvaises surprises, le meilleur des restaurants flottants amarrés sur le Mékong propose des plats étrangers comme le canard laqué pékinois et les jarrets de porc allemands. Il y a aussi des choses plus insolites pour les audacieux, dont des œufs de fourmis. Son principal attrait reste toutefois son cadre fluvial.

Où prendre un verre et faire la fête

Le Panorama (p. 225) est parfait pour un verre au coucher du soleil. Pour une ambiance plus couleur locale, direction les barbecues et les bars à bière installés en plein air le long du Mékong. La plupart restent ouverts jusqu'à minuit le week-end, mais ferment plus tôt en semaine.

Oay BEER GARDEN

(Th 11 ;). Ce lieu à la mode, au bord du Mékong, programme parfois des concerts acoustiques. Retransmission de matchs de football sur TV grand écran.

Victory Hi-Tech DISCOTHÈQUE

(Rte 38). La plus fréquentée des quelques discothèques orientées "jeunes" situées à 3 km au sud du Champasak Grand Hotel, sur la route du Cambodge. Sombre et bruyante, elle ne rivalise pas vraiment avec les clubs de Vientiane et ne fonctionne que jusqu'à minuit.

Achats

Des paquets de café du plateau des Boloven sont en vente dans tous les cafés. Sur les marchés, vous pourrez acheter des paniers à riz gluant et autres articles du genre. Pour des textiles de qualité, rendez-vous dans le lobby du Pakse Hotel (p. 224).

Monument Books LIVRES
(Th 5 ; ⌚9h-20h). Librairie haut de gamme proposant le meilleur choix de cartes du sud du Laos, des autres régions du pays et de toute la zone du Mékong, ainsi que des cartes postales et une belle sélection d'ouvrages historiques et culturels.

Talat Dao Heung MARCHÉ
(Marché du matin). Réputé pour ses produits frais et le café provenant du plateau des Boloven, ce marché proche du pont lao-japonais compte parmi les plus grands du pays.

Champasak Plaza Shopping Centre MARCHÉ
On trouve dans cette galerie marchande des sacs et des vêtements, griffés ou de contrefaçon, ainsi que des textiles.

Renseignements

L'excellent site www.ecotourismlaos.com contient des informations utiles.

Dans la zone touristique, la Rte 13 est jalonnée de distributeur automatiques de billets (DAB), parmi lesquels un DAB ANZ à l'extérieur du Lankham Hotel (p. 223). Ce même hôtel possède par ailleurs un **guichet de change** (⌚7h-19h), qui pratique des taux corrects et délivre des avances sur les cartes Visa moyennant une petite commission.

BCEL (Th 11 ; ⌚8h30-15h30 lun-ven). Agence disposant d'un guichet au personnel anglophone, qui convertit les chèques de voyage en dollars et en euros (1% de commission) et délivre des avances sur les cartes Visa et MasterCard (3%). Son bureau de change (Th 11 ; ⌚8h30-19h lun-ven, jusqu'à 15h sam-dim), voisin, reste ouvert plus longtemps. Il y a aussi des DAB de la BCEL un peu partout en ville.

International Hitech Polyclinic (☎031-214712 ; ihpc_lao@yahoo.com ; Th 46 ; ⌚24h/24). Jouxtant l'hôpital public, cette clinique, dont le personnel parle anglais, offre des soins, un service et des installations d'une qualité bien supérieure à celle de l'hôpital. Elle comprend en outre une pharmacie.

Lao Development Bank (Rte 13 ; ⌚8h-16h lun-ven, jusqu'à 15h sam et dim). Change les espèces et les chèques de voyage, et abrite une antenne Western Union (transferts d'argent uniquement en semaine).

Miss Noy's Internet & Bike Rental (Rte 13 ; 500 LAK/h ; ⌚7h-20h). Location de vélos et de motos.

Office provincial du tourisme (☎031-212021 ; Th 11 ; ⌚8h-12h et 13h30-16h). Ici, le personnel anglophone, efficace, peut réserver des treks de 2 ou 3 jours dans les ZNP de Se Pian et de Phu Xieng Thong avec kayak et camping, ainsi que des chambres chez l'habitant à Don Kho et à Don Daeng. Il distribue des cartes de Pakse et dispose aussi des horaires de bus à jour.

Police (☎031-212145 ; Th 10)

Poste principale (angle Th 8 et Th 1 ; ⌚8h-12h et 13h-16h lun-ven)

SK Internet (Rte 13 ; 5 000 LAK ; ⌚7h30-21h). Connexions rapides.

Unitel (Rte 13 ; ⌚8h-17h lun-ven, jusqu'à 12h sam). Vend des cartes SIM locales et peut installer l'Internet 3G sur votre smartphone.

Depuis/vers Pakse

AVION

Depuis l'**aéroport international de Pakse** (☎031-251921), **Lao Airlines** (☎031-212252 ; Th 11 ; ⌚8h-12h et 13h-17h lun-ven, 8h-12h sam) assure des vols directs vers les villes d'Asie suivantes :

DESTINATION	TARIF ($US)	FRÉQUENCE
Vientiane	75-135	2/jour
Savannakhet	35-65	4/semaine
Siem Reap	160	Tlj
Hô Chi Minh-Ville	170	4/semaine
Bangkok	165	4/semaine

Une façon plus avantageuse de gagner Bangkok consiste à rejoindre Ubon Ratchathani par voie terrestre, puis de prendre un vol économique.

L'aéroport se trouve à 3 km au nord-ouest de Pakse. Le trajet en *săam-lâaw* ou en *túk-túk* revient autour de 40 000/50 000 LAK.

BATEAU

Comme bien d'autres, les bateaux publics de Pakse à Champasak et Don Khong ne naviguent plus. Cependant, un bateau touristique lève l'ancre pour Champasak presque chaque matin à 8h30 s'il y a suffisamment de passagers (aller simple 70 000 LAK/pers) et repart en sens inverse à 13h30. L'aller s'effectue en 2 heures, mais le retour dure un peu plus longtemps.

BUS ET SĂWNGTHĂEW

Pakse compte plusieurs gares routières et stations de *săwngthăew*. La plupart des touristes achètent leurs billets par l'intermédiaire d'une agence de voyages ou de leur lieu d'hébergement, ce qui a l'avantage d'inclure le ramassage dans le centre-ville, ou un transfert jusqu'au point de départ.

Sur certains itinéraires – surtout à destination du Cambodge, du Vietnam et de Vientiane –, il importe de choisir le bon service pour ne pas perdre plusieurs heures et voyager dans des conditions pénibles.

Voici les 5 gares principales :

Gare routière Sud (Rte 13). Également appelée *khíw lot lák pạet* ou "gare routière du km 8", à 8 km au sud de la ville.

Gare routière Nord (Rte 13). *Khíw lot lák jét*, ou "gare routière du km 7". Elle est très locale et ne comporte aucune information en anglais concernant les horaires.

Talat Dao Heung (marché du matin). Une station de *sǎwngthǎew* occupe un grand parking à la lisière sud du marché.

Gare routière du Km 2 (☎031-212428 ; Rte 13, Km 2). Gare du marché du soir, des bus VIP ou gare Sengchalean.

Gare routière King of Bus (020-5501 2299 ; Th 11) ou "gare des bus VIP".

Vientiane et le Nord

La plupart des voyageurs choisissent de rallier Vientiane (170 000 LAK, 7-8 heures) à bord de confortables bus couchettes. Les billets peuvent s'acheter auprès des pensions ou de la gare routière King of Bus, qui assure 3 départs quotidiens. D'autres bus couchettes "VIP" démarrent de la gare routière du Km 2. Il est possible de les prendre jusqu'à Tha Khaek (140 000 LAK, 4 heures 30) et Seno (pour Savannakhet ; 140 000 LAK, 3 heures).

Si vous préférez voyager de jour, des bus lents ordinaires (110 000 LAK, 16-18 heures) et des bus climatisés plus haut de gamme (140 000 LAK, 10-12 heures) pour Vientiane partent tout au long de la journée de la gare routière Sud, faisant halte à la gare routière du Km 2 et à celle du Nord en quittant la ville. Ils desservent aussi Tha Khaek (ordinaire/climatisé 60 000/70 000 LAK, 8/6 heures) et Seno.

De la gare routière Nord, des bus ordinaires d'une lenteur exaspérante prennent la route pour Savannakhet (40 000 LAK, 4-5 heures, 277 km) et Tha Khaek (70 000 LAK, 7 heures) environ toutes les 40 minutes, de 6h30 à 16h.

Du Talat Dao Heung, des *sǎwngthǎew* (10 000 LAK, 45 min) couvrent Ban Saphai (pour Don Kho).

Plateau des Boloven et l'Est

La plupart des trajets à destination du plateau des Boloven et de l'Est sont assurés par des bus ordinaires au départ de la gare routière Sud.

Les bus pour Salavan (25 000 LAK, 3-4 heures, 5/jour) peuvent vous déposer à Tat Lo ; le premier est à 6h45, le dernier à 16h. Six bus quotidiens surchargés vont à Attapeu (45 000 LAK, 5 heures 30) entre 7h45 et 16h.

PASSER EN THAÏLANDE : DE PAKSE À UBON RATCHATHANI

Jusqu'à la frontière

Le **poste-frontière de Vang Tao (Laos)/Chong Mek (Thaïlande)** (⏲5h-18h) était en reconstruction lors de notre passage dans la perspective d'un trafic accru après la mise en service de nouvelles routes vers le Vietnam.

De Pakse, des *sǎwngthǎew* (10 000 LAK, 1 heure 15, 37 km) fréquents circulent entre le Talat Dao Heung et Vang Tao jusqu'aux alentours de 16h. Ils laissent leurs passagers à la frontière que ceux-ci doivent traverser à pied.

Moins compliqué, le Thai-Lao International Bus (80 000 LAK, 2 heures 30-3 heures, 126 km) relie directement Pakse à la gare routière principale d'Ubon. Il y a deux départs quotidiens dans chaque sens, à 8h30 et 15h30. Sinon, il est aussi possible d'acheter à Pakse un billet jusqu'à Bangkok (235 000 LAK, 14 heures), avec ou sans changement à Ubon, ou une combinaison bus/train couchette à destination de la capitale thaïlandaise (280 000 LAK).

À la frontière

Le Laos délivre des visas à l'arrivée (autour de 35 $US suivant votre passeport), la Thaïlande des "exemptions de visa" gratuites valables 15 jours pour la plupart des nationalités. Les formalités de part et d'autre ne posent pas de problèmes.

En Thaïlande

Côté thaïlandais, des *sǎwngthǎew* vous conduiront à Phibun Mangsahan (40 THB, 1 heure). De l'arrêt, vous devrez ensuite marcher longtemps ou prendre un taxi pour rallier la gare routière, d'où des *sǎwngthǎew* et des bus desservent Ubon (40 THB, 1 heure, 40 km). Autrement, des chauffeurs de taxi attendent habituellement à l'extérieur du bureau de l'immigration et demandent 900-1 200 THB pour vous emmener jusqu'à Ubon Ratchathani (1 heure, 82 km).

Les bus pour Attapeu passent par Sekong (35 000 LAK, 4 heures), mais cela pourrait changer après l'achèvement de la nouvelle route Paksong-Attapeu. Deux autres bus ont pour terminus Sekong. Si vous allez à Paksong (25 000 LAK, 90 min), prenez n'importe quel bus à destination d'Attapeu. Les bus climatisés qui desservent la frontière vietnamienne (Bo Y) constituent toutefois une meilleure option pour Attapeu/Sekong.

Champasak et Si Phan Don

Des *săwngthăew* quittent régulièrement le Talat Dao Heung pour Champasak (20 000 LAK, 1-2 heures) jusqu'à 12h. Des *săwngthăew* partent aussi de la gare routière Sud via la rive orientale du Mékong. Le trajet coûte le même prix et inclut la traversée en ferry depuis Ban Muang.

Un bus plus haut de gamme pour Champasak démarre de la gare routière King of Bus tous les jours à 8h (45 000 LAK, 1 heure). Il existe aussi un bus touristique le matin (60 000 LAK, 45 min), qui prend les passagers à leur hôtel ; la plupart des agences de voyages vendent ce service.

Pour Si Phan Don, les bus touristiques et les minibus qui viennent vous chercher en ville et comprennent le transfert en bateau jusqu'à Don Khong (60 000 LAK, 2 heures 15), Don Det (70 000 LAK, 2 heures 30) et Don Khon (70 000 LAK, 2 heures 30), sont plus pratiques. Les billets s'achètent auprès des pensions et des agences de voyages. Tous les départs ont lieu entre 7h30 et 8h.

Si vous êtes moins matinal, des *săwngthăew* circulent de la gare routière Sud jusqu'à Ban Nakasang (pour Don Det et Don Khon ; 40 000 LAK, 3 heures 30) via Hat Xai Khun (pour Don Khong). Ils partent une fois pleins et circulent jusqu'à 16h.

Vers 12h, un *săwngthăew* dessert Kiet Ngong et Ban Phapho (25 000 LAK, 2 heures environ).

Vietnam

Les bus à destination du Vietnam traversent la frontière à Lao Bao (p. 214) ou à Bo Y (p. 252).

Sachez que les trajets les plus "directs" pour Hué (210 000-270 000 LAK, 14-16 heures) et Danang (240 000-280 000 LAK, 18-20 heures) via Lao Bao font un détour par Savannakhet et impliquent un changement à la frontière, voire d'autres ensuite. Ils démarrent tôt le matin du Talat Dao Heung et s'arrêtent à la gare routière Nord. La gare routière du Km 2 assure des liaisons supplémentaires. Les agences de voyages du centre-ville vendent des billets incluant le transfert gratuit jusqu'au point de départ.

Un bus très lent va à Hué, mais il arrive à Lao Bao au milieu de la nuit, ce qui oblige à attendre plusieurs heures l'ouverture de la frontière. Nous vous le déconseillons.

Les bus pour le poste-frontière de Bo Y passent par Attapeu et achèvent leur itinéraire à Kontum ou à Gia Lai (Pleiku), dans les hauts plateaux du centre du Vietnam. Mai Linh Express possède les véhicules les plus confortables de la ligne (pour Kontum 145 000 LAK, 8 heures 30, 5h45) ; achetez votre billet au Saigon Champasak Hotel à Pakse. Sinon, des bus ordinaires bondés partent de la gare routière Sud.

Comment circuler

Les transports dans Pakse sont chers pour la région. En tant qu'étranger, vous devrez en outre marchander un peu.

Un court trajet en *túk-túk* ou en *săam-lâaw* coûte environ 10 000 LAK, davantage à plusieurs. Comptez 10 000 LAK par personne ou 50 000 LAK par véhicule pour aller jusqu'à la gare routière du Nord ou du Sud. Les *săam-lâaw/túk-túk* vous conduiront à la gare routière du Km 2 moyennant 20 000/30 000 LAK.

Plusieurs boutiques et pensions de la zone touristique le long de la Rte 13 louent des vélos (15 000 LAK/jour) et des motos (50 000-60 000 LAK/jour la 100 cm³, 100 000 LAK la 125 cm³ et la Honda Scoopy automatique). Nous vous recommandons l'Alisa Guesthouse (p. 221) et le Lankham Hotel (p. 223). Ce dernier propose des 223 cm³ tout-terrain à partir de 240 000 LAK/jour et des Honda CRF 250L à partir de 320 000 LAK.

Europe Car (☎ 031-214946 ; Th 10 ; à partir de 77 $US/jour) fournit des pick-ups Ford 4x4 et des SUV.

ENVIRONS DE PAKSE

Don Kho et Ban Saphai
ດອນໂຄ/ບ້ານສະພາຍ

À 15 km au nord de Pakse, **Don Kho**, une île sur le Mékong, et le village voisin de **Ban Saphai** sont réputés pour le tissage de la soie. À l'ombre de leur maison, les femmes tissent sur de grands métiers des *phàa salóng* (longs sarongs pour homme) en coton ou en soie qu'elles vous montreront volontiers.

Aucune voiture ne circule à Don Kho et, malgré l'arrivée récente de l'électricité, on se croirait à une autre époque. Les quelque 300 habitants de cette île large de 800 m vivent dans des villages côtiers et cultivent le riz au centre. Don Kho fut brièvement la capitale du sud du Laos après l'arrivée des Français dans les années 1890, puis servit ensuite de mouillage pour les bateaux à vapeur reliant Don Det et Savannakhet. Aujourd'hui, la seule curiosité est le **Vat Don Kho**, qui comprend quelques bâtiments coloniaux et une imposante tour du tambour. Dans le coin sud-est du parc, un grand arbre aurait 500 ans selon les habitants (200 semble plus réaliste). Régulièrement, des feux sont allumés à l'intérieur des troncs de ces arbres pour extraire la résine utilisée pour calfater les bateaux locaux.

Vous pourrez facilement passer la nuit chez l'habitant dans les villages de Don Kho. À votre arrivée sur l'île, dites "*homestay*" et les villageois vous guideront. Comptez 30 000 LAK par lit, avec 2 personnes au maximum par maison. Vous dînerez avec votre famille d'accueil (20 000 LAK par repas) ; là où nous avons séjourné, le repas était délicieux. Des **sorties de pêche** laotienne et des **cours de tissage** figurent parmi les activités possibles.

Il existe également une **pension communautaire** tout au bout de l'île, en bordure d'une **forêt sacrée**, que rien ne distingue d'un logement chez l'habitant au niveau du tarif et du confort, plutôt sommaire. Bien indiquée depuis le débarcadère, elle se trouve à 700 m à pied.

Les employés du petit **office du tourisme**, près de l'embarcadère de Ban Saphai, parlent un peu anglais et peuvent prévenir les habitants par téléphone. Cet office fait partie du centre artisanal de Ban Saphai, qui réunit quelques stands de textiles tissés aux alentours.

Depuis/vers Don Kho et Ban Saphai

Ban Saphai se situe à 17 km au nord de Pakse ; repérez l'embranchement bien signalé sur la Route 13, à 13 km au nord du pont français.

Des *săwngthăew* pour Ban Saphai (10 000 LAK, 45 min) partent assez régulièrement du Talat Dao Heung (marché du matin) à Pakse. Les *săam-lâaw* demandent la somme exorbitante de 150 000 LAK aller-retour, temps d'attente compris, les *túk-túk* 250 000 LAK. Essayez de négocier. L'aller simple revient à peine moins cher.

De Ban Saphai à Don Kho, les bateaux demandent 20 000 LAK pour 1 à 5 personnes. L'excursion en bateau autour de Don Kho coûte 70 000 LAK.

ZNP de Phu Xieng Thong
ປ່າສະຫງວນແຫ່ງຊາດພູຊຽງທອງ

La **ZNP de Phu Xieng Thong** (www.ecotourismlaos.com) couvre une superficie de 1 200 km² dans les provinces de Champasak et de Salavan. Ses points les plus accessibles se trouvent à 50 km en amont de Pakse. La réserve se compose de maquis, de forêts de mousson à feuilles caduques, d'arêtes de grès et d'affleurements semblables à des grottes, dont certains ornés de peintures préhistoriques.

Dans la ZNP de Phu Xieng Thong évoluent diverses espèces animales, dont des groupes importants de paons spicifères. Des panthères nébuleuses, bantengs, éléphants, ours noirs d'Asie et tigres y vivaient jadis, mais difficile de savoir s'il en reste encore. Quoi qu'il en soit vous ne les verrez pas. Selon la saison, vous verrez surtout de splendides orchidées sauvages.

Pour visiter le parc, le mieux consiste à choisir un trek de 2 ou 3 jours à partir du village de **Ban Singsamphan**, sur le Mékong. Le circuit comprend le transport sur la rivière, une nuit chez l'habitant à Ban Singsamphan et, le deuxième jour, une randonnée de 4-5 heures sur le **Phu Khong** (mont Khong). Le circuit de 2 jours s'achève par un retour à Pakse en fin d'après-midi, au terme d'un trajet en bateau sur le Mékong. La formule de 3 jours, recommandée, se poursuit par la descente fluviale jusqu'à Don Kho où on loge chez l'habitant.

Renseignez-vous auprès de l'office provincial du tourisme à Pakse (p. 226). La rareté des transports rend difficile le trajet en indépendant jusqu'à Ban Singsamphan – informations à l'office du tourisme.

CHAMPASAK

☎031 / 40 000 HABITANTS

Cité royale jusqu'en 1975, Champasak (ຈຳປາສັກ) est une localité somnolente où seule une place avec une fontaine, au milieu de l'artère principale, évoque la grandeur passée, depuis le départ de l'ancienne famille royale. Quelques bâtiments de l'époque coloniale, dont les anciennes demeures de Chao Boun Oum na Champasak et de son père, Chao Ratsadanai, avoisinent des maisons laotiennes traditionnelles en bois. De rares véhicules partagent l'étroite grand-rue avec des buffles et des vaches.

Le bon choix d'hébergements et la proximité de plusieurs sites, particulièrement les ruines angkoriennes du Vat Phu Champasak (p. 234), incitent bon nombre de visiteurs à loger à Champasak plutôt qu'à Pakse, bien plus animée.

L'activité se concentre dans l'artère qui longe le fleuve, de part et d'autre de la fontaine.

À voir et à faire

Vous trouverez à Champasak deux temples d'un intérêt relatif.

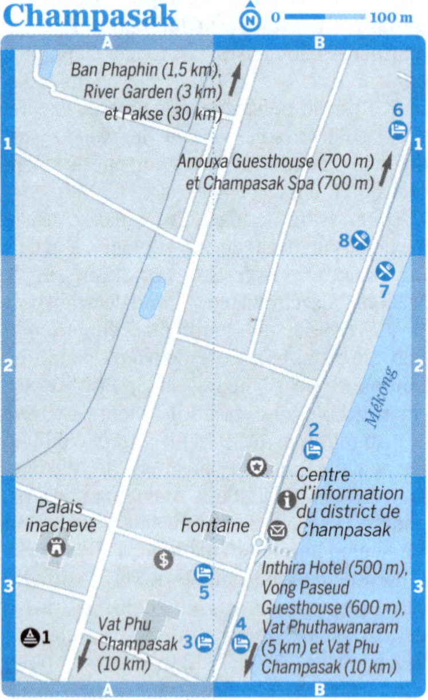

Champasak

À voir

1 Vat Nyutthitham ... A3

Où se loger

2 Dokchampa Guesthouse and Restaurant ... B2
3 Khamphouy Guesthouse ... A3
4 Saythong Guesthouse & Restaurant ... B3
5 Siamephone Hotel ... A3
6 Thavisab Guesthouse ... B1

Où se restaurer

7 Champasak With Love ... B2
8 Frice and Lujane Restaurant ... B1

Vat Nyutthitham TEMPLE BOUDDHIQUE
(ວັດຍຸດຕິທຳ, Vat Thong). À l'ouest de la rivière, sur la route principale, ce *vat*, communément appelé Vat Thong, date de la fin du XIXe siècle. Un ancien *sĭm* est agrémenté d'une galerie voûtée à colonnades ; un relief en stuc aux tons pastel orne sa façade. *Vat* de la famille royale, son *thâat káduuk* conserve les cendres du roi Nyutthitham (mort en 1885), de Chao Ratsadanai (mort en 1946), de Chao Boun Oum (mort en 1975) et d'autres membres de la famile royale.

Vat Phuthawanaram TEMPLE BOUDDHIQUE
(Vat Muang Kang). À quelque 5 km au sud de la ville, au bord du Mékong, ce *vat*, aussi connu sous le nom de Vat Muang Kang, est le plus ancien temple en activité de Champasak. L'étonnant *hăw tại* (bibliothèque du Tripitaka, recueil de textes sacrés bouddhiques) combine des éléments d'architectures coloniale française et bouddhique laotienne. Les toits à trois niveaux du *hăw tại* sont décorés aux angles de mosaïques colorées. Au bord du toit supérieur, au centre, une petite boîte aux vitraux de cristal rappelle l'architecture birmane.

Ces boîtes en cristal étaient destinées à renfermer des effigies du Bouddha. Une légende locale attribue un pouvoir magique à celle qui se trouve au sommet du *hăw tại*. Au cours d'une nuit du calendrier lunaire (selon certains, lors de la fête du Vat Phu), un rayon de lumière magique viendrait de l'autre côté du fleuve, traverserait le *hăw* (cristal) et illuminerait le sommet du Sri Lingaparvata, la montagne sacrée qui domine le Vat Phu Champasak.

De Champasak, on peut aisément rejoindre le Vat Muang Kang à vélo ; prenez la route qui longe le fleuve, tournez à gauche au bout de 2 km à l'endroit où elle décrit une courbe sur la droite, puis suivez la piste au bord du Mékong sur environ 3 km.

Champasak Spa SPA, MASSAGES
(☎020-5649 9739 ; www.champasak-spa.com ; ⏲10h-12h et 13h-19h). Rien de tel pour détendre les muscles fatigués que cet établissement, véritable oasis parfumée donnant sur le fleuve. Au programme ici : massage des pieds (55 000 LAK), massage corporel laotien (70 000 LAK) et massage aux plantes (95 000 LAK), tous à l'aide de produits bio. La visite est aussi pour la bonne cause, puisque vous aiderez à créer des emplois locaux permettant aux femmes de ne pas s'exiler vers la capitale.

CHAMPASAK DANS L'ANTIQUITÉ

Sous les palmiers et parmi les rizières, à 4 km au sud de Champasak, on découvre les vestiges d'une cité qui fut, il y a environ 1 500 ans, la capitale du royaume môn-khmer du Chenla. Le site est aujourd'hui appelé Muang Kao (vieille ville), mais, d'après les spécialistes, la ville s'appelait Shrestapura.

Les photographies aériennes montrent les vestiges d'une cité rectangulaire de 2,3 km sur 1,8 km, ceinturée d'une double muraille en terre sur trois côtés et protégée à l'est par le Mékong. Il subsiste un petit *baray* (un mot khmer signifiant "bassin", habituellement utilisé pour des rituels), les fondations de monuments en brique circulaires, les traces d'un système d'irrigation élaboré, diverses statues et sculptures de pierre hindoues, des outils en pierre et des céramiques. Ces vestiges constituent un exemple très rare d'une cité antique dans le Sud-Est asiatique, dont le plan révèle l'importance des croyances religieuses dans les tâches de la vie quotidienne.

Les origines de la cité restèrent mystérieuses jusqu'à la découverte d'une stèle du Ve siècle portant les plus anciennes inscriptions en sanskrit trouvées en Asie du Sud-Est. Elle indique que la cité fut fondée par le roi Devanika et nommée Kuruksetra. Elle mentionne également le Sri Lingaparvata voisin, une référence au mont proche du Vat Phu Champasak. "Vénérée depuis l'Antiquité", cette montagne serait la résidence ou une manifestation du dieu hindou Shiva et, aujourd'hui encore, de nombreux habitants la considèrent comme la demeure de Phi Intha, l'esprit protecteur de la montagne.

À la fin du Ve siècle, la cité connut son âge d'or et fut un centre régional majeur au moins jusqu'au VIIe siècle, comme en témoignent deux piédestaux de sculptures de Nandi (taureau de Shiva), découverts en 1994-1995 et portant des inscriptions du roi khmer Citrasena-Mahendravarman. Surnommé le "conquérant", il déplaça plus tard la capitale du royaume à Sambor Prei Kuk, au centre du Cambodge. Des trouvailles archéologiques laissent penser que la cité fut ensuite habitée jusqu'au XVIe siècle.

Les recherches de Patrizia Zolese et de son équipe de la mission archéologique italienne ont révélé qu'une seconde cité fut bâtie près du Vat Phu après le IXe siècle. Patrizia Zolese pense que le temple de Ho Nang Sida aurait été au centre de cette cité, probablement nommée Lingapura, un lieu mentionné dans de nombreux écrits anciens mais non encore clairement identifié par les spécialistes.

Où se loger

Vous trouverez facilement une chambre à Champasak, sauf pendant la fête du Vat Phu Champasak (Magha Puja ; habituellement en février). À cette occasion, vous pourrez dormir sur le domaine du temple ; demandez aux personnes qui s'occupent des tentes de restauration de vous indiquer un endroit sûr. Sinon, ralliez Don Daeng, non loin, où il y a un bon choix d'hébergements, du logement bon marché chez l'habitant à l'établissement de luxe.

Anouxa Guesthouse PENSION $

(☎031-511006 ; ch avec ventil 60 000 LAK, avec clim 100 000-200 000 LAK ; ❄📶). L'intérieur aux tons pêche et vert jaune, les salles de bains proprettes et le linge de lit correct, ainsi que le restaurant au bord de l'eau justifient la dépense, mais le service laisse à désirer. Les chambres climatisées, plus chères, ont vue sur le fleuve et disposent d'un balcon.

Vong Paseud Guesthouse PENSION $

(☎031-920038 ; ch avec ventil 30 000-50 000K, avec clim 100 000 LAK ; ❄📶). En dépit de chambres très rudimentaires, l'endroit a depuis longtemps la faveur des baroudeurs grâce à ses propriétaires qui parlent français, ainsi qu'à son restaurant joliment situé au bord du fleuve. Les excursions coûtent ici un peu moins cher qu'ailleurs.

Saythong Guesthouse & Restaurant PENSION $

(☎020-2220 6215 ; ch avec ventil/clim 50 000/ 80 000 LAK ; ❄). Cette pension, l'une des doyennes de la ville, était en cours de rénovation lors de notre visite. Attendez-vous à des prix légèrement supérieurs. Le restaurant occupe un agréable emplacement dominant le Mékong.

Khamphouy Guesthouse PENSION $

(☎031-511010 ; ch 30 000-40 000 LAK). Des chambres sans prétention, toutefois un cran au-dessus de celles de la pension Vong

Paseud plus fréquentée. Cependant, vous ne logerez pas au bord du fleuve, matelas et oreillers sont durs comme pierre et les gérants parlent un anglais limité.

Siamephone Hotel HÔTEL $
(020-5543 1175 ; ch 110 000 LAK ;). Un brin plus confortable et propre que les autres pensions petits budgets, mais moins bien côté atmosphère et service. C'est sans doute le plus grand hôtel de la ville, dans un bâtiment en béton tape-à-l'œil près du fleuve.

Thavisab Guesthouse PENSION $
(020-5535 4972 ; ch sans/avec clim 50 000/100 000 LAK ;). Des chambres agréables aménagées dans une vieille maison claire et spacieuse en retrait du Mékong.

Dokchampa Guesthouse and Restaurant PENSION $
(020-5535 0910 ; ch avec ventil/clim 60 000/100 000 LAK ;). Les balcons et le restaurant bien situé, au-dessus du fleuve, font oublier les chambres quelconques. Préférez celles qui sont climatisées car les plus économiques (ventitaleur), à l'arrière, sont vraiment étouffantes.

Inthira Hotel BOUTIQUE-HÔTEL $$
(031-511011 ; www.inthira.com ; s/d petit-déj inclus à partir de 44/49 $US ;). Les chambres, somptueuses, et le restaurant asiatique fusion du très stylé Inthira sont une raison supplémentaire de s'attarder à Champasak. Haut plafond, sol en brique et lumière d'ambiance donnent le ton dans les chambres (salle de bains avec baignoire en terrazzo ou douche à effet pluie), aménagées dans une vieille maison de négoce chinoise et un nouveau bâtiment de l'autre côté de la route face au fleuve. La plupart des chambres ayant des lits jumeaux, arrivez tôt si vous souhaitez un lit double.

River Resort BOUTIQUE-HÔTEL $$$
(020-5685 0198 ; www.theriverresortlaos.com ; villa avec vue sur le jardin/fleuve 119/139 $US ;). Les 10 villas en duplex – 7 au bord du fleuve et 3 autour d'un jardin et d'un étang – ont des lits immenses, une luxueuse salle de bains sans cloison (lavabo en bois sombre) et un balcon bien meublé pour contempler au mieux la vue, splendide. Une piscine à débordement, un beau restaurant et des excursions haut de gamme en bateau complètent le tout. À 3 km au nord de Champasak, mais on se croirait à mille lieues de là.

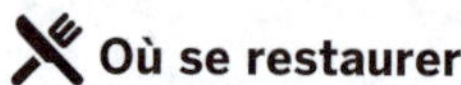

Où se restaurer

D'une façon générale, c'est dans les pensions que l'on mange le mieux.

Champasak With Love FUSION $
(Plats 20 000-40 000 LAK ; 8h-22h). Ce restaurant tenu par des Thaïlandais s'agrémente d'une superbe et robuste terrasse en bois le long du fleuve – l'une des rares qui ne risque pas d'être balayées par la prochaine tempête. Les plats thaïlandais et occidentaux dominent la carte. On peut y louer des vélos et les propriétaires songent à ouvrir bientôt une pension.

Frice and Lujane Restaurant ITALIEN $
(Plats 40 000-60 000 LAK ; 17h-21h). Si le fondateur italien a quitté les lieux, cette table pittoresque, sise dans une villa rénovée, régale toujours ses hôtes d'une cuisine inspirée de la région du Frioul : gnocchis, côtes de porc marinées, goulasch et saucisses maison...

Renseignements

Centre d'information du district de Champasak (020-9920 6710 ; 8h-16h30 lun-ven). Peut organiser le transport en bateau jusqu'à Don Daeng et l'hébergement chez l'habitant ou dans la pension communautaire ("community lodge"). Des guides locaux, certains anglophones, accompagnent des randonnées d'une journée au Vat Phu et à Uo Moung. Le centre propose aussi des excursions en bateau à Uo Moung (450 000 LAK), qui incluent Don Daeng et le Vat Muang Kang.

Cybercafé (200 LAK/min ; 7h-18h). À environ 150 m au sud de l'Inthira Hotel.

Lao Development Bank (8h30-15h30 lun-ven). Change les espèces et les chèques de voyage, et dispose d'un DAB qui n'accepte que les cartes Visa.

Depuis/vers Champasak

Champasak se situe à 28 km au sud de Pakse, via une jolie route goudronnée pratiquement déserte qui suit la rive occidentale du Mékong. Tous les *săwngthăew* qui empruntent cet axe pour se rendre à Pakse partent tôt le matin, avant 8h. Des bus touristiques et des bateaux assurent aussi la liaison depuis/vers Pakse.

Pour rejoindre ou quitter Pakse, on peut également passer par Ban Muang, sur la rive orientale du fleuve, qu'un petit ferry (5 000 LAK/pers, 20 000 LAK/moto) relie au débarcadère du village de Ban Phaphin, à 1,8 km au nord de Champasak. De Ban Muang, des *săwngthăew* desservent la gare routière Sud de Pakse jusqu'à 10h environ.

VAUT LE DÉTOUR

DON DAENG, UNE ÎLE SUR LE MÉKONG

S'étirant comme un crocodile au milieu du Mékong, Don Daeng (ດອນແດງ) semble oubliée par le temps. Comme sur les autres îles du fleuve, ses huit villages sont éparpillés sur les berges et les rizières occupent le centre. Aucune voiture ne circule sur la piste étroite et ombragée qui fait le tour de cette île, longue de 8 km de côte : vélos, petites motos et *dok dok* (minitracteurs) sont les seuls moyens de transport. Les plages propices à la baignade ne manquent pas mais, contrairement à Don Det, les femmes doivent troquer le maillot de bain contre un sarong.

Une **pension communautaire** ("community lodge" ; ☎020 5527 5277 ; dort 40 000 LAK) basique, à la pointe nord de l'île, assure le gîte. Pour loger chez l'habitant (30 000-40 000 LAK/pers), demandez M. Khan. Dans les deux cas, les repas coûtent 20 000 LAK/personne.

Le complexe hôtelier de **La Folie Lodge** (☎030-534 7603 ; www.lafolie-laos.com ; ch petit-déj inclus basse saison 60-90 $US, haute saison 110-186 $US ; ❄@📶🏊), sur la rive face au Vat Phu, appartient à une toute autre catégorie. Les chambres, dans de magnifiques bungalows en bois, sont décorées avec subtilité : textiles laotiens, motifs coloniaux, parquets cirés... Il y a une piscine avec vue sur le Phu Pasak, et un ravissant restaurant adjacent – carte de spécialités laotiennes et internationales. L'établissement soutient les projets de plusieurs communautés de Don Daeng, dont la rénovation de l'hôpital.

Pour rallier Don Daeng depuis Champasak, louez un bateau (60 000-80 000 LAK aller-retour) par l'intermédiaire de votre pension ou du centre d'information du district. De Ban Muang, une embarcation revient à quelque 40 000/60 000 LAK l'aller simple/aller-retour en négociant ferme. Si vous souhaitez explorer Don Daeng, apportez un vélo depuis Champasak car vous risquez d'avoir du mal à en dénicher un sur l'île.

Si vous allez vers le sud, rejoignez Ban Lak 30 (Km 30), à 5 km à l'est de Ban Muang sur la Rte 13, et faites signe au premier véhicule qui passe. Sinon, votre pension à Champasak peut téléphoner à l'avance pour qu'un bus touristique vienne vous prendre à Ban Lak 30.

ℹ Comment circuler

Les pensions Vong Paseud (p. 231) et Khamphouy (p. 231), entre autres, louent des vélos (10 000-15 000 LAK/jour) et des motos (80 000 LAK/jour).

ENVIRONS DE CHAMPASAK

Vat Phu Champasak
ວັດພູຈຳປາສັກ

L'ancien sanctuaire khmer du Vat Phu est l'un des joyaux du Laos. Édifié à 1 400 m sur les contreforts du Phu Pasak (familièrement appelé Phu Khuai ou mont Pénis), le Vat Phu est petit comparé aux grandioses temples d'Angkor, près de Siem Reap, au Cambodge. Toutefois, les pavillons en ruine, le sanctuaire orné d'un lingam de Shiva, l'énigmatique crocodile en pierre et les grands arbres qui ombragent le site dégagent une atmosphère magique. Tous ces éléments et la disposition du sanctuaire, unique dans l'architecture khmère, ont valu au Vat Phu de figurer au patrimoine mondial de l'Unesco en 2001.

Des inscriptions en sanskrit et des sources chinoises confirment que l'endroit est un lieu de pèlerinage depuis le milieu du Ve siècle. L'ensemble architectural religieux, conçu comme une reproduction terrestre du paradis, s'insérait dans un plan plus large destiné à englober un réseau de routes, de cités, de villages et d'autres temples. Ce qui reste aujourd'hui est le fruit de siècles de constructions, de reconstructions, de modifications et d'ajouts, les bâtiments les plus récents datant de la fin de la période d'Angkor.

À leur apogée, le temple et la cité voisine formaient le plus important centre politique et économique de la région. Malgré sa valeur historique, ce site de 84 ha reste menacé par les intempéries. Des études approfondies révèlent que l'érosion due à l'eau risque de provoquer l'effondrement des bâtiments si l'on ne restaure pas le système de drainage. Des projets financés par les Italiens et les Japonais ont permis de stabiliser deux anciens canaux au sud, construits pour

Environs de Champasak

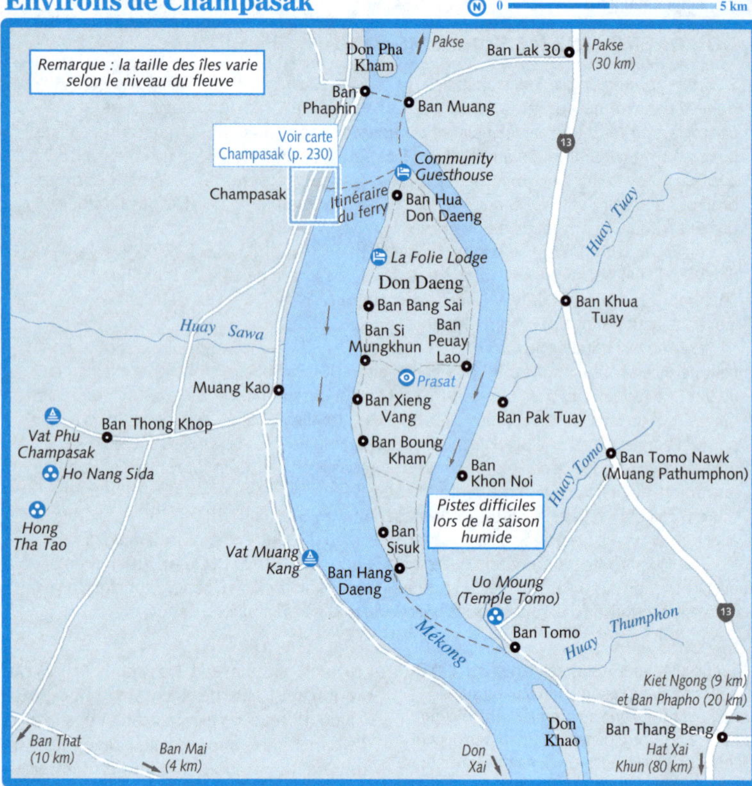

dévier l'eau des édifices centraux. Tout aussi important, le canal nord s'est totalement effondré, entraînant la lente et régulière destruction du côté nord du site. Vous le constaterez en comparant les terrasses et les pavillons relativement bien conservés du sud avec ceux du nord.

La mission archéologique italienne conduite par Patrizia Zolese, spécialiste du Vat Phu et étudiant le site depuis 1990, ont produit la première carte détaillée du temple et des 400 km² environnants, révélant le mode de vie des anciens habitants.

Une voiturette de golf transporte les visiteurs du secteur de la billetterie jusqu'au *baray* (bassin), d'où il faut ensuite marcher.

À voir

Le Vat Phu se situe à la jonction de la plaine du Mékong et du Phu Phasak, une montagne considérée comme sacrée depuis des siècles, bien avant la construction du temple, par les premiers habitants austro-asiatiques qui vivaient dans la région.

Au sud du Vat Phu, trois sites plus petits de la période d'Angkor bordent l'ancienne route menant à Angkor Vat, au Cambodge. En très mauvais état, ils n'intéresseront que les passionnés d'architecture khmère. Sur la rive opposée, Uo Moung (p. 236) aurait également des liens avec le Vat Phu.

Vat Phu Champasak TEMPLE BOUDDHIQUE

(30 000 LAK de 8h à 16h30, 40 000 LAK de 6h à 8h et de 16h30 à 18h ; 6h-18h, musée 8h-16h30). Le site archéologique comprend 6 terrasses réparties sur 3 niveaux auxquels mène une longue chaussée entrecoupée de marches et bordée de statues de lions et de *naga*.

Niveau inférieur

Un *sala* moderne, construit par Chao Boun Oum dans les années 1960, se trouvait du côté ouest du grand *baray* (bassin de cérémonie ; *năwng sá* en laotien). Son démantèlement récent a révélé les fondations en grès de l'ancienne entrée principale. De là part une chaussée cérémonielle, flanquée de deux *baray* qui, par endroits, se remplissent d'eau et de fleurs de lotus à la saison des pluies. La chaussée a retrouvé un peu de sa splendeur depuis que les bourgeons de lotus de pierre ont été redressés.

➡ Niveau intermédiaire

À ce niveau se dressent deux **pavillons rectangulaires** en grès et latérite, superbement sculptés, datant probablement du milieu du Xe ou du début du XIe siècle. Leur style rappelle Koh Ker, au Cambodge.

Transformé en temple bouddhique, le Vat Phu conserve la plupart des sculptures hindouistes d'origine des linteaux, figurant Vishnou et Shiva sous diverses formes. Sur le fronton est du pavillon nord, un relief représente Shiva et Parvati assis sur le taureau Nandi, la monture de Shiva. Interdit d'accès pour des raisons de sécurité, le bâtiment se compose de quatre galeries autour d'une cour centrale.

Derrière le pavillon sud, un bâtiment plus petit appelé **pavillon de Nandi** (dédié à la monture de Shiva), récemment restauré, avoisine deux galeries effondrées qui flanquent un escalier en latérite menant au niveau supérieur. Du pavillon de Nandi, une ancienne route royale mène à Ho Nang Sida, à 1,3 km au sud, et continue jusqu'à Angkor Vat, au Cambodge.

Au pied d'un petit escalier menant au niveau supérieur, un imposant **dvarapala** (sentinelle) se dresse, épée brandie, près de ce qui fut jadis un *gopura* (entrée ornementée). Lors de notre passage, il portait une robe de moine orange et une ombrelle rouge. Sortez du chemin et traversez l'étendue herbeuse au nord pour découvrir les vestiges d'un **yoni**, le symbole cosmique du sexe féminin associé au shivaïsme. À côté du *yoni*, deux gigantesques **statues dvarapala**, sans bras ni tête, gisent à moitié enterrées dans le sol. Ce sont les plus grands *dvarapala* jamais découverts dans l'ancien royaume d'Angkor.

De l'escalier, une voie en grès monte jusqu'à une petite terrasse supportant les ruines de six sanctuaires en brique dont il ne reste que les fondations. À partir de là, un escalier *naga* escarpé, datant probablement du XIe siècle, rejoint le niveau supérieur. Il est bordé de *dàwk jąmpąa* (frangipanier ou *Plumeria*), l'arbre national laotien.

➡ Niveau supérieur

Au niveau supérieur, le sanctuaire renfermait autrefois un lingam de Shiva, arrosé, grâce à des canalisations en grès, par l'eau de la source sacrée qui jaillit toujours au-dessus de l'ensemble. Aujourd'hui, le sanctuaire contient des sculptures du Bouddha, assez sommaires, sur un autel. Au fond, la *cella* (cellule) en brique, qui abritait le lingam sacré, date peut-être du IXe siècle.

Sculpté dans un gros rocher derrière le sanctuaire principal, une **trimurti** de style khmer représente la trinité hindoue : Shiva, Vishnou et Brahma. Plus loin, derrière quelques terrasses, se trouve la grotte d'où la source sacrée coulait vers le sanctuaire.

Juste au nord du sanctuaire du lingam de Shiva, au milieu d'un champ de ruines et de rochers, essayez de répérer l'**éléphant de pierre** et, plus difficilement, le **crocodile de pierre**. Les crocodiles étaient considérés comme des demi-dieux dans la culture khmère et certains supposent que le rocher

Vat Phu Champasak

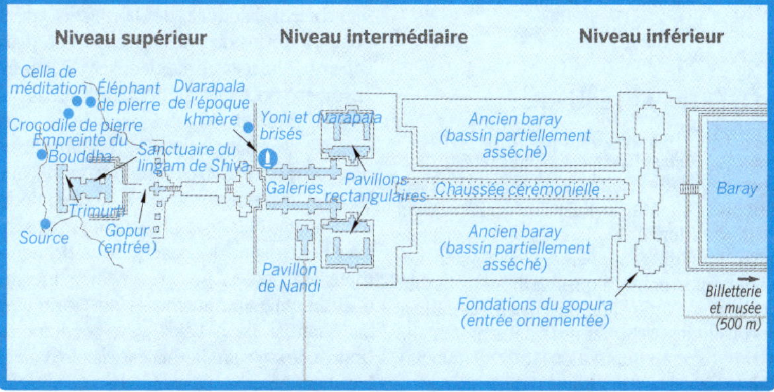

servait à des sacrifices humains ; sa fonction, s'il en avait une, reste toutefois inconnue. Le crocodile daterait de la période angkorienne, l'éléphant du XVIe siècle. Cherchez aussi les vestiges d'une **cella de méditation** et un intéressant fragment d'escalier flanqué de deux serpents.

Une fois la visite terminée, asseyez-vous et profitez de la vue sur le *baray*, les plaines et le Mékong, particulièrement somptueuse tôt le matin, avant l'arrivée des touristes.

➡ Musée

(Compris dans le billet du Vat Phu ; ⏲8h-16h30). À côté de la billetterie, ce musée très instructif donne à voir des dizaines de linteaux, *naga* (serpents d'eau mythiques), bouddhas et autres sculptures en pierre du Vat Phu et des sites associés. Les légendes sont en anglais. Autre détail : le bâtiment dispose de toilettes propres.

Ho Nang Sida TEMPLE BOUDDHIQUE

Une marche facile de 1,3 km au sud du Vat Phu (ne vous écartez pas du chemin qui part de la chaussée, car il peut y avoir des explosifs non désamorcés – "unexploded ordnance" ou UXO – aux alentours), conduit au Ho Nang Sida. Il date sans doute du début du Xe siècle et aurait été le sanctuaire principal d'une autre cité antique.

Hong Tha Tao TEMPLE BOUDDHIQUE

(Salle de la noble tortue). Autres ruines, à 2,3 km au sud du Vat Phu.

Prasat TEMPLE BOUDDHIQUE

(ພາສາດ). À proximité du village de Ban That, au sud du Vat Phu, trois *prasat* (stupas de brique à base carrée) khmers en mauvais état rappellent des monuments similaires de Lopburi, en Thaïlande. Représentations symboliques de la trimurti hindoue, ces tours dateraient du XIe siècle. Vous devrez venir par vos propres moyens ou prendre un *túk- túk*.

Fêtes et festivals

Bun Vat Phu Champasak FÊTE BOUDDHIQUE

(Fête du Vat Phu Champasak). Cette fête, la plus importante du Champasak, dure 3 jours et fait partie du Magha Puja (Makha Busa), qui se déroule lors de la pleine lune du troisième mois lunaire, généralement en février. Les cérémonies bouddhiques culminent le jour de la pleine lune : au petit matin, les moines reçoivent les aumônes des fidèles et un *wîen thîen* (circumambulation) aux flambeaux fait le tour des sanctuaires dans la soirée.

Durant ces trois jours de festivités, des visiteurs laotiens montent sur la colline pour prier et déposer des offrandes de fleurs et d'encens. Devenue plus commerciale, la fête tend à ressembler à un carnaval pour enfants et à un festival de musique. Les manifestations comprennent de la boxe thaïlandaise, des combats de coqs, des pièces de théâtre, de la danse et de la musique – avec des groupes venant de tout le pays. Des stands de restauration bordent la route et, à la nuit tombée, la bière et le *lào-láo* (alcool de riz) coulent à flots et l'ambiance s'en ressent !

Depuis/vers le Vat Phu Champasak

Le Vat Phu Champasak se situe à 46 km au sud de Pakse, et à 10 km de Champasak. Il y a peut-être un *săwngthăew* le matin au départ de Champasak, mais ne comptez pas dessus. Louez plutôt un vélo/une moto, ou prenez un *túk-túk* (80 000-100 000 LAK aller-retour) à Chapamsak.

Uo Moung (temple de Tomo) ອູໂມງ (ວັດໂຕະໂມະ)

Sanctuaire khmer en ruine, **Uo Moung** (temple de Tomo ; 10 000 LAK ; ⏲7h30-16h30) fut probablement construit à la fin du IXe siècle, sous le règne de Yasovarman Ier. Il se situe à 45 km au sud de Pakse, près de la Rte 13, dans une forêt, au bord d'un petit affluent du Mékong. Sa fonction demeure mystérieuse, mais son orientation, vers la montagne sacrée de Phu Pasak, suggère un lien avec le Vat Phu.

Les ruines comprennent une chaussée d'accès jalonnée de bornes (souvent prises à tort pour des lingams) et deux *gopura* (entrées ornementées) délabrés. Le mieux préservé contient une pierre de style lingam inhabituelle, sculptée de deux visages. Normalement, un *mukhalinga* possède quatre visages (*mukha*), tandis que les lingams plus ordinaires n'en comportent aucun. Plusieurs linteaux de grès sont disséminés sur les rochers, sous de hauts diptérocarpacées. Les plus beaux linteaux d'Uo Moung sont au musée du Patrimoine de Champasak, à Pakse. Un bouddha en bronze de style Sukhothai est visible dans le bâtiment blanc au cœur du site.

Depuis/vers Uo Moung

Pour gagner Uo Moung par vos propres moyens depuis Pakse, suivez la Rte 13 au sud en tournant vers l'ouest à hauteur du Km 42 et poursuivez pendant 5 km le long d'une route goudronnée. Les *săwngthăew* qui vont de Pakse en direction du sud peuvent vous déposer à l'embranchement, où des *săam-lâaw* et des *túk-túk* stationnent, mais vous aurez du mal à rentrer ensuite. Mieux vaut alors rallier Champasak en bateau – vous pourrez en louer un au village de Ban Tomo, sur la berge à 400 m au sud des ruines – et, de là, revenir à Pakse.

On peut aussi visiter Uo Moung en bateau au départ de Don Daeng, ou de Champasak, sur la rive opposée du Mékong. De Champasak, comptez quelque 300 000 LAK aller-retour, avec 1 heure d'attente sur place. Vous dépenserez un peu moins depuis Don Daeng, surtout si vous allez à vélo jusqu'à Ban Sisuk, à l'extrémité sud de Don Daeng, pour embarquer (environ 60 000 LAK aller-retour).

Autre excellente solution : louer un vélo à Champasak, prendre un bateau pour Don Daeng puis Uo Moung, et, au retour, retraverser le fleuve jusqu'au Vat Muang Kang et rentrer à Champasak en pédalant.

Kiet Ngong ບ້ານຜາໂພ

Les villageois lao loum de Kiet Ngong, communauté perchée à la lisière de la ZNP de Se Pian (p. 238), entretiennent des relations séculaires avec les éléphants. Ces derniers sont traditionnellement utilisés pour déplacer les grumes et pour des travaux de force dans les rizières. Chaque éléphant appartient à un propriétaire et, habituellement, cette relation exclusive perdure la majeure partie de leur vie. Les éléphants sont coûteux à entretenir et, les machines les remplaçant peu à peu, le village s'est tourné vers le tourisme pour pouvoir les garder.

En résulte le projet d'écotourisme communautaire le plus réussi du Laos. Entamé au milieu des années 2000 avec l'aide de l'Asian Development Bank, Kiet Ngong fonctionne désormais de manière autonome. Le centre d'information, géré par le village (p. 238), organise logement chez l'habitant, treks, promenades à dos d'éléphant, sorties d'observation des oiseaux et d'autres activés.

Kiet Ngong se trouve à la lisière d'un marais riche en faune aviaire, à une dizaine de kilomètres de la Rte 13. Les éléphants en liberté et une harde de buffles d'une importance inhabituelle ajoutent un côté safari. Mieux vaut coucher sur place au moins une nuit, mais rien n'empêche de faire l'aller-retour dans la journée depuis Pakse ou Champasak.

Tous les visiteurs doivent s'acquitter du droit d'entrée de la ZNP de Se Pian (20 000 LAK).

Activités

Les promenades à dos d'éléphant constituent la grande affaire. Parmi les activités organisées depuis le centre d'information et le Kingfisher Eco-Lodge, citons les excursions en pirogue traditionnelle (uniquement à la saison humide), les randonnées guidées dans la nature d'une demi-journée ou d'une journée et les sorties à pied ou en pirogue pour observer les oiseaux. Les itinéraires de trek ne manquent pas dans la ZNP de Se Pian et l'on peut gravir à pied le Phu Asa en compagnie d'un guide.

Presque tous les visiteurs qui viennent à Kiet Ngong font une promenade à dos d'éléphant jusqu'au sommet du **Phu Asa**, colline qui doit son nom à des nationalistes qui combattirent les Siamois au XIXe siècle. Un temple envahi par la végétation, dont ne subsistent pratiquement que des colonnes en brique et ardoise assemblées sans mortier, occupe le plateau au sommet de la colline. À l'autre extrémité, un sentier descend jusqu'à une empreinte de pied du Bouddha.

Ce site curieux a un côté magique, mais, contrairement aux affirmations des habitants, ces colonnes n'ont probablement pas 1 000 ans. Du sommet, la vue porte sur le marais et de vastes étendues de forêt. Pour grimper, les éléphants empruntent une route de latérite (120 000 LAK par éléphant, 1 heure 30), mais il est question de tracer un nouvel itinéraire, à travers la forêt.Il est aussi possible d'entreprendre une promenade à dos d'éléphant à travers le marais, voire un "safari" d'une journée entière (360 000 LAK par éléphant).

Kiet Ngong et le village suay de Ban Phapho, à 10 km à l'est, sont des centres traditionnels d'élevage d'éléphants. Ces derniers temps, les cornacs de ces deux communautés se sont montrés hostiles à ce que leurs femelles s'accouplent, de peur qu'elles n'aient les hanches brisées (un phénomène apparemment fréquent). Les propriétaires ne peuvent pas prendre ce risque.

Aujourd'hui, grâce à des groupes internationaux de protection de l'environnement, les 13 éléphants (11 femelles et 2 mâles) de Kiet Ngong se reproduisent à nouveau.

Où se loger et se restaurer

Le Kingfisher Eco-Lodge offre un hébergement haut de gamme. Sinon, adressez-vous au centre d'information. Les villageois et la pension communautaire ("community lodge") assurent le couvert (repas 20 000 LAK).

Kingfisher Eco-Lodge ÉCOLODGE $$
(020-5572 6315 ; www.kingfisherecolodge.com ; ch "éco"/"confort" haute saison 250 000/720 000 LAK, basse saison 190 000/600 000 LAK ; fermé mai-juin ;). Tenu par une famille lao-italienne, ce lodge est situé sur une propriété de 7 ha en lisière du marais, à 700 m à l'est de Kiet Ngong. L'endroit est superbe et s'installer sur le balcon à l'aube pour observer une harde de buffles traverser le marais tandis que des cornacs emmènent leurs éléphants travailler vous laissera un souvenir inoubliable.

Les 7 chambres "confort", au chic très italien – vastes plans en bois dans la salle de bains, parquet, lits ravissants –, sont prolongées de grands balcons pourvus de hamacs en rotin. Les 4 chambres "économiques" (2 avec lits jumeaux, 2 avec lits doubles), aux balcons plus modestes, se partagent une salle de bains impeccable. L'énergie solaire fournit l'éclairage et l'eau chaude. Le bar-restaurant, sur 2 niveaux, évoque celui d'un hôtel safari d'Afrique de l'Est.

La plupart des activités proposées par le centre d'information le sont également ici. S'y ajoute un jour de formation pour devenir cornac (570 000-680 000 LAK/pers) et des excursions à VTT d'une journée dans la ZNP de Se Pian. Le Kingfisher affiche une transparence totale en ce qui concerne la destination des bénéfices générés par ces activités, notamment la part qui revient au village.

Centre d'information PENSION $
(40 000 LAK/pers). Vous aurez le choix entre trois formules, le logement chez l'habitant étant le plus sommaire (30 000 LAK/nuit). La seconde option est la pension communautaire ("community lodge" ; 40 000 LAK/nuit), deux grands bungalows de type dortoir à 15 minutes à pied du centre d'information, dans un cadre splendide donnant sur le marais. Enfin, des bungalows avec salle de bains (80 000-100 000 LAK), plus proches du village et plus haut de gamme, devaient ouvrir lors de notre passage.

Boun Home Guest House PENSION $
(030 534 6293 ; lit 30 000 LAK). À Ban Phapho, cette maison en bois traditionnelle loue de petites chambres spartiates et une salle de bains commune (pas d'eau chaude). M. Boun et sa famille parlent un peu français et anglais. Commandez votre repas de *lâap* (20 000 LAK) et de *khào nǐaw* à l'avance. Le propriétaire peut organiser des promenades à dos d'éléphants (120 000 LAK) ou vous emmener voir les pachydermes au travail (80 000 LAK, en saison).

Renseignements

Centre d'information (030-991 8155, 020-9699 9793 ; toui_ps@hotmail.com ; 7h-16h). Géré par la municipalité au cœur de Kiet Ngong, ce centre s'occupe de tout : promenades à dos d'éléphant, hébergement, transport depuis la Rte 13 et guides. Des affiches aux murs fournissent des renseignements utiles sur les activités, les excursions et la ZNP de Se Pian, ainsi que sur l'histoire et l'environnement naturel de la région.

Depuis/vers Kiet Ngong

Kiet Ngong se situe près de la Rte 18A, parfois épouvantable, qui part vers l'est depuis Ban Thang Beng, à 48 km au sud de Pakse sur la Rte 13, et rejoint Attapeu. L'embranchement pour Kiet Ngong, non goudronné mais praticable avec une petite moto, se trouve à 7,5 km à l'est de Ban Thang Beng. Le village est à 1,8 km au sud, le Kingfisher Eco-Lodge 700 m plus loin.

Un ou deux *săwngthăew* (30 000 LAK, 1 heure 30-2 heures 30) desservant Pakse quittent Kiet Ngong vers 8h. Un autre démarre de Ban Phapho à 8h ou 9h. Les mêmes repartent de la gare routière Sud de Pakse entre 15h et 16h. "Kiet Ngong" étant souvent mal compris, dites plutôt "Phu Asa". Un *săwngthăew* privé depuis Pakse coûte 300 000-400 000 LAK suivant le nombre de passagers.

Sinon, prenez n'importe quel véhicule allant vers le sud sur la Rte 13, descendez à Ban Thang Beng et téléphonez au centre d'information pour qu'on vienne vous chercher en *túk-túk* (70 000 LAK).

ZNP de Se Pian
ປ່າສະຫງວນແຫ່ງຊາດເຊປຽນ

L'une des zones protégées les plus importantes du pays, la **ZNP Se Pian** (www.xepian.org) s'étend sur 2 400 km² entre la Rte 13 à l'ouest, la province d'Attapeu à l'est et la frontière cambodgienne au sud. Elle est arrosée par trois grandes rivières, la Se

Pian, la Se Khampho et la Se Kong. Outre une forte population d'ours noirs d'Asie, de gibbons à favoris blancs et de crocodiles du Siam, elle abrite de nombreux oiseaux, dont de rares grues antigones, des vautours et des calaos. Des bantengs, des éléphants d'Asie, des gaurs et des tigres la peuplaient jadis, mais ils ont quasiment disparu.

On peut visiter le parc et des villages de minorités ethniques dans le cadre de treks de 2 ou 3 jours organisés par le centre d'information (p. 238) à Kiet Ngong et l'office provincial du tourisme (p. 226) à Pakse. Le Kingfisher Eco-Lodge, à Kiet Ngong, organise par ailleurs des circuits à VTT traversant certaines de ces localités. Green Discovery (p. 221), à Pakse, propose des formules de 2 jours/1 nuit avec hébergement en bivouac. À l'heure où nous écrivons, le fameux trek au village lavae (brao) de Ta Ong a été suspendu.

Se Pian est également accessible depuis Attapeu. La très mauvaise Rte 18A, qui relie Kiet Ngong à Attapeu, défie même les motards les plus aguerris. Ne vous engagez pas sur cet axe sans une bonne machine tout-terrain et l'expérience nécessaire. Il faut traverser plusieurs rivières, en ferry la majeure partie de l'année, et la route bifurque fréquemment.

Si vous vous sentez d'humeur aventureuse, louez un bateau à Sanamsay, sur la Rte 18A à 35 km à l'ouest d'Attapeu, pour descendre la Se Kong. Ce trajet en direction de la frontière cambodgienne permet de s'enfoncer dans une section magnifique de la ZNP.

PLATEAU DES BOLOVEN

S'étendant au nord-est de la province de Champasak jusqu'au sud-est du Salavan, et aux provinces de Sekong et d'Attapeu, le plateau des Boloven (ພູພຽງບໍລະເວນ ; Phu Phieng Boloven en lao) est réputé pour son climat agréable, ses chutes d'eau spectaculaires, son sol fertile et ses plantations de café de qualité.

Le plateau était peu exploité avant que les colons français commencent à planter des caféiers, des hévéas et des bananiers au début du XXe siècle. La plupart des planteurs français quittèrent le pays après l'indépendance dans les années 1950, et les autres suivirent lorsque les bombardements américains s'intensifièrent à la fin des années 1960, au cours de la guerre du Vietnam. Contrôler le plateau des Boloven était considéré comme vital tant pour les Américains que pour les Nord-Vietnamiens, à en juger par le nombre effarant d'engins explosifs non désamorcés ("unexploded ordnance" ou UXO) qui s'y dissimulent encore.

Le lent processus de déminage se poursuit et, dans les zones sécurisées, des fermiers et de grandes entreprises cultivent le café. Parmi les autres produits locaux figurent les fruits, la cardamome et le rotin.

Les Laven (Boloven signifie "patrie des Laven") constituent le plus important groupe ethnique du plateau, où vivent également plusieurs autres groupes môn-khmers, dont des Alak, des Katu, des Ta-Oy (Tahoy) et des Suay.

Le plateau des Boloven peut être exploré à moto dans le cadre d'une journée d'excursion depuis Pakse, mais nous recommandons d'y consacrer plusieurs jours et d'entreprendre la Boucle sud (p. 246).

Paksong et ses environs ປາກຊອງ

Quasi détruite par les bombardements de la guerre du Vietnam, la petite ville de Paksong, capitale laotienne du café, compte peu de curiosités, mais jouit d'un climat tempéré grâce à sa situation à 1 300 m d'altitude. Elle accueille un marché relativement intéressant et constitue une base abordable pour partir à la découverte du plateau des Boloven.

À voir et à faire

Rafting et kayak se pratiquent sur la Huay Bang Lieng, qui alimente les chutes de Tat Fan durant la saison humide, de juillet à novembre. Pour en savoir plus, contactez Green Discovery (p. 221), à Pakse.

De nombreuses chutes impressionnantes dévalent le plateau des Boloven non loin de Paksong, les plus fréquentées étant Tat Fan et Tat Yuang. Des caféiers de taille diverse couvrent le plateau et l'on peut traverser des plantations au cours de randonnées.

Tat Fan CHUTES

(ຕາດຟານ ; Rte 16, Km 38 ; 5 000 LAK). Tat Fan figure au nombre des chutes les plus spectaculaires du pays. Deux bras jumeaux de la Huay Bang Lieng traversent une épaisse forêt et plongent sur plus de 120 m. Le point de vue se situe au Tad Fane Resort (p. 241), un lodge de jungle au sommet d'une falaise en face des chutes. Cet établissement, ainsi que l'E-TU Resort, proposent des randonnées jusqu'en haut des chutes, généralement le matin ; l'aller-retour prend quelques heures.

L'embranchement de Tat Fan est clairement indiqué à l'ouest de Paksong ; de là une route non asphaltée conduit au site, 800 m plus loin. Les bus qui circulent entre Pakse et Paksong peuvent vous déposer à l'embranchement.

Tat Yuang CHUTES

(ຕາດເຍືອງ ; Rte 16, Km 40 ; 10 000 LAK ; billetterie 8h-17h, chutes jusqu'à 18h30). Tat Yuang aussi est très impressionnante, avec ses torrents jumeaux tombant sur près de 40 m dans la jungle. Nombre de visiteurs y viennent pour la journée de Pakse ou de Thaïlande et piqueniquent au sommet, aussi vaut-il mieux arriver tôt, ou carrément en fin de journée. On peut se baigner au bas des chutes – les femmes doivent porter un sarong.

Un panneau sur la Rte 16 signale l'embranchement de Tat Yuang, à 10 km à l'ouest de Paksong et 2 km à l'est de Tat Fan.

Tat Tha Jet et Tat Kameud CHUTES

Des chutes moins touristiques vous attendent près de Ban Nong Luang, à 11 km à l'est de Paksong. De ce village, un guide local peut vous conduire aux magnifiques Tat Tha Jet – qui compte sept niveaux – et Tat Kameud.

Pour rejoindre Ban Nong Luang, prenez la Rte 16 vers l'est, puis la première à droite après le café Ban Won.

Tat Etu CHUTES

(Rte 16, Km 35 ; 7 000 LAK). Situées juste en dessous de l'E-TU Resort (ci-contre), à 15 km à l'ouest de Paksong, ces chutes sont faciles d'accès, mais des groupes de touristes thaïlandais les investissent parfois.

ZNP de Dong Hua Sao PARC

(ປ່າສະຫງວນແຫ່ງຊາດດົງຫົວສາວ). Autour de Paksong, la ZNP de Dong Hua Sao (1 100 km²) englobe la majeure partie du plateau des Boloven et comprend de vastes portions de forêt vierge où l'on peut apercevoir des singes, de grands papillons et de rares calaos. Des éléphants sauvages y vivaient encore jusque récemment, mais les groupes de protection de l'environnement affirment que ce n'est plus le cas.

Spécialiste des activités d'aventure, Green Discovery (p. 221) a installé sa tyrolienne et sa base dans le parc, à environ 15 km au sud de Paksong. Pour en profiter, vous devrez cependant réserver un circuit à l'avance au bureau de l'agence à Pakse.

Les randonnées et les circuits organisés par le Tad Fane Resort et l'E-TU Resort aux environs de Tat Fan mènent également dans la ZNP de Dong Hua Sao.

KẠA-FÉH LÁO (CAFÉ LAOTIEN)

Le haut plateau des Boloven est idéal pour la culture du café et la région produit des grains parmi les meilleurs et les plus chers de la planète. Des robusta, arabica typica et arabica poussent essentiellement aux alentours de Paksong, la "ville du café".

Les Français introduisirent des caféiers sur le plateau au début des années 1900 et l'arabica typica envoyé en France par bateau devint alors le "champagne des cafés". Toutefois, le projet de transformer les Boloven en un centre majeur de la production de café périt sous les bombardements des années 1960 et 1970.

Le commerce du café commença seulement à prospérer dans les années 1990, dominé par quelques plantations et sociétés, dont Dao Heung, la plus importante, établie à Pakse. De leur côté, les cultivateurs, gagnant moins de 0,50 $US le kg, ne voyaient pas leur niveau de vie progresser.

Ces entreprises dominent toujours le marché, mais un projet de commerce équitable, visant à donner plus de poids aux petits agriculteurs, prend de l'ampleur. La **Jhai Coffee Farmer Cooperative**, créée en 2004 avec l'aide des associations californiennes Jhai Foundation et Thanksgiving Coffee, compte aujourd'hui 500 membres, issus principalement de 12 villages laven à l'est de Paksong. Des machines ont été achetées et les agriculteurs ont appris des méthodes modernes pour optimiser la qualité des grains. Et la certification de "commerce équitable" leur garantit beaucoup plus d'argent que ce que leur payait les grossistes.

Pour voir comment cela se passe sur le terrain, rendez-vous à Phuoi, le quartier général officieux de la coopérative. Empruntez la Rte 23 en direction de l'est, prenez la première à droite après le café Ban Won et parcourez 4 km.

Circuits organisés

Koffie's Tours PLANTATIONS
(☎020-2276 0439 ; koffie@paksong.info ; visite 50 000 LAK/pers, atelier et visite 170 000 LAK/pers). Koffie, un Hollandais associé au Won Coffee (ci-après), organise des visites de plantations de café et des ateliers de torréfaction. Demandez-le au Won Coffee ou au Tad Fane Resort.

Où se loger

Ici, il n'y a guère besoin de climatisation, et la plupart des hébergements n'en ont pas.

Savanna Guesthouse PENSION $
(☎020-5579 0613 ; ch 80 000-100 000 LAK). Une pension accueillante près d'un joli étang, au nord-est du marché de Paksong. Certaines des chambres, modernes et lumineuses, possèdent une belle salle de bains. Sur la Rte 16 en direction de l'est, tournez à gauche au niveau du magasin de motos Kolau Motorcycle et poursuivez sur 900 m.

E-TU Resort BOUTIQUE-HÔTEL $$
(☎020-2226 7222 ou 030-955 9144 ; www.waterfalletupaksong.com ; Rte 16, Km 35 ; dort 12 $US, d petit-déj inclus 30-40 $US ; wi-fi). Une propriété au cœur d'une ancienne plantation de café et de thé, à 15 km à l'ouest de Paksong. Les bungalows sont ravissants, avec parquet ciré, beaux textiles laotiens, matelas moelleux et, pour les chambres les plus chics, grand balcon d'où l'on entend le bruit des chutes de Tat Etu voisines. Lits jumeaux dans les doubles les moins chères.

Sinouk Coffee Resort & Cafe BOUTIQUE-HÔTEL $$
(www.sinoukcoffeeresort.com ; ch/ste 40/80 $US ; @ wi-fi). Dans une plantation de café en activité, à 30 km à l'ouest de Paksong sur la route de Tha Taeng, cet hôtel au bord d'un ruisseau dégage une atmosphère de station climatique. Comme la Residence Sisouk à Pakse (p. 223), il est décoré de textiles locaux, de meubles anciens et de photos rétro encadrées. Les groupes peuvent louer l'un des deux superbes chalets. Cela vaut également la peine d'y faire une halte pour manger.

Tad Fane Resort LODGE $$
(Rte 16, Km 38 ; ch petit-déj inclus 27-37 $US ; wi-fi). Le magnifique emplacement de ce lodge de jungle, surplombant les chutes de Tat Fan, ne s'accompagne pas, hélas, d'une direction en rapport. Vous pourrez toutefois écouter la symphonie nocturne de la forêt à l'abri d'un bungalow en duplex sans superflu. Les groupes affluant dans la journée pour admirer la cascade, mieux vaut envisager une randonnée.

Paksong Phuthavada Hotel HÔTEL $$
(☎030-534 8081 ; ch à partir de 1 000 THB ; clim). Trônant sur une colline, cet établissement étrangement désert est visible de tout Paksong. Grimpez par l'allée impressionnante jusqu'à votre chambre, spacieuse et impeccable.

Où se restaurer et prendre un verre

Borlaven Restaurant LAOTIEN $
(☎020-5583 6326 ; plats 15 000-40 000 LAK). Installée dans une maison coiffée de chaume au milieu des fleurs, cette table locale a pour spécialité les soupes de nouilles poivrées. Elle se situe à l'extrémité nord de la ville, quand on en sort, sur la droite.

Won Coffee CAFÉ
(Rte 16 ; wi-fi). GRATUIT Voici l'adresse où goûter un café fraîchement torréfié (10 000 LAK la tasse), dont le *kopi luwak* (200 000 LAK les 100 g) aux grains extraits des excréments de civette, ainsi que du thé vert provenant du plateau des Boloven. C'est aussi le seul endroit à Paksong disposant du Wi-Fi. On vous renseignera sur les randonnées dans le secteur.

Renseignements

Difficile d'obtenir des informations à Paksong. Le mieux est de s'adresser au E-TU Resort ou de demander Koffie (p. 241) au Tad Fane Resort ou au Won Coffee. Koffie s'occupe aussi deux sites utiles, www.paksong.info et www.bolaven.com.

Depuis/vers Paksong

De 8h à 16h, des bus et des *sǎwngthǎew* circulent fréquemment entre Paksong et la gare routière Sud de Pakse (15 000 LAK, 90 minutes).

Tat Lo ຕາດເລາະ

☎034

Tat Lo (prononcez *tàat láw*) voit sa popularité grandir auprès des globe-trotteurs avec son cadre enchanteur, ses hébergements bon marché et les nombreuses activités possibles. Les chutes d'eau sont la raison d'être de la bourgade et lui donnent une sérénité qui pousse les visiteurs à s'attarder. Si vous souhaitez explorer plus en profondeur le plateau des Boloven et les

À LA RENCONTRE DES MINORITÉS ETHNIQUES

Les tour-opérateurs de Pakse et de Tat Lo incluent le plus souvent la visite de villages de minorités ethniques dans leurs circuits classiques d'une journée à Tat Lo et au plateau des Boloven. Ceci affecte malheureusement les localités les plus fréquentées, où les traditions tendent à se perdre et les habitants en ont assez des touristes en groupe qui les mitraillent avec leur appareil photo.

Il faut dire que la plupart des agences se rendent dans les mêmes communautés, sur la Rte 20 entre Pakse et Tat Lo, ainsi que sur la route qui monte de Ban Beng à Tha Taeng. Assurez-vous que ce n'est pas le cas avec votre agence, sinon laissez tomber la visite aux minorités.

Pour une expérience authentique, évitez les villages proches des principaux axes au profit des plus isolés, notamment près de mauvaises routes telles la Rte 18A et la Rte 23.

Les règles de conduite habituelles envers les minorités s'appliquent (p. 96).

provinces du sud-est, Tat Lo (Ban Saen Vang de son nom officiel) constitue, de loin, la meilleure base.

À voir

Trois chutes ponctuent cette section de la rivière.

Tat Hang CHUTES
(ຕາດຮັງ). Les chutes de Tat Hang, les plus proches de Tat Lo, sont visibles depuis le pont et quelques pensions. On peut s'y baigner comme le font la plupart des gens du coin. Pendant la saison sèche, les responsables du barrage en amont relâchent de l'eau en soirée, doublant le débit de la cascade. Renseignez-vous sur l'heure de cette manœuvre afin de ne pas vous tenir au sommet des chutes, ce qui pourrait vous être fatal.

Tat Lo CHUTES
(ຕາດເລາະ). Les chutes de Tat Lo, à quelque 700 m en amont, sont un peu plus grandes que Tat Hang, mais guère impressionnantes. Pour y aller, suivez le sentier qui longe la rive ouest de la rivière depuis la Saise Guest House.

Tat Soung CHUTES
(ຕາດສູງ). Ces chutes, autrefois spectaculaires, tombent de 50 m, mais un nouveau barrage en a considérablement réduit le débit. En parcourant quelque 300 m en amont du sommet des chutes, vous trouverez un charmant bassin naturel propice à la baignade. On peut se rendre à Tat Soung à pied avec un guide ou bien rejoindre le haut des chutes à moto ou à vélo ; quittez la localité en direction de l'est, passez devant le Tadlo Lodge et suivez les panneaux pendant une dizaine de kilomètres.

Activités

Trekking

Pour tous les treks dans le secteur, nous vous conseillons d'engager un professionnel via l'**Association des guides de Tat Lo**, basée au centre d'information touristique (p. 244). L'expérience n'en sera que plus riche et vous ne risquerez pas de vous perdre.

Les circuits d'une demi-journée (80 000 LAK/pers) ou d'une journée (tarif selon la taille du groupe) à Tat Soung, qui passent par des villages katu, ta-oy (tahoy) et/ou suay, ont la faveur des voyageurs.

Sinon, le centre d'information propose une excursion de 2 jours, plus aventureuse, au **Phu Tak Khao**, avec nuit dans un village suay (60/35 $US pour 2/4 pers).

Promenades à dos d'éléphant

Le Tadlo Lodge (p. 244) propose des promenades avec ses deux éléphants femelles (100 000 LAK/pers, 1 heure 30). Le parcours classique traverse des forêts, des villages et des cours d'eau parsemés de rochers glissants. Départs à heures fixes du Tadlo Lodge tout au long de la journée.

Où se loger et se restaurer

Le village se résume à une unique artère, la plupart des hébergements se trouvant à l'est du pont près du centre d'information touristique.

Vous pouvez téléphoner à votre pension au préalable pour vous renseigner sur les transferts gratuits depuis la Rte 20.

♥ Saise Guest House & Restaurant LODGE $
(☎034-211886 ; ch avec ventil/clim à partir de 60 000/180 000 LAK, plats 40 000-60 000 LAK ; wifi). Un domaine au cœur de jardins

SUD DU LAOS TAT LO

luxuriants, sur la rive ouest de la rivière, qui s'étend de Tat Hang à Tat Lo. L'offre va des chambres bon marché (ventilateur), dans le bâtiment principal, aux somptueux bungalows climatisés de l'annexe, en amont. Son restaurant, le meilleur de Tat Lo (et équipé du Wi-Fi), sert notamment des plats sautés, des salades et diverses recettes de poisson.

Fandee PENSION $

(Ch 50 000-60 000 LAK ;). *Fandee* veut dire "heureux" en lao, ce qui décrit parfaitement le Français maître des lieux. Les 4 robustes bungalows en bois, surélevés, s'avèrent plus confortables, clairs et spacieux que toutes les autres options dans cette gamme de prix. Coiffés de chaume, ils comportent une véranda, un sol pavé et une salle de bains (eau froide). Une ambiance conviviale règne dans le restaurant, et des pique-niques à Tat Soung sont organisés le dimanche. La pension est située en face du centre d'information.

Palamei Guesthouse PENSION $

(030-962 0192 ; ch sans/avec sdb à partir de 40 000/60 000 LAK ;). Donnant sur une jolie prairie à l'arrière, les meilleures chambres ont des moustiquaires, une terrasse avec table et, parfois, un réfrigérateur et une petite cuisine en appentis. Cela vaut largement la peine de s'arrêter pour manger car Poh, le propriétaire, est un cordon-bleu.

Sabai Sabai PENSION $

(030-962 0200 ; ch 30 000-35 000 LAK). Même si l'établissement se présente comme un "logement chez l'habitant", il s'agit avant tout d'une pension. Les 5 chambres (sol en béton, fenêtres en lattes de bambou et moustiquaires) sont regroupées sous le même toit. En déboursant 5 000 LAK de plus, vous aurez plus d'espace. Location de motos et de bateaux. Bref, un bon plan.

Mama Pap Guesthouse PENSION $

(Dort 7 500-15 000 LAK). Difficile de faire plus économique et sommaire que ce repaire de routards – une grande pièce avec de simples matelas par terre dotés de moustiquaires. En dormant à deux dans le même lit, vous ne dépenserez que 7 500 LAK/personne. Mama Pap assure aussi le couvert, dans son restaurant en bord de route.

Tim Guesthouse & Restaurant PENSION $

(034-211885 ; soulideth@gmail.com ; ch 40 000-60 000 LAK ;). Impeccables mais spartiates, ces 7 bungalows en bois teinté rouge ont des matelas bosselés mais ils se partagent une salle de bains propre. Le café semble presque chic en comparaison. Le Wi-Fi coûte 30 000 LAK/heure.

Siphaseth Guesthouse PENSION $

(020-9539 1126 ; ch 40 000-70 000 LAK). L'emplacement, à l'extrémité est du pont, vaut beaucoup mieux que les chambres, défraîchies et sans eau chaude. Donnant sur la rivière, le restaurant (plats 5 000-25 000 LAK) tout simple, pourvu de tabourets, est l'endroit idéal pour siroter une Beerlao au coucher du soleil.

Mr Vieng Organic Homestay PENSION $

(020-9983 7206 ; 20 000 LAK/pers, repas 15 000 LAK). Un sympathique logement chez l'habitant, dans une plantation de café sur la Rte 20, à 23 km à l'ouest de Tat Lo et 10 km à l'ouest du village de Lao Ngam. Le couple de

LE SACRIFICE DES BUFFLES CHEZ LES KATU ET LES ALAK

Les Katu et les Alak sont connus pour le sacrifice annuel de buffles, en hommage à l'esprit du village. Le nombre de buffles sacrifiés, de 1 à 4, dépend des animaux dont les villageois disposent et de la récolte de l'année précédente. Pendant la cérémonie, les hommes du village portent des masques en bois, brandissent des lances et des boucliers en bois, puis dansent autour des buffles au centre du cercle formé par leurs maisons. Après cette danse, ils s'approchent des buffles et les tuent à coups de lance. La viande est ensuite distribuée entre les villageois. Chaque famille en place un morceau dans un panier hissé au sommet d'un mât devant sa maison, en offrande à l'esprit.

Parmi leurs autres traditions, parfois partagées par les Laven, figurent les tatouages faciaux des femmes, de plus en plus rares, et l'organisation en cercle des huttes en palmes et en chaume. La fabrication de cercueils en bois sculpté pour tous les membres de la famille de leur vivant est en revanche une coutume propre aux seuls Katu. Vous aurez peut-être l'occasion de remarquer ces cercueils remisés sous les maisons ou les greniers à riz jusqu'à leur utilisation.

Katu qui le dirige vend des tissages et peut organiser de petites excursions alentour.

Tadlo Lodge LODGE $$
(☎034-211885 ; www.tadlolodge.com ; s/d petit-déj inclus à partir de 41/47 $US ; 📶). Magnifiquement situé au-dessus des chutes, avec une vue paradisiaque sur la rivière bleu-vert, ce lodge apporte une touche d'élégance là où il le faut. Le bâtiment principal, rehaussé d'éléments de style traditionnel, s'agrémente de statues bouddhiques. Les chambres ont une certaine classe et il y a de nouveaux bungalows sur la rive opposée (ouest).

Où prendre un verre

Em's Coffee CAFÉ
(ema.g@gmx.at). Autrichien résidant de longue date au Laos, Em sert un délicieux café bio, vend des textiles katu et enseigne comment torréfier le café au wok. Il renseigne aussi efficacement sur la région et l'ensemble du pays. L'adresse jouxte le centre d'information touristique.

ℹ Renseignements

La Tim Guesthouse (p. 243) dispose d'un accès Internet (500 LAK/minute). Prévoyez des espèces car il n'y a pas de DAB.

Centre d'information touristique de Tat Lo (☎020-5445 5907, 034-211528 ; kouka222@hotmail.com ; ⏲8h-12h et 13h-16h30). Pour engager un guide, obtenir des infos sur les excursions alentour ou vous aventurer plus avant dans la province de Salavan et au-delà, ce bureau efficace, qui dirige l'association des guides de Tat Lo, doit être votre première halte. On vous aidera aussi à organiser vos trajets en transports publics sur le plateau des Boloven et dans les provinces du sud-est. Cartes et brochures sur la région à disposition. Si vous souhaitez engager un guide anglophone et/ou appartenant à une minorité ethnique, contactez à l'avance Kouka.

ℹ Depuis/vers Tat Lo

Tat Lo se situe à 86 km au nord-est de Pakse. À la gare routière Sud de Pakse, dites simplement "Tat Lo" et l'on vous indiquera l'un des 5 bus quotidiens pour Salavan. Ceux-ci s'arrêtent sur la Rte 20 à Ban Khoua Set (25 000 LAK, 2 heures), d'où vous devrez parcourir à pied ou en *túk-túk* (10 000 LAK) le 1,5 km restant jusqu'à Tat Lo.

Paksong, Sekong ou Attapeu nécessitent un changement à Tha Taeng. Pour rallier Tha Taeng, rendez-vous à Ban Beng, à 5,5 km au nord-ouest de Ban Khoua Set, où deux bus en provenance de Salavan passent chaque jour en milieu de matinée. Autrement, il vous faudra marchander le trajet en *túk-túk* ou en *săam-lâaw* pour couvrir la montée de 21 km entre Ban Beng et Tha Taeng. De plus, des *săwngthăew* directs irréguliers au départ de Ban Beng et des minibus occasionnels démarrant du centre d'information de Tat Lo (renseignements sur place) desservent Paksong.

Salavan ສາລະວັນ

☎034 / 25 000 HABITANTS

La capitale de la province de Salavan est davantage connue pour son isolement que pour ses sites d'intérêt. Autrefois avant-poste du royaume de Champasak appelé Muang Mam, principalement habité par des minorités môn-khmères, la ville fut rebaptisée Salavan (Sarawan en thaï) par les Siamois en 1828. Occupée tour à tour par l'armée royale lao et par les forces du Pathet Lao, Salavan a été pratiquement rasée pendant la guerre.

Il est question d'ouvrir un poste-frontière avec le Vietnam au nord de Salavan, près de Samouy, en 2014 ou 2015. Mais, pour l'instant, la ville semble plantée sur une route qui ne mène nulle part. Il n'y a donc guère de raison d'y venir, à moins de vouloir visiter des villages de minorités ethniques perdus dans la campagne environnante.

Plus de la moitié de la population du Salavan appartient à l'ethnie lao (Loum et Soung), qui n'est pas originaire de la région. Le reste des 350 000 habitants se répartit entre des groupes môn-khmers relativement peu connus, dont des Ta-Oy (Tahoy), des Lavai, des Katang, des Alak, des Laven, des Ngai, des Tong, des Pako, des Kanay, des Katu et des Kado.

Presque toutes les sections majeures de la piste Hô Chi Minh traversent la province de Salavan, d'où le risque sérieux de tomber sur des munitions non explosées (UXO). Soyez très prudent si vous explorez le coin en individuel. Pour voir quelques-unes des armes ramassées par les équipes de déminage, faites un saut à **UXO Lao** (⏲8h-17h), sur la route principale qui mène en ville.

Le lac de **Nong Bua**, réputé pour sa population déclinante de crocodiles du Siam (*khàe* en lao), constitue la principale attraction. Il semble toutefois ne plus compter que deux ou trois individus, que vous aurez peu de chance d'apercevoir. En revanche, vous pourrez admirer le Phu Katae (1 588 m) non loin. Le lac, à 15 km à l'est de Salavan, est accessible à moto ou à vélo, mais le trajet implique plusieurs traversées en ferry en saison humide.

Vous trouverez à Salavan quelques lieux d'hébergement. Essayez la **Thipphaphone Guesthouse** (☎034-211063 ; ch 40 000-70 000 LAK ; ❄), simple et accueillante, qui allie tarifs bas et emplacement central, proche du marché. Plus chic, le **Phoufa Hotel** (☎030-537 0799 ; ch 50 000-140 000 LAK ; ❄) vous attend sur la route principale, 3 km à l'ouest du centre-ville.

Renseignements

L'**office provincial du tourisme**, sur l'artère principale à un pâté de maisons au sud du marché, ne fait pas toujours preuve d'efficacité. Bien meilleure source de renseignements, le centre d'information touristique de Tat Lo (p. 244) distribue des brochures utiles sur les sites phares de la province.

Un DAB de la BCEL jouxte le marché.

Depuis/vers Salavan

La gare routière de Salavan se trouve 2 km à l'ouest du centre, au croisement de la Rte 20 et de la Rte 15. Cinq bus quotidiens desservent Pakse (25 000 LAK, 3 heures 30) et la plupart continuent jusqu'à Savannakhet.

Il existe aussi un bus pour Sekong (30 000 LAK, 2 heures , 94 km) via Tha Taeng à 8h30, un *săwngthăew* pour Tahoy (Ta-oy ; 40 000 LAK, 3 heures, 84 km) à 12h et un bus pour Samouy (80 000 LAK, 5 heures 30, 148 km) via Ta-oy à 13h.

Environs de Salavan

Prenez garde car la zone autour de Salavan et littéralement truffée de munitions non explosées (UXO). Restez bien sur les pistes et sur les sentiers établis.

Toumlan et la Rte 23

À 50 km au nord de Salavan, le long de la cahoteuse Rte 23, le village katang de **Toumlan** est renommé pour ses tissages de soie et la fête de Lapup, qui a habituellement lieu fin février. Bien que très déshéritée, cette bourgade est intéressante du point de vue culturel et pour son emplacement sur la piste Hô Chi Minh.

En faisant le trajet jusqu'à Toumlan par la mauvaise Rte 23, vous passerez via le site du **pont du Prince Souvanaphong**, ainsi nommé car il fut construit en 1942 par le "Prince rouge", Souvine Souphanouvong (qui était un ingénieur diplômé). Malheureusement bombardé en 1968, le pont n'a jamais été reconstruit.

S'il est possible de rallier Toumlan à moto pendant la saison sèche (en quelque 2 heures depuis Salavan, ce qui implique au moins une traversée en bac), à la saison des pluies, vous ne pourrez le faire qu'à bord d'un gros 4x4, pour passer les cours d'eau à gué. De Toumlan, vous pouvez continuer jusqu'à Muang Phin par la Rte 9.

Tahoy et la piste Hô Chi Minh ເສັ້ນທາງໂຮຈິມິນ

Au nord-est le long de la Rte 15, Tahoy (Ta-oy) est un centre pour la minorité ethnique ta-oy (tahoy), qui compte quelque 30 000 représentants dans l'est des provinces de Salavan et de Sekong. Les Ta-Oy vivent dans des vallées boisées entre 300 et 1 000 m d'altitude, sur des territoires qu'ils partagent souvent avec des Katu et d'autres groupes môn-khmers. Comme beaucoup des Môn-Khmers du sud du pays, ils pratiquent un mélange d'animisme et de chamanisme. Lors des cérémonies, les Ta-Oy dressent des totems en bambou aux motifs en losange pour interdire l'entrée de leurs villages aux étrangers.

Tahoy constituait une étape stratégique sur la piste Hô Chi Minh, dont deux sections aboutissent près de la Rte 15, à proximité du village. La route non goudronnée entre Salavan et Tahoy a été améliorée et présente désormais un état correct. On peut couvrir le trajet à moto en 2 heures ou bien prendre un moyen de transport public à destination de Tahoy ou de Samouy. Il existe à Tahoy quelques pensions, et vous pourrez aussi vous y restaurer et faire le plein d'essence.

Sekong (Muang Lamam) ເຊກອງ (ເມືອງລະມໍາ)

☎038 / 15 000 HABITANTS

Autre petite ville perdue et somnolente attirant peu de touristes, Sekong deviendra peut-être plus intéressante lorsque la nouvelle route la reliant à la frontière vietnamienne, près de Dak Cheung, sera achevée, en 2014 ou 2015. Cet axe réduira le trajet entre Ratchathani, en Thaïlande, et le port vietnamien de Danang. Il facilitera également l'accès aux gisements d'or et autres mines du plateau de Dak Cheung, haut de 1 500 m, qui s'élève à l'est de Sekong. Un nouveau poste-frontière à Dak Cheung verra aussi le jour.

En attendant, les voyageurs n'ont guère de raison de faire halte dans la capitale provinciale, sauf pour découvrir des chutes d'eau et des villages de minorités ethniques alentour. Si la province de Sekong est la moins peuplée du Laos – elle compte seulement 90 000 habitants –, sa fabuleuse diversité ethnique est en effet une autre raison de la visiter. Les groupes môn-khmers – alak, katu, talieng, yae et nge – forment plus de 75% de sa population. Parmi les autres minorités figurent des Pako, des Chatong, des Suay (Souei), des Katang et des Ta-Oy (Tahoy).

Ces groupes ne sont pas bouddhistes et vous verrez peu de *vat* ; leurs croyances mêlent animisme et culte des ancêtres. Les Katu et les Talieng tendent vers la monogamie, mais tolèrent la polyandrie (deux ou trois maris).

Le **marché municipal**, où les ethnies des environs arrivent parfois tôt le matin pour échanger des textiles contre des produits vietnamiens, ne présente qu'un intérêt relatif. Les amateurs d'engins guerriers, iront faire un tour à **UXO Lao** (8h-17h), derrière le bureau du ministère des Finances, un demi-pâté de maisons au nord du marché.

Où se loger et se restaurer

Pisaxay Guesthouse HÔTEL $
(038-211271 ; Rte 16 ; ch sans/avec clim 60 000/100 000 LAK ;). Probablement la meilleure adresse d'un lot plutôt médiocre. Vous aurez le choix entre des chambres avec ventilateur à l'arrière, et des chambres climatisées dans le bâtiment principal. Ces dernières comportent de hauts plafonds, des lits *king size* corrects et un mobilier suffisant. Sur la gauche quand on quitte la ville en direction d'Attapeu.

Thida Hotel HÔTEL $
(038-211063 ; au bord de la rivière ; ch 100 000 LAK ;). Sur la rive de la Se Kong, à 2 km à l'ouest du centre en direction d'Attapeu, un hôtel tenu par des Thaïlandais. Les petites chambres, peintes en bleu ciel, ont la meilleure literie de Sekong et une salle de bains blanche étincelante. Restaurant (plats 40 000-50 000 LAK) au bord de l'eau, sans conteste le mieux tenu de la ville, qui reste ouvert jusqu'à 22h – soit bien plus tard que la plupart des autres.

Hong Kham Hotel HÔTEL $
(038-211777 ; Rte 16 ; ch 150 000 LAK ;). Ce grand hôtel, sur la route principale, loue des chambres manquant de sobriété dotées

Circuit à moto La Boucle sud

DÉPART : PAKSE
ARRIVÉE : PAKSONG
DISTANCE : 430 KM ; 5 JOURS

La Boucle sud, un circuit à moto ou à vélo, part de Pakse et passe par le plateau des Boloven ainsi que d'autres provinces du Sud. À moto, elle peut se parcourir en 3 jours ou plus. L'itinéraire décrit ici dure 5 jours, mais peut être modifié à votre guise. Les distances correspondent aux "Km" (*lák* en lao) marqués en rouge et blanc le long des grands axes. Les routes principales sont goudronnées et celles qui ne le sont pas sont en assez bon état et praticables en 110 cm^3.

Partez de 1 **Pakse** vers le sud par la Rte 13, en continuant tout droit sur la route Rte 16 après la gare routière du Km 8. Au Km 21, prenez à gauche (nord) sur la Rte 20 (la Rte 16 va jusqu'à Paksong). À partir de là, votre GPS fonctionnera de moins en moins bien.

Au bout de 13,5 km, vous verrez l'embranchement pour 2 l'**Utayan Bajiang Champasak** (Phasoume Resort), un complexe écologique. La petite cascade de Tat Pasuam est charmante, mais des bus de touristes et le "village-musée" kitsch en dénaturent le cadre. Rien n'empêche d'y faire une pause déjeuner si besoin.

Il reste ensuite 27 km jusqu'au 3 **Mr Vieng Organic Homestay** (p. 243) – arrêtez-vous pour y prendre un café – et une cinquantaine de kilomètres jusqu'à Tat Lo. Vous traverserez au passage des villages katu sans réel intérêt ; nous vous conseillons plutôt de rencontrer des minorités ethniques ailleurs, loin d'une route importante. Les amateurs de textiles feront halte à Ban Houay Houn, près de Mr Vieng's Organic Homestay, réputé pour ses tisserands katu.

On peut aisément passer plusieurs nuits à 4 **Tat Lo**. Ensuite, parcourez 5,5 km sur la Rte 20 jusqu'à Ban Beng, tournez à droite et gravissez le plateau des Boloven par la route goudronnée de Tha Taeng. Vous passerez à nouveau par des villages katu et alak, mais ceux ont été envahis par les groupes en circuit organisé venant de Tat Lo et de Pakse.

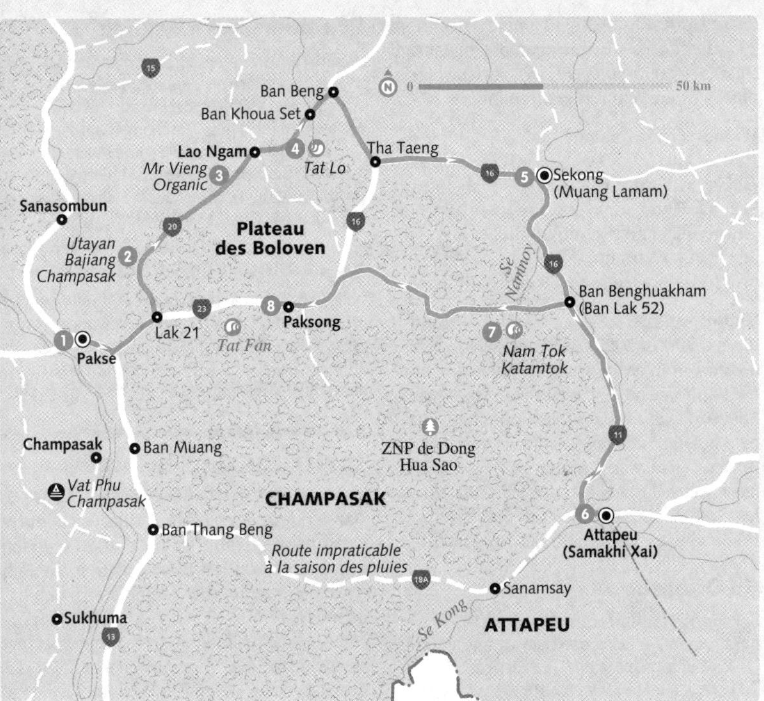

De Tha Taeng, la "petite boucle" emprunte la Rte 16 vers le sud jusqu'à Paksong (37 km) et retourne à Pakse. La "grande boucle" continue sur la Rte 16 en direction de l'est. Il y a 47 km jusqu'à 5 **Sekong**, étape pratique pour déjeuner ou dormir.

La route de 76 km entre Sekong et 6 **Attapeu**, assez fréquentée, passe par deux petites cascades, mais vous en verrez beaucoup d'autres plus loin. On peut consacrer plusieurs jours à la province d'Attapeu.

Puis, mettez le cap sur Paksong. Jusque récemment, le trajet s'effectuait sur un tronçon accidenté presque dépourvu de circulation, jalonné de chutes d'eau isolées, de forêt vierge et de villages laven ou autres rarement visités. Depuis, la piste creusée d'ornières a hélas, cédé la place à une route à 4 voies.

Lors de notre enquête, des sections de cet itinéraire étaient impraticables pour cause de travaux. Les choses devraient cependant être revenues à la normale quand vous lirez ces lignes.

L'embranchement de la nouvelle route se trouve au Km 52 de la Rte 11 (depuis Attapeu), dans le village de Ban Benghuakham (ou Ban Lak 52). Paksong se trouve à 75 km à l'ouest.

La spectaculaire 7 **Nam Tok Katamtok** (p. 249) constitue la principale attraction du secteur. Reste à savoir comment la rivière survivra aux bouleversements provoqués par la construction du grand axe et du barrage juste en amont.

Une fois à 8 **Paksong**, allez voir quelques chutes d'eau, effectuez une randonnée depuis Tat Fan et savourez un bon café, avant de revenir sur Pakse.

de quelques équipements modernes, dont TV satellite et réfrigérateur. Le restaurant (plats 40 000-60 000 LAK) prépare des plats laotiens, chinois et vietnamiens.

Woman Fever Kosmet Centre Guesthouse PENSION $
(☎020-5415 1610 ; ch 40 000 LAK). À côté du Sekong Hotel, une pension pas très bien tenue, aux chambres bon marché, avec salle de bains commune. L'argent finance un groupe de prévention contre le paludisme.

Khamting Restaurant LAOTIEN $
(Plats 15 000-40 000 LAK ; ⏲7h-20h). L'une des rares tables du centre-ville où la cuisine est bonne et où il y a une carte en anglais. Soupe de lémurien volant, chevreuil grillé et pangolin rôti figurent théoriquement au menu, mais il y en a rarement en stock. Vous aurez plus de chance avec les plats sautés, les soupes de nouilles et les spécialités thaïlandaises. En face du Sekong Hotel.

Orientation

Sekong occupe un vaste méandre de la Se Kong qui se déploie vers l'ouest. Cela signifie, contre toute intuition, que les voitures arrivant de Tha Taeng sur la Rte 16 pénètrent en ville par le nord-est.

Le plan urbain forme un quadrillage basique. L'artère principale, que bordent les bâtiments administratifs et le marché, traverse le centre à peu près d'est en ouest. Parallèles à celle-ci, la Rte 16 se dirige vers le nord, la route le long de la Se Kong vers le sud. Le Sekong Hotel, point de repère utile à défaut d'autre chose, est situé sur la seconde.

La nouvelle route à destination du Vietnam est en construction sur la rive opposée. Il n'y a pas encore de pont, mais on peut franchir la rivière en ferry près du Thida Hotel et poursuivre de l'autre côté.

Renseignements

Il y a un DAB de la BCEL en face du marché, sur la route principale.

Lao Development Bank (⏲9h30-16h lun-ven). À un pâté de maisons à l'ouest de l'office du tourisme, cette agence change les bahts et les dollars US.

Office provincial du tourisme (☎038-211361 ; ⏲8h-12h et 13h-16h30 lun-ven). À 100 m à l'ouest du marché, sur l'artère principale. Bureau guère efficace, mais on pourra peut-être vous trouver un guide.

Poste (⏲8h-12h et 13h-17h lun-ven). Sur l'artère principale, à 200 m à l'ouest de la Lao Development Bank.

Depuis/vers Sekong

La gare routière, poussiéreuse ou boueuse, se situe à la lisière nord-est de la ville, près de la Rte 16. Les bus entre Pakse et Attapeu y transitent (cela pourrait changer après l'achèvement de la nouvelle route Paksong-Attapeu). Ceux pour Pakse passent par Paksong. Un bus quotidien dessert aussi Salavan (30 000 LAK, 2 heures 30, 94 km).

Comment circuler

Difficile de circuler sans vous être procuré un véhicule privé ailleurs, car nous n'avons repéré à Sekong aucune enseigne de location de moto ou de vélo. Quelques *túk-túk* stationnent près de la gare routière, excentrée. Sinon, reste la marche.

Environs de Sekong

Au sud de Sekong, la Rte 16 devient la Rte 11. Dans cette zone, plusieurs villages et chutes d'eau peuvent faire l'objet d'une excursion à la journée ou d'une halte sur le chemin d'Attapeu. Tentez de dénicher un *túk-túk* ou un *săam-lâaw* à la gare routière, mais ne comptez pas trop dessus. Une moto permet en revanche de parcourir facilement les pistes partant de la Rte 11, dont beaucoup mènent à des villages alak, laven et d'autres minorités ethniques. La nouvelle route de Dak Cheung peut également être explorée.

À voir

Tat Faek CHUTES
(ຕາດແຟກ ; 5 000 LAK). Au Km 14,5 de la Rte 11 vers Attapeu, un embranchement à gauche conduit aux chutes de Tat Faek, hautes de 5 m, où deux bassins se prêtent à la baignade. Évitez toutefois celui du bas, fréquenté par des *pa pao*, une sorte de poisson-globe qui s'introduit dans le pénis et y enfonce ses dents acérées. Les chutes sont à 2,4 km de l'embranchement sur la Rte 11. Les habitants y viennent en nombre le week-end et les jours fériés.

Tat Hua Khon CHUTES
(ຕາດຫົວຄົນ ; 5 000 LAK). Après quelque 17,5 km sur la Rte 11, un long pont traverse la Se Nam Noi et rejoint la province d'Attapeu. Juste après le pont, au Km 18, un chemin part vers l'est et Tat Hua Khon, nom qui veut dire "cascade des têtes" : durant la Seconde Guerre mondiale, des soldats japonais décapitèrent plusieurs soldats laotiens et jetèrent leurs têtes dans ces chutes, larges de 100 m et hautes de 7 m. Ici aussi, il y a du monde

le week-end et les jours fériés. Lors de notre passage, la pension qui assure le gîte était déserte et vaguement sinistre.

Nam Tok Katamtok CHUTES

(ນ້ຳຕົກກະຕຳຕົກ). Descendant du plateau des Boloven, la Huay Katam dévale d'une épaisse forêt sur plus de 100 m, à Nam Tok Katamtok, qui seraient, selon certains, les plus hautes chutes du pays. Qu'elles soient ou non plus hautes que Tat Fan, ces chutes, plus difficiles à découvrir, sont aussi impressionnantes.

Du moins elles l'étaient. La nouvelle route Paksong-Attapeu passe à côté et l'on imagine aisément que le site va bientôt subir le sort de nombreuses chutes du plateau des Boloven, envahies par les stands de restauration et les bus de touristes thaïlandais. Pire, le grand barrage en chantier juste en amont pourrait bien menacer jusqu'à leur existence même.

Toutefois, lors de notre visite, la chute de Katamtok demeurait épargnée par le tourisme de masse et au sommet de sa splendeur. Nous vous conseillons de vous y précipiter avant qu'il soit trop tard. La descente jusqu'aux chutes étant malaisée, contentez-vous de les admirer depuis le point de vue indiqué à gauche (en allant vers Paksong), à 17 km à l'ouest de Ban Benghuakham. À 1,5 km à l'est de Katamtok, une autre série de chutes spectaculaires coule en contrebas de la route, sur la droite.

Où se loger

Mr Soulin's Homestay CHEZ L'HABITANT $

(030-963 2758). Cette adresse suscite l'enthousiasme des voyageurs. M. Soulin possède plusieurs bungalows à louer et peut vous guider vers des chutes cachées. Repérez le petit panneau représentant une cascade, à une douzaine de kilomètres à l'ouest du point de vue de Nam Tok Katamtok.

Attapeu (Samakhi Xai) ອັດຕະປື

036 / 19 200 HABITANTS

La capitale de la province d'Attapeu, située à la confluence de la Se Kong et de la Se Kaman, est surnommée "ville-jardin" en raison de ses rues ombragées et de sa flore luxuriante – un qualificatif mérité mais d'autant plus étonnant qu'Attapeu signifie littéralement "déjection de buffle" dans les dialectes môn-khmers. Selon la légende, lorsque les premiers Lao Loum arrivèrent et demandèrent aux habitants le nom de leur cité, ceux-ci leur désignèrent un tas de fumier, appelé localement *itkapu* (*ait krapeau* en khmer contemporain). S'agissait-il d'un malentendu ou bien les Lao Loum, voire les habitants, n'aimaient-ils pas l'endroit ? Toujours est-il qu'*itkapu* s'est transformé en Attapeu.

La ville actuelle ne retient guère l'attention et beaucoup la trouvent plus vietnamienne que laotienne. Elle vaut essentiellement comme base d'exploration de l'Est sauvage, en particulier des régions de forêts denses riches en faune à la frontière du Cambodge et du Vietnam.

La province d'Attapeu fut lourdement bombardée durant la guerre du Vietnam. Quelques rares armements sont encore visibles, dont le lance-missiles de Pa-am.

Où se loger

Phoutthavong Guesthouse PENSION $

(020-5551 7870 ; ch sans/avec clim 70 000/90 000 LAK ;). Pension à l'emplacement calme, tenue par des Vietnamiens. Les chambres, moyennes, diffèrent les unes des autres et certaines n'ont pas de fenêtres ; demandez à en voir plusieurs. Vélos à louer (15 000 LAK/jour).

Souksomphone Guesthouse PENSION $

(036-211046 ; d sans/avec clim 60 000/80 000 LAK ;). On remarque tout de suite l'escalier en bois à l'assaut de la façade. Les chambres avec ventilateur, petites mais confortables, coûtent un peu trop cher, les doubles climatisées (lits jumeaux et salle de bains) sont d'un meilleur rapport qualité/prix. Le gérant parle un peu anglais.

Dúc Lôc Hotel HÔTEL $

(020-9982 2334 ; Rte 18A ; ch 80 0000 LAK ;). Le Wi-Fi (rare à Attapeu) et une situation centrale (au-dessus des bureaux de la compagnie de bus Mai Linh, qui dessert le Vietnam), constituent les principaux atouts du lieu. Chambres lambrissées fonctionnelles et assez propres, qui peuvent pâtir du bruit de la rue.

Hoang Anh Attapeu Hotel HÔTEL $$

(036-210035 ; hoanganhattapeuhotel@gmail.com ; s/d petit-déj inclus à partir de 210 000/300 000 LAK ;). L'ex-Attapeu Palace a été presque entièrement reconstruit dans la perspective d'une conférence économique régionale en 2011. Vous aurez du

Attapeu (Samakhi Xai)

Attapeu (Samakhi Xai)

Où se loger

1 Dúc Lôc Hotel D4
2 Hoang Anh Attapeu Hotel C3
3 Phoutthavong Guesthouse C4
4 Souksomphone Guesthouse D3

Où se restaurer

5 Roma Restaurant & Cafe D3
6 Sabaydy Attapeu Restaurant C2
7 Talat Nyai D4
Thi Thi Restaurant .... (voir 1)

Renseignements

8 Office du tourisme d'Attapeu A1

Transports

Mai Linh Express .... (voir 1)

mal à trouver ailleurs des chambres aussi chics à ce prix, même si la qualité du bâti pose question. Le service n'est cependant pas à la hauteur et le petit-déjeuner s'avère franchement médiocre. Il s'agit néanmoins d'une excellente affaire pour un confort quatre-étoiles un peu limite. Cours de tennis.

Où se restaurer

Attapeu n'a rien d'une étape gastronomique, loin s'en faut. Près du pont, le **Talat Nyai** (marché principal) sert des nouilles et du *fŏe* le matin et d'autres plats durant la journée.

Les restaurants cités ci-dessous comptent parmi les rares dotés d'une carte en anglais.

Sabaydy Attapeu Restaurant LAOTIEN **$**

(Plats 35 000-50 000 LAK ; 8h-20h30). On vient ici pour le cadre – une maison en bois rustique dont la large terrasse donne sur la Se Kong. La carte comprend une profusion de viandes grillées ou frites. Nous avons opté pour le délicieux *fried fish coat flour*– disparaissant sous un monceau de salade de papaye.

Thi Thi Restaurant VIETNAMIEN $
(Rte 18A ; plats 10 000-40 000 LAK ; 7h-21h). Certains considèrent le restaurant du Dúc Lôc Hotel comme l'une des meilleures tables vietnamiennes en ville, ce malgré un service revêche. Au menu : riz frit, soupes et divers plats de poisson.

Roma Restaurant & Cafe VIETNAMIEN $$
(Plats 25 000-100 000 LAK). Si le nom italien n'a rien à voir, le jardin à l'ombre des manguiers est l'endroit le plus plaisant du centre-ville pour manger un morceau. Pas de prix sur la carte, mais, à condition d'éviter les fruits de mer, votre budget ne devrait pas s'en ressentir. Le café attenant semble occidental de prime abord, ce qui n'est hélas pas le cas.

Renseignements

BCEL (Rte 18A ; 8h30-15h30 lun-ven). Change dollars US, euros et bahts thaïlandais en kips (LAK), et dispose d'un DAB.

Internet (Rte 18A ; 15 000 LAK ; 7h-19h)

Office du tourisme d'Attapeu (036-211056). En vous y prenant à l'avance, on pourra vous trouver un guide anglophone (200 000 LAK/jour), ainsi qu'une moto ou un 4X4. Le bureau est à 400 m au nord-est de l'imposant château d'eau, sur la Rte 18A.

Poste (8h-12h et 13h-16h lun-ven)

Depuis/vers Attapeu

La meilleure façon de découvrir Attapeu et la région est de l'inclure dans un voyage à moto vers les hauts plateaux du Sud. Arriver jusqu'à la ville avec les transports publics n'a rien d'idéal, car vous trouverez difficilement des transports locaux et des guides pour poursuivre votre exploration. Si vous venez en bus, on vous déposera à la gare routière, à 3 km au nord-ouest de la ville, sur la Rte 11.

La Rte 18A, qui court au sud du plateau des Boloven vers la province de Champasak, reste impraticable pour la plupart des véhicules, et tous les transports depuis/vers Pakse passent par Sekong et Paksong. Pour les transports vers le Vietnam, voir p. 252.

Comment circuler

Pour se déplacer en ville, direction la station de *săwngthăew* sur la Rte 18B, juste au nord du marché, où trouver aussi, parfois, un *túk-túk*. Sinon, des *túk-túk* attendent à la gare routière, isolée, ce qui n'est guère pratique. Le trajet en *túk-túk* de la gare routière au centre revient à 20 000 LAK.

Comme véhicule privé, nous n'avons pu louer que des vélos à la Phoutthavong Guesthouse (p. 249) après avoir été dirigé en vain vers le Talat Nyai (p. 250), censé proposer des motos. Renseignez-vous à l'office du tourisme.

Environs d'Attapeu

Saisettha et ses environs ໄຊເຊດຖາ

En empruntant la Rte 18B vers l'est, on arrive à Saisettha, un gros bourg à 12 km d'Attapeu sur la rive nord de la Se Kaman. La localité ne manque pas d'attraits et possède un beau *vat* en activité.

Parcourez encore 3 km à l'est, traversez la Se Kaman, tournez à droite 800 m après le pont au Km 15,2 et guettez le panneau indiquant le village de Phameuang. Au bout de 2,3 km le long d'une route criblée de nids-de-poule, vous parviendrez au **Vat Pha Saisettha**, lieu de sépulture de Setthathirat, roi du Lan Xang. Son fils aurait fait construire le stupa vers 1577. La promenade jusqu'au village et au *vat* est une aventure.

Pa-am ພະອ່າ

L'excursion d'une journée à Saisettha se combine facilement avec la visite de Pa-am (San Xai), un modeste village ombragé à 31 km à l'est d'Attapeu sur la route de Chaleun Xai, qui fut une section de la piste Hô Chi Minh. Sa principale attraction est un **lance-missiles sol-air** russe, avec directives en russe et en vietnamien, installé par les Nord-Vietnamiens pour se défendre contre les attaques aériennes. Il a échappé aux ferrailleurs et le gouvernement a ordonné son exposition au centre du village, entouré de barbelés et de quelques carcasses de bombes converties en jardinières.

Pour rallier Pa-am, suivez les panneaux indiquant San Xai le long de la Rte 18B – guettez l'embranchement (bien signalé) sur la gauche à 13,7 km d'Attapeu et parcourez la route goudronnée pendant 17 km jusqu'au lance-missiles.

Au nord de Pa-am, la route devient rapidement difficile et continue jusqu'à Chaleun Xai, 38 km plus loin, avant de se diriger vers le nord-ouest jusqu'à Sekong. Malgré des améliorations récentes, ce tronçon reste assez mauvais et déconseillé hors de la saison sèche.

PASSER AU VIETNAM : D'ATTAPEU À KONTUM

Jusqu'à la frontière

La Rte 18B court sur 113 km à flanc de montagnes jusqu'aux **postes-frontières de Phou Keua (Laos)-Bo Y (Vietnam)**. Dans sa seconde moitié, elle ne fait que grimper à pic, et les glissements de terrain ne sont pas rares durant la saison des pluies.

Mai Linh Express (☎ à Attapeu 030-539 0216, au Vietnam 0592-211 211) assure un minibus quotidien reliant Pakse à Kontum au Vietnam (145 000 LAK) via Paksong, Sekong et Attapeu. Il part de Pakse à 5h45 et atteint Attapeu vers 10h30. De là, le trajet jusqu'à Kontum est d'environ 5 heures et coûte 70 000 LAK.

À Attapeu, les billets s'achètent au Dúc Lôc Hotel (p. 249). La Phoutthavong Guesthouse (p. 249) vend, quant à elle, des billets pour un autre bus qui prend la route à 10h (90 000 LAK). Il existe également des bus et minibus pour Gia Lai au départ de la gare routière, qui s'arrêtent tous dans le centre d'Attapeu aux abords du Dúc Lôc Hotel.

À la frontière

Le visa laotien est délivré à l'arrivée au poste, contrairement au visa vietnamien que vous devez obtenir à l'avance à Pakse. Du côté vietnamien, un impressionnant complexe de magasins détaxés ; du côté laotien, seules quelques cabanes hétéroclites en bois, et voilà résumé le degré de développement respectif des deux pays.

Au Vietnam

Des bus et minibus continuent de la frontière jusqu'à Kontum ou Gia Lai ; pour aller à Danang, vous devrez peut-être changer à la frontière. De Kontum, il est possible de rejoindre au sud Pleiku ou Quy Nhon, au nord-est Hoi An et Danang.

Phu Vong ພູວົງ

La région au sud-est d'Attapeu, qui faisait partie de la piste Hô Chi Minh, fut bombardée à outrance pendant la guerre. Les bombardiers visaient particulièrement le village de Phu Vong, à 13 km au sud-est de la capitale, où bifurquent deux sections importantes de la piste : la piste Sihanouk continue au sud jusqu'au Cambodge et la piste Hô Chi Minh tourne vers l'est et le Vietnam. Le village compte peu de vestiges de la guerre et l'on peut y flâner agréablement pendant une heure ou deux. Pour rejoindre Phu Vong, traversez la Se Kong (5 000 LAK avec une moto) jusqu'à Ban Kaman, puis ralliez Phu Vong, à 13 km de là.

ZNP de Dong Amphan ປ່າສະຫງວນແຫ່ງຊາດດົງອຳພານ

Le site le plus emblématique de cette zone protégée de 1 975 km² au nord-est de la province d'Attapeu est le **Nong Fa**. Ce magnifique lac volcanique était utilisé par les Nord-Vietnamiens comme base de repos pour les soldats blessés sur la piste Hô Chi Minh. Dong Anpham est aujourd'hui accessible par la route depuis Attapeu, mais le voyage est long. Il faut parcourir 100 km d'asphalte de la Rte 18B et 65 km de mauvaises pistes. Partez de bonne heure car il faut presque 5 heures de trajet aller depuis Attapeu. À éviter en saison humide.

Jusqu'à une période récente, la ZNP de Dong Amphan abritait l'un des écosystèmes les mieux préservés du pays. Cependant, l'exploitation illégale du bois, le braconnage et les projets hydro-électriques sur la Se Kaman et la Se Su menacent aujourd'hui cet environnement vierge.

SI PHAN DON (QUATRE MILLE ÎLES)

Telle l'île des Lotophages, ou mangeurs de lotus, dans l'*Odyssée*, Si Phan Don (ສີ່ພັນດອນ), superbe archipel qui s'étire au milieu du Mékong, risque de vous faire perdre le désir de retrouver votre foyer – c'est un monde hors du temps, comme déconnecté du reste de la péninsule indochinoise. Son nom signifie littéralement “Quatre Mille îles” et il y règne une telle sérénité qu'on les imagine dériver tranquillement sur l'eau jusqu'au Cambodge. Les quelques îles que vous aurez l'occasion de visiter vous donneront un aperçu de ce paradis enchanté.

Pendant la saison des pluies, le Mékong atteint vers Si Phan Don 14 km de largeur, sa plus grande largeur sur son cours de 4 350 km, du plateau tibétain à la mer de Chine méridionale. Durant la saison sèche, le fleuve s'étrécit, faisant apparaître des centaines, voire des milliers d'îles et d'îlot. Les voyageurs ciblent en particulier Khong, Det et Khon. Don Khong, de loin la plus grande de l'archipel mais aussi la plus somnolente, reçoit moins de visiteurs. Il y a davantage de choses à faire sur Don Khon et Don Det, devenues des étapes quasi obligatoires sur l'itinéraire des baroudeurs parcourant l'Asie du Sud-Est. Mais, bien que cyclotourisme, baignade, tubing, promenades en bateau, kayak et observation

PASSER AU CAMBODGE : DU SUD DU LAOS À STUNG TRENG

Jusqu'à la frontière

Le poste-frontière (6h-18h) reculé de **Non Nok Khiene (Laos)/Trapaeng Kriel (Cambodge)** est un point de passage fréquenté sur le circuit de l'Indochine. Pendant de nombreuses années, il existait ici un poste séparé sur la rivière, mais il a été supprimé.

Deux compagnies de bus cambodgiennes assurent quotidiennement la liaison entre le Cambodge et le Laos. La plus fiable est Sorya Phnom Penh Transport, qui opère en partenariat avec la compagnie laotienne Sengchalean, basée à Pakse. Le bus part de Pakse (gare routière du Km 2) à 7h30 et va jusqu'à Phnom Penh (27 $US, 12-14 heures) via Stung Treng (15 $US, 4 heures 30) et Kratie (20 $US, 7 heures), au Cambodge.

Avec la compagnie Paramount Angkor, vous devrez changer de bus à la frontière, ce qui occasionne souvent des retards significatifs. Pour continuer vers le sud, il vous faudra peut-être encore changer à Stung Treng et/ou à Kratie. Les agences de voyages au Laos vendent les billets de l'un ou l'autre des transporteurs, rarement des deux à la fois ; cherchez celles qui travaillent avec Sorya.

De juillet à novembre, **Xplore-Asia** (www.xplore-asia.com ; Ban Hua Det, Don Det) organise des circuits en bateau ou en kayak à Stung Treng. Près de la frontière, les kayakistes débarquent pour franchir l'immigration, puis remontent dans leur embarcation côté cambodgien.

Il existe également des liaisons entre le Laos et Siem Reap, mais nous vous les déconseillons avant l'achèvement du nouveau pont sur le Mékong à Stung Treng, prévu pour 2015. Le périple dure environ 17 heures et implique au moins un changement de bus supplémentaire (à Skuon, Cambodge). Coupez le voyage en faisant halte pour la nuit à Kratie, cité fluviale décontractée. Sinon, renseignez-vous auprès d'Xplore-Asia sur les circuits spéciaux passant par le nord du Cambodge, qui réduisent à 7 heures le temps de trajet entre Si Phan Don et Siem Reap.

À la frontière

Les visas laotien et cambodgien sont délivrés sur place. Au Laos, vous paierez en sus 2 $US ou 10 000 LAK d'"heures supplémentaires" ou de "frais de traitement" à l'entrée et à la sortie.

Au Cambodge, les gardes vous réclameront 25 $US au lieu des 20 $US officiels, la différence correspondant à "l'argent pour le thé" – les pauvres sont si loin de chez eux.

Les Cambodgiens demandent également 2 $US pour une visite médicale succincte à l'arrivée dans le pays et 2 $US de frais de traitement à la sortie. Ils peuvent y renoncer si vous protestez, mais ne perdez pas trop de temps en négociation car le bus risque de partir sans vous. Les compagnies de bus prennent aussi leur part, soit 1-2 $US pour se charger des formalités avec les gardes. Insistez pour le faire vous-même et franchissez l'immigration seul si vous ne voulez pas avoir à régler cette somme.

Au Cambodge

En dehors des deux bus touristiques quotidiens, il n'y a pratiquement aucun trafic dans le secteur. De la frontière, un taxi jusqu'à Stung Treng, au sud, vous coûtera quelque 40 $US, un taxi ou un *săam-lâaw* jusqu'à Ban Nakasang, au nord, 150 000/50 000 LAK.

des dauphins figurent parmi les activités possibles, beaucoup privilégient le farniente.

Les villages de Si Phan Don sont souvent nommés en fonction de leur emplacement, vers l'amont ou l'aval de l'île, respectivement *hŭa* (tête) et *hăang* (queue). Ainsi, Ban Hua Khong se trouve à l'extrémité nord de Don Khong et Ban Hang Khong, au sud.

Don Khong (île Khong)

ດອນໂຂງ

☎031 / 13 000 HABITANTS

La vie s'écoule paisiblement à Don Khong, au rythme nonchalant du Mékong. C'est un lieu agréable où passer un jour ou deux à se promener au milieu des filets de pêche qui sèchent dehors, sortir en bateau au coucher du soleil, faire du vélo ou simplement lézarder au bord de l'eau.

L'île mesure 18 km de long et 8 km à son point le plus large. La plupart des habitants vivent dans et autour de deux villages reliés par une route de 8 km : Muang Khong, sur la côte est, et Muang Saen, sur la côte ouest. Presque tous les hébergements se concentrent à Muang Khong, où accostent les ferrys en provenance de Hat Xai Khun.

Khamtay Siphandone, le postier devenu président du Laos de 1998 à 2006, est né à Ban Hua Khong, à la pointe nord de Don Khong, en 1924.

À voir et à faire

Sur cette île fort séduisante, de basses collines et des rizières occupent le centre, tandis que des cultures maraîchères se succèdent sur le littoral, ponctuées de hameaux qui possèdent presque tous un *vat*. Un vélo ou une moto constitue le meilleur moyen d'explorer Don Khong. À la pointe sud de l'île, deux petits villages, **Ban Huay** et **Ban Hang Khong**, méritent le détour pour leurs *vat* anciens.

Muang Khong et ses environs

Vat Phuang Kaew TEMPLE BOUDDHIQUE

Ce temple et sa grande statue moderne du Bouddha "protégé par un *naga*", qui fait face à l'est, dominent Muang Khong.

Vat Jom Thong TEMPLE BOUDDHIQUE

À l'extrémité nord de Muang Khong, le Vat Jom Thong est le plus ancien temple de l'île. Datant de la période de Chao Anou (1805-1828), le *sĭm* principal présente un plan cruciforme unique. Un toit de tuiles recouvre les briques et les stucs délabrés. Remarquez les volets de bois sculptés et l'ancienne statue en bois de bouddha debout, dans la posture *abhaya mudra* (offrant la protection).

Marché de Muang Khong MARCHÉ

Ce marché est particulièrement fascinant entre 4h30 et 6h30, quand marchands et chalands arrivent des îles voisines. À l'aube, installez-vous sur la petite plage pour observer les bateaux chargés de poissons, de volailles et d'autres marchandises.

Tham Phu Khiaw GROTTE

(Grotte de la Montagne verte). À environ 1 km au nord de Muang Khong, dans les collines qui s'élèvent derrière la mairie, un sentier conduit à Tham Phu Khiaw. La grotte – une sorte de saillie rocheuse – contient d'anciennes effigies du Bouddha et fait l'objet d'un pèlerinage durant le Nouvel An laotien, en avril. De Muang Khong, dirigez-vous vers le nord sur 1,5 km et prenez sur la gauche un sentier qui traverse une bananeraie. La marche jusqu'à l'entrée de la grotte se fait en 15 minutes, mais le sentier (qui grimpe presque tout du long) n'est pas toujours visible ; mieux vaut demander à un habitant de vous guider (15 000 LAK depuis l'office du tourisme).

Muang Saen et ses environs

Kompong Sralao VILLAGE

Dans cette bourgade animée, des bateliers vous conduiront (moyennant finance) sans visa jusqu'au village cambodgien de Kompong Sralao, sur la rive ouest du Mékong. Certes, il n'y a pas grand-chose à voir, mais vous aurez visité un coin du Cambodge que peu de voyageurs connaissent, et peut-être goûté à l'Angkor Beer.

Vat Phu Khao Kaew TEMPLE BOUDDHIQUE

(Monastère de la Colline de Verre). À environ 5 km au nord-est de Muang Saen, le Vat Phu Khao Kaew s'élève sur des ruines khmères. Selon la croyance populaire, il abriterait un *naga*, dont l'entrée du repaire serait dissimulée. Cherchez les rochers d'où un sentier monte au temple sur le versant est de la colline. Vous le trouverez plus facilement avec un guide. Sinon, prenez une moto-taxi (environ 70 000 LAK aller-retour depuis Muang Khong).

Fêtes et festivals

Bun Suang Heua COURSES DE BATEAUX
(Bun Nam). Une fête nautique a lieu à Don Khong au début du mois de décembre, ou fin novembre, habituellement au moment de la fête nationale. Les 4 ou 5 jours de festivités culminent avec les courses de bateaux en face de Muang Khong, plus proches de la rive que dans les grandes villes.

Où se loger et se restaurer

Tous les hébergements cités ci-après sont situés à Muang Khong, au bord du fleuve ou juste en retrait, sur une distance de 700 m. Il existe plusieurs restaurants dignes de ce nom, ceux des pensions (Pon Arena et Ratana en tête) préparant la meilleure cuisine. La plupart servent le fameux *lào-láo* (alcool de riz) de Don Khong, réputé le plus doux du pays.

Ratana Riverside Guesthouse PENSION $
(020-2220 1618 ou 031-213673 ; vongdonekhong@hotmail.com ; ch 100 000 LAK, plats 15 000-40 000 LAK ;). Sol en marbre, jolis meubles et serviettes pliées en forme de lotus caractérisent les 4 confortables chambres climatisées avec balcon face au Mékong. Celles du rez-de-chaussée possèdent d'immenses fenêtres proches de la route qui donnent l'impression d'être un poisson dans un bocal – montez plutôt à l'étage. Le restaurant en terrasse sur le fleuve offre le meilleur choix de plats occidentaux de l'île, plus les habituelles spécialités laotiennes. L'établissement porte aussi le nom de Lattana.

Khong View Guesthouse PENSION $
(020-2244 6449 ; ch avec ventil/clim 80 000/ 100 000 LAK ;). Difficile de faire mieux placée que cette pension qui s'organise autour d'un ponton en bois surplombant un large méandre du Mékong. Les chambres en bois côté rive sont sombres, celles carrelées à l'arrière, face à la route, plus lumineuses. De petite taille, elles comportent des lits *king size* disproportionnés. Pas de restaurant.

Villa Kang Khong PENSION $
(020-2240 3315 ; ch 50 000-60 000 LAK). L'adresse bon marché la plus romantique occupe une maison en teck grinçante, au sol inégal et au mobilier rétro. Sommaires et colorées, les chambres en bois (ventilateur) rappellent vaguement une roulotte gitane.

Pon's River Guesthouse & Restaurant PENSION $
(020-2227 0037 ; www.ponarenahotel.com ; ch 60 000-100 000 LAK ;). La pension de M. Pon fait l'objet de soins moins attentifs depuis que celui-ci a ouvert le chic Arena Hotel. Les chambres basiques (ventil ou climatisation) n'ont rien de transcendant, mais font parfaitement l'affaire. Le vaste balcon commun face au fleuve est l'endroit où s'attarder.

Done Khong Guesthouse PENSION $
(020-0312 4010 ; ch sans/avec clim 70 000/ 100 000 LAK ;). La première pension que vous verrez en descendant du bateau, dans une vieille maison. Chambres sombres au sol carrelé – draps d'un blanc éclatant et meubles simples. Le restaurant au bord de l'eau, essentiellement laotien, invite à la détente.

Mali Guesthouse PENSION $
(030-534 6621 ; athalo@netzero.com ; ch 20 $US ;). Ce lieu cosy, un peu au sud du centre, n'a pas le charme de certaines pensions en bois, mais ses chambres propres, carrelées de vert, et quelques équipements modernes plairont à certains. L'ensemble s'organise autour d'un joli jardin doté d'une petite piscine (vide lors de notre passage en basse saison).

Pon Arena Hotel BOUTIQUE-HÔTEL $$
(020-2227 0037, 031-515018 ; www.ponarenahotel.com ; ch 45-85 $US ;). Hôtel sélect au bord de l'eau, qui continue de s'agrandir. Le dernier ajout en date est un "chalet suisse" au bord du fleuve, aux chambres claires, spacieuses et rehaussées de bois. Bien que plus en retrait de la rive, les chambres avec vue sur le Mékong présentent davantage d'attraits. Même celles à l'arrière (vue sur la montagne) ont une literie moelleuse et une salle de bains carrelée de granit pourvue d'une vasque ronde. Piscine commune.

Senesothxeune Hotel HÔTEL $
(030-526 0577 ; www.ssx-hotel.com ; ch petit-déj inclus 45-60 $US, ste 85 $US ;). Un hôtel moderne, de style thaïlandais, aux chambres haut de gamme – décor blanc minimaliste, parquet, TV et baignoire profonde. Les plus onéreuses ont un balcon donnant sur le Mékong. Agréable restaurant d'où profiter d'une vue sur le fleuve à travers un jardin rempli de magnolias.

Si Phan Don

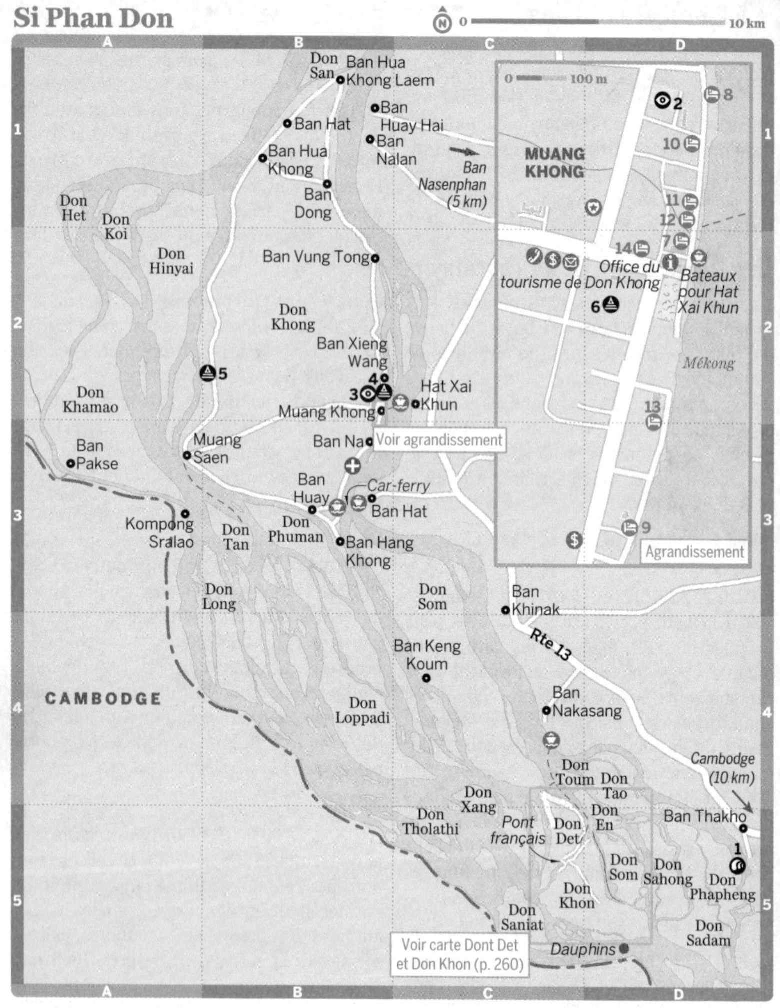

Renseignements

Pour une connexion Internet, essayez le Senesothxeune Hotel (10 000 LAK/heure).

Agricultural Promotion Bank (8h30-15h30 lun-ven). Cette banque change les dollars US et les bahts à des taux peu avantageux et prélève une commission de 4 $US par chèque de voyage. Son DAB accepte les cartes Visa et Mastercard.

DAB de la BCEL En face du bâtiment de Lao Telecom, à côté de la poste.

Hôpital À mi-chemin entre Muang Khong et Ban Huay. Pour des problèmes de santé mineurs, adressez-vous au Dr Bounthavi, qui parle français et anglais.

Office du tourisme de Don Khong (020-9784 6464 ; panhjuki@yahoo.com ; 8h30-16h lun-ven). Près du débarcadère, l'efficace M. Phan peut vous mettre en contact avec un guide local et organiser la traversée jusqu'à Don Det/Khon par l'intermédiaire de l'association des bateliers (environ 250 000 LAK par bateau). Il propose aussi de vous emmener à moto jusqu'à Ban Nakasang, où il réside.

Police À Muang Khong, à un pâté de maison en retrait du fleuve.

Poste (8h-12h et 14h-16h lun-ven). Juste au sud du pont.

Si Phan Don

À voir

1 Chutes de Khon Phapheng D5
2 Marché de Muang Khong D1
3 Tham Phu Khiaw B2
4 Vat Jom Thong B2
5 Vat Phu Khao Kaew B2
6 Vat Phuang Kaew D2

Où se loger

7 Done Khong Guesthouse D2
8 Khong View Guesthouse D1
9 Mali Guesthouse D3
10 Pon Arena Hotel D1
11 Pon's River Guesthouse & Restaurant D1
12 Ratana Riverside Guesthouse D1
13 Senesothxeune Hotel D2
14 Villa Kang Khong D2

Depuis/vers Dong Khong

L'immense majorité des voyageurs prennent un bus touristique ou un minibus pour Hat Xai Khun, sur le continent, puis embarquent à bord d'un petit bateau qui dessert Muang Khong (15 000 LAK/pers, plus après 16h ou pour une personne seule ; inutile de marchander).

À moto, dirigez-vous tout droit vers Ban Hat, à quelques kilomètres au sud de Hat Xai Khun sur la terre ferme, et montez dans le bac qui transporte les véhicules (5 000 LAK/moto, plus 2 000 LAK/passager).

Au départ de l'île, plusieurs options s'offrent à vous. Pour Pakse, mieux vaut prendre un bus touristique ou un minibus venant de Don Det et Don Khon (60 000 LAK transfert en bateau inclus, 2 heures 30), qui arrive à Xai Khun aux environs de 11h30. Les bus pour Pakse en provenance du Cambodge passent en début de soirée (généralement vers 18h, mais les horaires varient beaucoup).

Autrement, quelques *săwngthăew* matinaux plus lents desservent Pakse depuis Hat Xai Khun (40 000 LAK, 3 heures) et il existe aussi un bus direct à 7h30, souvent retardé, qui démarre du Vat Phuang Kaew, à Don Khong (60 000K, 3 heures).

En direction du sud, la plupart des transports pour Don Det/Khon et le Cambodge s'arrêtent à Hat Xai Khun vers 9h30. Vous devrez ensuite parcourir 3 km pour rejoindre la Rte 13 et attendre le *săwngthăew* en provenance de Pakse qui passe toutes les heures.

Sinon, l'association des bateliers de Don Khong effectue la traversée jusqu'à Don Det/Khon à 8h30 (aller simple/aller-retour 40 000/60 000 LAK par pers, 6 passagers au moins) presque chaque jour ; réservez auprès de l'office du tourisme. Comptez 1 heure 30 de trajet dans le sens du courant, 2 heures 30 au retour.

Il est aussi possible de louer une embarcation privée en vous adressant à votre pension ou au batelier qui traîne sous l'arbre près du débarcadère de Muang Khong (40 000 LAK/pers ou 250 000 LAK/bateau aller simple).

Comment circuler

De nombreuses pensions, ainsi que l'office du tourisme, louent des vélos (10 000 LAK/jour) et des motos (à partir de 60 000 LAK/jour). Vous pouvez aussi trouver une moto-taxi à Muang Khong et négocier un prix.

Don Det et Don Khon
ດອນເດດ/ດອນຄອນ

La plupart des voyageurs qui se rendent à Si Phan Don échouent sur ces deux îles jumelles. Don Det, en particulier, a connu un développement considérable et a récemment gagné en popularité auprès des jeunes, ce qui amène certains à penser qu'elle pourrait bien remplacer Vang Vieng comme lieu de tous les excès au Laos (notamment en ce qui concerne la consommation de substances illicites). Espérons que la scène festive continuera de fleurir à Ban Hua Det, au nord de Don Det, mais qu'elle ne sera jamais aussi dissolue que celle qu'a connue Vang Vieng.

Bien sûr, ces îles recèlent bien d'autres attraits. Lorsque l'on se dirige de Ban Hua Det vers le sud, les pensions se font plus rares, cédant la place aux rizières, palmiers à sucre, buffles, pêcheurs et tisserands qui incarnent la vie rurale. Vous pourrez tout aussi bien vous balancer dans un hamac, faire du vélo ou dériver nonchalamment au fil du Mékong sur une chambre à air. Franchissez le pont français qui conduit à Don Khon et suivez les sentiers à travers forêts et rizières pour rejoindre des rapides cachés, des plages et, à la pointe sud, les dauphins de l'Irrawaddy qui s'amusent.

À voir

Don Khon regroupe la plupart des sites, facilement accessibles à vélo, à louer dans n'importe quelle pension (10 000 LAK/jour). Au moment de franchir le pont français qui mène à l'île, on vous demandera la somme de 25 000 LAK couvrant le droit d'entrée aux chutes de Li Phi. Si vous n'avez pas l'intention d'y aller, rien ne vous oblige théoriquement à payer. Vous aurez bien du mal à vous faire comprendre des préposés. Gardez votre billet si vous devez retraverser le pont les jours suivants.

Dauphins

Une colonie de dauphins de l'Irrawaddy a élu domicile sous les rapides dans un large bassin naturel appelé Boong Pa Gooang, près de la pointe sud de Don Khon. Des bateaux (60 000 LAK, 3 pers max) se rendent sur place au départ de la vieille jetée française à Ban Hang Khon. Les cétacés se montrent toute l'année, mais surtout de janvier à mai. Vous aurez davantage de chance de les observer en début de soirée ou tôt le matin, moments où le fleuve offre par ailleurs son plus bel aspect.

Boong Pa Gooang s'étend principalement sur le territoire du Cambodge, que les bateliers laotiens se montrent réticents à pénétrer, contrairement aux tour-opérateurs proposant des excursions en kayak. Vous pourrez peut-être, comme nous, apercevoir les dauphins depuis le bateau ou bien serez conduits sur une petite île qui donne sur la zone protégée des eaux cambodgiennes. Rencontrer ces créatures à l'état sauvage fait partie des temps forts d'un voyage au sud du Laos. Au retour, le batelier vous conduira éventuellement de l'autre côté de la frontière pour une balade rapide, moyennant un pourboire.

Tat Somphamit CHUTES

(Chutes de Li Phi, ຕາດສົມພາມິດ ; 25 000 LAK; billeterie 8h-17h). À 1,5 km en aval du pont français de Don Khon, une série de rapides est appelée Tat Somphamit, mais tout le monde en parle comme des chutes de Li Phi. Li Phi signifie "piège à esprits" ; les habitants croient que les chutes capturent effectivement les mauvais esprits (de personnes ou d'animaux décédés). Un courant puissant entraîne l'eau vers les chutes, même en saison sèche.

Vous verrez peut-être des pêcheurs relever leurs énormes nasses de bambou. Au début de la saison des pluies, une nasse bien placée peut attraper une demi-tonne de poissons par jour. Certaines comportent un goulet de près de 10 m de longueur, qui conduit le poisson dans un gigantesque panier. Ne tentez pas vous-même cet exploit car des voyageurs sont morts en glissant des rochers au-delà de la barrière.

En continuant vers l'ouest après les chutes, un sentier descend jusqu'à la plage sablonneuse de Li Phi, dotée d'un petit bassin aux eaux tourbillonnantes. Peu désireux de côtoyer les défunts, les habitants, eux, ne se baignent jamais à cet endroit, naturellement dangereux à cause du courant.

Les chutes sont d'un accès facile. Du pont français, dirigez-vous vers le sud-ouest, passez devant le terrain de football sur la droite (n'hésitez pas à participer si un match se joue) et suivez les panneaux. Il y a de nombreux restaurants et stands de nourriture à l'entrée du site.

À quelques centaines de mètres en aval, la plage de Long (Tha Sanam) se prête à la baignade. Pour la rejoindre, retournez à l'embranchement des chutes de Li Phi et marchez vers le sud.

Activités

Sur l'eau

La pratique du **kayak** autour des îles gagne en popularité, ce qui se comprend vu la beauté sublime du Mékong dans les parages. Beaucoup d'excursions d'une demi-journée ou d'une journée sont organisées. La seconde formule (180 000 LAK/pers) inclut la colonie de dauphins et les chutes de Khon Papaeng ; vous débarquez avant les chutes au large de Don et l'on vous transporte avec votre kayak par voie terrestre jusqu'à Ban Hang Khon. **Wonderful Tours** (020-5570 5173) fait partie des agences sérieuses.

PRÉSERVER LE PARADIS

Don Det et Don Khon bénéficient certes des revenus du tourisme, mais les visiteurs peuvent faire en sorte d'avoir un impact positif sur ces îles et que le sourire des habitants reste authentique. La plage de Ban Hua Det est désormais un haut lieu du bain de soleil et des feux de joie nocturnes. Pensez à ramasser vos mégots et détritus, même si les gens du coin n'ont pas l'air de s'en soucier. Toujours pour préserver l'environnement, faites remplir à nouveau votre bouteille d'eau quand elle est vide plutôt que d'en racheter une ; les pensions Paradise Bungalows (p. 263) et Mr Man's (p. 263), entre autres, proposent ce service moyennant finance.

Les femmes doivent éviter de se promener en maillot de bain, sous peine de heurter la sensibilité locale. Couvrez-vous particulièrement dans les temples de Don Khon. Par contre, rien n'empêche de se baigner en bikini.

DAUPHINS EN DANGER

Le dauphin de l'Irrawaddy (*Orcaella brevirostris*, appelé *pąa khaa* au Laos) est l'une des créatures les plus fascinantes du Mékong, et l'une des plus menacées. Ces cétacés bleus ou gris, reconnaissables à leur front proéminent, à leur sorte de sourire perpétuel et à leur petit aileron dorsal, atteignent 2,75 m de longueur. Dotés d'une étonnante faculté d'adaptation, ils peuvent vivre dans l'eau douce, l'eau saumâtre des estuaires et l'eau salée d'espaces semi-fermés comme les baies.

Pour les Laotiens et les Khmers, ces mammifères sont traditionnellement considérés comme des humains réincarnés et de nombreuses histoires racontent le sauvetage par des dauphins de pêcheurs ou de villageois tombés dans le fleuve ou attaqués par des crocodiles. Ces croyances impliquent qu'aucun Laotien ou Khmer ne capture un dauphin intentionnellement.

Cependant, les filets et la dynamite utilisés pour la pêche au Cambodge en ont tué beaucoup. Des campagnes de sensibilisation et de protection ont permis de réduire l'emploi d'explosifs, mais les filets demeurent une menace constante : les dauphins ont besoin de faire surface pour respirer toutes les 2-3 minutes et ils se noient avant que les pêcheurs ne se rendent compte de leur présence. Comme si cela ne suffisait pas, nombre de jeunes dauphins sont morts mystérieusement ces dernières années. La pêche électrique illégale et un déséquilibre entre les individus de sexe masculin et féminin ayant provoqué des infanticides figurent parmi les causes privilégiées.

Sur les milliers d'individus qui peuplaient le fleuve et ses affluents au Cambodge et dans le sud du Laos dans les années 1970, on estime qu'il en reste aujourd'hui moins d'une centaine. Ils évoluent principalement dans de profonds "bassins de préservation" sur un tronçon du Mékong long de 190 km, entre la frontière du Laos et la ville cambodgienne de Kratie. Vitales pour les dauphins, ces zones protégées leur servent de refuge durant la saison sèche quand le niveau du fleuve chute dangereusement.

Au Laos, des dauphins remontaient la Se Kong, mais ils sont aujourd'hui essentiellement cantonnés dans un bassin naturel de 600 m de large et 50 m de profondeur (à la saison humide) à la frontière cambodgienne, appelé Boong Pa Gooang (Anlong Cheuteal en cambodgien). Il en resterait moins d'une dizaine à cet endroit.

Louer un kayak pour pagayer seul revient à 50 000 LAK/jour. Ne dépassez pas le pont français car les courants puissants vous entraîneraient vers les chutes. La même règle vaut pour le **tubing** (10 000 LAK), à ne pas tenter en période de mousson quand le fleuve devient dangereusement rapide.

Sinon, presque toutes les pensions organisent des **promenades en bateau** : croisière au coucher du soleil, journée d'une île à l'autre, sortie matinale pour observer les oiseaux, partie de pêche, excursion à Don Khong, etc. Les tarifs s'échelonnent entre 50 000 et 75 000 LAK/personne pour 2 heures, à condition qu'il y ait plusieurs participants.

Sur la terre ferme

La **Boucle est**, un itinéraire enchanteur à faire à vélo (ou à pied, mais c'est une longue marche), mène aux bras d'eau sur la côte est de Don Khon, où les Français construisirent des **chenaux en béton** pour déplacer des grumes. Celles-ci, provenant essentiellement des forêts de la province de Sainyabuli, à l'ouest de Vientiane, étaient assemblées par trois pour former des radeaux, que des pilotes laotiens dirigeaient à travers le dédale des îles.

On distingue encore clairement d'importants vestiges de ces chenaux. Pour y accéder, dirigez-vous du pont français vers le nord-est, tournez au sud après 1 km, passez devant un *vat* et empruntez le sentier qui traverse les rizières jusqu'à la rive.

Ensuite, le chemin longe le fleuve pendant un moment, avant de déboucher sur une piste près de la petite île de **Don Pa Soi**. Des panneaux indiquent un restaurant qui donne sur le pont suspendu menant à cette dernière. Suivez le sentier de l'autre côté sur 100 m jusqu'aux **chutes de Khon Pa Soi**. Sans être aussi spectaculaires que celles de Li Phi, elles impressionnent néanmoins et recèlent des coins de baignade dont l'eau peut être vraiment chaude certains mois.

De retour sur le sentier, un bel itinéraire conduit par la forêt jusqu'au village de Ban Hang Khon, à la pointe sud de l'île,

Don Det et Don Khon

où résident les dauphins. Deux ou trois restaurants et un logement chez l'habitant (30 000 LAK) vous attendent sur place.

Pour rentrer, revenez sur vos pas ou prenez la route principale qui épouse la vieille voie ferrée sur 5 km et traverse l'île en son milieu. Des **locomotives** rouillées se trouvent à chaque bout, dont une à 75 m de l'extrémité sud du pont français. À côté, des pancartes détaillent l'histoire locale et celle du chemin de fer construit par les Français à la fin du XIXe siècle pour assurer l'approvisionnement en contournant les chutes infranchissables. En service jusqu'à la Seconde Guerre mondiale, la ligne fut ensuite remplacée par la Rte 13 et la majeure partie des rails ont été enlevés depuis.

Où se loger

En règle générale, logez à Don Det si vous souhaitez vous amuser, à Don Khon pour vous mettre au vert. Sachez toutefois que la zone festive se concentre sur la pointe nord de Don Det, à Ban Hua Det, et que les pensions les plus isolées se trouvent en réalité dans la partie sud, plus paisible, de cette île. Don Khon compte quelques hôtels haut de gamme ciblant une clientèle plus

Don Det et Don Khon

À voir

1 Chutes de Khon Pa Soi C4
2 Tat Somphamit A4

Activités

3 Wonderful Tours D1
4 Xplore-Asia C1

Où se loger

5 Auberge Sala Done Khone B3
6 Bounephan Riverside Guesthouse B3
7 Crazy Gecko B1
8 Dalom Guesthouse D1
9 Don Det Bungalows A1
10 Guesthouse Souksan B2
11 Last Resort A2
12 Little Eden Guesthouse C1
13 Mama Leuah Guesthouse & Restaurant B2
14 Mekong Dream Guesthouse B3
15 Mr B's Sunset View C2
16 Mr Ky's Bungalows C2
17 Mr Man's Bungalows A1
18 Mr Mo's Guesthouse D1
19 Mr Phao's Sunrise Bungalows B1
20 Mr Tho's Bungalows B1
21 Pan's Guesthouse B3
22 Paradise Bungalows B1
23 River Garden B3
24 Sabaidee Don Det A1
25 Sala Phae B3
26 Santiphab Guesthouse B3
27 Seng Ahloune Sunset River Resort B3
28 Sengthavan Guesthouse & Restaurant A1
29 Sunset View A1

Où se restaurer

30 Boathouse B2
31 Chanthounma's Restaurant B3
Fleur du Mekong .... (voir 27)
Four Thousand Sunsets .... (voir 5)
32 Jasmine Restaurant D1
33 King Kong Resort B2
Little Eden Restaurant .... (voir 12)
34 Mamadam Restaurant A4
35 Rib Shack D1

Où prendre un verre et faire la fête

36 4000 Island Bar C1
37 Reggae Bar D1

exigeante ; tous les hébergements de l'île étant regroupés sur une bande de 1 km de part et d'autre du pont français, dans le village de Ban Khon.

Quel que soit votre point de chute, le pont permet de circuler aisément entre Don Khon et Don Det. Les prix fluctuent considérablement au cours de l'année. En basse saison, attendez-vous à payer au minimum 25% de moins que les tarifs indiqués dans ce guide, ceci en fonction de votre capacité à marchander.

Don Det

À Don Det, tout est question d'emplacement. Les voyageurs près de leurs sous choisissent le côté où le soleil se couche (beau spectacle), doté de bungalows moins solidement construits et un peu plus serrés. Les fêtards de tout poil créent l'ambiance et les chambres deviennent de véritables fournaises en fin de journée.

Le côté où le soleil se lève, plus étendu, offre un choix supérieur, dont quelques hôtels en dur climatisés dans le centre de Ban Hua Det, le village animé où accoste le bateau en provenance de Ban Nakasang. En descendant au sud vers la petite localité de Don Det, on trouve des pensions plus isolées et tranquilles.

Encore plus bas, dans la partie sud-est de l'île, le cadre devient franchement rural et la modeste vie nocturne de Ban Hua Det semble à des années-lumière.

Côté soleil couchant

Sunset View PENSION $

(☎020-9788 2978 ; Sunset Blvd ; ch 120 000 LAK ; P). Avec des tarifs légèrement supérieurs à ceux de ses voisins immédiats, l'endroit conviendra aux voyageurs un peu plus exigeants. Les salles de bains sont plus reluisantes, les logements plus spacieux et leurs matelas plus épais qu'ailleurs. Les chambres au bord du fleuve occupent une maison en bois au milieu d'une rangée d'autres, dont la terrasse face au soleil couchant surplombe quasiment l'eau. Les prix chutent au moins de moitié en basse saison.

Last Resort COMPLEXE HÔTELIER $

(mrwatkinsonlives@googlemail.com ; d/tr 50 000/60 000 LAK). Pour l'ambiance baba-cool planante et décontractée, difficile de faire mieux que ces tipis uniques en leur genre, dans un champ, près d'un village accueillant à 15 minutes de marche au sud de "Sunset Blvd". Il y a aussi une cuisine à disposition

VAUT LE DÉTOUR

LES CHUTES DE KHON PHAPHENG

Au sud de Don Khon, le cours du Mékong se transforme sur plus de 13 km en puissants rapides entrecoupés de plusieurs chutes. Les plus hautes, et de loin les plus spectaculaires, sont les **chutes de Khon Phapheng** (ຕາດຄອນພະເພັງ ; 30 000 LAK). Elles illustrent parfaitement la force de la nature avec les millions de litres d'eau qui, chaque seconde, se fracassent sur les roches et dévalent vers le Cambodge. Encore plus impressionnant quand le Mékong est en crue, ce site est l'un des plus visités par les touristes thaïlandais, qui affluent par bus entiers. Les chutes de Khon Phapheng ont une signification spirituelle pour les Laotiens et les Thaïlandais ; ils croient qu'elles capturent les esprits, comme celles de Li Phi, non loin de Don Khon.

Sur la rive du Mékong, un pavillon jouit d'une belle vue sur les chutes. De précaires échafaudages en bambou escaladent les proches rochers et on prétend que les pêcheurs téméraires qui les utilisent ont conclu un pacte avec les génies des chutes.

Khon Phapheng se trouve près de la rive est du Mékong, non loin de Ban Thakho. De Ban Nakasang, il faut parcourir 3 km sur la Rte 13, puis 8 km vers le sud pour rejoindre l'embranchement qui mène aux chutes. De Don Det, prenez le ferry pour Ban Nakasang, puis marchez pendant 500 m jusqu'au marché, où vous prendrez un *săam-lâaw* (environ 50 000 LAK aller-retour, temps d'attente compris). Si vous allez au Cambodge, vous pouvez partir tôt, visiter les chutes et vous arranger pour reprendre la Rte 13 vers 9h30 ou 10h.

Les chutes font partie de nombreux circuits au départ de Don Det, notamment ceux en kayak ou d'observation des dauphins. Les kayakistes amateurs n'ayant pas le droit de pagayer à proximité du site, on vous y emmènera par la route pendant que votre embarcation sera transportée à Ban Nakasang.

des hôtes. Jon, le propriétaire australien, cultive des légumes, cuit son pain, adore la musique et projette des films en plein air.

Sengthavan Guesthouse & Restaurant PENSION $
(☎020-5613 2696 ; Sunset Blvd ; ch 100 000 LAK ; wi-fi). Sans doute la meilleure adresse du secteur dans la catégorie petits budgets. Les chambres, d'une propreté méticuleuse, ont une salle de bains attenante et un balcon avec une vue dégagée sur le Cambodge. Le café sans prétention, doté de coussins par terre, est dédié aux mets laotiens.

Mr B's Sunset View PENSION $
(☎020-5418 1171 ; Sunset Blvd ; ch sans/avec sdb à partir de 30 000/50 000 LAK ; wi-fi). Le personnel parle anglais, et il y a un large choix de bungalows assez simples, équipés de matelas minces et bosselés ; ceux avec vue sur le coucher de soleil coûtent un peu plus cher. Le restaurant est très apprécié, notamment pour son célèbre burger au potiron.

Mr Ky's Bungalows PENSION $
(Ch 50 000 LAK). Des bungalows propres et sans chichis, au milieu d'un terrain soigné. Ils sont plus calmes que ceux de Mr B's, la pension voisine, qui cache la vue sur le coucher de soleil.

Sabaidee Don Det PENSION $
(Bungalows 40 000 LAK, ch avec ventil/clim 70 000/100 000 LAK ; wi-fi). Bungalows peu robustes au bord de l'eau, chambres en béton à l'arrière. La carte du Happy Bar est sans aucun doute plus "happy" que le service.

♥ **Little Eden Guesthouse** PENSION $$
(☎030-534 6020 ; www.littleedenguesthouse-dondet.com ; standard/deluxe 250 000/320 000 LAK ; clim, internet, wi-fi). À la pointe nord de l'île, ce "petit paradis" s'inscrit dans un jardin luxuriant planté de palmiers à sucre et d'aréquiers. Les chambres, parfumées, ont un sol carrelé rafraîchissant et des draps moelleux. Les spacieuses "deluxe" (belle salle de bains, huisseries en bois sombre sur des murs blancs, chemins de lit) se classent largement au-dessus des "standards" et justifient la dépense.

Côté soleil levant

♥ **Crazy Gecko** PENSION $
(info@crazygecko.ch ; ch 150 000 LAK ; wi-fi). Les 4 chambres, proprettes et sans superflu,

s'organisent autour d'un balcon aussi sympathique que fonctionnel, dans un bâtiment sur pilotis en bois solide. Hamacs, meubles disparates et sculptures pour le cadre, qui se prête idéalement à la détente – en retrait du fleuve toutefois. Les salles de bains sont communes, du moins pour l'instant. Charmant restaurant au bord de l'eau, de l'autre côté du sentier.

Dalom Guesthouse PENSION $
(020-5418 8898 ; Sunrise Blvd ; ch avec ventil/clim 80 000/160 000 LAK ;). La meilleure pension proche de l'animation de Ban Hua Det. Si vous privilégiez le confort à l'emplacement sur le fleuve, des bungalows (ventilateur) d'un bon rapport qualité/prix vous attendent dans un jardin, de jolies chambres (climatisation) dans un bâtiment en béton sur deux niveaux.

Don Det Bungalows PENSION $
(030-955 3354 ; dondet.bungalows@gmail.com ; Sunrise Blvd ; bungalows à partir de 150 000 LAK ;). Ces bungalows en retrait du fleuve offrent plus d'espace que la plupart sur l'île et disposent de serviettes et de savon, mais leur tarif est un peu exagéré. Pour contempler le coucher de soleil, direction le restaurant et ses coussins par terre.

Mr Man's Bungalows PENSION $
(020-2332 6383 ; Sunrise Blvd ; ch sans sdb 50 000 LAK). M. Man a disparu, mais sa pension simple, dotée de bungalows sur deux niveaux face au fleuve, conserve le même esprit. Le calme règne, ce malgré la proximité de Ban Hua Det, accessible à pied. Excellent rapport qualité/prix.

Paradise Bungalows PENSION $
(Sunrise Blvd ; bungalows à partir de 60 000 LAK). Sept bungalows très spartiates pour ceux qui veulent juste se balancer dans un hamac près du Mékong. Des peintures murales colorées égayent les salles de bains communes (toilettes à la turque). Tout le monde apprécie le restaurant bon marché, tenu par un couple de musiciens américains truculents, où déguster des crêpes savoureuses. Le service d'échange de livres finance une fondation qui vient en aide aux enfants du coin.

Mr Mo's Guesthouse PENSION $
(020-5575 9252 ; Sunrise Blvd ; ch avec ventil 50 000-120 000 LAK, avec clim 150 000 LAK ;). Des chambres (climatisation et eau chaude) dans un solide bâtiment en ciment assez central, au bord du fleuve. Le restaurant est une mine d'informations pour les voyageurs.

Mr Phao's Sunrise Bungalows PENSION $
(020-5656 9651 ; Sunrise Blvd ; bungalows 50 000 LAK ;). Chaleureuse atmosphère familiale, excursions en bateau et bungalows avec salles de bains très spartiates, dans un joli jardin sur la rive.

Mr Tho's Bungalows PENSION $
(020-5592 8598 ; Sunrise Blvd ; ch à partir de 70 000 LAK ;). Juste au sud du village de Don Det, une pension prisée de longue date. Ambiance détendue et propriétaire serviable parlant anglais.

Sud

River Garden PENSION $
(020-7770 1860 ; ch 60 000-80 000 LAK ;). Cette pension gay-friendly apporte le long du Mékong la touche d'élégance qui manque aux autres. Huisseries en bois sculpté, salles de bains nettes et draps blancs rayés dans les chambres, en retrait du fleuve ; les plus chères sont égayées de mur bordeaux, de textiles laotiens et de lampes en bambou. Les deux hamacs à l'extérieur de chacune témoignent de l'attention accordée aux

BUNGALOWS HORS LA LOI

À Don Det et à Don Khon, la loi interdit théoriquement aux propriétaires de pensions de construire des bungalows avec salle de bains ou cuisine à quelques mètres de la rive du fleuve. Cette règle a toutefois été largement ignorée et les autorités avaient jusqu'à présent fermé les yeux. Désormais, il est question de l'appliquer comme on le fait déjà à Vang Vieng, peut-être dès 2014, voire de l'étendre aux unités sans salle de bains.

Il va sans dire que cela changerait considérablement la nature de l'hébergement sur les îles. La majorité des établissements devraient alors reconstruire leurs bungalows et/ou cuisine derrière le sentier longeant la rive. Les voyageurs qui préfèrent loger au bord de l'eau y perdraient et les propriétaires contrevenants devraient engager des frais importants. D'un autre côté, la protection de l'environnement s'en trouverait améliorée.

détails. Le restaurant au bord de l'eau s'agrémente d'une terrasse ombragée et de tableaux de bouddha.

Mekong Dream Guesthouse PENSION $
(020-5527 5728 ; ch 50 000 LAK ;). En face de la rangée d'hébergements de Don Khon, le Mekong Dream s'avère plutôt chic. Ses 6 chambres, toutes avec salle de bains et confortables lits *king size*, changent des mouchoirs de poche habituels, et l'on vous fournit serviettes et savon. Un vaste salon comportant balcon et hamacs complète les installations.

Mama Leuah Guesthouse & Restaurant PENSION $
(020-5907 8792 ; www.mamaleuah-dondet.com ; ch sans/avec sdb 50 000/60 000 LAK). Les chambres (toilettes à la turque) sont certes des plus rudimentaires, mais l'endroit brille par sa tranquillité. Le restaurant sert une excellente cuisine thaïlandaise et quelques spécialités suisses inattendues, comme le *Zürcher Geschnetzeltes* (porc à la crème et aux champignons), sur fond de musique d'ambiance.

Santiphab Guesthouse PENSION $
(020-5461 4231 ; ch 80 000 LAK ;). Une valeur sûre, juste à côté du pont conduisant à Don Khon. Les 7 bungalows peints en rouge sont sans chichis, avec de vieux lits et salle de bains attenantes. Le restaurant sur pilotis, qui regarde Don Khon, devient idyllique en fin de journée.

Don Khon

Guesthouse Souksan PENSION $
(020-2233 7722 ; s/d à partir de 20 000/30 000 LAK ;). Toujours le point de chute le plus économique de Don Khon, avec des chambres dans un long bungalow au balcon commun donnant sur le fleuve. Le restaurant attenant, garni de coussins, surplombe carrément l'eau. La sortie barbecue en bateau organisée par M. Souksan est populaire et amusante.

Bounephan Riverside Guesthouse PENSION $
(031-271 0163 ; ch 40 000-60 000 LAK). Un bâtiment en bois branlant, agrémenté de hamacs et donnant sur le fleuve, loue des chambres sommaires. De l'autre côté de la route, une annexe en bois rouge ("Mr Boune's"), sur deux niveaux, offre un peu plus de confort.

Auberge Sala Done Khone BOUTIQUE-HÔTEL $$
(031-260940 ; www.salalaoboutique.com/saladonekhone ; ch petit-déj inclus 50-60 $US ;). Dans un ancien bâtiment colonial français joliment réconverti, cet hôtel romantique abrite de belles chambres Art déco (carrelage en trompe-l'œil, lits à baldaquin), qui commencent toutefois à trahir leur âge. On peut leur préférer des bungalows en forme de "A" de style laotien, à l'intérieur dépouillé. Enfin, l'aile **Sala Phae** (ch 60 $US), située sur le fleuve, comprend d'élégants bungalows flottants pourvus de toilettes écologiques.

Pan's Guesthouse PENSION $$
(020-9797 8222 ; www.donkhone.com ; d côté jardin/fleuve 160 000/200 000 LAK, tr 220 000 LAK). Une rangée de paisibles bungalows en solide bois teinté, avec un intérieur en rotin blanc, des salles de bains immaculées et des hamacs suspendus aux balcons. Préférez une chambre face au fleuve. Wi-Fi dans le restaurant.

Seng Ahloune Sunset River Resort PENSION $$
(031-260934 ; www.sengahloune.com ; ch petit-déj inclus 30-45 $US ;). L'emplacement animé près du pont n'est pas idéal, mais les bungalows bien aménagés – murs en rotin, moustiquaires roses, lampes ornementées, parquet et plans de salle de bains en bois – compensent cet inconvénient. Optez pour une chambre au bord du fleuve, plus chère. L'immense restaurant se remplit de groupes à l'heure du déjeuner.

Où se restaurer

Nombre des meilleures tables sont regroupées sur la rive sud-est de Don Det et à Don Khon. Vous pouvez circuler à pied ou à vélo de Ban Hua Det à Don Khon, en vous arrêtant à votre gré pour boire une bière ou manger un morceau.

La plupart des pensions servent de la Beerlao fraîche, ainsi qu'un choix de classiques laotiens et occidentaux.

Don Det

Jasmine Restaurant INDIEN $
(Sunrise Blvd ; plats 20 000-35 000 LAK). Succursale du restaurant éponyme de Pakse, cet établissement rafraîchi par des ventilateurs doit son succès à sa situation centrale, au bord du fleuve, et à son excellente cuisine indo-malaise.

King Kong Resort INTERNATIONAL $$
Plats 25 000-120 000 LAK). Dans un coin ranquille du Mékong au sud de Don Det, :e restaurant tenu par des Britanniques se classe un cran au-dessus de la concurrence. À la carte figurent des pâtes, pizzas, ourgers, curries thaïlandais et *Sunday roasts* alléchants sans oublier, paraît-il, les neilleurs milk-shakes de l'île. Des notes le vert et de jaune ajoutent une pointe de style au décor. Ce *resort* où les gays sont les bienvenus dispose aussi de quelques bungalows branlants, mais la cuisine vaut mieux que l'hégergement.

Little Eden Restaurant LAOTIEN, INTERNATIONAL $$
Plats 35 000-60 000 LAK ;). Profitant de la brise qui souffle de la pointe de l'île, le Little Eden fait partie des meilleures adresses pour nanger une cuisine laotienne et occidentale haut de gamme. La carte variée comprend, entre autres, de tendres steaks de bœuf néo-zélandais, des spaghettis bolognaises et du *láap* au poisson. Un mojito à base de *lào-lào* vous mettra en condition.

Boathouse POISSON $$
030-955 5498 ; plats 25 000-60 000 LAK ; 7h-22h ;). Restaurant de poisson, installé dans une structure surélevée près du fleuve, tenu par un ancien pêcheur allemand marié à une laotienne du coin. Tout est fraîchement pêché et préparé, du poisson-chat cuit à la vapeur dans une feuille de bananier aux grillades de poisson au barbecue. Côté hébergement, renseignez-vous sur la Bountips Guesthouse attenante – les propriétaires devaient améliorer les bungalows, rudimentaires.

Rib Shack AMÉRICAIN $$
10 000 LAK/pièce). Lance, des Paradise Bungalows, cuisine de succulents travers de porc, accompagnés de garnitures telles que salade de chou cru, salade de pommes de terre et pain à l'ail, dans une barraque au cœur de Ban Hua Det.

Don Khon

Four Thousand Sunsets FUSION $
Plats 30 000-40 000 LAK ;). Le restaurant flottant de l'Auberge Sala Done Khone est un peu plus chic que la moyenne : nappes blanches et verres à pied donnent le ton, et la carte, éclectique, mêle des plats européens, thaïlandais et d'autres pays d'Asie. Il n'y a pas meilleur endroit pour contempler la lumière ambrée du coucher de soleil au-dessus du Mékong en prenant un verre.

Fleur du Mekong LAOTIEN $
(020-5572 1681 ; plats 15 000-40 000 LAK ; 7h-22h). La table du sympathique M. Noy, un guide francophone, est réputée pour sa cuisine laotienne, dont un délicieux curry de canard et du poisson cuit à la vapeur en papillote dans une feuille de bananier. Non loin du fleuve, à peu près en face du Seng Ahloune.

Chanthounma's Restaurant LAOTIEN $
(Plats 20 000 LAK). Un établissement un rien délabré, en retrait du fleuve, qui fait figure d'institution. Rouleaux de printemps, salade de papaye, plats végétariens... On déguste ici "une bonne nourriture convenant à tous les goûts".

Mamadam Restaurant LAOTIEN $
(Plats 35 000-50 000 LAK). Parmi les quelques restaurants à proximité des chutes de Li Phi, cette adresse familiale sert de savoureuses spécialités laotiennes. Moyennant 15 000 LAK de plus, vous pourrez apprendre à préparer ce que vous avez commandé.

Où prendre un verre et faire la fête

C'est à Ban Hua Det que les choses se passent, mais une sorte de couvre-feu semi-officiel semble avoir été instauré à 23h30 dans les bars. L'action se déplace ensuite vers la plage, avec parfois des feux de camp et des bains de minuit.

4000 Island Bar BAR
(Sunrise Blvd). Lors de notre passage, ce lieu proche du débarcadère était le plus animé, se remplissant chaque soir de jeunes voyageurs avides de nourriture "happy". Bien que censé fermer avant minuit, il reste le plus souvent ouvert jusqu'à 1h.

Reggae Bar BAR
On y vient ici pour se mettre en train avant de rejoindre le 4000 Island Bar. Des groupes de reggae et autres ou des *jam sessions* sont programmés presque chaque soir.

Renseignements

Le Paradise Bungalows (p. 263) possède un classeur rempli d'informations utiles à propos des îles, notamment sur les transports et les excursions à organiser soi-même. Il y a même une carte fiable qu'on peut photographier. La pension Mr Mo's (p. 263) est également une bonne source de renseignements. Plusieurs tour-opérateurs ont un kiosque dans la zone touristique de Ban Hua Det, mais ils cherchent surtout à vendre des circuits et des billets.

De nombreux cybercafés pratiquant le même tarif bordent l'artère principale de Ban Hua Det ; essayez **Mr Khieo Internet** (400 LAK/min). On en trouve aussi quelques-uns à Don Khon.

En l'absence de banque sur place, vous devrez prendre le ferry jusqu'à Ban Nakasang pour utiliser le distributeur de la BCEL. Certains circuits incluent dans leur itinéraire une halte "retrait d'argent" à cet endroit. Certaines pensions et restaurants changent les espèces à un taux désavantageux. La Little Eden Guesthouse (p. 262), à Don Det, fait même des avances sur carte bancaire moyennant 5% de commission.

C'est aussi à Ban Nakasang que vous trouverez les services postaux et médicaux les plus proches.

Depuis/vers Don Det et Don Khon

Le prix des bateaux pour les îles est fixé par l'association locale des bateliers. De Ban Nakasang à Don Det, le tarif est de 15 000 LAK/personne ou 30 000 LAK pour un seul passager. Il monte à 20 000-30 000 LAK/personne après 16h et encore davantage après la tombée de la nuit.

Quelques bateaux publics desservent Don Khon (25 000 LAK /personne, 50 000 LAK pour un seul passager). Si vous les ratez, on vous demandera la somme exorbitante de 200 000 LAK par embarcation. Pour économiser, rendez-vous à Don Det et ralliez Don Khon avec un vélo de location.

Les voyageurs qui veulent rejoindre Pakse réservent généralement leur billet sur l'île, qui comprend le bateau local et un transfert en bus ou minibus (70 000 LAK, 3 heures). La plupart des départs ont lieu vers 11h, puis en début de soirée quand les 2 bus en provenance du Cambodge passent par là. Tous s'arrêtent à Hat Xai Khun (pour Don Khong). Des *săwngthăew* plus lents pour Pakse quittent Ban Nakasang tôt le matin, jusqu'aux environs de 8h (40 000 LAK, 3 heures 30).

Il est possible de louer un bateau privé jusqu'à Don Khong au Paradise Bungalows (p. 263) ; il vous en coûtera 75 000 LAK/personne (2 passagers minimum).

Les bus à destination du Cambodge partent de Pakse et passent par Ban Nakasang vers 9h30. Préférez la compagnie Sorya – voir p. 253.

Comprendre le Laos

LE LAOS AUJOURD'HUI 268

La République démocratique populaire du Laos, État communiste à parti unique, pourrait presque s'apparenter à un pays capitaliste.

HISTOIRE 270

Le professeur Martin Stuart-Fox retrace l'histoire du Laos depuis le royaume de Lan Xang jusqu'à l'actuelle RDP du Laos, carrefour stratégique en Asie du Sud-Est.

CULTURE ET SOCIÉTÉ........................ 288

Le Laos renferme une incroyable mosaïque d'ethnies, chacune caractérisée par des croyances religieuses et des pratiques artistiques et artisanales uniques.

CUISINE LAOTIENNE.......................... 303

Parcourir le Laos c'est aussi prendre le temps de découvrir les saveurs de la gastronomie locale en goûtant aux diverses spécialités.

ENVIRONNEMENT 309

L'environnement du Laos est l'un des mieux préservés en Asie du Sud-Est, mais le développement de l'énergie hydroélectrique et les énormes gisements de minéraux sont des éléments délicats à maîtriser.

Le Laos aujourd'hui

Le Laos connaît quelques changements depuis la mise en place des politiques de libéralisation dans les années 1990. Il continue de dépendre de l'aide internationale, mais les donateurs traditionnels – gouvernements occidentaux et ONG – sont désormais relégués au second plan par la Chine, nouveau superdonateur. Mais si le mécontentement existe bel et bien à cause de l'absence de liberté et de la corruption, le Parti populaire révolutionnaire laotien, au pouvoir, ne fait pas encore face à une opposition interne forte.

À voir

The Rocket (2013). Sur fond de guerre, l'histoire d'un jeune garçon laotien a qui l'on reproche d'attirer le mauvais sort sur sa famille. Pour regagner la confiance de ses proches, il construit une fusée géante pour participer à un concours annuel. Tourné au Laos, ce film australien du réalisateur Kim Mordaunt a été primé aux festivals du film de Berlin et de Tribeca. C'est un ancien enfant des rues, Sitthiphon Disamoe, qui joue le rôle d'Ahlo.

À lire

Le Déjeuner du coroner (Colin Cotterill ; Le Livre de Poche, 2008). Découvrez le monde (l'univers) merveilleux du Dr Siri, coroner et fin limier dans le Laos des années 1970. Cette aventure est la première d'une série de huit.

Ant Egg Soup (Natacha Du Pont de Bie ; 2004). Les lecteurs anglophones savoureront ces "Aventures d'une gastronome au Laos". L'auteure a goûté un certain nombre de délices du Laos (dont certains ne conviendront certes pas à un estomac fragile) et agrémente son ouvrage de recettes et croquis (dessins).

Système politique

Le régime laotien se résume à un parti unique aux mains d'une élite de révolutionnaires vieillissants, qui contrôle l'exploitation des ressources naturelles du pays, peut réprimer toute dissidence et se montre suffisamment coopératif avec les donateurs étrangers pour continuer à percevoir les dollars de l'aide internationale.

Le Laos est une république communiste – la seule formation politique autorisée est le Parti populaire révolutionnaire laotien (PPRL). On considère généralement qu'il est plus ou moins divisé entre une vieille garde conservatrice et une génération plus jeune de responsables favorables à des réformes limitées. Certains diront que l'enjeu essentiel des querelles internes concerne les lucratifs pots-de-vin versés à ceux qui contrôlent les droits sur les ressources naturelles. D'autres affirment que les réformateurs s'attachent à accélérer le développement pour réduire la pauvreté. La vérité se situe probablement entre ces deux positions.

Économie

L'économie du Laos connaît une phase d'expansion. Après la sombre période de la crise asiatique, à la fin des années 1990, le taux de croissance a atteint 8% en 2011, l'une des meilleures performances de tout le continent. Les autres chiffres ne sont pas aussi flatteurs. La Banque mondiale classe le Laos parmi les pays les moins développés de l'Asie du Sud-Est, avec plus de 75% de la population vivant avec moins de 2 $US par jour. Plus des trois quarts des habitants vivent encore de l'agriculture de subsistance, et le produit intérieur brut était estimé à 8,3 milliards de dollars seulement en 2011.

Les bois, les vêtements, l'électricité et le café sont les principales exportations. Le tourisme est devenu ces dernières années l'une des principales sources de revenus étrangers.

Aide étrangère

L'aide étrangère est une constante de l'économie laotienne depuis le XIXe siècle. Les Français ont mis en place les infrastructures, puis les Américains ont investi massivement. L'aide soviétique et vietnamienne a accompagné tant bien que mal le pays jusque dans les années 1990, jusqu'à ce que le Japon, les pays occidentaux et les ONG commencent à financer le développement. La dépendance du Laos à l'égard de l'aide extérieure n'a rien d'étonnant si l'on considère la faiblesse de la fiscalité effective et le fait que le pays commence seulement à accroître sa capacité d'exportation grâce aux centrales hydroélectriques.

Ces dernières années la Chine a investi au Laos. Outre le développement des infrastructures (routes, barrages et plantations, notamment), ce phénomène a deux conséquences majeures. L'aide chinoise n'étant guère soumise à conditions, les entreprises chinoises qui construisent ces infrastructures se préoccupent peu des habitants et de l'environnement - contrairement à la politique des donateurs occidentaux qui, en contrepartie des différentes aides, demandent au gouvernement laotien d'améliorer le système et de participer au développement, plutôt que d'attendre le versement des dollars. D'autre part, le fait de compter la Chine au rang des principales sources de financement et comme modèle politique ne risque pas d'encourager le gouvernement laotien à mettre en place des réformes démocratiques.

Corruption

La corruption reste un problème majeur et les lois sont bafouées parce que la justice est aux mains du PPRL. Ce parti unique omnipotent favorise les arguments nationalistes et s'appuie sur eux, une option qui, si elle peut séduire les Lao des plaines, n'est guère du goût des minorités ethniques. La cohésion sociale ne pourra être maintenue qu'au prix d'une grande attention, et seul l'avenir dira si le PPRL a le ressort nécessaire pour mener à bien cette difficile entreprise.

La hausse des investissements s'est traduite par un essor des exportations et des recettes publiques. Les droits prélevés sur les activités minières, de même que le méga-barrage hydroélectrique Nam Theun II, achevé à la fin de 2010, constituent désormais une source importante de revenus pour l'État. Hélas, une grande part de cette richesse va directement dans les poches des responsables du parti. L'organisation Transparency International place le Laos au 161e rang (sur 174 pays au total) de son indice de perception des pays les moins corrompus pour l'année 2012, juste devant la République démocratique du Congo. Pour le plus grand malheur de la population, le pays est de fait gangréné par une corruption généralisée qui ne fait qu'accroître l'écart de niveau de vie entre les villes et les campagnes.

POPULATION : **6,6 MILLIONS D'HABITANTS**

SUPERFICIE : **236 800 KM²**

PAYS LIMITROPHES : **CAMBODGE, CHINE, MYANMAR (BIRMANIE), THAÏLANDE, VIETNAM**

LANGUE OFFICIELLE : **LAO**

PNB PAR HABITANT : **2 300 $US**

TAUX D'INFLATION : **7,8%**

Sur 100 personnes au Laos

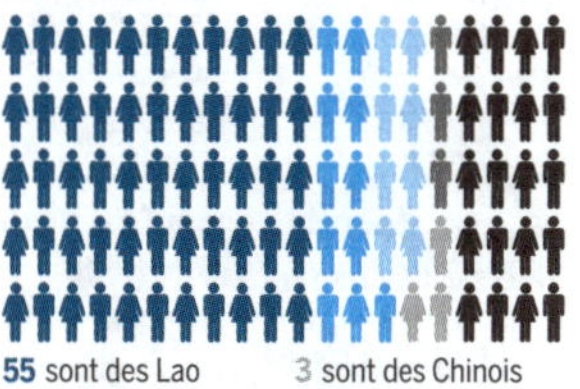

55 sont des Lao
11 sont des Khamu
8 sont des Hmong
3 sont des Chinois
3 sont des Vietnamiens
20 sont issus de minorités ethniques

Religion

(en %)

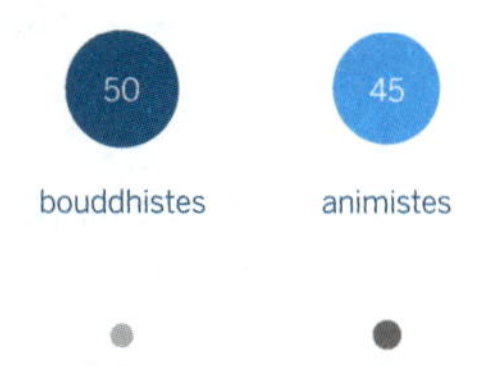

Population au km²

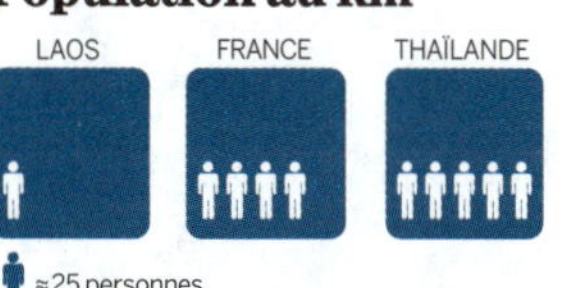

Histoire

Professeur Martin Stuart-Fox

Le Laos apparut pour la première fois dans la région sous le nom de Lan Xang, ou "royaume du million d'éléphants", au XIVe siècle. En dépit de quelques brèves périodes d'indépendance, il fut le plus souvent assujetti à des voisins plus puissants, en particulier le Siam et le Vietnam. Aspiré par le conflit vietnamien, le pays connut une longue guerre civile qui se solda par la prise de pouvoir des communistes en 1975. Longtemps isolé, il a finalement entamé des réformes économiques dans les années 1990, mais la perspective d'un changement politique semble encore lointaine.

Martin Stuart-Fox est professeur émérite à l'université du Queensland, en Australie. Il est l'auteur de 7 livres et de dizaines d'articles et contributions sur la politique et l'histoire du Laos.

La préhistoire et la migration thaï-lao

Les premiers *Homo sapiens* (hommes modernes) arrivèrent en Asie du Sud-Est il y a quelque 50 000 ans. Leur technologie de l'âge de pierre ne changea guère jusqu'à l'apparition d'une culture paléolithique environ 40 000 ans plus tard, la culture de Hoa Binh. Ces chasseurs-cueilleurs essaimèrent dans la majeure partie de l'Asie du Sud-Est, y compris au Laos. Leurs descendants fabriquèrent les premières poteries de la région et, par la suite, travaillèrent le bronze. Ils adoptèrent ensuite la riziculture, arrivée du sud de la Chine par la vallée du Mékong. Ce sont les ancêtres des actuelles minorités des hauts plateaux, collectivement appelées Lao Thoeng (Lao des hautes terres), dont les Khamu forment le groupe le plus important dans le nord du pays.

Le premier royaume du sud du Laos apparaît sous le nom de Chenla dans des textes chinois et date du Ve siècle. L'une de ses capitales se situait près de Champasak, non loin du Vat Phu, un temple khmer plus tardif. Un peu plus tard, les Môn – un peuple parlant une autre langue austro-asiatique – établirent des royaumes sur le moyen Mékong : Sri Gotapura (Sikhottabong en lao), avec sa capitale près de Tha Khaek, et Chanthaburi, à proximité de Viang Chan (Vientiane).

Des peuples thaïs commencèrent probablement à migrer du sud de la Chine vers le VIIIe siècle. Ils comprenaient les Thaï-Lao du Laos, les Thaï-Siam et les Thaï-Yuan du centre et du nord de la Thaïlande, et les Thaï-Shan du nord-est de la Birmanie. Tous parlaient des langues

CHRONOLOGIE

500

Shrestapura, première capitale du royaume môn-khmer du Chenla, est une cité prospère organisée autour du Vat Phu Champasak.

KATIE GARROD/GETTY IMAGES ©

➡ Vat Phu Champasak (p. 233)

1181

Jayavarman VII défait les Chams depuis Angkor et devient le souverain le plus puissant de l'Empire khmer, dont le territoire englobe la majeure partie du Laos.

thaïes apparentées, pratiquaient la riziculture dans les vallées fluviales et s'organisaient en petites principautés, les *méuang*, gouvernées par des dirigeants héréditaires, les *chao méuang* (seigneurs du *méuang*). Les Thaï-Lao, ou Lao, se déplacèrent lentement du nord-est au sud-ouest le long des rivières du nord du pays, comme la Nam Ou et la Nam Khan, jusqu'à ce qu'ils rejoignent le Mékong, le "Grand Fleuve".

Le royaume de Lan Xang

Le premier vaste royaume lao date du milieu du XIVe siècle, quand le Sud-Est asiatique continental expérimentait des mutations sociales et politiques sans précédent. Au début du XIIIe siècle, le grand roi khmer Jayavarman VII, qui avait restauré le pouvoir khmer et édifié la cité d'Angkor Thom, envoya ses armées au nord pour agrandir son empire, absorbant la région du moyen Mékong et le centre-nord de la Thaïlande. Ce territoire se révéla trop étendu et les Khmers commencèrent à se retirer vers le milieu du XIIIe siècle. À cette époque, la dynastie Yuan mongole, en Chine, abandonnait l'idée d'une nouvelle conquête en Asie du Sud-Est.

Ramkhamhaeng, le fondateur du royaume thaï-siam de Sukhothai, profita du vide politique laissé dans le centre de la Thaïlande. Au nord, son allié Mangray établit le royaume thaï-yuan de Lanna ("un million de rizières"), avec Chiang Mai pour capitale. D'autres petits royaumes thaïs furent créés à Phayao et à Xiang Dong Xiang Thong (Luang Prabang). Les Khmers conservaient cependant le pouvoir dans le sud du Laos et l'est de la Thaïlande.

LE MYTHE DES ORIGINES

Le *Nithan Khun Borom* (Histoire de Khun Borom), un ancien texte lao, raconte le mythe de la création des peuples lao, leurs relations et la fondation du premier royaume lao près de Luang Prabang. Selon le récit, des sons émanaient de deux courges géantes qui poussaient à Meuang Thaeng (l'actuelle Dien Bien Phu, au Vietnam). Les *khun*, des chefs divins, percèrent l'une d'elles à l'aide d'un tison brûlant et, du trou carbonisé, s'échappèrent les Lao Thoeng (Lao des hautes terres) à la peau sombre. Les *khun* trouèrent alors l'autre courge à l'aide d'un couteau et virent émerger les Thaï-Lao (ou Lao Loum, Lao des plaines) à la peau claire. Les dieux dépêchèrent alors Khun Borom pour régner sur les Lao Loum et les Lao Thoeng. Il eut sept fils, qu'il envoya fonder des royaumes dans les régions où vivaient des Thaïs (les hauts plateaux thaïs du Vietnam, le Xishuangbanna dans le sud de la Chine, l'État chan en Birmanie, la Thaïlande et le Laos). Alors que son plus jeune fils fondait le royaume de Xieng Khuang dans la plaine des Jarres, l'aîné, Khun Lo, descendit la Nam Ou, ravit la principauté de Meuang Sua à son souverain lao thoeng, et l'appela Xiang Dong Xiang Thong (et plus tard Luang Prabang).

1256

Kubilai Khan conquiert le royaume thaï de Nan Chao – dans la région du Xishuangbanna, au Yunnan, en Chine –, provoquant l'exode des Thaï vers le sud.

1353

Fa Ngum fonde le royaume lao de Lan Xang et fait construire une capitale à Xiang Dong Xiang Thong.

1421

À la mort du roi Samsenthai, fils et successeur de Fa Ngum, le Lan Xang éclate en factions rivales qui se combattent durant le siècle suivant.

1479

L'empereur vietnamien Le Thanh Tong envoie une armée, forte de nombreux éléphants, envahir le Lan Xang.

Nous savons qu'à cette époque Viang Chan, et peut-être Xiang Dong Xiang Thong, payait tribut à Sukhothai. Du fait de l'accroissement de sa puissance, Sukhothai augmentait sa pression sur les Khmers. Ces derniers cherchèrent un allié et choisirent un jeune prince lao, Fa Ngum, éduqué à Angkor. Son père avait dû fuir de Xiang Dong Xiang Thong après avoir séduit l'une des concubines de son propre père et Fa Ngum se retrouvait en première ligne pour hériter du trône.

En nommant son royaume Lan Xang Hom Khao ("un million d'éléphants et le parasol blanc"), Fa Ngum proclamait sa puissance et son rang. Les éléphants constituaient alors les chars d'assaut des guerres du Sud-Est asiatique et affirmer être le royaume du million d'éléphants revenait à mettre en garde les royaumes voisins : "Ne vous frottez pas aux Lao !" Le parasol blanc était l'emblème traditionnel de la royauté.

Les Khmers offrirent à Fa Ngum une princesse et une armée, puis l'envoyèrent au Nord ravir le moyen Mékong à Sukhothai, affaiblissant ainsi le royaume thaï-siam. Fa Ngum réussit sa mission et Sikhottabong reconnut sa suzeraineté, de même que Xieng Khuang et plusieurs autres *méuang* lao. Seule Viang Chan résista. Proclamé roi à Xiang Dong Xiang Thong, Fa Ngum finit par conquérir Viang Chan et nomma son empire en plein essor Lan Xang Hom Khao, ce qui signifie "un million d'éléphants et le parasol blanc". Il construisit une belle capitale à Xiang Dong Xiang Thong et entreprit d'organiser sa cour et son royaume ; s'aliénant l'aristocratie locale, il nomma ses généraux khmers à des postes prépondérants. Les vassaux devaient venir à la capitale tous les trois ans pour renouveler leur serment d'allégeance et payer leur tribut.

Alors que Fa Ngum offrait des sacrifices aux *phīi* (esprits traditionnels) du royaume, à la demande de son épouse, il introduisit le bouddhisme theravada khmer au Lan Xang. Selon les chroniques lao, ce fut le début de ses problèmes. Le roi du Cambodge envoya un important contingent de moines et d'artisans en amont du Mékong, mais ils ne purent dépasser Viang Chan : là, le Pha Bang – statue vénérée du Bouddha – qu'ils escortaient refusa mystérieusement de continuer vers la capitale lao en raison de l'immoralité du souverain, à juste titre, semble-t-il. Fa Ngum séduisait en effet les épouses et les filles des nobles de sa cour, qui décidèrent de le remplacer. Exilé à Nan (aujourd'hui en Thaïlande), il y mourut 5 ans plus tard. Il laissa néanmoins un puissant royaume qui, jusqu'au début du XVIIIe siècle, pouvait rivaliser avec le Siam, le Vietnam et la Birmanie.

Son fils, Un Heuan, lui succéda et prit le nom de Samsenthai, signifiant "300 000 Thaïs", le nombre des hommes susceptibles d'être incorporés dans l'armée. Il épousa des princesses des principaux royaumes thaïs (Lanna et Ayuthaya, qui avaient succédé à Sukhothai), consolida le royaume et développa le commerce. Il utilisa sa fortune pour construire des temples et embellir sa capitale.

Après la période de stabilité du long règne (42 ans) de Samsenthai, le Lan Xang fut ébranlé par des querelles de succession, un problème récurrent dans tous les *mandala* (cercles du pouvoir) du Sud-Est asiatique. Le plus jeune fils de Samsenthai monta finalement sur le

1501

Grâce au roi Visoun le royaume lao connaît une renaissance culturelle. Il installe un peu plus tard le Pha Bang, statue vénérée du Bouddha, à Luang Prabang.

1560

Le roi Setthathirat, petit-fils de Visoun, transfère la capitale à Viang Chan face à la menace de la Birmanie, nouvelle puissance dans la région.

1638

Le grand souverain lao, Suriya Vongsa, entame un règne de 57 ans, appelé l'"âge d'or" du royaume de Lan Xang.

1641-1642

Les premiers Européens à avoir écrit sur le Lan Xang arrivent à Viang Chan et fournissent des informations sur le commerce et la culture et le pouvoir du souverain.

trône, sous le nom de Xainya Chakkaphat (maître de l'univers) et, malgré ce titre arrogant, se révéla un souverain sage et avisé.

La fin de son règne fut marquée par la première grande invasion du Lan Xang, conduite par l'empereur du Vietnam Le Thanh Tong. À l'issue d'une âpre bataille (racontée en détail dans les chroniques lao, qui donnent jusqu'aux noms des éléphants combattants), les Vietnamiens s'emparèrent de Xiang Dong Xiang Thong et mirent la ville à sac. Xainya Chakkaphat s'enfuit et les Lao organisèrent la résistance. Affamées et décimées par le paludisme, les forces vietnamiennes durent finalement battre en retraite. Devant l'ampleur des pertes, le Vietnam se jura de ne plus jamais envahir le Lan Xang.

La consolidation du royaume

Le royaume lao retrouva sa puissance sous le règne de Visoun, l'un de ses plus grands souverains, qui accéda au trône en 1501. Ancien gouverneur de Viang Chan, il apporta à Xiang Dong Xiang Thong le Pha Bang, statue du Bouddha qu'il vénérait, et en fit la figure protectrice du royaume. Pour l'abriter, il fit édifier un temple somptueux, le Vat Visunarat (ou Vat Visoun), endommagé et réparé au fil des siècles et toujours présent à Luang Prabang.

Une nouvelle puissance était apparue dans la région : le royaume de Birmanie, et cette menace convainquit le roi Setthathirat de transférer sa capitale à Viang Chan en 1560. Le souverain avait auparavant fait édifier le plus beau temple bouddhique subsistant au Laos, le Vat Xieng Thong, et changé le nom de Xiang Dong Xiang Thong en Luang Prabang en l'honneur du Pha Bang, laissé sur place. Il emporta ce qu'il considérait comme une représentation plus puissante du Bouddha, le Pha Kaew, ou bouddha d'Émeraude.

Setthathirat reste le plus grand bâtisseur de l'histoire du Laos. Outre le Vat Xieng Thong, il construisit et restaura plusieurs monastères à Luang Prabang, et fit de même à Viang Chan. Parmi ses œuvres majeures, il fit édifier un nouveau palais sur les rives du Mékong, le grand stupa de That Luang, un temple pour le bouddha d'Émeraude (Vat Pha Kaeo), et finança divers temples royaux aux alentours du palais.

Il fallut ensuite plus de 60 ans pour qu'un autre grand roi lao monte sur le trône et mette un terme à une période de division, de querelles de succession, ponctuée d'une domination birmane intermittente. Couronné en 1638, Suriya Vongsa resta 57 ans au pouvoir. Son règne, le plus long de l'histoire du Laos, fut un âge d'or pour le royaume de Lan Xang, alors au faîte de sa puissance. Viang Chan, centre majeur d'enseignement bouddhiste, attirait à cette époque des moines de toute l'Asie du Sud-Est continentale.

Les royaumes du Sud-Est asiatique n'étaient pas des États au sens moderne du terme, dotés de frontières fixes ; leur territoire variait selon la puissance du centre. Les *méuang* (principautés) extérieurs pouvait faire allégeance ailleurs quand le centre était faible. Pour cette raison, les historiens préfèrent parler de *mandala*, un terme sanskrit signifiant "cercle de pouvoir" (*monthon* en lao).

1694

La mort de Suriya Vongsa provoque de nouveau la division du Lan Xang en royaume concurrents.

1707-1713

Le Lan Xang est divisé en trois royaumes plus petits et plus faibles : Viang Chan, Luang Prabang et Champasak.

1769

L'armée birmane envahit le nord du Laos et annexe le royaume de Luang Prabang.

1778

Les forces thaïes envahissent le sud du Laos et conquièrent le royaume de Champasak.

Le morcellement du royaume

Pour un panorama complet de l'histoire du Laos, lisez *Histoire du pays lao : de la préhistoire à la République* (L'Harmattan, 2000) de Savèngh Phinith, Phou Ngeu Souk-Aloun et Vannida Thongchanh.

Sévère et inflexible, le roi Suriya Vongsa refusa d'intervenir lorsque son fils et héritier, reconnu coupable d'adultère, fut condamné à mort. Ainsi, lorsque le souverain mourut en 1694, une nouvelle querelle de succession éclata et provoqua la division du Lan Xang. Le seigneur de Luang Prabang déclara le premier son indépendance, suivi quelques années plus tard par celui de Champasak, dans le sud du pays.

Jadis puissant, le Lan Xang fut partagé en trois (quatre en comptant Xieng Khuang) faibles royaumes régionaux, dont aucun ne pouvait résister au pouvoir grandissant du royaume thaï-siam d'Ayuthaya. Durant une cinquantaine d'années, les Siamois furent plus préoccupés par un regain des menaces birmanes, qui aboutirent à la chute et à la mise à sac d'Ayuthaya. Chiang Mai, comme Luang Prabang, payait déjà un tribut à la Birmanie.

Cependant, les Siamois se relevèrent rapidement. Sous la conduite de Taksin, un jeune commandant charismatique né d'un père chinois et d'une mère siamoise, ils chassèrent les Birmans du centre et du nord du Siam et Chiang Mai fut rattachée au Siam. Après avoir organisé son royaume et construit une nouvelle capitale, Taksin envisagea d'autres conquêtes et se tourna vers les royaumes lao. En 1799, tous trois s'étaient rendus aux armées siamoises, payaient régulièrement un tribut à Bangkok et avaient accepté la suzeraineté du Siam, qui s'était emparé du bouddha d'Émeraude.

Lorsque Chao Anou succéda à ses deux frères à la tête du royaume de Viang Chan, il était résolu à obtenir l'indépendance. Après avoir acquis quelque mérite grâce au financement de monastères bouddhiques et à la construction du Vat Si Saket, il passa à l'action en 1826 et envoya trois

PREMIERS CONTACTS

Le premier Européen à avoir laissé une description du royaume lao arriva à Viang Chan (qui sera plus tard appelée Vientiane) en 1641. Il s'agissait de Gerrit van Wuysthoff, un négociant employé par la Compagnie néerlandaise des Indes orientales, qui souhaitait ouvrir une route commerciale le long du Mékong. Avec son petit groupe, il fut royalement accueilli durant son séjour de 8 jours dans la capitale. Van Wuysthoff donne plus de détails sur les prix des marchandises que sur la culture ou la religion lao. Il fut suivi un an plus tard par un visiteur, qui a rédigé une description plus intéressante de la Viang Chan du XVIIe siècle. Missionnaire jésuite, Giovanni-Maria Leria séjourna 5 années à Viang Chan. Il eut peu de succès dans ses tentatives de conversion au christianisme et finit par abandonner. En revanche, il s'attacha à la population (hormis les moines) et a merveilleusement décrit le palais royal et les demeures des nobles.

1826-1828

Chao Anou succède à ses deux frères aînés sur le trône de Viang Chan et mène une guerre contre le Siam pour l'indépendance du Laos. Il est fait prisonnier et Viang Chan est mise à sac par les armées siamoises.

1867

Des membres de l'expédition française du Mékong arrivent à Luang Prabang. Au cours des 20 années suivantes, la cité est au cœur de luttes et la France offre sa protection au roi.

1885

Après des siècles d'invasions successives par les puissances voisines, l'ancien Lan Xang est fragmenté en une série d'États sous le contrôle du Siam.

1887

Luang Prabang est pillée et incendiée par des Thaïs des hauts plateaux et des mercenaires chinois ; seul le Vat Xieng Thong est épargné.

armées sur le Mékong et à travers le plateau de Khorat. Passé l'effet de surprise, les Siamois se reprirent, repoussèrent les Lao et s'emparèrent de Viang Chan. Chao Anou s'enfuit, mais fut capturé un an plus tard alors qu'il tentait de reprendre la cité. Les Siamois se montrèrent alors impitoyables ; ils mirent la ville à sac, n'épargnant que le Vat Si Saket, et déplacèrent la population à l'est du Mékong. Chao Anou mourut en prison à Bangkok.

Durant les 60 années suivantes, les *méuang* lao, de Champasak à Luang Prabang, versèrent des tributs au Siam. Dans un premier temps, ces deux petits royaumes conservèrent un certain degré d'indépendance, mais furent bientôt étroitement contrôlés par le Siam. Ce dernier cherchait alors à consolider son empire pour faire face à l'arrivée d'une nouvelle puissance dans la région : la France, qui avait établi un protectorat sur la majeure partie du Cambodge en 1863.

Quatre ans plus tard, une expédition française partie explorer et cartographier le Mékong arriva à Luang Prabang, à l'époque la plus grande ville en amont de Phnom Penh, au Cambodge. Dans les années 1880, Luang Prabang se retrouva au cœur d'une lutte qui opposait les Siamois, les Français et des bandes de mercenaires chinois. En 1887, la ville fut pillée et incendiée par un groupe composé de Thaïs des hauts plateaux et de mercenaires ; seul le Vat Xieng Thong fut épargné. Le roi prit la fuite sur le Mékong en compagnie d'un explorateur français, Auguste Pavie, qui lui offrit la protection de la France.

La Société du Laos siamois au XIXe siècle (L'Harmattan, 2003), d'Étienne Aymonier, un auteur qui a longtemps séjourné au Laos, analyse de façon particulièrement éclairante cette période de l'histoire sous domination siamoise.

La période coloniale

Au bout du compte, la France s'imposa par la politique de la canonnière. En 1893, un navire de guerre français parvint à remonter la Chao Phraya jusqu'à Bangkok et braqua ses canons sur le palais royal. Sous la contrainte, les Siamois acceptèrent de céder à la France tous les territoires à l'est du Mékong. Le Laos devint ainsi une colonie française – Luang Prabang obtenant le statut de protectorat, tandis que le reste du pays passait sous administration directe.

En 1900, Viang Chan (appelée Vientiane par les Français) redevint la capitale administrative du Laos, mais le siège du pouvoir se trouvait en réalité à Hanoi, la capitale de l'Indochine française. En 1907, un nouveau traité franco-siamois ajoutait deux territoires à l'ouest du Mékong au Laos (la province de Sainyabuli et une partie du Champasak), tandis que le Cambodge récupérait les provinces de Siem Reap et de Battambang.

Dans l'esprit des autorités françaises à Saigon (actuelle Hô Chin Minh-Ville), les territoires laotiens devaient servir de tremplin pour la poursuite de l'expansion coloniale et l'absorption du nord-ouest de l'actuelle Thaïlande, une région qui avait été peuplée par des Lao et gouvernée par Vientiane. Cependant, la France se préoccupait plus de

1893

Un navire de guerre français parvient à Bangkok et force les Siamois à abandonner à la France la souveraineté sur tous les territoires lao à l'est du Mékong.

1904

Sisavang Vong devient roi de Luang Prabang avec le soutien des Français.

1907

Un traité international fixe les frontières actuelles du Laos. Vientiane (orthographe française de Viang Chan) devient la capitale administrative.

1935

Le parti communiste indochinois (PCI), fondé par Hô Chi Minh en 1930, enregistre les deux premiers membres laotiens.

l'Europe que de l'Indochine au début du XXe siècle, et la rivalité avec la Grande-Bretagne s'était muée en amitié à l'approche de la Première Guerre mondiale. Environ 80% de la population lao vivait à l'intérieur des frontières du Siam, tandis qu'au Laos français, les Lao représentaient moins de la moitié des habitants. Des minorités ethniques composaient le reste de la population.

Les Français mirent en place l'administration coloniale en quelques années. Ils construisirent à Vientiane la demeure du résident supérieur sur le site de l'ancien palais royal, une caserne pour le petit détachement militaire, un tribunal, une prison et des logements pour les interprètes et les fonctionnaires, vietnamiens pour la plupart. Suivirent plus tard un hôpital, un marché couvert et des écoles. Les sites des anciens monastères furent préservés et de nouveaux temples furent bâtis par la population laotienne. Des commerçants chinois, des artisans vietnamiens et quelques négociants français s'installèrent dans le centre-ville, près du Mékong, repoussant plus loin les Laotiens. Néanmoins, la capitale s'agrandit lentement et ne comptait guère plus de 8 000 habitants en 1925.

La présence française se révéla plus discrète dans le reste du pays. À Luang Prabang, à Savannakhet et à Pakse, l'aménagement urbain et les services furent introduits peu à peu. L'architecture coloniale vint embellir les villes et de spacieuses villas furent édifiées pour les hauts fonctionnaires français. Des liaisons fluviales, fortement subventionnées, relièrent les villes laotiennes du Mékong à Phnom Penh et à Saigon.

L'explorateur et naturaliste Henri Mouhot est le premier Français qui arriva au Laos. Il mourut du paludisme en 1861 près de Luang Prabang, où l'on peut toujours voir sa tombe.

Le Laos demeurait toutefois un coin perdu et une charge dans le budget de l'Indochine, en dépit des projets coloniaux d'exploitation. Malgré des impôts élevés et un système de corvée, notamment pour la construction des routes, la colonie ne parvint jamais à l'équilibre financier. Si du bois était flotté en aval du Mékong et des gisements d'étain découverts dans le centre du Laos, les bénéfices restaient maigres. On cultivait du café dans le Sud et du pavot à opium dans le Nord, passé pour la plupart clandestinement en Chine. Les Français s'efforcèrent de développer le commerce le long du Mékong vers le Vietnam, mais les routes traditionnelles à travers le plateau de Khorat vers Bangkok étaient plus rapides et moins coûteuses.

Dans l'entre-deux-guerres, la France tenta par divers moyens de rendre le pays économiquement rentable. Un projet visait à construire une voie ferrée à travers les montagnes qui séparaient le Laos du Vietnam, afin de relier les villes laotiennes du Mékong et la côte vietnamienne. L'idée était d'encourager la migration de paysans vietnamiens pour remplacer les Laotiens, jugés indolents par les colons. À terme, les premiers auraient supplanté les seconds et produit un excédent économique. La construction débuta du côté vietnamien, mais la crise de 1929 mit un terme au financement de l'entreprise… et à la vietnamisation du Laos.

1942

Alors que la Deuxième Guerre mondiale s'étend en Asie, les Japonais occupent le Laos avec la coopération des autorités coloniales françaises pro-Vichy.

1945

Les Japonais occupent le Laos et obligent le roi à déclarer l'indépendance. Un mouvement de résistance nationaliste, le Lao Issara (Laos libre), forme un gouvernement provisoire.

1946

Les Français réoccupent le Laos et exilent le gouvernement du Lao Issara.

1949

La France octroie une indépendance partielle au Laos dans le cadre de la Fédération indochinoise. Certains dirigeants du Lao Issara reviennent pour œuvrer à l'indépendance totale.

Nationalisme et indépendance

Le mouvement pour l'indépendance se développa lentement au Laos. Les Français justifiaient la colonisation en affirmant protéger les Laotiens contre des voisins agressifs, en particulier les Siamois. Dans l'ensemble, la petite élite locale, consciente de sa faiblesse, se satisfaisait de cette interprétation malgré son désaccord à l'égard de la forte présence vietnamienne. Le Parti communiste indochinois (PCI), fondé par Hô Chi Minh en 1930, ne revendiquait pas une indépendance séparée pour le Vietnam, le Cambodge et le Laos. Il ne réussit à recruter ses deux premiers adhérents laotiens qu'en 1935. Jusque-là, les membres du PCI résidant au Laos étaient tous des Vietnamiens, fonctionnaires ou employés dans les mines d'étain.

Le déclenchement de la Seconde Guerre mondiale fragilisa la position de la France en Indochine. Un nouveau gouvernement farouchement nationaliste à Bangkok profita de l'affaiblissement de la France pour reprendre les territoires "perdus" 50 ans auparavant. Il renomma le Siam Thaïlande et ouvrit les hostilités. Un accord de paix conclu sous les auspices du Japon ravit au Laos ses terres à l'ouest du Mékong, au grand dam des Laotiens.

Pour contrer la propagande expansionniste de Bangkok, les Français encouragèrent le nationalisme laotien. En vertu d'un accord passé entre le Japon et le gouvernement de Vichy, l'administration française restait en place et les troupes japonaises bénéficiaient d'une liberté de mouvement. Dès le début de l'année 1945, les Japonais commencèrent à soupçonner les Français de se tourner vers les Alliés. Le 9 mars, ils frappèrent un grand coup dans toute l'Indochine et arrêtèrent tous les militaires et fonctionnaires français. Au Laos, quelques soldats français réussirent à se cacher dans la jungle et organisèrent la résistance avec leurs alliés laotiens.

Les Japonais gouvernèrent le Laos durant six mois, jusqu'à ce que les bombardements atomiques de Hiroshima et de Nagasaki mettent un terme à la Seconde Guerre mondiale. Pendant cette période, ils contraignirent le roi Sisavang Vong à proclamer l'indépendance du royaume et un mouvement nationaliste de résistance, le Lao Issara (Laos libre), vit le jour. Lors de la capitulation du Japon le 15 août, le Lao Issara forma un gouvernement provisoire dirigé par le prince Phetsarat, un cousin du roi. Le pays était unifié pour la première fois depuis le début du XVIIIe siècle. Cependant, le monarque revint sur la déclaration d'indépendance, estimant que le Laos avait toujours besoin de la protection de la France. La tension grimpa rapidement entre Luang Prabang et Vientiane. Après que le souverain eut démis Phetsarat de

1950

Le Pathet Lao (communiste) forme un gouvernement de résistance. Souphanouvong en devient son représentant et est également président du Front du Laos libre.

1953

Le traité d'amitié et d'association franco-laotien accorde une totale indépendance au Laos. À l'issue d'une conférence tenue à Genève, une zone de regroupement est réservée aux forces du Pathet Lao.

1955

Les dirigeants du Pathet Lao forment le Parti populaire lao (PPL, le futur Parti populaire révolutionnaire lao) et un large front politique appelé Front patriotique lao (FPL).

1957

Formation du premier gouvernement de coalition, qui s'effondre après une crise financière et politique.

sa fonction de Premier ministre, l'Assemblée nationale provisoire, où siégeaient 45 nationalistes, vota une motion déposant le roi.

Les Français, déterminés à reprendre le contrôle de leur empire indochinois, tiraient les ficelles en coulisses. À la fin de la guerre, l'armée chinoise occupait le territoire indochinois au nord du 16e parallèle, et les troupes indo-britanniques prenaient position au sud pour accepter la reddition du Japon. La Grande-Bretagne laissa rapidement les Français reprendre les commandes. En mars 1946, lors d'une trêve entre le Viêt-minh et la France au Vietnam, les forces françaises attaquèrent le Nord afin de reprendre le contrôle du reste du Laos. Le gouvernement Lao Issara dut s'exiler à Bangkok, laissant la France conclure un accord avec le roi, qui réaffirmait l'unité du Laos et étendait l'autorité du souverain sur le pays entier. Les territoires de la rive ouest du Mékong, pris par la Thaïlande en 1940, furent rendus au Laos.

En 1949, alors que la situation semblait bloquée entre le Viêt-minh et l'armée française au Vietnam, la France, désireuse de consolider sa position au Laos, octroya davantage de souveraineté au pays. Cette indépendance partielle lui permit d'être reconnu par la Grande-Bretagne et les États-Unis. La promesse d'une amnistie provoqua le retour de la plupart des dirigeants du Lao Issara, afin de participer au processus politique. Parmi eux se trouvait Souvanna Phouma, un jeune frère de Phetsarat, qui resta en Thaïlande. Pendant ce temps, Souvine Souphanouvong, le demi-frère des deux princes, incitait ses partisans à rejoindre le Viêt-minh et à poursuivre la lutte anticoloniale.

Dans *Guérilla au Laos* (L'Harmattan, 2000), Jean Deuve, qui fut parachuté au Laos comme chef d'un groupement de guérilla antijaponais, raconte l'occupation japonaise au Laos, les massacres qui l'ont accompagnée, la résistance formée autour des membres des services secrets parachutés de France et les activités des groupes de guérilla franco-lao.

La montée du Pathet Lao

La décision des trois princes de suivre des chemins séparés provoqua la scission du Lao Issara. Ceux qui rentrèrent au Laos continuèrent de se battre pour obtenir l'indépendance totale, dans le cadre légal. Ceux qui rejoignirent le Viêt-minh poursuivaient un but politique très différent : l'expulsion des Français et la formation d'un régime marxiste. Leur mouvement prit le nom de Pathet Lao (pays des Lao) après la formation, en août 1950, du gouvernement de résistance du Pathet Lao, soutenu par le Viêt-minh.

Le prince Souphanouvong, qui sera surnommé le "Prince rouge", fut l'architecte de l'alliance entre le Lao Issara et le Viêt-minh. En août 1950, Souphanouvong devint le représentant du gouvernement de résistance et le président du Front du Laos libre (FLL, Naeo Lao Issara), qui succédait au Lao Issara dissous. Cependant, deux autres hommes, membres du Parti communiste indochinois (contrairement à Souphanouvong), détenaient le véritable pouvoir : Kaysone Phomvihane, ministre de la Défense, et Nouhak Phoumsavan, ministre de l'Économie et des Finances.

1958
Le gouvernement tombe et le Comité pour la défense des intérêts nationaux (CDIN) de droite, soutenu par les États-Unis, accède au pouvoir.

1960
De vastes régions du pays sont en proie à la lutte armée. Un coup d'État neutraliste précède la bataille de Vientiane.

1961
Dans le contexte de la guerre du Vietnam, la CIA reçoit l'ordre de former une "armée secrète" dans le nord du Laos.

1962
Les accords de Genève sur le Laos établissent un 2e gouvernement de coalition, avec un nombre de portefeuilles équivalent pour le Pathet Lao et la droite et la majorité absolue pour les neutralistes.

À cette époque, la victoire des communistes en Chine en 1949 avait changé la donne de la guerre d'Indochine. Désormais approvisionné en armes chinoises, le Viêt-minh élargissait la guerre et les Français se retrouvaient sur la défensive. En 1953, une division Viêt-minh envahit le nord du Laos et marcha sur Luang Prabang. Elle se replia devant l'arrivée de renforts français, laissant la région au Pathet Lao. Pour éviter une nouvelle incursion au Laos, les Français installèrent une base importante dans la vallée reculée de Dien Bien Phu, au nord du Vietnam près de la frontière laotienne. C'est là que se déroula la bataille décisive de la guerre d'Indochine. Isolée, la garnison française fut encerclée par les troupes Viêt-minh et pilonnée par l'artillerie, dissimulée dans les montagnes. Les Français, uniquement ravitaillés par les airs, tinrent plus de deux mois, avant de se rendre le 7 mai 1954. Le lendemain s'ouvrait à Genève la conférence qui devait mettre un terme à la guerre.

Partage et unité

La France ayant déjà octroyé leur indépendance au Cambodge et au Laos en octobre 1953, c'est en tant que représentante d'un pays libre et indépendant que la délégation laotienne participa à la conférence de Genève. Il fut accepté de partager temporairement le Vietnam entre le Nord et le Sud, chacun doté d'une administration séparée, et d'organiser des élections libres et équitables dans chaque partie avant la fin de 1956. Le Cambodge conserva son unité territoriale. Au Laos, deux provinces du Nord-Ouest – Hua Phan et Phongsali – furent dévolues au regroupement des forces du Pathet Lao. Le mouvement put y conforter son organisation politique et militaire, tout en négociant avec le Gouvernement royal laotien (GRL) la réintégration des deux provinces dans un État unifié.

Tout d'abord, les dirigeants du Pathet Lao fondèrent un parti marxiste laotien. Il fallut attendre 1955 pour justifier la création du Parti populaire lao (PPL), qui prit le nom de Parti populaire révolutionnaire laotien (PPRL) lors du IIe Congrès en 1972.

Dans la ligne marxiste classique, le PPL créa en 1956 un large front politique, le Front patriotique laotien (FPL), derrière lequel le parti pouvait agir en secret. Souphanouvong était le président du FPL et Kaysone Phomvihane, le secrétaire général du parti. Avec d'autres membres de l'"équipe", ils dirigèrent la révolution lao au cours de ses "30 années de lutte" (1945-1975) pour le pouvoir. Pendant cette période, aucune lutte de factions ne menaça le mouvement, une force considérable comparée aux divisions qui minaient ses opposants.

La réunification du pays, priorité majeure du Gouvernement royal lao, impliquait une solution politique acceptée par le Pathet Lao. Démantelé depuis deux siècles, le Laos eut la malchance de renaître en tant qu'État indépendant en pleine guerre froide, après avoir été conçu dans le chaos

1964

Les États-Unis entament une guerre aérienne au Laos, la "guerre secrète", essentiellement contre les positions communistes dans la plaine des Jarres.

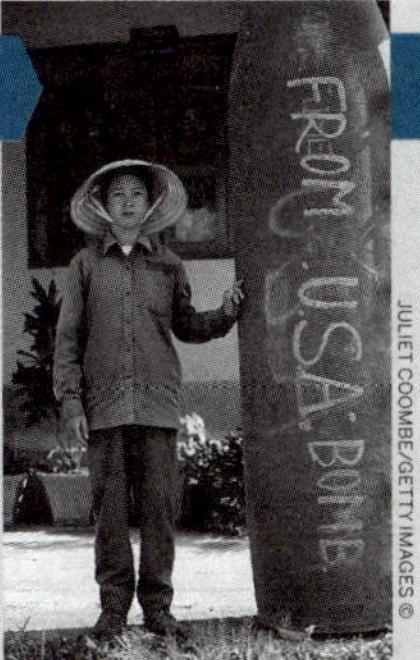

JULIET COOMBE/GETTY IMAGES ©

➡ Bombe désamorcée

1964-1973

La guerre du Vietnam s'étend au Laos. La présence américaine et nord-vietnamienne s'accroît et le pays est bombardé sur toute sa longueur.

1968

L'offensive du Têt mené par le Viêt-cong au Vietnam retourne l'opinion américaine contre la guerre.

de la Seconde Guerre mondiale et construit durant la tragédie de la guerre du Vietnam. Dès le début, l'État laotien fut déchiré par des divisions idéologiques que le peuple s'efforça courageusement de surmonter, mais qui ne cessèrent d'être attisées par l'ingérence étrangère.

Isolé dans ses bases reculées, le Pathet Lao dépendait entièrement des Nord-Vietnamiens pour les armes et pratiquement toute autre assistance. Ces derniers ne s'intéressaient qu'à la réunification du Vietnam dans un régime communiste. Parallèlement, le Gouvernement royal laotien (GRL) dépendait de plus en plus des États-Unis, qui avaient rapidement supplanté la France en tant que principal bailleur de fonds. Le Laos devint ainsi un terrain d'affrontement des deux blocs de la guerre froide.

C'est au Premier ministre Souvanna Phouma qu'incomba la tâche de composer avec les divergences idéologiques et les ingérences étrangères. Il négocia avec son demi-frère Souphanouvong un accord prévoyant l'entrée de deux ministres et deux vice-ministres du Pathet Lao dans un gouvernement de coalition. Les provinces du Pathet Lao furent réintégrées dans l'administration royale. Des élections furent tenues et, contre toute attente, se soldèrent pas un bon résultat du Front patriotique lao (FPL). Les États-Unis ne décoléraient pas.

Presque entièrement dépendant des subsides américains, le Laos fut plongé dans une grave crise politique et financière lorsque les États-Unis suspendirent leur aide en août 1958, à la suite de la nomination de ministres du Pathet Lao. Ce fut le glas du premier gouvernement de coalition, qui avait duré 8 mois.

Alors que les affrontements reprenaient dans une partie du pays, des voix commencèrent à s'élever contre cette guerre fratricide. Le 9 août 1960, un modeste officier, commandant du second bataillon de parachutistes de l'armée royale, s'empara du pouvoir à Vientiane alors que la quasi-totalité du gouvernement se trouvait à Luang Prabang pour préparer les obsèques du roi Sisavang Vong. Le capitaine Kong Le annonça au monde que le Laos revenait à une politique de neutralité et exigea que Souvanna Phouma redevienne Premier ministre. Le roi Sisavang Vatthana accepta, mais le général Phoumi refusa de participer et partit dans le centre du pays pour organiser l'opposition au nouveau gouvernement.

Il était soutenu par le gouvernement thaïlandais et par l'Agence centrale de renseignements (CIA) des États-Unis, qui lui fournissaient argent et armes. En décembre, il était prêt à marcher sur Vientiane, où se déroula une bataille acharnée, mais inégale. Kong Le se replia dans la plaine des Jarres, où ses troupes se regroupèrent avec des unités du Pathet Lao. Le gouvernement neutraliste s'affirmait toujours le gouvernement légitime du pays et, en tant que tel, recevait des armes de l'Union soviétique via le Vietnam, qui, pour la plupart, profitaient au Pathet Lao. Dans le pays, de vastes secteurs tombaient aux mains des communistes, et les offensives

1974

Le cessez-le-feu de 1973 au Vietnam met un terme aux combats au Laos et permet la formation d'un troisième gouvernement de coalition.

1975

Les communistes s'emparent du pouvoir et instaurent la République démocratique populaire lao (RDPL). Elle sonne le glas de 650 années de monarchie.

1979

Abandon des coopératives agricoles et introduction des premières réformes économiques.

1986

Le "nouveau mécanisme économique" ouvre la voie à l'économie de marché et aux investissements étrangers.

de l'armée royale se soldaient par des défaites et des désastres. Les États-Unis envoyèrent des soldats en Thaïlande pour empêcher toute tentative de traversée du Mékong par les forces communistes, et il sembla, durant une période, que l'intervention majeure de l'armée américaine dans la région aurait lieu au Laos plutôt qu'au Vietnam.

La deuxième coalition et la guerre du Vietnam

À cette époque, le nouveau gouvernement du président Kennedy réfléchit à l'opportunité d'une guerre au Laos. Puis il fit volte-face et décida de soutenir la neutralité du pays. Une nouvelle conférence fut organisée à Genève en mai 1961, mais les travaux traînèrent, les trois factions laotiennes ne parvenant pas à s'entendre sur un compromis politique permettant la formation d'un deuxième gouvernement de coalition. La droite, conduite par le général Phoumi, se montrait particulièrement récalcitrante et n'accepta de coopérer qu'après la suspension de l'aide américaine et une défaite militaire dans le nord du pays.

Les "trois princes" (Souvanna Phouma pour les neutralistes, Souphanouvong pour le Pathet Lao et Boun Oum, prince héréditaire du Champasak et dirigeant de la droite) finirent par s'accorder sur la composition d'un gouvernement de coalition avec une représentation identique du Pathet Lao et de la droite (4 postes chacun), et une majorité absolue des neutralistes (11 postes). Les délégués des 14 pays participants se retrouvèrent à Genève en juillet 1962 pour signer l'accord international garantissant la neutralité du Laos et interdisant toute présence militaire étrangère dans le pays. Au Laos, le gouvernement de coalition prit ses fonctions dans un climat de confiance et d'espoir.

Les premières fissures apparurent dans la façade de la coalition au bout de quelques mois, provoquées par la guerre au Vietnam. Les Nord-Vietnamiens comme les Américains manœuvraient pour l'avantage stratégique et ne pouvaient laisser la neutralité laotienne leur barrer le chemin. En dépit des accords de Genève, les deux camps continuèrent d'approvisionner leurs alliés respectifs en armes et en ravitaillement. Aucune puissance étrangère ne faisait de même avec les neutralistes, qui se retrouvèrent pris en étau entre la droite et la gauche.

Pour les Vietnamiens, la neutralité laotienne devait permettre de maintenir en l'état les sphères de contrôle militaire existantes : la droite dans les plaines du Mékong, le Pathet Lao dans les hauts plateaux de l'est, et quelques unités neutralistes de Souvanna Phouma entre les deux. Hanoi attendait que le gouvernement laotien, comme celui du Cambodge, le laisse utiliser son territoire pour acheminer hommes et fournitures au

Un Américain au Laos aux débuts de l'aide américaine. 1954-1957 d'Alex Moore (L'Harmattan, 2000) raconte l'arrivée à Vientiane d'un fonctionnaire des États-Unis et les activités de l'US Operations Missions (USOM) au Laos.

1987
Une guerre frontalière de 3 mois éclate entre le Laos et la Thaïlande, pour s'achever par une trêve en février 1988.

1991
Promulgation, en août, de la Constitution de la République démocratique populaire lao. Le général Khamtay Siphandone devient chef de l'État.

1992
Kaysone Phomvihane, ancien chef de l'État et leader du Parti populaire révolutionnaire laotien (PPRL), meurt à l'âge de 71 ans.

1995
Luang Prabang est inscrite au patrimoine mondial de l'Unesco. Le Vat Phu, l'ancien temple khmer proche de Champasak, le sera en 2001.

L'"ARMÉE SECRÈTE" ET LES HMONG

Après l'indépendance du Laos en 1953, les États-Unis entraînèrent et financèrent l'armée royale lao dans le cadre de leur stratégie de lutte contre le communisme en Asie du Sud-Est. En 1961, des agents de la CIA entrèrent en contact avec les minorités hmong qui vivaient dans la plaine des Jarres et aux alentours. Ils leur transmirent un message simple – "Méfiez-vous des Vietnamiens, ils prendront vos terres" – leurs distribuèrent des armes et leurs donnèrent une formation rudimentaire, faisant une vague promesse d'autonomie hmong. À cette époque, la plaine des Jarres était aux mains des neutralistes et du Pathet Lao, soutenu par les Nord-Vietnamiens. Afin de protéger les populations les plus vulnérables, plusieurs milliers de Hmong se déplacèrent dans les montagnes au sud de la plaine. Leur chef était un jeune officier hmong du nom de Vang Pao.

En octobre 1961, le président John F. Kennedy donna l'ordre de recruter une force de 11 000 Hmong, commandée par Vang Pao. Sous la supervision de la CIA, ils reçurent une formation dispensée par des centaines de conseillers des forces spéciales américaines et thaïlandaises, ainsi que des armes et de la nourriture parachutées par Air America.

Peuple indépendant et endurant, les Hmong avaient émigré au Laos au début du XIXe siècle, fuyant la Chine où ils étaient persécutés. En 1918, ils se soulevèrent contre l'administration française, une rébellion que la France mit quatre ans à réprimer. À la fin des années 1930, la direction hmong se divisa sur les droits de représenter la communauté. Pour cette raison, lors de la guerre d'Indochine, une majorité de Hmong se rangèrent aux côtés de la France (et plus tard du gouvernement royal) et une importante minorité rejoignirent le Pathet Lao. Les Hmong qui formaient l'"armée secrète" furent recrutés parmi les premiers.

L'adoption d'une politique de neutralité et la formation du deuxième gouvernement de coalition en 1962 s'accompagnèrent du retrait officiel du personnel militaire américain. Bien qu'ils aient signé les accords de Genève cette même année, les États-Unis poursuivirent leurs opérations clandestines, en particulier l'approvisionnement et la formation de l'"armée secrète" pour des actions de guérilla. Le siège secret de la CIA se trouvait à Long Cheng, et Sam Thong, avec plusieurs milliers d'habitants, était la plus importante localité hmong.

Au cours des 12 années suivantes, l'"armée secrète" hmong mena une incessante campagne de guérilla contre les forces régulières nord-vietnamiennes lourdement armées, qui occupaient la plaine des Jarres. Elle était soutenue par les États-Unis, une opération qui ne fut révélée au public américain qu'en 1970. Ainsi, alors que l'armée américaine combattait au Vietnam, une guerre secrète se déroulait au Laos. Les Hmong se battaient parce qu'ils se méfiaient des communistes et qu'ils espéraient que les États-Unis les aideraient à obtenir l'autonomie, mais ils payèrent le prix fort. En septembre 1969, avec l'aide de l'aviation américaine, ils parvinrent à reprendre la plaine des Jarres. Six mois plus tard, une contre-offensive communiste les repoussa dans les montagnes et ils subirent de terribles pertes.

La guerre s'éternisant, elle fit tant de victimes parmi les Hmong qu'il devint difficile de trouver de nouvelles recrues. Des garçons de 12 ans furent envoyés au combat. L'"armée secrète" fut renforcée par d'autres minorités, dont des Yao (Mien) et des Khamu, ainsi que par des bataillons entiers de volontaires thaïlandais. Au début des années 1970, elle comptait plus de 30 000 hommes, dont environ un tiers de Thaïlandais.

Quand un cessez-le-feu fut signé en 1973, avant la formation du troisième gouvernement de coalition, l'"armée secrète" fut officiellement dissoute. Les volontaires thaïlandais rentrèrent chez eux et les unités hmong furent intégrées dans l'armée royale lao. On avance le chiffre de 12 000 morts et de plus de 30 000 blessés parmi les Hmong, mais ces chiffres pourraient être plus élevés.

Les années de guerre avaient alimenté une profonde défiance, et 120 000 Hmong sur une population de quelque 300 000 quittèrent le Laos après 1975, plutôt que de vivre sous un régime communiste. Presque tous s'installèrent aux États-Unis. Parmi les Hmong qui s'étaient rangés aux côtés du Pathet Lao, plusieurs détiennent aujourd'hui des postes importants dans le Parti populaire révolutionnaire lao (PPRL) et au gouvernement.

Sud-Vietnam par la piste Hô Chi Minh. Pour les Américains, la neutralité laotienne devait précisément servir à empêcher cette infiltration.

Région stratégique majeure pour les deux camps, la plaine des Jarres devint bientôt leur principal champ de bataille. Pour empêcher les Américains de la contrôler et de menacer ainsi le Nord-Vietnam, Hanoi y prit position, chassa les neutralistes de Kong Le, puis s'intéressa à l'"armée secrète" des Hmong, entraînée par la CIA et financée par les États-Unis, dans les montagnes qui entourent la plaine.

Fin 1963, alors que chaque camp accusait l'autre de violer les accords de Genève, le deuxième gouvernement de coalition avait volé en éclats. Le Premier ministre Souvanna Phouma avait beau s'efforcer de sauver les apparences, les ministres du Pathet Lao avaient quitté Vientiane et les neutralistes se terraient après l'assassinat de leur ministre des Affaires étrangères. Toutes les puissances avaient toutefois intérêt à préserver la façade de neutralité du Laos, et Souvanna Phouma put compter sur des appuis diplomatiques pour contrer les tentatives de coups d'État fomentées par des généraux de droite en 1964 et 1965.

Les États-Unis entamèrent leurs offensives aériennes sur le Laos en 1964 avec le bombardement des positions communistes dans la plaine des Jarres, puis, à mesure qu'augmentaient les infiltrations nord-vietnamiennes par la piste Hô Chi Minh, étendirent leurs pilonnages d'un bout à l'autre du territoire. Selon les chiffres officiels, ils lâchèrent 2 093 100 tonnes de bombes au cours de 580 944 sorties pour un coût total de 7,2 milliards de dollars, soit 2 millions de dollars par jour pendant 9 ans. Le bilan en vies humaines demeure inconnu, mais l'on sait qu'un tiers des 2,1 millions d'habitants furent contraints de quitter leur foyer.

La présence nord-vietnamienne et américaine s'accrut de manière exponentielle dans les années 1960. On estime qu'en 1968, 40 000 soldats nord-vietnamiens étaient basés au Laos pour protéger la piste Hô Chi Minh et appuyer quelque 35 000 combattants du Pathet Lao. L'armée royale comptait alors 60 000 hommes, entièrement payés et équipés par les États-Unis, les forces de Vang Pao (encadrées par la CIA) s'élevaient à la moitié, et les neutralistes de Kong Le à 10 000. Les combattants des deux camps étaient totalement financés par leurs soutiens extérieurs, et cette guerre par procuration dura jusqu'en 1973.

L'offensive du Têt, en 1968, marqua un tournant décisif dans la guerre du Vietnam. Les Américains réalisèrent alors qu'ils ne gagneraient pas par des moyens militaires et qu'ils devaient envisager une solution politique. L'arrêt des bombardements sur le Nord-Vietnam permit à l'aviation américaine de concentrer tous ses efforts sur le Laos, obligeant les dirigeants du Pathet Lao à se réfugier dans les grottes de Vieng Xai. Alors qu'un "accord tacite" sur les sphères de contrôle limitait les affrontements dans la majeure partie du Laos, la guerre au

1997

Le Laos rejoint l'Association des nations de l'Asie du Sud-Est (Anase).

1998-2000

La crise asiatique ébranle sérieusement l'économie laotienne. La Chine et le Vietnam aident le pays par des prêts et des conseils.

2000

La crise économique déclenche des troubles politiques. L'attaque par des rebelles d'un poste de douane à la frontière thaïlandaise fait 5 morts.

2001

Une série de petits attentats à la bombe préoccupe le régime, qui augmente la sécurité.

sol s'intensifia dans la plaine des Jarres. Des unités de l'"armée secrète", jusqu'alors utilisées dans des combats de guérilla, furent envoyées dans des opérations de grande envergure au cours desquelles elles subirent de lourdes pertes.

Tous ces bombardements furent incapables d'arrêter la circulation des soldats nord-vietnamiens sur la piste (ou les pistes) Hô Chi Minh. L'opération lancée en janvier 1971 par l'armée sud-vietnamienne en vue de couper la piste se solda par un échec ; le Pathet Lao revendiqua une victoire, gagnée en fait par les Nord-Vietnamiens, et étendit par la suite son contrôle sur le sud du pays. Vers le milieu de l'année 1972, quand de sérieux mouvements pour la paix se firent sentir, les quatre cinquièmes du territoire étaient aux mains des communistes.

Pendant la guerre du Vietnam, des ingénieurs militaires chinois construisirent un réseau routier dans le nord du Laos. Bien que servant au Pathet Lao, ces routes ne furent jamais bombardées par les Américains, de peur que l'armée chinoise n'intervienne dans la région.

Le sort du Laos restait intimement lié à la situation au Vietnam. Il fallut attendre un cessez-le-feu effectif au Vietnam, en janvier 1973, pour que les combats cessent ensuite au Laos. Puis commencèrent les tractations politiques. Les partis parvinrent à un accord en septembre sur la composition et le fonctionnement d'un troisième gouvernement de coalition. Six mois supplémentaires furent nécessaires pour que des mesures de sécurité effectives permettent son entrée en fonction. La répartition des portefeuilles témoignait de l'évolution des équilibres politiques : le Premier ministre Souvanna Phouma était le seul neutraliste, les autres ministères étant répartis, à parts égales, entre la droite et la gauche. Face à une droite divisée et démoralisée par le retrait des États-Unis, le Pathet Lao apparut rapidement comme un parti uni, bien organisé et porteur d'un plan mûrement réfléchi, approuvé lors du IIe Congrès du PPRL en 1972. Les communistes avaient l'avantage et l'ont depuis conservé.

La révolution et les réformes

En avril 1975, après la chute de Phnom Penh puis de Saigon aux mains des forces communistes, le Pathet Lao exerça une pression politique sur la droite. Un nombre croissant de manifestations obligea les dirigeants et généraux de droite à quitter le pays. L'USaid était également visée et des centaines d'Américains commencèrent aussi à partir. Dans tout le pays, les villes furent pacifiquement "libérées" l'une après l'autre par les forces du Pathet Lao, qui parvinrent à Vientiane en août.

Devant l'inéluctable, Souvanna Phouma choisit de coopérer avec le Pathet Lao afin d'éviter tout nouveau bain de sang. Des centaines de fonctionnaires et de militaires de haut rang se rendirent volontairement dans des camps de "rééducation politique", pensant qu'ils n'y resteraient que quelques mois. De fait, les dirigeants du Pathet Lao avaient menti, comme sur la promesse du maintien de la monarchie. Des centaines de détenus demeurèrent dans ces camps durant plusieurs années.

2004

La sécurité est renforcée à Vientiane lors du 10e sommet de l'Anase, le plus important rassemblement de chefs étrangers jamais organisé au Laos.

2005

Le recensement décennal établit la population à 5 621 982 habitants.

2006

Le VIIIe Congrès du Parti populaire révolutionnaire lao et des élections législatives avalisent une nouvelle direction politique.

2009

Le Laos accueille les 25e Jeux d'Asie du Sud-Est. 4 000 Hmong sont rapatriés de force par la Thaïlande.

Les responsables de la droite étant en prison ou réfugiés en Thaïlande, le Pathet Lao consolida son pouvoir. À tous les niveaux, des comités populaires prirent le contrôle de l'administration. Résigné, le troisième gouvernement de coalition, du moins ce qu'il en restait, demanda, lors d'une réunion extraordinaire en novembre, l'instauration d'un "régime démocratique populaire". Sous la pression, le roi accepta d'abdiquer et, le 2 décembre, un Congrès national des représentants du peuple, convoqué par le PPRL, proclama la fin de la monarchie laotienne – vieille de 650 ans – et l'instauration de la République démocratique populaire lao (RDPL). Contrairement aux victoires militaires des communistes au Cambodge et au Vietnam, les communistes laotiens prirent le pouvoir par des moyens "quasi légaux". Ils participèrent aux gouvernements de coalition et exigèrent le respect strict des accords conclus, tout en renforçant continuellement leur armée révolutionnaire. Cette stratégie fut imaginée par Kaysone Phomvihane, secrétaire général du PPRL depuis 1955, qui devint Premier ministre du nouveau gouvernement marxiste-léniniste. Souphanouvong fut nommé chef de l'État.

Kaysone Phomvihane naquit en 1920, à Savannakhet, d'un père vietnamien et d'une mère lao. Ce marxiste convaincu abandonna son nom vietnamien pour celui de Phomvihane, qui signifie Brahmavihara en lao, les Quatre Incommensurables, ou conduites pieuses, du bouddhisme.

Le nouveau régime fut organisé selon les modèles soviétique et nord-vietnamien. Le gouvernement et l'administration étaient fermement dirigés par le Parti (parti unique ne tolérant aucune opposition) et les sept membres du Politburo. Le Parti s'employa immédiatement à restreindre toute liberté d'expression et de réunion, et à nationaliser l'économie. La population dut assister à d'interminables "séminaires" pour assimiler la vision du monde du Pathet Lao. Alors que grimpait l'inflation, le contrôle des prix fut imposé. En réaction, la plupart des Chinois et des Vietnamiens encore présents traversèrent le Mékong pour s'installer en Thaïlande, de même que des milliers de Laotiens. Environ 10% de la population, dont la quasi-totalité des Laotiens diplômés, se réfugièrent à l'étranger, retardant le développement du Laos d'au moins une génération.

Une tâche écrasante attendait le nouveau régime. L'économie des secteurs contrôlés par la droite, notamment les villes du Mékong, dépendait entièrement de l'aide américaine. Elle s'effondra avec l'arrêt de cette aide, et la situation fut aggravée par les mesures gouvernementales et la fermeture de la frontière thaïlandaise. Malgré l'arrivée de conseillers d'URSS, d'Europe de l'Est et du Vietnam, le niveau de l'aide du bloc communiste restait insuffisant pour compenser les versements américains. La collectivisation de l'agriculture, très mal conçue et mal appliquée, ne fit qu'empirer la situation.

Si le régime ne persécuta pas les bouddhistes comme les Khmers rouges au Cambodge, il imposa néanmoins des restrictions à la pratique religieuse. Les jeunes moines étaient encouragés à quitter la sangha (communauté bouddhiste), et ceux qui restaient devaient travailler pour gagner leur vie. La population était incitée à ne pas dépenser d'argent pour

2010

Début de la production du barrage hydroélectrique de Nam Theun 2, le plus grand d'Asie du Sud-Est.

2011

Le Laos remporte la médaille d'or de pétanque aux Jeux d'Asie du Sud-Est.

2012

Vientiane accueille en novembre le 9e Dialogue Asie-Europe ou ASEM (Asia-Europe Meeting).

2013

Le début des travaux du barrage de Xayaboury, premier barrage sur le Mékong au Laos, suscite le mécontentement du Cambodge et du Vietnam.

les fêtes bouddhistes. De nombreux moines se réfugièrent en Thaïlande. La fête des Fusées, destinée à favoriser une mousson bénéfique, fut annulée, et une sécheresse intervint cette même année. Les habitants en conclurent que les *naga* (dieux-serpents mythiques vivant dans les fleuves) avaient été offensés. L'année suivante, les autorités autorisèrent la fête… et les pluies furent abondantes.

Des milliers de membres de l'"armée secrète" quittèrent le pays avec leur famille et ceux qui restèrent continuèrent de résister. L'insurrection hmong se poursuivit durant 30 ans. En 1977, craignant que le roi, en résidence surveillée, ne s'évade et prenne la tête de la résistance, les autorités l'arrêtèrent ainsi que sa famille, les envoyèrent à Vieng Xai, l'ancien quartier général du Pathet Lao durant la guerre, et les obligèrent à travailler dans les champs. Le roi, la reine et le prince héritier moururent, probablement de paludisme et de malnutrition. Leur mort n'a jamais été déclarée officiellement.

Bua Deng (Lotus rouge, 1988), un film laotien du réalisateur Som-ok Southiphone, raconte l'histoire d'une famille lao ordinaire qui voit son existence bouleversée par les événements qui conduisirent à la libération de Vientiane par le Pathet Lao. L'un des quelque douze films produits au Laos depuis 1975, *Bua Deng*, est le seul à avoir franchi les frontières du pays.

En 1979, la nécessité d'infléchir les politiques s'imposa. Kaysone Phomvihane annonça que les paysans pouvaient quitter les coopératives et cultiver leurs propres terres, et que les entreprises privées seraient autorisées. Cette même année, le Vietnam envahit le Cambodge pour chasser les Khmers rouges, et la Chine envahit le nord du Vietnam pour donner une leçon à Hanoi. Le Laos s'étant rangé aux côtés du Vietnam, ses relations avec la Chine se détériorèrent. Elles n'étaient pas meilleures avec la Thaïlande, qui soutenait l'insurrection contre le régime installé par les Vietnamiens au Cambodge. Les réformes ne suffirent pas à améliorer l'économie laotienne. Au cours des années suivantes, des disputes éclatèrent au sein du Parti quant aux solutions à adopter. L'Union soviétique, elle-même à l'aube de réformes fondamentales avec l'arrivée de Mikhaïl Gorbatchev à la tête de l'État en 1985, commençait à se lasser de soutenir le régime laotien. De son côté, le Vietnam était suffisamment préoccupé par le Cambodge. Kaysone Phomvihane finit par convaincre le Parti de suivre l'exemple chinois : ouvrir l'économie aux mécanismes du marché et le pays à l'aide étrangère et aux investissements occidentaux, tout en conservant le strict monopole du pouvoir politique. Ce "nouveau mécanisme économique" fut mis en place en novembre 1986.

Le progrès économique tarda à se manifester en raison, notamment, des tensions persistantes avec la Thaïlande. À la fin de l'année 1987, les deux pays s'affrontèrent brièvement à cause d'un conflit territorial, qui aurait fait environ un millier de morts. L'année suivante, les deux voisins se réconcilièrent. Les relations avec la Chine s'améliorèrent également. Les premières élections législatives furent organisées et aboutirent à la promulgation d'une Constitution en 1991. Un cadre légal fut lentement mis en place et, au début des années 1990, les investissements étrangers directs augmentaient et l'économie s'améliorait.

LA "RÉÉDUCATION"

Les camps de rééducation se trouvaient tous dans des régions reculées. Les détenus travaillaient à la construction de routes, aidaient les villageois et cultivaient leurs propres légumes. La nourriture restait insuffisante, le travail était rude et l'assistance médicale inadéquate ou inexistante. Hormis dans quelques camps de haute sécurité pour les hauts fonctionnaires et les gradés de l'armée, les prisonniers avaient une certaine liberté dans leurs relations avec la population locale. L'éloignement des camps rendait toute évasion impossible. Seuls ceux qui faisaient acte de contrition pour leurs "crimes" passés étaient libérés. Certains se rallièrent au régime, mais la plupart quittèrent le pays pour rejoindre leur famille à l'étranger.

Le Laos moderne

Principal personnage du communisme laotien pendant plus d'un quart de siècle, Kaysone Phomvihane mourut en 1992. Le Parti populaire révolutionnaire laotien (PPRL) réussit sans heurts le passage à une nouvelle direction, au grand désespoir des Laotiens expatriés. Le général Khamtay Siphandone devint président du PPRL et Premier ministre, puis abandonna cette deuxième fonction pour prendre la présidence de l'État. Son ascension marqua l'accession aux commandes du Parti des chefs militaires de la révolution. Lorsque Khamtay démissionna en 2006, l'un de ses proches compagnons, le général Chummaly Sayasone, lui succéda.

La prospérité du milieu des années 1990 reposait sur l'accroissement des investissements et de l'aide étrangère, dont le pays restait très dépendant. La RDPL entretenait de bonnes relations avec tous ses voisins et améliora fortement ses contacts avec la Chine. Les rapports avec la Thaïlande connaissaient des hauts et des bas, mais Bangkok demeurait une source majeure d'investissements étrangers. Le Laos rejoignit l'Association des nations de l'Asie du Sud-Est (Anase) en 1997.

La crise asiatique de la fin des années 1990 mit un terme à cette période faste. La chute du baht thaïlandais entraîna celle du kip laotien, fortement liés en raison des relations commerciales. Le régime laotien tira deux leçons de la crise : la première lui enseigna les dangers de l'économie de marché ; la seconde lui révéla ses véritables amis, la Chine et le Vietnam, qui l'aidèrent tous deux avec des prêts et des conseils.

La crise économique déclencha une certaine agitation. Une manifestation d'étudiants, réclamant la fin du monopole politique du PPRL, fut violemment réprimée et ses meneurs, condamnés à de longues peines de prison. Des opposants résidant en Thaïlande attaquèrent un poste de douane à la frontière, provoquant une riposte immédiate de l'armée laotienne. Une série de petits attentats à la bombe à Vientiane et dans le sud du pays fut également attribuée à des dissidents expatriés, tandis que les "brigands" hmong étaient tenus pour responsables d'attaques contre les transports dans le Nord. Redoutant l'effet de ces incidents sur l'industrie touristique naissante, le gouvernement réagit par un tour de vis sécuritaire.

Les autorités firent pression sur la Thaïlande en tant que membre de l'Anase pour qu'elle réprime les opposants laotiens présents sur son sol ; dans le pays, l'armée pourchassa les Hmong. En 2003, des journalistes occidentaux entrèrent pour la première fois en contact avec des rebelles hmong, et firent état à leur retour d'une insurrection agonisante. Les opérations militaires poussèrent des Hmong à se rendre et d'autres à se réfugier en Thaïlande. Malheureusement, les Thaïlandais les considérèrent comme des émigrants clandestins et leur refusèrent l'asile. Les négociations visant à les installer dans des pays tiers échouèrent et, en décembre 2009, malgré des protestations internationales, quelque 4 000 Hmong furent rapatriés de force au Laos.

Entre 2000 et 2010, le montant des investissements chinois au Laos a fortement progressé et équivaut pratiquement à celui de la Thaïlande. Si l'aide officielle sert à construire des projets clinquants comme le Centre culturel national à Vientiane, le Japon reste le premier donateur. Des compagnies chinoises ont investi dans de grands projets miniers, hydroélectriques, agricoles et forestiers. Parallèlement, le commerce transfrontalier n'a cessé de se développer. La vitalité économique a accru l'influence politique du Laos au détriment du Vietnam, bien que les relations entre les deux pays demeurent étroites et cordiales. Mais si les cadres du Parti laotien suivent toujours des cours de marxisme-léninisme au Vietnam, ils s'inspirent davantage du puissant voisin chinois en matière d'économie.

Le Royaume du Laos, 1949-1965 de Jean Deuve (L'Harmattan, 2003) est une chronologie explicative des faits marquants l'histoire de ce pays de 1950 à 1965. L'auteur a consacré de nombreux ouvrages au Laos, où il a passé 20 ans.

Dans *Laos : autopsie d'une monarchie assassinée* (L'Harmattan, 2010), le prince Mangkra Souvannaphouma, neveu du dernier souverain laotien, retrace les bouleversements survenus dans l'histoire du Laos qui ont fait disparaître la monarchie au profit du régime communiste.

La société laotienne

Rares sont les pays à la population aussi sereine que celle du Laos. *Baw pen nyăng* (pas de problème) pourrait être la devise nationale. Rien ne semble perturber les Laotiens, en surface tout du moins. Bien sûr, il serait réducteur d'affirmer que "les gens sourient tout le temps parce qu'ils sont heureux", comme un voyageur nous l'a affirmé. La mentalité laotienne résulte d'une alchimie complexe entre la culture, l'environnement et la religion.

Parlons lao, langue, civilisation et culture du Laos (2000, L'Harmattan), de Chou Norindr, est une méthode d'initiation à la langue lao comportant de nombreuses indications sur la culture et les centres d'intérêt du pays, carrefour linguistique où se sont exercées les influences indienne, sino-vietnamienne et occidentale.

Dans une large mesure, ce comportement est défini par le bouddhisme theravada, qui met l'accent sur l'apaisement des passions humaines. Ainsi, les émotions fortes sont taboues dans la société laotienne. Plus que la dévotion, la prière ou le travail, le *kamma* (karma) détermine le sort d'un individu. C'est la raison pour laquelle les Laotiens ne se préoccupent pas outre mesure de l'avenir, une attitude souvent perçue comme un manque d'ambition par les étrangers.

Les Laotiens expriment fréquemment le sentiment que "trop travailler est mauvais pour la tête" et plaignent souvent ceux qui "pensent trop". L'éducation reste généralement peu prisée, bien que cette attitude change avec la modernisation et un accès accru aux postes à l'étranger. Éviter le stress psychologique inutile demeure une norme culturelle. D'un point de vue typiquement laotien, si une activité – travail ou jeu – ne comporte pas de *múan* (amusement), elle générera probablement du stress.

Le contraste entre les Laotiens et les Vietnamiens illustre bien la faille culturelle qu'a constituée la cordillère Annamitique entre les zones d'influence indienne et chinoise. Les colons français la résumaient ainsi : "Les Vietnamiens plantent le riz, les Cambodgiens le regardent pousser et les Laotiens l'écoutent." S'il ne s'agissait certes pas d'un compliment, nombre de Français succombèrent au charme du Laos et s'y installèrent.

Les Laotiens ont toujours volontiers accepté l'assistance extérieure et les investissements étrangers, qui apportent un certain degré de développement économique sans exiger un accroissement de productivité. Le gouvernement apprécie tous les signes extérieurs de la technologie moderne – comme en témoignent les gratte-ciel qui ornent les affiches de propagande politique – sans abandonner pour autant les traditions, dont la philosophie du *múan*. L'enjeu pour le Laos est de trouver un équilibre entre la préservation de sa culture et un changement de mentalité susceptible de lui procurer une certaine autosuffisance.

Mode de vie

Les Laotiens se lèvent habituellement avant 6h du matin, peut-être parce que tout ferme tôt, même dans la capitale. La journée commence par un petit-déjeuner rapide, chez soi ou dans une échoppe de nouilles. Le matin, chez les Lao Loum (Lao des plaines) et dans d'autres régions bouddhiques, des moines collectent les aumônes, habituellement auprès des femmes qui leur donnent riz et légumes en échange d'une bénédiction.

Les enfants en âge scolaire rejoignent à pied une classe surchargée dans un bâtiment rudimentaire, où officient un ou deux enseignants. Les élèves de secondaire sont souvent pensionnaires, car les établissements sont peu nombreux et souvent trop éloignés de chez eux. Presque toutes les familles qui en ont les moyens paient pour que leurs enfants apprennent l'anglais, vu comme une quasi-garantie d'emploi futur.

La plupart des Laotiens vivant dans les campagnes, le travail est essentiellement manuel. Selon la saison, le lieu et le sexe (les hommes et les femmes ont des tâches clairement distinctes dans l'agriculture), il consiste à planter ou à récolter le riz ou d'autres cultures. Contrairement au Vietnam voisin, le Laos n'effectue qu'une moisson de riz par an, ce qui signifie deux périodes occupées et une vie paisible le reste de l'année.

Pendant ces moments de calme, les hommes pêchent, chassent et réparent leur maison, tandis que les femmes partent à la cueillette en forêt, tissent ou ramassent du bois pour le feu. À ces époques, l'accueil dans les villages est un authentique moment de convivialité et, dans l'après-midi, vous pourrez vous asseoir devant la boutique locale pour partager un ou deux *lào-láo* (alcool de riz) avec les habitants sans avoir l'impression de leur voler leur temps.

Le *lào-láo* est la boisson alcoolisée que préfèrent nombre de Laotiens, surtout en milieu rural où le revenu moyen est si bas que la Beerlao représente un luxe inaccessible. L'opium reste la drogue la plus communément consommée – et tolérée –, bien que la récente destruction des plantations la rende moins disponible. En ville, le *yaba* (méthamphéthamine) devient courant parmi les jeunes.

À cause de la faiblesse des revenus mensuels – 100 $US pour la classe moyenne –, les Laotiens organisent leurs sorties en famille, mettent leur argent en commun pour un *bun vat* (fête d'un temple) ou un pique-nique près de la cascade voisine. Ils vivent généralement au sein d'une famille élargie, avec trois générations ou plus partageant une maison ou un enclos familial, et dînent ensemble assis sur des nattes.

Lors des fêtes et des cérémonies apparaissent des éléments du costume traditionnel ; les hommes portent un *phàa bạng* (une écharpe sur l'épaule) et les femmes, une écharpe similaire, un chemisier ajusté et un *phàa nung* (sarong). Dans la vie quotidienne, les hommes optent pour la tenue classique chemise et pantalon, tandis que les femmes préfèrent souvent le *phàa nung* ou *sin*. Les femmes d'autres ethnies, notamment les Chinoises et les Vietnamiennes, portent le *phàa nung* pour se rendre dans une administration afin de faciliter les démarches.

Pour découvrir agréablement le folklore et l'âme laotienne, lisez *Contes et légendes du Laos* de Karine Amarine (You Feng, 2007).

Population

Le Laos possède l'une des plus faibles densités de population d'Asie, bien que le nombre d'habitants ait plus que doublé au cours des trente dernières années et continue d'augmenter rapidement. Un tiers des 6,6 millions de Laotiens vivent dans les villes de la vallée du Mékong, principalement à Vientiane, à Luang Prabang, à Savannakhet et à Pakse. Un autre tiers résident le long d'autres cours d'eau majeurs.

Après la prise du pouvoir par les communistes en 1975, un habitant sur dix a quitté le pays. Vientiane et Luang Prabang ont été les plus touchées ; Luang Prabang a perdu environ un quart de sa population. Le flux s'est cependant inversé au cours des dix à quinze dernières années, le nombre des immigrants – Laotiens rapatriés, Chinois, Vietnamiens et autres – surpassant actuellement celui des émigrants.

La plupart des expatriés occidentaux qui vivent au Laos travaillent temporairement pour des organisations d'aide multilatérale et bilatérale. Quelques-uns sont employés par des sociétés étrangères des secteurs minier, pétrolier ou hydroélectrique, ainsi que dans le tourisme.

Des ethnographes étrangers ont identifié entre 49 et 134 groupes ethniques différents au Laos.

Groupes ethniques

On décrit souvent le Laos comme un conglomérat de minorités ethniques et de langues plutôt qu'un État-nation. Selon votre interlocuteur, ce conglomérat se compose de 49 à 134 groupes ethniques (le chiffre le plus bas est celui qu'avance le gouvernement).

Si les groupes sont nombreux et variés, les Laotiens se divisent eux-mêmes en quatre catégories : les Lao Loum, les Lao Thaï, les Lao Thoeng et les Lao Soung. Cette classification reflète plus ou moins l'altitude à laquelle ils vivent et, par conséquence (pas toujours exacte), leurs inclinations culturelles. Pour remédier aux inexactitudes, le gouvernement laotien a récemment reclassé les groupes ethniques en trois grandes familles linguistiques – austro-thaï, austro-asiatique et sino-tibétaine. Toutefois, nombre de Laotiens ignorent à quelle famille ils appartiennent et nous nous en tenons à la répartition la mieux connue.

En raison de la diversité ethnique du Laos, la "culture lao" existe seulement chez les Lao Loum (Lao des plaines), qui constituent presque la moitié de la population. La culture lao loum prédomine dans les villes et les villages de la vallée du Mékong.

Un peu plus de la moitié de la population se compose de Lao ou Lao Loum, le groupe dominant. Le reste comprend 10 à 20% de Thaïs, 20 à 30% de Lao Thoeng (Lao des hauts plateaux ou habitants de basse montagne, principalement d'origine proto-malaise ou môn-khmère) et de 10 à 20% de Lao Soung (Lao des montagnes, principalement des Hmong ou des Mien établis en altitude).

Le gouvernement privilégie une répartition en trois groupes, qui englobe les Lao Thaï dans le groupe des Lao Loum. Ces trois groupes figurent en costume national au verso des billets de 1 000 K dans l'ordre suivant, de gauche à droite : Lao Soung, Lao Loum et Lao Thoeng.

Parmi les ethnies montagnardes tibéto-birmanes figurent les Lisu, les Lahu, les Lolo, les Akha et les Phu Noi. Parfois désignées Lao Thoeng, elles vivent dans les montagnes du Nord, comme les Lao Soung.

Lao Loum

Principal groupe ethnique, les Lao Loum (Lao des plaines), par leur supériorité numérique et leurs meilleures conditions de vie dans les plaines fertiles de la vallée du Mékong ou de ses affluents, ont dominé pendant des siècles les autres groupes ethniques moins importants. Leur langue est la langue nationale, leur religion – le bouddhisme –, est la religion nationale et nombre de leurs coutumes, comme le riz gluant ou la cérémonie du *bąasǐi* (voir p. 295), sont considérées comme représentatives du pays, même si nombre d'autres groupes ethniques ne les partagent pas.

Les Lao Loum mènent traditionnellement une vie sédentaire reposant sur une économie de subsistance grâce à la culture du riz irrigué. Ils vivent dans des maisons surélevées et, comme la plupart des Austro-Thaï, pratiquent le bouddhisme theravada, teinté de croyances animistes.

La distinction entre Lao et Thaïs est relativement récente, d'autant que 80% de ceux qui parlent une langue lao résident dans le nord-est de la Thaïlande. Même des Lao vivant au Laos désignent sous le nom de "Thaï" différents groupes de Lao Loum, tels par exemple les Thaï Luang Phabang (Lao de Luang Prabang).

Lao Thaï

Bien qu'étroitement liés aux Lao, ces sous-groupes thaïs ne se sont pas laissés absorber par la culture lao et se subdivisent selon des distinctions claniques. Comme les Lao Loum, ils vivent dans des vallées fluviales, mais préfèrent celles en altitude aux plaines inondables du Mékong.

Selon leur habitat, ils cultivent aussi bien le riz de montagne que le riz irrigué. Les Lao Thaï mêlent également bouddhisme theravada et animisme, mais accordent plus d'importance au culte des esprits que les Lao Loum.

En général, les différents groupes de Lao Thaï se reconnaissent à la couleur prédominante de leurs vêtements, ou à leur secteur de résidence : Thaï Dam (Thaï noirs), Thaï Khao (Thaï blancs), Thaï Pa (Thaï des forêts), Thaï Neua (Thaï du Nord), etc.

Lao Thoeng

Les Lao Thoeng (Lao des hauts plateaux) sont apparentés aux peuples austro-asiatiques qui vivent à moyenne altitude dans les montagnes du nord et du sud du pays. Les Khamu forment le groupe le plus important, suivis par les Htin, les Lamet et un nombre plus restreint de Laven, Katu, Katang, Alak et d'autres groupes môn-khmers du Sud. Les Lao Thoeng sont parfois désignés sous le terme péjoratif de *khàa* (esclave ou serviteur), parce qu'ils ont été contraints à travailler par des peuples migrants austro-thaï il y a des siècles, puis par la monarchie lao. Encore aujourd'hui, ils sont souvent employés comme ouvriers par des Lao Soung.

Les Lao Thoeng ont un niveau de vie nettement inférieur à celui des trois autres groupes. Leurs échanges avec les autres Laotiens reposent généralement sur le troc.

Les langues des Htin (également appelés Lawa) et des Khamu sont très proches et ces deux groupes seraient arrivés au Laos longtemps avant les Lao des plaines, les Thaïs ou les Lao Soung. Durant les fêtes du Nouvel An lao à Luang Prabang, les Lao des plaines offrent un tribut symbolique aux Khamu, considérés comme leurs prédécesseurs et les "gardiens de la terre".

Dans les maisons khamu traditionnelles, des crânes d'animaux domestiques sont souvent accrochés au mur, au-dessus d'un autel. Ce sont ceux des animaux que la famille a sacrifiés à ses ancêtres et il est strictement tabou de les toucher.

Lao Soung

Les Lao Soung (Lao des montagnes) regroupent les ethnies montagnardes vivant à l'altitude la plus élevée. Venus du Myanmar, du Tibet et du sud de la Chine au cours des 150 dernières années, ce sont les immigrants les plus récents.

Les Hmong, également appelés Miao ou Meo, forment le groupe le plus important avec plus de 300 000 représentants, divisés en quatre principaux sous-groupes : les Hmong blancs, les Hmong rayés, les Hmong rouges et les Hmong noirs (les couleurs correspondent à des détails de leur costume). Ils résident dans les neuf provinces du Nord et dans celle de Bolikhamsai, au centre du Laos.

La culture sur brûlis du riz et du maïs constitue la base de leur agriculture. Les Hmong élèvent aussi des bovins, des cochons, des buffles et des poules, plus pour le troc que pour la vente. Pendant des années, l'opium a constitué leur seul revenu et ils en cultivaient plus que tout autre groupe laotien. Cependant, un programme draconien d'éradication mené par le gouvernement (avec l'aide des États-Unis) a éliminé la plupart des cultures. La perte de cette ressource monnayable a durement touché nombre de communautés hmong. Les Hmong sont particulièrement nombreux à Hua Phan, à Xieng Khuang, à Luang Prabang et dans les provinces du Nord.

Les Mien (aussi appelés Iu Mien, Yao ou Man) constituent le second plus grand groupe. Ils vivent principalement dans les provinces de Luang Nam Tha, Luang Prabang, Bokeo, Udomxai et Phongsali. Comme les Hmong, ils cultivaient traditionnellement le pavot à opium. Les cultures de substitution, dont le café, mettent du temps à prospérer et à devenir rentables.

Les Mien et les Hmong partagent de nombreuses caractéristiques ethniques et linguistiques et sont essentiellement animistes. Considérés plus agressifs et batailleurs que les Mien, les Hmong ont été choisis et entraînés par la CIA pour servir dans les forces spéciales du gouvernement royal dans les années 1960 et le début des années 1970. De nombreux Hmong-Mien ont quitté le pays après 1975.

Autres Asiatiques

Comme ailleurs en Asie du Sud-Est, les Chinois ont émigré au Laos depuis des siècles pour travailler dans le commerce. Si la plupart viennent directement du Yunnan, beaucoup sont plus récemment arrivés du Vietnam. Selon les estimations, leur nombre varie entre 2 et 5% de la population. Au moins la moitié des résidents chinois permanents vivraient à Vientiane et à Savannakhet. Par ailleurs, des milliers d'ouvriers chinois travaillent dans le nord du pays.

Un nombre important de Vietnamiens résident dans les provinces frontalières ainsi qu'à Vientiane, à Savannakhet et à Pakse. Ce sont pour la plupart des commerçants, qui possèdent leur propre affaire. À cela s'ajoute une présence militaire vietnamienne, faible mais continue, dans les provinces de Xieng Khuang et de Hua Phan. Un petit nombre de Cambodgiens vivent dans le sud du Laos.

Religion

Bouddhisme

Environ 60% des Laotiens, principalement les Lao des plaines et quelques groupes thaïs, pratiquent le bouddhisme theravada, apparemment introduit à Luang Prabang (alors Muang Sawa) à la fin du XIIIe ou au début du XIVe siècle. Des contacts avec le bouddhisme mahayana auraient peut-être eu lieu du VIIIe au Xe siècle et, antérieurement, avec le bouddhisme tantrique.

Le roi Visoun – un successeur du premier monarque du Lan Xang, Fa Ngum – fit du bouddhisme la religion d'État après avoir accepté la statue de bouddha Pha Bang de ses alliés khmers. Aujourd'hui, le Pha Bang est conservé au Musée du Palais royal, à Luang Prabang. Le bouddhisme se répandit assez lentement dans le pays, même parmi les peuples des plaines, peu désireux d'adopter cette religion à la place du culte des *phĭi* (esprits de la terre).

Le bouddhisme theravada est une école plus ancienne et, selon ses adeptes, plus authentique que le bouddhisme mahayana pratiqué en Asie de l'Est et dans l'Himalaya. Il est parfois appelé "école du Sud", car il a suivi l'itinéraire sud d'Inde au Sri Lanka et en Asie du Sud-Est.

La doctrine theravada met l'accent sur les trois principaux aspects de l'existence : le *dukkha* (souffrance, insatisfaction, maladie), l'*anicca* (fugacité, nature éphémère de toute chose) et l'*anatta* (caractère incontrôlable et inéluctable de la réalité). La compréhension de l'*anicca* révèle qu'aucune expérience, aucun état d'esprit, aucun objet physique ne dure. Tenter de les prolonger crée le *dukkha*. L'*anatta* est la compréhension qu'il n'existe aucune partie du monde en perpétuel changement qu'on puisse désigner en disant : "c'est moi", "c'est Dieu" ou "c'est l'âme".

Le but ultime du bouddhisme theravada est le *nibbana* (*nirvana* en sanskrit), qui signifie littéralement l'"extinction" de toutes les causes du *dukkha*. Il s'agit en effet de la fin de l'existence corporelle ou même céleste, à jamais soumise à la souffrance et perpétuellement conditionnée par le *kamma* (l'action). En réalité, la plupart des bouddhistes laotiens souhaitent une renaissance dans une existence "meilleure" plutôt que le *nibbana*. En nourrissant les moines, en faisant des offrandes aux temples et en priant régulièrement au *vat* local, ils espèrent acquérir suffisamment de "mérite" (*puñña* en pali, *bun* en lao) pour leur vie future. Et c'est dans la quête du mérite que vous avez le plus de chances de voir le bouddhisme laotien "en action". Regarder les moines arpenter leur quartier à l'aube pour collecter des offrandes de nourriture faites par les habitants, agenouillés devant leur maison, est un spectacle inoubliable.

Les Lao croient que la plupart des *nahk* (divinités serpents) ont été converties pour devenir des *naga* (*nak* en lao), serpents protecteurs du bouddhisme. Ils demandent cependant toujours un culte propitiatoire et des courses de bateau sont organisées chaque année afin de les divertir. De nombreux vat comportent des balustrades de protection ornées de *naga*.

Les bouddhistes laotiens se rendent souvent au *vat* lors des *wán pha* (littéralement jours excellents), qui tombent environ tous les sept jours, à la pleine lune, à la nouvelle lune et aux quartiers. Ils apportent alors des offrandes de boutons de lotus, d'encens et de bougies devant divers autels et reliquaires, de la nourriture pour les moines, méditent ou assistent au *thêt* (prêche du *dhamma*) d'un moine supérieur.

Moines et nonnes

Contrairement à d'autres religions où prêtres, nonnes, rabbins et imams prononcent des vœux qui les engagent pour la vie, on peut être moine ou nonne bouddhiste de manière éphémère. Tout Laotien bouddhiste est censé devenir *khúu-bąa* (moine) durant une courte période de sa vie, de préférence entre la fin de sa scolarité et l'entrée dans la vie active ou le mariage. Les hommes ou les garçons de moins de 20 ans peuvent entrer dans la sangha (communauté bouddhiste) en tant que *néhn* (novice), un

LE BOUDDHISME APRÈS LA RÉVOLUTION

Durant les années de guerre, de 1964 à 1973, les deux antagonistes ont cherché à utiliser le bouddhisme pour légitimer leur cause. Au début des années 1970, le Front patriotique lao (FPL) avait gagné cette guerre de propagande, les moines se ralliant de plus en plus nombreux aux communistes.

Malgré ce soutien, la sangha (communauté bouddhiste) allait connaître de grands bouleversements après 1975. Dans un premier temps, l'enseignement du bouddhisme fut interdit dans les écoles primaires et la population n'eut plus le droit de nourrir les moines, désormais contraints à travailler la terre et à élever du bétail, en violation directe avec leurs vœux.

Face au mécontentement populaire, le gouvernement revint sur sa décision et autorisa les dons de nourriture en 1976. À la fin de cette même année, il avait non seulement permis le traditionnel don d'aumônes, mais il offrait directement une ration quotidienne de riz à la sangha.

En 1992, dans ce qui fut probablement la principale reconnaissance du bouddhisme depuis la révolution, le gouvernement remplaça l'emblème du marteau et de la faucille sur le sceau national par un dessin du Pha That Luang, le symbole bouddhique le plus sacré du pays.

Aujourd'hui, le département des Affaires religieuses (DAR) contrôle la sangha et s'assure de la conformité de l'enseignement bouddhique aux principes marxistes. Tous les moines doivent suivre un endoctrinement politique dans le cadre de leur formation monastique et tous les textes canoniques et extra-canoniques ont été "révisés" par le DAR. Par ailleurs, les moines n'ont pas le droit de promouvoir le culte des *phĭi* (esprits de la Terre), officiellement interdit au Laos, tout comme le *săinyasąat* (magie). Le culte des *khwăn* (les 32 esprits gardiens des fonctions mentales et physiques) n'a fait l'objet d'aucune restriction.

L'un des changements majeurs du bouddhisme laotien a été l'abolition de la secte Thammayut. Autrefois, la sangha était divisée entre les Mahanikai et les Thammayut (comme en Thaïlande). Cette dernière est une secte minoritaire, fondée par le roi thaïlandais Mongkut. Le Pathet Lao la voyait comme un instrument de la monarchie thaïlandaise (et par conséquent de l'impérialisme américain) pour infiltrer les milieux politiques laotiens.

Pendant plusieurs années, tous les livres bouddhiques rédigés en thaï furent interdits, entravant sérieusement l'enseignement du bouddhisme au Laos. Depuis, cette interdiction a été levée et les moines laotiens ont même obtenu l'autorisation d'étudier dans les universités bouddhiques de Thaïlande. Toutefois, l'interdiction de la secte Thammayut demeure et a provoqué un déclin de la méditation, considérée comme le cœur de la pratique du bouddhisme theravada. Dans l'ensemble, la discipline monastique est bien plus souple aujourd'hui au Laos qu'avant 1975.

événement assez fréquent, car la famille gagne du mérite quand l'un de ses fils prend la robe et le bol à aumônes. Selon la tradition, le séjour dans le *vat* dure trois mois, pendant le *phansăa* (carême bouddhique) qui coïncide avec la saison des pluies. Aujourd'hui, les hommes se contentent souvent de passer une ou deux semaines en tant que moine ou novice pour accroître leur mérite. Par ailleurs, des moines consacrent toute leur vie au *vat*.

L'article 9 de la Constitution laotienne interdit le prosélytisme et la diffusion de documents religieux en dehors des églises, des temples ou des mosquées. Les étrangers pris en flagrant délit risquent l'arrestation et l'expulsion.

Il n'existe pas d'ordre similaire pour les femmes, mais elles peuvent résider dans les temples comme *náang sĭi* (sœurs converses) et doivent se raser la tête et porter une robe blanche.

Culte des esprits

Le culte des *phĭi* (esprits), parfois appelé animisme, se pratique partout au Laos. Antérieur au bouddhisme et officiellement interdit, il demeure la principale croyance non bouddhiste. Pour la plupart des Laotiens, il ne s'agit pas de choisir entre l'une ou l'autre ; les croyances bouddhistes coexistent pacifiquement avec les *phĭi*, supposés habiter tous les éléments naturels.

Un exemple éloquent de cette coexistence est la "maison de l'esprit" que vous verrez à l'extérieur ou dans la plupart des habitations. Ce sont souvent des temples miniatures richement décorés, construits pour accueillir l'esprit local. Les habitants doivent partager leur espace avec l'esprit et le rendre heureux, lui offrir suffisamment d'encens et de nourriture pour qu'il ne leur cause pas d'ennuis.

À Vientiane, le bouddhisme et le culte des esprits se côtoient au Vat Si Muang. L'image centrale du temple n'est pas une représentation du Bouddha, mais le *lák méuang* (pilier de la cité), dans lequel résiderait l'esprit gardien de la ville. De nombreux habitants déposent quotidiennement des offrandes devant le pilier avant de prier devant une effigie du Bouddha. Vous pourrez participer au culte des *phĭi* lors de la cérémonie du *bąasĭi* (voir l'encadré ci-contre).

En dehors de la vallée du Mékong, le culte des *phĭi* est particulièrement vivace parmi les groupes thaïs, notamment les Thaï Dam qui vouent un culte particulier aux esprits appelés *then*. Les *then* habitent non seulement les plantes et le sol, mais aussi des régions entières. Les Thaï Dam vénèrent également les 32 *khwăn* (esprits gardiens). Les *măw* (maîtres/chamans), formés aux rites propitiatoires et à l'exorcisme, président les principales fêtes et cérémonies thaï dam. Si vous séjournez dans un village katang lors d'un trek dans les forêts de la ZNP de Dong Phu Vieng, vous découvrirez peut-être certaines pratiques liées aux croyances et aux tabous.

Les Hmong-mien pratiquent également l'animisme, ainsi que le culte des ancêtres. Certains reconnaissent l'existence d'un esprit supérieur, d'autres non. Les Akha, les Lisu et d'autres groupes tibéto-birmans mêlent aussi animisme et culte des ancêtres.

Autres religions

Le pays compte un petit nombre de chrétiens, qui font essentiellement partie de l'ancienne élite éduquée par les Français. Un nombre encore plus réduit de musulmans réside à Vientiane, pour la plupart des marchands arabes et indiens dont les ancêtres s'installèrent au Laos dès le XVIIe siècle. La capitale abrite également une petite communauté de Cham, des musulmans cambodgiens qui ont fui le Kampuchéa des Khmers rouges dans les années 1970. Quelques groupes de musulmans du Yunnan, appelés *jįin háw* par les Laotiens, vivent dans le nord du pays.

Être une femme au Laos

Le rôle et le statut des Laotiennes varient grandement selon leur ethnie, mais, quelle que soit leur origine, elles sont toujours en deuxième place après les hommes. Lors de votre voyage, vous ne manquerez pas de le constater. Si le travail des hommes est incontestablement pénible, les femmes semblent toujours travailler plus durement, plus longtemps, et disposer de bien moins de temps pour la vie sociale ou le repos.

Les femmes lao loum bénéficient partiellement des coutumes en matière d'héritage, qui leur permettent, à l'instar des hommes, d'hériter de terres ou de commerces. Cela provient d'une tradition matrimoniale selon laquelle le mari rejoint la famille de sa femme. Souvent, la benjamine et son époux habitent avec les parents et s'en occupent jusqu'à leur mort, puis héritent au moins d'une partie des terres et des activités. Cependant, même si une femme lao loum hérite des terres de son père, elle n'a qu'un contrôle limité sur leur utilisation. Son mari a le dernier mot pour les décisions majeures, alors qu'elle doit économiser suffisamment d'argent pour traverser d'éventuelles crises.

Histoire de femmes et décalages culturels au Laos (L'Harmattan, 2006), de Fabrice Mignot, recueille les témoignages de femmes du nord-est du pays, paysannes et ménagères, que les bouleversements historiques ont amenées à suivre des voies nouvelles.

Ces coutumes correspondent aux croyances culturelles liées au bouddhisme laotien, qui enseigne couramment que les femmes doivent renaître en hommes avant de pouvoir atteindre le nirvana ; ainsi, sur le plan spirituel, une femme est généralement inférieure à un homme. Malgré tout, les femmes lao loum jouissent d'un meilleur statut que celles d'autres groupes ethniques, qui font partie du clan de leur mari et héritent rarement d'un bien quelconque.

Les femmes laotiennes doivent faire face à d'autres obstacles : les filles sont moins scolarisées que les garçons ; les femmes sont rares au gouvernement et aux postes de direction ; et même si elles constituent plus de la moitié des travailleurs, leur salaire est souvent inférieur à celui

LES FILS DU BĄASĬI (BACI)

La cérémonie du *bąasĭi* est un rituel laotien durant lequel des esprits protecteurs sont attachés à l'invité d'honneur par des fils de coton blanc ou orange noués aux poignets. Les Laotiens l'appellent plus communément *su khwăn*, ou "appel de l'âme".

Les Laotiens croient que chaque être possède 32 esprits, ou *khwăn*, chacun étant le gardien d'un organe ou d'une faculté, mentale et physique. Il arrive aux *khwăn* de quitter leur propriétaire, ce qui ne pose problème que si ce dernier doit entreprendre un voyage, un nouveau projet, ou s'il est gravement malade. Mieux vaut alors pratiquer le *bąasĭi* pour s'assurer que tous les *khwăn* sont présents et rétablir l'équilibre. Le *bąasĭi* se célèbre également lors des fêtes, des mariages et lors de l'arrivée d'invités particuliers – ainsi, les villageois organisent souvent un *baasĭi* quand des randonneurs font halte chez eux au cours d'un trek.

Les participants s'asseoient autour d'un *pha khwăn*, une composition cônique de feuilles de bananiers, de fleurs et de fruits, d'où pendent des fils de coton. Un ancien du village, le *măw phon*, appelle les *khwăn* errants au cours d'un long mantra bouddhique pendant lequel il s'incline, de même que les invités d'honneur, pour toucher le *pha khwăn*. Quand la psalmodie s'achève, les villageois décrochent les fils du *pha khwăn* et les nouent aux poignets des invités.

La cérémonie devient alors amusante. Les villageois font le tour de la pièce et s'arrêtent devant les invités pour lier les cordons à leurs poignets. Ils commencent souvent par agiter le fil sur votre main, trois fois vers l'extérieur, en disant "dehors le mauvais, dehors le mauvais, dehors le mauvais", et vers l'intérieur en répétant trois fois "dedans le bon". En nouant le fil, ils vous souhaitent un bon voyage, une bonne santé, ainsi qu'une belle épouse, de nombreux enfants, etc.

Après la cérémonie, tout le monde partage un repas. Vous devez garder les fils trois jours, puis ne pas les couper mais les dénouer.

d'un homme. En cas de divorce, il est très difficile pour une femme d trouver un autre mari, à moins qu'il ne soit plus âgé ou étranger.

Dans les villes, la hausse du niveau de vie, l'éducation et l'influenc des idées étrangères font toutefois évoluer les choses et les citadines son souvent plus sûres d'elles et désireuses d'établir des relations avec le étrangers que les femmes des campagnes. Elles s'efforcent d'accéder des postes à responsabilité, notamment dans les sociétés étrangères.

Arts

L'art traditionnel laotien s'est essentiellement intéressé à la religion, e particulier le bouddhisme. Contrairement à l'art thaïlandais, birma et cambodgien, il n'a jamais englobé un large éventail de styles et d périodes, surtout parce que le pays possède une histoire bien plu modeste et parce qu'il n'existe que depuis peu en tant qu'entité politiqu En outre, le Laos ayant été dominé par ses voisins de façon intermittent la plupart de ses œuvres d'art ont été détruites ou, comme le bouddh d'Émeraude, volées par les armées conquérantes.

Une population relativement faible et pauvre et une histoire récent tourmentée expliquent sans doute aussi l'absence de tradition fort dans l'art contemporain. Cela change lentement et celui-ci, emprunta différents supports, a fait son entrée dans les galeries de Vientiane et d Luang Prabang.

Le tissage est une activité artistique que l'on trouve pratiquemen partout et les styles diffèrent selon la région ou l'ethnie. C'est aussi l forme d'art la plus accessible pour le budget d'un voyageur, qui peu souvent l'acheter directement aux artisans.

La production de longs métrages a repris au Laos en 1997 avec *Than Heng Phongphai* (La Forêt charmante), tourné par Vithoun Sundara. Ce film a été suivi de *Falang Phon* (Ciels clairs après la pluie, 2001), puis de *Leum Teua* (Illicéité, 2004), du même Sundara.

Littérature et cinéma

De toute la littérature classique laotienne, le *Pha Lak Pha Lam,* la versio laotienne de l'épopée indienne du *Ramayana*, est le récit le plus conn et le plus influent. Il est parvenu au Laos avec les Khmers hindous, sou forme des bas-reliefs en pierre du Vat Phu Champasak et d'autres temple de la période d'Angkor. Il a peut-être été transmis parallèlement par de conteurs et des écrits. Les Laotiens en ont élaboré leur propre version qui diffère grandement de l'original et du *Ramakian* thaïlandais.

La plupart des 547 jataka du *Pali Tipitaka* (canon bouddhique en troi sections) – qui racontent chacun une vie antérieure du Bouddha – son apparus au Laos en reprenant presque mot pour mot la version rédigé pour la première fois au Sri Lanka. Une série de 50 écrits apocryphes reposant sur des légendes lao-thaï de l'époque, ont été ajoutés par de érudits pali de Luang Prabang il y a trois ou quatre siècles. L'un des jatak les plus populaires au Laos est un ancien texte pali, appelé *Mahajati* o *Mahavessandara* (*Pha Wet* en lao), qui relate l'avant-dernière incarnatio du Bouddha. Les murs des *sĭm* (salles d'ordination) de nombreux *va* laotiens sont habituellement ornés de peintures représentant ce jataka parmi d'autres.

La littérature contemporaine a souffert des décennies de guerre et d communisme. Le premier roman en langue lao fut édité en 1944 et il fallu attendre 1999 pour qu'un recueil de fiction laotienne contemporain *Mother's Beloved: Stories from Laos,* d'Ounthine Bounyavong, soit publi dans une édition bilingue lao-anglais. Depuis, un nombre croissant d romans et de nouvelles ont été traduits en thaï, mais rarement en anglai et encore plus rarement en français.

L'industrie cinématographique laotienne compte parmi les plu discrètes du Sud-Est asiatique. Sorti en 2008, *Sabaidee Luang Praban* (*Good Morning, Luang Prabang* en anglais) n'est que le sixième long métrage produit au Laos depuis 1975. Réalisé par le Thaïlandais Sakcha Deenan avec l'acteur lao-australien très populaire Ananda Everinghan omme vedette principale, ce film raconte une histoire d'amour à l'eau le rose ; malgré ce scénario "sans danger", le tournage se serait déroulé ous le contrôle permanent des autorités laotiennes.

Le documentaire *The Betrayal* (*Nerakhoon*, 2008) a été réalisé par 'Américaine Ellen Kuras en collaboration avec le protagoniste principal lu film, Thavisouk Phrasavath (co-metteur en scène). Tourné sur une ériode de 23 années, il raconte la vie de la famille de Phrasavath, qui a migré à New York après la révolution communiste.

L'année 2013 a vu la sortie de *The Rocket,* du réalisateur australien Kim Mordaunt, l'histoire d'un jeune garçon laotien qui construit une usée pour regagner la confiance de sa famille. Le film a notamment été rimé au Festival international du Film de Berlin en 2013.

La troisième édition du festival international du film de Vientiane (www.vientianale.org) s'est tenue du 2 février au 6 mars 2013. Cette initiative culturelle a été rendue possible notamment grâce au soutien de l'Institut français du Laos.

Musique et danse

La musique classique laotienne était à l'origine une musique de cour ui accompagnait les cérémonies royales et les ballets classiques au XIXe siècle sous le règne de Chao Anou, le roi de Vientiane élevé à la cour iamoise de Bangkok. Ce genre de musique est joué par un ensemble ppelé *sep nyai*, constitué de *khâwng wóng* (batterie de gongs), d'un *anyâat* (sorte de xylophone), d'un *khui* (flûte en bambou) et d'un *pii* instrument à anche double, semblable au hautbois).

La pratique de la musique classique et du théâtre laotien a décliné lepuis quelque temps ; 40 années de guerre intermittente et une évolution ont relégué ces arts du spectacle au second plan pour la plupart des Laotiens. En général, ce genre de musique ne s'entend plus u'aux représentations publiques du *Pha Lak Pha Lam,* une pantomime etraçant l'épopée hindoue du *Ramayana.*

En revanche, la musique folklorique est toujours restée populaire. Le principal instrument est le *khǎen* (ou *khene* selon l'orthographe rançaise), un instrument à vent composé d'une double rangée de roseaux emblables à des bambous, encastrés dans une caisse de résonance en ois et rendus étanches par de la cire d'abeille. Il peut y avoir entre et 8 roseaux par rangée (soit 16 tuyaux au total) et la longueur de instrument varie de 80 cm à 2 m. Un musicien expérimenté est capable e produire des airs de danse rythmés et entraînants.

Au son du *khǎen,* les gens commencent souvent à danser le *lám wóng* ronde), la danse traditionnelle la plus populaire. Les couples dansent n cercle les uns autour des autres jusqu'à former trois cercles : un de anseurs individuels, le deuxième formé par les couples et le troisième ar le reste de l'assistance.

Mǎw lám

Le folklore laotien possède son propre théâtre chanté, reposant sur la radition du *mǎw lám*. Cette expression, difficile à traduire, peut signifier maître des vers". Mélange pétillant d'esprit de dialogues et de chants, il ermet à un ou plusieurs chanteurs d'aborder des thèmes aussi variés ue la politique et la sexualité dans un langage familier, voire paillard. Cet art, qui a toujours été épargné par la censure gouvernementale, eprésente un important moyen d'expression populaire.

On distingue plusieurs types de *mǎw lám* en fonction du nombre de hanteurs et de la région. Ainsi, le *mǎw lám khuu* (*mǎw lám* en couple) st joué par un homme et une femme qui débutent un flirt et une joute erbale. Pour le *mǎw lám jót* (*mǎw lám* en duel), deux chanteurs du même sexe s'affrontent en répondant à des questions ou finissant une istoire – un peu comme une improvisation de rap.

Dans le nord du Laos, la musique folklorique basée sur le *khǎen* est énéralement appelée *khǎp* plutôt que *lám*. D'authentiques *mǎw lám* nt lieu lors des fêtes des temples et sont diffusés par la radio nationale.

Jonny Olsen (également connu sous le nom de Jonny Khaen), né et élev aux États-Unis, est devenu une star du *khǎen* au Laos.

Pop lao

Jusqu'en 2003, jouer de la musique "moderne" était virtuellement interdi au Laos. Le gouvernement avait décrété que cela ne correspondait pas a pays, et les groupes qui décidaient de jouer malgré tout, comme le group de heavy metal Sapphire, étaient muselés. Les jeunes écoutaient de l musique thaïlandaise ou occidentale piratée, tandis que la musique po laotienne se cantonnait au *lûuk thûng*, des arrangements sirupeux mêlan les rythmes du cha-cha-cha et du boléro aux mélodies lao-thaïlandaises.

Puis le gouvernement a décidé que la jeunesse laotienne pouvai écouter de la pop moderne, à condition que ce soit de la pop laotienne Thidavanh Bounxouay, une chanteuse lao-bulgare plus connue sou le nom d'Alexandra, a été la première star. Si son style n'avait rien d radical, il était incontestablement plus branché que ce qui avait précédé Ces dernières années, d'autres groupes ont suivi comme Princess composé de filles, et celui pop-rock d'Awake.

Récemment, des groupes de rock plus audacieux, comme Crocodile e Leprozy, ont vu le jour. Le second s'est produit sur des scènes relativemen importantes en Thaïlande. Le groupe de hard rock Cells est égalemen plus connu en Thaïlande et a donné de grands concerts à Bangkok.

Jusqu'alors presque exclusivement associé à la diaspora de Lo Angeles, le hip hop laotien commence à se développer dans le pays ave des groupes comme Hip Hop Ban Na et L.O.G. ; ce dernier a produit u tube arrivé en tête du hit-parade thaïlandais.

À Vientiane, vous trouverez des enregistrements de la plupart de artistes cités sur le marché en plein air proche du Pha That Luang e au Talat Sao Mall. Certains se produisent parfois dans des salles de l capitale, mais vous les verrez plutôt lors de concerts en plein air pou des fêtes importantes.

Architecture

Comme dans tous les autres domaines artistiques, les meilleur architectes du pays ont consacré leur talent durant des siècles aux temple bouddhiques. Les résultats sont particulièrement impressionnants Luang Prabang.

Les traditions architecturales propres au Laos ne se limitent cependan pas aux temples. Les *thâat* (stupas) laotiens diffèrent des autres stupas d monde bouddhique. Ces monuments sont érigés au-dessus d'un reliquaire construit pour conserver une relique du Bouddha, habituellement u cheveu ou un fragment d'os. En Asie, leur forme et leur taille varient, de pagodes à plusieurs niveaux du Vietnam aux gros monolithes en briqu du Sri Lanka. Le style laotien se distingue par une combinaison d'arêtes e de courbes séduisantes. Le Pha That Luang doré de Vientiane est le stup le plus fameux du Laos, devenu le symbole national.

Dans les vallées fluviales ou dans les montagnes, les maison traditionnelles sont de simples constructions en bois ou en bambo coiffées d'un toit de feuilles ou d'herbe. Les Lao des plaines les construiser sur des pilotis pour éviter les inondations durant la mousson et pou conserver le riz en dessous. Les montagnards les bâtissent directemer sur le sol. Les plus jolies maisons des plaines comportent souvent u motif en étoile dans les architraves, mais se font de plus en plus rares.

L'architecture coloniale des villes laotiennes conjugue le styl provincial français classique – murs épais, fenêtres à persiennes e toits de tuiles pentus – à des balcons et à un système de ventilatio propice à la circulation de l'air dans la touffeur du Sud-Est asiatiqu Si nombre de bâtiments ont été rasés ou laissés à l'abandon aprè

L'ARCHITECTURE DES TEMPLES OU LE CONTE DE TROIS VILLES

L'*uposatha* (*sĭm* en lao ; salle d'ordination) constitue toujours la partie la plus importante des *vat* bouddhiques theravada. Les hauts toits pointus comportent plusieurs niveaux (habituellement trois, cinq, sept ou parfois neuf), qui correspondent aux diverses doctrines bouddhistes. L'arête des toits, presque toujours ornée d'un motif de flamme, se termine par de longs et fins crochets appelés *chaw fâa* (amas célestes). Le long de l'arête centrale d'un *sĭm*, des flèches semblables à un parapluie, appelées *nyâwt chaw fâa* (*chaw fâa* supérieurs), portent parfois de petits pavillons (*naga* – serpents d'eau mythiques) agencés sur deux niveaux pour représenter le mont Meru, le centre mythique du cosmos hindo-bouddhiste.

Ces bâtiments sont édifiés selon trois styles architecturaux, de Vientiane, de Luang Prabang et de Xieng Khuang.

La façade d'un *sĭm* de style **Vientiane** comporte habituellement une grande véranda avec de grosses colonnes supportant un toit décoré. Certains possèdent également une véranda plus sobre à l'arrière, tandis que ceux entièrement entourés d'une terrasse trahissent une influence thaïlandaise.

Le style de **Luang Prabang** s'apparente à celui du Siam septentrional (Lanna), ce qui n'a rien de surprenant puisque le Laos et le nord de la Thaïlande ont fait partie des mêmes royaumes durant des siècles. Les toits descendent très bas, parfois presque jusqu'au sol, donnant l'impression que le *sĭm* va prendre son envol. Les Laotiens disent que la ligne du toit ressemble aux ailes d'une poule protégeant ses poussins.

Il reste peu de *sĭm* de style **Xieng Khuang** en raison des lourds bombardements de la province durant la guerre du Vietnam. La plupart des temples survivants se situent à Luang Prabang et contiennent des éléments des styles de Luang Prabang et de Vientiane. Le *sĭm* bâti sur une plate-forme à plusieurs niveaux rappelle les temples de Vientiane, tandis que les larges toits bas évoquent le style de Luang Prabang, sans les multiples niveaux. Les poutres en console jouent un rôle plus important dans l'esthétique générale de l'édifice, donnant au *sĭm* une forme pentagonale vu de face. Le fronton arrondi est bien plus gracieux que ceux des autres styles.

'indépendance, ils sont aujourd'hui très recherchés, particulièrement par les étrangers. Luang Prabang et Vientiane en possèdent plusieurs superbement restaurés. En revanche, à Tha Khaek, à Savannakhet et à Pakse, les bâtiments de l'époque française se dégradent à un rythme alarmant. Après la révolution, l'architecture a adopté les normes du réalisme socialiste, imposées en Union soviétique, au Vietnam et en Chine : des lignes droites, des angles aigus et une absence quasi totale d'ornementation. Plus récemment, une tendance à l'intégration de motifs architecturaux laotiens classiques dans des bâtiments modernes a vu le jour. L'Assemblée nationale de Vientiane et l'aéroport de Luang Prabang, tous deux dessinés par l'architecte Hongkad Souvannavong, formé à La Havane et à Moscou, sont représentatifs de ce nouveau courant. D'autres projets, comme la Siam Commercial Bank dans Thanon Lan Xang à Vientiane, cherchent à réintroduire harmonieusement des éléments de l'architecture coloniale française, ignorée pendant un demi-siècle.

Sculpture

Parmi tous les arts laotiens traditionnels, le plus impressionnant est sans doute la sculpture bouddhique du XVIe au XVIIIe siècle, l'âge d'or du royaume de Lan Xang. En bronze, en pierre ou en bois, elle représente invariablement le Bouddha ou des personnages associés aux jataka (*sáa-dók* ; récits des vies antérieures du Bouddha). Comme les autres sculpteurs bouddhiques, les artisans lao accentuaient les traits particuliers du Bouddha historique : nez aquilin, lobes d'oreille pendants, chevelure bouclée, etc.

Deux représentations du Bouddha debout sont spécifiques au Laos. La première est la posture de l'"appel de la pluie", qui figure le Bouddha les mains près du corps, les doigts pointés vers le sol, une posture rarement représentée dans le reste du Sud-Est asiatique. L'aspect légèrement arrondi et "désossé" de la statue rappelle le style thaïlandais de Sukhothai, tandis que le drapé de la robe sur les hanches évoque le style khmer. Cependant, les lobes d'oreille plats et plaqués, les sourcils

LA PRODUCTION TEXTILE

Les textiles en soie et en coton sont fabriqués à l'aide de techniques variées selon leur provenance géographique et l'appartenance ethnique des artisans. Bien qu'ils aient des similitudes avec ceux d'autres pays d'Asie du Sud-Est, les tissages lao se distinguent par les types de métiers employés et des styles bien spécifiques.

Les tisserands du Sud, qui travaillent sur des métiers à pied plutôt qu'à châssis, confectionnent les plus belles soieries. Ils sont réputés pour leurs *mat-mii* (ikat, technique consistant à nouer et à teindre les fils avant le tissage) élaborés, qui arborent des motifs d'éléphants ou empruntés aux temples khmers et s'apparentent aux ikat indonésiens. Ceux-ci peuvent être utilisés pour différents types de vêtements ou comme tentures. Dans les provinces de Sekong et d'Attapeu, certains textiles s'agrémentent de perles et de broderies. Les *phàa nung* (sarongs) d'une seule pièce sont plus répandus que ceux composés de plusieurs panneaux.

Dans le centre, les tissages typiques comprennent des *mat-mii* en coton teints à l'indigo et des brocards à trame simple (*jók* et *khit*), ainsi que diverses techniques introduites par des migrants à Vientiane.

D'une manière générale, les textiles du Nord mêlent couleurs et motifs géométriques complexes (rayures, diamants, zigzags, animaux et plantes). Ils se présentent habituellement sous la forme de *phàa nung* ou *sin* (sarong féminin), avec parfois une bordure tissée de fils d'or ou d'argent, ou bien de *pàh bęeang*, une étole lao-thaïe que les hommes et les femmes portent seule ou par deux lors des mariages et des fêtes.

Les brocards or et argent sont des réalisations traditionnelles de Luang Prabang, ainsi que des dessins complexes et des motifs d'origine thaï lü. Les tisserands du Nord utilisent généralement des métiers à châssis. La taille, le corps et l'étroit *sín* (bordure inférieure) d'un *phàa nung* sont souvent cousus ensemble à partir de différentes étoffes.

Dans le Nord-Est, les peuples thaïs réalisent des *yìap kǫ* (brocards à trame) avec de la soie sauvage, des fils de coton et des teintures naturelles, ajoutant parfois la technique du *mat-mii*. Les grands motifs en forme de diamant sont courants.

Chez les Hmong et les Mien, on trouve des pièces de tissus carrées, brodées et matelassées aux couleurs très vives dont les motifs apparemment abstraits ont une signification rituelle. Les Hmong les appellent *pandau* (tissus-fleurs). Certains, plus grands, représentent des scènes de la vie villageoise incluant des figures humaines et des animaux.

De nombreuses tribus appartenants aux groupes Lao Soung et Lao Thoeng produisent des sacs à bandoulière (*nyahm*) dans la tradition austro-thaïe et tibéto-birmane, comme ceux qu'on peut voir dans les montagnes d'Asie du Sud et du Sud-Est. Aujourd'hui, les *nyahm* fabriqués à partir de pièces découpées dans des textiles anciens – *phàa nung* ou vêtements provenant d'ethnies montagnardes – connaissent un succès particulier. Le marché Talat Sao, à Vientiane, figure parmi les meilleurs endroits pour acheter ce type d'article.

Les teintures naturelles proviennent de l'ébène (graines et bois), du tamarin (graines et bois), de la laque rouge extraite du *Coccus iacca* (un insecte vivant dans les troncs d'arbre), de la racine de curcuma et de l'indigo. À partir de cette palette de base de cinq couleurs naturelles – noir, orange, rouge, jaune et bleu –, on peut créer une gamme infinie d'autres couleurs. Parmi d'autres couleurs non mélangées et plus subtiles figurent le kaki, obtenu à partir de l'écorce d'un tabebuia indien, le rose (bois de sapan) et l'or (bois de jaquier et d'arbre à pain).

arqués et le nez aquilin sont typiquement laotiens. Le bas de la robe est recourbé de manière parfaitement symétrique de chaque côté, une autre particularité laotienne.

La seconde représentation originale est le Bouddha "contemplant l'arbre de la Bodhi", ou arbre de l'Éveil. Cet arbre se réfère au grand banian sous lequel il était assis lors de son illumination à Bodhgaya, en Inde, au VIe siècle av. J.-C. Sa posture est sensiblement la même que dans l'appel de la pluie, à part les mains croisées devant lui au niveau des poignets.

Le Haw Pha Kaeo et le Vat Si Saket à Vientiane et le musée du Palais royal à Luang Prabang renferment les plus beaux exemples de sculpture laotienne.

Artisanat

Nattes et paniers tressés en diverses sortes de paille, de rotin et de roseau se trouvent facilement et deviennent des produits d'exportation. Des minorités ethniques continuent d'utiliser ces paniers, prouvant que l'artisanat était jusque récemment aussi pratique qu'ornemental. Dans les villages, on peut directement acheter un panier à l'artisan. Les nattes et paniers tressés par les Htin (Lao Thoeng) comptent parmi les plus beaux.

Pour les peuples montagnards Hmong et Mien, les bijoux en argent tiennent un rôle important en tant que richesses "portables" que l'on peut léguer. Autrefois, les monnaies françaises constituaient la principale source d'argent ; elles étaient fondues ou intégrées dans un bijou. Dans les villages du Nord, il n'est pas rare de voir des pièces plus récentes agrémenter des coiffes élaborées.

Les Lao des plaines possèdent également une longue tradition du travail de l'or et de l'argent. Bien que cet artisanat décline depuis quelque temps, vous verrez de nombreux bijoutiers travailler sur des feux dans les marchés de tout dans le pays.

Dans le nord-ouest du pays, on fabrique communément du papier avec du *săa* (écorce de mûrier) ; vous en trouverez à Vientiane et à Luang Prabang. Non polluant, le *săa* est une ressource renouvelable, qui nécessite bien moins de traitements que la pulpe de bois.

Sports

Il existe quelques sports traditionnels au Laos, qui sont souvent un prétexte pour des paris autant qu'un moyen de se dépenser. Le kátâw (sorte de volley-ball) et le *múay láo* (boxe laotienne) nécessitent des efforts physiques et acquièrent une importance croissante en raison des compétitions internationales. En revanche, les combats de coqs n'exigent aucune dépense physique, du moins pour les spectateurs. Les règles sont les mêmes qu'ailleurs, sauf que les coqs ne sont pas équipés de lames et survivent souvent à l'affrontement.

Dans les régions des Lao thaï, vous pourrez découvrir un "sport" plus insolite : le combat de scarabées. Ces affrontements entre scarabées rhinocéros, naturellement belliqueux, sont suivis par une foule de parieurs, habituellement plus bruyants après de généreuses rasades de *lào-láo*. Les scarabées sifflent et attaquent, se soulevant mutuellement avec leur corne jusqu'à ce que l'un des deux en ait assez de ce "divertissement" et s'enfuie. Si vous avez parié sur le fuyard, vous avez perdu. Les combats de scarabées n'ont lieu que pendant la saison des pluies.

Les enfants jouent souvent au football, ou au moins à un jeu qui lui ressemble. Les possibilités de faire carrière comme footballeur professionnel restent limitées en l'absence quasi totale d'entraîneurs, de terrains et d'équipes de jeunes espoirs. Le Laos fait toutefois meilleure

TIRER OU POINTER ?

Si l'on voit beaucoup de *kátâw* et de football au Laos, le sport que vous pourrez sans doute le plus facilement pratiquer est la *petang*. Importée par les Français, la *petang* est bien évidemment la version laotienne de la pétanque. Des petits terrains de *petang*, en terre battue ou en gravier, sont présents dans tout le pays et font souvent appel à l'improvisation : limites en tronc de cocotier, pneu de vélo pour le cercle de tir.

Bien que la pétanque soit pratiquée depuis des décennies, la participation du Laos à une compétition internationale a généré un regain d'intérêt pour ce jeu. Lors des Jeux du Sud-Est asiatique de 2005, le Laos a remporté la médaille d'or en simple messieurs et celle d'argent en double messieurs. Le pays a depuis remporté de nombreuses médailles dans d'autres compétitions.

Au cours de votre voyage, vous constaterez que les parties ont souvent lieu l'après-midi et que les joueurs sont habituellement des hommes. Si la partie ne semble pas trop acharnée, vous pouvez demander de participer. La *petang* se joue en équipe de deux ou trois joueurs, mais en pratique cela dépend du nombre de boules et de joueurs. Pour la technique, il suffit d'observer – et de faire attention à ne pas blesser un enfant ou une poule qui viendrait à passer

figure dans les compétitions de la FIFA que ses voisins du Sud-Est asiatique, et les matchs organisés au stade national de Vientiane ou dans de modestes stades régionaux attirent un public relativement nombreux.

Kátâw

Ce jeu, qui consiste à s'envoyer une balle en rotin tressé ou en plastique d'environ 12 cm de diamètre, est presque aussi populaire au Laos qu'en Thaïlande et en Malaisie.

Dans le *kátâw* traditionnel, les joueurs forment un cercle (la taille dépend du nombre de participants) et tentent de maintenir la balle en l'air en tapant dedans avec le pied. Les points sont calculés en fonction du style, de la difficulté et de la diversité des manœuvres.

Une variante moderne, pratiquée dans les compétitions locales et internationales, se joue avec un filet de volley-ball. Les règles sont les mêmes qu'au volley, mais seuls les pieds et la tête peuvent toucher la balle. Les joueurs se livrent à d'étonnantes pirouettes aériennes, envoyant la balle au-dessus du filet avec leurs pieds.

Múay láo (boxe laotienne)

Les Laotiens semblent avoir un appétit insatiable pour les combats de kickboxing retransmis à la télévision, qu'il s'agisse de boxe thaïlandaise (*múay thai*) ou de boxe laotienne (*múay láo*). Le *múay láo* n'est pas aussi développé au Laos que son équivalent en Thaïlande et reste essentiellement cantonné à des combats amateurs lors des fêtes rurales ; de plus grands combats sont diffusés à la télévision presque tous les week-ends.

Lors d'un combat, on peut frapper toute partie du corps et frapper l'adversaire avec n'importe quelle partie du corps sauf la tête. Le coup de pied au cou ou au mollet, le coup de coude dans la tête ou le visage et le coup de genou dans les côtes sont les techniques les plus fréquentes. Un combattant a même le droit de saisir la tête de son adversaire à deux mains et de la frapper de son genou levé.

Encouragée par le gouvernement, la boxe internationale (*múay săakọn*) connaît une popularité croissante malgré une préférence marquée des Laotiens pour la version plus violente d'Asie du Sud-Est.

La cuisine laotienne

La cuisine laotienne n'est pas aussi diversifiée et sophistiquée que celles plus connues de ses voisins, la Chine, la Thaïlande et le Vietnam. Il est cependant possible de bien manger au Laos à condition de prendre le temps de découvrir les diverses spécialités et d'en apprécier les saveurs. Il n'est pas surprenant que la cuisine laotienne ressemble fortement à la cuisine thaïlandaise, vu la longue imbrication historique des deux pays. Si des plats tels que le *làap* (salade de viande) ou le *tạm màak-hung* (*tạm sòm* ; salade de papaye verte) sembleront familiers à ceux qui connaissent un peu la gastronomie thaïlandaise, certains plats sont spécifiquement laotiens.

Spécialités locales

Comme en Thaïlande, l'accent est mis sur des plats simples préparés avec des ingrédients frais. Des herbes comme le basilic, la menthe, la coriandre et la citronnelle parfument le mélange et atténuent l'amertume épicée des racines et des rhizomes (épaisses tiges souterraines de certaines plantes), l'acidité du jus de citron vert et des feuilles de combava (un proche cousin du citron), l'âcreté de la sauce de poisson ou de la pâte de crevette, et le feu des piments frais.

Le riz, présent à tous les repas, constitue le seul aliment consommé tous les jours par les plus démunis. Le riz gluant ou glutineux, une variété totalement différente du riz à grain long, est particulièrement répandu. Après l'avoir laissé tremper au moins quatre heures et parfois une nuit, le riz est égoutté et cuit à la vapeur pendant 10 à 15 minutes dans un panier pointu en bambou appelé *huat*, puis il est retourné et cuit pendant encore 10 minutes. Ensuite, il est conservé au chaud dans des *típ khào*, des paniers en bambou perméables avec un couvercle.

Le site Vientiana.blogspot.com initie les internautes aux secrets de la cuisine laotienne à l'aide de recettes faciles, accompagnées de photos.

Parmi les autres ingrédients essentiels figurent les *phák* (légumes), le *pạa* (poisson), le *kai* (poulet), le *pét* (canard), le *mŭu* (porc), le *sìin ngúa* (bœuf) ou le *sìin khwái* (buffle). Compte tenu de l'éloignement de la mer, les poissons d'eau douce sont plus courants que les poissons de mer ou les crustacés. Les viandes sont généralement grillées, rôties ou mélangées à des préparations déjà accommodées, comme le riz sauté.

Diverses concoctions de poisson fermenté – souvent le *pạa dàek*, une préparation typiquement laotienne à base de poisson d'eau douce, ou le *nâm pạa*, une sauce d'anchois – servent à saler la nourriture. Autre assaisonnement courant, le *phŏng súu lot* – *ajinomoto* ou glutamate – est souvent à disposition sur les tables des restaurants de nouilles.

Le *nâm màak náo* (jus de citron vert), la *sĭi-khái* (citronnelle), les *bại sálanae* (feuilles de menthe) et les *phák hăwm* (feuilles de coriandre) donnent à la cuisine sa saveur acidulée particulière. Les autres assaisonnements courants comprennent le *khaa* (galanga), le *màak phét* (piment rouge), le *nâm màak khăam* (jus de tamarin), le *khĭng* (gingembre) et le *nâm màak phâo* ou *nâm káthí* (lait de coco). Les piments sont parfois servis en accompagnement dans des sauces appelées *jạew*. À Luang Prabang, le *năng khwái hàeng* (peau de buffle séchée) est un ingrédient prisé.

FAITES VOYAGER VOS PAPILLES

Vous n'aurez pas vraiment découvert le Laos avant d'avoir goûté :

la Beerlao – la boisson nationale (bière)

le jąew màak len – une sauce épaisse, généralement salée, de tomates, piments et échalotes grillés

le khai phųn – une algue d'eau douce séchée et assaisonnée, spécialité de Luang Prabang

le kôy pąa – du poisson d'eau douce coupé en morceaux et préparé avec des herbes, du jus de citron vert et du riz gluant grillé et moulu

le lào hăi – un vin de riz fermenté, servi dans une grande jarre d'argile avec de longues pailles en roseau

le năem khào – des boulettes de riz mélangées à des saucisses de porc aigre, frites, coupées en morceaux et servies en salade avec de la verdure et des herbes ; une spécialité de Vientiane

le sìin sawăn – de fines tranches de bœuf séché et épicé, une spécialité de Savannakhet

Le *làap*, l'un des plats les plus courants, est une salade composée d'un hachis de viande, de volaille ou de poisson agrémenté de jus de citron vert, de *khào khûa* (riz gluant grillé et pilé), de feuilles de menthe et de piments. Il peut être plus ou moins relevé selon le cuisinier. Les viandes utilisées sont crues (*díp*) ou cuites (*súk*). Le *làap* s'accompagne habituellement d'une grande assiette de laitue, de menthe et d'autres herbes selon la saison. Roulez un peu de *làap* dans une feuille de laitue avec des herbes et mangez-le avec des boulettes de riz gluant, façonnées à la main.

Les plats laotiens sont souvent épicés en raison du penchant des habitants pour le *màak phét*. Toutefois, les plats chinois et vietnamiens, généralement moins relevés, font aussi partie de l'alimentation courante. Le *fŏe* (soupe de nouilles de riz), très apprécié au petit-déjeuner ou en en-cas, est presque toujours servi avec une assiette de laitue, de menthe, de basilic, de coriandre, de germes de haricots mungo et de quartiers de citron vert à ajouter à la soupe. Dans le Sud, les convives préparent leur propre sauce en mélangeant citron vert, piment broyé frais, *kápí* (pâte de crevette) et sucre dans un petit bol.

Le *khào pųak sèn*, un autre plat prisé le matin, se compose de nouilles de riz rondes servies dans un bouillon avec du poulet ou des tripes de porc grillées. De nombreuses échoppes de *khào pųak sèn* proposent également des *khànŏm khuu*, des petits beignets chinois, et certaines disposent des ciseaux sur les tables pour les couper en morceaux et les mélanger à la soupe ; si cela semble étrange, le résultat est délicieux.

Les *khào pûn*, des nouilles de riz fraîches nappées de *nâm káthí* (sauce de noix de coco sucrée et épicée), sont également populaires. Elles peuvent se manger froides avec des plats vietnamiens comme les *năem néuang* (boulettes de porc grillées) et les *yáw* (rouleaux de printemps).

Comme partout en Asie du Sud-Est, le riz constitue la base d'un repas laotien. Bien que le *khào nĭaw* (riz gluant) prédomine, le *khào jâo* (riz blanc ordinaire) est couramment servi dans les grandes villes.

À Vientiane, Savannakhet, Pakse et Luang Prabang, la baguette de pain à la française (*khào jįi*) est proposée au petit-déjeuner avec du *kąa-féh nóm hâwn* (café au lait) et parfois des *khai* (œufs) ; vous pouvez aussi commander des *sai nâm nóm*, des tartines au lait concentré sucré, ou un sandwich avec du pâté laotien et des légumes. Fraîches, les baguettes laotiennes sont excellentes. Les boulangeries de Vientiane et de Luang Prabang vendent aussi des croissants et d'autres viennoiseries.

Boissons

Boissons sans alcool

Eau

L'eau potable purifiée est appelée *nâm deum*, qu'elle soit bouillie ou filtrée. Dans les restaurants et les hôtels, on ne sert que de l'eau purifiée que vous pouvez boire sans crainte. Au restaurant, vous pouvez demander de la *nâm pao* (eau plate, bouillie ou filtrée), servie gratuitement au verre, ou commander une bouteille d'eau plate ou pétillante. Dans les villages reculés, on vous servira souvent une eau colorée, en général jaune ou rouge, au goût fumé. Elle peut se boire sans danger : la couleur provient d'une racine bouillie avec l'eau, différente selon la région.

Café et thé

Le café laotien jouit d'une excellente réputation. Traditionnellement, il est torréfié par les grossistes, moulu par les vendeurs et filtré à travers une poche en tissu juste avant d'être servi. Le résultat est un breuvage noir, épais, fort et délicieux. Un nombre croissant de restaurants et d'hôtels servent toutefois du café instantané aux étrangers. Pour obtenir un vrai café, demandez un *kạa-féh láo* (café lao) ou un *kạa-féh bọh-láan* (café à l'ancienne).

Le café est habituellement servi dans des petits verres, mélangé avec du sucre et une généreuse portion de lait concentré sucré. Si vous le préférez sans lait ni sucre, précisez *kạa-féh dạm* (café noir), puis *baw sai nâm-tạan* (sans sucre). L'*òh-lîang* (café glacé sucré) en est une variante délicieuse. Seuls les meilleurs hôtels et restaurants servent du lait frais.

Dans le Centre et le Sud, le café est presque toujours servi avec du *nâm sáa* (thé chinois léger, souvent tiède), alors que dans le Nord il s'accompagne d'un verre d'eau chaude.

On trouve au Laos du thé indien (noir) et du thé chinois (vert ou légèrement fumé) ; ce dernier est désormais cultivé sur le plateau des Boloven et ailleurs. Si vous commandez un *sáa hâwn* (thé chaud), vous obtiendrez généralement un verre ou une tasse de thé noir sucré avec du lait concentré. Comme pour le café, précisez si vous le voulez sans lait ou sans sucre : *sáa hâwn* puis *baw sai nóm* (sans lait) et/ou *baw sai nâm-tạan* (sans sucre). Le thé chinois est habituellement servi gratuitement dans les restaurants. Pour un thé chinois plus fort, demandez un *sáa jịin*.

Alcools

Bière

Dans ce pays qui exporte peu et dont les produits peinent à obtenir une renommée internationale, le succès de la Beerlao constitue une grande source de fierté. La bière nationale est disponible dans tout le pays et, malgré la concurrence de la Tiger et, dans une moindre mesure, de la Carlsberg et de la Heineken, la plupart des habitants préfèrent la Beerlao.

Spiritueux

Si la Beerlao flatte l'orgueil national, l'alcool de riz ou *lào-láo* reste la principale source de gueule de bois, en partie parce qu'il est moins cher que la bière et aussi parce qu'il demeure une boisson prisée des Lao des plaines.

Si vous êtes invité à des festivités, on vous servira sans doute du *lào-láo*. Dans une maison laotienne, le verre de *lào-láo* au repas du soir suit un rituel précis. Parfois au début, mais plutôt à la fin du dîner, l'hôte sort la bouteille et en verse une rasade sur le sol ou sur une assiette utilisée pour apaiser les esprits de la maison. Il s'en sert ensuite une dose qu'il avale d'un coup avant de remplir les verres des invités. Ceux-ci doivent au moins en boire un afin de ne pas offenser les esprits.

Le meilleur *lào-láo* proviendrait de Phongsali et de Don Khong, aux extrémités nord et sud du pays.

Dans les grandes villes, les bars des hôtels touristiques offrent le choix habituel d'alcools.

Vins

À Vientiane, les restaurants, les épiceries de produits importés et les magasins de spiritueux proposent d'honnêtes vins français et italiens. À Luang Prabang, à Savannakhet et à Pakse, quelques hôtels et restaurants en offrent également. Les vins d'autres provenances restent plus rares. Quelle que soit son origine, le vin est bien moins cher qu'en Thaïlande en raison de taxes d'importation moins élevées.

Luang Prabang est réputée pour un vin de riz léger appelé *khào kam*, un breuvage rouge et un peu sucré, fabriqué à partir du riz gluant. Bien préparé et conservé, il peut être agréable, mais a un goût de moisi dans le cas contraire.

Dans les provinces, les villageois distillent un vin de riz appelé *lào-hăi* (liqueur de la jarre), gardé dans une jarre commune et bu avec de longues pailles en roseau.

L'AUTHENTIQUE CUISINE LAOTIENNE

Les amateurs de cuisine qui s'attendent à trouver au Laos la même diversité de restaurants et de plats authentiques qu'en Thaïlande et au Vietnam seront certainement déçus. Bien que les villes comptent un nombre correct de restaurants et quelques stands de rue, la plupart des restaurants du pays proposent des cuisines étrangères (essentiellement chinoise ou vietnamienne) ou bien, dans les régions touristiques, une cuisine laotienne standardisée. Par ailleurs, contrairement aux autres pays d'Asie du Sud-Est, les stands de rue n'offrent que des plats à emporter, y compris dans les marchés qui s'installent tous les soirs dans la plupart des villes. Ces derniers sont souvent les meilleurs endroits pour goûter une cuisine authentique, aussi n'hésitez pas à acheter une ou deux assiettes, des bols et des couverts. La plupart des pensions vous laisseront emprunter de la vaisselle et des couverts, surtout si vous leur achetez quelques bouteilles de Beerlao pour accompagner votre repas (tout le monde y gagne !).

Une fois équipé, partez choisir votre dîner au marché de nuit. Parmi les nombreuses *kheuang pîng* (grillades), le *pîng kai* (poulet grillé) fait figure de favori ; le poulet, entier ou en morceaux, est enduit d'une marinade à l'ail, de racine de coriandre, de poivre noir et de sel ou de sauce de poisson avant d'être cuit sur la braise. Le *pîng pąa* est un poisson écaillé, couvert d'une épaisse couche de sel et farci de citronnelle, puis grillé à petit feu. Canard, chèvre, museau de porc, pis de vache, tripes et diverses saucisses sont également proposés grillés.

Parmi les autres plats typiques qui figurent rarement sur les cartes des restaurants, citons les *jąew*, des sauces au piment servies avec du riz gluant et des légumes crus ou à peine cuits, et les *kąeng*, des soupes épaisses comprenant généralement de la viande, des légumes et des herbes. La cuisson à la vapeur est également répandue ; le *mók pąa*, du poisson avec des herbes enroulé dans une feuille de bananier et cuit à la vapeur, est une autre spécialité laotienne. Quel que soit le mode de cuisson, tous les plats laotiens sont servis avec du *khào nĭaw* (riz gluant).

Un plat laotien authentique apparaît néanmoins sur presque toutes les cartes des restaurants : le *tąm màak-hung* (souvent appelé *tąm sòm* à Vientiane), une salade épicée au goût acidulé, composée de papaye verte émincée, de jus de citron vert, de piments, d'ail, de *pąa dàek* et de divers autres ingrédients mélangés dans un grand mortier.

LE BON INSTRUMENT

Si l'on ne vous propose pas de baguettes, n'en demandez pas. Lorsque des *falang* (Occidentaux) en réclament dans un restaurant laotien, ils embarrassent le patron. N'essayez pas non plus de manger du riz gluant avec des baguettes, utilisez plutôt votre main droite. Pour le riz blanc, servez-vous d'une fourchette et d'une cuillère (la première dans la main gauche et la seconde dans la main droite, ou l'inverse si vous êtes gaucher).

Plats de fête

Les fêtes des temples (*bun wat*) offrent l'occasion de goûter la cuisine familiale, car les fidèles apportent souvent des plats à partager avec les autres visiteurs. Des stands en profitent généralement pour s'installer et offrir toutes sortes de plats, des *khûa fŏe* (nouilles de riz sautées) au *pîng kai* (poulet grillé).

De même, lors des courses nautiques qui se tiennent habituellement en octobre dans les villes riveraines du Mékong, de nombreux stands vendent toutes sortes de plats et notamment du *năem khào.*

La communauté chinoise célèbre le *tut jiin* (Nouvel An chinois ; Tet en vietnamien) par une semaine de nettoyage des maisons, de danses du dragon, de feux d'artifice et de banquets. Les festivités les plus importantes ont lieu dans le quartier chinois de Vientiane, à l'extrémité nord de Th Chao Anou ; des "gâteaux de lune", épaisses pâtisseries circulaires fourrées de pâte de soja sucrée ou de porc salé, sont en vente dans toute la ville.

Vous verrez des dindes évoluer librement dans la plupart des villages, mais elles apparaissent rarement sur les tables, car on les réserve pour les grandes occasions comme les mariages. Elles ont été introduites au début des années 1960 par l'USaid, une organisation d'aide gouvernementale américaine, pour fournir des protéines aux populations rurales.

Établissements

En dehors des marchés de nuit et des stands de rue, les *hâan fŏe* (échoppes de nouilles) et les *talàat sâo* (marchés du matin) sont les meilleurs endroits pour un repas à petits prix. La plupart des villes et des villages possèdent au moins un marché du matin (qui dure souvent toute la journée) et plusieurs *hâan fŏe*. Un peu plus élégants, les *hâan kheuang deum* (cafés de style laotien) et les *hâan kįn deum* (boissons et restauration) offrent une plus grande variété de plats. Plus chers, les *hâan qahăan* (restaurants) affichent habituellement leur carte (en lao) sur le mur ou sur un tableau.

Nombre de *hâan qahăan* proposent surtout des plats chinois ou vietnamiens. Ceux qui servent une authentique cuisine laotienne disposent d'une grande cuvette d'eau sur un tabouret ou d'un lavabo près de l'entrée pour se laver les mains (la cuisine laotienne se mange traditionnellement avec les doigts).

En dehors de Vientiane, rares sont les restaurants dotés d'une carte, encore moins en anglais ; mieux vaut connaître le nom de quelques plats standard. La plupart des provinces ont leurs propres spécialités, que vous découvrirez en demandant la *qahăan phêun méuang* (cuisine locale).

Dans les grandes villes en bordure du Mékong, le nombre de restaurants de style occidental augmente rapidement. Vientiane et Luang Prabang comptent des dizaines de restaurants qui servent toutes sortes de cuisines, de la japonaise et de la nord-coréenne à la française, à des prix très raisonnables.

Végétariens

Presque tous les plats laotiens contiennent des protéines animales et les deux principaux assaisonnements sont une sauce de poisson et une pâte de crevette. Certains plats sont aussi préparés avec du lard ou du saindoux.

Si les restaurants végétariens sont pratiquement inexistants, les cartes des restaurants touristiques des grandes villes comportent souvent des plats végétariens.

En dehors des régions touristiques, vous devrez mémoriser quelques mots de lao pour indiquer vos préférences, notamment la phrase : "Je ne mange que des légumes" (*khàwy kįn tae phák*). Si vous consommez des œufs, précisez : *sai khai dâi* (vous pouvez ajouter des œufs). Les produits laitiers tels que le fromage sont rarement servis dans les restaurants laotiens.

À table

Les repas sont presque toujours un événement social et les Laotiens évitent autant que possible de manger seuls. À part les assiettes de riz et de nouilles, les divers convives commandent différents plats que tous partagent. Habituellement, un plat est assez copieux pour deux.

Si les habitants trouvent étrange de manger seuls, ils ne s'en étonnent pas des *falang* (Occidentaux), bizarres de toutes façons. Dans les restaurants chinois ou thaïlandais, vous paierez moins cher en commandant un plat *làat khào* (sur du riz).

La plupart des plats laotiens s'accompagnent de *khào nĭaw* (riz gluant), servi dans des petits paniers fermés appelés *típ khào* et mangé avec les doigts : on prélève un peu de riz dans le *típ khào* et on en fait une boulette que l'on trempe dans les différents plats. Observez les autres convives.

Le *khào jâo* (riz blanc cuit à la vapeur) se mange avec une fourchette et une cuillère. On le porte à la bouche avec la cuillère, qui se tient dans la main droite. La fourchette, tenue dans la main gauche, sert à pousser les aliments dans la cuillère.

Les baguettes (*mâi thuu*) s'utilisent uniquement dans les restaurants chinois (où le riz est servi dans des petits bols) ou pour les nouilles chinoises. Les soupes de nouilles se mangent avec la cuillère dans la main gauche (pour prendre le bouillon) et les baguettes dans la main droite (pour attraper les nouilles et les autres ingrédients).

En général, tous les plats sont servis en même temps. Si le restaurateur ne peut pas les apporter simultanément parce qu'il manque de personnel ou de récipients de cuisson, les convives attendent que tous les plats soient sur la table avant de commencer à manger.

Que la nourriture soit servie tiède importe peu. Personne ne s'offusque si les plats attendent un quart d'heure en cuisine ou sur la table avant d'être consommés. Il est même considéré comme grossier de goûter un aliment encore brûlant, car cela implique que l'on est si affamé ou impoli qu'on ne peut s'empêcher de se jeter sur la nourriture.

Environnement

Au Laos, l'environnement a longtemps bénéficié du faible nombre d'habitants qui, jusque récemment, a relativement peu pesé sur l'écosystème. Cependant, l'augmentation d'une population pour qui les animaux sauvages représentent des protéines et les forêts, des champs potentiels, accentue la pression sur l'environnement. À cela s'ajoutent l'exploitation forestière, le développement de l'industrie minière et de l'agriculture. Le tourisme, de plus en plus reconnu comme une ressource naturelle lucrative, jouera peut-être un rôle décisif dans la conservation des régions sauvages restantes.

Géographie et géologie

Sans accès à la mer et couvrant une superficie équivalant à la moitié de celle de la France, le Laos possède des frontières avec la Chine, le Myanmar (Birmanie), la Thaïlande, le Cambodge et le Vietnam. Les plissements géologiques divisent le Laos en une succession de montagnes, de vallées, de rivières et de cols souvent spectaculaires, qui s'étendent vers l'ouest à partir de la frontière lao-vietnamienne.

Le Mékong est appelé Lancang Jiang (Fleuve turbulent) en Chine, Mae Nam Khong en Thaïlande, au Myanmar et au Laos, Tonle Thom (Grande Eau) au Cambodge, et Cuu Long (Neuf Dragons) au Vietnam.

Montagnes et plateaux couvrent plus de 70% du territoire. Parallèle au cours du Mékong et traversant près de la moitié du pays, la cordillère Annamitique est une chaîne accidentée, avec des pics de 1 500 à 2 500 m d'altitude. Au centre de la cordillère, le plateau de Khammuan est parsemé d'impressionnantes grottes et gorges calcaires, dont les parois verticales s'élèvent sur des centaines de mètres au-dessus de vallées tapissées de jungle. À l'extrémité sud de la chaîne, le plateau des Boloven, d'une superficie de 10 000 km^2, est une région importante pour la culture du riz de montagne, du café, du thé et d'autres produits qui prospèrent dans le climat plus frais d'altitude.

La moitié nord du Laos, plus vaste, se compose essentiellement de massifs montagneux. Les plus hauts sommets, dont le Phu Bia (2 820 m), point culminant du pays, se situent dans la province de Xieng Khuang. Juste au nord du Phu Bia – toujours interdit aux voyageurs –, le plateau montagneux du Xieng Khuang, le plus grand du pays, s'élève à 1 200 m d'altitude et comprend la fameuse plaine des Jarres, verdoyante, vallonnée et criblée de milliers de cratères de bombes. Elle doit son nom aux énormes jarres de pierre préhistoriques qui la parsèment.

Environ 85% du Laos se compose de terrains montagneux, et moins de 4% de ces terres sont considérées comme arables.

Le reste du pays est en majeure partie couvert de forêts, principalement constituées d'espèces à feuilles caduques. Ces forêts profitent d'une relation complexe avec le Mékong et ses affluents, qui absorbent les pluies de mousson et relâchent l'eau progressivement dans les cours d'eau et l'atmosphère durant la saison sèche.

Le Mékong et ses affluents

Prenant sa source à près de 5 000 km de la mer sur le plateau tibétain, le Mékong traverse le Laos sur toute sa longueur. Si la moitié de son cours se situe en Chine, le Laos en possède la seconde partie la plus longue. Dans sa plus grande largeur, près de Si Phan Don au sud, il peut atteindre 14 km pendant la saison des pluies et contourne des centaines d'îles et d'îlots. Sa partie médiane est navigable toute l'année, de Heuan Hin (au nord des rapides de Khemmarat dans la province de Savannakhet) à Kok Phong (province de Luang Prabang). Toutefois, une série de puissants rapides et de chutes, appelées Khon Phapheng, à Si Phan Don, a empêché le Mékong de devenir une sorte d'autoroute fluviale régionale à l'instar d'autres grands fleuves.

Marco Polo fut probablement le premier Européen à traverser le Mékong, au XIIIe siècle, suivi par un groupe d'émissaires portugais au XVIe siècle. Le marchand hollandais Gerrit Van Wuysthoff arriva en bateau au XVIIe siècle. En 1893, le traité franco-siamois de Bangkok désigna le Mékong comme frontière entre le Siam et l'Indochine française.

La fertile vallée du Mékong, de Sainyabuli à Champasak, forme la partie la plus plate et tropicale du Laos. La quasi-totalité du riz consommé dans le pays ou exporté via la Thaïlande (d'où la mention "Produce of Thailand" sur certains sacs) provient de cette plaine. La plupart des autres exploitations agricoles à grande échelle se situent également dans cette région. Le Mékong et ses affluents constituent par ailleurs une importante source de poisson, un élément primordial dans l'alimentation laotienne. La vallée du Mékong atteint sa plus grande largeur près de Vientiane et de Savannakhet, deux des centres urbains majeurs.

Parmi les principaux affluents du Mékong figurent la Nam Ou et la Nam Tha, qui coulent du nord en creusant d'étroites et profondes vallées calcaires, et la Nam Ngum, qui traverse une large plaine dans la province de Vientiane avant de se jeter dans le Mékong. La Nam Ngum est le site d'une des plus anciennes centrales hydroélectriques du Laos, qui alimente les villes de la région de Vientiane et la Thaïlande. La Se Kong coule à travers la majeure partie du sud du pays et se jette dans le Mékong au Cambodge. La Nam Kading et la Nam Theun arrosent le centre du Laos.

Tous les affluents et rivières situés à l'ouest de la cordillère Annamitique se jettent dans le Mékong. À l'est de la chaîne, les cours d'eau qui proviennent des provinces de Hua Phan et de Xieng Khuang se jettent dans le golfe du Tonkin, le long de la côte vietnamienne.

Faune et flore

L'absence de développement et la faible densité démographique ont permis au Laos de conserver l'un des écosystèmes les moins dégradés d'Asie. Toutefois, la nature a déjà souffert et l'avenir de plusieurs espèces reste incertain.

Animaux

Montagnes, forêts et cours d'eau abritent de nombreux animaux, endémiques au pays ou communs à la région. Près de la moitié des espèces animales originaires de Thaïlande prospèrent au Laos grâce à une couverture forestière plus abondante et à des chasseurs moins nombreux. Presque tous les animaux sauvages sont cependant menacés par la chasse et la perte de leur habitat.

Plusieurs nouvelles espèces ont néanmoins été découvertes au Laos ces dernières années, et d'autres que l'on croyait éteintes se sont réfugiées dans des forêts reculées. Du fait de leur rareté, ces espèces nouvellement recensées figurent sur la liste des animaux menacés.

Comme au Cambodge, au Vietnam, au Myanmar et dans la majeure partie de la Thaïlande, la faune du Laos appartient essentiellement à la branche zoo-géographique indochinoise (par opposition au domaine sondaïque, au sud de l'isthme de Kra dans le sud de la Thaïlande, ou à la branche paléo-arctique du nord de la Chine).

Parmi les mammifères endémiques au Laos, on peut citer le petit panda, le chien viverrin, le rat-marmoset de Delacour, la civette d'Owston et le loris pygmée. D'autres espèces exotiques sont communes à tout le Sud-Est asiatique, tels les pangolins malais et chinois, 10 espèces de civettes, le chat marbré, les mangoustes crabières et de Java, le saro d'Indochine et le goral gris (un autre caprin), ainsi que des félins dont le chat léopard et le chat doré d'Asie.

TOURISME RESPONSABLE ET VIE SAUVAGE

Au cours de votre voyage au Laos, vous aurez certainement l'occasion d'acheter ou de consommer des animaux sauvages. Dans l'intérêt de la conservation des espèces, la Wildlife Conservation Society (WCS) de la République démocratique populaire lao (RDPL) recommande vivement de ne pas participer au négoce des animaux sauvages. Si la chasse de subsistance est autorisée par le gouvernement dans les campagnes, la vente et l'achat de *tout* animal sauvage sont illégaux. Le commerce de la faune nuit à la biodiversité et aux moyens de subsistance des populations locales.

En arpentant les marchés des villes et des villages, vous verrez des animaux sauvages à vendre, pour leur viande ou en tant qu'animaux de compagnie. Pleins de bonnes intentions, des voyageurs achètent ces animaux vivants afin de les relâcher dans la nature. De prime abord sympathique, cette action a l'effet inverse, car les vendeurs, ignorant les intentions de l'acheteur, interprètent l'achat comme une hausse de la demande.

Attendez-vous à voir d'étranges mets sur la carte des restaurants ou les étals des marchés. Bien qu'il puisse être tentant de goûter un plat inhabituel, abstenez-vous de consommer les animaux suivants : tortue à carapace molle, élaphe, chevrotain, sambar, écureuil, rat des bambous, muntjac et pangolin. Beaucoup de ces espèces sont menacées ou sont les proies d'espèces menacées.

De même, n'achetez pas un animal empaillé, un sac ou un portefeuille en peau d'espèce menacée, ou un insecte dans une boîte. Votre argent alimenterait le commerce illégal des animaux sauvages. Évitez également bagues et colliers avec des dents d'animaux (même si l'on vous affirme qu'elles proviennent d'animaux domestiques) et les bouteilles d'alcool contenant un serpent, un oiseau ou un insecte. Bien que largement proposée, leur vente est illégale et votre huile de serpent ravivant la libido sera probablement confisquée par les douaniers de votre pays. Pour acheter un produit en toute légalité et le rapporter chez vous sans problème, assurez-vous qu'il porte le label Cites.

De nombreuses espèces sauvages ont atteint un niveau de population critique. La WCS de la RDPL travaille avec la municipalité de Vientiane pour surveiller et contrôler le commerce de la faune sauvage.

Wildlife Conservation Society, RDPL (www.wcs.org/international/Asia/laos)

Les primates tiennent une place importante parmi la faune. Outre plusieurs espèces connues, dont les semnopithèques de Phayre et de François, le douc, ainsi que plusieurs macaques, deux autres sont endémiques au Laos : le gibbon à favoris blancs (*Hylobates concolor*) et le rhinopithèque du Tonkin. Malheureusement menacé, le gibbon à crête noire est chassé pour sa viande ou pour être vendu en Thaïlande comme animal de compagnie. Plusieurs projets de sensibilisation, dont la célèbre Gibbon Experience (p. 118), s'efforcent d'encourager les communautés locales à préserver des habitats pour les gibbons.

Le poisson-chat géant du Mékong peut mesurer 3 m de long et peser jusqu'à 300 kg. En raison du dynamitage des bancs de sable par les Chinois sur le cours supérieur du fleuve, il est aujourd'hui menacé d'extinction à l'état sauvage.

Éléphants

Autrefois appelé le “pays du million d'éléphants”, le Laos en compte aujourd'hui moins de 1 000, ce qui représente malgré tout l'une des plus importantes populations d'éléphants d'Asie de la région. Si les chiffres exacts restent difficiles à obtenir, on estime à 500 le nombre d'éléphants sauvages vivant dans les forêts à canopée ouverte, essentiellement dans la province de Sainyabuli à l'ouest de Vientiane, dans la ZNP de Phu Khao Khuay dans la province de Bolikhamsai, et sur le plateau de Nakai dans le centre-est du pays.

La chasse et la perte de leur habitat constituent les principales menaces. Dans des régions comme le plateau de Nakai, des braconniers vietnamiens tuent les pachydermes pour leur viande et leur cuir, alors que le barrage Nam Theun 2, dans la province de Khammuan, a englouti une vaste portion de leur habitat. La Wildlife Conservation Society

(WCS) développe un projet dans ce secteur, dont l'objectif à long terme est d'établir un "site pilote qui servira de modèle pour limiter le conflit homme-éléphant dans la nation".

On dénombre environ 500 éléphants domestiqués dans le pays. Traditionnellement utilisés pour les durs labeurs dans l'exploitation forestière et l'agriculture, ils sont rapidement remplacés par les machines modernes. Cependant, certains *mahout* (cornacs) travaillent aujourd'hui avec des ONG comme **Elefantasia** (www.elefantasia.org) et gagnent leur vie grâce au tourisme. Des projets tels que le passionnant Elephant Conservation Center (p. 128), près de Sainyabuli, offrent aux visiteurs une véritable plongée dans l'univers des éléphants. La fête annuelle de l'éléphant, qui a lieu dans cette localité, connaît d'ailleurs un succès grandissant auprès des touristes. C'est surtout dans les provinces de Sainyabuli, d'Udomxai, de Champasak et d'Attapeu que l'on voit des éléphants domestiqués.

Malgré tout, le Laos a la chance de posséder suffisamment d'éléphants et de forêts pour garantir aux pachydermes un avenir long et prospère. En revanche, il manque l'argent et, peut-être, la volonté politique.

La Caravane des éléphants (Actes Sud, 2003) relate l'aventure de la caravane organisée par l'association de sauvegarde des éléphants, ElefantAsia, au Laos en 2002. Quatre éléphants et leurs cornacs ont parcouru 1 300 km en trois mois à la rencontre des habitants, qui craignent et vénèrent ce totem national. Photos, aquarelles et documents d'archives contribuent à éclairer la place du pachyderme dans les cultures d'Asie et le défi que représente sa protection.

Espèces en danger

Tous les animaux sauvages du Laos sont plus ou moins menacés en raison de la chasse et de la perte progressive de leur habitat. En 2004, le pays a ratifié la convention des Nations unies sur le commerce international des espèces menacées de la faune et de la flore sauvages (Cites), qui, avec d'autres réglementations, a facilité les poursuites contre les contrebandiers. Toutefois, cela n'empêche pas de voir de nombreux animaux menacés, morts ou vivants, sur les marchés laotiens. Les marchés frontaliers proposent les espèces les plus prisées, tels les animaux appréciés des Chinois et des Vietnamiens pour la cuisine exotique ou la médecine traditionnelle.

Sur les centaines d'espèces de mammifères connues au Laos, plusieurs dizaines sont menacées comme l'indique la **liste rouge** (Union internationale pour la conservation de nature, IUCN ; www.iucnredlist.org), notamment l'ours noir d'Asie, l'ours malais, le gaur, le banteng (deux espèces de bovins sauvages), le tigre, le léopard et la panthère nébuleuse. Diverses ONG ont installé des appareils photo dans les forêts afin de tenter de recenser les animaux et, dans la ZNP de Nakai-Nam Theun, les responsables du barrage Nam Theun 2 ont posé eux-mêmes des appareils.

Dans la ZNP de Nakai-Nam Theun, la recherche fait partie d'un accord négocié par la Banque mondiale, qui garantit l'attribution d'un million de dollars US par an à l'étude et à la protection de l'environnement dans la zone de captage du barrage. Les photos prises dans la ZNP sont à la fois encourageantes et déprimantes : si certaines révèlent des spécimens de plusieurs espèces, d'autres montrent des chasseurs posant fièrement avec leur proie !

La Wildlife Conservation Society (WCS) concentre ses efforts de conservation sur des espèces comme l'éléphant d'Asie, le crocodile du Siam, le tigre, le gibbon à crête noire et le cerf d'Eld. Pour plus d'informations, consultez le site www.wcs.org.

Certaines espèces en danger sont si rares qu'elles n'ont été découvertes que très récemment. Parmi elles, un bovidé à cornes fuselées (*Pseudoryx nghetinhensis*) appelé *nyang* au Laos et *saola* au Vietnam, repéré dans la cordillère Annamitique, le long de la frontière lao-vietnamienne, en 1992. On a longtemps pensé que cet animal, décrit dans des ouvrages chinois du XIVe siècle, n'existait pas. Il fait désormais partie des trois espèces de mammifères terrestres repérées et décrites au XXe siècle.

Malheureusement, ses cornes constituent un trophée apprécié des deux côtés de la frontière.

En 2005, des scientifiques de la WCS ont découvert sur un marché de la province de Khammuan un "rat des roches laotien", vendu pour sa viande. Il s'agissait en fait d'un *Laonastes aenigmamus,* seul survivant d'un groupe de rongeurs préhistoriques qui s'est éteint il y a environ 11 millions d'années. Avec beaucoup de chance, vous en apercevrez peut-être sur les falaises aux alentours des grottes proches de la Rte 12, dans la province de Khammuan.

Parmi les mammifères les plus sérieusement menacés, le dauphin de l'Irrawaddy est présent dans des zones de plus en plus en plus restreintes du Mékong, près de la frontière cambodgienne.

Oiseaux

Le faible nombre d'oiseaux près des localités laotiennes s'explique par une formule lapidaire : "protéines bon marché". Loin des endroits peuplés, vous constaterez que les forêts et les montagnes abritent une belle diversité d'oiseaux migrateurs ou résidents. Dans les années 1990, une équipe d'ornithologues britanniques en a répertorié 437 espèces, dont 8 menacées à l'échelle mondiale et 21 frôlant le même statut. D'autres recherches font état de 650 espèces.

Parmi les plus remarquables, citons le faisan prélat, le paon spicifère, le pic de Rabier, le calao brun, le kétoupa roux, la grue antigone, l'ibis géant et le tisserin doré. La chasse réduit considérablement l'avifaune dans les centres urbains. En 2008, des scientifiques de la WCS et de l'université de Melbourne ont découvert une nouvelle espèce d'oiseau dans le centre du pays, le bulbul hualon, le premier passereau à tête dénudée localisé sur le continent et la première espèce de bulbul découverte depuis un siècle.

Il y a encore quelques années, on voyait des hommes pointer leurs fusils en direction des arbres dans des villes comme Savannakhet et Vientiane. Aujourd'hui, ces pratiques ont disparu, mais vous entendrez encore des chasseurs l'après-midi dans la plupart des villages.

Selon l'Union internationale pour la conservation de la nature (www.iucn.org), les animaux sauvages ont de bien meilleures chances de survie au Laos qu'au Vietnam voisin. Ainsi, le sanglier du Vietnam (*Sus bucculentus*), présent au Laos, a été recensé pour la dernière fois au Vietnam en 1892 et, jusque récemment, considéré comme disparu.

Plantes

Selon l'Organisation des Nations unies pour l'alimentation et l'agriculture (FAO), la forêt couvrait plus de 69% du territoire laotien en 2005. Elle serait aujourd'hui comprise entre 45% et 60%, selon les sources. Environ 11% de ces bois peuvent être classés forêts primaires.

Comme dans les autres régions tropicales du Sud-Est asiatique qui connaissent des saisons sèches de trois mois ou plus, la végétation indigène se compose essentiellement de forêts de mousson. Dans ces forêts mixtes à feuilles caduques, nombre d'arbres perdent leur feuillage pendant la saison sèche pour conserver l'eau. Les forêts pluviales – aux arbres à feuilles persistantes – n'existent pas au Laos, bien que des espèces importées comme le cocotier soient courantes dans la vallée inférieure du Mékong. Si le pays compte de grands arbres, ne vous attendez pas aux forêts vertigineuses trouvées dans d'autres parties du Sud-Est asiatique : les conditions climatiques ne permettent pas la croissance de tels géants.

Les forêts de mousson laotiennes présentent généralement trois étages de végétation. Des diptérocarpacées, de grands arbres à tronc unique avec une écorce claire pouvant atteindre plus de 30 m, composent la canopée. Viennent ensuite à mi-hauteur des arbres à bois dur recherchés et en diminution constante, tels les tecks, les padouks (parfois appelés palissandres d'Asie) et les acajous. L'étage inférieur se compose de petits arbres, d'arbustes, de graminées et, le long des rivières, de bambous. Sur certains plateaux du Sud, on trouve des forêts sèches à la canopée moins dense, avec un étage intermédiaire plus clairsemé et un sous-bois comportant davantage de graminées et de bambous. Des forêts de conifères tropicaux de montagne couvrent les parties de la cordillère Annamitique arrosées par la mousson du sud-ouest et les pluies provenant de mer de Chine méridionale, tandis que des forêts de pins poussent sur le plateau de Nakai et dans la région de Sekong, au sud.

Pour une description détaillée de toutes les zones nationales protégées du Laos, consultez le site www.ecotourismlaos.com.

Outre les bois durs prisés, la flore comprend un bel échantillon d'arbres fruitiers, des bambous (avec plus de variétés que tout autre pays excepté la Thaïlande et la Chine) et une multitude de fleurs, dont des orchidées. Dans certaines parties du pays, ces dernières sont arrachées dans les forêts (souvent dans des zones protégées) pour être vendues aux touristes thaïlandais ; vous en verrez sur les marchés près des chutes du plateau des Boloven. Prairies et savanes couvrent largement les hauts plateaux de la cordillère Annamitique.

Zones nationales protégées (ZNP)

Le Laos possède l'un des systèmes de régions protégées les plus récents et les plus complets au monde. En 1993, le gouvernement a créé 18 régions de conservation de la biodiversité nationale d'une superficie totale de 24 600 km^2, soit un peu plus de 10% de la surface du pays. Plus important encore, ces régions ont été choisies en se fondant sur l'avis de scientifiques plutôt qu'en fonction des circonstances (comme l'ont fait la plupart des autres pays). Deux autres ont été ajoutées en 1995, soit un total de 20 régions protégées couvrant 14% du pays. De plus, 4% du territoire sont des régions provinciales protégées, faisant du Laos l'un des pays les plus préservés de la planète.

Ces régions ont été rebaptisées zones nationales protégées (ZNP) il y a quelques années. Si ces considérations sémantiques peuvent sembler sans importance, elles reflètent des différences majeures. Ainsi, les ZNP abritent des villages, contrairement aux parcs nationaux, où seuls peuvent vivre des rangers et des employés du parc et où la chasse et l'exploitation forestière sont interdites. En fait, les forêts des ZNP sont divisées en forêts d'exploitation du bois, forêts de protection du réseau hydrographique et forêts préservées.

Les plus vastes ZNP se situent dans le Sud où, contrairement à la croyance populaire, la forêt naturelle est plus importante qu'au Nord. La plus grande ZNP, celle de Nakai-Nam Theun, s'étend sur 3 710 km^2 où vivent des espèces animales récemment découvertes, comme le *nyang*.

Si plusieurs ZNP demeurent difficiles d'accès à moins d'organiser une véritable expédition, d'autres sont devenues plus facilement accessibles ces dernières années. Mieux vaut généralement les explorer à pied.

Des oiseaux rares aux éléphants sauvages, la faune de ces régions est relativement abondante. Dans la majeure partie du pays, le meilleur moment pour la découvrir se situe en novembre, juste après la mousson. Toutefois, même à cette période, vous aurez de la chance si vous apercevez de nombreux animaux, notamment en raison de la chasse et de leur crainte des humains. Il est également difficile de distinguer les animaux dans les sous-bois, d'autant que nombre d'entre eux sortent la nuit.

Écologie

En survolant le Laos, il peut sembler que la majeure partie du territoire se compose d'étendues sauvages intactes, une impression trompeuse. Ce tapis de verdure dissimule en fait un environnement menacé par divers dangers liés les uns aux autres.

L'économie est la cause de la plupart de ces problèmes. La chasse menace toutes sortes de créatures de la forêt, mais persiste à cause de la pauvreté. Les forêts sont exploitées à des rythmes dévastateurs en raison des profits tirés des essences précieuses. Les projets hydroélectriques affectent le réseau fluvial et les écosystèmes qui en dépendent, dont les forêts, mais le pays a besoin de l'argent qu'ils rapportent et facilite l'implantation des compagnies étrangères.

Des lois existent pour protéger la faune et la flore et le Laos compte de nombreuses ZNP. Cependant, la plupart des Laotiens ignorent tout des problèmes de protection de la nature et la volonté manque autant que l'argent pour financer des projets de conservation, payer des rangers ou poursuivre les contrevenants. L'absence de communication entre les gouvernements national et locaux et le flou de l'autorité dans les zones protégées ne font qu'aggraver les problèmes.

L'un des principaux obstacles à la protection de l'environnement est la corruption des responsables chargés de faire respecter les lois. L'abattage

ÉCOTOURISME AU LAOS

Avec des forêts couvrant près de la moitié du territoire, 20 zones nationales protégées (ZNP), 49 groupes ethniques, plus de 650 espèces d'oiseaux et des centaines de mammifères, rien d'étonnant à ce que le Laos soit réputé posséder l'un des écosystèmes les plus florissants d'Asie du Sud-Est et soit un paradis pour les voyageurs désireux de sortir des sentiers battus. Aujourd'hui, un grand nombre de tour-opérateurs et de guides locaux proposent des randonnées en forêt, des visites de grottes, des séjours dans les villages et des excursions fluviales jusqu'à des endroits non desservis par la route. Très demandées, ces activités se sont multipliées au cours de la dernière décennie. Après le succès du projet d'écotourisme de Nam Ha dans la province de Luang Nam Tha, qui a vu le jour en 1999, l'écotourisme n'a cessé de progresser et le gouvernement laotien promeut activement cette industrie, qui permet de lutter contre la pauvreté et de protéger l'environnement et la culture locale. Selon les estimations, il rapporte plus de la moitié des revenus annuels générés par le tourisme.

L'Autorité touristique nationale du Laos (ATNL) définit l'écotourisme comme "une activité touristique dans les régions rurales et protégées qui minimise les effets négatifs et privilégie la conservation des ressources naturelles et culturelles, le développement rural socio-économique et la compréhension et l'appréciation par le visiteur des lieux qu'il découvre". Quelques pensions et tour-opérateurs laotiens se sont appropriés cette définition et s'efforcent de respecter les principes de l'écotourisme.

Malheureusement, certaines agences sans scrupules utilisent le label "écotourisme" pour tout et n'importe quoi. Pour différencier qui respecte véritablement les principes de l'écotourisme et qui cherche simplement à se remplir les poches, posez ces quelques questions avant de vous inscrire :

- Le circuit bénéficie-t-il financièrement aux habitants, à la protection de la biodiversité et à la conservation de la culture traditionnelle ?
- Qu'apprendrai-je au cours du circuit et quels échanges les habitants pourront-ils avoir avec moi ?
- Les hébergements sont-ils conçus avec des matériaux de construction naturels et sont-ils économes en énergie et en eau ? La cuisine locale est-elle au menu ?
- Serai-je accompagné par un guide local, originaire de la région ?
- Y a-t-il un permis, un droit d'entrée ou d'autres frais inclus dans le prix du circuit qui soient reversés à des activités de conservation ?
- Existe-t-il des limites strictes concernant la taille des groupes et la fréquence des départs pour limiter les impacts négatifs ?

Les agences fiables vous donneront des réponses positives, claires et crédibles. Vous pourrez leur faire confiance et profiter d'une expérience enrichissante et passionnante, au cours de laquelle vous vous ferez des amis parmi les habitants rencontrés. Favoriser ces agences ne peut qu'inciter les autres à suivre leur exemple. Pour en savoir plus sur le tourisme durable au Laos, consultez le site www.ecotourismlaos.com.

Steven Schipani, expert en écotourisme

illégal des arbres, le braconnage et la contrebande d'espèces exotiques diminueraient rapidement si les fonctionnaires corrompus étaient punis.

Des rochers aux formes étranges sont vénérés dans tout le pays. Même au milieu de nulle part, vous verrez des tissus safran drapés sur des rochers aux allures de tortues, de nasses à poisson, de stupas, etc. Des légendes locales expliquent leur provenance ou leur utilisation et certains sont connus à l'échelon national.

Il y a toutefois quelques bonnes nouvelles. Avec le soutien de plusieurs ONG et d'écologistes indépendants, l'écotourisme se développe et des communautés locales commencent à comprendre la valeur d'un environnement intact. De plus, le gouvernement a su éviter la construction de vastes complexes touristiques. Les industries lourdes étant très rares, la pollution atmosphérique et les émissions de carbone restent très basses. La consommation en énergie par habitant figure parmi les moins élevées au monde.

Les munitions non explosées ("unexploded ordnance" ou UXO) de la guerre du Vietnam qui parsèment l'est du pays, le long de la piste Hô Chi Minh, demeurent un problème environnemental majeur. La recherche et le désamorçage des bombes progressent lentement mais de manière continue.

Les principales menaces qui pèsent sur l'environnement sont les pressions internes de la croissance économique et celles externes des pays voisins, plus peuplés et plus riches – notamment la Chine, le Vietnam et la Thaïlande –, qui souhaitent exploiter au maximum les abondantes ressources du Laos.

Projets hydroélectriques

Au moment de la rédaction de ce guide, le lobby de l'industrie électrique au Laos faisait état sur son site Internet (www.poweringprogress.org) de l'existence de 14 barrages hydroélectriques en fonctionnement, et de 5 autres en construction. Le gouvernement laotien en prévoit 20 autres, dont plusieurs sur le Mékong.

L'électricité hydraulique est une énergie relativement propre et il est, dans une certaine mesure, inévitable que des barrages soient construits au Laos. Il reste que le nombre très élevé de nouveaux projets risque d'avoir des répercussions sérieuses sur l'équilibre écologique de presque tous les grands cours d'eau du pays.

Outre le déplacement de dizaines de milliers d'habitants, les barrages inondent de vastes étendues de forêt (rarement des terres cultivables), modifient les cours d'eau de façon permanente et empêchent ou dévient les migrations des poissons. Cela affecte la pêche qui fait vivre les populations locales depuis des siècles, bouleverse les écosystèmes qui favorisent les forêts et les espèces qui y vivent. Les forêts fournissent d'innombrables produits qui contribuent à la survie des populations locales et leur disparition a des conséquences souvent terribles.

Perte d'habitat

La déforestation constitue un autre problème environnemental majeur. Si l'exportation officielle du bois est sévèrement contrôlée, nul ne sait combien de teck et d'autres bois durs sont vendus clandestinement au Vietnam, en Thaïlande et, surtout, en Chine. Dans le nord du Laos, la politique consiste à autoriser les Chinois à prendre autant de bois qu'ils le veulent en échange de la construction de routes. L'armée laotienne procède toujours à l'abattage d'immenses pans de forêts dans la province de Khammuan et dans des secteurs isolés du sud du pays, près des ZNP de Se Pian et de Dong Hua Sao, principalement au profit du Vietnam. La compagnie nationale d'électricité bénéficie également de la vente du bois chaque fois qu'elle relie au réseau une ville ou un village, rasant une zone plus large que nécessaire le long des routes. L'extension des plantations et des exploitations minières, largement financées par les pays voisins, provoque également une importante réduction des habitats.

Si les autorités laotiennes souhaitent apparemment préserver les forêts, elles refusent de le faire aux dépens de la population rurale qui en vit. En

AMÉNAGEMENT DU MÉKONG : LUTTE CONTRE LA PAUVRETÉ OU FOLIE DES BARRAGES ?

Pendant des millénaires, le Mékong a été l'artère vitale du Laos et de toute la région. Quelque 60 millions de personnes vivent de la pêche et d'autres ressources fournies par le fleuve et ses affluents. Le Mékong est le 12e plus long fleuve du monde et le 10e par son débit. À la différence d'autres grands fleuves, une série de rapides a empêché d'en faire une voie navigable majeure, bordée de grandes villes industrielles.

Excepté en Chine, il n'y avait jusqu'à présent aucun barrage hydroélectrique sur le cours principal du Mékong. La situation va changer avec la construction du barrage de Xayaboury, premier projet prévu sur le fleuve au Laos. Cependant, le Mékong est depuis longtemps considéré comme une source potentiellement lucrative d'hydroélectricité. Avec la demande régionale croissante d'énergie, les projets visant à transformer le Laos en "batterie du Sud-Est asiatique" ont réapparu après quelque 20 années de stagnation et la crise financière asiatique. Pour un pays aussi pauvre, les avantages sont évidents. Vendre de l'électricité à ses voisins apporterait des devises étrangères, indispensables à l'économie. Ces profits peuvent servir à développer le pays, tout en réduisant sa dépendance à l'aide et aux prêts étrangers. Cette proposition semble séduire le gouvernement laotien et plusieurs organismes internationaux.

Le premier et le plus grand barrage a été le barrage Nam Theun 2 sur l'affluent Nam Theun dans la province de Khammuan, terminé en 2010. Ce projet hydroélectrique controversé, planifié depuis plus de 10 ans, est sans doute l'un des barrages les plus étudiés de l'histoire. Des dizaines de recherches ont été effectuées pour obtenir l'indispensable accord de la Banque mondiale, cette dernière subissant des pressions constantes pour réduire au maximum les conséquences négatives du barrage. Certaines organisations doutaient que l'impact sur l'environnement puisse être atténué.

Tous les projets n'ont pas l'ampleur de Nam Theun 2 et ne bénéficient pas d'une telle publicité. Lorsque la Banque mondiale a finalement approuvé le projet en 2005, la boîte de Pandore hydroélectrique s'est ouverte. Durant la période qui a suivi, une myriade d'accords ont été signés entre le gouvernement laotien et des constructeurs privés, tous désireux de s'octroyer une part du gâteau. Les nombreux projets de barrage sur le cours principal du Mékong suscitent particulièrement la polémique. Plus de 30 projets hydroélectriques sont en cours de réalisation ou à des stades avancés de planification, poussant à se demander si le gouvernement n'est pas devenu "fou des barrages".

Pour les détracteurs, y compris le chien de garde des fleuves, International Rivers, la réponse est oui. Selon eux, ces barrages de moindre ampleur sont potentiellement beaucoup plus dangereux aux niveaux environnemental et social à cause de l'absence de transparence et parce qu'ils sont bien plus difficiles à surveiller. Bien que le gouvernement exige des évaluations sur les conséquences environnementales de chaque installation hydroélectrique, si elles sont effectuées, elles sont rarement rendues publiques.

Les effets négatifs des barrages peuvent être évidents ou plus difficiles à cerner. Parmi les premiers figurent le déplacement des populations, la perte des moyens de subsistance, l'immersion des terres en amont, la diminution des sédiments et l'augmentation de l'érosion en aval, qui affectent les ressources halieutiques et les pêcheurs. Effet moins visible mais plus dangereux à long terme, les barrages modifient le débit du Mékong, notamment celui du lac Tonlé Sap au Cambodge, essentiel pour la reproduction des poissons et pour la subsistance de millions de personnes.

Pour plus d'informations sur ces questions complexes, consultez les sites suivants :

Asian Development Bank (www.adb.org)

International Rivers (www.internationalrivers.org)

Laos Energy Lobby (www.poweringprogress.org)

Mekong River Commission (www.mrcmekong.org)

Save the Mekong Coalition (www.savethemekong.org)

Fonds mondial pour la nature (www.panda.org)

effet, dans la plupart des campagnes, 70% des produits alimentaires, à l'exception du riz, proviennent de la forêt. La déforestation, qu'il s'agisse de l'abattage ou de la construction de barrages, ne peut qu'accroître la pauvreté.

L'essartage (culture sur brûlis) menace également la forêt : de petites surfaces sont déboisées, brûlées pour enrichir le sol en azote, puis intensivement cultivées pendant 2 ou 3 ans ; ensuite, la terre devient stérile pendant 8 à 10 ans. Étant donné la faible densité démographique, l'essartage ne constitue pas une menace aussi grave que l'exploitation forestière, mais ne correspond pas à une utilisation efficace des ressources.

Bien gérée, l'exploitation forestière permettrait de préserver les forêts et d'en faire pour longtemps une source de revenus. Alors que la création des ZNP a été un bon début, les exemples de régénération et la plantation d'essences de valeur pour de futurs bénéfices restent rares. Trop souvent, le profit à court terme prime.

ONG au Laos

ElefantAsia (p. 124)

Fonds mondial pour la nature (www.panda.org)

Traffic East Asia (www.traffic.org)

Union internationale pour la conservation de la nature (IUCN ; www.iucn.org/lao/)

Wildlife Conservation Society (www.wcs.org)

Chasse et surpêche

La plupart des Laotiens tirent leurs protéines de la pêche et de la chasse. Si la chasse ne constitue pas à elle seule une menace réelle pour la survie des espèces compte tenu du nombre peu élevé d'habitants, associée à la disparition des habitats, elle contribue à réduire dangereusement le nombre d'individus.

Le trafic des animaux sauvages avec les pays voisins représente également un danger sérieux. Le braconnage dans les ZNP est imputé à des chasseurs vietnamiens, qui pénètrent illégalement dans le centre du Laos pour capturer des pangolins, des civettes, des muntjacs, des gorals et des chiens viverrins. Hautement appréciés à des fins culinaires et médicinales au Vietnam, en Thaïlande et en Chine, ces animaux sont de plus en plus demandés en raison de la richesse croissante dans ces pays et leur prix augmente.

Alors que l'opium a été cultivé et consommé au Laos pendant des siècles, le pays n'en est devenu un producteur majeur qu'en 1971, quand la loi antinarcotique a fait grimper les prix en flèche dans la région.

Des ONG étrangères mènent des campagnes à travers le Laos afin de sensibiliser les habitants à la disparition des espèces et aux conséquences de la chasse sur les écosystèmes locaux, mais, comme toujours, l'argent reste le nœud du problème. Tant que les paysans seront pauvres, la chasse persistera.

Dans les régions plus densément peuplées, comme les provinces de Savannakhet et de Champasak, la surpêche dans les lacs et les rivières met en danger certaines espèces de poisson. Des programmes d'éducation des pêcheurs sur l'origine de leurs prises et les moyens de protéger cette ressource ont réussi à modifier certaines pratiques néfastes, notamment l'utilisation d'explosifs. Cette pratique, particulièrement destructrice, consiste à jeter des explosifs dans l'eau et à attendre que les poissons morts remontent à la surface. La plupart des pêcheurs ne réalisent pas que, pour chaque poisson mort ramassé à la surface, deux ou trois autres gisent au fond de la rivière. Cette pratique est illégale au Laos et il semble que l'éducation et la loi ont réussi à réduire ce problème.

Le Laos pratique

CARNET PRATIQUE . . 320
Achats 320
Alimentation 320
Ambassades et consulats 321
Argent 321
Assurances 322
Bénévolat. 322
Cartes et plans 323
Climat. 323
Cours 323
Douane. 323
Enfants. 323
Électricité 324
Formalités et visas. 324
Handicapés 325
Hébergement 325
Heure locale 327
Heures d'ouverture 327
Homosexualité 327
Internet (accès) 327
Jours fériés 327
Offices du tourisme. 327
Photo 328
Poste. 328
Problèmes juridiques . . . 328
Sécurité 328
Téléphone 329
Toilettes 330
Travailler au Laos 330
Voyager en solo 330

TRANSPORTS 331
DEPUIS/VERS LE LAOS . . 331
Voie aérienne 331
Voie terrestre 333
VOYAGES ORGANISÉS . . . 336
COMMENT CIRCULER 337
Avion. 337
Bateau 337
Bicyclette. 338
Bus et săwngthăew 338
Circuits organisés locaux. 338
Transports locaux. 339
Voiture et moto. 339

SANTÉ 342
AVANT LE DÉPART 342
PENDANT LE VOYAGE 343
AU LAOS 344

LANGUE 351
GLOSSAIRE 357

Carnet pratique

Achats

En matière de shopping, l'offre va croissant au Laos. L'augmentation du tourisme s'est accompagnée d'une explosion du nombre de boutiques proposant, en plus des produits laotiens tissus, objets d'artisanat et autres productions typiques du Vietnam ou de la Thaïlande. Vientiane et Luang Prabang sont les deux principales villes commerçantes, où l'on peut aisément comparer prix et qualité. On peut aussi acheter directement auprès du producteur dans de nombreux villages.

Bien qu'elle ne soit pas appliquée avec fermeté, la loi interdit *expressément* d'exporter des antiquités et des effigies du Bouddha hors du Laos.

Antiquités

Des magasins d'antiquités à Vientiane et Luang Prabang vendent toutes sortes d'objets anciens : poterie asiatique (porcelaine chinoise notamment), bijoux, vêtements, sculptures sur bois, instruments de musique, pièces de monnaie et statuettes en bronze.

Bijoux

L'achat de bijoux en or et en argent reste intéressant au Laos, même s'il faut chercher longtemps avant de trouver des pièces bien ouvragées. Les ethnies des montagnes fabriquent certains des plus beaux bijoux en argent.

Objets sculptés

Les Laotiens réalisent de beaux objets sculptés en bois, en os et en pierre. Les sujets, très variés, s'inspirent aussi bien de la mythologie hindoue ou bouddhique que des scènes de la vie quotidienne. On trouve au Laos, surtout dans le Nord, une profusion de pipes à opium authentiques, parfois dotées de tuyaux en os ou en bambou savamment sculptés. Ces sculptures se vendent dans les magasins d'antiquités et les boutiques d'artisanat. N'achetez pas d'objets en ivoire.

Tissus

Les tissus et textiles laotiens sont de superbes pièces artisanales, faciles à acquérir lors de votre séjour. Contrairement à nombre de réalisations que l'on retrouve partout en Asie du Sud-Est, ces textiles sont uniquement fabriqués au Laos, et, s'ils présentent certaines similitudes avec d'autres tissus des pays voisins, les techniques de tissage laotiennes (voir p. 300), elles, sont typiques du pays et très facilement reconnaissables.

Si vous voulez acheter des étoffes, rendez-vous de préférence dans les villages de tisserands : vous assisterez à leur fabrication et obtiendrez éventuellement des prix "de gros". À défaut, vous trouverez un choix correct, à des prix raisonnables, sur les marchés en plein air des villes de province, ainsi que dans le Talat Sao (marché du matin) de Vientiane. Les tailleurs et les boutiques d'artisanat pratiquent généralement des prix supérieurs, tout en offrant une qualité variable.

Alimentation

Le chapitre *La cuisine laotienne* (p. 303), présente un panorama de la gastronomie et les divers types d'établissements rencontrés.

PRIX DES REPAS

Presque tous les restaurants du Laos sont bon marché, comparés aux standards internationaux. Les gammes de prix ci-dessous concernent le plat de résistance.

$ moins de 5 $US (40 000 LAK)

$$ 5-15 $US (40 000-120 000 LAK)

$$$ plus de 15 $US (120 0000 LAK)

Ambassades et consulats

On trouve à Vientiane les représentations diplomatiques de 25 pays. Les ressortissants d'autres nations doivent s'adresser à leur ambassade de Bangkok, Hanoi ou Beijing.

Ambassades et consulats étrangers au Laos

Belgique (Consulat honoraire ; ☎021-214150 ; Wat Xieng Ngeun 04/35, Chantabouly district, Vientiane). Les ressortissants belges pourront s'adresser aussi à l'ambassade de Belgique à Bangkok.

Cambodge (carte p. 140 ; ☎021-314952 ; Th Tha Deua, Km 3, Ban That Khao, Vientiane). Délivre des visas (20 $US).

Canada Les services consulaires et l'assistance aux Canadiens sont offerts par l'**ambassade d'Australie** (carte p. 140 ; ☎021-353800 ; www.laos.embassy.gov.au ; Th Tha Deua, Ban Wat Nak, Vientiane ; ⏲8h30-17h lun-ven).

Chine (carte p. 140 ; ☎021-315105 ; http://la.china-embassy.org/eng ; Th Wat Nak Nyai, Ban Wat Nak, Vientiane ; ⏲8h-11h30 lun-ven). Émet des visas en 4 jours ouvrables.

France (carte p. 144 ; ☎021-215258 ; www.ambafrance-laos.org ; Th Setthathirat, Ban Si Saket, Vientiane ; ⏲9h-12h30 et 14h-17h30 lun-ven)

Myanmar (Birmanie ; carte p. 140 ; ☎021-314910 ; Th Sok Pa Luang, Vientiane). Délivre des visas en 3 jours (20 $US).

Suisse (☎021-264160; A.C.E. Consultancy Co, 10/2 Manthaturath Road, Vientiane)

Thaïlande (carte p. 140 ; ☎021-214581 ; www.thaiembassy.org/vientiane ; Th Kaysone Pomvihane, Vientiane ; ⏲8h30-12h et 13h-15h30 lun-ven) ; consulat à Vientiane (carte p. 140 ; ☎021-214581 ; 15 Th Bourichane, Vientiane ; ⏲8h-12h et 13h-16h30) pour les renouvellements et les prorogations de visas. Consulat à Savannakhet (carte p. 210 ; ☎041-212373 ; angle Th Tha He et Th Chaimeuang, Savannakhet). Visas de tourisme et visas non-immigrants (1 000 THB) sont émis le jour même.

Vietnam (carte p. 140 ; ☎021-413400 ; www.mofa.gov.vn/vnemb.la ; Th That Luang, Vientiane ; ⏲8h30-17h30 lun-ven), délivre des visas de tourisme en 1 jour (60 $US) ou en 3 jours (45 $US) ; consulat à Luang Prabang (carte p. 36 ; Th Naviengkham, Luang Prabang), émet des visas de tourisme en quelques minutes (60 $US) ou quelques jours (45 $US) ; consulats à Pakse (carte p. 222 ; ☎031-214199 ; www.vietnamconsulate-pakse.org ; Th 21, Pakse ; ⏲7h30-11h30 et 14h-16h30 lun-ven) et Savannakhet (carte p. 210 ; ☎041-212418 ; Th Sisavangvong, Savannakhet), visas pour 60 $US.

Ambassades et consulats laotiens à l'étranger

Belgique (☎02-740-09-50 ; www.ambalao.be ; av. de la Brabançonne 19, Bruxelles)

Cambodge (☎023-982632 ; 15-17 Mao Tse Tung Blvd, Phnom Penh)

Canada (☎202-332-6416 ; www.laoembassy.com ; 2222 S Street NW, Washington DC 20008, États-Unis). Les Canadiens doivent s'adresser à l'ambassade de la RDPL à Washington

Chine (☎010-1532 1224 ; 11 Sanlitun, Dongsie Jie, Beijing 100600)

France (☎01 45 53 02 98 ; www.ambalaos-france.com ; 74 av. Raymond-Poincaré, 75116 Paris)

Myanmar (Birmanie) (☎01-222482 ; N.A1 Diplomatic Headquarters, Franser Rd, Rangoon)

Suisse Ambassade (☎022-798 24 41/42 ; 14 bis Route de Colovrex 1218 Le Grand Saconnex, Genève) ; consulat (☎041-810 16 59 ; www.laos-swiss.ch ; Bahnhofstrasse 52, 6430 Schwyz)

Thaïlande (☎02-539 3642 ; www.bkklaoembassy.com ; 520, 502/1-3 Soi Ramkhamhaeng, 39 Bangkok)

Vietnam (☎04-942 4576 ; 22 Tran Binh Trong, Hanoi)

Argent

La monnaie nationale officielle au laos est le kip laotien (LAK). Bien que seul le kip soit légalement négociable dans les transactions quotidiennes, les Laotiens utilisent en réalité trois monnaies différentes : le kip, le baht thaïlandais (THB) et le dollar américain ($US).

L'économie nationale repose lourdement sur le baht thaïlandais et le dollar américain. On estime qu'un tiers des liquidités en circulation à Vientiane portent l'effigie du roi de Thaïlande, et un second tiers, celle de différents présidents américains. Le kip est surtout réservé aux petits achats, tandis que les marchandises et les services un peu plus chers sont indifféremment indiqués en kips, en bahts ou en dollars. À partir de l'équivalent de 100 $US, tout est en dollars.

La majorité des transactions s'effectuant en kips, mieux vaut avoir quelques liasses en poche. Il existe des billets de 500, 1 000, 2 000, 5 000, 10 000, 20 000, 50 000 et 100 000 kips. Les petits vendeurs, en particulier dans les zones rurales, rencontreront des difficultés à changer les coupures de 100 000 kips. Pour les transactions plus importantes, le dollar et le baht bénéficient d'une certaine préférence

Cartes bancaires

Un nombre croissant d'hôtels, de restaurants haut de gamme et de boutiques de souvenirs de Vientiane

SAVOIR MARCHANDER

Le marchandage est une tradition introduite par les premiers négociants arabes et indiens. Au Laos, il s'agit bien plus d'une transaction amicale entre deux parties qui, généralement, négocient un prix qui sera juste, et pour l'une et pour l'autre. Et, en général, les Laotiens ne négocient pas de manière aussi agressive que dans d'autres régions du Sud-Est asiatique.

Si presque tout peut se négocier sur les marchés, les boutiques pratiquent le plus souvent des prix fixes. La première règle pour un bon marchandage est d'avoir une idée du prix. Renseignez-vous d'abord auprès de quelques vendeurs alentour. Ensuite, au moment d'acheter, une bonne stratégie consiste à commencer la négociation à 50% du prix annoncé, en augmentant petit à petit. En général, une attitude amicale et flexible agira presque toujours en votre faveur. Enfin, gardez à l'esprit que s'échauffer ou chicaner pour 1 000 kips n'a rien de très élégant. Les Laotiens, qui ont beaucoup moins d'argent que les étrangers, ne le font jamais. Et vous êtes ici dans un pays très bon marché.

et de Luang Prabang acceptent les cartes Visa et MasterCard, ainsi que, dans une moindre mesure, les cartes Amex et JCB. Ailleurs, votre carte bancaire ne vous sera d'aucune utilité pour régler vos dépenses.

Les antennes de la BCEL (Banque pour le Commerce Extérieur Lao) dans la plupart des grandes villes vous permettent d'effectuer des retraits d'espèces avec votre carte MasterCard et Visa, moyennant une commission de 3%. Les autres banques pratiquent parfois des taux plus élevés : si vous êtes à Vientiane, n'hésitez pas à comparer.

Change

Après des années de fluctuations, le kip est resté assez stable en se maintenant à un cours d'environ 8 000 kips pour un dollar américain. Ne partez toutefois pas du principe que la devise ne bougera plus.

Les banques et les bureaux de change pratiquent presque les mêmes taux de change. Les deux offrent un taux légèrement plus intéressant pour les grosses coupures (50 et 100 $US) que pour les montants inférieurs (20 $US ou moins). Les agences bancaires de Vientiane et de Luang Prabang acceptent les euros, les livres britanniques, les dollars canadiens, américains et australiens, les bahts thaïlandais et les yens japonais. Dans les provinces, la plupart ne prennent que les dollars américains ou les bahts.

Vous trouverez des changeurs agréés à Vientiane (notamment au Talat Sao) et à certains postes-frontières. Ils appliquent des taux comparables à ceux des banques, tout en restant ouverts plus tard.

Il n'existe pas de véritable marché noir au Laos et, à moins d'un krach économique, il y a peu de risque que cela change.

Pour connaître les taux de la BCEL, connectez-vous sur www.bcellaos.com.

Chèques de voyage

La plupart des banques changent les chèques de voyage mais, en principe, uniquement contre des kips. Les chèques libellés en dollars sont les plus appréciés. En revanche, rares sont les commerçants qui acceptent les chèques de voyage.

Distributeurs automatiques de billets (DAB)

Aujourd'hui, on trouve des DAB partout au Laos. Mais on ne peut retirer à la fois qu'un maximum de 700 000 à 2 millions de LAK (85 à 250 $US) selon les banques, sans oublier la commission, variable, qu'elles appliquent à cette transaction. Si, comme la plupart des visiteurs, votre banque vous facture des frais exorbitants sur chaque retrait effectué à l'étranger, tout cela peut s'additionner rapidement.

Pourboire

La pratique du pourboire n'est pas très courante, sauf dans les restaurants chics, où l'on vous saura gré de laisser l'équivalent de 10% de l'addition – sauf en cas de service compris.

Assurances

Le Laos est généralement considéré comme un pays à haut risque et, compte tenu de la rareté des services médicaux, il est essentiel de disposer d'un contrat prévoyant une évacuation, par avion si nécessaire, vers un hôpital de Thaïlande.

Pour plus de détails, reportez-vous au chapitre *Santé* (p. 342), à la rubrique *Assurances et services médicaux*.

Bénévolat

En France, quelques organismes offrent des opportunités de travail bénévole sur des projets de développement ou d'environnement, parfois sur des périodes courtes (de 1 à 4 semaines). Certaines associations s'adressent plus spécifiquement aux jeunes. Les chantiers proposés vont de la réfection d'une école aux travaux liés à l'environnement. Il s'agit d'une bonne formule pour s'immerger dans le pays, connaître l'envers du décor touristique et bénéficier d'une ambiance internationale (les volontaires viennent de divers pays en général). En revanche, les conditions de vie sur un chantier sont spartiates, et prenez garde au décalage fréquent entre le programme et la réalité. La fouille archéologique peut rapidement se transformer, une fois sur place, en coup de peinture donné à la maison des jeunes locale. Le matériel est parfois rudimentaire, et la réalité du terrain souvent plus dure qu'on ne l'imaginait.

Quelques groupes à Luang Prabang ont ponctuellement besoin de bénévoles, de même des projets locaux à Huay Xai, Muang Khua et Sainyabuli.

Voici quelques organismes que vous pouvez contacter :

Comité de coordination pour le service volontaire international (CCVIS ; ☎01 45 68 49 36 ; www.unesco.org/ccivs)

Comité de coopération avec le Laos (Ccl Laos ; www.ccl-laos.org/spip.php)

Cartes et plans

La meilleure carte du Laos est celle de GT-Rider.com, intitulée *Laos*, au 1/1 650 000. On peut l'acheter dans les librairies en Thaïlande et dans de nombreuses pensions au Laos, ainsi que sur le site web www.gt-rider.com.

La carte *Thaïlande, Vietnam, Laos, Cambodge* de l'**Institut géographique national** français est au 1/200 000. On peut la commander sur le site de l'IGN (www.ign.fr).

International Travel Maps (ITM) propose une carte en anglais *Vietnam, Laos, Cambodge* au 1/250 000 que l'on peut se procurer via Internet.

La société Hobo Maps (www.hobomaps.com), basée à Chiang Mai, en Thaïlande, propose des plans de qualité (25 000 LAK), de Vientiane, de Luang Prabang et de Vang Vieng. L'Autorité nationale du tourisme du Laos (ANTL) a édité quelques plans de ville ces dernières années, que l'on peut se procurer à l'office du tourisme de Vientiane.

Climat

La mousson qui affecte l'ensemble de l'Asie du Sud-Est engendre trois grandes périodes climatiques, avec une alternance de saison sèche et de saison des pluies. La mousson du sud-ouest s'installe entre mai et juillet et dure jusqu'en novembre.

La mousson est suivie d'une saison sèche (nov-mai) qui se caractérise, jusqu'à la mi-février, par des températures relativement basses et des brises fraîches dues aux influences de la mousson du nord-est. Les exceptions à ce schéma général sont les provinces de Xieng Khuang, de Hua Phan et de Phongsali, qui reçoivent en avril et en mai des pluies venues du Vietnam et de la Chine.

Les températures sont fonction de l'altitude. Dans la vallée humide du Mékong, elles s'échelonnent de 15 à 38°C, tandis qu'elles peuvent descendre à 0°C la nuit dans les montagnes de l'extrême nord.

Cours

Cuisine

Vous pourrez suivre des cours de cuisine laotienne à Luang Prabang, à Vientiane ou à Udomxai.

Langue

Institut français (carte p. 144 ; ☎021-215764 ; www.if-laos.org).

Summer Study Abroad in Laos (SAIL ; www.laostudies.org/sail). Pendant l'été, le Lao-American College à Vientiane dispense un cours intensif de lao tous niveaux d'une durée de 8 semaines.

Méditation

Si vous parlez lao ou thaï ou si vous pouvez vous assurer les services d'un interprète, l'étude du *vipassana* (méditation intérieure) en sera facilitée. Rendez-vous au Vat Sok Pa Luang, à Vientiane.

Douane

À l'entrée du pays, vous ne serez pas importuné par les douaniers à moins de transporter beaucoup de bagages. Vous êtes autorisé à importer 500 cigarettes et 1 litre d'alcool. En dehors des restrictions habituelles concernant la drogue, les armes et la pornographie, vous pouvez apporter pratiquement tout ce que vous voulez.

Enfants

Comme dans beaucoup de pays du Sud-Est asiatique, voyager avec des enfants au Laos peut être une expérience fantastique, à condition de bien se préparer et d'avoir la bonne attitude. Vous trouverez de nombreux conseils et informations dans le livre *Voyager avec ses enfants* de Lonely Planet.

Pratique

Les équipements pour enfants – chaises hautes dans les restaurants, sièges dans les voitures ou tables à langer dans les toilettes publiques – sont quasi inexistants au Laos. Les parents devront faire preuve d'ingéniosité pour trouver des solutions de rechange ou simplement suivre l'exemple des familles laotiennes.

Les Laotiens adorent les enfants. La plupart du temps, vous les verrez fondre devant vos petits, qui n'auront aucun mal à trouver des compagnons de jeu et des “nounous”.

Dans les grandes villes, les supérettes vendent du lait maternisé et des couches-culottes. En zone rurale, vous devrez en apporter avec vous.

Dans l'ensemble, les parents n'ont pas trop de soucis à se faire sur les questions de santé. Encore faut-il respecter quelques règles d'hygiène élémentaires, comme se laver les mains régulièrement ou utiliser un gel hydro-alcoolique à cet effet à cet effet. Bien entendu, toutes les précautions de santé d'usage s'appliquent. Faites très attention à ne pas laisser vos enfants jouer avec les animaux rencontrés en route, car la rage est fréquente au Laos.

Veillez aussi à ce qu'ils ne s'éloignent pas des sentiers dans les coins reculés du pays, lourdement bombardés durant la guerre du Vietnam. Les engins non explosés (“unexploded ordnance”, ou UXO) constituent en effet une menace quotidienne dans certaines régions, en particulier pour les petits car ils ressemblent souvent à des balles de tennis.

À voir et à faire

Les jeunes enfants n'éprouvent généralement pas la même passion que leurs parents pour les temples anciens. Si vos enfants sont gagnés par l'ennui, proposez-leur des activités de plein air. À Luang Prabang, les chutes de Tat Sae et de Tat Kuang Si devraient les impressionner. Les excursions en bateau les intéresseront aussi certainement.

La plupart des enfants adorent l'extraordinaire jardin de sculptures hindoues et bouddhiques de Xieng Khuan, à la périphérie de Vientiane. Avec ses piscines et ses pistes de bowling, la capitale offre aussi quelques activités plus classiques.

Électricité

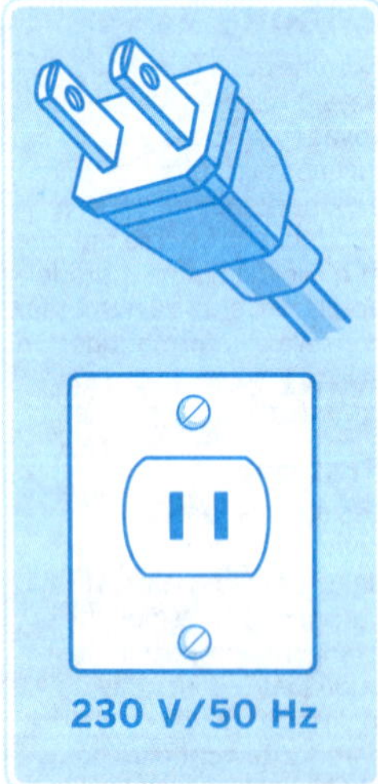

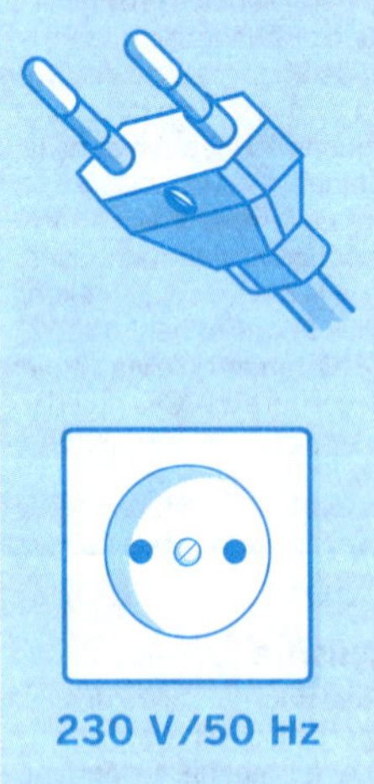

Formalités et visas

Avant le départ, il est impératif de contacter les ambassades et les consulats pour s'assurer que les modalités d'entrée sur le territoire n'ont pas changé. Les ressortissants de l'Union européenne, du Canada ou de la Suisse souhaitant visiter le Laos doivent être munis d'un passeport en cours de validité (6 mois) et se procurer un des visas décrits ci-dessous. Dans tous les cas, l'ambassade du Laos vous demande de remplir un formulaire, de fournir une photo d'identité et d'acquitter une somme forfaitaire.

Visas à l'arrivée

Le gouvernement laotien délivre des visas de tourisme valables 30 jours à l'arrivée dans tous les aéroports internationaux du pays et à la plupart des postes-frontières. Les formalités sont très simples. Vous devez fournir le prix du visa selon votre nationalité (entre 30 et 42 $US) en espèces, une photo d'identité et le nom de l'hôtel où vous résiderez. Si vous n'avez pas de photo, vous paierez un supplément d'environ 2 $US, et si vous vous présentez le week-end, les jours fériés ou en dehors des horaires de bureaux, on vous réclamera 1-2 $US en sus.

Le coût du visa dépend de votre passeport : les Canadiens devront débourser la somme la plus importante (42 $US) et la plupart des autres ressortissants entre 30 et 40 $US. À défaut de dollars, il vous faudra régler 1 500 THB thaïlandais (50 $US environ). Aucune autre devise étrangère n'est acceptée.

Visas d'affaires

Les visas d'affaires, également délivrés pour 30 jours, sont relativement faciles à obtenir, à condition d'avoir un ordre de mission reconnu par un correspondant au Laos. Ils peuvent se proroger de mois en mois jusqu'à un an.

Prorogation de visas

Un visa de tourisme peut se proroger de deux fois 30 jours, mais seulement à Vientiane et à Luang Prabang. Le coût sera de 2 $US pour chaque jour supplémentaire désiré.

Dépassement de visa

Si vous dépassez la durée de votre visa, il vous faudra payer une amende au contrôle de l'immigration lors de votre départ du Laos. Elle s'élève actuellement à 10 $US par jour supplémentaire. On ne vous fera, cependant, aucune autre difficulté.

Avant le départ, il est impératif de contacter les ambassades et les consulats pour s'assurer que les modalités d'entrée sur le territoire n'ont pas changé. Nous vous conseillons de photocopier tous vos documents importants (pages d'introduction de votre passeport, cartes de crédit, numéros de chèques de voyage, police d'assurance, billets de train/d'avion/de bus, permis de conduire, etc.). Emportez un jeu de ces copies, que vous conserverez à part des originaux. Vous remplacerez ainsi plus aisément ces documents en cas de perte ou de vol.

Handicapés

Le manque de routes pavées et de trottoirs rend difficile le déplacement des personnes à mobilité réduite. Rares sont les bâtiments publics équipés de rampes d'accès pour les chaises roulantes. Les hôtels ne font guère plus d'efforts en ce sens, à quelques exceptions près dans la catégorie haut de gamme. Les transports publics sont surchargés et difficiles d'accès, même pour les non-handicapés.

Les voyageurs en chaise roulante devront sérieusement préparer leur voyage au Laos. Heureusement, un réseau d'informations commence à se mettre en place. On peut, grâce à lui, entrer en contact avec des personnes ayant précédemment tenté l'aventure.

En France, l'**APF** (Association des paralysés de France : ☎01 40 78 69 00 ; www.apf.asso.fr) peut vous fournir d'utiles informations sur les voyages accessibles. Deux sites Internet dédiés aux personnes handicapées comportent une rubrique consacrée au voyage et constituent une bonne source d'information. Il s'agit de **Yanous** (www.yanous.com/pratique/tourisme/tourisme030613.html) et de **Handica** (www.handica.com).

Hébergement

La diversité et la qualité de l'infrastructure touristique ne cessent de s'améliorer au Laos. Néanmoins, en dehors des villes les plus visitées, le choix en matière d'hébergement reste assez limité.

Chez l'habitant

Ce mode d'hébergement ("homestay") est de plus en plus répandu dans les villages laotiens. Pratiqué uniquement en zone rurale, c'est une option bon marché (comptez 5-10 $US pour la nuit, avec dîner et petit-déjeuner), qui donne l'occasion de découvrir le mode de vie local.

Les villages sont petits, poussiéreux ou boueux selon la saison et remplis d'enfants. Vous logerez dans une famille, chaque foyer accueillant généralement un maximum de deux voyageurs. Les toilettes, à la turque, avec un récipient d'eau en guise de chasse, occupent une cabane sombre à l'angle de la maison. Vous vous laverez avant le dîner dans la rivière ou le fleuve voisin, ou en prenant de l'eau à l'aide d'une écope dans un puits, un bidon de 170 l ou un réservoir en béton situé dans la cour familiale. Prévoyez un sarong, car ces ablutions se déroulent d'ordinaire en public, et ne vous attendez pas à disposer d'un miroir.

Vous ferez des repas simples, composés le plus souvent de deux plats. Personnellement, nous nous sommes presque toujours régalés, mais il faut aimer le riz gluant, qui accompagne presque systématiquement le reste. Même si la nourriture ne vous séduit guère, il est de bon ton de manger quand même quelque chose pour que votre hôte ne perde pas la face. Le dîner est habituellement servi sur des nattes au sol, autour desquelles les convives s'assoient en position du lotus ou sur leurs talons. Ne vous asseyez pas sur les coussins, une impolitesse, et déchaussez-vous toujours avant d'entrer dans une maison.

Une séance de libations collectives succédera sûrement au repas. Avec un peu de chance, vous aurez droit à des bouteilles de Beerlao fraîche, mais il s'agit plus communément d'alcool de riz maison, à boire dans une tasse commune. Le breuvage peut être plutôt dur à avaler, mais il aide en tout cas à briser la glace. Nous avons passé ainsi certaines de nos plus belles soirées au Laos.

Vous dormirez sur un matelas par terre, à l'abri d'une moustiquaire, et risquez d'être réveillé dès l'aube par le chant du coq.

Certes, l'hébergement chez l'habitant n'a rien de luxueux, mais il permet d'appréhender un aspect plus authentique du pays. Sachez juste que pour la plupart des villageois,

PRIX DES CHAMBRES

Les tarifs mentionnés dans ce guide correspondent à une chambre double avec salle de bains, en haute saison. En l'absence du pictogramme indiquant la climatisation, attendez-vous à un simple ventilateur.

$ moins de 25 $US (200 000 LAK)

$$ 25-75 $US (200 000-600 000 LAK)

$$$ plus de 75 $US (600 000 LAK)

Mieux vaut régler sa note dans la monnaie demandée plutôt que de laisser l'établissement (hôtel ou pension) opérer une conversion dans une autre devise, car celui-ci pratiquera un taux de change peu intéressant. Si le prix est indiqué en kips (LAK), tâchez de payer dans cette même monnaie, de même s'il s'agit de dollars.

Par rapport à nos références occidentales, ces tarifs sont une véritable aubaine. Ne l'oubliez pas si vous comptez négocier, notamment dans les établissements les moins onéreux, où la concurrence est rude et les marges modestes.

Les prix des chambres pourraient augmenter car l'inflation et le coût de la vie constituent de véritable problèmes au quotidien pour la population laotienne.

recevoir des *falang* est assez nouveau, d'où leur sensibilité à vos réactions. Leur enthousiasme perdurera aussi longtemps que les touristes échangeront avec eux et accepteront leur mode de vie sans critiques excessives. Enfin, pour profiter au mieux de l'expérience, apportez un guide de conversation, des photos de votre famille, une lampe-torche, des tongs, un sarong et du papier hygiénique.

Complexes hôteliers

Au Laos, le terme "resort" désigne tout hébergement situé en dehors des villes et n'implique pas, comme dans beaucoup d'autres pays, la possibilité de pratiquer des activités sportives, ou la présence d'un club de mise en forme et autres prestations de ce genre.

Un *resort* laotien facture généralement les mêmes prix qu'un hôtel de catégorie moyenne, soit de 25 à 75 $US la nuit. Quelques-uns, notamment aux environs de Luang Prabang, se rapprochent plus de la conception occidentale de ce type d'établissement et les tarifs s'en ressentent.

Hôtels

Les chambres d'hôtel à Vientiane, Luang Prabang, Vang Vieng, Savannakhet et Pakse, équipées de sdb individuelles et de ventilateurs, coûtent à partir de 10 à 20 $US la nuit.

Vous trouverez dans les grandes villes des hôtels de taille variable accueillant aussi bien des hommes d'affaires asiatiques que des touristes (voyageant seuls ou en circuit organisé). Dans tous, les tarifs s'échelonnent de 40 à 100 $US pour une chambre climatisée avec eau chaude, TV et réfrigérateur.

Les quelques hôtels de catégorie supérieure occupent souvent des villas coloniales soigneusement restaurées ou des bâtiments modernes conçus à cet effet, avec décoration élégante, prestations haut de gamme et service personnalisé. Prévoyez entre 80 et 200 $US la nuit, parfois plus à Luang Prabang.

Si les tarifs sont avantageux, la qualité du service laisse en revanche à désirer. Rares sont les hôtels laotiens ayant réussi à hausser leurs prestations au niveau des standards occidentaux. La maîtrise de l'anglais reste exceptionnellle, même dans les établissements les plus onéreux.

Pensions

Au Laos, la distinction entre "pension", "hôtel" et "complexe hôtelier" ("resort") est souvent purement nominale. Cependant, une pension ("guesthouse") est censée légalement compter moins de 16 chambres. Dans des endroits comme Don Det, dans le sud du pays, ou Muang Ngoi Neua, dans le Nord, elles consistent en de simples cabanes de bambou et de chaume, avec sdb commune, et ne coûtent souvent que 3 $US la nuit.

Les installations s'améliorent dans l'ensemble du pays, mais les pensions les moins chères ne sont pas toujours équipées de douches chaudes – on s'y lave à la laotienne en faisant ses ablutions à l'eau froide. Si on peut facilement se passer d'eau chaude dans les plaines, celle-ci est vraiment bienvenue en montagne.

Dans la majorité des villes, une chambre simple avec salle de bains commune coûte entre 5 et 10 $US la nuit. Pour une chambre avec salle de bains et douche chaude, comptez entre 10 et 20 $US ; des tarifs supérieurs impliquent généralement la présence de climatisation et de TV. Certaines pensions, en particulier à Luang Prabang, proposent un hébergement plus haut de gamme à des prix allant de 20 à 50 $US.

Heure locale

Le Laos a 7 heures d'avance sur l'heure GMT. Lorsqu'il est 12h (midi) à Vientiane, il est 6h à Paris, Bruxelles et Genève, et 24h (minuit) la veille à Montréal.

Heures d'ouverture

Les administrations sont généralement ouvertes du lundi au vendredi de 8h à 11h30 (ou 12h) et de 13h à 17h.

Les boutiques et les commerces privés ouvrent un peu plus longtemps et ne ferment généralement pas à l'heure du déjeuner. Le samedi, certaines entreprises continuent de fonctionner toute la journée, d'autres n'accueillent les clients que le matin. À l'exception des restaurants, la plupart des commerces sont fermés le dimanche.

Les heures des restaurants varient selon la clientèle et le type de cuisine.

- Les échoppes de nouilles et/ou de soupe de riz accueillent les clients de 7h à 13h.
- Les restaurants laotiens qui préparent des plats accompagnés de riz ouvrent de 10h à 22h.
- Les tables internationales servant un mélange de cuisine laotienne et *falang* (occidentale) aux trois repas ouvrent de 7h à 22h.
- Les adresses touristiques ne proposant pas le petit-déjeuner fonctionnent de 11h à 23h.

Homosexualité

Dans son ensemble, la culture laotienne accepte très bien l'homosexualité, même si celle des femmes est souvent soit complètement niée, soit méconnue. La communauté lesbienne et gay est loin de s'afficher aussi librement qu'en Thaïlande, même si elle s'ouvre progressivement. Sur le plan juridique, l'homosexualité est illégale, mais aucune arrestation n'a été signalée ces dernières années. Les démonstrations publiques d'affection – hétérosexuelles ou homosexuelles – sont mal vues.

Sticky Rice (www.stickyrice.ws). Guide de voyage gay couvrant le Laos et l'Asie en général.

Utopia (www.utopia-asia.com). Informations touristiques, contacts et terminologie gay locale.

Internet (accès)

Les cybercafés se multiplient et l'on peut se connecter dans la plupart des capitales de province. Le prix va de 5 000 LAK/heure dans les grands centres urbains à 20 000 LAK/heure dans les bourgades perdues. Beaucoup de pensions, hôtel et cafés des principales destinations touristiques disposent par ailleurs du Wi-Fi, souvent gratuit.

Dans les cybercafés, des systèmes de messagerie instantanée, comme MSN Messenger et Skype, équipent généralement les ordinateurs, mais il n'y a pas toujours de casques à écouteurs.

Jours fériés

Les écoles et les administrations sont fermées lors des jours fériés officiels, et les administrations fonctionnent au ralenti pendant les fêtes.

Jour de l'an international (1er janvier)

Jour de l'armée (20 janvier)

Journée internationale de la femme (8 mars)

Nouvel An laotien (14-16 avril)

Fête internationale du Travail (1er mai)

Journée internationale des enfants (1er juin)

Fête nationale (2 décembre)

Offices du tourisme

L'Autorité touristique nationale du Laos (ANTL) possède des bureaux dans tout le pays, ceux de Vientiane et de Luang Prabang valant particulièrement le détour.

PRATIQUE

- **Le Rénovateur** (www.lerenovateur.org.la), organe du gouvernement laotien, est l'hebdomadaire en langue française du Laos.
- **Vientiane Times** (www.vientianetimes.org.la). Seul quotidien (lundi-vendredi) en langue anglaise autorisé dans le pays. Équivalent anglophone du *Rénovateur*.
- **Lao National Radio** (LNR ; www.lnr.org.la). L'unique station de radio de la RDPL diffuse, deux fois par jour, des informations édulcorées en anglais.
- On peut capter RFI (fréquence 100.5 FM à Vientiane).
- Les programmes de la télévision nationale laotienne sont limités, et la plupart des Laotiens regardent les chaînes thaïlandaises et/ou des vidéos de karaoké.
- La RDPL suit le système métrique. international. Le poids de l'or et de l'argent est parfois donné en bahts (15 g) thaïlandais.

De nombreuses antennes sont bien approvisionnées en brochures et en cartes, et tenues par un personnel parlant anglais. Les bureaux de Tha Khaek, Savannakhet, Pakse, Luang Namtha, Sainyabuli, Phongsali et Sam Neua sont tous excellents. Les employés sont en mesure de vous proposer des randonnées ou d'autres activités possibles dans leur province et distribuent des brochures dont ils maîtrisent le contenu. Ils devraient aussi pouvoir vous aider à choisir et à réserver un moyen de transport local.

Si les agents du bureau local de l'ANTL ne vous sont d'aucune aide, vous pourrez généralement obtenir des renseignements fiables auprès d'une pension fréquentée.

L'ANTL gère, par ailleurs, trois excellents sites Internet qui fournissent des renseignements précieux avant le départ.

Central Laos Trekking (www.trekkingcentrallaos.com)

Lao Ecotourism (www.ecotourismlaos.com)

Lao National Tourism Administration (www.tourismlaos.org)

Photo

Vous trouverez la gamme habituelle de piles et de cartes mémoire, et même un choix limité d'appareils photo, notamment dans les destinations les plus touristiques, comme Vientiane, Luang Prabang, Vang Vieng et Pakse.

La plupart des cybercafés sont équipés de lecteurs de carte et pourront graver vos photos sur un CD ou un DVD moyennant 1-2 $US.

Les autorités n'apprécient guère que l'on photographie les aéroports et les installations militaires.

Poste

L'envoi du courrier depuis le Laos est relativement bon marché et assez fiable, mais les voyageurs attendent généralement de rejoindre la Thaïlande avant d'envoyer des colis. Si vous vous dirigez vers le Cambodge, mieux vaut poster vos paquets avant votre départ.

Tous les paquets doivent rester ouverts pour inspection avant leur envoi. On ouvre également les colis qui arrivent au Laos et ce "service" obligatoire peut coûter une somme modique.

La poste principale de Vientiane dispose d'un service de poste restante.

Problèmes juridiques

Bien que certains droits soient théoriquement garantis au Laos, concrètement on peut être mis à l'amende, détenu ou expulsé à tout moment et pour n'importe quel motif. Cela se produit régulièrement dans toutes sortes d'affaires impliquant des étrangers.

Si vous restez à l'écart de tout ce qui est illégal, vous ne devriez pas rencontrer de problèmes. Dans le cas contraire, les choses peuvent se compliquer sérieusement et votre écart risque de vous coûter cher. La possession de drogue et le recours à la prostitution sont les deux délits pour lesquels les voyageurs se font le plus souvent prendre, souvent sur dénonciation du dealer ou du proxénète.

La loi laotienne interdit les relations sexuelles entre ressortissants étrangers et Laotiens en dehors du mariage légal. Les amendes pour non-déclaration d'une relation s'échelonnent de 500 à 5 000 $US et peuvent également être assorties d'une peine de prison ou de l'expulsion.

Si vous êtes incarcéré, demandez à appeler votre ambassade ou votre consulat au Laos, si vous en avez. Une telle démarche peut éventuellement accélérer la procédure de jugement et votre libération.

Si un policier vous arrête pour infraction au code de la route ou autre délit mineur, il essaiera peut-être de vous inciter à lui graisser la patte.

Sécurité

Depuis une vingtaine d'années, le Laos a acquis la réputation de destination sûre, affichant un faible taux de criminalité et un nombre d'escroqueries inférieur à celui enregistré dans des pays voisins plus touristiques. Si l'immense majorité des Laotiens font toujours preuve d'une grande honnêteté et réservent un accueil chaleureux, la situation n'est toutefois plus aussi idyllique que naguère. Principale évolution : l'augmentation de la petite délinquance, notamment des vols et des entourloupes, qui représentent plus une source de complications qu'un véritable danger.

Accidents

Grâce à l'amélioration du réseau routier et à des véhicules plus sûrs, voyager au Laos par la route présente peu de risque, à défaut d'être toujours confortable. La circulation demeure peu importante dans le pays, si bien que les accidents de la route sont beaucoup moins fréquents que dans les pays voisins. Ils constituent néanmoins le principal danger pour les voyageurs.

La moto connaissant un engouement croissant auprès des visiteurs, le nombre d'accidents augmente. Cependant, protégez-vous surtout de la version laotienne du "tatouage thaïlandais" – une brûlure sur la face intérieure du mollet due au tuyau d'échappement.

Les hors-bord qui circulent sur le Mékong dans le nord du Laos sont aussi dangereux et bruyants que rapides. Nous vous recommandons d'éviter de les emprunter, sauf en cas de nécessité absolue.

Attaques armées

Maintenant que la rébellion hmong est quasi éteinte, il est de nouveau possible d'emprunter les Rtes 7 et 13, en particulier dans les environs de Phu Khoun et de Kasi, en toute sécurité. Aucune embuscade sur les routes n'a été signalée depuis 2004. Si vous êtes inquiet, renseignez-vous sur la situation à Vientiane ou à Luang Prabang avant d'emprunter la Rte 7 jusqu'à Phonsavan ou la Rte 13 entre Vang Vieng et Luang Prabang. La Rte 1 entre Paksan et Phonsavan est toujours considérée comme potentiellement dangereuse du fait d'actes de banditisme occasionnels.

Engins explosifs non désamorcés

De vastes zones dans l'est du Laos sont contaminées par des engins explosifs non désamorcés ("unexploded ordnance" ou UXO). D'après le Lao National UXO Programme (UXO Lao), les provinces de Salavan, de Savannakhet et de Xieng Khuang seraient les plus sévèrement touchées. Viendraient ensuite Champasak, Hua Phan, Khammuan, Luang Prabang, Attapeu et Sekong.

Statistiquement parlant, le risque pour les voyageurs étrangers de tomber sur des engins explosifs non désamorcés est faible, mais vous devrez faire preuve de prudence si vous vous aventurez hors des grandes routes dans les provinces mentionnées ci-dessus. Autrement dit, suivez seulement les chemins bien tracés. Ne touchez jamais à un objet susceptible d'être un engin non désamorcé, aussi vieux ou rouillé qu'il paraisse.

Files d'attente

Les Laotiens suivent la coutume du Sud-Est asiatique qui consiste non pas à s'aligner mais à s'agglutiner (tous ensemble) devant les guichets ou les portes. Et c'est le principe du "premier vu, premier servi" qui règne. Jouez donc le jeu à la laotienne et propulsez votre argent, votre passeport ou vos lettres aussi près que possible du premier rang. Vous finirez par obtenir satisfaction.

Vol

Dans l'ensemble, les Laotiens sont dignes de confiance et les vols sont beaucoup moins répandus qu'ailleurs en Asie du Sud-Est, mais leur nombre a néanmoins augmenté ces dernières années. La plupart des vols signalés se sont en réalité déroulés dans un contexte propice – vous les éviterez plus aisément en étant conscient des situations à risque.

Dans les hôtels, où les vols d'argent et d'effets personnels sont en hausse, ne laissez pas traîner d'espèces ni d'objets tentants. Surveillez vos bagages dans les bus bondés et ne mettez pas d'argent dans les poches de votre pantalon. Si vous vous déplacez à vélo ou à moto dans Vientiane, ne placez aucun objet de valeur dans votre panier ou vos sacoches : des voleurs à la tire motorisés opèrent parfois en duo.

CONSEILS AUX VOYAGEURS

La plupart des gouvernements mettent en ligne les dernières informations sur votre destination. Consultez notamment les sites suivants :

- Ministère des Affaires étrangères français (www.france.diplomatie.fr)
- Ministère des Affaires étrangères de Belgique (http://diplomatie.belgium.be/fr/)
- Département fédéral des Affaires étrangères suisse (www.eda.admin.ch/eda/fr)
- Ministère des Affaires étrangères du Canada (www.voyage.gc.ca)

Téléphone

On peut appeler l'international depuis les bureaux Lao Telecom ou à la poste dans la plupart des capitales de province, habituellement de 7h30 à 21h30 environ.

Les appels internationaux sont tarifés à la minute, avec un forfait minimum de 3 minutes. Pour la plupart des pays du monde, vous paierez entre 2 000 et 4 000 LAK la minute. Il revient presque moins cher de se rendre dans un cybercafé et d'utiliser Skype.

Téléphones portables

Lao Telecom et plusieurs sociétés privées offrent des services basés sur les systèmes GSM et 3G. La concurrence est rude et les cartes SIM locales sont en vente (10 000 kips) presque partout. Les appels sont bon marché et on peut facilement se procurer des recharges. La couverture du réseau varie selon la société et la région.

Indicatifs téléphoniques

Il y a quelques années encore, la plupart des villes du pays n'étaient accessibles que par l'intermédiaire d'une opératrice à Vientiane. Aujourd'hui, on peut appeler directement dans presque tout le pays.

Pour appeler le Laos depuis l'étranger, composez l'indicatif international (☎00) suivi de celui du Laos (☎856), puis le numéro de votre correspondant.

Pour appeler l'étranger depuis le Laos, faites le ☎00 puis composez le code du pays (☎33 pour la France, ☎32 pour la Belgique, ☎41 pour la Suisse et ☎1 pour le Canada), et le numéro désiré.

Pour les appels longue distance à l'intérieur du pays, faites le ☎0, puis l'indicatif de la ville suivi du numéro.

Les numéros de téléphone portable commencent par ☎020 et ceux des téléphones WIN par ☎030.

Toilettes

La plupart des établissements de catégorie moyenne et supérieure sont équipés de toilettes à l'occidentale. En revanche, si vous privilégiez les adresses meilleur marché, attendez-vous à ce que les toilettes à la turque soient la norme.

Même dans les toilettes à l'occidentale, quand elles existent, la plomberie n'est pas toujours conçue pour que l'on jette le papier dans la cuvette. Dans ce cas, vous trouverez une poubelle destinée au papier usagé.

Les toilettes publiques sont rares en dehors des hôtels et des aéroports. Il est, par conséquent, parfaitement toléré de s'arrêter au bord de la route ou derrière un buisson pour satisfaire ses besoins naturels. Les guides touristiques laotiens utilisent pour désigner cette pratique les euphémismes *"shooting rabbits"* ("tirer des lapins") et *"picking flowers"* ("cueillir des fleurs"), suivant qu'elle concerne des hommes ou des femmes.

Travailler au Laos

Grâce à un nombre important d'organisations caritatives et à l'afflux croissant de sociétés étrangères, opérant en particulier dans les secteurs minier et énergétique, le nombre d'emplois ouverts aux étrangers est en augmentation, bien qu'il demeure relativement faible. C'est à Vientiane que vous aurez le plus de chances de vous faire embaucher.

Vous pouvez notamment donner des cours privés de français dans l'un des centres de langues de Vientiane, pour 5 à 8 $US l'heure. Sans être absolument nécessaires, certificats ou diplômes d'enseignement augmentent considérablement vos chances de recrutement.

Si vous possédez des compétences techniques ou une expérience en tant que bénévole dans un pays étranger, vous pourrez peut-être travailler pour un programme de l'ONU ou pour une ONG. Le mieux est de faire le tour des bureaux de chacun de ces organismes à Vientiane et de vous renseigner sur leurs besoins. Pour obtenir la liste des ONG présentes au Laos, reportez-vous au site www.directoryofngos.org.

Voyager en solo

Femmes seules

Le Laos est un pays accueillant pour les voyageuses en solo. Les cas de harcèlement sexuel, quoique plus courants qu'autrefois, y sont beaucoup moins répandus que dans les autres pays d'Asie. Les touristes sont généralement traitées avec respect et courtoisie.

La prostitution est bien moins répandue au Laos qu'en Thaïlande. C'est pourquoi les Laotiennes ont moins de réticence que les Thaïlandaises à se montrer en public avec un étranger. Ainsi, les étrangères seules dans les cafés ou les restaurants ne sont habituellement pas perçues comme des femmes faciles et n'ont guère à se soucier de devoir repousser des avances indésirables.

Cependant, les femmes qui voyagent seules dans des régions reculées ou qui se promènent tard la nuit doivent respecter les précautions d'usage. Les femmes laotiennes ne se déplaçant jamais seules, une Occidentale non accompagnée étonne souvent les Laotiens, hommes ou femmes. Les hommes peuvent parfois penser qu'elle recherche de la compagnie.

Veillez également à vous vêtir sans ostentation ni à vous promener trop court vêtue (short ou mini-jupe).

Transports

DEPUIS/VERS LE LAOS

Beaucoup de voyageurs arrivent ou partent du Laos par l'une de ses nombreuses frontières terrestres ou fluviales. Il est assez simple de se rendre au Laos en avion car le nombre de compagnies aériennes desservant le pays est limité, d'où des tarifs plutôt homogènes.

Les ressortissants de l'UE, du Canada et de la Suisse doivent avoir un visa pour séjourner au Laos (voir p. 324) ; la durée de validité du passeport doit être supérieure d'au moins 6 mois au temps de séjour au Laos.

Voie aérienne

Aéroports

Il existe quatre aéroports internationaux au Laos : l'**aéroport international de Vattay** (carte p. 140 ; ☎021-512165) à Vientiane, l'**aéroport international de Luang Prabang** (☎071-212173), l'**aéroport international de Savannakhet** (carte p. 210 ; ☎041-212140 ; Th Kaysone Phomvihane) et l'**aéroport international de Pakse** (☎031-251921).

Lao Airlines, la compagnie nationale, assure la majorité des vols depuis/vers le Laos. Le point d'accès le plus pratique en avion est Bangkok et cela tombe bien, car de nombreuses compagnies desservent la capitale thaïlandaise. Il est généralement plus économique de prendre un vol avec escale. Une fois à Bangkok, des trains, avions et bus permettent de gagner le Laos. Les compagnies aériennes internationales ci-dessous desservent également le Laos :

Air Asia (www.airasia.com). Liaisons entre Vientiane et Kuala Lumpur plusieurs fois par semaine.

Bangkok Airways (www.bangkokair.com). Vols de Luang Prabang, Vientiane et Pakse à Bangkok, et de Luang Prabang à Chiang Mai.

China Eastern Airlines (www.ce-air.com). Au départ de Vientiane, liaisons quotidiennes pour Kunming et Nanning.

Lao Airlines (www.laoairlines.com). Compagnie nationale. Nombreuses liaisons internationales, dont des vols de Vientiane à Bangkok, Chiang Mai, Danan, Guangzhou, Hanoi, Hô Chi Minh-Ville, Kunming, Phnom Penh, Siem Reap et Singapour. D'autres vols de Luang Prabang à Bangkok, Chiang Mai, Hanoi et Siem Reap, de Pakse à Bangkok, Danang, Hô Chi Minh-Ville et Siem Reap, et enfin de Savannakhet à Bangkok et Danang.

VOYAGES ET CHANGEMENTS CLIMATIQUES

Tous les moyens de transport fonctionnant à l'énergie fossile génèrent du CO_2 – la principale cause du changement climatique induit par l'homme. L'industrie du voyage est aujourd'hui dépendante des avions. Si ceux-ci ne consomment pas nécessairement plus de carburant par kilomètre et par personne que la plupart des voitures, ils parcourent en revanche des distances bien plus grandes et relâchent quantité de particules et de gaz à effet de serre dans les couches supérieures de l'atmosphère. De nombreux sites Internet utilisent des "compteurs de carbone" permettant aux voyageurs de compenser le niveau des gaz à effet de serre dont ils sont responsables par une contribution financière à des projets respectueux de l'environnement. Lonely Planet "compense" les émissions de tout son personnel et de ses auteurs.

Tarifs aériens au Laos

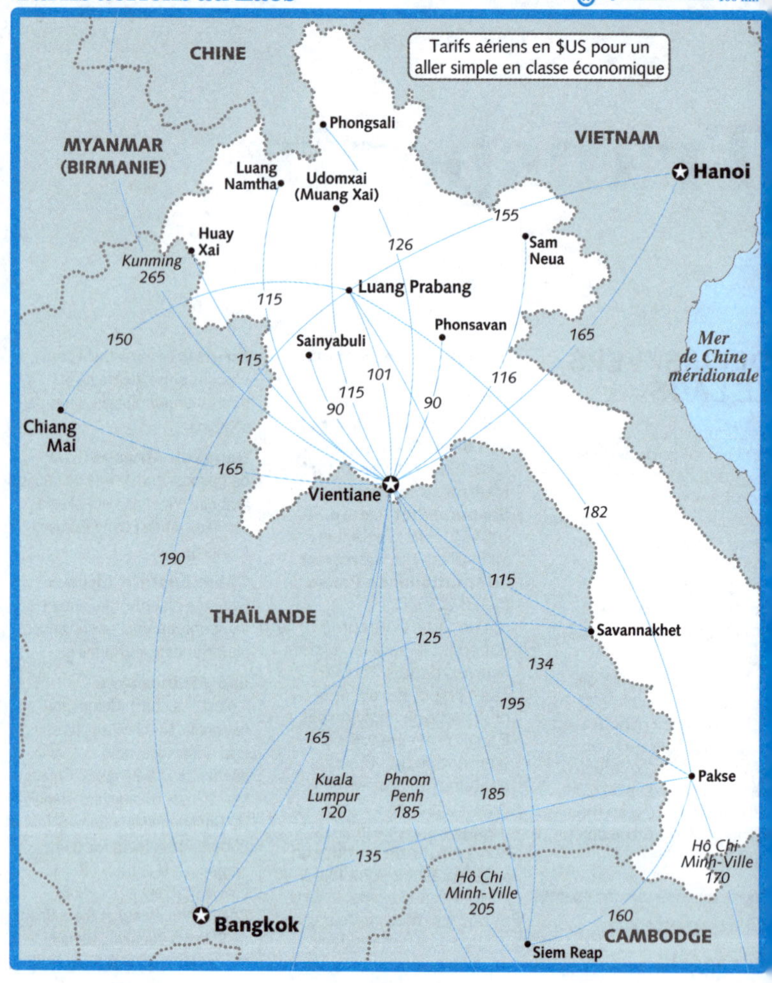

Thai Airways International (www.thaiairways.com). Liaisons entre Vientiane et Bangkok deux fois par jour.

Vietnam Airlines (www.vietnamairlines.com). Vols pour Hô Chi Minh-Ville, Hanoi et Phnom Penh au départ de Vientiane et pour Hanoi et Siem Reap au départ de Luang Prabang.

Depuis la France

Au départ de Paris, Vientiane est desservie par vol régulier via Hanoi par Air France et Vietnam Airlines, ou via Bangkok par Thai Airways International (comptez au minimum 800 € l'aller-retour, durée entre 15 et 28 heures).

Air France (☎36-54, 0,34 €/min ; www.airfrance.fr)

Thai Airways International (☎01 55 68 80 00 ; www.thaiairways.fr)

Vietnam Airlines (☎01 44 55 39 90 ; www.vietnamairlines.com)

Maison de l'Indochine (☎01 40 51 95 15 ; www.maisondelindochine.com)

Nouvelles Frontières (☎0826 258 385, 0,15 €/min ; www.nouvelles-frontieres.fr)

Depuis la Belgique

Airstop (☎070-233 188 ; www.airstop.be)

Connections (☎070-23 33 13 ; www.connections.be)

Éole (☎02/227 57 80 ; www.voyageseole.be)

Franchir les frontières du Laos

Depuis la Suisse

STA Travel (☎058-450 49 49 ; www.statravel.ch)

Swiss (☎848 700 700 ; www.swiss.com)

Depuis le Canada

Il existe des vols avec escales pour Vientiane. Sinon, vous pouvez prendre un billet pour Bangkok d'où vous rejoindrez la capitale laotienne.

Air Canada (☎1-888-247-2262 ; www.aircanada.com)

Airlineticketsdirect.com (☎1-877 679 8500 ; www.airlineticketsdirect.com)

Expedia (☎1-888 397 3342 ; www.expedia.ca)

Travelocity (☎1-800 457 8010 ; http://travelocity.ca)

Travel Cuts – Voyages Campus (☎1-800.667.2887 ; www.travelcuts.com)

Voie terrestre

Le Laos partage des frontières terrestres et/ou fluviales avec la Thaïlande, le Myanmar, le Cambodge, la Chine et le Vietnam. Dans ce guide, nous présentons tous les postes-frontières actuellement ouverts aux étrangers. Les modalités de passage variant fréquemment, renseignez-vous ou consultez le forum de **Lonely Planet** (www.lonelyplanet.fr) avant de partir.

Vous pouvez entrer au Laos avec votre propre véhicule depuis la Thaïlande et le Cambodge à condition

AVERTISSEMENT

Les informations contenues dans ce chapitre sont particulièrement susceptibles de changements. Vérifiez directement auprès de la compagnie aérienne ou de l'agence de voyages les modalités d'utilisation de votre billet d'avion. N'hésitez pas à comparer les prestations. Les détails fournis ici doivent être considérés à titre indicatif et ne remplacent en rien une recherche personnelle attentive.

d'être en possession des documents nécessaires. Les douaniers laissent passer les bicyclettes sans encombre.

Cambodge

Des bus et des minibus quotidiens relient Pakse à Stung Treng (4 heures), à Kratie (6 heures) et à Phnom Penh (11 heures). Dans les deux sens, ils font halte à Ban Nakasang et Ban Hat Xai pour les voyageurs qui désirent se relaxer à Si Phan Don. Il vaut mieux passer la frontière avec ces bus, car il est assez difficile de trouver un moyen de transport au poste-frontière de Dong Kiaw (Laos)/Trapaeng Kriel (Cambodge).

Chine

Des bus pratiques relient les principales villes du Yunnan au nord du Laos. Les trajets sont : Luang Namtha-Jinghong (6 heures), Udomxai-Mengla (5 heures) et Kunming-Luang Prabang (environ 24 heures, dans un bus de nuit chinois). On peut aussi très bien envisager le voyage par étapes via Boten, le seul poste-frontière entre la Chine et le Laos actuellement ouvert aux étrangers. Depuis Móhān, côté chinois, il faut compter 2 ou 3 heures en minibus pour rallier Mengla, la grande ville la plus proche.

Myanmar (Birmanie)

Actuellement, il n'est pas possible de franchir la frontière terrestre entre le Laos et le Myanmar. Le plus simple est de passer par la Thaïlande, via Chiang Khong et Mae Sai, avant de gagner la ville birmane de Tachilek.

Thaïlande

Huit postes-frontières sont accessibles aux étrangers pour le transit avec la Thaïlande. Plusieurs supposent de prendre un bateau sur le Mékong ou de franchir la rivière par l'un des ponts de l'Amitié.

DE LA THAÏLANDE À VIENTIANE

Des bus circulent régulièrement entre Vientiane et les villes thaïlandaises de Khon Kaen (4 heures), Nakhon Ratchasima (7 heures), Nong Khai (1 heure 30) et Udon Thani (2 heures 30), passant la frontière via le pont de l'Amitié. De Bangkok, plusieurs trains quotidiens (www.railway.co.th/english) rallient également Nong Khai (environ 12 heures) ; de la gare de Dongphosy de Vientiane, plusieurs trains quotidiens desservent Nong Khai. D'Udon Thani, des vols économiques desservent Bangkok et d'autres villes thaïlandaises.

DE LA THAÏLANDE AU NORD DU LAOS

La majorité des visiteurs se rendent à Luang Prabang. Trois possibilités s'offrent à eux, mais aucune n'est directe. La route de Chiang Rai via Huay Xai jusqu'à Luang Prabang est sans conteste la plus plaisante pour les touristes et, en principe, la plus rapide (environ 24 heures par le bus, ou 2 jours combinant bus et bateau).

Cet itinéraire passe par Chiang Khong/Huay Xai. En partant de Chiang Rai avec le premier bus du matin, on peut prendre le bateau à Huay Xai pour se rendre à Luang Prabang, où l'on arrive le lendemain soir. Autre possibilité : partir de Chiang Rai à midi pour embarquer dans le bus de nuit de 17h (plus rapide mais pas vraiment conseillé), qui arrive à Luang Prabang le lendemain en fin de matinée. Les billets combinés vendus dans les agences de Chiang Mai ou Chiang Rai sont souvent excessivement chers.

D'autres itinéraires sont parfaitement envisageables mais ils sont si peu fréquentés des touristes étrangers qu'ils supposent de parler laotien et/ou thaïlandais (ou d'être doué en mime). En outre, ces trajets peuvent prendre plusieurs jours en raison de transports publics limités et de routes en mauvais état. Deux parcours sont possibles : Nan-Muang Ngeun-Luang Prabang, ou Loei-Pak Lai-Sainyabuli, encore plus isolé.

DE LA THAÏLANDE AU CENTRE DU LAOS

Peu de touristes vont du nord-est de la Thaïlande au centre du Laos par les postes-frontières le long du Mékong, pourtant si pratiques.

Le passage du fleuve entre Nakhon Phanom et Tha Khaek s'effectue facilement et plusieurs bus relient quotidiennement Bangkok à Nakhon Phanom (12 heures).

Le pont entre Mukdahan et Savannakhet constitue le passage le plus méridional ouvert aux étrangers sur le Mékong. De Bangkok, plusieurs bus rallient Mukdahan (environ 10 heures) et le Thai-Lao International Bus rejoint la gare routière de Savannakhet en 45 minutes.

FRANCHIR LES FRONTIÈRES DU LAOS

Cambodge

POSTE-FRONTIÈRE	VILLES DE TRANSIT	VISA DISPONIBLE À L'ARRIVÉE	DÉTAILS SUPPLÉMENTAIRES
Non Nok Khiene (L), Trapeang Kriel (C)	Si Phan Don (L), Stung Treng (C)	Oui	p. 253

Chine

POSTE-FRONTIÈRE	VILLES DE TRANSIT	VISA DISPONIBLE À L'ARRIVÉE	DÉTAILS SUPPLÉMENTAIRES
Boten (L), Móhān (C)	Luang Nam Tha (L), Mengla (C)	pour le Laos seulement	p. 104

Thaïlande

POSTE-FRONTIÈRE	VILLES DE TRANSIT	VISA DISPONIBLE À L'ARRIVÉE	DÉTAILS SUPPLÉMENTAIRES
Nong Khai (T), Tha Na Leng (L)	Nong Khai (T), Vientiane (L)	Oui	p. 170
Paksan (L), Beung Kan (T)	Paksan (L), Beung Kan (T)	Non	p. 194
Huay Xai (L), Chiang Khong (T)	Huay Xai (L), Chiang Rai (T)	Oui	p. 120
Tha Khaek (L), Nakhon Phanom (T)	Tha Khaek (L), Nakhon Phanom (T)	Oui	p. 206
Savannakhet (L), Mukdahan (T)	Savannakhet (L), Mukdahan (T)	Oui	p. 213
Vang Tao (L), Chong Mek (T)	Pakse (L), Ubon Ratchathani (T)	Oui	p. 227
Muang Ngeun (L), Huay Kon (T)	Hongsa (L), Phrae (T)	Oui	p. 125
Kaen Thao (L), Tha Li (T)	Pak Li (L), Loei (T)	Oui	p. 129

Vietnam

POSTE-FRONTIÈRE	VILLES DE TRANSIT	VISA DISPONIBLE À L'ARRIVÉE	DÉTAILS SUPPLÉMENTAIRES
Dansavanh (L), Lao Bao (V)	Savannakhet (L), Dong Ha (V)	pour le Laos seulement	p. 214
Phou Keua (L), Bo Y (V)	Attapeu (L), Kontum (V)	pour le Laos seulement	p. 252
Na Phao (L), Cha Lo (V)	Tha Khaek (L), Dong Hoi (L)	pour le Laos seulement	p. 205
Nong Haet (L), Nam Can (V)	Phonsavan (L), Vinh (V)	pour le Laos seulement	p. 74
Nam Phao (L), Cau Treo (V)	Tha Khaek (L), Vinh (V)	pour le Laos seulement	p. 200
Na Meo (L), Nam Soi (V)	Sam Neua (L), Thanh Hoa (V)	pour le Laos seulement	p. 80
Pang Hok (L), Tay Trang (V)	Muang Khua (L), Dien Bien Phu (V)	pour le Laos seulement	p. 93

AGENCES EN LIGNE

Vous pouvez réserver votre vol via une agence en ligne ou vous renseigner auprès d'un comparateur de vols :

- www.anyway.com
- www.boursedesvols.com
- www.easyvoyage.com
- www.expedia.fr
- www.ebookers.fr
- www.illicotravel.com
- www.kayak.fr
- www.govoyages.com
- www.opodo.fr
- www.skyscanner.fr
- www.voyages-sncf.com

La traversée du fleuve entre Beung Kan et Paksan est l'option la plus problèmatique car les transports publics sont très irréguliers côté thaïlandais.

DE LA THAÏLANDE AU SUD DU LAOS

Des bus internationaux relient deux fois par jour Ubon Ratchathani à Pakse (4 heures, passage compris) via les postes-frontières de Chong Mek (Thaïlande) et de Vang Tao (Laos). Un bus rallie Pakse à Bangkok une fois par jour. Des billets alliant bus et train sont aussi en vente à Ubon, à moins que vous ne préfériez prendre le bus jusqu'à Pakse et acheter de là votre billet de train.

Vietnam

Au moment de la rédaction de ce guide, les étrangers pouvaient passer la frontière entre le Laos et le Vietnam par sept postes-frontières. À chacun de ces postes, le Laos délivre un visa de tourisme valable 30 jours. Pour le Vietnam, en revanche, vous devrez vous procurer votre visa à l'avance – il s'obtient rapidement à Luang Prabang, Vientiane, Savannakhet et Pakse. Dans les deux cas, nous vous conseillons de prendre un bus qui franchit la frontière plutôt que de morceler votre trajet, car il peut être difficile de trouver un moyen de transport aux postes-frontières les plus isolés.

DU VIETNAM AU NORD DU LAOS

Plutôt que de faire un interminable trajet en bus (24 heures) entre Hanoi et Vientiane, de plus en plus de voyageurs partent du nord-ouest du Vietnam et empruntent le bus quotidien Dien Bien Phu-Muang Khua, qui traverse la frontière à Tay Trang, avant d'arriver dans la province de Phongsali. Depuis Dien Bien Phu, il est possible d'atteindre Luang Prabang en deux jours (en passant la nuit à Muang Khua). Le mieux est de prendre son temps, en descendant la Nam Ou en bateau avec une pause à Nong Khiaw.

D'autres itinéraires tout à fait réalisables partent des villes vietnamiennes de Thanh Hoa et Vinh. Le bus quotidien Thanh Hoa-Sam Neua, avec passage de la frontière à Nam Soi, suit une belle route, qui permet de visiter les fantastiques grottes de Vieng Xai, au cours d'un long trajet menant à Luang Prabang.

Le bus de Vinh à Phonsavan, qui passe la frontière à Nam Can, a l'avantage de faire découvrir l'énigmatique plaine des Jarres, mais il ne circule pas tous les jours.

DU VIETNAM AU CENTRE DU LAOS

Des bus directs partent de Hanoi et Hô Chi Minh-Ville à destination de Vientiane, mais il est préférable de couper le trajet pour explorer le centre du Laos, une belle région rarement visitée.

Si vous partez du centre du Vietnam, plusieurs options s'offrent à vous. Le poste-frontière de Lao Bao, d'accès facile depuis Dong Ha, par une large route, est le passage le plus pratique entre le Laos et le Vietnam. Une fois au Laos, vous pourrez faire halte à Sepon, pour visiter ce qui reste de la piste Hô Chi Minh, et à Savannakhet. Plus au nord, on franchit la frontière à Cha Lo où le bus de Dong-Hoi à Tha Khaek est pratiquement le seul véhicule sur la route. Le passage le plus emprunté, facile d'accès via Vinh, est Cau Treo, utilisé aussi par les bus directs Hanoi-Vientiane. En route s'impose la découverte d'une spectaculaire rivière souterraine à Tham Kong Lo.

DU VIETNAM AU SUD DU LAOS

Un bus quotidien (dans les deux sens) circule entre Kontum et Pakse via Attapeu et Sekong, avec passage ensuite de la frontière à Bo Y (Vietnam) et à Phou Keua (Laos). Le trajet complet dure de 8 à 9 heures, ou seulement la moitié de Kontum à Attapeu.

VOYAGES ORGANISÉS

Le Laos fait l'objet de nombreux voyages et séjours organisés classiques, mais aussi de circuits à thème (culture, nature, croisières fluviales, randonnée, etc.). N'hésitez pas à comparer les prix avant de faire votre choix.

Asia (☎0825 897 602, 0,15 €/min ; www.asia.fr).

Atalante (☎01 55 42 81 00 ; www.atalante.fr)

Clio (☎01 53 68 82 82 ; www.clio.fr)

Comptoir des voyages (☎01 53 10 30 15 ; www.comptoir.fr).

Explorator (☎01 53 45 85 85 ; www.explo.com)

Fleuves du Monde (☎01 44 32 12 80 ; www.fleuves-du-monde.com)

La Route de l'Asie (☎01 42 60 60 90 ; www.laroutedesindes.com)

Maison de l'Indochine (☎01 40 51 95 15 ; www.maisondelindochine.com)

Monde de l'Inde et de l'Asie (☎01 53 10 31 00 ; www.mondeasie.com)

Nomade (☎0826 102 009, 0,15 €/min ; www.nomade-aventure.com)

Orients (☎01 40 51 10 40 ; www.orients.com)

Tamera (☎04 78 37 88 88 ; www.tamera.fr)

Terres d'Aventure (☎0825 700 825, 0,15 €/min ; www.terdav.com)

Zig Zag (☎01 42 85 13 93 ; www.zigzag-randonnees.com)

COMMENT CIRCULER

Voyager au Laos peut s'avérer assez difficile. Bien qu'un nombre croissant de routes principales soient goudronnées et que le pays soit sillonné par un nombre croissant de vols intérieurs, les autres moyens de transport intérieurs sont encore peu fréquents, peu sûrs et les trajets interminables.

Avion

Lao Airlines (www.laoairlines.com) est la principale compagnie aérienne du Laos. Les villes de taille modeste sont desservies par les petits avions de **Lao Air** (www.lao-air.com). La plupart des vols intérieurs passent par l'aéroport de Vientiane. Consultez le site de Lao Airlines pour connaître les derniers tarifs.

Les billets doivent obligatoirement être réglés en dollars et en espèces, sauf dans les agences de Lao Airlines à Vientiane et à Luang Prabang, qui acceptent les paiements par cartes de crédit pour les vols internationaux et intérieurs.

Les vols intérieurs de Lao Air, notamment au départ de petits aéroports tels Boun Neua (Phongsali) et Nathong (Sam Neua), sont assez souvent annulés en raison du brouillard (mars) ou d'épaisses fumées pendant la saison des brûlis. En période de vacances, où les vols affichent souvent complet, il est conseillé de réserver. Le reste de l'année, où les risques d'annulation sont les plus importants, faites-vous confirmer 1 jour ou 2 à l'avance que le vol est bien maintenu.

Bateau

Les fleuves et les rivières, qui totalisent plus de 4 600 km de voies navigables, constituent le réseau traditionnel de communication du Laos. Le Mékong, la Nam Ou, la Nam Khan, la Nam Tha, la Nam Ngum et la Se Kong en forment les principaux axes. Navigable toute l'année de Luang Prabang au nord à Savannakhet au sud, le Mékong est la voie fluviale la plus longue et la plus importante. Des canoës creusés dans des troncs d'arbres aux "bateaux bombes" fabriqués avec les carcasses de bombes, toutes sortes de petites embarcations sillonnent les rivières plus modestes.

Que vous empruntiez un bateau touristique de Huay Xai à Luang Prabang ou un bateau local dans une région reculée du pays, ne manquez pas de faire une excursion au fil de l'eau lors de votre séjour au Laos.

UN BATEAU PEUT EN CACHER UN AUTRE

Voici quelques-uns des *héua* (bateaux) que vous rencontrerez peut-être sur les nombreux cours d'eau du pays :

Héua sáh Grand et vieux bateau à deux ponts, quasi disparu.

Héua duan (bateau express) Bateau couvert d'un toit et destiné au transport des marchandises, circulant fréquemment entre Huay Xai et Luang Prabang ; malgré leur lenteur, ces embarcations sont dites "express" par comparaison avec les bateaux à deux ponts.

Héua wái (hors-bord) Ressemble à une planche de surf avec un moteur attaché à l'arrière ; extrêmement rapide mais terriblement bruyant, inconfortable et risqué.

Héua hăhng nyáo (*long-tail boat*) Bateaux traditionnels équipé d'un moteur fixé à l'arrière et souvent doté d'un toit ; on en trouve dans tout le pays.

Héua pái (bateau à rames) Sorte de pirogue, courante à Si Phan Don.

Ferry (bateau lent) et taxi fluvial

Particulièrement apprécié, le bateau lent entre Huay Xai et Luang Prabang circule tous les jours. Il reste relativement bon marché, à environ 200 000 LAK ou 25 $US/personne pour 2 jours de voyage. Au départ de Huay Xai, ces bateaux rudimentaires sont souvent bondés ; dans l'autre sens, au départ de Luang Prabang, il y a moins de monde. On voyage, on mange et on dort sur le pont. Les toilettes (quand il y en a) se limitent à un simple trou pratiqué dans le pont à l'arrière du bateau.

Pour les petits trajets, de Luang Prabang aux grottes de Pak Ou, mieux vaut prendre un taxi fluvial. Les *héua hang nyáo* (bateaux traditionnels) sont les plus courants et coûtent environ 10 $US/heure.

Sur le cours supérieur du Mékong, entre Huay Xai et Vientiane, circulent beaucoup de *héua wái* (hors-bord) de fabrication thaïlandaise capables de couvrir en 6 heures des distances pour lesquelles le ferry met 2 jours ou plus. Comptez au moins 30 $US l'heure. Pour les hors-bord (dangereux et bruyants) qui assurent un service régulier, il est possible de partager les frais entre les passagers.

Circuits organisés

Vu la raréfaction des bateaux publics, les agences de voyages proposent des expéditions en kayak ou en raft sur certains tronçons de rivières particulièrement beaux. Adressez-vous de préférence à des prestataires de Luang Namtha, Luang Prabang, Nong Khiaw, Vang Vieng, Tha Khaek ou Pakse.

Pour un voyage plus luxueux, **Mekong Cruises** (www.mekong-cruises.com) et **Mekong River Cruises** (www.cruisemekong.com) proposent des croisières de plusieurs jours sur le Mékong à bord de bateaux tout confort.

Bicyclette

Les paysages et la lumière superbes, la circulation relativement lente dans la majorité des villes et sur la plupart des grandes routes font probablement du Laos le pays qui se prête le mieux au vélo en Asie du Sud-Est. Pour plus de détails, voir p. 30.

Bus et săwngthăew

Les transports publics longue distance au Laos sont assurés par des bus ou par des *săwngthăew* (littéralement, "deux rangées"), des camions ou camionnettes reconvertis en véhicules pour passagers par l'adjonction de bancs de chaque côté. Des compagnies privées ont mis en place des bus VIP sur certaines liaisons fréquentées. Ces véhicules sont climatisés, plus luxueux et un peu plus coûteux que les bus classiques. Beaucoup de pensions peuvent se charger des réservations de billets moyennant une petite commission.

Les *săwngthăew* assurent en général la desserte des itinéraires les plus courts à l'intérieur d'une province donnée. Les villages d'une relative importance disposent en majorité d'au moins un *săwngthăew* qui effectue un aller-retour à peu près quotidiennement vers la capitale de la province.

Circuits organisés locaux

L'offre ne cesse de s'accroître au Laos et il est plus économique de s'adresser directement aux tour-opérateurs locaux que de passer par une agence de voyages spécialisée dans votre pays d'origine. Des itinéraires sur mesure sont envisageables et des circuits vélo, bateau, moto ou photo sont quelques-unes des thématiques proposées.

Circuits aventure

Exotissimo (www.exotissimo.com). Circuits visites et expéditions plus aventureuses.

Stray (www.straytravel.asia). Circuits en bus bon marché à travers le Laos. Étapes courtes ou parcours aventures plus long, dans le nord du pays.

Xplore-Asia (www.xplore-asia.com). Prisé des voyageurs indépendants pour ses circuits-aventure bon marché, surtout aux environs de Pakse, de Si Phan Don et de Vang Vieng.

Circuits à moto

Quelques opérateurs proposent des circuits à moto au Laos. Tout y est compris : généralement une 250 cm^3 tout terrain avec équipement de protection, hébergement, repas et essence.

Explore Indochina (www.exploreindochina.com). Circuits guidés de la piste Hô Chi Minh Trail sur d'anciennes motos soviétiques.

Remote Asia (www.remote-asia.com/motorbike.html). Circuits à moto auto-guidés, de 4 à 12 jours, plus la location de motos et d'équipement.

Siam Enduro (www.siamenduro.com). Opérateur thaïlandais avec 20 ans d'expérience dans la région. Circuit de 2 semaines dans le nord du Laos.

Circuits à vélo

Plusieurs tour-opérateurs et pensions organisent des circuits à VTT allant de quelques heures à plusieurs semaines.

Green Discovery (www.greendiscoverylaos.com). Première agence de circuits aventure au Laos. Grand choix d'itinéraires.

Grasshopper Tours (www.grasshopperadventures.com). Excursions à vélo mais aussi circuits photos axés sur les éléphants du Laos.

Laosabaidee Travel (www.laosabaidee.com). Entreprise familiale spécialisée dans les circuits à vélo.

Spice Roads (www.spiceroads.com). Spécialiste du cyclotourisme.

Transports locaux

Bien que la plupart des centres-villes soient assez modestes pour être explorés à pied, souvent les petites localités ont une gare routière à plusieurs kilomètres de distance.

Bus

Vientiane est la seule ville dotée d'un réseau de bus – en fait peu utiles aux voyageurs.

Jumbo, săam-lâaw, sakai-làep et túk-túk

Les taxis à trois roues que l'on voit à Vientiane et dans les capitales de province changent de nom selon l'endroit où l'on se trouve. Les plus grands s'appellent *jumbo (jąmbǫh)* et peuvent prendre de quatre à six passagers sur deux bancs latéraux. À Vientiane, ils sont parfois baptisés *túk-túk*, comme en Thaïlande (même si au Laos ce nom désigne traditionnellement des véhicules un peu plus grands que les *jumbo*). Il arrive aussi que ces triporteurs soient appelés simplement *thaek-sii* (taxi) ou, dans le cas de ceux qui ressemblent à des motos avec side-car, *săam-lâaw* (*samlor* ou "trois roues"). Les traditionnels *săam-lâaw* (cyclo-pousse), appelés cyclo dans le reste de l'ancienne Indochine, sont une espèce en voie de disparition au Laos.

Taxi

À Vientiane, des taxis (en petit nombre) transportent une clientèle d'hommes d'affaires étrangers et de touristes. Dans le pays, les taxis se louent à la course, à l'heure ou à la journée. Comptez entre 35 et 45 $US la journée pour circuler dans une ville, en fonction du véhicule et de vos talents de négociateur.

Voiture et moto

Conduire au Laos est plus facile qu'on ne le pense. Certes, les infrastructures routières n'ont rien de très sophistiqué, mais, en dehors des grands centres urbains, la circulation est très fluide et prendre le volant est une partie de plaisir par comparaison avec le Vietnam, la Chine ou la Thaïlande.

Les motards trouveront quantité d'informations

DISTANCES ROUTIÈRES (EN KM)

	Attapeu	Luang Namtha	Luang Prabang	Muang Khong	Nong Haet	Pakse	Phongsali	Phonsavan	Sam Neua	Savannakhet	Tha Khaek	Udomxai	Vang Vieng
Luang Namtha	1 400												
Luang Prabang	1 130	270											
Muang Khong	190	1 380	1 110										
Nong Haet	1 280	580	350	1 260									
Pakse	210	1 250	980	120	1 130								
Phongsali	1 550	360	410	1 520	720	1 390							
Phonsavan	1 170	470	250	1 150	110	1 020	620						
Sam Neua	1 350	450	460	1 320	300	1 190	590	180					
Savannakhet	410	1 050	780	390	930	250	1 190	820	990				
Tha Khaek	480	920	650	460	800	370	1 070	690	870	130			
Udomxai	1 290	110	180	1 270	470	1 140	250	360	440	940	820		
Vang Vieng	970	440	170	940	320	810	580	220	480	650	490	350	
Vientiane	810	680	390	790	470	660	810	380	620	500	330	580	150

PENSE-BÊTE MOTO

Louer une moto et partir à l'aventure en s'arrêtant où on veut et quand on veut procure un incroyable sentiment de liberté en voyage. L'absence de circulation et la beauté époustouflante des paysages au Laos en font un pays privilégié en la matière. Il y a toutefois deux ou trois choses à savoir avant de laisser son passeport comme caution pour louer une moto.

La moto Vu les tarifs et l'importance de l'offre, la grande majorité des voyageurs louent des 110 cm³ chinoises. Or aucune moto 110 cm³ n'est conçue pour rouler sur des routes de terre. Les motos japonaises sont mieux adaptées et justifient le supplément de quelques dollars par jour.

L'odomètre Étant donné que de nombreuses routes n'ont pas de bornes kilométriques et que les embranchements sont rarement signalisés, mieux vaut prendre une moto avec un odomètre en état de marche. La plupart des échoppes de motos peuvent vous installer un odomètre en 10 minutes moyennant quelques dollars : une dépense justifiée à condition de penser à noter la distance au départ.

L'équipement Pensez à emporter crème solaire, chapeau, imperméable ou poncho en plastique, bandana et lunettes de soleil. Même les routes bitumées sont désagréablement poussiéreuses au Laos, et ces deux derniers accessoires sont donc essentiels. Autres accessoires indispensables : un casque (demandez-en un si on vous ne le propose pas), un pantalon long et des chaussures, au risque, sinon, de vous retrouver avec les jambes brûlées par le pot d'échappement.

Les problèmes À moins d'être vraiment chanceux, vous serez forcément confronté à un problème (prévoyez le budget pour y parer).

La responsabilité Au Laos, on peut conduire une moto sans permis, ni casque ni aucun équipement de sécurité, mais à vous d'assumer toute la responsabilité de cette liberté. En cas d'accident, il n'y aura pas d'ambulance pour venir vous chercher et même si vous rejoignez un hôpital, son équipement sera rudimentaire. Il est bon d'avoir sur soi une trousse médicale de base et le numéro de téléphone d'hôpitaux en Thaïlande et de son assureur. De même, si votre moto ne fonctionne plus, inutile d'appeler le loueur pour qu'il vous la remplace. Il vous faudra donc la charger sur le prochain *săwngthăew* ou pick-up pour l'apporter là où on pourra vous la réparer. Ne l'abandonnez pas sur le bord de la route, sinon il vous faudra en payer une autre.

sur le site web de **Golden Triangle Rider** (www.gt-rider.com). Faire un périple à moto est de plus en plus prisé par les voyageurs.

Assurance

Les sociétés de location de voitures fournissent une assurance, mais lisez soigneusement le contrat. Notez que la plupart des assurances de voyage ne couvrent pas la conduite d'une moto.

Code de la route

Attendez-vous à tout : c'est la règle fondamentale. La conduite se fait à droite, mais les Laotiens ont la fâcheuse habitude de se déporter sur la gauche avant de tourner à droite, ce qui peut être dangereux si l'on ne s'y attend pas. Aux croisements, il paraît normal de tourner à droite sans regarder à gauche au préalable.

Entrer avec son propre véhicule

Amener un véhicule au Laos est assez facile pour autant qu'on ait un "*carnet de passage*". Il suffit de faire tamponner ce *carnet* à chaque passage de frontière – on ne vous demande ni supplément ni permis.

Si vous achetez votre véhicule en Thaïlande, pays qui ne reconnaît pas le système du carnet, il vous faut un permis de transport international, appelé en Thaïlande *lêm sĭi mûang* (cahier violet). Vous l'obtiendrez à l'**office des transports terrestres de Nong Khai** (☎042-411591, poste 103 ; ⊙8h30-16h30). Vous devrez fournir les papiers d'immatriculation du véhicule, les reçus prouvant que vous avez payé les taxes, votre passeport et votre permis de conduire international ou un permis de conduire thaïlandais.

Du côté laotien, il vous faudra présenter tous les documents mentionnés ci-dessus et souscrire une assurance automobile laotienne (environ 300 THB/sem).

Entrer en Thaïlande ou au Cambodge, en venant

du Laos, ne pose pas trop de problèmes si tous vos papiers sont en ordre.

Pour le Vietnam, c'est une autre histoire et mieux vaut ne pas tenter de franchir la frontière avec une voiture personnelle. Si vous vous rendez en Chine, il est quasiment impossible de passer la frontière avec un véhicule plus important qu'un vélo.

Essence et pièces détachées

Au moment de nos recherches, l'essence coûtait environ 1,20 $US le litre, le diesel un peu moins. Les motards trouveront de l'essence en bidon dans tous les villages du pays, mais cela revient en général plus cher que dans les stations-service. On trouve du diesel dans la plupart des villes. Mieux vaut toutefois faire le plein dans les stations des grandes marques, dans les grandes agglomérations, car la qualité du carburant peut laisser à désirer dans les régions reculées.

Les pièces détachées pour les véhicules à quatre roues sont chères et rares, même à Vientiane.

État des routes

Malgré la médiocrité générale du réseau routier, les travaux effectués cette dernière décennie ont considérablement amélioré l'état des grandes routes.

Ailleurs, les chaussées non goudronnées restent la règle. Le Laos compte environ 23 000 km de routes répertoriées, dont plus des trois quarts ne sont pas bitumées. Les routes non asphaltées sont particulièrement dangereuses durant la saison des pluies. Beaucoup sont alors impraticables, sauf en 4x4 ou à moto tout-terrain. Pendant la saison sèche, les nuages de poussière soulevés par la circulation rendent le voyage très inconfortable, surtout en *săwngthăew* ou à moto. Prévoyez un masque de protection. Indépendamment des conditions climatiques, le Laos est un pays si montagneux que même les trajets relativement courts peuvent prendre beaucoup de temps.

Location

Dans la plupart des grands centres urbains, et dans certaines villes de moindre importance, on loue des motos de facture chinoise et japonaise de 100 et 110 cm³ pour 40 000 à 100 000 LAK/jour, qui se conduisent sans permis. L'état de ces motos toutefois est très variable. Pour vous déplacer dans la campagne, louez de préférence une moto japonaise. À Vientiane et à Luang Prabang, on peut louer des motos de cross de 250 cm³ moyennant environ 25 $US/jour.

En ce qui concerne les voitures, mieux vaut louer un véhicule avec chauffeur, car non seulement le chauffeur assume la responsabilité en cas d'accident et sait où il va, mais, qui plus est, le prix est le même. Comptez 40 à 100 $US/jour, selon l'itinéraire.

Basés à Vientiane, **Europcar** (carte p. 144 ; ✆021-223867 ; www.europcarlaos.com ; Th Setthathirath ; ⏱8h30-18h30 lun-ven, 8h30-13h sam-dim) et **Jules' Classic Rental** (carte p. 144 ; ✆020-9728 2636; www.bike-rental-laos.com ; Th Setthathirath 35 $US, location 1 semaine minimum) ont bonne réputation.

Permis de conduire

Officiellement, pour conduire au Laos, vous devez être en possession d'un permis de conduire international, à faire établir dans votre pays d'origine. Si vous ne louez qu'une moto, on ne vous réclamera jamais votre permis

Sécurité

Évitez de prendre le volant au crépuscule ou à la nuit tombée : vaches, buffles, poules et chiens, sans compter les milliers de Laotiens qui rentrent chez eux, transforment la moindre route en un dangereux parcours d'obstacles.

Santé

Dr Trish Batchelor

Les problèmes de santé et la qualité des infrastructures médicales varient énormément en fonction de l'endroit où vous vous trouvez au Laos et de la façon dont vous voyagez. Si les voyageurs se rendant dans cette partie de l'Indochine sont exposés à une grande variété de maladies tropicales, les risques ne sont pas très élevés. Cependant, attendez-vous à avoir de légers ennuis de santé qui, s'ils ne peuvent être prévenus en prenant les précautions d'usage, pourront être traités facilement dans beaucoup de cas.

Les conseils donnés dans ce chapitre ne peuvent en aucun cas remplacer une consultation avec un médecin qualifié.

AVANT LE DÉPART

Assurez-vous que vous êtes en bonne santé avant de partir. Si vous suivez un traitement de façon régulière, n'oubliez pas votre ordonnance (avec le nom du principe actif).

Assurances et services médicaux

Il est conseillé de souscrire une police d'assurance qui vous couvrira en cas d'annulation de votre voyage, de vol, de perte de vos affaires, de maladie ou encore d'accident. Vérifiez notamment que les sports à risques, comme la plongée, la moto ou même la randonnée ne sont pas exclus de votre contrat, ou encore que le rapatriement médical d'urgence, en ambulance ou en avion, est couvert. De même, le fait d'acquérir un véhicule dans un autre pays ne signifie pas nécessairement que vous serez protégé par votre propre assurance.

Vous pouvez contracter une assurance qui réglera directement les hôpitaux et les médecins, vous évitant ainsi d'avancer des sommes qui ne vous seront remboursées qu'à votre retour.

Avant de souscrire une police d'assurance, vérifiez bien que vous ne bénéficiez pas déjà d'une assistance par votre carte de crédit, votre mutuelle ou votre assurance automobile.

N'oubliez pas de prendre avec vous les documents relatifs à l'assurance ainsi que les numéros à appeler en cas d'urgence.

Enfin sachez que la plupart des médecins au Laos s'attendent à être payés en espèces.

Vaccins

Seul le vaccin contre la fièvre jaune est exigé pour passer la frontière du Laos, mais seulement si vous venez d'une région contaminée (certaines parties de l'Afrique ou de l'Amérique du Sud) dans les 6 jours précédant votre entrée en Asie du Sud-Est. Vous devrez alors être en possession d'une preuve de vaccination contre la fièvre jaune.

Plus vous vous éloignez des circuits classiques, plus il faut prendre des précautions. Faites inscrire vos vaccinations dans un carnet international de vaccination que vous pourrez vous procurer auprès de votre médecin ou d'un centre.

Le ministère des Affaires étrangères effectue une veille sanitaire et met régulièrement en ligne (www.diplomatie.gouv.fr/voyageurs) des recommandations concernant les vaccinations.

Planifiez vos vaccinations à l'avance (au moins six semaines avant le départ), car certaines demandent des rappels ou sont incompatibles entre elles. Les vaccins ont des durées d'efficacité très variables ; certains sont contre-indiqués pour les femmes enceintes.

Voici les coordonnées de quelques centres de vaccination :

VACCINS RECOMMANDÉS

Diphtérie, tétanos, poliomyélite À mettre à jour systématiquement (rappel tous les 10 ans).

Fièvre jaune Tous les 10 ans. Obligatoire au Laos lorsque l'on vient d'une région infectée (certaines parties de l'Afrique et de l'Amérique du Sud). À éviter en début de grossesse.

Encéphalite japonaise Voyageurs de 18 ans et plus devant séjourner en zone rurale pendant la période transmission.

Hépatite virale A À faire pratiquer systématiquement tous les 5 ans. Il existe un vaccin combiné hépatite A et B.

Hépatite virale B Recommandé pour les séjours longs et répétés. Validité 10 ans.

Méningite Recommandé pour les moins de 25 ans en long séjour.

Rubéole Tous les 10 ans.

Rage Vaccination préventive lors d'un long séjour ou dans les zones reculées.

Rougeole Dure toute la vie. Indispensable chez l'enfant.

Typhoïde Tous les 3 ans. Recommandé si vous voyagez dans des conditions d'hygiène médiocres.

Institut Pasteur (☎0 890 71 08 11 ; 211 rue de Vaugirard 75015 Paris)

Air France, centre de vaccination (☎01 43 17 22 00 ; 148 rue de l'Université 75007 Paris)

Centre de vaccinations (☎04 72 76 88 66 ; 7 rue Jean-Marie Chavant 69007 Lyon)

Hôpital Félix-Houphouët-Boigny (☎04 91 96 89 11 ; chemin des Bourrely 13015 Marseille)

Vous pouvez obtenir la liste complète de ces centres en France en vous connectant sur le site Internet www.diplomatie.gouv.fr/voyageurs.

Trousse médicale de voyage

➡ Veillez à emporter avec vous une petite trousse à pharmacie contenant quelques produits indispensables. Certains ne sont délivrés que sur ordonnance médicale. Attention, les liquides et les objets contondants sont interdits en cabine

➡ des antibiotiques, à utiliser uniquement aux doses et périodes prescrites. Il n'est pas absurde de demander à votre médecin traitant de vous en prescrire pour le voyage

➡ un antidiarrhéique, en cas de forte diarrhée, surtout si vous voyagez avec des enfants

➡ un antihistaminique en cas de rhume, allergie, piqûres d'insecte, mal des transports – évitez de boire de l'alcool

➡ un antiseptique ou un désinfectant pour les coupures, les égratignures superficielles et les brûlures, ainsi que des pansements gras pour les brûlures

➡ de l'aspirine ou du paracétamol (douleurs, fièvre)

➡ une bande Velpeau et des pansements pour les petites blessures

➡ une paire de lunettes de secours (si vous portez des lunettes ou des lentilles de contact) et la copie de votre ordonnance

➡ une paire de ciseaux à bouts ronds, une pince à épiler et un thermomètre à alcool

➡ une petite trousse de matériel stérile comprenant une seringue, des aiguilles, du fil à suture, une lame de scalpel et des compresses

➡ des préservatifs

PENDANT LE VOYAGE

Vols long-courriers

Les trajets en avion, principalement du fait d'une immobilité prolongée, peuvent favoriser la formation de caillots sanguins dans les jambes (par exemple une phlébite). Le risque est d'autant plus élevé que le vol est plus long.

Généralement, l'un des premiers symptômes est un gonflement ou une douleur du pied, de la cheville ou du mollet.

En prévention, buvez en abondance des boissons non alcoolisées, faites jouer les muscles de vos jambes lorsque vous êtes assis et levez-vous de temps à autre pour marcher dans la cabine.

Décalage horaire et mal des transports

Le décalage horaire est fréquent dans le cas de trajet traversant plus de trois fuseaux horaires. Il se manifeste par des insomnies, de la fatigue, des malaises ou des nausées. En prévention, buvez abondamment (des boissons non alcoolisées) et mangez léger. En arrivant, exposez- vous à la lumière naturelle et adoptez les horaires locaux aussi vite que possible (pour les repas, le coucher et le lever).

Les antihistaminiques préviennent efficacement le mal des transports, qui se caractérise principalement par une envie de vomir, mais ils peuvent provoquer une somnolence.

AU LAOS

Soins et services médicaux

Le Laos n'est pas équipé pour traiter les urgences médicales graves. Cliniques et hôpitaux comptent parmi les pires de toute l'Asie du Sud-Est en termes d'hygiène, de formation des équipes soignantes, de fournitures et d'équipements, et même de médicaments disponibles.

Dans le cas d'affections mineures ou moyennement graves, dont la malaria, la **Mahasot International Clinic** (☎021-214022 ou 021-214021 ; Th Fa Ngoum ; ⏲24h/24) de Vientiane jouit d'une réputation correcte. Certaines ambassades à Vientiane assurent également le fonctionnement de petits centres médicaux. C'est le cas du **Centre médical de l'ambassade de France** (☎021-214 150).

Pour toute maladie sérieuse, mieux vaut passer la frontière thaïlandaise. Si le problème peut attendre votre arrivée à Bangkok, c'est encore mieux, car cette ville compte d'excellents hôpitaux.

En cas de véritable urgence médicale, vous pouvez faire venir une ambulance de Nong Khai (en face de Vientiane) ou d'Udon Thani, en Thaïlande (à 75 km de cette frontière). Le **Nong Khai Wattana General Hospital** (☎042-465201), à Nong Khai, est le centre médical le plus proche. L'**Aek Udon Hospital** (☎042-342555), à Udon Thani, fournit des soins de meilleure qualité, mais il faut 1 heure de plus pour l'atteindre par la route.

Il est fortement déconseillé d'acheter des médicaments sans ordonnance, car les produits périmés, contrefaits ou mal conservés abondent au Laos.

Précautions élémentaires

Faire attention à ce que l'on mange et à ce que l'on boit est la première des précautions à prendre. Les troubles gastriques et intestinaux sont fréquents, même si la plupart du temps ils restent sans gravité. Ne soyez cependant pas paranoïaque et ne vous privez pas de goûter la cuisine locale, cela fait partie du voyage. N'hésitez pas également à vous laver les mains fréquemment.

Eau

Règle d'or : ne buvez jamais l'eau du robinet (même sous forme de glaçons). Préférez les eaux minérales et les boissons gazeuses, tout en vous assurant que les bouteilles sont décapsulées devant vous. Évitez les jus de fruits, souvent allongés à l'eau. Attention au lait, rarement pasteurisé. Pas de problème pour le lait bouilli et les yaourts. Thé et café, en principe, sont sûrs, puisque l'eau doit bouillir. Par prudence, évitez également les crudités, qui sont bien souvent lavées avec de l'eau du robinet.

Pour stériliser l'eau, la meilleure solution est de la faire bouillir durant quinze minutes. N'oubliez pas qu'à haute altitude elle bout à une température plus basse et il y a plus de risque que les germes survivent.

Si vous ne pouvez faire bouillir l'eau, traitez-la chimiquement avec des comprimés ou des gouttes, comme le Micropur (vendu en pharmacie), très efficace.

Vous éviterez bien des problèmes de santé en vous lavant souvent les mains. Brossez-vous les dents avec de l'eau traitée.

Problèmes de santé et traitement

L'autodiagnostic et l'autotraitement sont risqués ; aussi, chaque fois que cela est possible, adressez-vous à un médecin. Ambassades et consulats pourront en général vous en recommander un. Les grands hôtels également, mais les honoraires risquent d'être très élevés.

SANTÉ SUR INTERNET

Il existe de très bons sites Internet consacrés à la santé en voyage. Avant de partir, vous pouvez consulter les conseils en ligne du ministère des Affaires étrangères (www.diplomatie.gouv.fr/fr/conseils-aux-voyageurs_909/index.html) ou le site très complet du ministère de la Santé (www.sante.gouv.fr).

Agence de la santé publique du Canada (www.travelhealth.gc.ca)

Centre médical de l'Institut Pasteur (http://cmip.pasteur.fr/cmed/csmedvoy.html)

Lonely Planet (www.lonelyplanet.fr)

Organisation mondiale de la santé (OMS ; http://www.who.int/fr/).

Affections liées à l'environnement

L'Asie du Sud-Est est en grande partie chaude et humide presque toute l'année. La plupart des voyageurs mettent au moins deux semaines pour s'adapter au climat. Les crampes musculaires provoquées par une sudation excessive sont fréquentes. Pour les éviter, buvez suffisamment et évitez les activités physiques intenses. Prenez le temps de vous acclimater.

Coup de chaleur

De longues périodes d'exposition à des températures élevées peuvent vous rendre vulnérable au coup de chaleur. Cet état grave survient quand le mécanisme de régulation thermique du corps ne fonctionne plus : la température s'élève alors de façon dangereuse. Évitez l'alcool et les activités fatigantes lorsque vous arrivez dans un pays à climat chaud.

Symptômes : malaise général, transpiration faible ou inexistante et forte fièvre (39 à 41°C) et céphalée lancinante, difficultés à coordonner ses mouvements, signes de confusion mentale ou d'agressivité. Il faut absolument hospitaliser le malade. En attendant les secours, installez-le à l'ombre, ôtez-lui ses vêtements, couvrez-le d'un drap ou d'une serviette mouillés et éventez-le continuellement.

Coup de soleil

Sous les tropiques, dans le désert ou en altitude, les coups de soleil sont plus fréquents, même par temps couvert. Utilisez un écran total et pensez à vous couvrir.

Froid

L'excès de froid est aussi dangereux que l'excès de chaleur, surtout lorsqu'il provoque une hypothermie. Le mieux est de s'habiller par couches : soie, laine et certaines fibres synthétiques nouvelles sont tous de bons isolants. N'oubliez pas de prendre un chapeau, car on perd beaucoup de chaleur par la tête. La couche supérieure de vêtements doit être solide et imperméable, car il est vital de rester au sec. Emportez du ravitaillement de base comprenant des sucres rapides, qui génèrent rapidement des calories, et des boissons en abondance.

Insolation

Une exposition prolongée au soleil peut provoquer une insolation. Dans ce cas, il faut rester dans le noir, appliquer une compresse d'eau froide sur les yeux et prendre de l'aspirine.

Maladies infectieuses et parasitaires

Bilharzioses

Les bilharzioses sont des maladies dues à des vers. On se contamine en se baignant dans les eaux douces (rivières, ruisseaux, lacs et retenues de barrage) où vivent les mollusques qui hébergent la forme larvaire des bilharzies. Juste après le bain infestant, on peut noter des picotements ou une légère éruption cutanée à l'endroit où le parasite est passé à travers la peau. Quatre à douze semaines plus tard, apparaissent une fièvre et des manifestations allergiques.

Si par mégarde ou par accident, vous vous baignez dans une eau infectée, séchez-vous vite et séchez aussi vos vêtements. Consultez un médecin si vous êtes inquiet.

Diarrhée

Le changement de nourriture, d'eau ou de climat suffit à la provoquer ; si elle est causée par des aliments ou de l'eau contaminés, le problème est plus grave. En dépit de toutes vos précautions, vous aurez peut-être la "turista", mais quelques visites aux toilettes sans aucun autre symptôme n'ont rien d'alarmant. Il est fortement recommandé d'emporter avec soi un antidiarrhéique et un antiseptique intestinal (de type Intetrix et Ercefuryl). Demandez conseil à votre pharmacien et à votre médecin (certains médicaments ne peuvent être délivrés sans ordonnance). La déshydratation est le danger principal lié à toute diarrhée, particulièrement chez les enfants. Ainsi le premier traitement consiste à boire beaucoup. Quand vous irez mieux, continuez à manger légèrement. Les antibiotiques peuvent être utiles dans le traitement de diarrhées très fortes, en particulier si elles sont accompagnées de nausées, de vomissements, de crampes d'estomac ou d'une fièvre légère. Trois jours de traitement sont généralement suffisants, et on constate normalement une amélioration dans les 24 heures. Toutefois, lorsque la diarrhée persiste au-delà de 48 heures ou s'il y a présence de sang dans les selles, il est préférable de consulter un médecin.

Diphtérie

Elle prend deux formes : celle d'une infection cutanée ou celle d'une infection de la gorge, pour laquelle il existe un vaccin. On l'attrape au contact de poussière contaminée sur la peau, ou en inhalant des postillons d'éternuements ou de toux de personnes contaminées. Pour prévenir l'infection cutanée, il faut se laver souvent et bien sécher la peau.

Dysenterie

Affection grave, due à des aliments ou de l'eau contaminés, la dysenterie se manifeste par une violente diarrhée, souvent accompagnée de sang ou de mucus dans les selles. Une analyse des selles est indispensable pour diagnostiquer le type de dysenterie. Il faut donc consulter rapidement.

Giardiase

Ce parasite intestinal est présent dans l'eau souillée ou dans les aliments souillés par l'eau. Symptômes : crampes d'estomac, nausées, estomac ballonné, selles très liquides et nauséabondes, et gaz fréquents. La giardiase peut n'apparaître que plusieurs semaines après la contamination. Les symptômes peuvent disparaître pendant quelques jours puis réapparaître, et ceci pendant plusieurs semaines.

Hépatites

L'hépatite est un terme général qui désigne une inflammation du foie. Elle est le plus souvent due à un virus. Les formes les plus habituelles se manifestent par une fièvre, une fatigue qui peut être intense, des douleurs abdominales, des nausées, des vomissements, associés à la présence d'urines très foncées et de selles décolorées presque blanches. La peau et le blanc des yeux prennent une teinte jaune (ictère). L'hépatite peut parfois se résumer à un simple épisode de fatigue sur quelques jours ou semaines.

Hépatite A. C'est la plus répandue, mais il existe un vaccin, recommandé en cas de fort risque d'exposition. La contamination est alimentaire : l'hépatite A se transmet par l'eau, les coquillages et, d'une manière générale, tous les produits manipulés à mains nues. Il n'y a pas de traitement médical ; il faut simplement se reposer, boire beaucoup, manger légèrement et s'abstenir totalement de toute boisson alcoolisée pendant au moins six mois.

Hépatite B. Elle est très répandue, mais la vaccination est très efficace. Elle se transmet par voie sexuelle ou sanguine (piqûre, transfusion). Évitez de vous faire percer les oreilles, tatouer, raser ou de vous faire soigner par piqûres si vous avez des doutes quant à l'hygiène des lieux. Les symptômes de l'hépatite B sont les mêmes que ceux de l'hépatite A.

Hépatite C. Ce virus se transmet par voie sanguine (transfusion ou utilisation de seringues usagées) et semble donner assez souvent des hépatites chroniques. La seule prévention est d'éviter tout contact sanguin, car il n'existe pour le moment aucun vaccin.

Typhoïde

Cette maladie se transmet par de l'eau ou de la nourriture contaminées par des matières fécales humaines. La fièvre et une éruption rose sur l'abdomen sont généralement les premiers symptômes, qui s'accompagnent parfois d'une septicémie (empoisonnement du sang). Le vaccin contre la typhoïde protège pendant trois ans.

Vers

Fréquents en zones rurales tropicales, on les trouve dans les légumes non lavés ou la viande trop peu cuite. Ils se logent également sous la peau quand on marche pieds nus. Souvent, l'infection ne se déclare qu'au bout de plusieurs semaines. Bien que bénigne en général, elle doit être traitée sous peine de complications sérieuses.

VIH/sida

L'infection est présente dans pratiquement tous les pays. La transmission de cette infection se fait : par rapport sexuel (hétérosexuel ou homosexuel – anal, vaginal ou oral), d'où l'impérieuse nécessité d'utiliser des préservatifs à titre préventif ; par le sang, les produits sanguins et les aiguilles contaminées. Il est impossible de détecter la présence du VIH chez un individu apparemment en parfaite santé sans procéder à un examen sanguin.

Évitez, s'ils ne sont pas stérilisés, tous les instruments de chirurgie, les aiguilles d'acupuncture et de tatouage, ainsi que les instruments utilisés pour percer les oreilles ou le nez.

Toute demande de certificat attestant la séronégativité pour le VIH est contraire au Règlement sanitaire international (article 81).

Affections transmises par les insectes

Encéphalite japonaise

Un moustique nocturne (le *Culex*) est responsable de la transmission de cette maladie virale, surtout dans les zones rurales près des élevages de cochons ou des rizières.

Symptômes : fièvre soudaine, frissons et maux de tête, suivis de vomissements et de délire, aversion marquée pour la lumière vive et douleurs aux articulations et aux muscles. Les cas les plus graves provoquent des convulsions et un coma. Chez la plupart des individus qui contractent le virus, aucun symptôme n'apparaît.

Les personnes les plus en danger sont celles qui doivent passer de longues périodes en zone rurale pendant la saison des pluies (de juillet à octobre). Si c'est votre cas, il faudra peut-être vous faire vacciner.

Fièvre jaune

La fièvre jaune est une maladie infectieuse grave transmise par des moustiques vivant dans des régions boisées. Elle est endémique dans certaines régions d'Afrique et d'Amérique du Sud.

La vaccination assure une protection durant une dizaine d'années. Elle doit être pratiquée au moins dix jours avant toute exposition potentielle et ne peut être effectuée que dans des centres spécialisés.

Les premiers symptômes ressemblent à ceux de la grippe. Généralement, ces symptômes régressent au bout de quelques jours. Cependant, environ une personne sur six entre dans une deuxième phase, caractérisée par une fièvre récurrente, des vomissements, de l'apathie, une jaunisse, une défaillance rénale et des hémorragies pouvant entraîner la mort dans la moitié des cas. Il n'existe aucun traitement sinon symptomatique.

Les mesures de protection contre les piqûres de moustiques jouent un rôle essentiel dans la prévention.

Paludisme

Le paludisme, ou malaria, est transmis par un moustique, l'anophèle, dont la femelle pique surtout la nuit, entre le coucher et le lever du soleil.

Le paludisme survient généralement dans le mois suivant le retour de la zone d'endémie. Symptômes : maux de tête, fièvre et troubles digestifs. Non traité, il peut avoir des suites graves, parfois mortelles. Il existe différentes espèces de paludisme et le traitement devient de plus en plus difficile à mesure que la résistance du parasite aux médicaments gagne en intensité.

Si vous voyagez dans des régions où la maladie est endémique, il faut absolument suivre un traitement préventif (uniquement sur ordonnance), qu'il faut en général poursuivre après le retour. Indispensable également : vous protéger des moustiques (voir l'encadré).

Tout voyageur atteint de fièvre ou montrant les symptômes de la grippe doit se faire examiner. Il suffit d'une analyse de sang pour établir le diagnostic. Contrairement à certaines croyances, une crise de paludisme ne signifie pas que l'on est touché à vie.

SE PROTÉGER DES MOUSTIQUES

Hormis les traitements préventifs, la protection contre les piqûres de moustique est le premier moyen d'éviter d'être contaminé par le paludisme. Le soir, dès le coucher du soleil, couvrez vos bras et surtout vos chevilles, mettez de la crème antimoustiques. Ils sont parfois attirés par le parfum ou l'après-rasage.

En dehors du port de vêtements longs, l'utilisation d'insecticides ou de répulsifs à base de DEET (de type Cinq sur Cinq) sur les parties découvertes du corps est à recommander.

En vente en pharmacie, les moustiquaires constituent en outre une protection efficace, à condition qu'elles soient imprégnées d'insecticide. De plus, ces moustiquaires sont radicales contre tout insecte à sang froid (puces, punaises, etc.) et permettent d'éloigner serpents et scorpions.

Notez enfin que, d'une manière générale, le risque de contamination est plus élevé en zone rurale et pendant la saison des pluies.

Coupures, piqûres et morsures

Coupures et égratignures

Les blessures s'infectent très facilement dans les climats chauds et cicatrisent difficilement. Coupures et égratignures doivent être traitées avec un antiseptique et du désinfectant cutané. Évitez si possible bandages et pansements, qui empêchent la plaie de sécher.

Piqûres

Certaines araignées sont dangereuses mais il existe en général des antivenins. Les piqûres de scorpion sont très douloureuses et parfois mortelles. Inspectez vos vêtements ou chaussures avant de les enfiler.

Punaises

Les punaises affectionnent la literie douteuse. Si vous repérez de petites taches de sang sur les draps ou les murs autour du lit, cherchez un autre hôtel. Les piqûres de punaises forment des alignements réguliers. Une pommade calmante apaisera la démangeaison.

Sangsues et tiques

Les sangsues, présentes dans les régions de forêts humides, se collent à la peau et sucent le sang. Les randonneurs en retrouvent souvent sur leurs jambes ou dans leurs bottes. Du sel ou le contact d'une cigarette allumée les feront tomber. Ne les arrachez pas, car la morsure s'infecterait plus facilement. Une crème répulsive peut les maintenir éloignées. Utilisez de l'alcool, de l'éther, de la vaseline ou de l'huile pour vous en débarrasser. Vérifiez toujours que vous n'avez pas attrapé de tiques dans une région infestée : elles peuvent transmettre le typhus.

Serpents

Portez toujours bottes, chaussettes et pantalons longs pour marcher dans la végétation à risque. Ne hasardez pas la main dans les trous et les anfractuosités, et faites attention lorsque vous ramassez du bois pour faire du feu. Les morsures de serpent ne provoquent pas instantanément la mort, et il existe généralement des antivenins. Il faut calmer la victime, lui interdire de bouger, bander étroitement le membre comme pour une foulure et l'immobiliser avec une attelle. Trouvez ensuite un médecin, et essayez de lui apporter le serpent mort. N'essayez en aucun cas d'attraper le serpent s'il y a le moindre risque qu'il pique à nouveau. Il ne faut absolument pas sucer le venin ou poser un garrot.

Affections moins fréquentes

Choléra

Les cas de choléra sont généralement signalés à grande échelle dans les médias, ce qui permet d'éviter les régions concernées. La protection conférée par le vaccin n'étant pas fiable, celui-ci n'est pas recommandé. Prenez donc toutes les précautions alimentaires nécessaires. Symptômes : diarrhée soudaine, selles très liquides et claires, vomissements, crampes musculaires et extrême faiblesse. Il faut consulter un médecin ou aller à l'hôpital au plus vite, mais on peut commencer à lutter immédiatement contre la déshydratation qui peut être très forte. Une boisson à base de cola salée, dégazéifiée et diluée au 1/5 ou encore du bouillon bien salé seront utiles en cas d'urgence.

Dengue

Il n'existe pas de traitement prophylactique contre cette maladie propagée par les moustiques. Poussée de fièvre, maux de tête, douleurs articulaires et musculaires précèdent une éruption cutanée sur le tronc qui s'étend ensuite aux membres puis au visage. Au bout de quelques jours, la fièvre régresse, et la convalescence commence. Les complications graves sont rares.

Filarioses

Ce sont des maladies parasitaires transmises par des piqûres d'insectes. Les symptômes varient en fonction de la filaire concernée : fièvre, ganglions et inflammation des zones de drainage lymphatique ; œdème (gonflement) au niveau d'un membre ou du visage ; démangeaisons et troubles visuels. Un traitement permet de se débarrasser des parasites, mais certains dommages causés sont parfois irréversibles. Si vous soupçonnez une possible infection, il vous faut rapidement consulter un médecin.

Leishmanioses

Il s'agit d'un groupe de maladies parasitaires qui existent sous trois formes : viscérale, cutanée et cutanéo-muqueuse.

La leishmaniose viscérale sévit à l'état endémique en Asie. La durée d'incubation va de 1 à 6 mois. La maladie se caractérise par des accès de fièvre irréguliers, une altération importante de l'état général, une augmentation de volume de la rate et du foie et une anémie. La maladie est mortelle sans traitement ; sur le pourtour méditerranéen elle est plus fréquente chez les enfants de moins de 5 ans et les personnes atteintes de déficiences du système immunitaire.

Les leishmanioses cutanées sévissent notamment en Asie. L'incubation s'étend d'une semaine à un an. La forme sèche de la maladie se caractérise par des rougeurs sur la peau qui s'ulcèrent et se recouvrent d'une croûte. Dans la forme humide, l'ulcère est généralement plus important et la surinfection plus fréquente.

Les leishmanioses sont transmises par des insectes. La meilleure précaution consiste à éviter de se faire piquer en se couvrant et en appliquant une lotion anti-moustiques. Ces insectes sont surtout actifs à l'aube et au crépuscule. Les piqûres ne sont généralement pas douloureuses, mais elles provoquent des démangeaisons. Si vous pensez souffrir de la leishmaniose, consultez un médecin.

Leptospirose

Cette maladie infectieuse, due à une bactérie (le leptospire) qui se développe dans les mares et les ruisseaux, se transmet par des animaux comme le rat et la mangouste.

On peut attraper cette maladie en se baignant dans des nappes d'eau douce, contaminées par de l'urine animale. La bactérie pénètre dans le corps humain par le nez, les yeux, la bouche ou les petites coupures cutanées. Les symptômes, similaires à ceux de la grippe, peuvent survenir 2 à 20 jours suivant la date d'exposition. Ces symptômes durent habituellement quelques jours voire quelques semaines. La maladie est rarement mortelle.

Évitez donc de nager et de vous baigner dans tout plan d'eau douce, notamment si vous avez des plaies ouvertes ou des coupures.

Méningite à méningocoques

Cette maladie très grave attaque le cerveau et peut être mortelle. Postillons et éternuements suffisent à propager le germe. Le vaccin est efficace pendant plus de quatre ans, mais renseignez-vous quand même sur les épidémies.

Symptômes : taches disséminées sur le corps, fièvre, trouble de la conscience, fort mal de tête, hypersensibilité à la lumière et raideur du cou. La mort peut survenir en quelques heures. Il faut se faire soigner immédiatement.

Opisthorchiose

Cette maladie parasitaire se contracte en consommant des poissons d'eau douce, crus ou insuffisamment cuits.

Le risque d'attraper cette maladie reste toutefois assez faible. Quand la contamination est importante, on souffre d'une fatigue générale, d'une fièvre légère, d'un gonflement ou d'une sensibilité du foie ou de douleurs abdominales générales. En cas de doute, il faut faire analyser ses selles par un médecin compétent.

Peste

La peste se transmet généralement aux humains par les piqûres de puces provenant de rongeurs malades ou morts. Les symptômes incluent : fièvre, frissons, douleurs musculaires et malaise, associés à un important gonflement des ganglions lymphatiques, le plus souvent de l'aine, qui deviennent très douloureux. Pour la plupart des voyageurs, le risque de contracter cette maladie reste extrêmement faible. Néanmoins, si vous risquez de vous trouver dans des zones où il y a des terriers ou des nids de rongeurs, ne touchez jamais les animaux malades ou morts et protégez-vous des piqûres d'insectes.

Rage

Très répandue, cette maladie est transmise par un animal contaminé. Morsures, griffures ou même simples coups de langue d'un mammifère doivent être nettoyés immédiatement et à fond. Frottez avec du savon et de l'eau courante, puis nettoyez avec de l'alcool. S'il y a le moindre risque que l'animal soit contaminé, allez immédiatement voir un médecin. Même si l'animal n'est pas enragé, toutes les morsures doivent être surveillées de près pour éviter les risques d'infection et de tétanos.

Un vaccin antirabique est disponible. Il faut y songer si vous comptez séjourner longtemps dans des zones rurales, travailler avec des animaux ou pratiquer la spéléologie (les morsures de chauves-souris peuvent être dangereuses). La vaccination préventive ne dispense pas de la nécessité d'un traitement antirabique immédiatement après un contact avec un animal enragé.

Typhus

Le typhus est transmis soit par des acariens (dont les tiques), soit des poux. La maladie commence comme un mauvais rhume, suivi de fièvre, de frissons, de migraines, de douleurs musculaires et d'une éruption cutanée. Une plaie douloureuse se forme autour de la piqûre et les ganglions lymphatiques voisins sont enflés et douloureux.

Le typhus des broussailles est transmis par des acariens. On le rencontre principalement en Asie et dans les îles du Pacifique. Soyez prudent si vous faites de la randonnée dans des zones rurales d'Asie du Sud-Est.

Tétanos

Cette maladie parfois mortelle se rencontre partout, et surtout dans les pays tropicaux en voie de développement. Difficile à soigner, elle se prévient par vaccination.

Tuberculose

Bien que très répandue dans de nombreux pays en développement, cette maladie ne présente pas de grand danger pour le voyageur. Les enfants de moins de 12 ans sont plus exposés que les adultes. Il est donc conseillé de les faire vacciner s'ils voyagent dans des régions où la maladie est endémique. La tuberculose se propage par la toux ou par des produits laitiers non pasteurisés faits avec du lait de vaches tuberculeuses. On peut boire du lait bouilli et manger yaourts ou fromages sans courir de risques.

Voyager avec des enfants

Les personnes voyageant avec des enfants doivent pouvoir soigner des affections mineures, et savoir quand avoir recours aux services médicaux. Bien avant le départ, assurez-vous que les vaccinations des enfants sont à jour, et sachez que certains vaccins ne conviennent pas aux enfants de moins de 1 an. Dans les zones chaudes et humides, la moindre égratignure peut s'infecter. Toute blessure doit être parfaitement nettoyée et tenue au sec. Attention à la nourriture et à l'eau présentant un risque de contamination. Pensez à emporter des poudres réhydratantes à utiliser avec de l'eau bouillie si votre enfant est sujet à des vomissements ou à des diarrhées. Demandez conseil à votre médecin. Afin d'éviter les risques de rage ou d'autres maladies, les enfants doivent être tenus à l'écart des chiens et des mammifères en général. Les morsures, griffures ou coups de langue d'un animal à sang chaud et à fourrure doivent être immédiatement et soigneusement nettoyés. S'il y a un risque, même infime, que l'animal soit contaminé, il convient de chercher immédiatement une assistance médicale.

Santé au féminin

Grossesse

La plupart des fausses couches ont lieu pendant les trois premiers mois de la grossesse. C'est donc la période la plus risquée pour voyager. Pendant les trois derniers mois, il vaut mieux rester à distance raisonnable de bonnes infrastructures médicales. Les femmes enceintes doivent éviter de prendre inutilement des médicaments. Cependant, certains vaccins et traitements préventifs contre le paludisme restent nécessaires. Mieux vaut consulter un médecin avant de prendre quoi que ce soit.

Problèmes gynécologiques

Une nourriture pauvre, une résistance amoindrie par l'utilisation d'antibiotiques contre des problèmes intestinaux peuvent favoriser les infections vaginales lorsqu'on voyage dans des pays à climat chaud. Respectez une hygiène intime scrupuleuse, et portez jupes ou pantalons amples et sous-vêtements en coton.

Les champignons, caractérisés par une éruption cutanée, des démangeaisons et des pertes, peuvent se soigner facilement. En revanche, les trichomonas sont plus graves ; pertes blanches et sensation de brûlure lors de la miction en sont les symptômes. Le partenaire masculin doit également être soigné.

Il n'est pas rare que le cycle menstruel soit perturbé lors d'un voyage.

Médecine traditionnelle

Dans toute l'Asie du Sud-Est, la médecine traditionnelle est très pratiquée. Il existe une différence de taille entre celle-ci et la médecine populaire. Les remèdes "de bonne femme" sont à éviter, car ils font souvent appel à des procédés douteux susceptibles d'entraîner des complications. En revanche, les méthodes de guérison traditionnelles, comme la médecine traditionnelle chinoise, sont tout à fait respectables, et certaines commencent à être adoptées par les médecins occidentaux.

Toutes les méthodes de santé asiatiques traditionnelles partent du principe qu'il existe une force de vie fondamentale et que les troubles qui surviennent sont causés par des blocages ou des déséquilibres. Phytothérapie, massages et acupuncture sont des techniques destinées à rétablir ou à maintenir l'équilibre de cette force de vie. Ces thérapies s'adressent plus aux maladies chroniques, comme la fatigue chronique, l'arthrite, l'irritabilité intestinale et certains problèmes de peau récidivants. Évitez d'y recourir en cas d'affection aiguë grave, comme le paludisme.

Langue

Langue officielle de la République Populaire Démocratique du Laos, le lao, tel qu'il est écrit et parlé à Vientiane, est devenu la langue véhiculaire des différents groupes ethniques du pays. Les accents toniques et le vocabulaire varient légèrement selon les régions, notamment du Nord au Sud, mais le dialecte de Vientiane reste le plus largement compris.

Les linguistes du lao contemporain reconnaissent cinq principaux dialectes : le lao de Vientiane, le lao du Nord (parlé à Sainyabuli, Bokeo, Udomxai, Phongsali, Luang Namtha et Luang Prabang), le lao du Nord-Est (Xieng Khuang et Hua Phan), le lao du Centre (Khammuan et Bolikhamsai) et le lao du Sud (Champasak, Savannakhet, Salavan, Attapeu et Sekong). Chacune se divise en sous-dialectes. Ainsi, la différence entre le lao parlé dans les provinces voisines de Xieng Khuang et de Hua Phan est évidente pour ceux qui connaissent la langue.

Tous les dialectes lao font partie de la branche thaïe de la famille linguistique thaï-kadai et sont très proches des langues parlées en Thaïlande, dans le nord du Myanmar et dans des enclaves des provinces chinoises du Yunnan et du Guangxi. Le lao standard est suffisamment proche du thaï classique (parlé dans le centre de la Thaïlande) pour que les locuteurs des deux langues se comprennent. De fait, la quasi-totalité des Laotiens vivant à l'ouest de la cordillère Annamitique comprennent le thaï.

POUR ALLER PLUS LOIN

Indispensable pour mieux communiquer sur place : le **Guide de conversation anglais/lao de Lonely Planet** (8,10 €). Pour réserver une chambre, lire un menu ou simplement faire connaissance, ce manuel permet d'acquérir des rudiments de lao. Inclus : un minidictionnaire bilingue.

Les Laotiens qui ont fait des études lisent également le thaï, car nombre des ouvrages utilisés dans les lycées et les universités du Laos sont en thaï.

Les dialectes du nord et du nord-est de la Thaïlande sont encore plus proches du lao standard, qui compte même plus de locuteurs en Thaïlande qu'au Laos. Si vous allez au Laos après un séjour en Thaïlande (notamment dans le Nord-Est), vous pourrez sans doute utiliser les rudiments linguistiques déjà acquis. L'inverse ne fonctionne pas aussi bien : les Thaïlandais de souche ne comprennent pas toujours le lao, auquel ils sont moins confrontés.

Dans les villes de la vallée du Mékong, le français demeure compris par certains. En dépit de son passé colonial, il reste la seconde langue officielle du pays et de nombreux documents administratifs sont rédigés en lao et en français, de même que certaines enseignes commerciales (l'anglais tend néanmoins à remplacer le français). Comme au Vietnam, l'anglais a supplanté l'ancienne langue coloniale dans les affaires, le commerce et l'enseignement. Cependant, les Laotiens de plus de 50 ans maîtrisent mieux le français que l'anglais.

De nombreux Laotiens ont fait leurs études en russe et parlent cette langue, désormais peu employée.

Essayez d'apprendre quelques mots en lao durant votre séjour, ce qui facilitera la communication et vous vaudra le respect des Laotiens que vous rencontrerez.

Alphabet

L'alphabet lao compte aujourd'hui 30 symboles de consonnes (formés à partir de 20 phonèmes de base) et 28 symboles pour les voyelles et les diphtongues (15 symboles employés dans diverses combinaisons). Quatre signes de ton complètent ces symboles, dont deux seulement sont couramment utilisés pour indiquer les six tons différents (en association avec tous les autres symboles). Le lao se lit de gauche à droite, même si certaines voyelles apparaissent à différents endroits par rapport aux consonnes : avant, après, au-dessus, au-dessous ou "autour" (c'est-à-dire avant, au-dessus et après).

Tons

Comme les divers dialectes thaïs et chinois, le lao est une langue tonique essentiellement monosyllabique, excepté pour les mots empruntés au sanskrit, au pali, au français et à l'anglais, qui comportent souvent deux syllabes ou plus. Beaucoup d'associations voyelle-consonne identiques ne se distinguent que par le ton. Le mot *sao*, par exemple, peut signifier "fille", "matin", "pilier" ou "vingt" selon le ton. Pour ceux dont la langue maternelle n'est pas tonique, le lao est particulièrement difficile à apprendre. Même en "connaissant" le ton correct, leur tendance à utiliser une inflexion pour indiquer émotion, emphase ou interrogation interfère. Pour apprendre le lao, il faut avant tout s'efforcer d'ajouter ces intonations spontanées.

Le lao de Vientiane comporte 6 tons : 3 tons plats (grave, médian et aigu) et 3 autres avec une inflexion (ascendant, aigu descendant et grave descendant). Ces 6 variations diffèrent selon le registre de la voix du locuteur ; ainsi, une personne avec une voix grave n'aura pas les mêmes inflexions qu'une autre avec une voix aiguë.

Ton grave

Il correspond au ton le plus bas employé dans la conversation, généralement plat. Exemple : *dïi* (bon). Notez néanmoins que tout le monde ne le prononce pas ainsi. Certains habitants de Vientiane ont une intonation légèrement montante à la fin.

Ton médian

Également plat, il correspond au registre moyen du locuteur et n'est pas indiqué par un accent. Exemple : *het* (faire).

Ton aigu

Plat lui aussi, il correspond au ton le plus haut du registre. Exemple : héua (bateau).

Ton ascendant

Il commence un peu en-dessous du ton médian et rejoint ou dépasse le ton aigu. Exemple : *săam* (trois).

Ton aigu descendant

Il commence au ton aigu ou au-dessus et descend au niveau médian. Exemple : *sâo* (matin).

Ton grave descendant

Il commence à peu près au niveau médian et descend au niveau du ton grave. Exemple : *khào* (riz).

La représentation visuelle d'une courbe des tons peut ressembler à ceci :

Transcription

La translittération des mots lao en caractères romains présente beaucoup de difficultés, car de nombreux sons lao, notamment certaines voyelles, n'existent pas en français ou en anglais. Dans la plupart des cas, on a utilisé le système de transcription français hérité de la colonisation, qui n'est pas vraiment conforme à la réalité.

Il n'existe aucune méthode officielle de transcription ; le gouvernement lao ne semble pas s'en préoccuper et tend à suivre les anciennes méthodes françaises. Nous avons opté ici pour un système fondé sur celui de la transcription officielle du thaï, les deux langues présentant des phonèmes très similaires, sauf dans les cas où il peut y avoir confusion avec des termes couramment employés.

Les secteurs public et privé s'orientent progressivement vers une transcription plus internationale, calquée sur le système thaï.

Prononciation

Voyelles

Les voyelles s'écrivent avant, après, au-dessus ou en dessous des consonnes. Dans la liste ci-dessous, les consonnes sont figurées par un "×".

×ິ	**i**	court
×ີ	**ii**	long
ໃ×, ໄ×	**ai**	"aï" comme dans "ail"
×າ	**aa**	long
×ະ	**a**	court
ແ×	**ae**	"è" comme dans "mène"
ເ×ະ, ເ×ັ×	**e**	"eu" comme dans "feu"
ເ×	**eh**	"é" comme dans "bébé"
ເ×ິ, ເ×ີ	**oe**	"e" long
×ຶ, ×ື	**eu**	"eu" comme dans "deux"
×ຸ	**u**	"ou" court comme dans "coup"
×ູ	**uu**	ou long comme dans "lourd"
×າຍ	**aai**	comme "a-aï"

ເ×ົາ	**ao**	"ao" comme dans "baobab"
×ໍ	**aw**	"o" fermé comme dans "pot"
ໂ×ະ, ×ົ×	**o**	"o" court
ໂ×	**oh**	"au" long comme dans "marteau"
ເ×ືອ	**eua**	"eu" et "a" bien distincts
×ຽ×, ເ×ັຍ	**ia**	"ien" comme dans "rien"
×ວ×, ×ົວ	**ua**	"oua" comme dans "toi"
×ວຍ	**uay**	"ouaille"
×ິວ, ×ີວ	**iu**	"iou" comme dans "sioux"
×ຽວ	**iaw**	"illo" comme dans "billot"
ແ×ວ	**aew**	comme "a-ou"
ເ×ວ	**ehw**	comme "ê-ou"
ເ×ັວ	**ew**	"ê-ou" bref
ເ×ີຍ	**oei**	"œi" comme "œil"
×ອຍ	**awy**	"oï" comme dans "oyez"
ໂ×ຍ	**ohy**	comme "oh-i

Consonnes

Les consonnes "aspirées" se prononcent avec un souffle audible. Les consonnes "sourdes" se prononcent sans vibration des cordes vocales.

ກ	**k**	comme "g" sourd et non aspiré
ຂ, ຄ	**kh**	comme le "k" de "képi"
ງ	**ng**	"ngo", utilisée au début des mots
ຈ	**j**	"tch" doux sourd et non aspiré
ສ, ຊ	**s**	"s" comme "savon"
ຍ	**ny**	"gn" comme dans "oignon" ; utilisée au début des mots
ດ	**d**	"d" comme dans "dodo"
ຕ	**t**	consonne sourde non aspirée, entre le "t" et le "d"
ທ, ຖ	**th**	"t" comme dans "tapis"
ນ, ໜ	**n**	"n" comme dans "non"
ບ	**b**	"b" comme dans "baba"
ປ	**p**	"p" sourd et non aspiré
ພ, ຜ	**ph**	"p" de Paris (jamais le "ph" de "phare")
ຟ, ຝ	**f**	"f" comme dans "four"
ມ, ໝ	**m**	"m" comme dans "mare"
ຢ	**y**	"y" comme dans "yoyo"
ລ, ຫລ	**l**	"l" comme dans "lit"
ວ, ຫວ	**w**	"w" comme dans "watt" (souvent orthographié "v")
ຮ, ຫ	**h**	"h" très aspiré

BASES

Bonjour	ສະບາຍດີ	sábąai-dĭi
Au revoir	ສະບາຍດີ	sábąai-dĭi
Excusez-moi	ຂໍໂທດ	khăw thŏht
Merci	ຂອບໃຈ	khàwp jąi
Oui/non	ແມນ/ບໍ່	maan/baw

Comment allez-vous ?
ສະບາຍດີບໍ່ — ábąai-dĭi baw?

Je vais bien, et vous ?
ສະບາຍດີ ເຈົ້າເດ້ — sábąai-dĭi jâo dêh?

Comment vous appelez-vous ?
ເຈົ້າຊື່ຫຍັງ — jâo seu nyăng?

Je m'appelle...
ຂ້ອຍຊື່ ... — kháwy seu...

Parlez-vous anglais ?
ເຈົ້າປາກ — jâo pàak
ພາສາອັງກິດໄດ້ບໍ່ — pháasăa ąngkít dâi baw?

Je ne comprends pas.
ບໍ່ເຂົ້າໃຈ — baw khào jąi

HÉBERGEMENT

hôtel	ໂຮງແຮມ	hóhng háem
pension	ຫໍຮັບແຂກ	hăw hap kháek

Avez-vous une chambre ?
ມີຫ້ອງບໍ່ — míi hàwng baw?

chambre double
ຫ້ອງນອນຕຽງຄູ່ — hàwng náwn tĭang khuu

chambre simple
ຫ້ອງນອນຕຽງດຽວ — hàwng náwn tĭang diaw

C'est combien ?	... ເທົ່າໃດ	... thao dąi?
par nuit	ຄືນລະ	khéun-la
par semaine	ອາທິດລະ	ąathit-la
air conditionné	ແອເຢັນ	ąe yăn
eau chaude	ນໍ້າຮ້ອນ	nâm hâwn
salle de bains	ຫ້ອງນໍ້າ	hàwng nâm
ventilateur	ພັດລມ	phat lóm

ORIENTATION

Où est le ... ?
... ຢູ່ໃສ ... yùu sǎi?

Quelle est cette (rue) ?
ບອນນີ້ (ຖນົນ) ຫຍັງ bawn nîi (thanǒn) nyǎng?

À quelle distance ?
ໄກເທົ່າໃດ kại thao dại?

Tournez à gauche/droite.
ລ້ຽວຊ້າຍ/ຂວາ lîaw sâai/ khwǎa

tout droit
ໄປຊື່ໆ pại seu-seu

AU RESTAURANT

Quelles sont vos spécialités ?
ມີຫຍັງພິເສດບໍ່ míi nyǎng phi-sèt baw

J'aimerais essayer ceci.
ຂ້ອຍຢາກລອງກິນເບິ່ງ khàwy yàak láwng kịn boeng

Ce n'est pas ce que j'ai commandé.
ຂ້ອຍບໍ່ໄດ້ສັ່ງແນວນີ້ khàwy baw dâi sang náew nîi

Je ne mange que des légumes.
ຂ້ອຍກິນແຕ່ຜັກ khàwy kịn tae phák

Je n'aime pas les plats épicés.
ບໍ່ມັກເຜັດ baw mak phét

J'aime les plats épicés.
ມັກເຜັດ mak phét

Pouvez-vous m'apporter l'addition ?
ຂໍແຊັກແດ້ khǎw saek dae

Mots utiles

assiette	ຈານ	jaa
baguettes	ໄມ້ທູ່	mâi thuu
bol	ຖ້ວຍ	thùay
bouteille	ແກ້ວ	kâew
carte	ລາຍການ ອາຫານ	láai-kạan aa-hǎan
couteau	ມີດ	mîit
cuillère	ບ່ວງ	buang
fourchette	ສ້ອມ	sâwm
verre	ຈອກ	jàwk

Fruits et légumes

ail	ຫົວຜັກທຽມ	hǔa phák thíam
ananas	ໝາກນັດ	màak nat
aubergine	ໝາກເຂືອ	màak khěua
banane	ໝາກກ້ວຍ	màak kûay
cacahuètes	ໝາກຖົ່ວດິນ	màak thua dịn
canne à sucre	ອ້ອຍ	âwy
chou	ກະລຳປີ	ká-lam pịi
chou-fleur	ກະລຳປີດອກ	ká-lam pịi dàwk
citron vert	ໝາກນາວ	màak náo
concombre	ໝາກແຕງ	màak tạeng
germes de soja	ຖົ່ວງອກ	thua ngâwk
goyave	ໝາກສີດາ	màak sǐi-dạa
haricots	ຖົ່ວ	thua

Nombres

1	ໜຶ່ງ	neung
2	ສອງ	ǎwng
3	ສາມ	sǎam
4	ສີ່	sii
5	ຫ້າ	hàa
6	ຫກ	hók
7	ເຈັດ	jét
8	ແປດ	paèt
9	ເກົ້າ	kâo
10	ສິບ	síp
11	ສິບເອັດ	síp-ét
12	ສິບສອງ	síp-sǎwng
20	ຊາວ	sáo
21	ຊາວເອັດ	sáo-ét
22	ຊາວສອງ	sáo-sǎwng
30	ສາມສິບ	sǎam-síp
40	ສີ່ສິບ	sii-síp
50	ຫ້າສິບ	hàa-síp
60	ຫກສິບ	hók-síp
70	ເຈັດສິບ	jét-síp
80	ແປດສິບ	paèt-síp
90	ເກົ້າສິບ	kâo-síp
100	ຮ້ອຍ	hâwy
200	ສອງຮ້ອຍ	sǎwng hâwy
1000	ພັນ	phán
10 000	ໝື່ນ(ສິບພັນ)	meun (síp-phán)
100 000	ແສນ(ຮ້ອຍພັນ)	sǎen (hâwy phán)
1 000 000	ລ້ານ	lâan

haricots verts	ຖົ່ວຍາວ	thua nyáo
jaque	ໝາກມີ້	màak mîi
laitue	ຜັກສະລັດ	phák sá-lat
légumes	ຜັກ	phák
litchi	ໝາກລິ້ນຈີ່	màak lîn-jii
longane (œil de dragon)	ໝາກຍຳໄຍ	màak nyám nyái
mandarine	ໝາກກ້ຽງ	màak kîang
mangue	ໝາກມ່ວງ	màak muang
noix de coco	ໝາກພ້າວ	màak phâo
oignon (bulbe)	ຫົວຜັກບົ່ວ	hŭa phák bua
oignon frais	ຕົ້ນຜັກບົ່ວ	tôn phák bua
papaye	ໝາກຫຸ່ງ	màak hung
pastèque	ໝາກໂມ	màak móh
pomme de terre	ມັນຝລັ່ງ	mán fa-lang
ramboutan	ໝາກເງາະ	màak ngaw
tomate	ໝາກເລັ່ນ	màak len

Produits de base

beurre	ເບີ	bœ
bœuf	ຊີ້ນງົວ	sìin ngúa
crabe	ປູ	pụu
crevettes	ກຸ້ງ	kûng
fruits de mer	ອາຫານທະເລ	aa-hăan tha-léh
glace	ນ້ຳກ້ອນ	nâm kâwn
œuf	ໄຂ່	khai
pain	ເຂົ້າຈີ່	khào jii
piment	ໝາກເຜັດ	màak phét
poulet	ໄກ່	kai
poisson	ປາ	pąa
porc	ຊີ້ນໝູ	sìin mŭu
riz	ເຂົ້າ	khào
sauce de poisson	ນ້ຳປາ	nâm pąa
sauce de soja	ນ້ຳສະອິ້ວ	nâm sá-ìu
sel	ເກືອ	kẹua
sucre	ນ້ຳຕານ	nâm-tąan

Boissons

alcool de riz	ເຫຼົ້າລາວ	lào láo
bière	ເບຍ	bịa
bière pression	ເບຍສົດ	bịa sót
café	ກາເຟ	kạa-féh
eau gazeuse	ນ້ຳໂສດາ	nâm sŏh-dạa
eau potable	ນ້ຳດື່ມ	nâm deum
jus d'orange	ນ້ຳໝາກກ້ຽງ	nâm màak kîang
lait	ນ້ຳນົມ	nâm nóm
thé	ຊາ	sáa
yaourt	ນົມສົ້ມ	nóm sòm

ACHAT ET SERVICES

Je recherche...
ຂ້ອຍຊອກຫາ ... — khàwy sàwk hăa ...

Combien coûte... ?
... ເທົ່າໃດ — ... thao dại?

C'est très cher.
ລາຄາແພງຫລາຍ — láakháa pháeng lăai

Je voudrais changer de l'argent.
ຂ້ອຍຢາກປ່ຽນເງິນ — khàwy yàak pian ngóen

banque	ທະນາຄານ	thanáakháan
pharmacie	ຮ້ານຂາຍຢາ	hâan khăai yạa
poste	ໄປສະນີ (ໂຮງສາຍ)	pại-sá-nii (hóhng săai)

URGENCES

Au secours ! ຊ່ວຍແດ່ — suay dae!

Laissez-moi tranquille ! ໄປເດີ້ — pại dôe!

Appelez un docteur !
ຊ່ວຍຕາມຫາໝໍ ໃຫ້ແດ່ — suay tạam hăa măw hài dae!

Appelez la police !
ຊ່ວຍເອີ້ນຕຳລວດແດ່ — suay ôen tam-lùat dae!

Où sont les toilettes ?
ຫ້ອງນ້ຳຢູ່ໃສ — hàwng sùam yuu săi?

Je suis perdu(e).
ຂ້ອຍຫລົງທາງ — khàwy lŏng tháang

Je ne me sens pas bien.
ຂ້ອຍບໍ່ສະບາຍ — khàwy baw sábạai

JOURS ET DATES

aujourd'hui	ມື້ນີ້	mêu nîi
ce matin	ເຊົ້ານີ້	sâo nîi
ce soir	ຄືນນີ້	khéun nîi

cet après-midi	ບ່າຍນີ້	baai nîi
demain	ມື້ອື່ນ	mêu eun
hier	ມື້ວານນີ້	mêu wáan nîi

lundi	ວັນຈັນ	wán jạn
mardi	ວັນອັງຄານ	wán ạngkháan
mercredi	ວັນພຸດ	wán phut
jeudi	ວັນພະຫັດ	wán pahát
vendredi	ວັນສຸກ	wán súk
samedi	ວັນເສົາ	wán săo
dimanche	ວັນອາທິດ	wán ạathit

TRANSPORTS

avion	ເຮືອບິນ	héua bĭn
bateau	ເຮືອ	héua
bus	ລົດ	lot
minibus	ລົດຕູ້	lot tûu

Je veux aller à...
ຂ້ອຍຢາກໄປ ... khàwy yàak pại ...

Je voudrais un billet.
ຂ້ອຍຢາກໄດ້ປີ້ khàwy yàak dâi pîi

Où se trouve l'embarcadère ?
ລົງເຮືອຢູ່ໃສ lóng héua yuu săi?

À quelle heure part... ?
... ຈະອອກຈັກໂມງ ... já àwk ják móhng?

À quelle heure arrivons-nous ?
ຈະໄປຮອດພຸ້ນຈັກໂມງ já pai hâwt phûn ják móhng?

Puis-je m'asseoir ici ?
ນັ່ງບ່ອນນີ້ໄດ້ບໍ່ nang bawn nîi dâi baw?

Quand arriverons-nous à...
ເວລາຮອດ ... wéhláa hâwt ...
ບອກຂ້ອຍແດ່ bàwk khàwy dae

Arrêtez-vous ici.
ຈອດຢູ່ນີ້ jàwt yuu nîi

Je voudrais louer un(e)...
ຂ້ອຍຢາກເຊົ່າ ... khàwy yàak sao ...

bicyclette	ລົດຖີບ	lot thìip
moto	ລົດຈັກ	lot ják
samlor (cyclo-pousse)	ສາມລໍ້	săam-lâw
săwngthăew (pick-up de passagers)	ສອງແຖວ	săwngthăew
taxi	ລົດແທກຊີ	lot thâek-síi
túk-túk	ຕຸ໊ກ ຕຸ໊ກ	túk-túk
voiture	ລົດ(ໂອໂຕ)	lot (ŏh-tŏh)

GLOSSAIRE

ąahaan – nourriture
anatta – concept bouddhique de non-substantialité ou de non-essentialité de la réalité : inexistence d'une "âme" permanente
anicca – concept bouddhique de non-permanence, nature éphémère de toute chose
ANV – armée nord-vietnamienne
Anase – Association des Nations de l'Asie du Sud-Est (Asean, en anglais)

bâan – terme générique pour maison ou village ; écrit Ban sur les cartes
bąasĭi – parfois écrit *basi* ou *baci* ; cérémonie durant laquelle les 32 *khwăn* (esprits protecteurs) sont symboliquement attachés au participant pour lui assurer santé et sécurité
baht – (*bàat*) monnaie thaïlandaise couramment utilisée au Laos ; également unité de mesure lao équivalente à 15 g, abrégé en THB
BCEL – Banque pour le commerce extérieur lao
bun – prononcé *bųn* et souvent orthographié *boun* ; fête, mais aussi "mérite" spirituel acquis par les bonnes actions ou la pratique religieuse

don – prononcé *dąwn* ; île
dukkha – concept bouddhique de souffrance, d'insatisfaction et de maladie

falang – terme dérivé du mot lao *falang-sèht* ou "français" ; désigne l'Occident et les Occidentaux
fŏe – nouilles de riz, l'un des plats les plus courants au Laos

hăi – jarre
hăw tại – bâtiment monastique abritant le Tripitaka (écritures bouddhiques)
héua – bateau
héua hang nyáo – bateau traditionnel (*long-tail boat*)
héua phái – bateau à rames
héua wái – hors-bord
hùay – ruisseau ; écrit Huay sur les cartes

jataka – (pali-sanskrit) récits mythologiques des différentes incarnations du Bouddha ; *sáa-dók* en lao
jẹhdii – stupa bouddhique ; également orthographié *chedi*
jịin háw – musulmans originaires du Yunnan, vivant dans le nord du Laos
jumbo – triporteur à moteur, parfois appelé *túk-túk*

khǽn – instrument à vent composé de deux rangées de roseaux encastrés dans une caisse de résonance en bois dur et rendus étanches à l'air par de la cire d'abeille
khào nĭaw – riz gluant, aliment de base des Laotiens
khào-nŏm – pâtisserie ou sucrerie, parfois abrégé *khanŏm*
khúu-bąa – moine bouddhiste lao
khwăn – esprits protecteurs
kip – prononcé *kìip* ; monnaie laotienne, abrégé en LAK

láap – salade épicée à base de viande, de volaille ou de poisson émincés
lák méuang – pilier de la ville
lám wóng – "danse du cercle" traditionnelle, que l'on danse aussi bien dans les fêtes folkloriques qu'en discothèque
Lao Issara – mouvement de résistance lao contre les Français dans les années 1940
Lao Loum – "Lao des plaines", groupes ethniques appartenant à la diaspora lao-thaï
Lao Soung – "Lao des montagnes", groupes installés en haute altitude (Hmong et Mien, par exemple) ; également orthographié Lao Sung
Lao Thoeng – "Lao des plateaux", terme désignant principalement les populations môn-khmères vivant à moyenne altitude
lingam – pilier ou symbole phallique de Shiva, souvent présent dans les temples d'origine khmère

mae nâm – rivière (littéralement, "mère des eaux") ; généralement abrégé *nâm* dans les noms propres, comme dans Nam Khong (Mékong)
măw lám – théâtre chanté populaire, terme qui se traduit approximativement par "maître des vers"
múan – amusement (élément qui, selon les Lao, devrait être présent dans chaque activité)
méuang – district ou ville et autrefois, cité-État ; souvent écrit Muang sur les cartes
Muang – voir méuang
muu bâan – village

náang sii – nonnes bouddhistes
naga – *nâa-kha* en lao ; serpent d'eau mythique que l'on retrouve fréquemment dans l'art et les légendes lao-thaïes
nâm – eau ; peut aussi désigner une rivière, du jus, de la sauce et tout ce qui est liquide
néhn – moine bouddhiste novice ; également appelé *samanera*
nibbana – "apaisement", extinction de tous les attachements mentaux qui constitue le but ultime du bouddhisme *theravada*

pąa – poisson
pąa dàek – sauce de poisson fermenté qui accompagne souvent les plats laotiens
Pathet Lao – littéralement, "pays lao"; terme générique désignant le pays et référence journalistique à la branche militaire de l'ancien Front patriotique lao (couverture du Parti populaire lao) ; souvent abrégé PL
pha – image sacrée faisant généralement référence à un bouddha ; vénérable
phàa – étoffe
phàa bịang – écharpe portée sur l'épaule par les hommes

phàa nung – sarong, porté par la plupart des Laotiennes

phàa salòng – sarong, porté par les hommes

Pha Lak Pha Lam – version laotienne de l'épopée indienne du *Ramayana*

phansăa – carême bouddhiste débutant en juillet avec la saison des pluies ; également appelé *watsa*

phĭi – esprits, dont le culte, qui existe parallèlement au bouddhisme, constitue l'autre grande religion du Laos

phúu – colline ou montagne ; s'écrit aussi *phu*

PRPL – Parti révolutionnaire populaire lao

RDPL – République démocratique populaire du Laos

săaláa lóng thám – *sala* (salle) où moines et laïcs écoutent l'enseignement bouddhiste

săam-lâaw – cyclo-pousse à trois roues ; s'écrit également *samlor*

sakai-làep – autre nom du *jumbo* employé dans le sud du Laos, du fait de sa vague ressemblance avec la capsule spatiale Skylab

sala – prononcé *săa-láa* ; bâtiment ouvert sur les côtés, salle

samana – prononcé *săamanáa* ; "séminaire", euphémisme servant à désigner les camps de travail et de rééducation créés après la révolution de 1975

samanera – moine bouddhiste novice ; également appelé *néhn*

săwngthăew – littéralement, "deux rangées", camion de passagers pourvu de deux bancs latéraux ; peut aussi s'écrire *songthaew*

se – également orthographié *xe* ; utilisé dans le sud du Laos pour dire "rivière" ; Se Don signifie donc "rivière Don" et Pakse, "embouchure (*pàak*) de la rivière"

shophouse – bâtiment à un ou deux étages comprenant une boutique au rez-de-chaussée et des habitations aux étages supérieurs

sĭi – sacré ; également orthographié *si*

sĭm – salle d'ordination d'un monastère bouddhique ; terme dérivé des *sima* (prononcé *siimáa*), les tablettes de pierre sacrées qui délimitent le lieu consacré à ces fonctions

soi – allée

tàat – chute d'eau ; également appelé *nâm tók* ; écrit Tat sur les cartes

talàat – marché ; le *talàat sâo* est le marché du matin, et le *talàat mèut* le marché libre ou marché noir ; écrit Talat sur les cartes

thâat – stupa ou reliquaire bouddhique ; écrit That sur les cartes

thaek-sii – taxi

thanŏn – rue ou route ; souvent orthographié Thanon sur les cartes ; abrégé "Th"

túk-túk – voir *jumbo*

UXO – "unexploded explosive ordnance" en anglais ; munition explosive non explosée

vat – monastère bouddhiste lao

Viêt-minh – forces vietnamiennes opposées aux Français dans la lutte pour l'indépendance de l'Indochine

vipassana – méditation intérieure

wat – voir *vat*

wihăan – (*vihara* en pali-sanskrit) bâtiment monastique

ZNP – zone nationale protégée, classification attribuée à 20 réserves naturelles à travers le pays

En coulisses

VOS RÉACTIONS ?

Vos commentaires nous sont très précieux et nous permettent d'améliorer constamment nos guides. Notre équipe lit toutes vos lettres avec la plus grande attention. Nous ne pouvons pas répondre individuellement à tous ceux qui nous écrivent, mais vos commentaires sont transmis aux auteurs concernés. Tous les lecteurs qui prennent la peine de nous communiquer des informations sont remerciés dans l'édition suivante, et ceux qui nous fournissent les renseignements les plus utiles se voient offrir un guide.

Pour nous faire part de vos réactions, prendre connaissance de notre catalogue et vous abonner à notre newsletter, consultez notre site Internet : **www.lonelyplanet.fr**

Nous reprenons parfois des extraits de notre courrier pour les publier dans nos produits, guides ou sites web. Si vous ne souhaitez pas que vos commentaires soient repris ou que votre nom apparaisse, merci de nous le préciser. Notre politique en matière de confidentialité est disponible sur notre site Internet.

À NOS LECTEURS

Merci à tous les voyageurs qui ont utilisé la dernière édition de ce guide et qui nous ont écrit pour nous faire part de leurs conseils, de leurs suggestions et de leurs anecdotes :

A Estelle Althuser **B** M. Beaumelou, Gilbert Boulé, Sophie Blum, **C** Éric Cazenave, Sophie Chapier, Régine Coisel, Amélie de Colnet **D** Carine Davong, Sylvain Deuwel, Marianne Duharcourt, Pierre Durand **F** Nadège Fondieux **G** Céline Gil **J** Annick Jambe **L** Antoine Legrand **M** Justine Martin, Mélanie Maurin, Laurie Mezeret, Pomme Montfort **N** Steve Noel **P** C. Poulain, Mathieu Providence **R** Stéphane Robin **S** Emmanuel Sabba **T** Felix Torreilles **V** David Vandroux, Alexandre Vauselle, Corentin Vergne, Fabien Vogel

UN MOT DES AUTEURS

Nick Ray

Un immense et chaleureux merci au peuple laotien, dont la convivialié, l'humour, le stoïcisme et l'esprit contribuent à faire de ce pays un lieu joyeux mais humble. Mon plus grand merci est adressé à mon épouse Kulikar Sotho : sans son soutien et ses encouragements, il serait impossible de vivre ces aventures. Également un immense merci à nos enfants Julian et Belle pour stimuler nos vies de façon si intense.

Merci aux voyageurs et aux résidents, ainsi qu'à mes amis et contacts au Laos pour m'avoir aidé à affiner mes connaissances. Je remercie aussi mes coauteurs et amis Rich Waters et Greg Bloom pour s'être surpassés afin de produire une nouvelle édition de grande qualité.

Enfin, merci à l'équipe Lonely Planet qui a planché sur ce guide.

Greg Bloom

Un immense merci à Lucy, qui m'a servi de contact et d'observatrice pour le trajet aller-retour entre Pakse et Attapeu, dans le sud du Laos. Sur la route, j'ai bénéficié des conseils de Renaud à Pakse, tandis que Lance et Donna de Don Det m'ont fourni une assistance sur le terrain et à distance. Un remerciement spécial à Toui de Kiet Ngong et Kouka de Tat Lo : ces employés assidus travaillent dans les deux seuls offices du tourisme ouverts pendant le Pi Mai dans le sud du Laos !

Richard Waters

Un remerciement spécial à Alex pour son zèle et sa générosité. Je remercie aussi Vianney pour sa sagesse ô combien nécessaire, Elizabeth pour ses *Bloody Mary* bien tassées,

M. Somkiad pour sa patience, DC pour avoir réparé mon vélo, Thierry pour la robuste moto Baja, le Lao Heritage Hotel, la Scandi Bakery pour m'avoir maintenu en forme, Don Duvall pour son aide précieuse, Tom le Gallois, Adri Berger et bien sûr les Laotiens, qui me poussent à me poser la question suivante : pourquoi les autres habitants de la planète ne possèdent-ils pas un peu plus de cette gentillesse légendaire ?

REMERCIEMENTS

Données des carte du climat adaptées de Peel MC, Finlayson BL & McMahon TA (2007) "Updated World Map of the Köppen-Geiger Climate Classification", *Hydrology and Earth System Sciences*, 11, 163344.

Photographie de couverture : Moines au Tat Kuang Si, Luang Prabang, Laos ; Na Gen Imaging/Getty Images.

À PROPOS DE CET OUVRAGE

Cette 8e édition française du guide *Laos* est la traduction de la 8e édition du guide *Laos* en anglais. Ce guide a été commandé par le bureau Lonely Planet de Melbourne.

Traduction Anne Caron, Frédérique Hélion-Guerrini et Jeanne Robert

Direction éditoriale Didier Férat

Adaptation française Muriel Chalandre-Yanes Blanch

Responsable prépresse Jean-Noël Doan

Maquette Laurence Tixier

Cartographie Cartes originales de Corey Hutchison et Diana Von Hold adaptées en français par Nicolas Chauveau

Couverture Adaptée par Annabelle Henry pour la version française

Remerciements à Rose-Hélène Lempereur pour sa contribution argumentée au texte ainsi qu'à Françoise Blondel pour sa relecture et à Julie-Pomme Séramour. Merci à toute l'équipe du bureau de Paris, en particulier Dominique Spaety pour son sourire. Enfin, merci à Clare Mercer, Joe Revill et Luan Angel du bureau de Londres, ainsi qu'à Darren O'Connell, Chris Love, Craig Kilburn, Carol Jackson, Sally Darmody et Jacqui Saunders du bureau australien.

Index

A

accidents 328
achats 320
aéroports 17, 331
Akha **12**, 108
alcools 305
alimentation *voir* cuisine
ambassades 321
Ang Nam Ngum 175
animaux 310
architecture 298
argent 16, 321
"armée secrète" 282
artisanat 60, 301
arts 296
assurance 322, 340, 342
Attapeu (Samakhi Xai) 249, **250**
avion 331, **332**, 337,

B

bâan jat sàn 197
bąasīi (Baci) 295
Ban Bakha 91
Ban Beng 246
Ban Benghuakham 247
Ban Chom Ong 102
Ban Dong 216
Ban Hang Khong 254
Ban Hat Khai 175
Ban Houay Houn 246
Ban Huay 254
Ban Khoun Kham 197
Ban Khoun Kham (Ban Na Hin) 195
Ban Kok Gniew 65
Ban Komaen 97
Ban Lak 52 247
Ban Na 90, 174
Ban Nam Di 105
Ban Naxaithong 175
Ban Nong Ping 208
Ban Noun Savath 65
Ban Oudomsouk 196
Ban Phanom 65
Ban Phao 83
Ban Phapho 237
Ban Pha Tang 189
Ban Piang Ban 82
Ban Samakisai 103
Ban Saphai 228
Ban Siboun 121
Ban Singsamphan 229
Ban Sonkhua 84
Ban Tao Hin 83
Ban Tha Lang 197
Ban Thalin 77
Ban Tham 80
Ban That 236
Ban Viengkeo 125
Ban Xang Hay 63
bateau 27, 67, 337
bateaux-bombes 199
bâtiment de la Société chinoise 220
bénévolat 322
bijoux 320
boissons 305
Bokeo 114
Bolikhamsai, province de 191
Boloven, plateau des 15, 239
Boten 104
Boucle 28, 180, 196
Boucle est 259
Boucle sud 246
Bouddha flottant 38
Bouddha Pra Singkham 103
bouddhisme 292
buffles 243
Bun Awk Phansa (fête) 21, 50
Bun Bang Fai (cérémonie) 21
Bun Khao Phansa ("retraite des pluies") 21
Bun Khun Khao (fête) 20
Bun Nam 21, 152
Bun Pha That Luang (fête) 21, 152
Bun Pha Wet (fête) 20
Bun Suang Heua (fête) 255
Bun Vat Phu Champasak 236
bus 338, 339

C

café 240, 305
camps de rééducation 70, 286
cartes 323
cartes bancaires 321
Centre culturel national laotien 163
Centre d'information de la COPE 142
Centre d'information des survivants des UXO du Xieng Khuang 71
Centre d'information sur le patrimoine 41
Centre d'information UXO Laos 44
Chaleun Xai 251
Champasak 229, **230**, 231, **234**
change 17, 322
Chao Anou 274
chats de Temminck 84
chèques de voyage 322
Chom Ong, grottes de 102
chutes de That Mok 88
cinéma 268, 296
circuits organisés 338
cirque national 163
climat 323
collection automobile du palais royal 38
colonisation française 275
consulats *voir* ambassades
cours 323
crocodile de pierre 235
croisière 11, 67
Croix-Rouge du Laos 47
cuisine **131**, 303
cyclotourisme *voir* vélo

D

danse 297
dauphins de l'Irrawaddy 258, 259, 313
Dien Bien Phu 93
distributeurs automatiques de billets (DAB) 322
District de Muang Ngoi 85
Don Daeng 233
Don Det **9**, **28**, **135**, 257, **260**
Dong Natad (réserve naturelle) 215
Don Kho 228
Don Khon 257, **260**
Don Khong (île Khong) 254
Don Pa Soi, île de 259
Dooley, Tom 113
douane 323
drogue 182, 186
dvarapala 235

E

eau 305, 344
économie 268
électricité 316, 324
Elephant Conservation Center 128
éléphant de pierre 235
éléphants **5**, **30**, 64, 121, 124, 128, 311
Elephant Village 64
empreinte de pied du Bouddha 39
enfants 47, 99, 323, 349
engins explosifs non désamorcés *voir* UXO
environnement 201, 309
escalade 27, 177, 180
essence 341
États-Unis 283
ethnies 242, 290

Références des cartes
Références des photos

F

Fa Ngum 271
femme 295, 330, 350
ferry 338
festival du film de Luang Prabang 21
fête de Phaveth 126
fête du That Ing Hang 215
fête nationale 21
flore 310
fŏe (soupe de nouilles de riz) 304
football 301
forêt sacrée 229
formalités 324
Fort Carnot 115

G

géographie 309
Gibbon Experience **10**, 10, **26**, 118
gibbons 84, 118
glossaire 357
Gnommalath 196
golf 220
Green Discovery 85, 106, 176, 201, 221
grotte du Bouddha *voir* Tham Pa Fa
guerre d'Indochine 217
guerre du Vietnam 217, 279, 281

H

Hai Jeuam 76
handicapés 325
Hat Sa 97
Haw Khao Padap Din (fête) 21
Hăw Pa Maan 43
Haw Pha Kaeo 143
hăw tại 42
Hăw Tại Pha Sai-nyàat 43
hébergement 153, 325
Héua duan 337
Héua hăhng nyáo 337
Heuan Hin 215
Héua pái 337
Héua sáh 337
Héua wái 337
heure locale 16, 327
heures d'ouverture 17, 327
Hin Hoep 176
histoire 270
Hmong 282, 291
Hô Chi Minh 277
Hóhng Kép Mîen 43
homosexualité 327
Ho Nang Sida 236
Hongsa 124
Hong Tha Tao 236
Houey Hong Vocational Training Center for Women 152
Hua Phan, province de 70
Huay Bo 90
Huay Bon, sentier nature de 175
Huay Khi Ling 175
Huay Sen 90
Huay Xai (Hoksay) 114, **116**

I

Institut français 163
Internet 17, 327
itinéraires 22

J

Jayavarman VII 270, 271
Jhai Coffee Farmer Cooperative 240
journaux 327
jours fériés 327
jumbo 171, 339

K

Kao Rao, grottes de 112
Kasi 189
Kátâw 302
kayak 27, **28**, 88, 110, 180, 258
khâen 297
Kham District Handicrafts Group 77
Khammuan, province de 191
Khamu 108, 291
Khon Pa Soi, chutes de 259
Khon Phapheng, chutes de 262
Khoun Kong Leng "Lac du Gong du soir" 206
Kiet Ngong 237
Kompong Sralao 254

L

làap 304
lák méuang (pilier de la ville) 145
Lak Sao 196, 197, 199
langue 351
Lan Xang, royaume de 271
Lao Huay 108
Lao Issara (Laos libre) 277
lào-láo 289, 305
Lao Loum 290
Lao Soung 291
Lao Thaï 290
Lao Thoeng 291
Leria, Giovanni-Maria 274
Li Phi, chutes de 258
littérature 268, 296
Living Land Farm 46
Long Cheng 176
loutres 84
Luang Namtha (Namtha) 105, **106**, **130**, **133**
Luang Prabang 9, 34, **36**, **40**, **131**
  activités 47
  à voir 37
  bars 59
  hébergement 50
  restaurants 55
  transports 61
  Xieng Mouane 39

M

MAG (Mines Advisory Group) 71
Mahaxai Mai 196
maisons de négoce de style yunnanais 93
Makha Busa (fête) 20
marchandage 322
marchés 19, 60, **130**
massages **15**, 47, 149, 209, 220
Măw lám 297
médecine traditionnelle 350
médias 327
Mékong **24**, **28**, 114, 134, **135**, 191, 309, 317
Mékong, vallée du 191
Mekong Elephant Camp 121
mémorial de Kaysone Phomvihane 146
Mien 291
Móhān (Chine) 104
moines 45, **133**, 293
monument Suan Keo Lak Meung 78
moto 28, 172, 180, 196, 246
Mouhot, Henri 65, 276
Moyen Mékong 114
Muang Kao 231
Muang Kham 77
Muang Khong 254
Muang Khoun 77
Muang Khua **23**, 91, **92**
Muang La 103
Muang Mom 121
Muang Ngeun 125
Muang Ngoi Neua (Ban Ngoi Kao) 88, **133**, **135**
Muang Phin 216, 245
Muang Pur (Meuagper) 83
Muang Saen 254
Muang Sing 110, **111**, **132**
Muang Xai *voir* Udomxai
múay láo (boxe laotienne) 302
Mulberries 72
musée de la Guerre 216
musée de Luang Namtha 105
musée des Dinosaures 209
musée des Ethnies 93
musée du Palais royal 37
musée du patrimoine de Champasak 220
musée du Textile laotien 148, 152
musée ethnique 111
musée national laotien 145
musée provincial de Savannakhet 209
musique 297
Myanmar (Birmanie) 334

N

Nakai 197
Nam Ha Ecotourism Project 108
Nam Kading 195
Nam Lik 176
Nam Ou 63, **135**
Nam Song 177
Nam Tha **11**, 110
Nam Theun 2 196
Nam Tien 126
Nam Tok Katamtok, chutes de 247, 249
Nam Tok Tat Khu Khana, chutes de 175
Nok Ann, grotte de 81
Nong Bua 244
Nong Fa 252
Nong Haet 74
Nong Khiaw 85, **86**
Nouvel An chinois 20

O

observation de la faune 28
OckPopTok Living Crafts Centre 45
offices du tourisme 327

Références des cartes
Références des photos

oiseaux 313
Opéra national laotien 163
Oudomsay *voir* Udomxai
ours noirs 118

P

Pa-am 217, 251
Pakbeng 121, **122**
Pak Kading 195
Pak Kimin 126
Pak Lai 127
Paksan 194
Pak Ou, grottes de 63
Pakse 220, **222**, 246
Paksong 239, 247
Pang Hok 93
panthères nébuleuses 118
parc archéologique Hintang 83
Parti populaire révolutionnaire laotien (PPRL) 268
passages de frontières **333**, 335
  Cambodge 253
  Chine 104
  Thaïlande 120, 125, 129, 170, 194, 206, 213, 227
  Vietnam 74, 80, 93, 200, 205, 214, 252
Pathet Lao 13, 142, 277, 278
Patuxai 144
Pavie, Auguste 275
pavillon de Nandi 235
Pavillons noirs 37, 42, 44
permis de conduire 341
petang 201, 302
pha bàat (empreinte de pied du Bouddha) 175
Pha Bang 38
Pha Luang 175
Phameuang 251
Pha Tang 189
Pha That Luang 147
Pha That Sikhottabong 206
Pha Xai, chutes de 175
Phomvihane, Kaysone 81, 146, 278, 285
Phongsali 93, **94**
Phongsali, province de **23**, 91
Phonsavan 71, **72**
photo 99, 328
Phoulao (Ban Kho Hing) 82
Phoumsavan, Nouhak 278
Phu Asa 237
Phu Fa 93
Phu Katae 244
Phu Khong 229
Phu Khoun 189
Phuoi 240
Phu Si 39
Phu Vong 252
Pi Mai (Nouvel An laotien) 20, 50
piste de Keohintang 83
piste Hô Chi Minh 216, 245, 284
piste Sihanouk 252
plage de Li Phi 258
plage de Long (Tha Sanam) 258
plaine des Jarres 75, **75**
pont du Prince Souvanaphong 245
poste 328
pourboire 322
Prasat 236
"Prince rouge" *voir* Souphanouvong
problèmes juridiques 328
promenade à pied 48
Pung Xay 174

Q

Quatre Mille Îles *voir* Si Phan Don

R

randonnée 13, 28, 73, 105, 175, 191, 215
religion 292
République démocratique populaire lao (RDPL) 285
réserve naturelle de Bokeo 118
résurgence de la Nam Don 207
révolution 284
riz 303
routes 341
Rte 23 245

S

săam-lâaw 339
Sainyabuli (Xaignabouri) 126, **126**
Saisettha 251
sakai-làep 339
Salavan 244
Sam Neua (Xam Neua) 78, **78**
Samsenthai 272
Sam Tai (Xamtay) 82
santé 342
Santi Chedi 65
Savannakhet 208, **210**
Savannakhet, province de 208
săwngthăew 338
scarabées 301
sculpture 299
sécurité 328
Sekong (Muang Lamam) 245
Sepon (Xepon) 216
services médicaux 342, 344
Si Phan Don (Quatre Mille Îles) 9, **24**, 252, **256**
Sisavang Vong 275
site de jarres 16 77
Sleeping Wall (Mur endormi) 180
société 268, 288
Souphanouvong, Souvine 278
sources chaudes 84
Souvannakhomkham 120
spéléologie 27
sports 26, 301
stupa doré 105
stupa Phu That 98
stupa That Xieng Tung 110
Suriya Vongsa 273

T

TAEC 39
Tahoy 245
Tak Bat 45
Tat Etu, chutes de 240
Tat Fa, chutes de 174
Tat Faek, chutes de 248
Tat Fan 239, 247
Tat Hang, chutes de 242
Tat Hua Khon, chutes de 248
Tat Kameud, chutes de 240
Tat Kuang Si 63
Tat Kuang Si Bear Rescue Centre 63
Tat Leuk, chutes de 175
Tat Lo **14**, **30**, 241, 246
Tat Namsanam, cascades de 195
Tat Pasuam, cascade de 246
Tat Sae 65
Tat Saloei (chutes de Phonesai) 83
Tat Somphamit, chutes de 258
Tat Soung, chutes de 242
Tat Tha Jet, chutes de 240
Tat Xai, chutes de 175
Tat Yuang, chutes de 240
taxi 339
taxi fluvial 338
Tay Trang (Vietnam) 93
téléphone 16, 329
télévision 327
Temple Banjeng 98
Têt vietnamien 20
textiles 300, 320
Tha Bak 197, 199
Tha Falang, grotte de 207
Thaïlande 120, 125, 129, 334
Tha Khaek , **135**, 196, 200, **202**
Thalat 175
Tham Hoi 180
Tham Hoi, grotte de 179
Tham Jang, grotte de 179
Tham Kang 90
Tham Kong Lo **14**, 15, 197, 198
Tham Lot Se Bang Fai, grotte de 208
Tham Nam, grotte de 180
Tham Nang Aen, grotte de 207
Tham Nok Ann 81
Tham Non, grotte de 180
Tham Pa Fa (grotte du Bouddha) 206
Tham Pa Seuam (grotte du Poisson) 201
Tham Pha Chan (grotte du Bouddha de santal) 207
Tham Pha Thao, grotte de 180
Tham Pha Thok, grottes de 85
Tham Phu Kham, grotte de 179
Tham Phu Khiaw, grotte 254
Tham Piu 78
Tham Sakkalin 46
Tham Sang, grotte de 179
Tham Sa Pha In, grotte de 207
Tham Xang (grotte de l'éléphant) 207
Tham Xieng Liap, grotte de 207
Tha Suang 124
Tha Taeng 246
That Chom Phet 77
That Chomsi 39
That Foun 77
That Hiam 83
That Ing Hang 214
That Makmo 44
That Phum Phuk 105

That Xieng Tung 112
thé 305
Théâtre Phrolak Phralam 59
tigres 83, 118
toilettes 330
Toumlan 245
transports 331, **332**
trekking 13, 28, 76, 83, 94, 96, 99, 105
Triangle de Tham Sang 179
Triangle d'or 121
trimurti 235
tubing 27, 182, 259
túk-túk 171, 339
tyrolienne 29, 65, 118

U

Udomxai (Oudomsay, Muang Xai) 98, **100**
Uncle Tom's Trail Bike Tour 172
Uo Moung (temple de Tomo) 236
UXO (engins explosifs non désamorcés) 44, 71, 142, 244, 245, 329
UXO Information Centre 71
UXO Lao 244, 246

V

vaccins 342
Vang Sang 175
Vang Vieng 10, **11**, **19**, **29**, 177, **178**, 257
Vat Aham 44
Vat Chomphet 46
Vat Choumkhong 41
Vat Don Kho 229
Vat Had Siaw 46
Vat Ho Pha Bang 38
Vat Jom Khao Manilat 114
Vat Jom Thong 254
Vat Kang 178
Vat Keo 93
Vat Keophone Savanthanaram 115
Vat Khonekeo Xaiyaram 114
Vat Longkhun 46
Vat Luang 220
Vat Mai Suvannaphumaham 39
Vat Manorom 44
Vat Namkeo Luang 111
Vat Nyutthitham 230
Vat Okadsayaram 88
Vat Pa Huak 39
Vat Pakha Xaingaram 47
Vat Pakkhan 43
Vat Pa Phai **8**, 41
Vat Phabaht 45
Vat Pha Baht Phonsan 175
Vat Pha Mahathat 44
Vat Pha Saisettha 251
Vat Phia Wat 77
Vat Phonsaat 47
Vat Phuang Kaew 254
Vat Phu Champasak **24**, 233, 234, **235**, **270**
Vat Phu Khao Kaew 254
Vat Phu That 98
Vat Phuthawanaram 230
Vat Punluang 47
Vat Rattanalangsi 209
Vat Sainyaphum 209
Vat Sensoukaram 44
Vat Sibounheuang 126
Vat Si Muang 145
Vat Simungkhun 124
Vat Sin Jong Jaeng 121
Vat Si Phoum 77
Vat Siphoutthabat Thippharam 39
Vat Si Saket 143
Vat Sisavang 127
Vat Si Suman 178
Vat Si Vieng Song 178
Vat Sok Pa Luang 152
Vat Souvannakhili 43
Vat Thadsuvanña Phakham 114
Vat Tham Fai 220
Vat Thammothayalan 39
Vat That Luang 45
Vat Visunarat 44
Vat Xieng Jai 111
Vat Xiengleck 47
Vat Xieng Maen 46
Vat Xieng Mouane 41
Vat Xieng Thong 42, **44**
végétariens 307
vélo **19**, 30, 150, 338
Vieng Phukha (Vieng Phoukha) 110
Vieng Thong (Muang Hiam) 83
Vieng Xai, grottes de 13, **13**, 81
Vientiane 15, **15**, **19**, **130**, **135**, 136, **140**, **144**
  à voir 142
  bars 162
  hébergement 153
  marchés 164
  restaurants 157
  transports 168
Viêt-minh 278
Villa Xieng Mouane 41
Village des bombes 76
vins 306
Visakha Busa (fête) 20
visas 16, 324
Visoun 273
voiture 339
voyages organisés 336

W

Wuysthoff, Gerrit van 274

X

Xaignabouri *voir* Sainyabuli
Xam Neua *voir* Sam Neua
Xamtay *voir* Sam Tai
Xepon *voir* Sepon
Xieng Khuan 148
Xieng Khuang, province du 70
Xieng Kok 113

Z

(ZNP) Zones nationales protégées 191, 314
ZNP de Dong Amphan 252
ZNP de Dong Hua Sao 240
ZNP de Dong Phu Vieng 215
ZNP de Nam Et/Phou Louey 83, 84
ZNP de Nam Ha 108
ZNP de Nam Kading 195
ZNP de Nam Sam 82
ZNP de Phu Den Din 97
ZNP de Phu Hin Bun 196
ZNP de Phu Khao Khuay 173
ZNP de Phu Xang Hae 215
ZNP de Phu Xieng Thong 229
ZNP de Se Pian 238
ZNP de Tham Lot Se Bang Fai/Hin Namno 208
(ancienne) zone spéciale de Saisombun 176

INDEX DES ENCADRÉS

Culture, histoire et société

À la rencontre des minorités ethniques 242
Bonnes actions 56
Bungalows hors la loi 263
Champasak dans l'antiquité 231
Engins explosifs non désamorcés 71
L'"armée secrète" et les Hmong 282
L'architecture des temples ou le conte de trois villes 299
La "rééducation" 286
La piste Hô Chi Minh 217
La production textile 300
Le Bouddha Pra Singkham 103
Le bouddhisme après la révolution 293
Le Mystérieux Dooley 113
Le mythe des origines 271
Le sacrifice des buffles chez les katu et les alak 243
Les fils du *bąasĭi* (Baci) 295
Luang Prabang en... 38
Ne dérangez pas l'esprit de la maison ! 216
Nul sacrifice n'est trop grand 143
Paradis perdu et retrouvé 182
Pi Mai (Nouvel an laotien) 50
Premiers contacts 274
Problème de drogue 186
Tak Bat – la procession des moines pour collecter les aumônes 45
Vientiane en... 137
Visite du Pha That Luang 148

Escapades

Don Daeng, une île sur le Mékong 233
Grottes de Kao Rao 112
La ferme Living Land 46
Les chutes de Khon Phapheng 262
Quelle croisière fluviale ? 67
Tham Nok Ann 81

Gastronomie

Des nouilles à gogo 159
Faites voyager vos papilles 304
Kąa-féh láo (café laotien) 240
L'authentique cuisine laotienne 306
Le bon instrument 307

Nature et environnement

Aménagement du Mékong : lutte contre la pauvreté ou folie des barrages ? . . . 317
Camps d'éléphants et lodges d'exception 64
Dauphins en danger 259
Écotourisme au Laos 315
Férus d'animaux 18
L'Elephant Conservation Center 128
L'exploitation forestière illégale 201
La zone nationale protégée de Nam Et/Phou Louey 84
La zone nationale protégée de Nam Pha 108
Le pays du million d'éléphants 124
Préserver le paradis 258
Tourisme responsable et vie sauvage 311

Sports et activités

Circuits à Moto 172
Consignes de sécurité pour les randonneurs 30
La Gibbon Experience 118
Sangthong (Adam) Nieselt, varappeur 177
Prendre de la hauteur 29
Randonnées dans le centre du Laos 191
Tirer ou pointer ? 302
Trek de Phakeo 76
Trekking dans le nord du Laos 96
Trekking respectueux 99

Transports et passages de frontières

Agences en ligne 336
Bateaux lents sur le Mékong 67
Bateaux sur la Nam Tha 67
Bus au départ d'Udomxai 102
Bus au départ de Luang Namtha 109
Bus au départ de Vang Vieng 188
Bus au départ de Vientiane 168
Franchir les frontières du Laos 335
Hors-bord sur le Mékong 67
Passer au Cambodge : du sud du Laos à Stung Treng 253
Passer au Vietnam : de Muang Khua à Dien Bien Phu 93
Passer au Vietnam : d'Attapeu à Kontum 252
Passer au Vietnam : de Lak Sao à Vinh 200
Passer au Vietnam : de Phonsavan à Vinh 74
Passer au Vietnam : de Sam Neua à Thanh Hoa 80
Passer au Vietnam : de Savannakhet à Dong Ha 214
Passer au Vietnam : de Tha Khaek à Dong Hoi . . . 205
Passer en Chine : de Boten à Mengla 104
Passer en Thaïlande : de Savannakhet à Mukdahan 213
Passer en Thaïlande : de Pakse à Ubon Ratchathani 227

INDEX DES ENCADRÉS (SUITE)

Passer en thaïlande : de Tha Khaek à Nakhon Phanom 206
Passer en Thaïlande : de Hongsa à Phrae. 125
Passer en Thaïlande : de Pak Lai à Loei 129
Passer en Thaïlande : de Paksan à Beung Kan 194
Passer en Thaïlande : de Vientiane à Nong Khai 170
Passer en Thaïlande : depuis/vers Huay Xai et Chiang Khong 120
Pense-bête moto .340
Petit guide des *túk-túk* et des *jumbo* 171
Un bateau peut en cacher un autre 337

Vie pratique

Appartements à louer 153
Conseils aux voyageurs 329
Marché de nuit. 60
Luang Prabang avec des enfants. 47
Pratique. 327
Prix des chambres 326
Prix des repas 320
Santé sur Internet. 344
Savoir marchander 322
Se protéger des moustiques 347
Vaccins recommandés 343

Légende des cartes

À voir
- Château
- Monument
- Musée/galerie/édifice historique
- Ruines
- Église
- Mosquée
- Synagogue
- Temple bouddhiste
- Temple confucéen
- Temple hindou
- Temple jaïn
- Temple shintoïste
- Temple sikh
- Temple taoïste
- Sentō (bain public)
- Cave/vignoble
- Plage
- Réserve ornithologique
- Zoo
- Autre site

Activités, cours et circuits organisés
- Bodysurfing
- Plongée/snorkeling
- Canoë/kayak
- Cours/circuits organisés
- Ski
- Snorkeling
- Surf
- Piscine/baignade
- Randonnée
- Planche à voile
- Autres activités

Où se loger
- Hébergement
- Camping

Où se restaurer
- Restauration

Où prendre un verre
- Bar
- Café

Où sortir
- Salle de spectacle

Achats
- Magasin

Renseignements
- Banque
- Ambassade/consulat
- Hôpital/centre médical
- Accès Internet
- Police
- Bureau de poste
- Centre téléphonique
- Toilettes
- Office du tourisme
- Autre adresse pratique

Géographie
- Plage
- Refuge/gîte
- Phare
- Point de vue
- Montagne/volcan
- Oasis
- Parc
- Col
- Aire de pique-nique
- Cascade

Agglomérations
- Capitale (pays)
- Capitale (région/État/province)
- Grande ville
- Petite ville/village

Transports
- Aéroport
- Poste frontière
- Bus
- Téléphérique/funiculaire
- Piste cyclable
- Ferry
- Métro
- Monorail
- Parking
- Station-service
- Station de métro
- Taxi
- Gare/chemin de fer
- Tramway
- U-Bahn
- Autre moyen de transport

Les symboles recensés ci-dessus ne sont pas tous utilisés dans ce guide

Routes
- Autoroute à péage
- Voie rapide
- Nationale
- Route secondaire
- Petite route
- Chemin
- Route non goudronnée
- Route en construction
- Place/rue piétonne
- Escalier
- Tunnel
- Passerelle
- Promenade à pied
- Promenade à pied (variante)
- Sentier

Limites et frontières

- Pays
- État/province
- Frontière contestée
- Région/banlieue
- Parc maritime
- Falaise
- Rempart

Hydrographie
- Fleuve/rivière
- Rivière intermittente
- Canal
- Étendue d'eau
- Lac asséché/salé/intermittent
- Récif

Topographie
- Aéroport/aérodrome
- Plage/désert
- Cimetière (chrétien)
- Cimetière (autre)
- Glacier
- Marais/mangrove
- Parc/forêt
- Site (édifice)
- Terrain de sport

LES GUIDES LONELY PLANET

Une vieille voiture déglinguée, quelques dollars en poche et le goût de l'aventure, c'est tout ce dont Tony et Maureen Wheeler eurent besoin pour réaliser, en 1972, le voyage d'une vie : rallier l'Australie par voie terrestre via l'Europe et l'Asie. De retour après un périple harassant de plusieurs mois, et forts de cette expérience formatrice, ils rédigèrent sur un coin de table leur premier guide, *Across Asia on the Cheap*, qui se vendit à 1500 exemplaires en l'espace d'une semaine. Ainsi naquit Lonely Planet, dont les guides sont aujourd'hui traduits en 12 langues.

NOS AUTEURS

Nick Ray

Auteur-coordinateur ; Luang Prabang et ses environs, Nord du Laos. Nick est plus ou moins londonien – il vient de Watford, le genre de ville qui donne envie de voir du pays. Résidant actuellement à Phnom Penh, il est l'auteur de nombreux guides sur la région du Mékong, dont les titres *Cambodge* et *Vietnam* de Lonely Planet. Lorsqu'il n'écrit pas, il est souvent en reconnaissance dans les coins les plus reculés de l'Asie du Sud-Est, afin de repérer des lieux de tournage pour le cinéma et la télévision. Il a travaillé notamment sur la production des films *Tomb Raider* et *Deux Frères*. Luang Prabang fait partie de ses lieux de prédilection sur la planète, et il a été enthousiasmé d'explorer enfin les fameuses grottes de Vieng Xai, ancien quartier général du Pathet Lao.

Greg Bloom

Sud du Laos. Greg a visité le Laos pour la première fois en 1997, lors d'un périple sac au dos de Vientiane à Muang Sing en passant par Vang Vieng et Luang Prabang. Quinze ans plus tard, il a été heureux de constater que le pays, bien que plus fréquenté qu'autrefois, n'a rien perdu de son charme indolent. Maintenant installé au Cambodge, Greg a écrit près d'une vingtaine de guides Lonely Planet, la plupart sur l'Asie du Sud-Est et les pays de l'ex-URSS.

Retrouvez-le sur son blog :
www.mytripjournal.com/bloomblogs

Richard Waters

Vientiane et ses environs, Centre du Laos. Journaliste et photographe primé, Richard travaille régulièrement pour *The Independent*, le *Sunday Times*, *Wanderlust* et *National Geographic Traveller*. Il habite avec sa compagne et leurs enfants dans les Cotswolds, au sud-ouest de l'Angleterre, et vient de publier *Black Buddha on Kindle*, un roman à suspense situé au Laos.

Autres auteurs

Martin Stuart-Fox a rédigé le chapitre *Histoire*. Professeur d'histoire émérite à l'université du Queensland, il a produit de nombreux écrits sur l'histoire et la politique du Laos.

Laos

8e édition
Traduit et adapté de l'ouvrage *Laos, 8th edition, January 2014*

Dépôt légal Février 2014
ISBN 978-2-81613-994-5
Imprimé par IME (Imprimerie Moderne de l'Est), Baume-les-Dames, France

En Voyage Éditions | un département